KB068803

COMPETITIVE
ADVANTAGE

─── 제4판 ───

경쟁우위
마케팅전략

─── 한상만·하영원·장대련 ───

MARKETING
STRATEGY

박영사

제4판 머리말

마케팅전략 3판을 내놓은 지 7년이란 시간이 흘렀다. 저자들은 지난 7년 동안 학교에서 가르치면서 그리고 기업에서 자문과 강의와 프로젝트를 하면서 마케팅전략 책을 수정할 필요성을 크게 느껴왔다.

특히, 마케팅 전략을 수립하는 기업의 관점에서 보았을 때, 최근 3~4년 동안 세 가지의 매우 중대한 변화가 일어났다. 첫째, 온라인과 오프라인을 연계하는 새로운 O2O 비즈니스모델을 기반으로 하는 새로운 기업들이 많이 등장하여 3판을 낼 당시에는 존재하지 않았던 Uber나 Air B&B와 같은 기업들이 엄청난 시장가치를 갖게 되었다. 이러한 기업들에 대한 사례들을 마케팅전략의 관점에서 논의하고 토론하는 것이 매우 중요한 시점이 되었다. 둘째, 고객과 시장의 빅데이터를 활용하여 개인에게 맞춤화되는 (Customized) 마케팅의 중요성이 갈수록 중요해지고 있다. 이제 빅데이터는 기업의 가장 중요한 전략적 자산이 되었다. 빅데이터를 활용하는 기업들의 마케팅전략의 사례들을 놓고 성공적인 전략과 실패하는 전략의 차이에 대한 논의와 토론을 통해 새로운 빅데이터기반의 마케팅전략을 소개하는 것이 중요한 시점이 되었다. 셋째, 스마트폰이 보편화되면서 모바일의 중요성이 PC를 넘어서고, 모바일은 Omni-Channel로 불리는 고객중심의 접점관리의 중심이 되었다. 스마트폰은 소비자의 일상을 중요한 마케팅전략의 공략대상으로 만들었고, 이제 고객의 일상점유율(Life Share)이라는 용어가 시장점유율(Market Share)과 마음점유율(Mind Share)보다 더 중요해지기 시작하는 시점에 와 있다.

저자들은 4판을 내면서 위에서 언급한 세 가지의 중요한 변화들을 이론과 사례들을 통해서 설명하고자 노력했으며 마케팅전략의 관점에서 녹여낼 수 있도록 노력하였다.

마케팅전략을 수립하는 기업들이 변화의 흐름을 읽고 그에 따른 빠른 적응과 새로운 혁신을 이루어내는 것만큼이나 마케팅전략의 가장 근본적인 관점을 이해하여야만 훌륭한 전략을 수립할 수 있다. 특히, 마케팅전략을 수립하는 기업의 임원들이 잊어서는 안 되는 것은 마케팅전략을 어떻게 수립할 것인가에 대한 네 가지의 중요한 관점(Perspectives)은 변하지 않는다는 것이다.

첫째, 성공적인 마케팅전략을 수립하기 위해서는 변화하는 경쟁상황을 정확히 이해하고, 그 상황에 가장 적합한 전략을 수립해야 한다는 것이다. 그러한 전략을 수립하기 위해서는 변화하는 시장과 고객 그리고 경쟁에 대한 치밀한 분석을 토대로 현재의 상황을 정확히 이해하고 미래의 상황을 예측하여 그에 맞는 전략을 수립할 수 있어야 한다. 이러한 전략적 상황분석을 토대로 하는 전략수립의 관점을 2부(2, 3, 4장)에서 다루고 있다.

둘째, 본서의 제목에서도 저자들이 강조하듯이 경쟁우위의 마케팅전략을 수립하는 것은 성공적인 전략의 필수적인 요건이다. 경쟁우위를 만들고 자신이 강점을 가지고 있는 부분을 더 강화하면서 고객들로 하여금 이러한 부분에 대한 중요도를 더 느끼게 만드는 것보다 더 훌륭한 전략은 없을 것이다. 하멜 교수와 프라할라드 교수(Porf. Hamel and Prof. Prahalad)가 "미래는 예측하는 것이 아니라 만들어내는 것이다"라고 한 말의 함의가 바로 경쟁우위를 만들어내고 이를 고객들에게 가장 중요한 차별화의 요소로 만들어가는 역량의 중요성을 이야기한 것이다. 경쟁우위의 마케팅전략의 구축과 활용에 대해서는 3부(5, 6장)에서 다루고 있다.

셋째, 피터 드러커 교수(Prof. Peter Drucker)는 기업의 가장 중요한 두 가지의 근원적인 기능은 마케팅(Marketing)과 혁신(Innovation)이라고 했다. 그리고 그는 마케팅을 다음과 같이 정의하였다. "마케팅은 선택한 고객들을 위해 가치를 창출하는 과정이다(Marketing is a process in which a value is created for the chosen customers.)" 피터 드러커교수의 정의대로 마케팅전략은 고객의 선택과 선택한 고객들을 위한 차별적인 가치를 창출해나가는 과정인 것이다. 이를 위해서 시장을 세분화하고, 세분시장 중에서 타깃이 될 고객을 선택하고, 이들 타깃 고객에게 어떤 차별화된 가치를 줄 것인지를 수립하는 것이 마케팅핵심전략이고, 이러한 핵심전략을 어떻게 구체적으로 전달할 것인지를 정하는 것이 마케팅실행전략이다. 마케팅핵심전략은 4부(7, 8장)에서, 마케팅실행전략은 5부(9, 10, 11장)에서 다루고 있다.

넷째, 마케팅전략은 역동적인 관점을 가져야 한다. 같은 기업이라 할지라도 경쟁자의 위상과 경쟁자의 전략에 따라서 적절한 마케팅전략의 선택이 영향을 받게 된다. 어떤 기업이 선발주자의 위상을 가지고 있는지 아니면 후발주자의 위상을 가지고 있는지에 따라서 전략의 선택은 달라져야 한다. 또한 경쟁기업의 반응에 따라서 혹은 예상되는 반응에 따라서 전략의 선택은 달라져야 한다. 6부(12, 13장)에서는 이러한 역동적인 경쟁환경에서의 전략에 대해서 다루고 있다.

마지막으로 7부에서는 아주 중요한 마케팅전략의 최신 이슈들을 다루고 있다. 14장에서는 기업의 가장 중요한 전략적 자산으로 여겨지는 빅데이터를 활용하는 고객관계관리(CRM: Customer Relationship Management)에 대한 최신 이론과 사례를 다루고자 하였다. 그리고 15장에서는 최근에 등장한 새로운 비즈니스 모델들을 중심으로 새로운 디지털시대의 마케팅의 변화에 초점을 맞춰서 최신 이론과 사례들을 다루고자 하였다.

저자들은 이 책이 글로벌시장에서 세계의 기업들과 경쟁하면서 소비자들을 대상으로 마케팅전략을 수립하는 기업의 임직원들에게 도움이 되기를 진심으로 바란다. 한국은 이제 경제 11위의 대국으로서 전세계의 시장을 대상으로 수많은 혁신적인 상품과 서비스를 제공하는 국가의 반열에 올라섰다. 이제 우리의 기업들은 아시아의 선도 기업을 넘어서 미국과 유럽의 소비자들에게 선망하는 브랜드를 만들고, 끊임없는 혁신을 통해서 세계적인 기업으로 우뚝 서는 것을 목표로 최선을 다하고 있다. 이제 우리는 'KOREA'란 국가브랜드가 제품과 서비스의 품질과 이미지에 프리미엄을 붙여주는 시대에 살고 있다. 한국은 세계의 인재들과 함께 경쟁하는 뛰어난 재능을 가지고 있는 창의적인 인재들을 길러내는 나라가 되었고, 한국의 기업들은 전세계의 고객들에게 뛰어난 기술과 디자인 그리고 혁신적인 아이디어가 결합된 상품과 서비스를 제공하는 시대가 되었다. 저자들은 새롭게 개정한 마케팅전략 4판이 이제 21세기의 주역으로 등장하기 시작하는 한국의 인재들과 기업들이 성공적인 마케팅전략을 수립하는 데 도움을 줄 수 있는 역할을 하기를 진심으로 바란다.

마케팅전략의 4판 개정판을 내는 데 도움을 주신 많은 분들께 진심으로 감사의 마음을 전해 드리고 싶다. 가장 먼저 박영사의 임재무 상무님과 전채린 과장님께 진심으로 감사하다는 말씀을 드리고 싶다. 그리고 4판 개정판을 내는 데 최선을 다해 도와준 연구실의 석박사과정 학생들에게도 고마움을 표하고 싶다. 특히, 성균관대학교 이종찬, 한동희 석사과정 학생, 서강대학교 전진아, 임미경 박사과정 학생, 연세대학교 강여름, 이애린 석사과정 학생에게 진심으로 감사함을 표하고 싶다.

끝으로 저희들의 곁에서 항상 가장 큰 지원자가 되어준 사랑하는 아내에게 이 책을 바친다.

"뜻이 하늘에서 이루어짐 같이 땅에서도"

2018년 2월 20일
한상만, 하영원, 장대련

머리말

오늘날 기업들은 너무도 빠르게 변화하는 환경 속에서 살아남기 위한 경쟁을 하고 있다. 이제 기업은 시장 지향적인(Market-Driven) 전략에서 한 걸음 더 나아가 시장을 주도해 나가는(Market-Driving) 전략을 수립하고 실행에 옮길 수 있는 역량이 필요하게 되었다. 어떤 기업이든지 이러한 경쟁환경의 변화 트렌드를 자사에게 유리하게 활용할 수 있는 역량을 구축하고 이 변화에 능동적으로 대처하지 않으면 시장에서 도태될 수밖에 없는 철저한 경쟁의 시대가 온 것이다. 이러한 시대에 한 기업의 마케팅 역량은 그 기업의 기술역량과 더불어 가장 중요한 핵심역량으로 그 중요성을 인정받고 있다.

이제 성공적인 마케팅전략의 수립과 실행은 한 기업의 생존과 성장에 있어서 필요충분의 조건이 되었다. 지은이들은 지난 10여 년간 많은 기업들의 마케팅전략의 수립과 실행에 있어서 때로는 자문과 프로젝트의 수행을 통해서, 때로는 workshop과 강의를 통해서 함께 고민하고 연구해 왔다. 지은이들의 이러한 경험을 토대로 마케팅전략의 틀과 이론을 실무자들과 마케팅을 공부하는 학생들에게 제공하려는 생각에서 이 책을 쓰게 되었다.

지은이들은 마케팅전략을 크게 4가지의 관점에서 수립할 것을 이 책의 독자들에게 제안하고자 한다. 먼저 모든 전략이 그러하듯이 성공적인 마케팅전략을 수립하기 위해서 마케터는 그 기업이 처한 상황을 정확히 이해하고 그 상황에서 가장 효과적인 전략을 수립하여야 할 것이다. 「손자병법」에 나와 있는 "知彼知己면 百戰不殆"라는 전략이 의미하듯이, 경쟁과 자사의 역량을 고려하여 현재의 시장상황에 맞는 전략을 펴야지만 실패하지 않는다는 것이다. 지은이들은 이 책의 제 2 부(2장, 3장, 4장)에서 시장과 고객, 자사와 경쟁을 분석하고 이러한 환경분석을 토대로 전략을 세우는 방법을 소개하고 있다.

제 3 부(5장, 6장)에서 지은이들은 핵심역량을 구축하고 활용하는 마케팅전략의 두 번째 관점을 소개하고 있다. 한 기업의 경쟁전략은 결국 어떻게 경쟁자에 비해 경쟁우위를 가질 것인가의 문제라고 정의한 Ohmae Kenichi의 말처럼 성공적인 전략은 그 기업의 경쟁우위와 핵심역량을 구축할 수 있어야 하고, 동시에 그 기업이 이미 가지고 있는 경쟁우위의 핵심역량을 활용하는 전략이어야 한다. 따라서 마케팅전략은 그 기업의 핵심역량의 구축과의 연속선상에서 수립되고 실행되어야 할 것이다.

제 4 부(7장, 8장, 9장)에서는 마케팅전략의 핵심(core)이라고 할 수 있는 segmentation, targeting, positioning 전략과 실행전략에 대해서 소개하고 있다. 마케팅전략의 rule #1이 누가 우리의 고객인가를 명확히 하는 것이라면, 마케팅전략의 rule #2는 그러한 고객에게 우리는 어떤 차별화된 가치를 제공할 수 있는가라고 할 수 있다. 이 두 가지 문제가 명확하지 않다면 마케팅전략은 실패할 수밖에 없을 것이다.

마케팅전략의 네 번째 관점은 역동적인 경쟁적 전략의 관점이다. 마케팅전략은 한번 수립되고 실행됨으로써 끝나는 것이 아니라 경쟁사의 대응전략으로 이어지게 되고, 이것은 다시 자사의 대응전략으로 나타나는 계속적인 역동성을 가지게 된다. 지은이들은 제 5 부(10장, 11장)에서 이러한 마케팅전략의 경쟁적 역동성에 대해서 소개한다.

마지막 제 6 부(12장, 13장, 14장)는 마케팅전략의 특별주제로서 고객관계관리 전략, 디지털 마케팅전략, 그리고 글로벌 마케팅전략을 다룸으로써 새롭게 대두되는 경영환경의 트렌드에 맞는 마케팅전략의 이론과 사례를 소개하고자 하였다.

이 책을 쓰면서 지은이들은 많은 분들의 도움을 받았다. 특히, 우리가 이 자리에 오기까지 가르쳐주시고 이끌어 주신 많은 선배, 동료 교수님들께 깊은 감사를 드리고 싶다. 그리고 이 책에 특별한 애정을 갖고 지은이들에게 적극적인 협조를 아끼지 않은 박영사의 조성호 차장님과 송창섭 씨, 그리고 편집을 맡은 박옥수 씨께 고마움을 표하고 싶다. 또한 많은 시간을 들여 지은이들의 책 쓰기를 최선을 다해 도와 주었던 서강대학교 박사과정의 임충혁, 이영일, 석사과정의 황진우 조교, 연세대학교 박사과정의 김나연, 석사과정의 김지수, 이승윤 조교, 성균관대학교 박사과정의 김윤식, 김형석, 그리고 MBA 과정의 김성권 조교에게 진심으로 고마움을 표하고 싶다.

끝으로 저희를 위해 한평생을 바치신 부모님의 헌신적인 사랑에 감사드리며 당신께 이 책을 바칩니다.

"항상 기뻐하라, 쉬지 말고 기도하라, 범사에 감사하라."

2004년 7월
한상만, 하영원, 장대련

차례

• PART 01 • 마케팅전략의 틀

Chapter 01 전략적 시장관리

CASE 디지털 미디어 혁명으로 다시 태어난 Apple 006

Section 01 **전략이란 무엇인가** · · · · · · · · · · · · · · · · 008
　　1. 계획(Plan)으로서의 전략 010
　　2. 패턴(Pattern)으로서의 전략 011
　　3. 포지션(Position)으로서의 전략 012
　　4. 관점(Perspective)으로서의 전략 013

Section 02 **전략의 계층구조** · · · · · · · · · · · · · · · 014
　　1. 기업 수준의 전략 014
　　2. 사업부 수준의 전략 016
　　3. 제품 · 브랜드 수준의 전략 017

Section 03 **마케팅전략의 프레임워크** · · · · · · · · · · · · 018

Highlight 1 Sony PlayStation 019
　　1. 전략적 상황분석(strategic situational analysis)
　　　에 의한 마케팅전략 021
　　2. 경쟁우위(competitive advantage)에 의한
　　　마케팅전략 023
　　3. STP에 의한 마케팅전략 026
　　4. 경쟁적 역동성(competitive dynamics)에 의한
　　　마케팅전략 028

　　요약 및 복습 033
　　생각해 볼 문제 034
　　참고문헌 034

• PART 02 • 전략적 상황분석

Chapter 02 고객분석

CASE 미국에서 웹툰 사업? 그것도 유료? '만화처럼'
　　스낵컬처 혁명 이끌다 040

Section 01 **제품-시장의 정의** · · · · · · · · · · · · · · · 042
　　1. 사업 정의 042
　　2. 사업부 제품 정의 043
　　3. 다차원적 시장 정의와 영역 설정 044

Highlight 1 쏟아지는 새 제품들… 전략 없는 다각화…
　　주먹구구식 대응이 고객을 놓쳤다 048

Section 02 **마케팅 패러다임의 변화** · · · · · · · · · · · · 049

Section 03 **시장지향성** · · · · · · · · · · · · · · · · · · 051
　　1. 정　　의 051
　　2. 시장주도(Market driven)전략 053

Highlight 2 배달의 민족, B급 감성 마케팅 …
　　효과는 'A급' 054
　　3. 시장창출(Driving-market) 059

Section 04 **시장의 매력분석** · · · · · · · · · · · · · · · 061
　　1. 시장규모 062
　　2. 시장성장률 062
　　3. 시장수익성 064
　　4. 원가구조 064
　　5. 유통구조 065
　　6. 핵심성공요인 066

Section 05 **고객지향성** · · · · · · · · · · · · · · · · · · 067

Section 06 **고객의 매력분석** · · · · · · · · · · · · · · · 068
　　1. 고객자산의 정의 068

Highlight 3 엘지전자, 무게 혁신으로 울트라 슬림 노트북
　　시장 열어 075

　　요약 및 복습 076
　　생각해 볼 문제 076
　　참고문헌 076

Chapter 03 경쟁과 산업분석

CASE 10대와 소통한 훨라-성공적 재기를 이뤄낸
　　경쟁력 080

Section 01 **경쟁과 산업의 정의** · · · · · · · · · · · · · · 084
　　1. 경쟁이란 무엇인가 084
　　2. 산업이란 무엇인가 084

Section 02 **산업분석** · · · · · · · · · · · · · · · · · · · 086
　　1. 후발주자의 위협(진입장벽) 087
　　2. 구매자의 힘 088
　　3. 공급자의 힘 088
　　4. 대체제품 089
　　5. 산업 내 경쟁심도 089

Highlight 1 Porter의 5 요인모형을 이용한 한국 아이돌그룹 음악 시장 090

Section 03 전략적 집단과 전형전략 · · · · · · · · · · · · · 092

Section 04 제품수명주기에서의 경쟁적 우위의 유지 095

Highlight 2 이케아는 규모, 한샘은 선점으로 승부 096
1. 도 입 기 097
2. 성 장 기 099
3. 셰이크아웃 100
4. 성 숙 기 101
5. 쇠 퇴 기 101

Section 05 경쟁자의 분석요인 · · · · · · · · · · · · · · · · · 102
1. 일반 외형 특징 103
2. 이미지와 포지셔닝 103
3. 경쟁자의 목적과 의지 103
4. 현재와 과거전략 104
5. 조직과 문화 104
6. 원가구조 105
7. 철수장벽 106

Section 06 협경 · 106
1. 기업과 경쟁자의 관계 107
2. 기업과 보완자의 관계 108
3. 기업과 공급자의 관계 108
4. 기업과 고객의 관계 109

Section 07 경쟁의 미시적 분석 · · · · · · · · · · · · · · · 109

Section 08 자사와 경쟁사 비교평가 상세항목 · · · · · 111

Section 09 경쟁 첩보 · 113

요약 및 복습 115
생각해 볼 문제 115
참고문헌 116

Chapter 04 SWOT 분석에 의한 전략수립

CASE PAVV LED 120

Section 01 SWOT 분석의 중요성 · · · · · · · · · · · · · 122

Section 02 위협 및 기회요인의 파악 · · · · · · · · · · · 123

Highlight 1 Airbnb와 공유경제 124
1. 시장분석(Market analysis) 126
2. 고객분석(Customer analysis) 129

Section 03 자사의 강약점 파악 · · · · · · · · · · · · · · 130

Highlight 2 Dell Computer 132

Section 04 SWOT Matrix의 작성 · · · · · · · · · · · · · 133

Highlight 3 스마트폰의 등장으로 인한 소셜 미디어의 지각 변동과 싸이월드의 실패 사례 135

Section 05 SWOT 분석을 통한 마케팅전략의 수립 · 136
1. O/S(Opportunity/Strength)전략 136
2. O/W(Opportunity/Weakness)전략 139
3. T/S(Threat/Strength)전략 141
4. T/W(Threat/Weakness)전략 142

Section 06 SWOT 분석을 활용한 동태적 마케팅전략의 수립 · 144

요약 및 복습 146
생각해 볼 문제 146
참고문헌 147

• P A R T 03 • 경쟁우위의 구축과 활용

Chapter 05 지속적 경쟁우위의 확보

CASE 나이키 152

Section 01 경쟁우위란 무엇인가 · · · · · · · · · · · · · 154

Section 02 경쟁우위의 선순환 과정 · · · · · · · · · · · 156
1. Step 1 156
2. Step 2 157
3. Step 3 157
4. Step 4 158

Section 03 경쟁우위의 원천으로서의 자산 · · · · · · · 159
1. Cost of raw materials and purchased inputs 160
2. R&D(Research & Development) 161
3. Scale and scope of facilities 162
4. Distribution coverage 164
5. Expenditures on advertising and promotion 165
6. Number of service and salespeople 166
7. Customer base 167

8. Brand equity 169

9. Financial capacity and cost of capital 170

Highlight 1 NAVER 171

Section 04 **경쟁우위의 원천으로서의 역량** ······· 172

1. Leadership 173

2. Human 174

3. Organization 176

4. Process 178

요약 및 복습 180

생각해 볼 문제 180

참고문헌 181

Chapter 06 경쟁우위에근거한 전략

CASE IKEA 184

Section 01 **경쟁적 가치제안** ··················· 186

Section 02 **Operational Excellence** ·············· 187

1. 상대적으로 낮은 가격 혹은 최저가격
(Low or lowest prices) 188

2. 신뢰성과 내구성(Reliability and durability) 188

3. 편리성(Convenience) 188

4. 쉽고, 즐겁고, 빠르고, 정확한 거래(Easy,
pleasant, quick, and accurate transaction) 189

Highlight 1 ZARA의 Operational Excellence와 Product
Leadership 191

Section 03 **Product Leadership** ··················· 193

1. 유형적 제품의 우수성에 근거한 무형적
소비경험의 제공 193

2. 아이디어를 단기간에 혁신적인 제품으로
구체화 194

3. 신속한 제품확산 194

Highlight 2 Harley-Davidson(할리 데이비슨) 195

Section 04 **Customer Intimacy** ··················· 199

1. 고객에 대한 깊은 이해 199

Highlight 3 Nordstrom 200

2. 다양한 제품라인의 보유 201

3. 고객점유율을 높이기 위한 노력 201

Section 05 **SCA(Sustainable Competitive Advantage)**

−based Strategy ···················· 203

1. 경쟁우위를 활용하는 마케팅전략 206

2. 경쟁우위의 가치제안(Value proposition)을 구
체화하는 마케팅전략 207

3. 3 Steps of SCA−based Strategy 209

Highlight 4 Southwest Airlines 211

요약 및 복습 215

생각해 볼 문제 215

참고문헌 216

• P A R T 04 • 마케팅 핵심전략

Chapter 07 시장세분화, 표적시장 선택 및 포지셔닝

CASE 휠라의 턴어라운드 전략 222

Section 01 **시장세분화와 표적시장 선택** ·········· 225

1. 시장세분화의 배경 226

2. 시장세분화의 과정 227

Highlight 1 ㈜빙그레의 요플레 마켓 리더십 강화 전략 229

3. 세분시장의 규명 231

4. 글로벌 세분화 240

5. 서비스 시장세분화 241

6. 시장의 매력성 242

7. 표적시장 선택 249

Highlight 2 헛개수&비타민워터, 포화 음료시장 공략법 -
틈새시장 확보 후 차별화 250

8. 시장세분화와 표적시장 선택 253

Section 02 **포지셔닝** ··························· 254

Highlight 3 30년 나이키 아성에 도전하는 '언더아머' 261

요약 및 복습 263

생각해 볼 문제 263

참고문헌 264

Chapter 08 브랜드 자산의 구축과 관리

CASE 활명수의 120년 브랜드 전략 120살 장수 비결은
'소통 마케팅' 268

Section 01 브랜드란 무엇인가 ····················· 271

Section 02 어떻게 브랜드를 개발하는가 ·········· 274

Section 03 브랜드 자산의 관리 ················· 276

    1. 브랜드 차별화 유형 276

    2. 기능적 브랜드 277

    3. 이미지 브랜드 281

Highlight 1 '한국형 저가숍'의 선구자 다이소 282

Highlight 2 익스트림 스포츠 하면 레드불! 음료를 팔기보다 문화를 창출하다 288

    4. 경험적 브랜드 291

Highlight 3 안전은 기본, 감동 드라이빙 한국 타이어, 프리미엄 브랜드 도약 '세바퀴 전략' 297

Section 04 브랜드명 전략 ····················· 299

Section 05 브랜드 확장전략 ··················· 301

    요약 및 복습 304

    생각해 볼 문제 304

    참고문헌 305

• PART 05 • 마케팅 실행전략

Chapter 09 IMC

CASE 볼펜으로 쌓아 올린 금자탑, 年 1억 자루가 팔리는 국민문구 "모나미" 310

Section 01 IMC의 개념 ························ 311

Section 02 소비자 반응의 계층과 IMC의 관계 ····· 313

Highlight 1 CJ CGV의 '4DX' 316

Section 03 IMC 커뮤니케이션 수단 ············· 317

    1. 광고와 판촉 317

Highlight 2 "SNS시대의 스토리텔링" 방탄소년단으로 본 글로벌 성공사례 320

    2. PR 커뮤니케이션 322

Highlight 3 자체 브랜드의 전문화를 통한 이마트 그룹의 성장 323

    3. 버즈(Buzz) 마케팅 326

Highlight 4 '국민 SNS 캐릭터' 카카오프렌즈 온·오프라인 경계 넘는 진화 꿈꾸다 332

    4. 체험 마케팅 333

    5. 이벤트와 스포츠 후원(Event and sports sponsorship) 342

    6. CSR과 대의명분(Cause-related) 마케팅 343

    요약 및 복습 346

    생각해 볼 문제 346

    참고문헌 346

Chapter 10 제품과 촉진전략

CASE 한국야쿠르트 콜드브루 제품 개발 전략 350

Section 01 포지셔닝과 마케팅믹스 ·············· 352

    1. 애매한 포지셔닝(Underpositioning) 354

    2. 과잉 포지셔닝(Overpositioning) 354

    3. 혼란스러운 포지셔닝(Confused positioning) 355

    4. 의심스러운 포지셔닝(Doubtful positioning) 355

Section 02 포지셔닝과 범주적 차별화 ··········· 355

Section 03 제 품 ··························· 356

    1. 제품 포지셔닝(Product positioning) 356

Highlight 1 LG의 또 다른 도전 'SIGNATURE' 359

    2. 서비스 포지셔닝 360

Section 04 촉 진 ··························· 362

    1. 소비자 촉진의 목적 362

    2. 소비자 촉진의 유형 363

Highlight 2 소비자들 공격마케팅에 늘 피곤… 외치지 말고 속삭이듯 들려줘라 366

    3. 유통촉진의 유형 373

Section 05 촉진을 이용한 전략 ················· 377

    1. 자사 브랜드 애호고객(Current loyal users)에 대한 애호도 제고전략 377

    2. 경쟁 브랜드 애호고객에 대한 브랜드전환 유도전략 378

    3. 브랜드 전환자들(Switchers)에 대한 전략 378

    4. 가격에 민감한 소비자(Price Buyers)에 대한 전략 379

    5. 비사용자에 대한 판매 촉진전략 380

    6. 유통판매 촉진전략 380

요약 및 복습 382
생각해 볼 문제 382
참고문헌 383

Chapter 11 가격과 유통관리

CASE "버려지던 것에 새 기회 있더라. 참치 갈빗살 메뉴로
뜬 마구로마트" 386

Section 01 가 격 · · · · · · · · · · · · · · · · · · 388
1. 가격의 개념 388
2. 가격의 통합적 관리 389

Highlight 1 "으뜸50안경, 가격 거품 빼고 시장판도
바꾸나" 394
3. 특수 가격전략 400

Section 02 유통전략 · · · · · · · · · · · · · · · · · · 404
1. 유통의 개념 404

Highlight 2 '대형마트 성장 정체 속 이마트만 나홀로 성장 자
체 상표 제품, 창고형 할인점 등 혁신 주효' 405
2. 유통의 수요조사 408
3. 유통기능의 공급 409
4. 기업과 중간상의 능력 평가 411
5. 내부와 외부조건 413
6. 유통의 설계 414

Highlight 3 만남의 장소·휴식 공간 등 활용…
사람 끌어들이는 집객 효과 커 416
7. 물적 유통의 개념과 통합비용 417

요약 및 복습 420
생각해 볼 문제 420
참고문헌 421

• P A R T 06 • 역동적인 경쟁환경에서의 전략

Chapter 12 선발 및 후발주자의 마케팅전략

CASE '추격자'에서 '선도자'로…'갤럭시S' 시리즈 역사 426
Section 01 경쟁전략의 의미와 필요성 · · · · · · · · · · 427
Section 02 선발기업의 경쟁전략 · · · · · · · · · · · · · 429

1. 개척시장의 특성 및 전략적 목표 430
2. 개척기업의 경쟁우위요소 431

Highlight 1 스크린골프도 영원한 1등은 없다 436
3. 시장 개척기업의 마케팅전략 438

Section 03 후발기업의 경쟁전략 · · · · · · · · · · · · · 445
1. 성숙기시장의 특성 445
2. 후발기업의 경쟁우위요소 447

Highlight 2 '혁신의 아이콘' 전기차 업체 테슬라 14년 된
후발기업이 미국 車 1위(시가총액)로 부상 450
3. 후발기업의 마케팅전략 대안 453

Highlight 3 닌텐도, 혁신의 상징에서 개혁 대상으로 455

요약 및 복습 459
생각해 볼 문제 459
참고문헌 460

Chapter 13 공격 및 대응전략

CASE 나를 더 완벽하게 만들어주는 경쟁 상대 464

Section 01 공격전략 · · · · · · · · · · · · · · · · · · 466
1. 공격전략의 틀(Offensive strategy
framework) 466
2. 게릴라(Guerilla)전략 468

Highlight 1 파이어폭스에도 밀린 익스플로러… MS 제국의
몰락 470

Highlight 2 반즈앤노블 vs. 아마존 472
3. 측면공격(Flanking attack)전략 473
4. 전면공격(Frontal attack)전략 477

Section 02 대응전략 Reaction strategy · · · · · · · · · 479

Highlight 3 기다렸던 아이폰X 조기 등판…갤노트8 · V30와
사활 건 '빅매치' 480
1. 대응전략의 틀(Reaction strategy
framework) 482
2. 대응성향(Competitive stance) 483
3. 대응행동(Reaction) 486
4. 대응수단(Weapon) 491

Section 03 억제전략 Deterrence strategy · · · · · · · · 491
1. 억제전략의 수단 493
2. 억제전략의 성공요인 497

요약 및 복습 498
생각해 볼 문제 498
참고문헌 499

• PART 07 • 마케팅전략의 최근 이슈

Chapter 14 고객관계관리를 위한 마케팅전략

CASE 사랑 고백을 준비하는 자세? 'CRM' 504

Section 01 고객관계관리의 이해 ·················· 506
　　　　1. 고객관계관리의 등장 506
　　　　2. 고객관계관리의 정의 507
　　　　3. 고객관계관리의 목적 509

Section 02 고객관계관리의 기반 ················· 510
　　　　1. 고객의 이해 510
　　　　2. 고객과 브랜드 애호도 511

Highlight 1 야구 후발주자 KT위즈, CRM 도입으로 관중 수
　　　　늘려 512

Section 03 고객관계관리의 확장 ················· 515
　　　　1. 고객관계관리와 e-CRM 515
　　　　2. 고객관계관리의 통합 516

Highlight 2 "사려다 만 제품은 뭘까"…고객의 숨은 욕구도
　　　　분석 517

Section 04 고객관계관리의 실행과 모델 ·········· 520
　　　　1. 고객관계관리의 실행 520
　　　　2. 고객관계관리의 모델 523

Highlight 3 똑똑하고 젊어진 '백화점 카드' 빅데이터 쇼핑
　　　　혁신 '신세계 신한카드' 528

　　　　요약 및 복습 532
　　　　생각해 볼 문제 532
　　　　참고문헌 533

Chapter 15 디지털 시대의마케팅전략

CASE 첨단기술 접목 활발… 무인차가 소비자 대신 쇼핑
　　　　고객도 모르는 욕구 찾아내는 맞춤형 쇼핑 증가 536

Section 01 디지털 마케팅의 정의 ················ 540
Section 02 디지털 시대의 소비자 ················ 541
　　　　1. 디지털 소비자의 특징 541
　　　　2. 새로운 소비자 집단들 542

Highlight 1 인플루언서 마케팅 2019년 20억 달러
　　　　전망 545
　　　　3. 디지털 소비자의 의사결정과정 547

Highlight 2 빅데이터의 정의와 분류 551

Section 03 디지털 시대의 제품전략 ·············· 552
　　　　1. 집단지성과 NPD process의 변화 552

Highlight 3 LG전자, 매출 기준 파격보상
　　　　'아이디어 로또' 553

Highlight 4 4차 산업혁명 시대 '플랫폼 빅뱅' 557
　　　　2. 컨버전스 제품의 관리 559

Section 04 디지털시대의 가격 전략 ·············· 561
　　　　1. 버저닝을 통한 가격결정 561
　　　　2. 번들링을 통한 가격결정 562
　　　　3. 공짜가격 책정 564
　　　　4. 타임 커머스(Time Commerce) 가격전략 565

Section 05 디지털 시대의 커뮤니케이션전략 ····· 565
　　　　1. 디지털 시대의 커뮤니케이션 이슈:
　　　　　구전의 중요성과 소셜 미디어 565
　　　　2. 소셜 미디어를 활용한 마케팅 566

Highlight 5 구전 마케팅의 다양한 이름들 567

Highlight 6 [SNS 문제없나] 30억명 일상에 스며든
　　　　SNS 572

Section 06 디지털 시대의 유통 전략 ············· 575
　　　　1. 오픈마켓과 소셜커머스 575
　　　　2. 옴니채널 576
　　　　3. 해외 직접 구매 시장 577

　　　　요약 및 복습 579
　　　　생각해 볼 문제 579
　　　　참고문헌 580

사례 찾아보기 ································· 581
사항 찾아보기 ································· 583

PART

01

마케팅전략의 틀

Chapter 01 전략적 시장관리

CHAPTER

01

전략적
시장관리

故經之以五事，校之以計，而索其情：一曰道，二曰天，三曰地，四曰將，五曰法.
[고경지이오사, 교지이계, 이색기정: 일왈도, 이왈천, 삼왈지, 사왈장, 오왈법.]

"예로부터 이 다섯 가지로 전쟁을 가늠하고, 계략을 세우며, 정세를 판단하는데
첫째는 도, 둘째는 천, 셋째는 지, 넷째는 장, 다섯째는 법이다."

손자병법 시계편[始計篇]

도[道]: 국민과 국가가 함께 갖춘 신념=기업의 미션과 비전
천[天]: 각종 자연 현상과 기후, 기상 조건=사회적 · 경제적 · 기술적 트렌드 분석
지[地]: 전쟁터의 지형 특성과 길의 멀고 가까움=시장 분석
장[將]: 장수의 능력[智信仁勇嚴]=자사의 역량 분석
법[法]: 명령 및 보급체제와 같은 제도적 운용=법 · 제도 · 규제 등 외적 환경 분석

춘추시대 사람 손자(孫子, 본명은 孫武)는 기원전 6세기에 전쟁에서 승리하는 법을 엮은 손자병법을 썼다. 총 13편으로 엮어진 이 책의 시작에서 손무는 국가의 존망을 가름하는 전쟁의 중요성을 이야기함과 동시에 전쟁을 하기에 앞서 적과 나의 전력을 비교하는 기준을 제시하였다. 기업의 미션과 비전, 사회적 · 경제적 · 기술적 트렌드 분석, 시장 분석, 자사의 역량 분석, 법 · 제도 · 규제 등 외적 환경 분석이 바로 그것이다. 손자는 이미 2,500년 전에 전쟁과 경영을 꿰뚫는 승리의 기본 조건을 제시하는 혜안을 보여주었다.

손자가 제시한 도천지장법[道天地將法]에서는 기업의 미션과 비전에 해당하는 도[道]가 가장 앞에 제시되어 있다. 일반적으로 마케팅전략은 자사, 경쟁사, 환경 분석과 같은 이른바 천지장법[天地將法]을 기준으로 수립된다. 그러나 손자는 이런 천지장법에 앞서 도가 중요하다고 꼽았는데, 이는 기업의 세부적인 전략 운용에 앞선 기업의 미션과 비전 정립이 얼마나 중요한 것인가를 강조한 대목이라고 볼 수 있다.

Leading CASE

디지털 미디어 혁명으로 다시 태어난 Apple

═══════════ **Apple's Bridge to Tomorrow** ═══════════

"Its iPod music player is truly becoming a whole new platform, independent of Macs or Windows. That's giving Jobs & Co. new life."

Apple의 창립자 스티브 잡스는 실수를 쉽사리 인정하는 사람이 아니었다. 하지만 자신이 만든 회사에서 쫓겨났다가 화려하게 귀환한 그는 과거의 실수를 인정하기 시작하였다. Microsoft의 Windows와 호환되는 iPod를 내놓으면서 1980년대 초반 호황기의 실수를 인정한 것이다. 당시 그는 Mac OS를 폐쇄적인 시스템으로 유지하면서 고객들이 자사가 만드는 소프트웨어만을 사용하기를 종용하였으나, 빌 게이츠의 Microsoft는 Windows에서 어느 누구라도 쓸 수 있는 범용성을 제공하였다. 이러한 Microsoft의 전략이 얼마나 성공적이었는지는 우리 모두가 잘 알고 있다.

잡스는 iPod만은 실패의 역사를 반복하지 않겠노라고 다짐했고, 가만히 앉아서 사람들이 다가오기를 기다리기보다 이제는 그가 직접 다가서기 시작했다. 2002년 7월, 윈도우 호환용 iPod이 나온 이래, 이제는 소비자가 원하는 Solution을 만드는 데 필요하다면, 그가 누구이든 손을 잡고 있다.

〈출처: Business Week Online, OCTOBER 22, 2003 by Charles Haddad〉

오늘날 소비문화를 주도하고 있는 젊은 디지털 세대들의 관심이 FEP(Fun, Entertainment, Play)에 집중되면서 엔터테인먼트 상품이 매우 가파른 성장을 하고 있다. 특히, Game, Music, Movie 등의 엔터테인먼트 상품이 다양한 디지털 기술들과 접목되면서 소비자들에게 단순히 FEP적인 가치뿐 아니라 그 자체가 지닌 것 이상의 훨씬 더 큰 가치를 만들어 내고 있다. 이 세대들은 복합기능을 갖춘 디지털 컨버전스 제품을 사용함에 있어서도 친숙하고, 그러한 컨버전스 제품들을 더욱 선호하기도 하며, 친구들과 메신저를 통해 MP3 파일을 주고 받고, 인터넷에서 영화나 이미지 파일 등 Digital Contents를 찾아 즐기기도 한다. 하지만 그들에게 디지털 제품은 기능뿐 아니라 감각적이며 컴팩트한 디자인도 중요시된다. 그들에게 있어서 디지털 기기들은 그들 문화의 상징이자 Fashion icon이기 때문이다.

이러한 환경에서 Apple이 선택한 것은 바로 iPod이었다. iPod은 휴대용 음악재생장치로서 흔히 이야기하는 MP3 Player가 기본 기능이다. MP3 Player는 CD를 듣는 듯한 훌륭한 음질을 제공했고, 디지털 콘텐츠의 특성상 PC를 활용한 자유로운 조작과 관리가 가능하였으며, 과거 워크맨이나 CD Player와 비교할 때 가지고 다닐 수 있는 음악의 곡 수가 수십 배에 이른다는 점에서 매력적이었다. iPod은 이 같은 기존 MP3 Player의 장점을 플래시 메모리가 아닌 하드디스크를 채용함으로써 극대화시켰다. 플래시 메모리 방식이 최대 1~2GB의 용량을 제공하는 반면, iPod은 초기에 최대 40GB나 되는 방대한 하드디스크를 탑재해 최대 1만 곡의 음악을 한꺼번에 넣고 다니며 들을 수 있는 디지털 뮤직박스로 등장한 것이다.

Apple은 단순한 기기제조에서 멈추지 않고 더 나아가 합법적인 유료음악 다운로드가 가능한 iTunes 사이트(http://www. apple.com/itunes/store/)를 통해 iPod으로 들을 수 있는 음악들을 제공하였다. 당시는 Napster로 대표되는 무료음악제공 통로가 법과 마찰을 빚으며 그 장래를 가늠할 수 없을 때였기에 한 곡당 99센트라는 받아들일 만한 가격대의 합법적이고 다양한 음악을 제공하는 iTunes의 등장은 iPod과 놀라운 시너지 효과를 발생시켰다. 그 결과 Apple은 2010년 12월 기준으로 미국 시장에서의 iPod의 시장점유율은 75%, iTunes의 시장점유율은 66% 이상을 기록하였다.

이와 같은 iPod의 성공적인 출시는 우선 서두에 언급된 디지털 세대에 대한 정확한 이해와 그들의 욕구를 만족시켜줬다는 데서 찾을 수 있다. 우수한 제품 컨셉과 지원 소프트웨어뿐 아니라 디자인에 대한 열망을 채워준 것이다. 혁신적인 iPod의 디자인은 고객들이 iPod을 단순한 기기가 아니라 패션 소품으로까지 여기게 만들었고, 다양한 액세서리를 지원하여 자신만의 iPod를 구성할 수 있는 길을 열어 주었다.

그러나 무엇보다 Apple의 새로운 시장전략이 주요한 성공요인이었다. 이전의 Apple은 독불장군처럼 Apple만의 시스템과 소프트웨어를 고수했다. 혁신적인 디자인으로 선풍적인 인기를 끌며 기업회생의 전기를 마련해준 iMac마저도 그러한 한계를 지니고 있었으나, iPod는 그와 달랐다. 고객의 요구에 맞추어 모든 시스템에서 사용 가능한 호환성을 제공하였고, iPod을 즐길 수 있도록 도와주는 Network를 형성한 것이다. iPod은 마이크

로소프트의 Windows와 호환되었고, 세계적으로 품질을 인정받고 있는 Toshiba의 초박형 HDD를 기반으로 개발되었으며, Warner Music과 같은 여러 Major 음반사와 제휴하여 컨텐츠를 공급받고 있다. 또한 AOL(America Online)과의 제휴로 iTunes 서비스를 제공하였고, 심지어는 HP가 iPod을 생산하겠다는 이야기까지 나오게 하였다.

이제 Apple은 이와 같은 시장 지향적 전략의 성공을 확장하여 '엔터테인먼트 중심의 Digital Hub'가 되려 하고 있다. iTunes는 이제 협력사들의 영화와 방송도 판매하기 시작했고, iPod의 잠재적인 경쟁자라 할 수 있는 Cell Phone과 모바일 음악시장의 위협을 차단하기 위해 AT&T의 이동통신 자회사 Singular Wireless와 협력해 iPhone을 출시하였으며, 영상시장의 비중을 늘리기 위해 'Apple TV'를 준비했다.

Apple은 계속해서 iPhone과 iPad 시리즈를 출시하며 스마트폰 시장 및 태블릿 시장을 장악하는 한편, 스마트워치 개발을 통해 새로운 분야에서의 진출을 꾀하고 있다. 웨어러블 시장은 건강 관련 기기에 대한 수요가 급성장하면서 글로벌 대기업들의 스마트폰과 연동하는 스마트워치 판매 시작과 더불어 본격적인 성장기에 접어들었다. Apple은 기존 iPhone과 연동한 Apple Watch를 통해 웨어러블 시장에서 입지를 구축하며, 앞다투어 스마트워치를 출시하는 다른 글로벌 기업들과 경쟁하고 있다.

〈출처: Credit Suisse, May 17, 2013 by John Ditzer〉

• SECTION 01 • 전략이란 무엇인가

우리는 TV를 통해, 혹은 신문, 잡지를 통해 많은 광고를 접하고 있다. 그러나, 우리가 일상생활에서 접하는 광고들을 생각해볼 때, 비슷한 제품이라도 그 광고들이 주는 메시지나 이미지가 서로 일치하지 않음을 발견할 수 있다. 다음 광고를 보자.

다음의 두 광고는 같은 캔커피에 대해서 광고하고 있지만 두 광고에서 전달하고자 하는 메시지는 서로 상이하다. 동서식품의 맥심 T.O.P가 주고자 하는 메시지는 배우 원빈을 통해 TV광고에 욜로(YOLO, You Only Live Once)로 대표되는 시대적 화두를 반영해 '머무르지 않고 움직이며 현재의 가치를 즐기는 것이 바로 열정'이라는 메시지를 담았다. 반면, 조지아 고티카가 전달하는 메시지는 콜드브루의 깊은 커피 향을 강조한다. 배우 이민호는 "콜드브루를 강하게 10기압으로 내렸다. 이제, 콜드브루도 향이

▶ 서로 다른 메시지를 전달하는 커피 광고

다"라는 로고와 함께 '조지아 고티카 콜드브루'의 커피향을 음미한다. 이민호는 강하게 추출해 깊은 '조지아 고티카 콜드브루'의 향을 표현하기 위해 어둠 속에서 강렬한 눈빛으로 정면을 바라보는 모습을 보인다. 이러한 현상은 비단 이 광고에서만 나타나는 것이 아니라 우리가 일상적으로 접하는 많은 광고에서도 발견할 수 있다. 캔커피라는 같은 범주(category)의 제품임에도 불구하고 왜 이렇게 상이한 광고 방식이 존재할 수 있는 것일까?

광고는 기업들이 펼치게 되는 다양한 전략의 한 부분이다. 우리가 주목해야 할 점은 이러한 마케팅활동들이 그때그때 필요에 따라 임기응변식으로 만들어지는 것이 아니라는 점이다. 각 기업들은 자사가 처해 있는 시장상황의 변화를 끊임없이 분석하고 이에 맞게 마케팅 목표를 설정하여 이 목표에 맞는 활동들을 계획하게 된다. 이와 같이 목표에 따라 활동들을 계획하고 결정하며 실행하는 것을 통상 전략(strategy)이라고 부르는데, 전략이라는 개념에 대해 많은 학자들은 다음과 같이 다양하게 정의하고 있다.[1]

- 기업의 경쟁우위를 구축하고 구체적인 경쟁방식을 선택하는 의사결정-Porter(1996)
- 소비자의 욕구를 더 잘 충족시키기 위해 회사의 강점을 이용해 경쟁사들에 비해 확실한 차별화가 이루어지도록 노력하는 것이며(1982), 그 핵심은 고객을 위한 가치창조(1988)-Ohmae(1988, 1982)
- U기업의 장기적인 목표의 결정과 그 목표를 달성하기 위한 행동을 결정하고 경영자원을 배분하는 것-Chandler(1962)

각 학자들이 내린 정의에 따르면 세부적인 면에서의 견해는 다르지만, 공통적으로 전략이란 기업의 목표를 위해 활동을 계획하고 실행하는 의사결정이

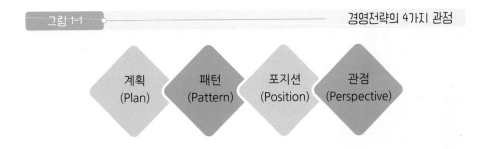

그림 1-1 경영전략의 4가지 관점

계획 (Plan) · 패턴 (Pattern) · 포지션 (Position) · 관점 (Perspective)

---

1 조선비즈, 2017년 5월 29일 "에스프레소를 캔 속에... 맥심 티오피 성공비결"

라고 말하고 있다. 이러한 전략의 정의를 구체적으로 살펴보기 위해 본서에서는 <그림 1-1>과 같이 전략을 바라보는 4가지 관점으로 전략의 정의를 제시하고자 한다.

1 계획(Plan)으로서의 전략

전략은 사전에 특정한 의도를 가지고 계획될 수 있다. 즉, 한 기업이 처한 상황에 적절히 대응하고 극복하고자 가이드라인을 만들기 위해 계획되는 의도적인 행동이라는 것이다. 계획적인 행동이라는 측면에서의 전략은 두 가지의 특성을 가지게 되는데, 하나는 실제적으로 행동에 들어가기에 앞서 그것을 행하기 위해 미리 만들어지는 것이라는 점이며 다른 하나는 의식적이고 의도적으로 만들어진다는 점이다.

원래 전략이란 용어는 strategos라는 희랍어에서 어원을 찾을 수 있는데, 이는 장군이 갖추어야 하는 기술 또는 과학을 의미한다. 장군이 전쟁에서 승리하기 위해서는 군을 이끄는 목적을 정의하고, 영토를 확보·유지하며, 자원을 적절히 사용할 수 있는 능력을 갖추어야 함을 강조한 것인데, 이러한 측면에서 전략은 적군에 맞서 취해야 할 실제행동의 계획이라고 정의될 수 있는 것이다. Drucker(1974)의 '전략은 의도적 행동이다'라는 말은 이러한 개념을 함축적으로 나타내고 있다. 여기서 의도라는 것은 기업이 가지고 있는 전략적 목표가 될 수 있는데 이는 우리가 흔히 신문에서 볼 수 있는 'A기업 올해 시장점유율 10% 상향조정!', 'B기업 2/4분기 매출 1조 원 달성 목표 발표!'와 같은 구체적인 문구에서 잘 나타난다. 기업들은 시정점유율, 매출, 고객만족과 같은 전략적 목표를 계획하고 나면 이를 달성하기 위한 구체적인 활동(action plan)을 계획한다. 여기서의 활동(action) 또한 행동(behavior)과 구분되는 개념으로 사전에 의도된 행동이라고 할 수 있다.

미국의 글로벌 기업인 3M은 끊임없는 혁신을 강조하며, 수평적이고 협력적 문화를 통한 아이디어 창출을 강조하여 지속적인 혁신적 신제품을 창출하였고, 2015년 기준 30억 2천 7백만 달러 매출액에 8만 9천명을 고용하고 있다.

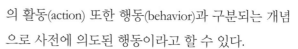
15/10 Rule로 혁신성을 추구하는 3M

보유한 특허수가 501개에 이를 정도로 3M은 소비자들에게 매년 새로운 제품을 선보이고 있는데, 이러한 3M의 성공은 3M이 가지고 있는 독특한 규칙에서 그 배경을 찾을 수 있다. 3M은 15/10 rule이라는 원칙을 가지고 있는데, 이는 근무시간의 15%는 창의적인 일에 사용하며, 최근 1년간 개발한 제품으로 매출의 10%를 올리는 것을 의미한다. 3M은 이러한 규칙에 따라 조직의 세부활동이 계획되며, 특히 최근 1년간 개발한 제품으로 10%의 매출을 올리기 위해 제품개발과 세부적인 마케팅활동을 계획하게 되는 것이다.

2 패턴(Pattern)으로서의 전략

계획된 전략은 실천으로 옮겨져야 한다. 즉, 계획으로서만 전략을 바라보는 것은 전략에 대한 결과를 알 수 없으므로 전략을 정의하기에는 부족하다는 것이다. 전략이 실행되는 것을 관찰하다 보면 일정한 패턴이 발견될 수 있는데, 이러한 측면에서 전략은 사전에 의도되었거나 혹은 의도되지 않았다 하더라도 그 전략행동은 일관적으로 나타나야 한다. 즉, 전략은 계획한 당사자의 의도에 상관없이 사후에 관찰될 수 있는 일관적 행동(consistency in behavior)의 흐름이 있어야 한다.

그러나 계획으로서의 전략과 패턴으로서의 전략을 동시에 고려한다면, 이는 상호독립적인 것으로 보일 수 있다. 왜냐하면 계획으로서의 전략은 반드시 실행된다고 볼 수 없지만, 패턴으로서의 전략은 관찰된 행동으로부터 발견되기 때문이다. 따라서 전략은 계획적이면서 동시에 일관적인 패턴을 가질 수도 있지만 때에 따라서는 계획적이지만 일관적으로 실행되지 않을 수도 있거나 사전에 의도되지 않았다 하더라도 사후에 일관적인 패턴으로 나타날 수도 있다고 볼 수 있다.

세계 IT의 흐름을 바꾸고 있는 거대기업인 마이크로소프트(www. microsoft.com)의 전략을 관찰하다 보면 일정한 패턴을 발견할 수 있다. 1980년대까지 DOS 운영체제(operating system)를 생산하던 마이크로소프트는 1990년대에 들어서 사용자들에게 편리한 GUI(graphic user interface)인 윈도우즈(Windows) 운영체제로 넘어오게 된다. 전세계 컴퓨터 운영체

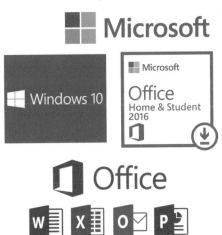

사업영역의 확장에 있어서 일정한 패턴을 보이는 마이크로 소프트

제시장의 90% 이상을 장악한 마이크로소프트는 이를 기반으로 각종 소프트웨어산업에 뛰어드는데, 특히 업무에 많이 활용되는 MS-Office를 중심으로 마케팅 활동을 펼치게 되었다. 소프트웨어 산업에서 기반을 다진 마이크로소프트는 이후 다른 영역으로 확장하게 되는데, 그래픽을 구현하는 데 핵심적인 프로그램인 DirectX의 개발은 마이크로소프트가 엔터테인먼트산업으로 진출하는 데 결정적으로 기여하였다. DirectX를 통해 마이크로소프트는 소프트웨어를 게임산업으로 확장하였고, XBox라는 게임기를 출시하였다. 최근에는, 가상현실(VR)과 증강현실(AR) 분야에 투자를 병행하며 이 둘의 융합인 혼합현실(Mixed Reality) 플랫폼을 통해서 새로운 사업을 꾀하고 있다. 이를 통해 마이크로소프트는 소프트웨어산업에서의 성공을 발판으로 게임 산업, 그리고 미래 혁신산업까지 진출하는 것을 볼 수 있다. 이러한 마이크로소프트의 일련의 활동을 관찰하면 마이크로소프트는 한 분야에서 경쟁사가 침범할 수 없는 확고한 성과를 거둔 후 그 성과를 기반으로 다른 분야로 확장하는 패턴을 발견할 수 있다.

3 포지션(Position)으로서의 전략

세 번째 관점은 포지션으로서의 전략이다. 포지션으로서의 전략은 어떻게 그 제품 혹은 서비스만의 차별성을 소비자들에게 각인시킬 수 있는지의 측면에서 매우 중요한 의미를 갖는다. 기업들의 경쟁환경이 심화되고, 기업의 R&D 활동이 강조되면서 제품의 속성과 기능의 모방가능성은 더욱 높아지고 있다. 따라서, 소비자들에게 자사의 제품과 서비스가 가지고 있는 차별성을 부각시키는 것은 최근의 기업전략에서 매우 중요한 문제로 인식되고 있다. 이러한 측면에서 전략을 바라볼 때 중요하게 생각해야 할 점은 항상 다음과 같은 질문을 스스로에게 던져야 한다는 것이다.

- 우리의 고객은 누구인가?
- 우리가 고객들에게 전달해야 할 차별화된 가치는 무엇인가?
- 우리는 어떠한 방법으로 차별화된 가치를 전달할 것인가?
- 이를 구체화하기 위한 전략은 무엇인가?

이러한 질문들은 나중에 설명될 STP(Segmentation Targeting Positioning)전략과 많은 관련성이 있다. 기업이 처한 환경, 특히 소비자들의 욕구를 분석하여 자사가 타깃으로 삼을 고객을 명확하게 규정하는 것이 STP전략의 출발이며, 이들에게 제품과 서비스로 차별화된 가치를 전달하는 과정이 STP전략의 핵심이다. 따라서, 전략은 환경 분석을 통해 소비자들에게 차별화된 가치를 전달할 수 있고 경쟁사에 비하여 더 우월한 위치에서 경쟁할 수 있는 자사의 위치(position)를 설정할 수 있어야 한다.

4　관점(Perspective)으로서의 전략

전략의 네 번째 측면인 관점으로서의 전략은 기업조직의 내부적 특성에 기인하는 것이다. 만약 100명이 같은 현상을 보고 있다 하더라도 각자 보는 관점에 따라 다르게 보일 수도 있듯이 같은 환경에서 경쟁을 하는 기업들이라고 할지라도 각 기업의 고유문화나 특성에 따라 이를 바라보는 방식이나 경쟁하는 방식이 다를 수 있다. 예를 들어, 같은 컴퓨터시장에서 경쟁을 한다 할지라도 IBM의 경우 전체적인 컴퓨터시장을 조망하며, PC보다는 솔루션(solution)시장에 집중하여 왔으며, 현재는 왓슨이나 IoT 등 미래 혁신 분야에서 강력한 리더십을 확보하고 혁신 산업의 성공을 지원할 수 있는 강력한 기반을 마련하고자 한다. 반면, 소니(Sony)의 경우에는 미학적 측면과 주변기기와의 네트워킹(networking)에 집중을 하는 전략을 취하였다. 이는 두 기업의 특성에 많은 영향을 받았다고 할 수 있는데, IBM의 경우는 PC를 생산하기 이전부터 대형컴퓨터를 주로 생산해 왔으며, 기업간 비즈니스(B2B)가 많았기 때문에 기업들의 내부 업무시스템에 관련된 솔루션 비즈니스에 침투하는 것이 효율적이었다. 소니의 경우는 워크맨, TV, DVD 플레이어, 카메라, 캠코더 등으로 대표되는 가전제품 분야에 대한 핵심역량을 보유하고 있었기 때문에 다양한 가전기기를 하나로 연결시키는 전략에 집중하였다.

관점으로서 전략을 바라본다고 할 때에는 다음과 같이 세 가지로 나누어서 살펴보는 것이 바람직하다.

- 추세(trend)를 보는 관점(perspective)
- 고객(customer)을 보는 관점(perspective)
- 경쟁(competition)을 보는 관점(perspective)

기업의 경쟁환경을 이루는 위의 세 가지 요소에 대해 명확한 관점을 가지고 있어야만 자사가 처해 있는 외부적 환경을 올바르게 인식할 수 있으며, 효과적인 전략의 수립이 가능하다.

관점으로서 전략을 바라본다는 것은 두 가지 의미를 가지고 있는데 첫 번째는, 모든 전략은 하나의 개념(concept)이라는 점이다. 즉, 전략이란 그것을 생각해 내는 사람들의 마음속에 존재하면서 손으로 만질 수도 없고 눈으로 볼 수도 없는 추상적인 것이다. 모든 전략은 창조의 과정이며, 사람들의 생각에 의해 만들어진다. 두 번째는, 이렇게 만질 수도 볼 수도 없지만 기업내부 구성원끼리 공유(shared)가 이루어진다는 점이다. 전략이 공유되어가는 과정에 의해 구성원들 간의 상호작용(interaction)이 일어나고 이에 따라 전략은 역동적으로 발전되어갈수 있는 것이다.

• SECTION 02 • 전략의 계층구조

지금까지 언급했던 전략, 즉 경영전략은 통상 기업 수준에서의 전략을 말하는데, 최근 기업의 조직이 복잡해지고 계층화됨에 따라 전략이 어떤 계층에서 구사되는지에 의해 크게 세 가지로 나뉜다. 첫 번째가 가장 높은 계층에 위치한 기업 수준(corporate level)의 전략이고, 두 번째가 중간계층에 위치한 사업부 단위 수준(business unit level)의 전략이며, 마지막이 제품이나 브랜드 단위 수준의 전략이다. 통상 마케팅전략(marketing strategy)이라고 하면 마지막 수준의 전략을 말하며, 이는 기업이 마케팅목표를 달성하기 위하여 취하는 기본 노선이며, 핵심 역량을 활용하여 시장의 위협을 피하고 기회를 포착하며, 고객의 가치를 창출하는 대안이라고 정의된다(유필화 외, 2003). 전략의 계층구조를 이와 같이 구분하는 것은 기업이 여러 사업에 참여하고 있는 다각화기업이라는 것을 전제로 하고 있다. 만약, 다각화된 기업이 아니라면 기업 수준 전략과 사업부 단위 수준의 전략으로 구분하는 것은 의미가 없다.

1   기업 수준의 전략

기업 수준(corporate level)의 전략은 끊임없이 변화하는 시장환경 속에서 기

그림 1-2 　경영전략의 3가지 계층

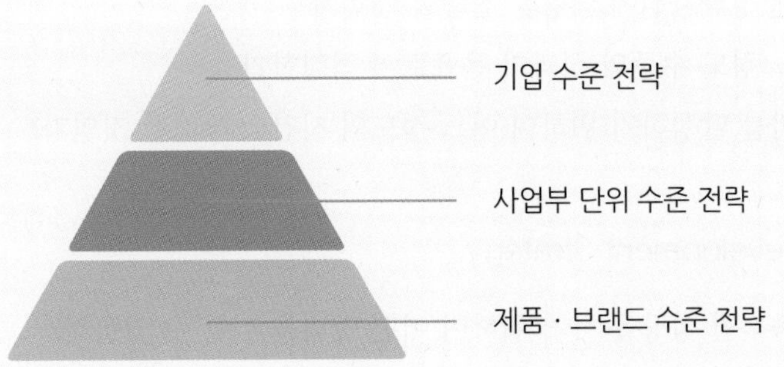

- 기업 수준 전략
- 사업부 단위 수준 전략
- 제품·브랜드 수준 전략

업의 사명과 목표를 달성하기 위하여 기업이 가지고 있는 여러 기능을 유기적으로 결합하여 경영자원의 효율적인 배분을 도모하고자 하는 관리과정을 말한다. 기업 수준에서 전략을 수립하기 위해 가장 핵심적으로 고려되는 사항은 그 기업이 경쟁하는 시장과 산업의 범위를 결정하는 것이다. 즉, 기업전략은 자사가 현재 가지고 있는 업의 범위를 조망하여 미래에 다가올 시장상황의 변화와 내부에 축적된 역량을 파악하여 향후 기업이 나아가야 할 거시적 방향을 설정하고 이에 따른 지침을 마련하는 것이라고 할 수 있다. 이를 위해 기업 수준에서 결정하는 사항들은 다각화, 기업 인수합병, 해외진출 등 기업이 참여하게 될 사업의 범위와 규모에 관련된 것들이며, 자원의 획득, 기업이 사용할 신기술, 목표고객, 시너지효과의 극대화, 기업활동의 통제방법 등의 사항도 다루어져야 할 필요가 있다. 또한, 기업 수준에서 결정된 전략들을 달성하기 위해 사업 포트폴리오 내에서 자원을 할당하며, 향후 성장전략을 결정하는 과정이 필요한데, 이미 잘 알려진 BCG Matrix와 GE Matrix는 기업이 가지고 있는 사업 포트폴리오를 분석하여 자원을 할당하는 틀로서 개발되었다. Walker와 Boyd, Larreche는 기업 수준의 전략에서 필요한 요소를 다음과 같이 다섯 가지로 정리하고 있다.

1) Scope, Mission, Intent

- 사업영역을 어떻게 가져갈 것인가?
- 어떤 소비자를 대상으로 전략을 수립해야 하며 이를 위해 활용해야 하는 기술은 무엇인가?
- 어떤 전략적 목표를 가지고 있어야 하는가?

2) Objective

- 어떤 성과차원에 역량을 집중할 것인가?
- 어느 정도 수준의 성과가 목표로서 적절한가?
- 성과를 달성하기 위하여 어느 정도의 시간을 투자할 것인가?

3) Development Strategy

- 지속적인 성장을 하기 위하여 어떤 방법을 취할 수 있을까?
- 목표로 하는 성장수준을 달성하기 위하여 현재 보유한 업의 범위를 확장할 필요성이 있는가?
- 미래에 지속적인 성장을 하기 위하여 새로운 사업으로 다각화를 추진해야 하는가 아니면 카테고리 내에서의 다각화를 추진해야 하는가?

4) Resource Allocation

- 최대의 성과를 달성하기 위하여 각 사업부에 한정된 자원을 할당할 수 있는 방법은 무엇인가?
- 사업부 수준에서 결정된 각 전략들 중에 최대의 성과를 달성할 수 있게 만드는 대안은 어떤 것인가?

5) Source of Synergy

- 각 사업부간에 어떤 역량이 공유되어야 하며 개발되어야 하는가?
- 효율성을 높이기 위하여 각 사업부간 공유할 수 있는 자산은 무엇인가?

2 사업부 수준의 전략

사업부(business unit)란 독자적인 사업전략을 가질 뿐만 아니라, 그 책임자가 판매와 이익에 대해 책임을 지는 조직단위를 말한다. 사업부 수준(business unit level)의 전략은 자사의 사업부 단위의 경쟁전략을 수립하는 것으로, 사업부가 속해 있는 시장에서 경쟁우위를 확보하거나 유지할 수 있는 방법을 찾는 것을 그 목적으로 하고 있다. 즉, 시장에서 어떠한 제품들을 판매할 것인가, 어떠한 세분고객을 대상으로 할 것인가, 혹은 사업부 내에 있는 각 기능들은 어떻게 관리되어야 할 것인가 등에 관련된 문제를 다루고 있으며, 어떻게 경쟁사와 경쟁할 것인가라는 방안에 대해 다루게 된다. 사업부 수준의 전략목표는 기본적으로 기업 수준에 설정된 목표와 일관성을 가지고 있어야 하지만 일관성을 확보한 뒤에는 사업부가 가지고 있는 독립적 위치와 권한을 이용함으로써 경쟁우위를 강화하여 표적시장에 대한 경쟁력을 제고하고, 강력한 마켓 리더십을 구축하는 것을 원칙으로 한다. 또한, 자사 사업부가 시장에서 필요한 역량을 모두 갖추지 못하더라도, 사업부의 핵심역량이 발휘될 수 있는 최적의 시장을 결정하고, 공략에 필요한 전략 프로그램을 설계하여, 특정 산업 내에서 경쟁사보다 우수한 경쟁전략과 핵심역량을 구축하는 것이 매우 중요하다.

3 제품 · 브랜드 수준의 전략

제품·브랜드 수준의 전략이란 좀 더 구체적인 마케팅 목표를 달성하기 위해 취하는 기본 노선이며, 이러한 제품·브랜드 수준의 전략을 통상적으로 마케팅전략이라고 한다. 마케팅전략의 주요 목적은 표적시장에서 기업의 마케팅 목표를 달성하기 위해 마케팅 자원과 활동을 효과적으로 관리·수행해 나가는 것이다. 이를 위해 표적시장에 대한 정의와 차별화된 포지셔닝 전략의 수립, 마케팅전략의 실행을 위한 구체적인 마케팅믹스 요소의 관리 및 배분이 수행되어야 할 것이다.

전략은 이러한 계층구조에 의해 서로 일관성 있게 수립되는 것이 중요하다. 만약 각 계층구조간의 일관성이 결여된다면 전략의 방향성이 모호해짐에 따라 기업이 보유하고 있는 자원의 낭비를 초래할 수 있을 뿐만 아니라 기업의 생존에도 큰 영향을 미칠 수 있다. 만약 한 기업이 세계 100대 브랜드로의 진입을 목표로 하는 기업 수준의 전략을 세웠다고 한다면 각 사업부는 이러한 기업 수준의 전략을 구체화시키면서 현실적으로 실행 가능한 전략을 수립해야 할 것이다. 단순히 "자사제품의 판매를 대폭 늘린다"라는 것보다는 기업의 브랜드 가치를 높이기 위해서 그 기업이 보유하고 있는 주력 브랜드의 해외 수출을 전년 대비 10% 증가시켜야 한다는 목표를 가지고 전략을 세운다면 좀 더 현실적으로 다가갈 수 있을 것이며, 이러한 현실적인 전략의 목표는 경영자와 종업원들에게 성취의욕을 불어넣어 줄 수 있다. 또한, 사업부 내의 목표들은 기업 수준의 전략과의 일관성을 유지하면서 각 목표들간에 충돌이 일어나지 않도록 해야 한다. 세계 100대 브랜드로 진입하기 위해 고급 이미지 제품의 해외출시를 계획하면서 단기적인 판매증대만을 목표로 한다면 단기적인 성과는 거둘 수 있지만 브랜드

가치에는 악영향을 줄 것이다. 이러한 사업부 단위 수준의 전략을 성공시키기 위하여 그 사업부가 보유하고 있는 많은 브랜드 중 특정 브랜드의 해외 브랜드 인지도를 전년 대비 10% 상승시킨다는 목표를 가지고 전략을 수립한다면 이는 제품·브랜드 단위 수준의 전략이 될 것이다.

이와 같이 마케팅전략은 기업이 가지고 있는 목표와 그에 따른 전략에 의해 많은 영향을 받게 될 것이다. 본서에서는 사업부 수준, 제품·브랜드 단위 수준의 전략에 대해 집중적으로 다루게 될 것이며 이에 대한 개략적인 내용을 살펴보자.

• SECTION 03 • 마케팅전략의 프레임워크

소니 플레이스테이션의 성공사례에서 볼 수 있듯이, 전략적 시장관리를 위한 마케팅 과정을 보다 효과적으로 수행하기 위해서는 구조적인 전략적 틀(frame)이 반드시 필요하다. 목표를 달성하기 위하여 전략을 수립할 때 명확한 틀이 없다면 가지고 있는 자원만 낭비할 뿐만 아니라 기업의 성패에도 영향을 미치게 되는 것이다.

본서에서는 마케팅전략을 크게 ① 전략적 상황분석에 의한 마케팅전략, ② 경쟁우위에 의한 마케팅전략, ③ STP에 의한 마케팅전략, ④ 경쟁적 역동성에 의한 마케팅전략 등 네 가지의 측면에서 바라보고자 한다.

전략적 상황분석에 의한 마케팅전략은 시장의 추세(trend) 분석과 소비자 분석, 경쟁사 및 자사 분석을 통해 효과적인 마케팅전략을 수립하는 과정이다. 지속적 경쟁우위에 의한 마케팅전략은 자사의 핵심역량이나 지속적 경쟁우위의 원천을 활용하여, 시장에서 경쟁사보다 우월한 경쟁적 위치를 확보하기 위한 전략이다. STP에 의한 마케팅전략의 수립은 고객을 세분화하고, 적절한 표적시장 선정 후, 자사의 제품이나 서비스를 소비자에게 차별화된 이미지로 지각시키기 위한 전략을 수립하는 과정이다. 마지막으로 경쟁적 역동성에 의한 마케팅전략은 기업이 처한 시장상황이 예측불능의 급변하는 추세에 있다 하더라도, 경쟁사보다 빠르고 유연하게 대처함으로써 전략적 우위를 점하는 과정이다. 이러한 과정들을 포함하여 전략적 틀 안에서 마케팅전략을 어떻게 수립할 것인지 다음에서 알아볼 것이다.

Sony PlayStation

PlayStation이 나오기 이전 콘솔 게임기시장은 닌텐도(Nintendo)로 대표되는 어린이 중심시장이었다. 닌텐도는 어린이용 완구와 트럼프를 만들었던 회사였던 만큼 게임 컨텐츠 자체도 어린이의 취향에 맞는 슈팅, 액션대전, 스포츠 게임 등 아케이드 형태가 주류를 이루고 있었으며, 비디오 게임이란 것 자체가 어린이들이 하는 것으로 인식되어 구매층 확대에 어려움이 있었다. 그러나 소니는 비디오 게임을 경험한 세대가 청소년으로 성장한 시장흐름에 주목하였고, 신제품을 개발하면서 어린이를 중심으로 형성되어 있던 시장을 청소년층으로 확대하고자 하였다. 이를 위해 소니는 자사의 기술력을 활용하여 경쟁사인 닌텐도에 비해서 상대적으로 고화질의 그래픽을 구사할 수 있고, 빠른 처리속도의 CPU를 탑재하고 있는 PlayStation을 개발함으로써 청소년들도 즐길 수 있는 화려하고 복잡한 수준 높은 게임을 가능하게 하였다. 이미 PC 게임시장을 중심으로 활성화된 전략 시뮬레이션이나, 롤 플레잉 등 성인이나 청소년 층이 즐길 만한 유치하지 않은 다양한 게임의 장르가 구현될 수 있도록 한 것이다. 이로써 PlayStation을 구입한 청소년들은 게임 아케이드에서 즐기는 것과 같은 고화질과 속도로 액션게임을 즐길 수 있었으며, Final Fantasy와 같이 복잡한 인공지능과 논리계산이 필요한 롤 플레잉 게임이나 전략 시뮬레이션을 즐길 수 있었다.

또한 닌텐도의 롬팩(ROM-Pack) 카트리지방식보다 저렴한 CD-ROM Drive 방식을 채택하여 더 저렴하고 강력한 게임의 제작을 가능하게 하였으며, 500여 곳의 서드 파티(Third Party)를 확보하여 다양한 장르의 게임을 제공할 수 있는 Network를 형성하였고, 소프트웨어를 소매점에서 직판하는 방법으로 유통시스템을 개혁하였다. 이러한 성과를 바탕으로 PlayStation은 게임기시장이라는 무대의 신참임에도 불구하고 당당히 주연으로서 스포트라이트를 받게 되었다. 이처럼 소니는 전략적 시장 파악을 통해 제품의 Target과 그에 맞는 Positioning을 도출하여 성공할 수 있었다.

그리고 더 나아가 2000년 PS2를 출시하면서 기존의 경쟁우위를 극대화하는 적절한 전술로 경쟁자들을 멀리 떼어놓으며 차세대 게임시장의 진정한 맹주로 군림하게 된다. 그렇다면 소니가 PS2를 내어 놓으며 성공할 수 있었던 경쟁우위는 무엇이었을까?

우선 PS1을 통해 구축한 브랜드의 힘을 들 수가 있을 것이다. 소니 이전에는 누구나 게임을 이야기할 때 닌텐도를 떠올렸으나 PS가 등장한 이후로는 모두가 PlayStation을 떠올리게 된 것이다. 이를 지원해 줄 수 있던 것은 바로 모기업 소니의 기술력과 Digital Convergence 역량을 들 수 있을 것이다. 게임기기의 개발 단계부터 핵심부품 전체를

자사 내에서 조달할 수 있는 소니의 기술력은 제품의 완성도에 대한 신뢰감을 형성하게 된다. 또한 기존의 소니가 지원하고 있는 다양한 생활가전제품과의 협업이 가능해지게 함으로써 PS2를 단순한 게임기 이상의 Digital Convergence 아이콘으로 떠오르게 만들어 주었다. 더욱이 소니 엔터테인먼트가 소유하고 있는 음원, 영화, 애니메이션 등의 다양한 소스는 이러한 PS2의 정체성을 더욱 알차게 해 줄 수 있었다. PS2로 'Final Fantasy' 게임을 즐기던 유저는 'Final Fantasy 영화' DVD를 볼 수도 있는 것이다. 마지막으로 PS2가 게임기로서 승리할 수 있는 가장 중요한 요소는 바로 서드 파티 관리능력이다. PS2 출시 당시 전세계적으로 800여 개 게임 개발사 및 유통사와 탄탄한 협력관계를 맺고, 매 출시 때마다 100만 카피를 넘기는 'Final Fantasy'나 '철권'과 같은 게임을 독점하면서 청소년 마니아 층의 절대적 지지를 이끌어 낸 것이다. 그리고 이미 협력사들을 통해 PS1 시절부터 시장에 뿌려진 8,000만 카피의 소프트웨어는 PS1 타이틀과 호환되는 PS2의 구매장벽을 낮춰주는 중요한 역할도 하게 되었다. 이처럼 PlayStation의 승리에는 경쟁우위에 기반한 전략이 있었기에 가능한 일이었으며, 소니는 이와 같은 경쟁우위를 통해 Playstation3, 4, PSVR까지 개발하면서 계속하여 발전된 게임기기를 출시하고 있다.

2006년, PS3는 블루레이 재생 능력과 함께 하드디스크가 탑재되어 고품질의 게임을 짧은 로딩시간으로 이용할 수 있게 만들었을 뿐만 아니라 온라인 게이밍 서비스는 한층 더 발전한 게임환경을 제공하였다. VGChartz에 따르면, PS3는 2016년 기준, 총 8,600만 대 이상의 판매를 기록하며 역사상 6번째로 많이 팔린 게임기기로 기록되어 있다.

2013년, PS3의 후속으로 나온 PS4의 글로벌 누적판매량은 2016년 기준, 3년 만에 6,000만대를 돌파하였다. 게임기 시장 내 선도업체로서의 위상을 유지하기 위해 소니는 보다 획기적인 기능 개발에 주력하였고, 커뮤니티 기능, VR기능을 추가하여 현대인의 게임 라이프 스타일과 최신 기술을 접목하는 데 성공하였다. 이러한 최신 기술이 적용된 모델인 PS4는 게임플레이 영상을 실시간 녹화가 가능하도록 만들어 다른 유저들과 게임 영상을 공유할 수 있도록 만들어졌다. 사진 또는 영상을 업로드하여 페이스북 등에 공유할 수 있도록 만들었으며, 플레이어는 유스트림 등을 통해 진행 중인 게임을 중계할 수 있게 되었다. 이에 더불어, PS4는 2016년에 추가로 PSVR을 내놓으면서 PS4와 VR을 연동하였으며, VR 헤드셋을 장착하여 가상 콘텐츠를 플레이스테이션으로 재생하면 생생하게 가상현실을 체험 할 수 있다. 현재 VR 게임 시장은 매우 작지만 그 성장속도가 매우 빠르기 때문에, 소니에서 PSVR을 판매하기 시작하였다. 이와 같이 소니는 경쟁사의 움직임에 대비하고, 사회 및 기술적인 변화와 더불어 기존의 경쟁 우위에 더하여 게임시장에서 경쟁우위를 유지하고자하는 전략을 취하고 있다.

그림 1-3 ●━━━━━━━━━━━━━━━ 마케팅전략의 4가지 축   MEMO

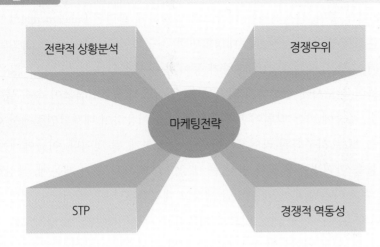

전략적 상황분석   경쟁우위

마케팅전략

STP   경쟁적 역동성

1 전략적 상황분석(strategic situational analysis)에 의한 마케팅전략

모든 일에는 순서가 있듯이 전략을 수립하기 위해 가장 먼저 거치는 과정이 자사가 처해 있는 상황을 객관적으로 인식하는 것이다. 역사 속에서 수많은 전쟁사를 관찰해보면 대부분 승리의 첫걸음은 아군의 상황과 적군의 상황을 정확히 꿰뚫고 있는 것에서 시작한다. 흔히, 현대에 있어서의 전쟁을 '정보전'이라고 한다. 그만큼 적과 아군의 상황을 정확히 파악하는 것이 전쟁의 승패에 지대한 영향을 미친다는 얘기이다. 「손자병법」의 모공편에서는 "적을 알고 나를 알면 백 번 싸워도 위태롭지 아니하고, 적을 모르고 나를 알면, 한 번 이기고 한 번 지며, 적도 모르고 나도 모르면 싸울 때마다 반드시 지게 되어 있다"라고 기술하고 있는데, 이 문구는 상황에 대한 정확한 이해의 중요성을 함축적으로 나타내고 있다.

마케팅에서도 먼저 자사가 위치한 상황을 정확히 인식할 필요가 있다. 이러한 상황분석에 기반하지 않는 목표와 전략의 수립은 실현가능성이 낮을 뿐만 아니라 나아가 마케팅의 대상물인 제품이나 서비스의 흥망에도 직결된다. 자사가 처해 있는 상황을 분석하기 위해서는 흔히, 자사(company)의 내부적 환경을 비롯하여 시장의 추세(trend), 고객(customer)의 욕구(needs) 및 소비행동(consumption behavior), 경쟁사(competitor)의 강점(strength)과 약점

知彼知己
百戰不殆
不知彼而知己
一勝一負
不知彼而知己
每戰必敗

〈孫子兵法〉
謀攻篇 第 三

(weakness) 등을 분석하게 된다.

1990년대 중반, 삼성전자는 냉장고와 밀접하게 관련된 Fundamental의 변화 추세를 분석한 결과, 급성장하는 대형할인점, 서구화된 라이프스타일, 맞벌이 부부의 증가, 신도시 아파트 거주의 증가 등이 주요 트렌드로 분석되었다. 많은 젊은 부부들이 신도시에 정착하게 되면서, 그 주위로 대형할인점들이 속속 들어서게 되었고, 주중에 바쁜 맞벌이 부부들은 주말을 이용하여 대형할인점에서 한꺼번에 장을 보는 서구화된 라이프스타일이 등장하게 된 것이다. 이들에게는 많은 물건들을 한꺼번에 저장할 만한 큰 냉장고를 필요로 했기 때문에, 삼성전자는 당시 주를 이루던 400~500리터급 냉장고 대신에 550~600리터급의 대형 냉장고시장이 향후에는 더욱 커질 것으로 예측하고, 대형 양문여닫이 냉장고를 개발하였다. 특히, 외국 기업들이 주를 이루고 있던 대형 양문여닫이 냉장고시장에서 경쟁력을 갖추기 위해, 국내 주부들의 욕구를 적극 반영한 한국형 모델을 만들어냈고, 예전에 대형 양문여닫이 냉장고를 개발했던 노하우를 바탕으로 가격경쟁력도 갖추었다.

삼성전자의 성공적인 시장진입의 결과, 국내 경쟁업체인 LG전자도 양문여닫이 냉장고 디오스(Dios)를 출시하는 등, 국내 냉장고시장에서 대형 양문여닫이 냉장고의 비중은 급속도로 성장하게 되었다. 양문여닫이 냉장고의 사례에서 알 수 있듯이 시장과 고객에 대한 정확한 이해는 신제품 개발과 마케팅전략의 수립에 있어서 필수적인 요소로 작용한다. 이와 같이 시장·고객·자사와 경쟁사에 대한 상황분석은 마케팅전략의 도출을 가능케 하는 기본적인 토대라고 할 수 있다. 이러한 상황분석을 위해서는 시장·고객·경쟁사에 대한 정확한 정보를 수집하는 것이 매우 중요하다. 그러나, 정확한 정보를 가지고 있다고 언제나 시장에서 성공할 수 있다고 장담할 수 있는가? 대답은 물론, '결코 아니다'라는 것이다. 파악된 정보를 자사의 형편에 맞게 해석하여 가공할 수 있는 능력 또한 정확한 정보를 입수하는 것만큼이나 중요하다. 마케팅전략을 수립하는 데 있어서도 분석된 자료를 자사의 전략적 상황에 맞도록 해석하여 가공하는 것은 올바른 전략을 수립하는 데 밑거름이 된다. 여기에는 중요한 의미가 담겨져 있는데, 이

전략적 상황분석에 의해 전략을 수립한 지펠(Zipel)

러한 분석자료는 전략적으로 사용되었을 때에만 그 가치를 가진다는 점이다. 상황분석이라는 용어에 군이 '전략적'이라는 용어를 추가한 것은, 마케팅전략에서의 상황분석의 목적은 자사가 처해 있는 상황을 그대로 받아들이고 해석하는 것에서 그치는 것이 아니라, 자사의 전략적 목표를 달성할 수 있도록 전략적 관점에서 해석하고 활용하는 데 있기 때문이다. 분석된 자료를 얼마나 자사에 적합하게 해석하고 활용할 수 있느냐에 따라 그 자료는 곧바로 전략이 될 수도 있으며, 단지 종잇조각이 될 수도 있다.

따라서, 본서에서는 제2장 "고객분석", 제3장 "경쟁과 산업분석"을 통해 기업이 처해 있는 상황을 전략적으로 분석할 수 있는 틀을 제시하고, 제4장에서는 이러한 분석들을 전략으로 연결시킬 수 있는 SWOT 분석이라는 틀을 이용하여 알아보기로 한다.

2 경쟁우위(competitive advantage)에 의한 마케팅전략

경쟁우위라는 용어가 다소 생소하게 들릴 수도 있지만, 이미 하버드(Harvard) 비즈니스 스쿨의 G. Hamel과 C. K. Prahalad, 와튼(Wharton) 스쿨의 G. Day 등의 많은 학자들에 의해 1980년대 후반부터 그 중요성이 계속 강조되어 왔다. 그 이전의 많은 학자들이 산업의 구조 및 경쟁분석을 통해 제품이나 서비스를 포지셔닝할 수 있는 틀에 대하여 연구한 반면, 이들은 기업내부에 있는 자산과 역량을 분석하여 경쟁사와 우월한 위치에서 경쟁할 수 있는 경쟁우위를 창출하고 지속적으로 유지·강화시킬 수 있는 방안에 초점을 맞추어 왔다.

경쟁우위는 단기간에 축적될 수 있는 것이 아니기 때문에 이를 활용한 마케팅전략을 수립하는 것은 긴 시간을 필요로 할 수도 있다. 지난 몇 년간 세계 제1의 브랜드로 인정받아 오고 있는 'Coca-Cola'는 어떠한가? 코카콜라는 'Coca-Cola'라는 브랜드 자산을 구축하기 위해 수십 년에 걸쳐 엄청난 투자를 해왔으며, 지금도 그 투자는 계속되고 있다.

소니 플레이스테이션의 경쟁우위 원천으로 작용하였던 요소는 무엇인가? 2003년 Interbrand의 조사에 따르면, 플레이스테이션의 모회사인 소니의 브랜드 자산(brand equity)은 약 131억 달러 정도이며 이는 세계 20위이다. 2003년, 소니는 고품질, 스타일리시(stylish)한 이미지로 고객들에게 인식되어 있었으며, 이러한 강력한 'Sony'의 브랜드 이미지는 플레이스테이션의 든든한 후원자가 되어 주었다. 1995년 이전에 비디오 게임을 하는 사람들은 모두 닌텐도의 패미콤을 대

2003 Rank	2002 Rank	Brand	Brand Value	Change in Brand Value
01	01	Coca-Cola	70,453 $m	+1%
02	02	Microsoft	65,174 $m	+2%
03	03	IBM	51,767 $m	+1%
04	04	GE	42,340 $m	+2%
05	05	intel	31,112 $m	+1%
06	06	NOKIA	29,440 $m	-2%
07	07	Disney	28,036 $m	-4%
08	08	McDonald's	24,699 $m	-6%
09	09	Marlboro	22,183 $m	-8%
10	10	Mercedes-Benz	21,371 $m	+2%
11	12	TOYOTA	20,784 $m	+7%
12	14	hp	19,860 $m	+18%
13	13	citi	18,571 $m	+3%
14	11	Ford	17,066 $m	-16%
15	15		16,833 $m	+3%
16	19	Gillette	15,978 $m	+7%
17	16	CISCO	15,789 $m	-3%
18	18	HONDA	15,625 $m	+4%
19	20	BMW	15,106 $m	+5%
20	21	SONY	13,153 $m	-5%

2016 Rank	2015 Rank	Brand	Brand Value	Change in Brand Value
01	01	Apple	178,119 $m	+5%
02	02	Google	133,252 $m	+11%
03	03	Coca-Cola	73,102 $m	-7%
04	04	Microsoft	72,795 $m	+8%
05	06	TOYOTA	53,580 $m	+9%
06	05	IBM	52,500 $m	-19%
07	07	SAMSUNG	51,808 $m	+14%
08	10	amazon	50,338 $m	+33%
09	12	Mercedes-Benz	43,490 $m	+18%
10	08	GE	43,130 $m	+2%
11	11	BMW	41,535 $m	+12%
12	09	McDonald's	39,381 $m	-1%
13	13	Disney	38,790 $m	+6%
14	14	intel	36,952 $m	+4%
15	23	f	32,593 $m	+48%
16	15	CISCO	30,948 $m	+4%
17	16	ORACLE	26,552 $m	-3%
18	17	Nike	25,034 $m	+9%
19	20	LOUIS VUITTON	23,998 $m	+8%
20	21	H&M	22,681 $m	+2%

표적인 콘솔 게임기로 떠올렸지만, 그 이후의 대표 게임기는 플레이스테이션이 되었다. 2016년 Interbrand의 조사에 따르면, 플레이스테이션의 모회사인 소니의 브랜드 자산(brand equity)은 약 83억 달러 정도이며 세계 58위이다. 2003년 20위 였던 소니의 브랜드가치가 상당히 떨어진 것을 알 수 있다. 이를 통해, 브랜드 자산을 제대로 갖추고 이를 경쟁우위로써 유지하는 것이 얼마나 중요한지 알 수 있다.

또한, 2016년 Interbrand의 조사에 따르면, 코카콜라의 브랜드가치 순위는 1위에서 3위로 소폭 내려온 반면에, 애플의 브랜드자산(brand equity)은 약 1,780억, 구글의 브랜드자산(brand equity)은 1,332억으로 1,2위를 다투고 있다. 구글과 애플은 PC와 스마트폰을 비롯해 다수의 영역에서 유사한 서비스를 출시하며 유·무선 모든 분야로 경쟁영역을 넓히고 있다.

구글은 검색엔진, 동영상, 지도, 이메일, SNS, 결제, eBook, 헬스케어 등 인터넷 서비스를 포함해 Nexus One 및 TV 등의 영역에 진출한 반면, 안드로이드를 내세워 모바일 시장 진출 및 안드로이드 생태계 조성을 통해 모바일 광고시장을 장악하고자 한다.

반면, 애플은 모바일 하드웨어인 아이폰의 매출 확대를 주목적으로 하며, 컨텐츠와 단말기를 결합한 비즈니스 모델을 선보이며, 경쟁사와 차별화를 추구한다. 예를 들어, 아이팟, 아이폰, 아이패드까지 지속적인 혁신 단말기를 출시하며, 앱스토어 및 아이튠즈를 통하여 다양한 어플리케이션과 함께 고객을 Lock-In 한다. 이를 통해 단말기 매출에 대한 수요를 견인하는 애플의 디지털 컨텐츠 생태계를 구축한다. 애플은 구글의 개방정책과는 대조되는 강력한 통제전략을 통해 서비스 품질을 보장하면서 고객가치 제공에 집중하여 혁신적이고 시장 지향적인 디자인을 가진 제품을 통한 최고의 경험을 제공한다. 최근에는 구글과 애플은 TV, PC 등 가정 내 모든 전자기기로의 진입을 시도하고 있다.

경쟁우위는 그 구축에 있어 많은 시간과 노력이 투자되는 만큼 그에 의한 마케팅전략은 매우 강력하며 기업의 노력에 따라 지속적으로 구축·강화되어 선순환을 가져올 수 있다. 앞서 언급했던 소니의 경우 기술과 브랜드에서의 경쟁우위를 확보한 결과, 이들을 활용하여 뛰어난 기업활동과 마케팅전략을 수립할 수 있었고, 이는 기업의 성장으로 연결되었으며, 다시 지속적으로 뛰어난 기술과 강력한 브랜드 자산을 확보할 수 있는 밑거름이 될 수 있었다. 코카콜라의 경우도 마찬가지이다. 코카콜라의 강력한 브랜드 자산은 경쟁사보다 더 많은 고객을 확보할 수 있는 기반이 된다. 많은 고객을 통한 이윤의 확보는 다시 브랜드 자산을 구축하는 데 재투자되며, 코카콜라 브랜드는 다른 제품군에도 긍정적인 영향을 미쳐 기업을 지속적으로 성장시킬 수 있는 원동력이 되는 것이다.

하지만 기업이 가지고 있는 자산과 역량은 일정한 방향성을 가지고 차별화된 가치를 창출할 수 있어야 효과적인 마케팅전략을 수립할 수 있다. 이러한 방향성은 크게 Operational Excellence, Product Leadership, Customer Intimacy 등 세 가지로 나타나며, 일반적으로 경쟁우위의 가치제안(value proposition)이라고 한다.

본서에서는 5장과 6장 두 개의 장에 걸쳐 경쟁우위를 통한 마케팅전략의 수립에 관해 알아보고자 한다. 제5장 "지속적 경쟁우위의 확보"에서는 경쟁우위의 중요성과 경쟁우위의 원천을 구성하는 자산과 역량에 대해 자세히 알아보고, 제6장 "경쟁우위에 근거한 전략"에서는 경쟁우위의 원천을 활용한 마케팅전략과 경쟁우위를 지속적으로 구축·강화시킬 수 있는 방안에 대해 알아본다.

3 STP에 의한 마케팅전략

STP전략의 핵심은 고객에게 차별화된 가치를 전달할 수 있도록 제품과 서비스의 마케팅전략을 수립해야 한다는 것이다. 과거 산업사회에서는 공급이 수요보다 적었기 때문에 생산량은 곧 판매량이었고, 따라서 경쟁이라는 개념이 거의 나타나지 않았다. 그러나 자본주의가 성장하고 산업구조가 고도화되어 같은 기능과 속성을 가진 제품을 만드는 경쟁사가 생겨나 공급은 수요를 초과하고, 소비자들의 욕구는 분화·진화되어 소비자들은 과거와 같이 똑같은 제품에 모두 만족할 수 없게 되었다. 아울러 이렇게 세분화된 소비자들로 구성된 시장은 커져만 갔다. 기업들은 과거와 같이 시장 내의 모든 소비자들을 대상으로 제품을 만들어 판매하기에는 가지고 있는 자원이 충분치 않으며, 경쟁사와 같은 방식으로 제품을 만들고 판매한다면 심화되어 가는 경쟁상황에서 어떠한 우위도 점할 수 없음을 깨달았다.

이러한 상황을 극복하기 위한 첫 번째 질문이 바로 "우리의 진정한 고객은 누구인가?"라는 것이다. 시장에는 수많은 소비자들이 있지만, 그들 모두가 우리의 제품을 필요로 하는 고객은 아닐 것이다. 첫 번째 질문에 대한 답은 바로 시장 세분화(Segmentation)와 표적시장 선정(Targeting)을 통한 자사 고객의 규명이다. 시장세분화가 넓은 시장에 흩어져 있는 소비자들을 비슷한 욕구를 가진 집단으로 묶어주어 시장 내에 어떤 소비자 집단이 있는지 그 이해를 돕는 것이라면, 표적시장 선정은 그 소비자 집단들 중에서 어떤 소비자 집단이 우리의 고객으로 적합한지 선정하는 과정이다.

두 번째 질문은 "우리의 고객에게 어떤 차별화된 가치를 전달할 것인가?"이다. 경쟁환경에서는 비슷한 소비자들을 대상으로 비슷한 제품들을 판매하는 경쟁사들이 있기 마련이다. 만약, 자사의 제품이 경쟁사의 제품과 별반 다르지 않다면 소비자들이 자사의 제품을 구매할 확률은 매우 낮아질 것이다. 따라서, 소비자들에게 자사의 제품을 경쟁사와 차별화되도록 만드는 전략이 필요하며, 포지셔닝(positioning)전략은 그것을 가능케 해준다.

미국 항공업계 내에서 성공적인 평가를 받고 있는 Southwest 항공은 비교적 규모가 작은 국내 항공사임에도 불구하고, 표적고객 중심의 서비스를 제공하여 기업의 가치를 높여왔다. Southwest 항공은 고객들을 여행목적에 따라 세분화하여 세분시장의 프로파일을 개발하였고, 이를 토대로 각 세분시장의 매력도를 평가하여 크게 비즈니스 여행객과 레저 여행객을 목표고객으로 삼았다. 비즈니스 여행객은 여행시간 동안의 편리함과 효율적인 시간계획을 위해 여행시간에 신경을 쓰는 것으로 나타났고, 레저 여행객은 여행경비의 부담을 줄이려는 목적으로 가격에 대한 민감도가 큰 것으로 나타났다. 따라서, Southwest 항공은 업무를 위해 짧은 거리를 오고 가는 승객들과, 주말에 휴일을 이용해 여행을 다니는 승객들을 목표고객으로 저렴한 운임을 책정하기로 하고, 요일에 따라 운임체계를 차별화하였다. 그리고 이를 소비자들에게 인식시키기 위하여 "The Low Fare Airline"이라는 컨셉으로 타 항공사와 차별화를 시도하며 이 컨셉에 부합하는 마케팅활동을 펼쳐 나갔다. 가격경쟁력 확보를 위해 기내식을 없애는 등 기내의 불필요한 서비스를 과감히 정리하여 항공요금의 거품을 제거하였고, 여객기를 단일 기종으로 사용하여 유지비를 절감하는 등 최적의 비용 산출을 통해 그 혜택을 고객에게 돌려주는 전략을 수립하였던 것이다.

STP전략이 수립되고 나면, 실제로 우리의 고객들이 제품이나 서비스를 구매하는 데 불편함이 없도록 구매장벽을 제거해 주는 것이 필요한데 그 역할을 담당하는 것이 Pushing and Pulling 전략이다. 성공적인 마케팅전략은 선정된 세분시장 고객들에게 자사의 차별화된 가치를 명확하게 효율적으로 전달하는 데 달려 있다고 해도 과언이 아니다. 이를 위해서 먼저 기업은 자신들이 판매하는 제품에 대한 컨셉을 정립하고 그 제품에 대한 소비자의 선호를 구축하여야 할 것이다. 잘 구축된 브랜드 파워(brand power)는 기업의 무형적 가치를 높이고 자사 브랜드에 대해 애호도 있는 고객을 확보함으로써 고객들이 타 브랜드로 전환하는 것을 방지할 수 있다. 또한, 브랜드의 의미가 단순히 브랜드의 개념에서 벗어나서 그 브랜드가 전달하는 느낌과 이미지의 총합으로 확장됨에 따라 고객들은 브랜드에 대해 애정을 가지고 더 친밀한 관계를 맺을 수 있도록 만들어주는 역할을 한다. 또한 기업은 자사 제품에 대한 다양한 광고 및 프로모션을 통하여 고객들에게 제품에 대한 친숙도를 형성하고 구매를 유발하는 활동들을 효과적으로 전개해야 한다. 이러한 기업들의 활동은 통합적으로 관리되고 계획되어야 하며, 마케팅전략의 성공은 이러한 구체적인 활동(Action Plan)들의 일관성에 많은 영향을 받게 된다.

본서에서는 이상에서 설명한 것들을 두 가지 측면으로 나누어 살펴볼 것이다. 첫째, 고객의 획득과 유지를 위한 마케팅전략의 핵심이 되는 STP와 이에 기반한 브랜드 자산의 구축과 관

리는 각각 제7장과 제8장에서 다룰 것이다. 둘째, 구체적인 실행전략에 해당하는 IMC(integrated marketing communication), 제품과 촉진전략, 가격과 유통관리는 각각 제 9 장, 제10장, 제11장에서 다룰 것이다.

4 경쟁적 역동성(competitive dynamics)에 의한 마케팅전략

마케팅전략의 성공은 변화하는 경쟁환경(competitive dynamics)에 따라 그 결과가 크게 좌우된다.

경쟁의 환경이 역동적으로 변화하는 이유 중 하나는 시장의 추세가 매우 빠르게 변화하고 있기 때문인데, 추세를 읽어내고 그에 맞는 제품과 서비스를 만들어 시장에 먼저 진입하는 기업들을 선도진입자(first mover 혹은 pioneer)라고 부르며, 그 이후에 진입하는 기업들을 후발진입자(late entrants)라고 부른다. 흔히 먼저 시장에 진입하는 경우 절대적으로 유리할 것이라고 생각될 수 있지만, 이는 동전의 양면과 같아서 장점도 있는 반면 그에 따르는 단점도 있다. 후발진입자도 마찬가지로 반드시 단점만 가지고 있는 것이 아니라 늦게 진입하는 데 따르는 장점도 가지고 있다. 따라서, 선도진입자의 측면에서 본다면, 시장에 먼저 진입하는 데에 따르는 장점을 얼마나 잘 살리면서 단점을 보완하는 전략을 수립하는가가 시장주도권의 장악 여부를 결정짓게 되며, 후발진입자의 측면에서 본다면, 선도진입자의 장점을 얼마나 무력화시키면서 늦게 진입하는 데 따르는 장점을 잘 활용할 수 있는 전략을 수립하는가가 성공을 좌우하게 될 것이다.

인터넷 브라우저인 Microsoft의 익스플로러(Explorer)는 인터넷 브라우저 시장에 후발주자로 진입하였다. 당시 시장에는 Netscape의 내비게이터(Navigator)가 점유율 1위를 달리고 있었고, 인터넷 브라우저 제품의 표준으로 소비자들에게 인식되고 있었다. 그러나 Microsoft의 익스플로러는 인터넷 브라우저가 가지고 있어야 하는 기능적 속성을 모두 가지고 소비자들 사이에 기존의 선두주자였던 Netscape의 내비게이터와 기능상에서 큰 차이점이 없음을 인식시켰으며, 오히려 멀티미디어 부분이나, Windows 시스템과의 호환성 등은 Microsoft의 익스플로러가 좀 더 완벽하게 구현되었다. 후발진입자인 Microsoft는 익스플로러를 이러한 기능적 유사성과 경쟁적 차별성을 부각해 소비자들에게 뛰어난 인터넷 브라우저로 인식시키는 데 성공하였고, 현재는 거의 대부분의 인터넷 사용자들이 Microsoft의 익스플로러를 쓰게 되었다. 2009년 익스플로러가 나온 지 8년 뒤, 2017년 IT시장조사업체 넷마켓셰어 최신자료에 따르면 세계 데스크톱 브라우

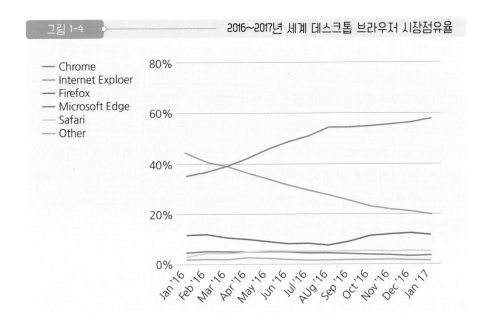

그림 1-4 ● 2016~2017년 세계 데스크톱 브라우저 시장점유율

저 시장에서 크롬이 60% 가까운 점유율을 기록해 1위를 차지했다. 크롬은 2008년 출시하였는데, 상당수의 익스플로러 사용자가 새로운 브라우저로 익스플로러를 버리고 크롬을 선택한 것이다. 이와 같은 원인에는 첫째로, 윈도우 10으로 업데이트를 한 후, 마이크로소프트는 익스플로러 8에서 11로 업데이트를 요청하였고, 최신 익스플로러 버전 외에는 보안 업데이트가 제공되지 않는다고 발표하였다. 계속된 익스플로러의 강제 업데이트는 결과적으로 상당수의 사용자들이 크롬으로 전환하도록 도왔다. 둘째로, 익스플로러와 크롬은 각기 다른 검색엔진을 탑재하였다. 크롬은 구글, 익스플로러는 마이크로소프트의 빙(Bing) 검색엔진을 탑재하였는데 구글을 검색엔진으로 사용하는 크롬으로 상당수 사용자들이 이동하였다. 결국, 선발주자인 익스플로러의 점유율도 후발주자인 크롬에게 잠식당하는 또 다른 변화가 만들어지고 있다.

급변하는 화장품 유통 패러다임에 따라 화장품산업에도 경쟁 환경의 변화가 있었다. 미샤는 2000년도 런칭 당시 온라인을 통해 화장품을 3,300원에 판매하여 젊은이들 사이에 선풍적인 인기를 몰고 왔다. 소매점포 역시 비슷한 가격대를 유지하며 '저가 전략'을 강력한 무기로 삼아 시장을 선점하였다.

하지만 2000년대 후반, 더 이상 저가격 정책이 지속적인 성장 동력이 될 수 없었다. 그 결과, 더페이스샵은 가격프리미엄을 앞세워 한방 노화방지 크림 등

5~6만원의 고가의 기능성 제품을 통해 매출액 상승세를 이어갔다. 자연스레 미백 및 주름개선 상품을 통해 소비자 연령대가 높아지고 외국인 관광객에게도 인기를 끌게 되었다.

그러나 우후죽순 생겨난 화장품 브랜드들은 과열된 경쟁 양상 속에서 매출 성장이 더뎌졌으며, 계속되는 할인 경쟁 속에서 포화상태인 국내 시장을 벗어나 중국을 중심으로 미국, 유럽까지 해외 진출을 통한 돌파구를 꾀하였다. 더페이스샵은 프리미엄라인을 앞세워 중국 현지 시장을 공략하였고, '연구개발 이노베이션' 센터를 통해 자체 생산률을 끌어올려 2015년까지 매출액 1위를 차지하였다. 즉, 활발한 중국을 중심으로 한 글로벌 시장 공략을 통해 중국 핵심 화장품 브랜드로 자리잡았다.

2016년, 하지만 더페이스샵은 왕좌자리를 이니스프리에게 1,181억원 차이로 내주었다. 이니스프리가 미샤와 더페이스샵을 제치고 2016년 매출 1위를 차지하게 된 것이다. 이니스프리는 '자연주의'를 내세워 브랜드 콘셉트를 살렸다. 또한, '제주 헤리티지' 상품인 그린티 씨드세럼, 한란크림, 화산송이 팩 등으로 국내와 해외 소비자들의 이목을 끌었고, 유통채널 효율화, 온라인 및 면세 채널의 매출 성장을 이끌어 낸 것에서 가장 큰 원인을 찾을 수 있을 것이다. 이니스프리는 한국기업평판연구소의 빅데이터 분석에서 화장품 전문점 브랜드 1위를 차지했으며, 설화수에 이어 아모레퍼시픽 브랜드 중 두 번째로 매출 1조원 돌파를 성공했다. 이니스프리는 지난해 4분기 203개였던 중국 매장 수를 올해 307개로 늘렸다.

경쟁환경을 더욱 역동적으로 만드는 또 다른 이유는 기업의 존재이유에 있다. 기업이 사업을 영위하기 위해서는 지속적으로 이윤을 창출해야 하며, 더 많은 이윤을 창출하기 위해서 고객의 기반을 넓혀가며 성장을 지향해야 한다. 제품수명주기(PLC, product life cycle)상의 도입기나 성장기에 있는 기업들이 고객의 확보에 집중하는 이유가 바로 여기에 있으며, 성숙기에 접어든 제품이나 서비스를 판매하는 기업들이 경쟁사의 고객을 자사의 고객으로 유치하기 위해 노력하는 이유도 바로 여기에 있다. 따라서, 1위 기업은 2위 기업의 공격을 방어할 수 있는 전략만 구상하고 2위 기업은 1위 기업을 공격할 수 있는 전략만 구상한다고 생각하는 것은 유연한 전략적 사고를 가로막는다. 시장을 관찰하다 보면 시장의 주도권을 가지고 있는 기업이 항상 방어의 입장에만 있는 것이 아니며, 2위 기업이 1위 기업의 공세를 막아내기 위해 노력하는 모습도 발견

그림 1-5 ●───────────────────────── 마케팅전략의 프레임워크

MEMO

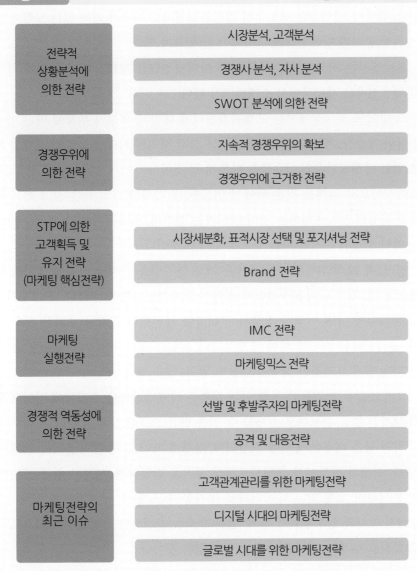

전략적 상황분석에 의한 전략	시장분석, 고객분석
	경쟁사 분석, 자사 분석
	SWOT 분석에 의한 전략
경쟁우위에 의한 전략	지속적 경쟁우위의 확보
	경쟁우위에 근거한 전략
STP에 의한 고객획득 및 유지 전략 (마케팅 핵심전략)	시장세분화, 표적시장 선택 및 포지셔닝 전략
	Brand 전략
마케팅 실행전략	IMC 전략
	마케팅믹스 전략
경쟁적 역동성에 의한 전략	선발 및 후발주자의 마케팅전략
	공격 및 대응전략
마케팅전략의 최근 이슈	고객관계관리를 위한 마케팅전략
	디지털 시대의 마케팅전략
	글로벌 시대를 위한 마케팅전략

할 수 있다.

또한, 공격을 하거나 방어를 하기 위해서는 반드시 가시적인 행동(action)을 취해야 한다고 생각할 수 있지만, 상황에 따라서는 어떤 행동을 취할 것이라는 신호(signaling)만으로도 좋은 공격전략이나 방어전략이 될 수 있다. 삼국지에서 유비가 조조에게 쫓기고 있을 때 조조의 백만 대군을 막아낸 것은 미리 잠복하고 있던 군사들도 아니고, 놀라운 신무기도 아니었다. 단지 일당백으로 소문 나 있던 의제 장비의 백만 대군에 대한 호령과 위협이었다. 「손자병법」에서도 이르

기를, "전쟁을 잘하는 자는 적을 굴복시키되 전투를 치르지 않고 굴복시킨다"고 하였다. 따라서, 기업들은 역동적인 경쟁환경에서도 자사가 처해 있는 상황에 맞게 적절한 공격과 방어전략을 구사해야 할 필요가 있다.

본서에서는 시장 진입순서에 따른 마케팅전략을 제12장에서, 공격과 그에 대한 대응전략을 제13장에서 소개하고자 한다.

그 밖에도 제14장에서는 고객관계관리에 대한 중요성의 부각에 따른 마케팅전략의 이슈를, 제15장과 제16장에서는 각각 디지털 시대와 글로벌 시대의 도래로 인한 마케팅전략의 이슈들을 다루게 될 것이다.

마지막으로 밝혀둘 것은 위에서 언급한 네 가지 전략의 틀은 결코 어느 한 가지가 독립적으로 존재하는 것이 아니라는 점이며, 전략을 수립할 때에는 반드시 위에서 소개된 순서에 따를 필요는 없다는 것이다.

먼저, 각 프레임에 있는 내용들은 서로 연관성을 가지고 전략에 영향을 미치게 되는데, 예를 들어 STP전략에 있어서 포지셔닝전략을 수립할 때 경쟁사에 대한 분석이 없다면 어떻게 경쟁사에 대하여 차별화된 전략을 수립할 것인가? 또한, 공격전략을 수립할 때에 경쟁사보다 우월한 자산과 역량을 활용할 수 있다면 더욱 쉽게 효과적인 전략을 만들어 낼 수 있을 것이다.

그리고 많은 기업들이 처해 있는 상황은 마케팅전략을 수립함에 있어서 위에서 제시한 틀을 순서대로 실행할 수 있을 만큼 느긋한 상황은 아니다. 네 가지의 전략적 틀은 대부분 동시에 진행되며, 상황에 따라 그 실행의 순서가 바뀔 수도 있다. 경쟁의 상황에서 경쟁사로부터 공격을 받았다면, 자사가 처해 있는 상황을 분석하여 그에 맞는 대응전략을 구사할 수도 있고, 공격전략을 실행하는 과정에서 자사의 경쟁우위가 될 수 있는 요소를 발견하면 그것을 지속적으로 구축·강화시킬 수 있는 전략을 수립할 수도 있을 것이다.

결론적으로 말하자면, 본서에서 소개되는 다양한 전략과 그 틀들은 마케터들에게 마케팅전략을 수립할 때 참고가 될 수 있는 가이드라인을 제시하는 것이며 실제 그 적용에 있어서는 매우 유연한 전략적 사고가 요구된다.

기업목표에 따라 활동들을 계획하고 결정하며 실행하는 것을 통상 전략이라고 부르며, 전략을 바라보는 관점으로 계획으로서의 전략, 패턴으로서의 전략, 포지션으로서의 전략, 관점으로서의 전략 등 네 가지를 소개하였다. 계획으로서의 전략은 사전에 특정한 의도를 가지고 계획될 수 있다는 것이고, 패턴으로서의 전략은 사후에 관찰되는 일관된 패턴을 가질 수 있다는 것이다. 포지션으로서의 전략은 전략에 의해 사업이나 제품의 경쟁적 위치가 결정될 수 있음을 의미하며, 관점으로서의 전략은 각 기업들마다 상황을 바라보는 독특한 관점이 있음을 의미한다.

기업조직이 커짐에 따라 전략에도 계층적 구조가 생겨났는데, 가장 상위에 있는 것이 기업 수준의 전략이고, 중간 단계에 있는 것이 사업부단위 수준의 전략이며, 가장 하위에 있는 것이 제품이나 브랜드 수준의 전략으로, 통상 마케팅전략이라고 할 때에는 이 수준의 전략을 칭한다. 마케팅전략은 기업이 마케팅 목표를 달성하기 위하여 취하는 기본 노선이며, 핵심역량을 활용하여 시장의 위협을 피하고 기회를 포착하며, 고객의 가치를 창출하는 대안이라고 정의된다.

마케팅전략을 수립하기 위한 틀로서 크게 전략적 상황분석에 의한 전략, 경쟁우위에 의한 전략, STP에 의한 전략, 경쟁적 역동성에 의한 전략으로 나누어 생각해 볼 수 있다. 전략적 상황분석에 의한 전략이라 함은 자사가 처해 있는 상황을 전략적으로 해석함으로써 전략이 수립될 수 있음을 의미하고, 경쟁우위에 의한 전략이라는 것은 자사가 경쟁사에 비하여 우월하게 가지고 있는 자산이나 원천 혹은 경쟁우위의 가치제안을 통해 전략을 수립할 수 있음을 말한다. STP전략은 자사의 고객이 누구인가를 규명하는 것에서 시작되며, 이들에게 차별화된 가치를 전달할 수 있는 전략을 의미한다. 시장의 상황은 변화가 심하기 때문에 경쟁적 역동성을 고려하여 선발진입 전략과 후발진입 전략, 공격전략과 대응전략들을 구사해야 한다.

이러한 각 전략들을 수립할 때에는 상황을 정확하게 인식할 수 있는 철저한 분석과 유연한 전략적 사고가 요구된다.

생각해 볼 문제

01 전략을 바라보는 4가지 관점을 잘 설명할 수 있는 적절한 사례에는 어떤 것이 있는지 생각해 보시오.

02 기업 수준의 전략과 사업부 수준의 전략의 일관성이 잘 나타난 사례는 어떤 것이 있는지 생각해 보시오.

03 성공적이라고 생각되는 마케팅전략의 사례를 찾아보고 그 이유에 대해서 생각해 보시오.

참고 문헌

· 유필화 · 황규대 · 강금식 · 정홍주 · 장시영(2014), 「글로벌시대의 경영학」, 도서출판 오래.
· 유필화 · 김용준 · 한상만(2012), 「현대 마케팅론」, 박영사.
· 장세진(2010), 「글로벌 경쟁시대의 경영전략」, 박영사.
· 허원무(2000), "엔터테인먼트 마케팅으로 차별화하라," 「주간경제 제579호」, LG경제연구원.
· Adcock, D.(2000), *Marketing Strategies for Competitive Advantage*, John Wiley & Sons.
· Chandler A.(1962), *Strategy and Structure: Chapters in the History of American Industrial Enterprise*, Cambridge, MA: The MIT Press.
· Cravens, D.(2000), *Strategic Marketing*, Irwin McGraw-Hill.
· Drucker, P.(1974), *Management: Tasks, Responsibilities, Practices*, Harper & Pow.
· Drucker, P. F. (2017). The Theory of the Business (Harvard Business Review Classics). *Harvard Business Press*.
· Drucker, P. F. (2017). *What Makes an Effective Executive* (Harvard Business Review Classics). Harvard Business Review Press.
· Ghemawat, P.(2009), *Strategy and the Business Landscape*, 3rd edition, Prentice Hall.
· Hamel, G. and C. K. Prahalad(1996), "Strategy as Revolution," *Harvard Business Review*.
· Johnson, G. and Kevan Schole(2006), *Exploring Corporate Strategy: Text and Cases*, 7th edition, Financial Times/ Prentice Hall.
· Kotler, P., Keller, K. L., Brady, M., Goodman, M., & Hansen, T. (2016). *Marketing management*. Pearson Education Ltd..
· Mintzberg, H.(1987), "The Strategy Concept I: Five Ps for Strategy," *California Management Review*, Vol. 30, No. 1, Fall.
· Porter, M.(1996), "What is Strategy?" *Harvard Business Review*.
· Walker, O., H. Boyd, and Larreche(1992), *Marketing Strategy*, Burr Ridge, IL: Richard D. Irwin.

PART

02

전략적 상황분석

Chapter 02 고객분석
Chapter 03 경쟁과 산업분석
Chapter 04 SWOT 분석에 의한 전략수립

CHAPTER

02

고객분석

故上兵伐謀，其次伐交，其次伐兵，其下攻城
[고상병벌모, 기차벌교, 기차벌병, 기하공성.]

"최고의 병법은 적의 모략을 봉쇄하는 것이며, 그 다음은 적의 동맹을 공격하는 것
이며, 그 다음은 병사를 움직여 적을 치는 것이며, 가장 최악의 방법은 적의 성을
공격하는 것이다."

손자병법 모공편[謀攻篇]

벌모[伐謀]: 적의 모략을 봉쇄하는 전략
벌교[伐交]: 적의 동맹관계를 분단시키는 전략
벌병[伐兵]: 적의 병사를 공격하는 전략
공성[攻城]: 적의 성을 공격하는 무모한 전략

맹자는 무력[武]을 해석하기를 止와 戈의 합, 즉 싸움[戈]('창 과', 여기서는 싸움)을 그치는
것[止]으로 해석하였다. 손무 역시 손자병법에서 싸우지 않고 이기는 것을 가장 최상으로
여겼다. 손자는 싸우는 방법으로 위의 네 가지 방법을 제시하였다.

사서 '전국책'에는 소진[蘇秦]이 진나라를 제외한 6개국이 동맹을 맺어 진나라를 고립시키
는 합종책[合縱策]을 시도하지만, 장의[張儀]가 연횡책[連橫策, 진나라가 다른 6개국과 각
각 동맹을 맺는 계책]을 통해 좌절시키는 부분이 나온다. 소진은 진나라의 외교정책을 봉
쇄하려 했지만, 장의가 소진의 계책을 봉쇄함으로써 장의는 오히려 6개국 동맹을 해체하
는 더 많은 성과를 올리게 되었다. 결국 진나라는 중국 역사상 처음으로 전국을 통일하게
된다.

마케팅전략도 마찬가지이다. 고객 분석을 통해서 경쟁사가 선점하려는 시장을 사전에 장
악하여 경쟁사의 전략을 봉쇄한다면 경쟁 없이 승리할 수 있으며, 반대로 이미 경쟁사가
철저하게 장악하고 있는 시장을 경쟁사와 차별화되지 않은 일반적인 방식으로 공략한다면
큰 손실만을 남기게 될 것이다.

Leading CASE

미국에서 웹툰 사업? 그것도 유료? '만화처럼' 스낵컬처 혁명 이끌다

2012년 봄, 구글에서 일하던 한국인 프로젝트매니저 한 사람이 '세계 최고의 기업이자 모두가 가고 싶어 하는 회사'를 나와 자신만의 비즈니스를 시작했다. 아이디어도 황당했다. DC코믹스와 마블코믹스가 양분하고 있는 미국의 만화시장에 당시 한국에서 이미 대세가 돼 있던 '웹툰'을 비즈니스화해 뛰어든다는 생각이었다. 한국의 웹툰을 미국에 소개하는 게 아니라 한국의 '선진' 웹툰 비즈니스 모델로 미국 시장에 진출한다는 생각이었다. '그게 되겠냐, 성공 가능성이 없어 보인다'는 얘기를 이 '엉뚱한 창업가' 김창원 대표는 귀에 못이 박이도록 들어야 했다. 하지만 그는 보란 듯이 2012년 3월 '타파스미디어'를 실리콘밸리에 세우고 투자 유치에도 성공한다. 그리고 5년이 지났다. 말 그대로 '대박'이 났다. 2016년 5월 '유료화'에 성공한 이후 월평균 30%의 성장률을 기록하고 있으며, 2만 7,000명에 육박하는 작가 수를 확보했고, 이들이 만들어 낸 작품 수만 3만 6,000여 개에 이른다. 3만 6,000여 개가 각각 연재가 되고 있으니 '하나의 편수'로 쪼개보면 총 60만여 편이 타파스미디어에 올라 있다. 웹툰을 보기 위해 북미지역과 세계 각지에서 가입한 회원 수는 200만 명이고 월평균 방문자는 160만 명이 훌쩍 넘는다. 매월 회원 수는 10%씩 증가하는 추세이며, 누적 페이지뷰는 20억 뷰가 넘은 상황이다. 유료화 성공 이후에도 투자는 계속 이어지고 있다.

타파스미디어는 창립과 동시에 '뛰어난 웹툰 작가'를 찾는 데 온 힘을 기울였다. 마침 타파스미디어의 초기 멤버 중 한 명이 UC버클리에서 만화를 가르치고 있

었고, 그의 수강생 중에서 실제 자신의 블로그 등에 작품을 그리고 있는 사람들이 있었다. 그들에게 타파스미디어라는 플랫폼을 소개하며 일대일 설득을 통해 끌어들였다. 또 샌프란시스코 등지에 분산돼 있는 작가들을 수소문해서 찾아다녔다. 그들은 대부분 자신의 개인 블로그 등을 통해 작품활동을 하고 있던 상황. 물론 쉬운 일이 아니었다. 겨우겨우 20명을 모아 서비스를 시작했다. 20명으로는 '집단 운영 블로그' 이상의 의미를 갖기가 어렵기에 타파스미디어 직원들은 개인적인 작품 활동을 하고 있던 작가들이 모이는 컨벤션 등 각종 모임을 찾아다녔다. 당연히 문전박대를 당하기 일쑤였다. 당시 그 작가들은 '웹툰'이라는 개념도 없이 그저 자신이 가진 개인 웹 공간에 '만화 연습을 하고 있다'는 인식만 갖고 있던 상황이었다. 처음 들어보는 '신생' 벤처기업에서 "지금 그리고 있는 만화, 구상하고 있는 만화를 우리 플랫폼에서 그려 달라"고 하니 다들 '뜬금없다'는 반응이었다. 이때 김 대표가 아이디어 하나를 냈다. 어떻게든 시간을 확보해 PT 형식으로 짧게 한국의 웹툰 사이트(네이버/다음-카카오/레진코믹스)를 보여주는 것이었다. 마치 드라마처럼 전개되는 요일별 만화, 지망생들을 위한 '도전만화가 시스템'과 놀라운 조회 수와 댓글, 광고 수익 모델까지. 현란하게 펼쳐지는 한국의 웹툰 비즈니스 플랫폼을 보자 작가들도 술렁거렸다. 그리고 '당장 큰돈을 벌기 어렵지만 제대로 플랫폼이 구축되면 광고 수익도 커지고 나중에는 유료화 모델을 도입해 수익을 나눌 수 있다'고 설명하자 반향이 크게 일었

다. 사실 미국은 마블이나 DC 등의 거대 코믹스 회사에 들어가지 못하면 '만화'라는 장르를 통해 돈을 벌기는 어려운 구조였기 때문이다. 처음에 엄선해서 확보한 20여 명의 작가, 열정적으로 자기들끼리 모임을 가지며 만화의 스토리와 그림을 고민하던 이들이 플랫폼으로 들어오기 시작하자 타파스미디어는 명실상부한 '미국 최고의 웹툰 플랫폼'으로 커 나가기 시작했다. '선점 효과'와 '네트워크 효과'는 대단했다. 이미 팬을 갖고 있던 정예 작가군, 재능을 발휘할 공간을 찾지 못하던 이들이 몰려들기 시작하자 타파스미디어는 급격히 성장하기 시작했다. 카카오택시가 '택시기사 확보'에 가장 먼저 공을 들였던 것처럼, 에어비앤비와 우버가 초기 공급자 확보에 사활을 걸었던 것처럼 초기 콘텐츠 공급자 확보에 큰 노력을 기울였고 이것이 주효했다. 입소문을 타기 시작하자 재능 있는 만화가들이 몰려들기 시작했고 타파스미디어에서 그림을 그리는 사람들의 수는 급격히 늘기 시작했다. 기하급수적 증가였다. 당연히 독자 수도 따라서 늘었다.

타파스미디어가 지금껏 성장해올 수 있던 배경에는 전 세계적으로 진행됐던 '모바일 시대로의 급격한 이행'이 자리 잡고 있다. 타파스미디어는 미국 '만화 시장'의 빈틈, 충족되지 못한 니즈에서 아이디어를 얻어 비즈니스를 시작했지만 '플랫폼 비즈니스'가 본질이었고, 그러한 플랫폼은 '웹툰'만이 아니라 '웹툰으로 상징되는' 새로운 콘텐츠 소비패턴, 즉 '스낵컬처' 전반을 중심에 둔 플랫폼이었다. 모바일폰으로 뉴스를 보거나 SNS를 활용하는 수준을 넘어 영화, 드라마, 소설, 만화, 각종 동영상을 공유하고 보는 문화가 급격히 확산되기 시작하던 2012년, 그리고 더욱 큰 시장으로 성장해갈 것이 보이던

그 시점에 타파스미디어가 실리콘밸리에 등장했다는 얘기다. 사실 회사명인 '타파스' 자체가 '스낵컬처'를 염두에 둔 것이기도 하다. 네이버 지식백과 등에 따르면, 타파스는 스페인에서 식사 전에 술과 곁들여 간단히 먹는 소량의 음식을 통칭하는 말이다. 일상적으로 먹는 음식을 한입 크기로 만들어 이쑤시개에 꽂거나 소량씩 그릇에 담아 점심이나 저녁식사 전에 술과 곁들여 먹는다. 격식을 차리고 별도의 시간을 내어 소비하는 음식이 아니라 마치 스낵처럼 간단히, 편할 때 즐기는 음식인데 우리가 이동 중이나 휴식을 취할 때 편하게 보는 웹툰이나 간단한 웹소설 등은 그래서 '스낵컬처'에 속한다. 타파스미디어는 2016년 가을부터 웹소설 작가를 찾아 자신들의 플랫폼에 연재를 할 수 있도록 했다. 이미 웹툰 작가들이 인기를 얻고 독자들이 몰려든다는 소식을 들은 웹소설가들도 적극적으로 합류하기 시작한 상황이다. 2017년 5월 말 현재, 서비스를 시작한 지 8개월 만에 300종의 소설이 연재되기 시작됐다. 연재 각 편수를 쪼개서 계산해보면 1만 편 수준이다. 북미지역, 특히 미국 시장에서는 만화작가들과 마찬가지로 가볍게 인터넷에서 소설을 쓰는 작가들도 활동할 공간이 마땅치 않은 상황이었다. 수백 년 전통의 소설 출판사와 연이닿아 완성된 원고를 놓고 인정을 받아야 겨우 출판이 가능했기에 재능이 있는 작가들도 개인 블로그나 SNS에 조금씩 연재하며 반응을 보는 수준이었다. 하지만 타파스미디어라는 플랫폼이 등장하면서 상황이 달라졌고, 이러한 변화를 이끈 타파스미디어는 미국 스낵컬쳐 시장에서 리더가 될 수 있었다.

〈출처: http://dbr.donga.com/article/view/1901/article_no/8159〉

• SECTION 01 • 제품—시장의 정의 product—market

KTX의 시장은 어떻게 정의해야 하는가? 그 질문은 언뜻 보면 '넌센스'에 가깝다고 반문할 수 있으나 2010년에 서울과 부산의 고속철도가 개통되면서 우리는 2시간 40분에 두 도시를 다닐 수 있게 됐다. KTX는 단순히 '철도업'이라고 간주했던 과거와는 달리 그 여행시간을 달성함에 따라 KTX는 이제 항공사들의 고객도 넘보게 됐다. 하지만 철도업에서 독점하던 이 회사는 항공사들과 어떻게 차별화를 해야 하는지 계속 고민해야 할 것이다. 이처럼 '시장'을 어떻게 정의하느냐에 따라 기업은 마케팅 전략도 완전히 달라지고 이에 따른 결과 역시 달라질 수 있다. 시장의 범위를 어디까지 잡을 것인가는 단순히 성장률이 달라지는 것뿐 아니라, 현재와 미래의 경쟁양상, 그리고 그것에 대한 기업의 대응전략 자체를 바꿔버릴 수도 있다. 따라서 제대로 된 시장의 정의는 모든 마케팅전략을 수립하는 데 기초가 된다. 시장을 정의하는 방법은 <그림 2-1>에서 볼 수 있듯이 아주 일반적 차원에서 시작하여 아주 구체적인 차원까지 연결되어야 한다.

1 사업 정의

2015년 10월 2일 구글은 지주회사 알파벳(Alphabet)를 설립하면서 구글의 지배구조를 바꿨다. 구글은 여전히 알바넷 전체 매출액의 99% 이상을 차지하는 주요 사업으로 남아 있지만, 구글 외에도 알바벳 안에는 여러 개의 사업들이 있고 각각 총경영책임자 즉 CEO가 있다. 구글은 알파벳으로 변신하여 검색/정보 사

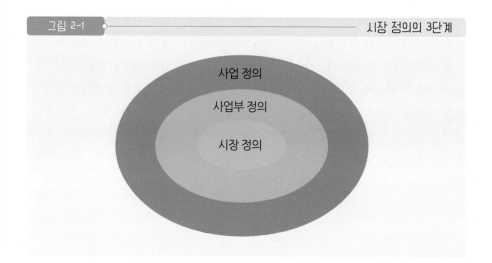

그림 2-1 　　　　　　　　　　　　　　　　　　　　　　시장 정의의 3단계

사업 정의

사업부 정의

시장 정의

업에 대한 선도적인 위치를 유지할 뿐만 아니라 다른 성장 원동력을 발굴할 수 있는 사업을 위한 발판을 구축한 것이다.

마케팅의 고전 논문인 Levitt 교수(1960)의 '마케팅 근시(marketing myopia)'를 보면 사업 정의의 중요성에 대해 쉽게 이해할 수 있는 예가 나온다. 그 논문에서 언급한 철도와 정유사업은 너무 제품 자체에 치중된 것으로 지적되었기 때문에 보다 고객욕구 중심 정의인 운수업과 에너지사업으로 사업 정의가 바뀌어야 한다고 주장했다. 철도와 운수업의 차이는 언뜻 보기에 큰 것 같지 않으나 향후 사업 확장, 경쟁자 분석, 잠재고객 분석 등등에 있어서 상당한 차이가 있다. 미국 철도재벌들은 훗날 철도업에 대한 믿음이 너무 커서 후손들에게 철도업 주식만 유산으로 남겨줬다는 말이 있다. 이들이 '철도업' 대신 보다 넓은 시야로 '운수업'이라고 사업을 정의했다면 후손들은 향후 다른 운송수단들인 자동차 또는 항공업으로 사업다각화를 할 수 있었을 것이다. 사업 정의의 중요한 초점은 제품 또는 기술에 의거한 정의는 위험하다는 것인데 이는 둘 다 수명에 한계가 있기 때문이다. 즉 제품이나 기술은 주어진 소비자 욕구를 충족시켜 줄 수 있는 능력을 일시적으로 보유하고 있지만 그 능력은 다른 제품이나 기술에 의해 대체될 수 있는 것이다. DHL, FedEx 그리고 UPS 같은 회사는 시장 정의를 종전에는 서류 우편에 치중했다면 인터넷의 등장으로 인하여 전자서류의 사용이 보편화되면서 정확한 위치가 트래킹이 되는 속달이 중시되는 크고 작은 운송의 사업으로 시장을 전향해 가고 있다. 이와 같이 사업 정의는 보다 근원적으로 수요의 본질을 분석하여 현재뿐만 아니라 미래에 대해서 그 수요가 진화되는 성격을 이해해야 한다.

2 사업부 제품 정의

마케팅전략 분석에서 사용하는 분석단위는 사업부(SBU: strategic business unit)이다. 사업부는 사내 여러 소규모 독립채산제의 존재를 의미하는데 이러한 사업부의 구분이 임의적이어서는 안 된다. 따라서 사업부를 분류하는 데 있어서 다음과 같은 기준을 고려할 수 있다.

공동비용

사업부간 공동비용이 많아서는 안 된다. 예를 들어 같은 영업과 유통망을 이용하는 여러 브랜드는 수요 측면에서 차별적인 마케팅을 펼칠 수 있으나 각 브랜드를 별개의 사업부로 취급했을 때 많은 부작용이 나타날 수 있다. 가령 이와 같은 상황에서 성과가 부진한 브랜드들을 시장에서 철수한다면 남은 브랜드들의 비용이 상승될 수 있다. 때문에 비용분담을 할 수 있는 새로운 브랜드들의 투입이 불가피해진다.

수직계열

사내 수직계열사 거래가 많은 회사일수록 그 비중을 사업부 정의에 반영해야 한다. 즉 한 회사의 거래내역이 대부분 사내 수직계열사 거래로 잡힌다면 그 회사들의 사업부 분리는 무의미할 수 있다.

공동수요

공동비용 문제에서는 수요는 다르지만 비용발생의 원천이 유사한 상황을 다루었다. 이에 반해 공동수요는 비용발생의 원천이 다르지만 수요가 흡사한 경우를 말한다. 예컨대 남자들은 정장을 구입할 때 상의와 하의를 비롯하여 코디 차원에서 이에 맞는 넥타이 겨울에는 코트까지 구입할 수 있다. 유명한 브랜드일수록 토탈 패션의 개념으로 여러 제품라인에 대한 개별 디자인과 생산기획이 있어야 하겠지만 유기적 결합(bundling)으로 인하여 발생할 수 있는 공동수요도 고려해야 한다. 럭셔리 브랜드의 경우 정장 값이 워낙 고가이므로 브랜드 입문을 위해 젊은 수요자들에게 상대적으로 저렴한 넥타이의 구매를 유도할 수 있다. 이처럼 제품 간 수요관계를 다각적으로 분석할 필요가 있다. 여러 제품 간에 이러한 상관관계가 확인됨에 따라 최근 많은 기업들은 세부제품의 상위개념으로서 카테고리(category) 관리 개념과 조직을 두고 있다.

조직적 고려

사업부를 정의하는 데 위의 세 가지 고려사항뿐만 아니라 기업의 일반적인 조직구조가 추가적으로 고려될 필요가 있다. 예를 들어 기업의 조직이 전통적으로 기능 위주로 형성되어 있고, 사업부 조직은 통합적 경영을 추구한다면 갈등이 생길 수 있다. 이러한 경우 기존 구조와 사업부 조직이 병행될 수 있도록 매트릭스 같은 조직이 고려되어야 한다.

3 다차원적 시장 정의와 영역 설정

시장을 정의하는 데 있어서 가장 미시적으로 분석해야 하는 요소는 최종소비자의 동질성이다. PIMS 분석에서는 "거래할 시장(served market)"이라는 개념을 사용하는데 이는 회사와 실제적인 거래가 이루어지는 현재 또는 향후 존재하는 소비자를 지칭하는 표현이다. 많은 기업들은 위에서 말했듯이 시장을 제품의 기술특징 위주로 정의하려고 한다. 이러한 방식에 따른 문제는 기업이 시장을 협의하게 본다는 것인데 특히 기술에 바탕을 두지 않은 조류를 간과할 수 있다. 잘 알려진 예로 송곳 메이커가 시장을 어떻게 정의할 것인가의 문제를 들 수 있다. 그 회사는 이를테면 단순히 '송곳 만들기'로 업을 삼을 수도 있겠지만 그럴 경우 큰 비전은 없다. 반면에 시장의 정의를 좀 더 고객 지향적으로 '구멍 만들기'로 전향한다면 송곳뿐만 아니라 수동드릴(drill), 자동드릴, 그리고 컴퓨터를 사용한 NCM(numeric control machine), 더 나아가 레이저까지 사업 확장이 가능해진다. 이처럼 기업이 시장을 넓게 보면 더 폭넓은 기회의 포착과 경쟁위협의 경계가 가능해진다. 여기서 주장하는 '폭넓은' 시장 정의는 다음과 같은 차원에서 정의할 수 있다(Jain and Haley, 2009).

기술(technology)

기술은 주어진 구매자의 욕구를 충족하는 방법이다. 앞에서 언급되었듯이 '구멍 만들기'란 고객욕구는 여러 기술로 충족될 수 있다. 즉 같은 기술을 사용하는 업체만이 경쟁자라고 간주하는 것은 매우 위험할 수 있다. 기술의 성격이 판이하게 달라도 고객의 같은 욕구를 충족시킨다면 이 기술들은 결국은 경쟁을 한다고 보아야 한다. 맨 앞에 KTX의 예로 시작했는데 철도업과 항공업은 분명히 기술은 다르지만 목적지에 빨리 또는 편하게 가려고 하는 소비자에게는 결국 서로 경쟁자로 등장한다.

고객용도(customer function)

고객 용도는 주어진 구매자가 어떠한 욕구를 중점적으로 충족시키고 싶어 하는지를 뜻한다. KTX의 예시 토대로 소비자가 추구하는 용도를 분석해볼 수 있는데 여행객들은 여러 교통수단에 대해서 빠른 시간, 경제성, 기내 서비스, 터미널의 접근성 등등의 다양한 요소가 고려될 수 있다. 이 때문에 KTX가 다소 항공기보다 평가가 떨어질 수 있지만 다른 용도에서 우위가 발생했을 때 경쟁력이 강화된다.

고객집단(customer group)

고객특징은 글자 그대로 직접구매를 하는 집단의 여러 가지 성격을 말한다.

우리가 시장을 세분화 할 때 이용하는 인구통계 혹은 라이프스타일 같은 소비자들의 여러 분류법과 대동소이한 개념이라고 말할 수 있다. KTX 같은 운수업 예에서 우리가 흔히 생각해볼 수 있는 고객 집단의 분류는 비즈니스 고객과 관광객의 분류이다. 비즈니스 고객은 시간의 단축이 중요한 반면 관광객들은 시간적 여유가 더 있다. KTX가 비즈니스 고객의 유치가 과거에는 불가능했으나 여행시간 단축으로 인하여 그 가능성이 높아졌다. 하지만 추가로 비즈니스 고객만을 위한 어떠한 서비스가 추가되어야 하는지 그 방법을 모색할 필요가 있다.

이러한 세 가지의 요소를 축으로 하여 기업은 참여의 범위를 선택할 수 있다. KTX의 예를 <그림 2-2>로 표현하면 아래와 같은 여기 그려진 노랑색의 사각형이 과거의 시장영역이었다면 달라진 내부와 외부여건을 고려하여 시장확장을 어떻게 할 것인지 KTX는 미래 지향적으로 그 경로를 설정할 필요가 있다.

기업은 향후 영역의 확장(extension)전략을 각 차원 위주로 방향 설정을 할 수 있는데 각 전략은 다른 기업의 역량을 요구하게 된다. 고객집단을 확대하는 전략은 그 제품 혹은 서비스의 매력이 더 넓게 수용되고 확산되게끔 기업은 노력을 꾀해야 한다. <그림 2-2>를 보면 KTX가 관광객을 더 포괄적으로 내국인뿐만 아니라 외국인까지 유치하려면 외국에서 홍보활동을 더 펼쳐야 할 것이다. 고객용도의 확장전략은 일부 고객에 대해서 보다 많은 용도가 해결되어야 하는데 KTX의 경우 비즈니스 고객에게 더 어필하기 위해서는 신속성은 물론 비즈니

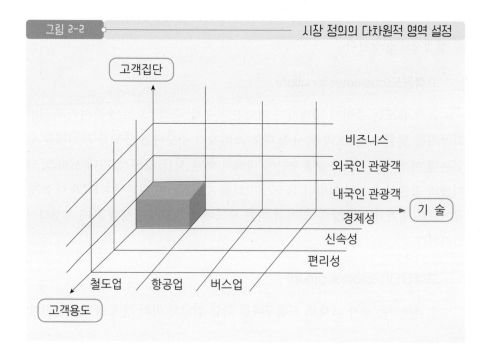

그림 2-2 ● ─────────────── 시장 정의의 다차원적 영역 설정

스 고객들의 IT 업무 같은 것이 더 편하게 해결되는 부가 서비스를 제공할 수 있어야 한다. 기술의 확장은 한 기업이 여러 기술을 보유하는 전략을 의미하는데 유럽의 Easyjet라는 저가 항공사는 Easycar라는 렌트카 서비스를 겸업하고 있어 교통수단이 유기적으로 통합됐을 때의 편익을 여행객에게 제공하고 있다. 아마존 (amazon.com)은 인터넷 서점으로 시작했지만 그 인프라의 발판과 자료를 이용하여 온라인은 물론 더 다양한 오프라인 유통업까지 사업의 영역을 확대하고 있다.

시장 참여의 영역을 확대하는 방법은 <그림 2-3>에 설명되고 있다. 고객 집단의 영역확대는 보다 많은 층에 대해서 제품을 수용 또는 확산(diffusion)을 시키는 것이다. 좋은 예가 핸드폰인데 초기에는 사업하는 사람들 위주로 채택된 이 제품이 점차 직장인, 주부, 학생 등 사회 일반의 다양한 계층으로 '필수품화' 되었다. 고객 용도의 영역확대는 제품의 새로운 용도를 지속적으로 찾는 전략을 꾀해야 한다. 이에 해당되는 예는 LED인데 이 조명기술은 display로 고성장을 해왔지만 그 시장의 성장이 둔화되면서 조명의 다른 용도를 바탕으로 하는 시장으로 사업의 영역이 넓어지고 있다. 기술위주의 영역 확대를 하려는 기업은 때로는 기존 기술을 새로운 기술로 대체할 수 있을 만큼의 창의적으로 파괴(creative destruction)정신을 불사해야 한다. 아날로그 시장의 대명사였던 Kodak은 디지털 시대를 맞이하면서 그러한 의지가 부족하여 이미지 사업에서 시장영역의 확대에 실패하였다.

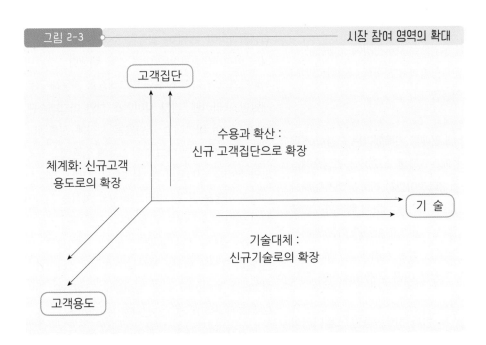

그림 2-3 　시장 참여 영역의 확대

Highlight 1

쏟아지는 새 제품들… 전략 없는 다각화… 주먹구구식 대응이 고객을 놓쳤다

'전형적인 여성 벤처 사업가의 성공 스토리'를 써냈던 옛 한경희생활과학(현 미래사이언스)이 2017년 초 워크아웃에 들어가면서 '신화'가 무너졌다. 누적 판매 1,000만 대를 기록했다는 한경희 스팀청소기와 웬만한 패스트패션 스토어나 편집숍에는 한 대씩 있다는 스팀다리미까지 성공시켰던 미래사이언스가 위기에 처하게 된 원인을 정리해보면 다음과 같다.

① 기업 성장 단계에 부합하는 탐색과 활용 간 최적 균형관리에 실패했다.
② 고객 관점의 가치창출을 위한 탐색 활동에 미흡했다.
③ 주먹구구식 운영으로 재무관리에 실패했다.
④ 비전략적 인수합병과 비전략적 다각화로 인해 위기를 불러들였다.

누적 1,000만 대 판매를 기록했다는 한경희 스팀청소기와 웬만한 패스트패션 스토어나 편집숍에는 한 대씩 있다는 스팀다리미까지 히트시켰던 미래사이언스는 어쩌다 이런 위기에 처하게 됐을까? '한국의 조이 망가노' 등으로 불리며 성공한 여성 벤처사업가, 또 한국 경영계는 물론 사회에 희망을 준 자수성가 기업인과 기업은 어떤 국면에서 어떤 문제가 생겼던 것일까?

2009년 10월, 두 번째 히트상품인 스팀다리미 판매가 100만 대를 돌파하고, 이듬해인 2010년 경기도 부천에 국내 첫 로드숍을 오픈해 사업을 완전히 안정궤도에 올려놓았다고 생각했던 그때 한경희 대표는 남편이 2006년 창업한 가정생활용품 연구개발 및 부동산 임대업체 엔에스코기술을 인수한다. 문제는 엔에스코기술이 2009년 기준 약 270억 원이 넘는 부채를 안고 있었다는 것. 당시는 한경희생활과학이 워낙 전성기를 구가하던 시절이라 곧바로 문제가 드러나진 않았지만 이는 한경희생활과학의 첫 번째 '걸림돌'이 됐다. 그래도 명분은 있었다. 가정생활용품을 연구개발하던 업체였으니 한경희생활과학의 R&D에 활용하면 될 일이었다. 부채보다 더 큰 문제는 바로 이 지점이었던 것으로 보인다. 스팀다리미 이후 새로운 히트상품을 내놓아야 한다는 부담은 커졌다. 그동안 스팀청소기, 스팀진공청소기, 스팀다리미 등 '스팀'으로 상징되는 몇몇 제품이 나왔고 성공했기에 많은 사람들은 한경희생활과학이 '스팀'에 집중할 것이라 예상했다. 그러나 한경희생활과학은 다른 길을 택했다. 2011년 4월 포스코와 함께 신소재 마그네슘을 활용해 공동개발한 프라이팬 '키친 사이언스 천연 마그네슘팬'을 출시하며 마그네슘 주방용품 시장에 진출했다. 포스코가 육성하던 마그네슘 소재에 집중했고 포스코와 협력해 신제품을 출시했다. 또 자회사 에이치케어의 사명을 한경희뷰티로 바꾸고 화장품 시장에서의 영향력 확장에도 힘을 썼다. 같은 해 12월 열이 아닌 빛으로 음식을 굽는 개념의 '광파오븐', 기름 없이 음식을 튀기는 '에어프라이어', '세라믹코팅 마그네슘 프라이팬' 등을 출시했다. 주방용품 전반으로 제품군을 확대하는 전략을 쓴 것이다.

한경희생활과학은 제품연관성이 떨어지는 사업

다각화 전략으로 회사의 핵심 역량이 약화됐다. 즉 스팀청소기/다리미 이후 출시한 제품들이 별다른 실적을 내지 못하는 상황에서 우후죽순으로 제품군을 늘리며 실패를 반복하다 위기에 봉착했다. 또한 캐시카우였던 스팀청소기의 위세가 꺾이는 상황에서 삼성전자와 LG전자 등 국내 대기업뿐 아니라 독일과 유럽의 다국적 기업까지 스팀청소기를 생산하면서 소비자들의 주목도는 낮아졌다. 다이슨처럼 차라리 한 분야에 전문화된 기업, 즉 국내외 대기업이 따라올 수 없는 수준의 '스팀 기술력'으로 승부를 보거나 가정주부들의 숨겨진 니즈를 파악해서 상품화하는 과정에서 독보적 경쟁력을 확보했더라면 지속가능한 경쟁우위를 확보할 수 있었을 것이라고 전문가들은 지적했다.

〈http://dbr.donga.com/article/view/1901/article_no/8035〉

• SECTION 02 • 마케팅 패러다임의 변화

산업혁명 이후 생산기술 및 교통통신의 발달로 인해 기업들은 대량 생산을 통한 원가 절감이 가능하게 되었으며, 그 결과 기업은 소비자의 욕구에 상관없이 제품 자체에 초점을 맞추어 일단 상품을 대량으로 생산하고 소비자에게 판매함으로써 기업의 이윤을 창출하였다. 1980년대 이후 산업 내 경쟁이 심화되면서 획일적인 제품보다는 다양한 소비자의 욕구를 충족시켜줄 수 있는 제품을 개발하는 기업이 경쟁우위를 가질 수 있게 되었기 때문에 많은 기업들은 표준화된 제품(product)보다는 세분화된 시장(market)에 초점을 맞추게 되었다. 그러나 이러한 세분시장에 초점을 맞춘 마케팅은 최근 디지털 기술의 발달로 인해 다시 한 번 진화하고 있다. 즉 소비자와의 1:1 상호작용이 가능해지고, 생산에 있어서도 다품종-맞춤(mass customization)이 가능해짐에 따라 많은 기업들은 소비자(customer) 개개인에게 초점을 맞추고 있다. 예를 들어 음악 시장에서의 CD같은 앨범 수요는 살아진지 오래됐고 이제는 국내 멜론 혹은 외국의 Spotify와 같은 음원 스트리밍 서비스업체들은 고객들의 이른바 '쿠키', 즉 인터넷사용 기록에 따라 개인화된 음원추천 혹은 개인위주 큐레이션이 된 앨범을 제안해주고 있다. 이러한 현상은 동영상 쪽에서도 마찬가지로 미국 Netflix와 국내 왓챠를 통해 나타나고 있다.

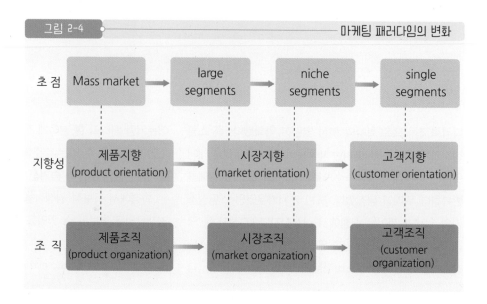

그림 2-4 마케팅 패러다임의 변화

초 점	Mass market	large segments	niche segments	single segments
지향성	제품지향 (product orientation)	시장지향 (market orientation)	고객지향 (customer orientation)	
조 직	제품조직 (product organization)	시장조직 (market organization)	고객조직 (customer organization)	

표 2-1 시장에 대한 지향성의 유형

	판매주도 (sales driven)	시장주도 (market driven)	고객주도 (customer driven)	시장 창출 (market driving)
마케팅 전략	대중 마케팅 - 어떻게 판매할 것인가?	차별화 마케팅 - 어떠한 이미지를 심어줄 것인가?	관계 마케팅 - 누구를 대상으로 할 것인가?	혁신적 마케팅 - 어떻게 변화시킬 것인가?
세분화 전략	비차별화	시장 세분화	특정 세분 집단	기존의 세분 시장 파괴
시장조사				
- 초점 (focus)	시장조사 - 어떻게 판매할 것인가?	시장 이해 - 시장에서 원하는 것이 무엇인가?	고객 이해 - 이 고객이 원하는 것이 무엇인가?	전방 이해 - 시장이 어떻게 진화될 수 있는가?
- listen to	R&D	시장의 소리	고객의 소리	다르게 보기
가격관리	원가 가산(cost plus)	지각된 가치	bundling/ unbundling	새로운 가격
판매관리	상품 판매	이미지 판매	솔루션 판매	소비자 교육
유통관리	최대한의 커버리지	상품/시장적합도	복합 시스템	채널 재구성
브랜드 관리	상품 우월성	상품자산에 대한 홍보	기업자산에 대한 대화	버즈 활용
고객 서비스	비용	전술적 무기	전략적 무기	과도한 기대
상품 개발	신상품	점차적 혁신	상품 통합/ 서비스 플랫폼	급진적인 혁신

급속도로 발전하는 디지털 기술로 인해 소비자는 소비의 주체 이상 상품의 생산에도 영향을 미치는 프로슈머(prosumer: 생산자(producer)와 소비자(consumer)의 합성어)의 역할을 하게 되었으며, 그 결과 기업은 소비자의 욕구에 부합하는 제품을 생산함으로써 소비자들을 자사의 브랜드 애호적인 고객으로 만들기 위해 많은 노력을 기울이고 있다. 특히 환경변화가 심한 산업일수록 이런 변화와 맞물려 있는 고객욕구에 부응할 수 있는 능력(responsiveness)이 강조된다. 이러한 마케팅 패러다임의 변화를 그림으로 나타내면 <그림 2-4>와 같다.

한편 Kumar 외(2000)는 어떠한 기업도 단 하나의 지향성을 추구하지는 않는다고 주장하면서 각 지향성의 특징을 비교하였다. <표 2-1>에서 나타난 바와 같이 각 지향성에 따라 추구하는 마케팅 4P 전략, 세분시장 전략 등에는 차이가 있다. 따라서 기업은 무조건적으로 시장 환경의 변화에 적응하기보다는 자사의 경쟁우위를 기초로 가장 적합한 전략을 수립하는 것이 효과적일 것이다. 대중 시장을 타깃으로 표준화된 제품을 생산, 판매하는 전통적인 마케팅과 비교할 때 시장지향 마케팅과 고객지향 마케팅의 특징을 살펴보면 다음과 같다.

• SECTION 03 • 시장지향성 Market orientation

1 정 의

1980년대 후반 이후 시장 지향성에 대해 많은 연구가 이루어지고 있다. Jaworski and Kohli(1993)의 정의에 따르면 시장지향성이란 시장의 정보를 조직 차원에서 창출하고, 조직의 모든 부서로 이를 전파시키며, 정보에 대해 조직적으로 반응하는 활동이다. Shapiro(1988)는 마케팅지향(marketing oriented)과 시장지향(market oriented)을 반드시 구분해야 한다고 주장한다. 특히 영어로는 시장과 마케팅의 표기가 흡사하여 이 두 가지의 용어가 통용되는 경우가 많다. 그러나 Shapiro는 전사적(company-wide) 관점에서 고객욕구 부응이 요구된다는 주장을 하기 위하여 마케팅보다 광의 개념인 시장에 초점을 두고 있다. 그는 더 나아가 시장지향의 세부지침으로 다음과 같은 사항을 강조한다.

1. 구매에 미치는 주요 영향변수에 대한 정보를 모든 기능부서와 본부가 공유한다.
2. 전략과 전술적 의사결정은 기능부서와 본부간에 이루어진다.
3. 기능부서와 본부는 의사결정에 대한 필요한 조정을 하며 결속된 집행을 한다.

고객과 관련된 정보는 대개 마케팅과 영업부서에서 이용하는 경향이 강하다. 그러나 실제로 그 정보는 다른 부서에서도 효과적으로 이용할 수 있다. 자동차 설계는 실제 제조와 판매시기보다 3~4년 전에 이루어지므로 설계를 담당하는 연구개발과 디자인 부서에서 고객취향에 관련된 정보를 나중에 입수하게 되면 제품규격을 변경할 수 없을 것이다. 이 때문에 고객취향에 관련된 현재와 향후 트렌드에 대한 정보를 이 부서들이 일찍 취합할 수 있는 조직구조가 중시된다. 마케팅관련 의사결정에 대하여 기능부서나 본부 간에 많은 의견차이가 존재할 수 있다. 예를 들어 샴푸회사 마케팅부서에서는 소비자의 편익을 향상시킬 수 있는 새로운 용기를 요구할 수 있지만 생산부서에서는 이에 따른 비용 상승을 우려할 수 있다. 물론 부서나 본부 간에 이견이 생겼을 때는 상위 최고경영자가 그 문제를 책임지고 해결할 수 있지만, 전문적 지식이 부족할 경우 임의적 의사결정을 내릴 수 있다. 그러므로 이러한 상황에서는 부서나 본부 간 대화를 통한 전문적인 절충이 필요하게 된다. 전략과 집행은 별개의 문제이므로 이 두 가지가 잘 연결되어야만 기업은 좋은 성과를 낼 수 있다. 많은 기업에서 전략을 수립하는 주체와 이를 구체적인 실행으로 옮기는 실무 선이 다르기 때문에 이로 인해 발생하는 문제가 있다. 전략을 수립하는 주체는 현실성을 감안하지 않게 되는 반면 실행으로 옮기는 실무자들은 현실적인 어려움으로 인해 그러한 지시에 대하여 결속이 떨어질 수 있다. 이러한 문제를 완화하려면 업무과정 측면에서 전략과 집행의 연결을 더 강화시켜야 한다.

Jaworski 외(2000)는 시장 지향성의 개념을 <그림 2-5>와 같이 시장주도(market driven)와 시장창출(driving-market)의 두 가지 보완적인 접근방법으로 설명하였다. <그림 2-5>에서 시장구조(market structure)란 가치사슬에서의 플레이어(player), 즉 참가자와 이들의 역할을 의미한다. 즉 주어진(given) 시장구조란 기존의 산업구조를 변경시키지 않는 것을 의미하는 반면, 맞춤(shape) 구조는 새로운 기업을 등장시키거나, 산업의 구조를 변화시키는 것을 의미한다. 한편 시장행동(market behavior)은 가치사슬 안에서 모든 참가자들의 행동을 의미한다. 주어

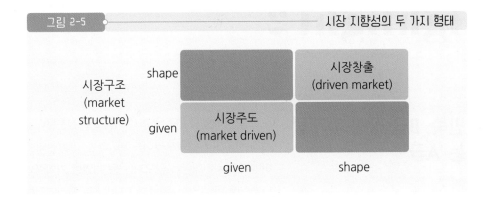

그림 2-5 ● 시장 지향성의 두 가지 형태

진(given) 행동으로 받아들이는 것은 가치사슬상의 모든 참가자들이 현재 그들의 행동을 받아들인다는 것을 의미하며, 맞춤(shaping) 행동은 시장에서 완전하게 새로운 제품을 생산한다거나, 과거에 소비자들이 고려하지 않았던 특성에 초점을 맞추는 것이다.

2 시장주도(Market driven)전략

1) 정 의

최근 마케팅전략뿐만 아니라 마케팅 개념 그리고 심지어 경영조직에 대해서도 시장주도(market driven)라는 용어가 자주 언급되고 있다. 이 개념은 George Day(1990)에 의해서 유행하게 되었는데 그는 그 의미가 Drucker의 고전적 마케팅 정의로부터 등장했다고 주장한다. Drucker는 "사업목적의 타당한 정의는 한 가지뿐인데… 이는 바로 만족된 고객을 창출하는 것이고 그 사업은 고객만이 결정한다"라고 말했다. 그러나 시장주도 전략에서는 새로운 이해관계자를 포함시킨다거나 그들의 역할을 변화시키지 않은 채, 주어진 가치사슬의 구조하에서 이해관계자들의 행동을 이해하고, 반응하는 행동을 하는 전략을 의미한다(Jaworski 외 2000).

2) 시장주도형 전략의 구성요소

Day에 의하면 시장주도형 전략에는 다음과 같은 이른바 5A, 즉 다섯 가지의 A로 시작하는 구성요소가 있다고 한다.

무대(Arena): 거래할 시장(served market)과 고객 세분시장

Highlight 2

배달의 민족, B급 감성 마케팅 … 효과는 'A급'

국내 대표 배달 앱 '배달의 민족'이 B급 감성을 자극하는 다양한 마케팅을 통해 이용자들의 마음을 제대로 저격하고 있다.

배달의 민족은 치킨 감별 능력을 겨루는 국내 최초의 치킨 능력평가 대회 '배민 치믈리에 자격시험'을 개최해 배달의 민족스러운 기발함과 재미를 유발함과 동시에 이용자들을 사로잡았다. 치믈리에 자격 시험은 전국 각지에서 모인 500여 명의 치킨 고수를 대상으로 치킨의 사진이나 먹는 소리만으로 제품을 맞추거나 특정 브랜드 제품의 특징을 맞추는 필기시험과 블라인드 맛 테스트의 실기시험을 치렀다. 소믈리에, 바리스타처럼 치킨도 전문성을 갖춘 사람들이 인정받아야 하는 취지에서 열린 이번 대회는 수능을 방불케 하는 진지한 분위기 속에서 진행됐으며 치킨을 사랑하는 사람들이 치킨으로 하나된 축제의 장으로 평가받고 있다.

그동안 배달의 민족은 회사 이름으로 신춘문예를 개최한다거나 블랙후라이드데이라는 기상천외한 이벤트로 치킨대란을 일으키는 등 기발한 기획력과 마케팅에 힘입어 성공한 O2O 서비스로 자리매김하고 있다.

배달의민족의 B급 감성이 담긴 마케팅 활동들은 핵심 타깃들이 좋아하는 일을 벌려보자는 데에서 시작됐다. 20대 고객에게 전파하며 배달의 민족이라는 브랜드를 대중들에게 확실히 각인시켰다. 배달의 민족 앱을 주로 이용하는 젊은 세대들이 좋아하는 문화코드를 활용하면서 자연스럽게 젊은 세대들이 좋아하는 참여도 높은 마케팅 활동이 만들어졌고 B급 감성을 제대로 활용한 A급 마케팅이 됐다.

장인성 배달의 민족 마케팅 이사는 "배달의 민족은 핵심 타깃이라고 할 수 있는 젊은 세대, 막내들이 좋아하고 함께 즐길 수 있는 이야기를 만들기 위해 B급 감성의 유머코드를 활용한다"며 "브랜드가 자기 주장을 하기보단 고객이 좋아하고 참여하고 싶은 일을 만든다면 고객들은 기꺼이 관심을 갖고 귀 기울여준다"고 말했다.

〈출처: http://www.ebn.co.kr/news/view/903066〉

우위(Advantage): 타사대비 차별화되는 포지셔닝 테마
접근방법(Access): 시장에 접근하기 위해 사용되는 유통과 커뮤니케이션
활동(Activities): 마케팅활동의 적당한 규모(scale)와 범위(scope)
적응(Adaptation): 잠재적 위협과 기회에 대하여 전략을 적응하는 과정

무 대

기업은 본업을 하고자 하는 활동무대를 선정해야 한다. 이러한 과정을 흔히 업(業)의 개념, 업의 정의 또는 시장의 정의라고 말한다. 이미 오랫동안 경영을 하고 있는 기업이라면 이 사안은 등한시될 가능성이 높다. 기존 시장에 이미 많은 인력과 자원이 집중되어 있을 것이기 때문에 활동무대가 어디인가를 묻는다는 것은 새삼스러운 질문으로 여겨질 것이다. 더욱이 기존 시장에서 월등한 성과를 내고 있는 상태라면 경영의 근원을 따지는 사람은 역적으로 간주될 수 있다. 그러나 기존 시장의 경우에도 타당한 활동무대가 무엇인지 반드시 거론될 필요가 있다. 현재의 성공이 미래의 성공을 반드시 보장해주지 못하는 것이므로 미래를 지향하는 관점에서 바른 활동무대가 무엇인지에 대한 분석이 요구된다. 특히 현재의 성공을 주도한 성공요인이 향후 바뀔 가능성이 높다면 미래에 대한 준비가 불가피해진다. 이럴 경우 현재의 성공은 오히려 기업이 변해야 하는 필요에 있어서 큰 걸림돌이 된다. 한 예로서 세계 최대의 자동차회사였던 미국의 GM은 고유가시대, 에너지 절약, 친환경이라는 시대의 변화에 대응하지 못하고, 대당 수익률이 좋았던 대형엔진의 자동차 분야에 집착함으로써 경쟁에서 도태되었고, 결국 2009년 회사를 파산하고, 정부 지원을 받아 뉴GM으로 다시 창업하는 고통을 겪어야만 했다. 이와 같은 경영현상을 Foster(1986)는 '방어자의 딜레마'라고 부르는데 이는 특히 첨단기술(high technology) 집약적인 산업에서 종종 나타나게 된다. 이러한 산업에서는 기술변화와 향상의 속도가 워낙 빠르므로 선두기업이 근시안적인 자세를 취한다면 공격하는 도전자의 위협은 더욱 커질 수밖에 없다.

우 위

시장주도형 경영철학을 바탕으로 기업은 타사에 비하여 지속적인 우위를 추구해야 한다. 기업은 자신이 선택한 활동무대에서 경쟁사에 비하여 보다 효과적으로 고객에게 더 나은 가치를 제공해야 한다. 시장주도형 전략은 이처럼 시장의 반응과 운영상 나타나는 효과를 동시에 다루게 된다. 환경이 안정적인 산업은 후자에 대해서 집중해도 되지만 변화가 심한 산업일수록 운영적 효과(operational effectiveness)는 필요조건일 뿐 충분조건은 되지 못한다(Porter, 1996). 물론 수익성을 강화하는 데 운영적 효과가 일시적으로 기여를 하지만, 고객가치 창출에 대한 차별화가 없다면 이러한 효과는 경쟁사들에 의하여 쉽게 벤치마킹되고, 원가압박이 심화되어 결국 수익성 우위는 없어지게 된다. 이 때문에 기업

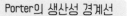
그림 2-6 ──────────────── Porter의 생산성 경계선

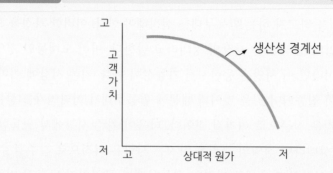

은 수익성이 장기적으로 유지될 수 있는 전략적 위치를 추구해야 하는데 그 위치는 독보적(unique)이어야 하며 또한 전략적 활동에 있어서 상충성(tradeoff)이 있어야 한다. 즉 가치가 있는 전략을 선점한 회사 입장에서는 타사의 추종을 막기 위해서 타사의 신규사업 진출이 타사의 기존 사업에 악영향을 미쳐야 한다는 뜻이다. 예를 들어 전통적인 대입 입시학원의 강자였던 종로학원, 대성학원 등이 오프라인 강좌에 집중하는 동안 메가스터디는 인터넷을 통한 온라인 강좌를 집중 육성함으로써 지역적 한계를 극복하고 국내 최대의 입시전문 회사로 성장할 수 있었다. 종로, 대성학원이 수백 명 단위의 폐쇄적인 오프라인 엘리트 교육에 집착하고 있는 동안 메가스터디는 십만 명 단위의 회원을 바탕으로 얻은 수익으로 최고 강사들을 영입함으로써 기존 입시학원의 아성을 무너뜨릴 수 있었다. 반대로 시장주도형 전략을 선점하는 회사는 Porter가 <그림 2-6>에서 주장하듯이 고객가치 창출과 운영적 효과에서 나타나는 상충성을 최소화하여 수익성을 강화할 수 있는 방법을 지속적으로 찾아야 한다.

접근방법

시장주도형 전략에서는 최종고객에 대한 접근이 점점 중요한 이슈로 부각되고 있다. 과거에는 유통 및 커뮤니케이션 환경과 기술이 보편화되어 있었기에 선택의 여지가 없었지만 지난 몇 년 동안 특히 한국에서는 유통과 매체환경에서 혁명에 가까운 변화가 있었다. 이 때문에 활동무대와 차별적 우위 선택의 일환으로서 고객 접근방법이 중요한 선택문제로 대두되고 있다. 예를 들어 KTX의 개통으로 서울-부산 간의 시간적 거리가 3시간대로 좁혀짐에 따라 대전, 대구, 부산의 중병환자들이 서울의 대형병원으로 몰리는 현상이 심각해졌다. 국내는 물론 해외에서까지 의료수요가 늘어남에 따라 대형종합병원 및 기업형 성형외과, 피부과를 중심으로 지방 및 중국, 러시아 등 해외에 병원에 대한 홍보 및 연락사무소를 설치하고, 적극적으로 환자를 유치하는 활동을 벌이고 있다. 특히 인터넷을 통한 의료정보 공유가 늘어남에 따라 온라인상에서의 의료 상담 및 홍보, 외국어 홈페이지 및 상담게시판 운영 또한 급격히 늘고 있다.

활 동

지금까지 언급된 여러 개념을 실현하려면 여러 활동이 구성되어야 한다. 과거에는 기업들 간 활동이 유사했지만 시장주도형 전략은 고객가치가 독보적이어야 하고 또는 타사의 추종이 어려워야 하기 때문에 마케팅활동도 독특해야 한다. 본서에서 많이 언급되고 있는 미국 SWA 항공사는 타 항공사에서 모방할 수 없는 많은 활동을 구성하고 있다. 예컨대 소비자들에게 가장 저렴한 가격을 제공하기 위하여 대도시 취항은 기피하고 대신 중소형 도시 운항만을 고수하며, 같은 기종의 비행기로 높은 회전율을 올리고 있다. 또한 가격을 중시하는 고객들을 타깃으로 원하는 좌석 배치나 음식 또는 비즈니스 좌석 제공과 같은 기본 서비스를 제공하지 않는 대신 저렴한 가격을 제시한다. 이처럼 이 회사는 확고한 가치명제(value proposition)를 위하여 일관된 통합적인 마케팅활동을 구성하고 있다. Day는 시장주도형 전략에 있어서의 활동에서 중요하게 고려되어야 하는 사항이 적당한 규모(scale)와 범위(scope)를 선택하는 것이라고 말한다. 특히 변화가 심한 시장이라면 규모와 범위에 있어서 집중보다는 유연성(flexibility)이 필요하다. 예를 들어 최근 IT 관련 업종들이 경기침체로 인하여 큰 타격을 받고 있는데 회생을 시도하는 업체들 중 종업원이 많고 전문화된 회사들에 비하여 종업원이 적고 일인 다역, 이른바 multi-playing이 가능한 회사들이 유연성이 높기 때문에 성공할 가능성이 높다. 자본집약적인 산업의 경우에도 자동차산업처럼 유연생산(flexible manufacturing)과 컴퓨터 디자인(computer aided design) 또는 인공지능기술(A.I.)이 가능한 경우에는 수요와 공급 측면에서 유연성이 강화된다.

적 응

시장주도형의 중요한 특징은 환경의 지속적인 변화를 대전제로 명시한다는 것이다. 이 때문에 앞에서 알아본 활동무대, 경쟁우위, 접근방식 그리고 활동구성이 아무리 탄탄하다 하더라도 향후 변화가 가능한 사항을 대비할 수 있는 장치가 있어야 한다. 유명한 예로서 인텔(Intel)은 기술의 여러 세대(generation) 모델을 미리 준비하는 것이 자기잠식(cannibalization)을 초래할 수 있음에도 불구하고 자체 내 경쟁을 유도하고 있다. 3M은 전 직원에게 미래사업을 기획하는 데 업무의 일정 시간을 할애하도록 요구할 뿐만 아니라 일부 사업에 대해서는 그 사업성을 철저하게 검증하게 하고, 사업을 개발하는 주도자들, 이른바 "champion"들에 대해서는 포상금과 소유권의 일부를 인센티브로 활용한다. 이렇게 대기업 안에서도 중소기업에서 주로 볼 수 있는 창업정신을 유지하는 개념을 "Intrapreneuring"이라고 한다.

Williamson(2001)은 불확실한 환경에 대비하려면 미래를 향해 "대안의 포트폴리오"를 보유해야 한다고 주장한다. 이는 일반 포트폴리오처럼 하나의 전략이 아니라 만약을 대비하여 여러 전략을 병행시켜야 한다는 개념이다. Beinhocker(2001)도 비슷한 주장을 하면서 생태적 적응(ecological adaptation)의 여러 생존전략을 소개한다. 안정적인 환경이 아니라면 미래의 불확실성을 전제로 하여 여러 전략을 펼쳐서 다양한 시나리오를 대비한 다양한 대안이 준비되어야 한다는 것이 그의 의견이다. 그는 주어진 전략이 미래에 대해서 탄탄(robust)하고 적응(adaptive)력이 있는지를 검증할 수 있는 체크리스트를 <표 2-2>처럼 제공한다.

이 체크리스트는 기업전략의 탄탄성과 적응력을 묻는 상세한 질문들로 구성되어 있다. 첫째 질문은 이러한 개념이 기업 안에 얼마만큼 넓게 퍼져 있는지

표 2-2 ────────── **전략대안의 적응력 검증 체크리스트**

1. 회사에 지속적 실험정신이 있고 현상유지에 대한 불안감이 있는가?
2. 각 사업본부는 몇 개의 전략을 동시에 추진하고 있는가? 이 전략들은 진정으로 다른 것인가 아니면 같은 전략의 다른 발단인가?
3. 회사의 여러 전략구성상 단기와 장기, 저위험과 고위험, 그리고 관련과 비관련 전략의 비중은 어떠한가?
4. 최고경영자의 배경과 경험은 얼마만큼 다양한가?
5. 전략의 옵션가치는 의사결정을 하는 데 있어서 중요하고 명확한 기준인가?
6. 회사 산업에 해당되는 주요 시나리오는 무엇인가?
7. 회사는 여러 전략과 발단을 동태적으로 관리할 수 있는 효과적 과정이 있는가?
8. 회사의 인사고과 제도는 좋은 발상과 좋은 실행에도 불구하고 성과가 미흡한 인력과 전반적으로 미흡한 인력을 구분하는가?
9. 회사는 전략에 대한 투자를 결정하기 위하여 내부 공감대와 결속을 형성시키는 장치가 있는가?
10. 회사의 성과 측정치(metrics)는 현존 사업과 미래 성장대안들을 구분하여 평가하는가?

알아보고 있다. 둘째 질문은 기업전략에 대한 운신의 폭을 말해주는 사항인데 전략이 하나밖에 없는 기업은 이 전략이 실패했을 때 대처하는 데 많은 시간과 비용이 소요될 수 있지만 근본적으로 다른 대체전략이 준비되어 있는 기업은 이에 대해 보다 빠른 대응을 할 수 있다. 셋째 질문은 둘째 질문에서 거론되었던 다양한 전략의 존재 여부를 여러 형태별로 묻고 있는 것이다. 넷째 질문은 기업 내부의 다양성을 위해서는 최고경영자의 배경과 훈련도 다양해야 한다는 점을 시사하고 있다. 다섯째 질문은 재무관리에서 잘 알려진 옵션(option) 상품의 개념을 전략에 적용할 수 있다는 주장이다. 옵션은 자산에 대하여 향후 권한은 있으면서 부담은 일부만 가지는 유형을 뜻하므로 기업은 다양한 전략에 대하여 신축성을 유지할 수 있다. 여섯째 질문은 기업환경의 불확실성에 대한 준비의 일환으로 향후 각종 기회와 위협 및 그 여파를 미리 확인하는 작업을 촉구하는 사항이다. 마지막 네 개의 질문들은 종합적으로 탄탄하고 적응력 있는 전략을 기업이 지속적으로 관리할 수 있는 관리 시스템이 있는지 묻고 있다.

3 시장창출(Driving-market)

1) 정   의

앞서 언급한 바와 같이 시장주도 전략이 기존의 시장구조에서 참여자(player)의 행동을 이해하는 것에 기초를 둔 비즈니스 지향적인 성격이라면, driving-market 전략은 시장에서의 경쟁력을 강화시킬 수 있는 방향으로 시장의 플레이어들의 행동이나 시장의 구조에 영향을 미치는 것을 의미한다. 즉 driving-market 전략은 기존의 사업 시스템과는 다른 독창적인 시스템을 이용하여 혜택이나 획득 노력/비용, 가격 등의 차원에서 새로운 가치 명제(value proposition)를 창출하는 것이다. 예컨대 국내시장에도 진출한 스웨덴의 IKEA 가구의 경우 기존의 가구시장과는 달리 DIY 조립, 저렴한 가격 등으로 차별화를 시킴으로써 새로운 고객시장을 창출하고 있다.

2) 시장창출(Driving-market)의 유형

Jaworski 외(2000)는 시장의 구조(market structure)를 바꾸는 형태의 driving-market 전략의 유형을 다음의 세 가지로 제시하였다.

시장 해체전략(Deconstruction approach)

이 전략은 기존에 존재하는 가치사슬상의 플레이어를 제거하는 전략이다. 이 전략에서 제거될 수 있는 플레이어는 유통, 경쟁자, 공급자 등 매우 다양하다. 최근 인터넷의 등장으로 인해 많은 업종에서 중간상을 배제하고 기업과 고객이 직접 거래를 하는 경로단축(disintermediation) 현상이 중요한 사항으로 고려되고 있는데 이 역시 시장 해체전략과 일맥상통하는 것이라고 생각할 수 있다. 또한 경쟁사 간의 흡수 합병을 통해 경쟁사를 제거시키는 방법도 있다. 현대자동차의 기아자동차 인수, 2010년 미국 SWA의 에어트랜 인수, 다국적 제약회사인 화이자의 와이어스 인수 등은 시장에서의 경쟁자를 하나 제거시킴으로써 시장구조를 변화시킨 사례라고 볼 수 있다. 뿐만 아니라 기업의 상황에 따라서 공급자를 배제시킬 수도 있다. AMD는 그래픽 칩셋 회사인 ATI를 인수하면서 그래픽 칩셋 분야에서 인텔에 앞설 수 있게 되었다. 또한 구글은 유튜브를 인수함으로써 UCC 비디오의 안정적인 공급선을 확보할 수 있게 되었다.

시장 구축전략(Construction approach)

이 전략은 소비자에게 전달되는 가치(value)를 향상시키기 위해 시장구조에서 새로운 플레이어를 추가하거나 변경시키는 전략이다. 앞서 언급한 바와 같이 인터넷의 등장은 전통적인 중간상의 기능을 사라지게 하기도 하지만, 인터넷 쇼핑몰과 같은 새로운 중간상을 창출하기도 한다. 뿐만 아니라 기존에 가지고 있는 산업의 구조와는 전혀 다른 새로운 산업구조를 필요로 하기도 한다. 예를 들어 mp3 파일을 판매하는 온라인 음악산업의 경우에는 기존 음반회사가 가지고 있는 가치사슬과는 전혀 다른 산업구조를 창출해야 한다.

기능적 수정전략(Functional modification approach)

이 전략은 가치사슬상의 기업(플레이어)들이 수행하는 기능들을 변화시키는 전략이다. 예를 들어 하나의 기업이나 또는 경쟁관계에 있는 기업들이 대규모로 전방 또는 후방 통합을 하거나 또는 비용을 절감하기 위해 기존의 사업부 중 특화된 분야에 집중함으로써 기존에 회사가 가지고 있던 기능을 수정하는 전략이 있다.

또한 Jaworski 외(2000)는 시장의 행동(market behavior)을 바꾸는 형태의 driving market 전략의 유형을 직접적인 방법과 간접적인 방법으로 나누었다. 직접적인 방법으로는 고객 또는 경쟁자를 압박(customer constraints)하는 방법과 반대로 압박(customer constraints) 제거방법이 있다. 고객을 압박하는 방법이란 소비자의 구매 행동에 직접적으로 영향을 미치는 것을 의미한다. 예를 들어 앞서 언급했던 IKEA의 경우 원하는 가구를 카트에 담기 위해서는 매장에서 판매하는 다양한 소품으로 진열되어 있는 모델하우스와 유사한 거실, 부엌 등의 전시실을 반드시 지나야 하는데, 이러한 동선을 따라가다 보면 소비자들은 자신이 원하는 가구 이외에도 계획에 없었던 소비를 하게 되는 경우가 많이 발생하게 된다. 한편 인터넷의 등장으로 인해 소비자들이 다양한 상품에 대한 가격, 사용 후기 등의 정보를 획득, 비교할 수 있게 됨에 따라 소비자들의 구매과정이 변화하고 있다. 예컨대 과거에는 생산자가 결정한 가격을 소비자가 수용했지만 프라이스라인(www.priceline.com)처럼 소비자가 원하는 가격을 먼저 제시할 수도 있게 되었다.

시장의 행동을 바꾸는 간접적인 방법으로는 고객 또는 경쟁자의 새로운 선호를 형성하는 방법과 선호를 변화시키는 방법이 있다. 소비자들의 구매 행동을 직접적으로 변화시키는 것과 달리 간접적인 방법은 구매 이전의 인지 또는 선호 단계에서 소비자 행동을 변화시키는 것이다. 예를 들어 어떤 기업이 EDLP(everyday low pricing) 전략을 표방하는 경우 경쟁사들의 기존 가격 전략에 영향을 미칠 수 있다. 또한 과거에는 상상하지 못했던 완전하게 새로운 상품 또는 서비스를 소비자에게 제공하거나, 기존의 상품에 새로운 혜택을 추가함으로써 소비자 행동 변화에도 영향을 미칠 수 있다. 예컨대 미국에서는 Groupon, 한국에서는 티켓몬스터가 소비자들이 혼자서 구매할 때 불리한 입장을 극복할 수 있는 공동구매에 따른 가격협상력을 인터넷 앱과 솔루션으로 강화시켰다.

• SECTION 04 • 시장의 매력분석

시장이 정해지면 시장에 대한 평가를 다각적으로 해야 하는데, 이러한 평가에 사용될 수 있는 기준은 다양하다(Aaker, 2001). 여기서 주의할 것은 시장에 대해 여러 가지 정의를 내릴 수 있는데, 기준에 따라 분석단위가 달라질 수 있다는 점이다. 예를 들어 시장규모와 성장률은 거래할 시장보다는 거시적인 차원에서 일단 분석한 다음 여러 세부시장별로 규모 또는 성장률 분석을 할 필요가 있다.

1   시장규모

아마도 시장 매력에 가장 기본적인 평가요소는 시장의 규모일 것이다. 시장규모가 어느 정도 갖추어져야만 마케팅에 따른 대가가 있을 수 있다. 다만 우리가 유의해야 할 것은 시장규모가 충분조건이 아니며, 어떠한 시장이 작다고 해서 그 평가가 반드시 나쁘지 않다는 것이다.

시장규모는 매력 측정에 있어서 가장 용이한 변수라고 볼 수 있다. 특히 제품이나 기술 위주로 정의된 시장의 규모는 정부 또는 상공회의소의 여러 통계 간행물에서 쉽게 확인이 가능하다. 물론 제품과 기술 위주의 시장 정의에 따른 한계점을 필히 고려해야 한다. Aaker가 지적한 바와 같이 이러한 단순한 규모의 평가 외에 잠재시장의 규모가 더 타당한 평가기준이 될 수 있다. 즉 현재의 시장규모는 성장에 의한 미래 시장규모와는 상당히 다를 수 있으므로 적극적인 마케팅으로 발생될 수 있는 잠재적 시장규모가 어느 정도인지에 대해 예측을 해야 한다. 예컨대 현재 전기자동차를 위한 여러 인프라 여건이 열악하기 때문에 그 제품에 대한 시장규모는 매우 미미하지만, 그러한 여건이 향상될 때 전기자동차에 대한 수요는 급증할 것이다. 이러한 거대한 잠재수요가 있는 상황에서는 표면에 나타나는 수요뿐 아니라 그 수요를 움직이는 숨은 요소 및 역학(dynamics)을 모니터하여 수요가 발생하기 전에 기회를 포착할 수 있는 기반을 미리 준비해야 한다. 다만 이러한 수요의 형체가 계속 바뀔 수 있으므로 기업은 여러 수요 변화에 대해 유연하게 대처할 수 있도록 준비를 해야 한다.

시장규모가 크다고 반드시 좋은 것은 아니다. 그 이유는 시장규모가 클수록 경쟁도 심하고 이에 따라 성장률도 둔화될 수 있기 때문이다. 큰 시장만 추구하는 통념을 '다수의 맹점(fallacy of the majority)'이라고 부르는데 이는 시장규모가 클수록 오히려 작은 시장이 나을 수 있다는 주장이다. 즉 큰 시장에서 치열한 경쟁을 하는 것보다는 작은 시장에서 독점하는 것이 나을 수 있다는 말이다. 특히 많은 선진국에서는 탄탄하고 방어할 수 있는 작은 규모의 시장을 타깃으로 하는 틈새(niche) 마케팅이 유행하고 있다. 회사의 여건이 큰 시장에서 싸울 수 있는 상황이 아니라면 틈새 마케팅이 바람직할 수 있다.

2   시장성장률

시장규모와 더불어 분석되어야 하는 시장요소는 시장성장률이다. 시장의 규모는 성장률에 따라 향후 크게 좌우될 수 있다. 즉 작은 시장도 고도의 성장에 따라 큰 시장이 될 수 있고 반대로 큰 시장도 지속적인 시장침체로 결국 시장이 없어질 수 있다. 성장률이 이처럼 중요하기 때문에 기업은 고성장 혹은 저성장의 원동력이 무엇인지 정확히 분석해야 한다. 성장의 원동력은 시장에 따라 다를 수밖에 없는데 많은 경우 기술, 원가 또는 수요패턴 변화에 의하여 성장이 좌우된다. 위에서 언급되었듯이 기술은 특정 소비자욕구를 충족하는 데 사용되는 수단이다. 소비자의 많은 욕구는 근본적인 수준에서 크게 변하지 않지만 욕구를 충족시키는 구체적인 방법은 새로운 기술의 등장으로 인하여 바뀔 수 있다. 예컨대 음악청취에 대한 소비자의 욕구는 크게 변하지 않고 있지만, LP음반, 카세트, CD, DVD, MP3, 디지털 음원, 스트리밍 등으로 구체적인 수요는 이전되었다. 이처럼 기술이 수요의 중요한 기반이 되는 산업에서는 우월한 새로운 기술의 위협을 항상 경계할 필요가 있다. 기술의 등장과 맞물려 있는 문제가 원가이다. 원가문제는 뒤에서 더 자세히 다루겠지만 원가구조가 변하고 이러한 변화가 가격에 반영될 때 수요가 급등 또는 급락할 수 있다. 초기에 고가(skimming)전략을 취한 제품이 경험곡선에 의하여 원가와 가격이 하락한다면 수요는 급증할 수 있다. 반대로 생산에 투입되는 자본이나 임금이 인상되는 산업은 경쟁력을 잃게 되어 수요에 타격을 입히게 된다. 수요패턴의 변화는 성장에 중대한 영향을 미칠 수 있는데 이는 소비자 수요의 거시적인 추이(megatrend)를 의미한다. 예를 들어 A.I. 기술이 발달되면서 기업에서만 사용됐던 이 기술은 소비자들의 통신, 가전제품, 무인자동차 운전, 게임, 엔터테인먼트 등의 시장을 급속히 잠식해 들어가고 있다.

성장률을 예측하는 데 여러 가지의 방법이 복합적으로 사용될 수 있다. 우선 기존 시장의 경우 종래의 자료가 향후 성장의 예측기반이 될 수 있다. 마케팅에는 Bass모형을 비롯한 많은 확산모형(diffusion model)들의 타당성이 검증된 바가 있는데 이러한 모형들은 소수의 자료를 가지고도 수요의 성장뿐만 아닌 전개 패턴을 예측할 수 있다. 하지만 기존 시장이 아닌 신시장의 경우에는 정량적인 성장률 예측이 상대적으로 어려워진다. 여기서 사용될 수 있는 여러 방법 중 하나는 잠재 사용자의 인구분포 및 성장률을 분석하는 것이다. 예를 들어 선진국의 노화현상이 심화되면서 노년층을 겨냥하는 이른바 실버(silver) 마케팅이 중요해지고 있다. 이 시장의 일반 성장률은 한 국가의 연령분포를 분석하면 어느 정도 정확히 예측할 수 있을 것이다. 또 다른 방법으로는 유사하거나 아니면 같이 사용되는 제품의 성장률을 분석하는 방법도 있다. 가령 자동차에 들어가는 새로운 부품을 생산하기 전에 일단 자동차의 수요를 정확히 예측할 필요가 있다. 이는 산업재의 경우 파생수요(derived demand)와 유사한 개념이다.

3 시장수익성

시장규모나 성장률은 외형적 매력이 있지만 기업은 궁극적으로 수익을 올려야만 지속적으로 생존이 가능하다. 각 시장에서 판매되는 제품은 그에 해당되는 가격도 있고 생산을 비롯하여 여러 요소에 지출되는 비용도 있다. 주어진 시장의 매력을 평가하는 데 있어서 가격과 매출액을 강조하는 경향이 있는데 간단한 예가 영업의 고과제도이다. 영업에서는 인센티브제도가 대개 판매량 위주로 집행이 되는데 이러한 경우 수익성이 등한시될 수 있다. 이 때문에 영업 고과도 수익성 위주로 집행하는 회사도 많이 등장하고 있다. 이러한 경우에는 시장과 제품의 매출과 원가를 구분하고 측정할 수 있는 회계 시스템의 구축이 선행되어야 한다.

수익성의 향상은 CRM과 Six Sigma 같은 기법을 도입하는 데 있어서 주요 원동력이 되고 있다. 이러한 분석을 실행하기 위해서는 상세한 고객정보와 데이터베이스가 구축되어야 하며 더불어 Six Sigma에서 강조하는 여러 부서 간 공유하는 수익성관련 측정치(metrics)가 있어야 한다. Reichfeld(2001)는 Vanguard라는 주식펀드의 경우를 예를 들어 설명했는데, 이 회사는 고객의 단기 투기성향이 너무 강하다는 이유로 이에 따른 비용부담을 줄이기 위해서 4,000만 달러를 투자하려는 고객을 거절했다. 델(Dell)은 기관고객 외에는 인터넷만으로 일반 소비자를 상대하는데 이는 오프라인 거래 대신 온라인 거래를 함으로써 비용을 줄일 수 있기 때문이다.

4 원가구조

시장의 매력은 기업의 원가구조뿐만 아니라 산업의 일반적인 원가구조가 중요한 분석사항이 된다. 산업의 원가구조는 기본적으로 가치사슬(value chain)에 의하여 형성되는데 가치사슬이 복잡한 산업일수록 다양하게 원가분석이 이루어져야 한다. 잘 알려진 Porter(1985)의 가치사슬모형에서 주요 활동(primary activities)뿐만 아니라 지원활동(supporting activities)에서도 산업별 또는 구체적인 세부시장별로 원가구조가 다를 수 있다. 예컨대 항공업을 비롯한 많은 운수업에서는 가치사슬에서 물류의 원가가 큰 비중을 차지하게 된다. 때문에 이러한 산업에서 경쟁하려면 물류 인프라 시스템에 대한 많은 투자가 요구되며, 물류비가

표 2-3	부가가치와 여러 단계
부가가치 단계	관련산업
원자재 조달	금광, 와인 생산
원자재 처리	철강, 제지
생산 · 가공	반도체, 타이어
조 립	의류, 정밀기계
물적유통	생수, 캔(metal can)
마 케 팅	화장품, 주류
서비스 지원	소프트웨어, 자동차
기술개발	면도, 의류시스템

원만히 조달될 수 있게끔 많은 노력이 요구된다. Aaker에 의하면 여러 부가가치 단계와 그 단계가 중시되는 관련 산업은 <표 2-3>과 같다.

5 유통구조

가치사슬에서도 물류에 대한 분석이 요구되지만 시장의 매력평가를 위해서는 물류 외에도 유통에 관련된 제반 요소가 분석되어야 한다. 유통분석에는 크게 세 가지의 평가요소가 있다. 첫째 요소는 유통의 다양성으로 최종시장에 접근하는 데 이용되는 경로가 제한된 것인지 아니면 다각화되어 있는지 알아볼 필요가 있다. 예를 들어 eBook의 시장이 커지면서 출판사들은 기존 오프라인 고가의 책만을 고수할 것인지 아니면 잠식의 우려를 떨치고 저렴하지만 더 다매가 가능한 온라인 시장을 병행시킬 것인지 두 시장의 관계정립이 경쟁력의 핵심으로 등장하였다. 해외시장 진출 시에도 유통은 중요한 관건이 된다. 따라서 기존 유통체제에 적응할 수 있는 여력이 없을 때에는 새로운 유통을 개발하거나 아니면 현지 동업자 유통의 도움을 받는 이른바 피기백(piggyback) 시스템을 고려할 수 있다. 애플의 경우 우리나라를 비롯, 전세계 통신시장에 진출하면서, 기존의 음원, 컨텐츠 마켓플레이스를 이용하는 대신, 아이튠즈 스토어를 통한 새로운 마켓플레이스를 운영, 가치사슬의 상당부분을 바꾸어 놓았다. 한편 우리나라 아이돌그룹의 경우 처음에는 일본, 나중에는 중국과 동남아 또한 여타 지역에 진출하면서, 활동 무대는 물론 음원의 수요를 확대시킬 수 있었다. 가수 싸이와 그의 소속기획사인 YG는 Scooter Braun라는 유명 북미 에이전트와 제휴를 맺은 후 강남스타일의 인기확산 속도가 더 빠를 수 있었다. 유통의 둘째 요소는 유통의 여러 추이를 분석하는 것으로 이는 유통 밖의 여러 기술변화가 유통에 많은 영향을 미칠 수 있기 때문이다. 그 대표적인 예가 인터넷의 등장인데 처음에는 온라인 소매상의 등장으로 재래식 오프라인 소매상은 위협을 받았지만 그 두 가지의 이점을 살린 계열 백화점들은 온-오프라인 전략을 사용하여 총매출액을 증가시켰다. 인터넷 외에도 대형마트, 외국 소매업체의 시장진입, 방문판매의 성장 등 다양한 유통 트렌드에 대해서도 그 영향을 분석할 필요가 있다. 유통의 셋째 요소는 경로의 힘(power) 양상을 분석하는 것이다. 미국의 경우 1980년대부터 2000년대 중반까지 비디오 유통 및 렌탈시장에서 '블록버스터' 체인이 절대적인 권력을 휘둘렀으나, 결국 넷플릭스 같은 디지털 유통으로 추세가 바뀌면서 급격히 힘을 잃었다, 결국 블록버스터는 2010년 9월 파산보호신청에 들어가면서 회사정리의 수순을 밟고 있다.

6 핵심성공요인

우리가 시장 혹은 산업평가에 있어서 빼놓을 수 없는 사항은 성공의 기본 방법을 분석하는 것이다. 겉으로 매력적인 시장이라 하더라도 그 시장에 타당한 회사(player)로 가입하려면 일반적으로 몇 가지의 자격조건이 요구된다. 이러한 자격조건을 갖추는 것이 어려워질 때 그 시장은 높은 진입장벽을 구축하게 되는 것이다. 이러한 자격조건은 산업 간에 유사할 수도 있지만 특정한 산업만이 요구하는 특유(idiosyncratic)한 조건이 있을 수 있다. <표 2-4>을 보면 몇 가지의 특유한 성공요인이 산업별로 제시되어 있다. 화장품은 크게 색조와 기초로 구분이 되는데 전자는 마케팅을 통한 브랜드 인지도와 자산관리가 중요하지만 후자는 연구개발과 과학적 기술력이 경쟁력의 원동력이다. 항공업은 차별화가 제일 어려운 업종 중 하나이다. 수요가 변덕스러우므로 이에 대한 예측을 토대로 유지비가 높은 항공기를 소유와 임대를 겸비한 신축적 전략으로 관리하는 것이 성공의 관건이다. 영화제작과 배급은 물론 단기적으로 영화 상영으로 경쟁하지만 장기적인 경영수지는 파생되는 해외시장, 그리고 각종 공중파, 케이블 또는 인터넷

표 2-4	여러 산업별 특유 성공요인
산 업	특유 성공요인
화 장 품	연구개발, 마케팅
항 공 업	수요예측과 항공기 공급관리
영 화 배 급	파생시장 수요관리
주류-와인	포도 조달, 브랜드 관리, 전문가 평가

시청 등으로 좌우된다. 와인은 국가마다 다소 차이는 있으나 기본적으로 변동비용의 50% 이상을 차지하는 포도의 조달이 중시된다. 최고급 와인의 경우 추가로 성공을 좌우하는 요인은 각 해의 품질(vintage)을 토대로 한 브랜드관리로 근래에는 프랑스 와인마저 Wine Advocate이라는 와인 평론 전문지를 발행하는 미국인 Robert Parker의 와인 평가가 핵심성공요인이 되고 있다.

• SECTION 05 • 고객지향성

기술의 발달로 인해 다양한 제품이 생산되기 시작하면서, 그동안 잠재되어 있던 고객들의 이질적인 욕구의 표현이 가능해지고 있다. 표준화된 상품들만 대량 생산되던 시기에는 소비자 자신이 원하는 상품을 선택할 수 있는 기회가 적었지만, 가격이나 기능, 디자인에 있어 다양한 선택의 폭을 가진 상품군들이 등장함에 따라 소비자들은 자기가 원하는 상품을 보다 쉽게 선택할 수 있게 된 것이다. 뿐만 아니라 인터넷의 발달로 인해 글로벌 규모의 시장이 형성되었기 때문에 과거에 비해 세분화된 고객집단의 크기가 작아지고 있으며, 그 결과 전통적인 마케팅 접근의 효율성과 효과가 떨어지고 있다. 따라서 이러한 현상을 극복하기 위해 등장한 마케팅 접근이 고객지향 마케팅이다.

고객지향 마케팅이란 대중시장(mass market)이나 세분시장(market segment)보다는 수익을 창출할 수 있는(profitable) 개개인의 소비자의 관심, 욕구 등에 초점을 맞추는 것을 강조하는 마케팅을 의미한다(Sheth 외 2000). 이와 비슷한 개념이 Customer Active Paradigm(CAP), 즉 고객주도형이다. CAP는 Manufacturer Active Paradigm(MAP)과 대조되는 개념으로 후자는 제조업자가 주어진 제품과 기술을 토대로 매출과 시장점유율을 비롯한 외형적 성과를 강조하는 경영철학을 의미하는 반면, 시장주도형 경영은 고객으로 초점을 다시 돌리는 철학을 의미한다.

고객지향 마케팅의 경우에는 고객이 상품의 디자인, 생산 등에 대해 직접 관여를 하게 되기 때문에 '공동생산 마케팅(co-creation marketing)'이라고 정의할 수 있으며(Sheth 외 2002), 제 6 장에서 설명될 customer intimacy와도 유사한 개념이라고 볼 수 있다. 즉 고객지향 마케팅은 상품 또는 서비스의 개발은 물론, 가격, 유통 및 커뮤니케이션의 전 과정에 있어 소비자의 욕구 및 의견을 반영하기 때문에 소비자의 브랜드에 대한 로열티를 높일 수 있다는 장점이 있다.

•SECTION 06• 고객의 매력분석

최근 고객에 대한 개념이 거래보다 관계중심으로 변하면서 고객도 하나의 기업자산으로 간주해야 한다는 목소리가 높아지고 있다. 이러한 주장은 <표 2-5>에 나와 있듯이 환경의 여러 여건이 바뀌면서 이와 맞물려 있는 고객들에 대한 패러다임이 바뀌어야 한다는 것이다. 신규 경제체제에 정보기반이 활성화되면서 고객에 대한 보다 심층적인 분석과 접근이 가능해지고 있다. 이러한 체제하에서는 새로운 고객의 유치보다는 기존 고객의 유지가 더 중요한 승패의 기준이 될 것이다. 더욱이 마케팅 비용 측면에서도 고객유치보다 고객유지가 월등히 저렴하므로 고객관리가 중요해진다. 고객관리에는 여러 가지의 투자가 요구되므로 그 투자의 대가가 있는지를 평가하기 위해 학계와 업계에서 고객자산의 개념이 최근 많이 강조되고 있다.

1 고객자산의 정의

고객자산이란 재무관리에서의 현재가치(net present value) 개념을 소비자에게 적용한 것으로 자사 제품을 구매하고 사용하는 모든 소비자의 평생가치(lifetime value)의 현재가치를 의미한다(Rust 외, 2000). <표 2-5>을 보면 고객의 만족도에 따라 각 Starbucks 커피 고객유형의 평생가치가 집계되었는데 불만족을

표 2-5			고객자산의 예시
	(A) 불만족 고객	(B) 중간 만족 고객	(C) 대만족 고객
방문횟수(월)	3.9	4.3	7.2
객 단 가	$3.88	$4.06	$4.42
관계유지 기간(년)	1.1	4.4	8.3
총평생가치	$200	$922	$3,170

출처: Starbucks: Delivering Customer Service HBS 사례: 5-504-016

가진 고객(A)는 언뜻 보기에 중간수준의 만족을 가진 고객(B)와 큰 차이가 없어 보이지만 관계유지 기간이 두드러지게 짧기 때문에 총평생가치가 아주 낮은 편이다. 이에 반해 중간 정도의 만족을 가진 고객(B)는 관계유지 기간이 훨씬 더 길기 때문에 높은 수준의 평생가치를 이루고 있다. 그리고 대만족을 하고 있는 고객(C)는 아주 오랜 기간의 관계가 유지되므로 웬만한 같은 내구재보다 더 높은 수준의 매출액을 나타내고 있다.

고객자산에 대한 여러 모형들이 소개되고 있는데 이 중 제일 먼저 개발된 모형이 Rust 외(2000)의 모형이다. 이 모형의 제일 중요한 특징은 고객자산을 크게 세 가지의 요소로 구분한다는 점이다. 즉 모형에서는 고객자산을 가치 자산(value equity), 브랜드 자산(brand equity) 그리고 보유 자산(retention equity)으로 구분하고 있고, 각 요소가 고객자산에 원동력(drivers)이 되고 있다고 설명하고 있다. 여기서 말하는 원동력은 주어진 특정 시장에서 기업의 고객자산을 움직이는 핵심요소가 무엇인지를 설명하는 개념이다. 각 원동력은 다음과 같은 세부 원동력(sub-drivers)에 의하여 움직이게 된다.

1) 가치 원동력

가치 원동력은 고객자산 중에서 유형 자산에 해당되는 요소를 포함한다. 쉽게 말해 마케팅믹스 중에서 촉진 외에 제품, 가격, 그리고 유통 측면이 고객자산에 얼마만큼 영향을 미치는지 파악해야 한다. 이를테면 품질이 표준화된 산업에서는 가격이나 새로이 부각되는 편익들이 고객을 유치하고 유지하는 데 중요한 원동력이 될 수 있다.

2) 브랜드 원동력

본 모형의 중요한 공헌은 고객자산과 브랜드 자산의 관계를 규명한 것이다. 즉 브랜드 자산은 상위개념인 고객자산의 하위개념으로 구성되어 있다. 브랜드 자산과 고객자산은 같은 개념이 아니므로 브랜드 자산이 고객자산의 주요 원동력이 될 수도 있지만, 고객자산을 높이는 데 충분조건이 되지는 않는다. 최근 브랜드의 개념이 광대해짐에 따라 무형적 요소 외에 제품의 유형적 요소까지도 브랜드 범위 안에 포함되고 있다. 그러나 브랜드 자산의 개념이 확대되면서 정작 신경 써야 하는 브랜드 요소에 대한 관리가 소홀해지고 있다. 또한 고객자산에는 브랜드 자산 외에 다른 원동력인 가치 자산과 유지 자산이 있으므로 브랜드가 중요하지 않은 산업에서는 브랜드에 투자하는 것이 낭비일 수 있으며, 실제로 필요한 투자가 부족할 수도 있다.

브랜드 원동력의 세부 원동력으로는 브랜드 인식, 브랜드 태도 그리고 브랜드 윤리가 있다. 브랜드 인식은 브랜드의 존재를 소비자들이 얼마만큼 알고 있는지를 말한다. 브랜드 태도는 더 진일보한 사항으로서 인식하고 있는 브랜드에 대하여 호의를 가지고 있는지를 측정하는 것이다. 이를테면 잘 알려진 브랜드가 호의를 얻지 못하는 상황이라면 기업은 궁극적으로 고객유치와 고객유지에는 한계를 지니게 된다. 브랜드 윤리는 최근 부각되고 있는 사항인데 모기업의 평판(reputation)이 브랜드 자산에 영향을 미친다는 주장이다. 특히 경영스캔들이 많은 기업이라면 홍보 차원에서 그러한 사건들이 고객의 브랜드 선택에 악재가 되지 않도록 주의를 기울일 필요가 있다.

3) 유지 원동력

유지 자산의 세부 원동력은 아주 다양하다. 마케팅 관리 측면에서 세부 원동력이 많다는 것은 한편으로는 부담스러울 수 있으나, 다른 한편으로는 고객보유를 유도할 수 있는 기회가 많다고 볼 수 있다. 최근 많은 기업들은 고객보유를 위해 마일리지 같은 로열티 프로그램(loyalty program)을 많이 이용하고 있다. 그러나 로열티 프로그램들은 많은 업계에서 하나의 필요악이 되었으며, 경쟁사마다 이용하고 있는 관계로 차별화도 되지 않으면서 상당한 비용부담만 되고 있다. 많은 로열티 프로그램들은 소비자의 구매에 초점을 맞추고 있는데 이보다는 소비자의 브랜드에 대한 지속적인 애호도를 키우는 것이 중요하다. 즉 점수 때문에 할 수 없이 구매하는 소비자와 브랜드가 좋아서 구매하는 소비자는 양적으로는 같아 보이지만 후자는 브랜드에 대한 질적인 차원에서 기여를 하게 된다. 이 때문에 기업들은 로열티 프로그램에 따른 정확한 기여도를 확인할 필요가 있다. 예를 들어 미국의 일부 은행들은 같은 은행에 여러 종류의 계좌를 보유한 소비자가 그 은행에 대해 지속적인 거래를 한다는 사실을 근거로 마일리지 점수를 부여하고 있으며, 소비자들은 누적된 마일리지를 이자 또는 융자 혜택으로 전환시킬 수 있다.

스페셜 트리트먼트(Special treatment)는 CRM에서 많이 강조하듯이 우량고객에 대한 특별우대를 의미한다. 항공사 또는 이동통신사들이 누적된 마일리지에 따라 고객의 등급을 적용하고 그 등급에 따라 마일리지 외에 추가적인 혜택을 부여하는 것이 하나의 예가 될 수 있다. 이러한 특별우대는 금전적인 혜택보다는 브랜드에 대한 관여를 강화하는 효과가 있으므로 애호도가 강화될 수 있다. 일반적으로 우량고객이란 특정 양의 구매를 능가한 고객들을 의미하는데 그 기준은 전략적 목적에 따라 다양하게 적용될 수 있다. 특히 단순한 전체 양보다는 정책적인 제품의 구매여부를 선택의 기준으로 삼을 수 있다.

어피니티 프로그램(Affinity Program)은 스페셜 트리트먼트와 유사한데 다만 차이가 있다면 우량고객들에게 소속감을 강화하는 마케팅 노력을 한다는 것이다. 가령 특정 브랜드만을 고수하는 마니아(mania)가 있다면 그들의 라이프스타일에 맞는 제품과 관련 제품을 제공할 수 있다. 최근 한국에서 골프가 유행하면서 골프관련 공동 마케팅(co-marketing)이 많이 이행되는데 우량고객들을 위하여 골프 공, 골프 우산 등과 같은 상품을 자사 브랜드의 로고를 이용하여 선물하고 있다. 또한, 최근 뮤지컬의 수요가 급증함에 따라, 금융업계를 비롯한 많은 기업들이 우량고객들을 위하여 뮤지컬 등의 문화행사 티켓을 제공하여 고객들의 소속감을 강화시키려 노력하고 있다.

커뮤니티 프로그램(Community Program)은 우량고객들을 위해 모임을 결성하는 것이다. 이는 온라인으로 쉽게 형성될 수 있고 또한 오프라인으로도 이행될 수 있다. 유명한 예는 미국의 전설적인 오토바이 브랜드인 Harley Davidson의 HOGS(Harley-Davidson-Owners Group) 모임이다. 이 모임의 많은 회원들은 주로 전문직에 종사하는 화이트 칼라임에도 불구하고 모임에 참가할 때에는 일회용 문신과 Harley-Davidson의 오토바이 갱 같은 터프한 이미지에 맞는 복장을 입어서 일종의 현실 도피성 하루를 재미있게 보낸다.

끝으로 지식기반 제도(knowledge building programs)는 기업과 고객 간에 상호학습을 위한 장치를 의미한다. 소비자의 생활행태는 장기적으로 바뀔 수밖에 없는 것이므로 이러한 변화를 마케팅에 반영할 수 있는 기업일수록 소비자와 보다 강한 관계가 성립될 수 있다. 잘 알려진 온라인 서점인 Amazon.com은 입력된 고객의 구매패턴을 바탕으로 인공지능에 근거한 분석(collaborative filtering)방법을 이용하여 고객의 성향을 파악하고, 선택 가능한 도서를 추천한다.

4) 고객자산의 통합적 전략분석

Rust 외(2000)는 기업이 앞에서 언급한 세 가지의 주요 자산을 추정하여 이에 따른 정확한 전략을 펼쳐야 한다고 주장하고 있다. 이들이 제공하는 여러 전략분석 개념 중 아주 유용한 틀이 이른바 '전략 삼각형(strategy triangle)'이다. <그림 2-7>에 나와 있듯이 '전략 삼각형'은 특정 산업과 기업의 가치 자산, 브랜드 자산, 그리고 유지 자산의 현황을 보여주므로 이를 기초로 기업이 우선순위를 어디에 두어야 하는지를 확연하게 알 수 있게 해준다. 즉 이념적으로만 무조건 브랜드를 키우거나 혹은 고객유지를 추구하는 것보다는 실증적으로 효과가 있는 쪽으로 노력을 기울여야 한다는 뜻이다. 이 그림에 나와 있는 여러 전략들은 소위 '균형적 전략' 외에는 세 가지 유형의 자산의 비중이 각각 다르므로 전략의 강조점은 이에 맞게 달라진다.

전략유형 1은 가치 자산만이 높은 상황을 말하는데 여기서는 브랜드 자산이나 유지에 투자하는 것은 낭비일 수 있다. 예컨대 무형적인 요소로 차별화가 잘 안 되는 산업재 같은 업종에서는 가치 자산의 일환인 품질, 가격 그리고 유통에 해당되는 여러 편익요소들이 주요 경쟁변수로 떠오르게 된다.

전략유형 2는 브랜드 활성전략인데 이는 가치 자산이 표준화되어 있고 고

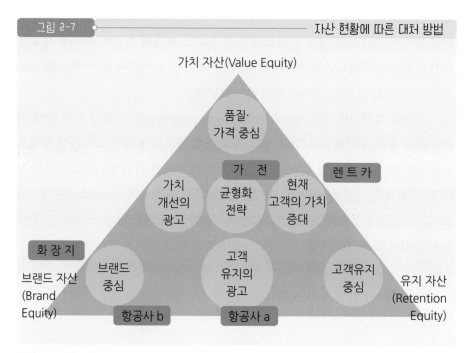

그림 2-7 ●───────────── 자산 현황에 따른 대처 방법

출처: Rust 외(2000).

객유지가 어려운 상황을 말한다. Rust 외(2000)의 실증조사에서는 화장지를 여기에 해당되는 사례로 언급하였는데 이러한 제품들은 제조기술이 어느 정도 유사하기 때문에 유형보다는 무형적인 차별화가 중요한 사안으로 대두된다. 화장지 외에 많은 감성제품, 이른바 'high touch'들의 마케팅전략도 대동소이할 것이다.

전략유형 3은 아주 흔하지는 않지만 소매업 같은 서비스 업종에서 찾아볼 수 있다. 즉 방문하는 단골고객이 많을수록 수익이 증가하므로 이러한 상황에서는 고객 유지에 대하여 많은 투자를 기울여야 한다.

전략유형 4는 유지 자산은 기여를 못하지만 나머지 자산인 가치 자산과 브랜드 자산이 대등하게 기여를 하는 상황을 말한다. 이처럼 두 가지가 중요할 때에는 두 가지 전략과 활동에 대하여 시너지(synergy)효과를 최대화할 필요가 있다. 좋은 예가 바로 인텔(Intel)의 경우인데 이 회사는 차별화가 어려운 부품을 Core i3, i5, i7 같은 부품 브랜딩을 통하여 이룩하였고, 부품과 브랜드 세대교체를 위해서 번호를 이용하고 있다. 인텔은 소비자들에게 브랜드와 더불어 슬로건인 'Intel Inside' 캠페인을 통하여 가치요인에 버금가는 신뢰를 얻게 되었다.

전략유형 5는 브랜드 자산은 없지만 가치와 유지 자산이 대등한 상황을 말한다. 좋은 예가 렌터카의 경우인데 소비자들은 차종, 가격 그리고 부대 서비스를 중요한 선택변수로 고려하며, 또한 반복구매에 따른 혜택을 원한다. 하지만 광고 같은 수단을 통하여 펼쳐지는 브랜드 마케팅은 선택에 큰 영향을 미치지 못한다. 여기의 가치−유지 전략은 우량고객에 대하여 추가적인 가치를 부여하는 방법들을 계획할 수 있다.

전략유형 6은 가치 자산은 중요하지 않지만 브랜드와 유지 자산이 대등한 상황을 말한다. 좋은 예가 항공사의 경우로 앞서 언급한 바와 같이 항공사 서비스는 유형적으로 차별화하기가 어려워 무형적 차별화 요인인 브랜드와 지속적 사용을 유도하는 유지 마케팅이 중시된다. 시너지효과를 최대화하기 위해서는 브랜드 마케팅의 초점이 유지와 연결되어야 한다. 이를테면 항공사의 경우 불특정 다수를 위한 대중매체나 유지 차원에서의 무차별적 마일리지 프로그램의 사용을 지양하고 우량고객에 대한 보다 집중적인 브랜드 마케팅을 펼쳐야 할 것이다.

전략유형 7은 세 가지의 자산이 어느 정도 유사하게 나타나는 경우이다. 이러한 경우 가치, 브랜드 그리고 유지 마케팅을 적절하게 융합시켜야 한다. 예를 들어 가전제품의 경우 원래 지속적인 유형 차별화가 제일 중요했지만 최근 브랜드 마케팅이 부각되고 있으며, 또한 장기적으로 동일 브랜드 혹은 디지털 기반을 이용하는 여러 제품을 차후 사용할 수 있게끔 유지에 대한 노력도 중시되고 있다. 이와 같은 복합자산 마케팅을 집행하는 데 웹사이트가 중요한 역할을 할 수 있다. 듀라쎌 배터리의 경우 제품의 짙은 오렌지 색 선이 상단에 있어 브랜드의 분위기(look and feel)를 공식 홈페이지에 살리면서 관련 제품 규격 비롯하여 생활 속 사용가능한 용품에 대한 정보를 편리하게 알아볼 수 있다.

지금까지 살펴본 자산현황의 파악에 따른 전략적 시사점과 더불어 추가적으로 고려해야 할 점은 다음과 같다. 첫째, 업종의 자산 모델과 기업자산 모델이 과연 같은지 다른지를 확인해야 한다. 즉 앞에서 언급한 렌터카의 경우 브랜드 자산이 일반적으로 중요하지 않지만 Hertz와 같은 일부 회사들은 그럼에도 불구하고 오랜 광고를 통하여 높은 브랜드 인지도를 보유하고 있으며 이러한 우위가 전체 자산에 기여를 할 수 있다. 이를테면 렌터카 이용경험이 없는 소비자들의 경우 가치 자산과 유지 자산이 선택의 기준이 될 수 없는데 그들에게는 낯익은 Hertz 브랜드 인식이 주요 선택변수가 될 수 있다. 둘째, 현재의 자산구도가 미래에는 바뀔 수 있기에 기업은 트렌드 분석을 통하여 향후 타당한 자산구성이 무엇인지 고려해야 한다. 예를 들어 가치 자산만 중시되었던 원자재 같은 제품들도 브랜드를 강조함으로써 고객 인식을 바꾸고 있으므로 이러한 반응이 지속된다면 향후 브랜드 마케팅이 불가피해진다. 셋째, 기업은 주요 자산을 움직이는 세부 원동력(sub-drivers)에 대한 확인을 통해 문제와 기회분석을 해야 한다. 예를 들어 브랜드 자산이 현재 혹은 향후 중시되는 상황에서 경쟁사가 막대한 광고로 높은 브랜드 인지도를 선점하고 있다면 이에 대응하기 위해 보다 나은 브랜드 태도 구축을 지향하는 전략을 추구할 수 있다.

Highlight 3

엘지전자, 무게 혁신으로
울트라 슬림 노트북 시장 열어

엘지전자의 노트북 엘지 그램 14의 무게가 860g으로 14인치 노트북 중 가장 가벼운 것으로 인정받아 기네스북에 등재됐다. 세계기네스협회는 전 세계 25개 나라에서 판매중인 14인치 크기 노트북 70여 종의 무게를 비교해 그램 14가 가장 가볍다고 인증했다고 엘지전자는 설명했다.

엘지전자는 2014년부터 엘지 그램 노트북으로 해마다 화면은 키우면서 무게는 줄이는 혁신을 통해 가볍고 얇은 노트북 시대를 열고 있다. 엘지전자는 2017년에도 13~15인치대 엘지 그램 노트북 3종을 내놨는데, 13.3인치짜리의 무게는 830g, 14인치는 860g, 15.6인치짜리는 980g이다. 같은 크기대에서 최경량 노트북으로 인정받은 14인치짜리의 경우, 2016년 제품에 견줘 무게를 120g이나 줄였다. 하지만 배터리 사용시간은 12시간을 유지했다.

이에 힘입어 '초경량' 울트라 슬림 노트북 판매량은 2014년부터 해마다 25% 이상 늘고 있다. 2015년에는 일반 노트북 판매량을 넘어섰고, 2016년에는 3분기까지 국내에서 판매된 노트북 10대 중 6대가 울트라 슬림 노트북이었다.

엘지전자는 배터리 사용 시간을 늘려 하루 종일 사용할 수 있게 한 '올데이 그램' 노트북도 내놨다. 한번 충전으로 13.3인치짜리는 24시간, 14인치짜리는 23시간, 15.6인치짜리는 22시간까지 연속 사용할 수 있다. 무게는 940~1090g이다. 엘지전자는 "13.3인치짜리 올데이 그램을 기준으로 동영상을 최대 17시간까지 연속 재생할 수 있다. 인천에서 뉴욕까지 비행하는 내내 충전 걱정 없이 영화를 보거나 업무를 할 수 있다. 짧은 출장 때는 거추장스럽게 충전기를 갖고 다닐 필요가 없다"고 설명했다.

〈출처: http://www.hani.co.kr/arti/economy/it/778402.html〉

요약 및 복습

마케팅전략의 시작은 시장과 고객에서 비롯된다. 과거에는 시장과 고객에 대한 인식이 단순했던 관계로 시장과 고객지향은 기업의 구호에 불과했고 실제로 마케팅전략은 제품과 경쟁 중심으로 이루어졌다. 환경이 안정적일 때 제품이나 경쟁 중심의 마케팅은 타당할 수 있으나 급격히 바뀌는 환경에 종사하는 기업이라면 시장과 고객에 대한 폭넓은 시각을 가질 필요가 있다. 본장에서는 시장주도와 고객주도형 마케팅의 개념을 설명했는데 능동적인 기업일수록 이러한 마케팅 철학을 전사적으로 도입하여 변화하는 시장과 고객에 부응할 수 있는 능력을 키워야 한다. 여기에 수반되는 능력으로 시장에 대한 올바른 정의, 다각적인 시장의 매력분석 그리고 고객의 매력분석이 중시된다.

생각해 볼 문제

01 제조업자주도 경영(MAP)과 고객주도 경영(CAP)을 비교하시오.

02 시장과 고객을 선택하는 데 있어서 수익성이 왜 중요한지 논하시오.

03 고객자산과 브랜드 자산의 관계를 논하시오.

참고 문헌

· 고승연, & 유재욱 (2017), "쏟아지는 새 제품들… 전략 없는 다각화… 주먹구구식 대응이 고객을 놓쳤다," 동아비즈니스리뷰 227호 2017년 6월 Issue2.

· 고승연, & 전성민 (2017), "미국에서 웹툰 사업? 그것도 유료? '만화처럼' 스낵컬처 혁명 이끌다" 동아비즈니스리뷰 221호 2017년 3월 Issue2.

· 김재섭 (2017), "LG 그램 14, '세계서 가장 가벼운 노트북'으로 기네스북 등재" 한겨레 Retrieved from http://www.hani.co.kr/arti/economy/it/778402.html

· 차은지 (2017), "배달의민족, B급 감성 마케팅…효과는 'A급'," EBN 2017년 7월 28일 Retrieved from http://www.ebn.co.kr/news/view/903066

· Aaker, David A (2001), "*Strategic Marketing Management, 6th ed.*," New York, NY: John Wiley.

· Beinhocker, Eric D (2001). "*Bobust Adaptive Strategies. Strategic Thinking for the Next Economy, Cusumano, MichaelA. and Constantinos C. Markides, eds.*," San Francisco, CA: Jossey Bass.

- Day, George S (1990), "*Market Driven Strategy, New York*," NY: The Free Press.
- Foster, Richard (1986), "*Innovation: The Attacker's Advantage*," New York, NY: Summit Books.
- Hoegele, D., Schmidt, S. L., & Torgler, B (2016), "The importance of key celebrity characteristics for customer segmentation by age and gender: Does beauty matter in professional football?," *Review of Managerial Science*, 10(3), 601-627.
- Jain, Subhash C. and George T. Haley (2009), "*Strategic Marketing*," New York: Cengage.
- Jaworski, Bernard and Ajak K. Kohli (1993), "Market Orientation Antecedents and Consequences," *Journal of Marketing*, 57, pp. 53-70.
- Jaworski, Bernard, Ajay K. Kohli, and Arvind Sahay (2000), "Market-Driven Versus Driving Markets," *Journal of Academy of Marketing Science*, 28(1), pp. 45-54.
- Kumar, V (2017), A Theory of Customer Valuation: Concepts, Metrics, Strategy, and Implementation. *Journal of Marketing*.
- Kumar, Nirmalya, Lisa Scheer, and Philip Kotler (2000), "From Market Driven to Market Driving," *European Management Journal*, 18(2), pp. 129-142.
- Kumar, V., & Reinartz, W (2016), "Creating enduring customer value." *Journal of Marketing*, 80(6), 36-68.
- Levitt, Theodore. (1960), "Marketing Myopia," *Harvard Business Review*, Vol. 38, No. 4, pp. 45-56.
- Pine II, Joseph B. and James H. Gilmour (1999), "*The Experience Economy*." Harvard Business School Press, Boston, MA.
- Porter, Michael E. and Victor E. Millar (1985), "How Information Gives You Competitive Advantage," *Harvard business Review*, Vol. 63, No. 4, pp. 149-160.
- Porter, Michael (1996), "What is Strategy?," *Harvard business Review*, Vol. 74, No. 6, pp. 61-78.
- Reichfeld, Frederick F (2001), "*Loyalty Rules!*," Harvard business School Press, Boston, MA.
- Rust, Roland T., Valerie Zeithaml, and Katherine N. Lemon (2000), "*Driving Customer Equity*," New York, NY: The Free Press.
- Schmitt, Bernd H (1999), "*Experimental Marketing*," New York, NY: The Free Press.
- Schmitt, Bernd H (2003). "*Customer Experience Management*," Hoboken, New Jersey: John Wiley & Sons.
- Shannahan, R. J., Shannahan, K. L., Bush, A. J., & Moncrief, W. C (2016). "Taking the Good with the Bad——Customer Type as a Segmentation Criterion and Differential Influencer of Sales Performance." *Journal of Marketing Theory and Practice*, 24(3), 283-305.
- Shapiro, Benson P (1988). "What the Hell Is Market Oriented?," *Harvard Business Review*, Vol. 66, No. 6, pp. 119-125.
- Sheth, Jagdish N., Rajendra S. Sisodia, and Arun Sharma (2000), "The Antecedents and Consequences of Consumer-Centric Marketing," *Journal of Academy of Marketing Science*, 28(1), pp. 55-66.
- Moon, Y., & Quelch, J (2003), "Starbucks: delivering customer service," *Harvard Business School*, 5-504-016.
- Thoeni, A. T., Marshall, G. W., Campbell, S. M.(2016). "A resource-advantage theory typology of strategic segmentation," *European Journal of Marketing*, 50(12), 2192-2215.
- Williamson, Peter J (2001), "*Strategy as Options on the Future Strategic Thinking for the Next Economy, Cusumano, Michael A. and Constantinos C. Markides, eds.*," San Francisco, CA: Jossey Bass.

03

경쟁과 산업분석

地形有通者, 有挂者, 有支者, 有隘者, 有險者, 有遠者.
[지형유통자, 유괘자, 유지자, 유애자, 유험자, 유원자.]

"지형에는 통, 괘, 지, 애, 험, 원의 여섯 가지가 있다."

손자병법 지형편[地形篇]

통[通]: 아군과 적군 모두 진공할 수 있는 지형   =성장기의 산업

괘[挂]: 나아가기는 쉬우나 물러서기가 곤란한 지형   = 진입장벽은 낮지만, 퇴출장벽이 높은 산업

지[支]: 아군과 적군 모두 불리한 지형   =성숙기 · 쇠퇴기의 산업

애[隘]: 길이 좁아 방어가 다소 유리한 지형   =선도자가 다소 유리한 산업

험[險]: 방어하기 좋은 험준한 지형   =선도자가 절대 유리한 산업

원[遠]: 본국으로부터 멀리 떨어진 지역   =현재 역량을 보유하지 않은 산업

손자는 전쟁을 함에 있어서 유리한 전세를 이끌어 갈 수 있는 지형 선정의 중요성을 '지형편[地形篇]'과 '구지편[九地篇]'에 걸쳐서 거듭 강조하였다. 특히 '지형편'에서는 진입과 진출의 용이, 선점자의 우위, 접근의 용이성을 들어 위와 같은 여섯 가지로 지형을 분리하기도 하였다. 이는 산업의 진입 · 진출 장벽, 선도기업과 후발기업의 경쟁우위, 자사의 핵심역량을 통해서 산업의 매력도를 평가하는 현대 경영의 방법과 유사하다.

1970년대 후반 고 이병철 회장이 반도체시장에 대한 투자결정을 내릴 당시 삼성의 많은 임원들에게 반도체 산업은 '원[遠]'한 시장이었다. 그러나 이병철 회장은 '애[隘]'한 시장으로 판단하고 반도체시장에서 선도자가 되기 위해 사운을 건 과감하고도 지속적인 투자를 단행하였다. 그 결과가 DRAM과 플래시 메모리 분야 등등에서 세계 1위를 차지하고 있는 오늘날의 삼성전자이다. 그러나 최근 이건희 회장은 반도체시장에서 삼성의 지위가 '지[支]'에 있다는 판단에 따라 '창조경영'을 강조하고 있다. 이처럼 환경에 대한 상반된 분석은 산업분석 과정 이면에 있는 통찰력 있는 해석 과정의 차이에서 비롯되는 것이다.

Leading CASE

10대와 소통한 휠라-성공적 재기를 이뤄낸 경쟁력

이탈리아 브랜드였던 휠라는 국내 진출 초기인 1990년 대 젊은 이미지의 프리미엄 브랜드로 인식되었으나 주 고객층이 중장년층으로 바뀌고 주력하던 아웃도어 시장이 쇠락하면서 약 3년 전부터 고전을 겪었다. 쇠락해가던 이 브랜드가 갑자기 지난해부터 중고생을 비롯한 젊은 고객에게 어필되면서 화제가 되었다. 브랜드 히스토리를 살려 테니스화를 재해석한 '코트디럭스'란 운동화가 중고생들 사이에 선풍적인 인기를 끌고 10만 켤레만 팔아도 '대박'이라는 국내 운동화 업계에서 70만 켤레 판매(첫 출시 시기인 2016년 9월 말~올해 9월 중순 누적)라는 신기록을 세웠다. 혁신적인 생산방식과 유통방식을 도입하여 제품의 질을 유지하면서 가격에서 거품을 빼 10대, 20대 젊은 고객들이 인지하는 '프리미엄'의 정의를 다시 생각하며 이들이 꼽는 핵심 가치인 '가성비'를 공략한 것이다.

2007년, 휠라코리아는 모기업인 휠라글로벌을 인수했다. 81년 전통의 이탈리아 브랜드였던 휠라는 나이키, 아디다스, 푸마 등과 더불어 세계 4대 스포츠 브랜드 중 하나로 꼽혔다. 특히 한국에 진출한 해외 브랜드를 운영해 온 한국 지사가 다국적 기업 본사를 인수한 국내 첫 사례라는 점에서 의미가 컸다. 운동화 사업으로 스포츠 의류가 주 상품군이던 기존 상품군의 매출을 뛰어넘는 성과를 낸 휠라는 아웃도어 열풍에 가세해 2010

년 '휠라 스포츠'로, 2013년에는 브랜드명을 '휠라 아웃도어'로 바꾼 뒤 사업을 본격 확장했지만 2008년 글로벌 금융위기 이후 결국 시장 포화와 불황으로 영업을 중단했고 중장년층의 브랜드로 인식되며 빠르게 노쇠했다. 고객들은 고가제품을 외면했고 각 업체는 '프리미엄 포지셔닝' 대신 '가성비(price value)' 전략을 모색했다.

운동화의 전통적 제조 방식을 판매뿐 아니라 구매에서도 가격 혁신을 도모하는 소싱 전략으로 기존 역학구조를 바꿔 샘플 제작 공장 역할까지 수행하는 소싱센터를 중국과 홍콩지역에 설립하고 신발 샘플을 100% 자체 개발했다. 직접 개발한 샘플로 가격을 제시하는 입찰(bid out) 방식을 택하여 생산단가에서 가격 경쟁력을 확보하고, 이 경쟁력을 소비자에 그대로 반영해 판매가를 낮춤으로써 'Sell side'에서도 가격 혁명을 이루었다. 샘플의 개발 거점을 자체 운영하는 'Buy side 전략'은 경쟁업체들이 쉽게 모방하지 못하는 휠라만의 경쟁력이 됐다. 자체 샘플 제작을 통해 제조의 역학관계를 바꾼 휠라의 'Buy side 전략'은 이 브랜드의 재기에 있어 혁신의 단초가 됐다.

휠라코리아가 휠라글로벌을 인수해 처음으로 미국 법인을 운영하던 당시 매출액은 3,500만 달러, 영업적자는 3,500만 달러였다. 그러나 지난해 7월, 매출이 3억 2,000만 달러로 인수 당시 대비 10배가량 뛰었다. 순영업이익 역시 2,200만 달러로 5,700만 달러에 달하는 개선효과를 봤다. 신발 생산과 관련된 '패러다임 시프트' 전략이 주효했고 미국 사업이 흑자 전환되기까지는 약

3년이 걸렸다. 'Buy side 전략'은 시작 6개월 만에 성과를 내기 시작했다.

백화점이나 마트의 소매 위주였던 기존 휠라의 운동화 비즈니스 모델에서 젊은 소비자들을 중심으로 신발 편집숍을 선호하는 분위기가 정착되는 가운데 'ABC마트' '슈마커' '폴더' '레스모아' 같은 신발 전문 매장에 도매 형태로 제품을 납품하는 비중을 높여 재고 부담률을 낮추고 소비자 가격을 내렸다. 베스트셀러인 휠라의 '디스럽터2' 운동화는 미국 판매가(60달러)와 한국의 소매가(6만 9,000원)가 거의 동일한 수준이다.

10만 원대를 상회하던 운동화의 평균 판매 가격을 6만, 7만 원대로 대폭 하향 조정하고, 디자인이나 품질은 오히려 높임으로써 10대, 20대 초반 고객들이 찾아 왔다. 소셜네트워크서비스(SNS)와 입소문에 강한 이들의 특성은 매장, 제품, 이들이 무심하게 입고 신고 있는 모습의 사진 한 장도 모두 홍보 수단이 됐다. 예컨대 20대 여성들이 즐겨 찾는 뷰티 커뮤니티 내 1993년 이전 출생자(24세 이하)들이 주로 모이는 게시판에는 '휠라 헤리티지 진심 존예 비욘세도 입은 듯', '휠라 디스럽터 살까요, 말까요' 등 제품 구매와 관련한 또래의 의견을 구하는 글들이 잇따라 올라왔다. 가성비를 내세운 후속 제품인 2만 9,000원대 복고 열풍에 힘입은 티셔츠 '헤리티지 빅로고 반팔 티셔츠', 3만 9,000원대 캔버스화 '클래식 킥스' 등 합리적인 가격대의 제품이 등장했고, 100년 역사의 브랜드 정체성을 살려 테니스화를 테마로 한

'코트디럭스' 운동화를 지난해 9월 선보였다. 6만 원대임에도 10만 원대를 상회하는 글로벌 브랜드와 비교해 디자인적으로도 훌륭하다고 판단한 10대 고객이 몰리면서 한때 일부 학교에선 이 운동화가 '국민 신발'로 불리기도 했다.

올 1월에는 세계적인 패션모델 켄들 제너가 신예 러시아 디자이너 고샤 루브친스키와 휠라가 협업해 내놓은 검은색 휠라 티셔츠를 입은 모습이 주요 잡지에 일제히 실렸고, 리한나, 비욘세 등 스타들이 자신의 일상복으로 휠라 티셔츠나 운동화를 착용한 사진이 인스타그램에 등장하며 산다라 박 등 국내 스타들이 휠라의 패션 아이템을 이용해 스타일링한 사진도 SNS를 통해 널리 알려지면서 트렌드에 민감한 젊은 층 고객들이 휠라를 '쿨'한 브랜드로 인지하기 시작했다.

1020세대 고객군은 가격 하향 조정으로 브랜드 가치가 떨어진다고 생각하지 않았고, 자체 설문 조사 결과 휠라의 브랜드 스포츠군 내 브랜드 호감도는 6개월 사이 11위에서 7위로 네 단계 상승했다. 1차 가격을 고가로 책정한 뒤 여러 차례 세일을 하는 기존 판매 관행을 버리고 처음부터 '합리적인 가격을 매겼으니 세일은 하지 않는다'고 설득한 전략이 합리성을 중시하는 젊은 소비자들에게 통했다.

컬래버레이션 전략은 가격을 낮추고도 브랜드 가치가 떨어지지 않게 하는 효과를 낳았다. 파스텔 핑크색으로 여고생들에 큰 인기를 끈 코트디럭스 '딸기우유'나 빙그레 메로나의 파스텔 민트색이 시그니처 컬러인 '코트디럭스 메로나' 버전은 출시 첫 달인 올 5월, 초도 물량 6,000켤레가 모두 판매돼 추가 생산에 들어가는 등 큰 인기를 모았다. 펩시

콜라, 마운틴듀 등 유명 식음료 브랜드와 협업한 의류를 내놓는가 하면 일본의 대표 스트리트 편집숍 브랜드 '해브 어 굿 타임'과 함께한 의류 및 액세서리를 지난 6월 한일 양국에서 동시 출시해 뜨거운 반응을 얻었다.

휠라의 변신에 가장 먼저 반응한 10대 고객을 위한 이벤트도 브랜드 충성도를 높이는 데 도움이 됐다. '코트디럭스 우리반 [찍었]스'라는 온라인 캠페인이 대표적인 사례로 전국의 중고생들에게 선생님과 함께한 재미있는 사진과 동영상을 올려주면 10학급을 선정해 학생 전원에게 신제품 신발을 주겠다고 약속했다. 이 이벤트는 예상보다 큰 반향을 일으키면서 무려 660개 학급이 최종 신청했다. 1만 8,000여 명에 가까운 학생들이 영상을 준비했고 팬층의 실망을 고려해 응모한 전체 학급, 모든 학생들에게 운동화를 증정했다. 당시 배포한 신발은 현재 잘 팔리는 베스트셀러가 아닌 앞으로 판매해야 할 전략상품이었다. '반스' '컨버스' 등 쟁쟁한 경쟁사들이 자리 잡은 캔버스화 시장에서 입소문이 나기 쉬운 채널을 통해 고객 감동을 먼저 실현하면서 이 제품 역시 베스트셀러로 탄생할 수 있었던 것이다.

1911년에 이탈리아에서 설립됐고 1972년 이탈리아의 자동차 기업인 피아트그룹(Fiat)이 인수하면서 단순 의류 브랜드를 넘어 스포츠 레저 브랜드로 발전한 휠라는 1970년대 중반, 테니스 스타였던 비외른 보리에게 이 브랜드의 옷과 신발을 착용하게 함으로써 스포츠 마케팅을 세계 최초로 시도한 역사가 있다. 디자인과 테마의 중심에는 '헤리티지'를 담아 프리미엄 마케팅을 이어 나갔다. 예컨대 70만 켤레를 판매하며 단숨에 베스트셀러로 등극한 '코트디럭스'에 이어 선보인 '디스럽터2'는 1997년 출시된 '디스럽터'의 후속 버전이다. 글로벌 론칭 19년 만에 처음으로 국내에 공식적으로 출시한 제품으로 복고적 감성을 재해석한 것이 소비자들로부터 좋은 평가를 받았다.

신발을 중심으로 상승세가 이어지면서 실적 개선이 이루어져 올 들어 1분기(1~3월) 휠라코리아의 매출은 전년 동기 대비 1.1% 늘어난 662억 원을 기록했다. 증가율이 높진 않지만 약 3년 만에 분기 실적이 흑자로 돌아왔다는 점에서 의미가 있었고 전년 동기 대비 80% 이상으로 껑충 뛰었다. 휠라코리아는 지난해 말 뉴욕주식거래소에 상장된 골프 용품 브랜드인 아쿠쉬네트를 자회사로 편입했다. 아쿠쉬네트 상장 후 20% 추가 지분을 인수해 총 52.8% 지분을 보유한 지배주주가 됐다. 휠라코리아에 아쿠쉬네트 실적이 편입되면서 올 상반기(1~6월) 휠라코리아 매출은 1조 3,466억 원에 영업이익 1,304억여 원으로 국내 전체 섬유, 패션 상장기업 중 영업이익 1위를 차지했다. 물론 휠라가 보유한 지분율로만 치면 순위는 달라질 수 있지만 글로벌 기업의 결합이 앞으로 일으킬 시너지가 크다는 데 업계는 주목하고 있다.

휠라는 도매 유통 전략을 의류로도 확대하고 있다.

지난 7월부터는 편집숍 '원더플레이스'에서 휠라의 헤리티지 라인 티셔츠에서부터 펩시와 협업한 트렌디한 라인까지 다양한 제품을 판매하고 있다. 운동화로 시작된 가격 혁신 전략을 골프 의류 관련 업체들에도 올 6월, 소매 유통사업을 접고 모든 제품을 도매로 편집숍 또는 유통업체에 납품하는 방식을 택하기로 하고 내년 봄/여름 시즌부터 당장 도매 유통 모델을 겨냥한 신제품이 나올 예정으로 상당히 신속하게 의사결정이 내려졌음을 알 수 있다. 유통 및 가격 관리에서부터 혁신을 시도하고, 새로운 젊은 고객층을 위한 프리미엄 전략으로 과거의 영광을 뛰어넘는 성공을 기대하고 있는 휠라의 미래에 업계의 관심이 집중되고 있다.

성공요인과 시사점 – 10대 타깃 마케팅

휠라의 성공적 재기에는 혁신적인 생산방식과 유통방식을 도입하고 제품의 질은 유지하면서 가격의 거품을 뺀 가성비 좋은 제품을 만들 수 있는 조건과 최근 돌풍의 중심에 선 10대들이 있다. 휠라의 제품이 10대들에게 각광받는 것은 이들 세대와 커뮤니케이션을 효과적으로 진행하여 '핫' 하고 '잇(it)' 한 아이템으로 친근한 브랜드가 된 데 있다.

'테크노 홀릭' 'Generation Z'라고 불리는 10대는 나와 '코드'가 맞는 제품이라고 평가받게 되면 그 인기가 빠르게 확산된다. 한때, 10대들의 필수 패션 아이템으로 인기몰이를 했던 패션 신발 브랜드 '스베누'가 대표적인 사례로 아이유나 AOA 같은 인기 아이돌을 CF 모델로 삼고, 10대들이 좋아하는 게임 관련 산업과 컬래버레이션을 하거나 후원을 하는 마케팅을 통해 단시간에 '잇(it)' 한 아이템이 됐다. 강력한 브랜드 파워도 없고, 유명 해외 브랜드도 아니었지만 브랜드 출시 6개월 만에 10만 켤레를 판매하는 등 10대 시장을 빠르게 장악한 것은 이 브랜드가 10대 소비층을 집중적으로 타기팅했기 때문이다. 정교하게 10대들의 취향을 분석하고, 그들이 좋아하는 코드를 만들어내고, 그들이 주로 이용하는 채널들을 통해 활발하게 마케팅을 진행했음을 알 수 있다. 10대 사이에 베스트 아이템인 코트디럭스 중 핑크 색상 제품은 '딸기 우유'라는 애칭으로 불리는데 휠라는 타깃 고객의 코드에 맞는 애칭을 만들어내는 형태로 광고를 제작해 왔다. 휠라 운동화의 인기와 더불어 빅사이즈 티셔츠 역시 F자가 한글의 'ㅋ'과 비슷하게 생겼다는 이유로 'ㅋㅋㅋ 티'라는 장난스런 이름으로 불린다. 다른 브랜드와 컬래버레이션 활동을 할 때도 평소 10대들이 친근하게 생각하는 브랜드를 엄선했다. 10대들이 가장 많이 소비하는 제품군에 휠라는 '메로나' '펩시'처럼 이들이 즐겨 먹는 스낵 브랜드와 협업을 진행해 한정판 모델을 내놓았다. 아이스크림과 운동화의 만남을 내세운 메로나와 휠라의 '맛있는 운동화' 컬래버레이션 역시 전통적인 협업 공식에서 벗어나 '의외성'이라는 코드로 SNS상에서 큰 이슈를 만들어냈다. '먹지 마세요. 내 발에 양보하세요'라는 내용의 광고 카피 역시 10대들이 좋아하는 '병맛' 코드를 적극적으로 살렸다.

인터넷 세대인 이들은 소비자 문화의 선도적인 역할을 하는 중요한 집단으로서 능숙한 '디지털 콘텐츠 크리에이터'들인 동시에 '무나(무료 나눔)' '교신(교환 신청)' '생정(생활 정보)'과 같은 인터넷 플랫폼 기반의 새로운 소비문화를 만들고 선도하는 세대다. 휠라처럼 10대를 잘 이해하는 기업만이 미래 사회에서 큰 경쟁력을 가질 수 있을 것이다.

〈출처: 동아비즈니스리뷰 2017. 10〉

1 경쟁이란 무엇인가

'경쟁'이라는 단어는 굳이 경영뿐 아니라 거의 모든 일상생활에서 가장 흔하게 쓰는 단어가 되었다. 걸음마를 채 떼기도 전부터, 조기교육이라는 명분하에 공부를 해야 하고, 명문대학에 들어가기 위해 명문고등학교를, 다시 그것을 준비하기 위해 대학입시, 직장인 수준의 조기 영어교육과 수학경시대회로 중학교 때부터 내몰리고 있는 것이 요즘 청소년의 현실이다. 경쟁에서 이기기 위해 소위 스펙을 쌓아야 한다는 이야기는 이제 미취학아동부터, 기업 임원까지 공통적으로 해당되는 이야기가 되었다.

경쟁의 개념 자체는 아주 어렸을 때부터 몸에 익어왔지만, 이를 이론적으로 배우게 되는 것은 '경제학'에서일 것이다. 경쟁이 없다면, 독점기업 마음대로 가격도 서비스도 결정할 수 있는 세상이 되겠지만, 경쟁자가 등장하면, 서로 이기기 위해 무엇이든 양보를 해야 한다. 학문적으로는 경쟁 대상이 명확한 듯 보이지만, 현실에서는 경쟁자를 정의하는 일이 쉽지만은 않다. 우선 기존 경쟁자만 존재하는 것이 아니라 향후 시장에 진입할 수 있는 잠재 경쟁자가 있으므로 당장 눈에 보이는 경쟁자에 대해서만 마케팅전략을 구상해서는 안 된다. 또한 시장을 제품이 아닌 고객 관점에서 정의할 때 타 제품의 경쟁도 대두될 수 있다. 이처럼 경쟁의 중요한 의미는 제품이나 기술에 있어서 얼마나 비슷한가가 아니라 궁극적으로 소비자로부터 비슷한 반응을 유발시키는 정도라고 말할 수 있다. 예를 들면, 시청률 50%의 '대박' 드라마가 어떤 특정 방송국에서 반영되고 있다면, 그 드라마와 경쟁을 하는 것은 다른 채널의 방송 프로그램뿐만이 아니다. 온라인 게임 역시 대박 드라마가 방영되는 시간 동안은 접속자 수가 급격히 줄고, 매출 또한 타격을 입는다. 즉 두 가지 제품이 서로 달라도 소비자 입장에서 같은 욕구를 충족한다고 인식된다면 그 두 제품은 경쟁제품이라고 여겨질 수 있다. 이처럼 경쟁의 주된 근원은 대체성(substitutability)이라고 말할 수 있으며 따라서 경쟁의 정도를 측정하려면 이러한 대체성을 측정해야 한다.

2 산업이란 무엇인가

산업이란 유사한 제품과 그 세부유형 또는 관련된 서비스를 제공하는 여

산업 정의	기 업	시장 정의
오토바이	Harley Davidson	성인 남성의 오락수단(Toys)
시 계	Swatch	패션 액세서리
전기모터	Black & Decker	DIY
철 도 업	Amtrak	운수업
가전제품	Sony	엔터테인먼트
자 동 차	Jaguar	사회 지위
시 계	Rolex	보석
맥 주	Anheuser Busch	사교
화 장 품	Revlon	'희망'
사고 보험 처리	RAC	고객 '여행' 관리
식 품	Nestle	영양
커피전문점	Starbucks	제 3 의 공간
가죽가방	Louis Vuitton	여행의 예술
검색엔진	Google	세계 정보의 관리

표 3-1 ● 산업 정의와 시장 정의의 예시

러 기업을 총괄해서 말한다. 일반용어 사용에 있어서는 산업과 시장을 혼용하는 경우가 많은데 그 두 가지 개념의 의미는 분명히 다르다(Walker 외, 2003). 시장의 초점은 소비자이지만 산업의 초점은 생산자이다. 즉 시장은 대부분 소비자의 여러 특징 혹은 위치로 구분이 되지만 산업은 제품의 여러 소재와 기술 혹은 생산공정 기준으로 분류가 된다. 여기서 중요한 것은 하나의 산업이 여러 개의 시장을 창출할 수도 있고 하나의 시장 역시 여러 개의 산업으로부터 수요가 충족이 될 수 있다는 점이다. 전자의 예로 철강 산업이나 자동차산업은 근래 각각 해외시장과 내수시장에서 현격하게 다른 여건을 맞이하고 있어 전략을 세우는 데 많은 어려움을 겪고 있다. 그리고 후자의 예로 국내에서 웰빙(Well-being 또는 Wellness)시장에서는 헬스, 의약품, 화장품, 건강보조식품, 유기농, 성형외과 및 피부과 등이 치열한 경쟁을 하고 있고, 전통적인 건강관리의 상징이었던 한약 조제시장은 축소되고 있다.

이와 같은 산업과 시장의 구분은 앞에서 알아본 경쟁자를 타당하고 효율적으로 규명하는 데 있어서 매우 중요하다. 산업 위주만으로 경쟁자를 구분하는 기업은 경쟁범위를 너무 좁게 정의할 위험이 있고 이에 따라 시장차원에서 주요 경쟁자를 간과할 수 있다. 예컨대 2017년 PC 온라인 게임 시장에서 라이엇게임즈 리그오브레전드의 가장 큰 경쟁자는 블리저드사의 오버워치나 블루홀의 배틀그라운드가 아닌 여러 모바일 게임사들일 수가 있다. 한편 기업이 너무 시장 위주로 경쟁을 규명한다면 경쟁에 대한 초점을 잃게 된다. 기업이 앞에서 언급한 웰빙처럼 방대한 시장에 종사할수록 경쟁양상이 아주 밀접하게 나타나는 산업에 대하여 더 많은 관심을 기울여야 한다. 따라서 경쟁구도의 분석은 시장과 산업에 대한 이해가 병행될 수밖에 없는 것이다.

• SECTION 02 • 산업분석

경쟁과 산업분석의 범위는 여러 상황조건에 따라 달라지게 된다. 특히 새로 등장하는 산업에 비하여 현존하는 산업에 대해서 보다 많은 분석이 요구된다. Michael Porter(1979)는 경쟁의 여러 원동력이 기업전략에 상당한 영향을 미친다고 주장했다. 과거에는 경쟁과 산업을 미시적으로 분석하려는 경향이 있었는데 <그림 3-1>에서 보는 바와 같이 Porter의 유명한 5요인(Forces)모형은 보다 넓은 시야를 유도하여 산업조직의 Big Picture 분석을 가능하게 한다. 각 원동력의 의미와 마케팅전략에 부여하는 의미는 다음과 같다.

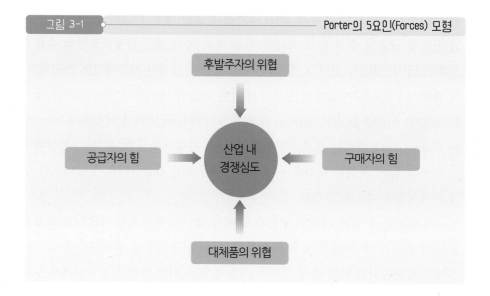

그림 3-1   Porter의 5요인(Forces) 모형

1 후발주자의 위협(진입장벽)

진입의 장벽이 높은 산업일수록 그 산업에 먼저 진입한 업체들은 지속적으로 수익을 유지할 수 있다. 반대로 진입이 용이한 산업이라면 잠재 경쟁자뿐만 아니라 기존 경쟁자들 사이에 경쟁이 심화된다. 후발진입자들은 열세한 위치를 극복해야 하므로 기존 산업의 여러 틀을 깨는 마케팅을 펼치게 된다. 예를 들어 인터넷 쇼핑에서의 후발주자인 SK의 11번가는 무료반품, 최저가 보상제, 인기걸 그룹을 내세운 기획이벤트 등으로 단기간 내에 많은 소비자들을 끌어들였지만, 그것을 위해 엄청난 규모의 마케팅 비용도 지불해야 했다. 선발주자 입장에서는 기존 경쟁방식을 유지하기 위하여 다음과 같은 여러 가지 진입장벽을 구축해야 한다.

가장 분명한 진입장벽은 규모의 경제이다. 이는 생산, 마케팅, 연구개발 등에 있어서 기존 업체가 규모에 의한 원가우위를 진입의 걸림돌로 내세우는 전략을 말한다. 제품차별화 장벽은 기존 브랜드에 대한 높은 선호도를 의미하는데 선수 브랜드는 고객의 높은 인지도가 높은 선호도로 연결될 수 있게끔 계속적인 노력을 해야 한다. 브랜드가 너무 친숙할 때 식상함이 발생할 수 있기에 때로는 신선함을 줄 수 있는 단장(refreshing)전략이 요구된다.

자본장벽은 웬만한 산업에서는 자금조달이 가능하므로 심각한 문제가 되지 않지만 장치산업처럼 거대한 자금이 요구되는 업종일수록 후발업체의 진입에 제한요소가 될 수 있다. 반도체 산업이 좋은 예로 여겨질 수 있는데 삼성전자와 같은 회사는 이미 수 십년 동안 거대한 연구와 투자를 통하여 최고의 품질과 규모의 경제를 달성하였다. 이러한 산업에 진입하려는 경쟁자는 삼성전자가 지닌 경험에 의한 원가우위를 극복하기에는 장치에 대한 투자규모와 더불어, 이미 투입된 생산과 연구의 경험, 품질, 고객들의 결속 등도 복합적으로 해결해야 하므로 진입의 장벽이 더 높게 느껴질 수밖에 없다.

유통장벽은 여러 요인에 의해서 구축될 수 있는데 후발주자는 이를 극복하기 위하여 새로운 유통의 개발이 불가피해질 수 있다.

끝으로 가장 어려운 장벽 중 하나가 정부정책이다. 특정 정책산업은 국제경쟁력과 규모의 경제를 위하여 경쟁의 숫자를 제한하는 경우가 많다. 혹은 외국기업과의 경쟁에 대하여 국내업체 보호 차원에서 여러 가지의 현지 정부정책이 펼쳐질 수 있다. 이러한 장벽을 세우기 위해서 선발업체는 정부를 향해 로비를 적극적으로 할 수 있다.

2 구매자의 힘

이 모형에서는 구매자 또는 구매자와의 경쟁개념을 넓게 해석해야 한다. 즉 마케팅에서 일반적으로 의미하는 소비자뿐만 아니라 산업재에서 주로 볼 수 있는 대형기업 고객까지 포괄하는 개념이다. 그리고 구매자와 판매자간 경쟁은 상호간 수익성에 대한 힘겨루기를 의미하는 것이다. 구매자는 제품을 저렴하게 구입하려 할 것이고 이에 반해 판매자는 보다 높은 가격에 제품을 판매하려 한다. 구매자의 힘은 여러 조건에서 강화될 수 있고 판매자 입장에서는 이러한 상황을 경계해야 한다. 구매자는 구매량이 많을수록 힘이 강해지는데 중소기업들의 경우 고객이 몇 안 되는 대기업에 편중될 때 협상력이 상당히 위축될 수 있다. 구매자는 표준화된 제품에 대해서도 힘이 강해지는데 그 이유는 타 업체로부터 그 제품 공급이 가능하기 때문이다. 부품의 원가가 전체 비용에서 큰 비중을 차지할수록 구매자는 가격에 대하여 더 고심하고 다양한 공급선을 찾을 것이다. 구매자의 사업경기가 어려울수록 구매자는 모든 원가에 대해서 심혈을 기울일 것이다. 반대로 구매자의 부가가치가 높은 상황일수록 원가부담이 적어진다. 공급되는 제품 혹은 부품이 구매자 제품 성능에 중요하지 않을 때 구매자의 힘이 강해진다. 반대로 대체가 어려운 핵심부품에 대해서는 구매자는 협상력이 약해지게 된다. 구매되는 제품이 구매자 원가에 절감 혹은 판매에 가치부가가 안 될 때 구매자의 힘은 강해진다. 그리고 구매자가 공급자 산업에 후방으로 수직계열화를 할 힘이 있을 때 협상력이 강해진다.

3 공급자의 힘

여기서 말하는 공급자란 기업에 여러 원자재와 부품을 납품하는 업체를 의미한다. 위의 구매자와의 경쟁에서 설명하였듯이 여기서 말하는 공급자와의 경쟁은 직접적인 경쟁보다는 수익성에 대한 상호간 협상력을 의미한다. 여기서도 공급자의 힘은 다양한 상황에서 강화되는데 기업체는 판매사가 아닌 구매사로 입장을 바꿔서 힘겨루기를 해야 한다. 공급자는 같은 제품을 취급하는 경쟁사가 적을수록 힘이 강해진다. 특히 구매하려는 회사가 많다면 그 힘은 더욱더 강화된다. 공급자의 제품이 차별화되었을 뿐 아니라 이를 대체하는 데 전환비용(switching costs)이 높을 때 공급자의 힘은 강해진다. 공급자의 제품이 타 업종 제품으로 대체될 수 없을 때 공급자의 힘이 강해진다. 최근 전세계적인 열풍인 스마트폰에 들어가는 부품인 연성회로를 생산하는 인터플렉스(계열사 연풍

전자)의 경우 애플의 아이폰, 삼성전자의 갤럭시S 등 주요 스마트폰 회사들에게 부품을 공급하고 있다. 공급자가 전방으로 수직 계열화할 수 있는 힘이 있을 때 협상력이 강해진다. 세계 1위이자 독점적인 공급으로 그야말로 인터플렉스 계열 2개 사의 생산량=세계 스마트폰 공급량이라고 해도 과언이 아니다. 모바일용 OLED 디스플레이는 삼성전자가 전 세계 시장의 97%가량을 독점 생산하는데, 출시를 앞둔 '아이폰X'의 경우 삼성이 전량 OLED를 공급하고 있고, 공급이 늦어짐에 따라 대량 생산 자체가 늦어지고 있다. 애플이 이 정도로 공급 차질을 빚는 것은 아이폰이 세상에 공개된 2007년 이후 처음으로 대체 공급처가 없다는 얘기다. 구매하는 산업이 공급자 산업에 중요한 영향을 미치지 못하는 상황일수록 공급자의 힘은 강해진다.[1]

4 대체제품

서두에서 경쟁은 소비자 입장에서 욕구를 충족할 수 있는 대체의 정도라고 정의하였다. 때문에 경쟁의 범위는 동종 경쟁사뿐만 아니라 타종 경쟁사까지 포함되면서 아주 넓어지게 된다. 따라서 기업이 지나치게 경쟁을 협의의 개념으로 정의할 경우 실제로 고객욕구를 대체할 수 있는 다양한 경쟁에 대해서 등한시할 수 있다. Porter는 기업이 가장 주의해야 하는 대체상품은 두 가지 유형이라고 주장한다. 하나는 가격-효과의 상충적인 관계를 개선할 수 있는 제품들이다. 또 다른 주의대상은 높은 수익구조를 지닌 상품들이다. 전자의 예로는 단거리 교통수단간 경쟁을 들 수 있는데 유럽이나 일본 그리고 한국의 고속철도업과 항공업의 경쟁에서 가격뿐만 아니라 각 수단에 소비되는 시간과 제공되는 여러 서비스가 소비자의 선택기준이 될 것이다. 후자의 예로는 사진현상 시장의 변화를 들 수 있는데 폴라로이드는 즉석에서 사진을 확인할 수 있는 디지털 카메라의 등장으로 인해 큰 위기에 봉착해 있다.

5 산업 내 경쟁심도

Porter에 의하면 동종산업 안에서 겪는 경쟁은 다음과 같은 사항에 좌우된다.

첫째 사항은 경쟁자의 특성인데 경쟁자의 수가 많고 크기나 자원이 비슷할 때 경쟁은 심해진다. 한국의 경우 이동통신 산업이 한때 이러한 조건을 갖추고

---

1 중앙일보 2017. 9. 30

Highlight 1

Porter의 5 요인모형을 이용한 한국 아이돌그룹 음악 시장

2016년 1월 한창 서바이벌 음악 프로그램이 유행하던 와중, CJ E&M의 Mnet이 기획한 Produce 101이 방송을 타면서 아이돌 그룹의 새로운 부분이 쓰였다. 국내외 50여 개 기획사에 소속된 여자 연습생 101명이 출연하고 경쟁을 하여 100% 국민 투표로 데뷔그룹 구성원이 결정되는 구조로, 1위를 차지할 대상에 대한 많은 관심과 예상이 쏟아졌다. 그리고, 2017년 4월, 기존 Produce 101에 이어 시즌 2가 방영되며 Produce 101의 신드롬은 수그러들지 않고 있다. 이를 포함한 아이돌 그룹 산업을 Porter의 5요인(Forces)모형에 접목하면 이 시장의 여러 경쟁유형은 다음과 같다.

진입장벽

한국 아이돌 그룹 시장의 진입장벽은 생각보다 높은 편이다. 가장 큰 진입장벽은 미디어에 대한 접근권이다. 아무리 실력이 있는 아이돌 그룹을 보유하고 있어도, 방송 매체 등 미디어에 이들을 노출할 수 없다면, 실제로 스타로 만들어낼 가능성은 없다. 인터넷을 통해 매일 깜짝 스타들이 새로 나타나는 듯하지만 이런 깜짝 인기가 실제 성공으로까지 이어지는 경우는 거의 없다. 또한, 데뷔하는 모든 아이돌이 성공하는 것이 아닌 만큼, 포트폴리오를 유지하고, 장기적으로 이들을 키워 낼 자본력도 요구된다. Produce 101 같은 경우, 본인이 직접 고른 아이돌만이 데뷔할 수 있는 구조이기 때문에, 스타를 키워내기에 있어 적합하다.

구매자의 힘

아이돌 그룹, 특히 걸그룹의 예를 들어보자면, 많은 걸그룹이 같은 소비자를 대상으로 경쟁하는 것은 아니다. 마마무처럼 남녀 구분 없이 전 연령대를 대상으로 하는 그룹이 있지만, 20대 이상의 남성 고객층에 포커스를 맞춘 나인뮤지스나, EXID도 있고, 20대 전후 여성 고객층을 대상으로 하는 블랙핑크 등 각기 다른 고객층에게 소구하고 있다. 또는, Produce 101처럼 여러 고객층의 개개인에게 각각 자신의 입맛에 맞는 멤버를 고를 기회를 제공하는 예도 있다. 그만큼, Produce 101은 고객층마다 다른 각 세그먼트별의 구매력, 소비자 요구사항 등을 모두 맞출 수 있으며, 성공을 유도할 수 있다.

공급자의 힘

아이돌 그룹 산업에서의 공급자, 즉 음악제작자는 음반제작자, 작곡가, 작사가, 안무가, 뮤직비디오 제작자 등으로 구성되어 있다. 다른 어떤 산업보다도 음악산업에서 대중적으로 크게 히트한 음악을 제작할 수 있는 공급자들은 한정되어 있다. 음악제작자들은 개인 레벨에서는 어떤 가수나 회사에 묶이지 않고 독립적으로 일을 하지만, 아이돌 그룹 산업에서는 각각 아이돌 그룹의 정체성을 만들어나가기 위해서라도 특정 음악제작자와 유형무형의 관계를 맺고 지속해서 일을 하고 있다. 예를 들어, 로엔엔터테인먼트 소속인 AOA는 용감한 형제의 곡을 받고, 그들을 제작자로 하여 음반을 발표한다.

대체상품

아이돌 그룹의 대체상품을 정의하는 일은 다른 어떤 것보다 어렵다. 전통적 관점에서 보자면 이들도

대중음악 가수의 한 세그먼트 중 하나이므로, 일차적으로는 다른 아이돌 그룹, 조금 넓게 보자면 다른 대중음악 가수들을 직접적인 경쟁자라고 볼 수도 있다. 그러나 아이돌이 활동하는 영역은 음악뿐 아니라, 연기, 예능, 뮤지컬, 성우, CF모델, 패션모델 등 다방면에 걸쳐 있으므로 그만큼 대체상품을 규정하는 데에도 다양한 해석이 있을 수 있다.

대중의 우상이라는 측면에서 아이돌 그룹의 직접적 경쟁자는 비슷한 나이 또래의 다른 유명인들이다. 솔로 가수인 아이유, 연기자로 데뷔한 설리, SNS에서 유명한 여러 SNS 스타. 혹은 인디밴드 오혁밴드 등이 대표적인 대체상품이다. 또한, 온라인게임이나, 프로야구와 같은 스포츠, 그리고 소셜네트워킹 서비스 등도 넓은 의미에서 보면 대체상품이다.

아이돌 그룹 시장에서 가장 재미있는 경쟁 양상은 한 그룹 내에서의 멤버들끼리의 경쟁. 그리고 그룹 내 역할에 의한 경쟁이라고 할 수 있다. 과거에는 HOT나 핑클 등의 시절에는 아이돌 그룹이 인지도를 충분히 확보한 다음에 이를 등에 업고 개별멤버들이 활동을 하였으나, 최근에는, 아예 인지도를 확보한 신인을 중심으로 그룹을 만들거나 아니면, 멤버를 먼저 연기 혹은 예능을 통해 띄운 다음. 그룹 활동을 나중에 시작하는 예도 많아졌다. 예를 들어, 블랙핑크의 제니는 데뷔전에 G—Dragon의 뮤직비디오의 주인공으로 출연하여 유명세를 날렸다. 한 그룹 내에서도 멤버들의 활동에 따라 인기의 중심이 바뀌기도 한다. 대표적 걸그룹인 블랙핑크나 레드벨벳의 경우, 시간이 흐름에 따라 인기 멤버가 바뀌는 순환매 현상을 보여준다.

한편 그룹 내 멤버들 역할에 따라서도 그 역할이 겹치는 다른 그룹 멤버와 경쟁을 벌이기도 한다. 소위 마이크로 세그먼트 현상으로, 예를 들어 걸그룹에서 '예쁨' 역할을 맡은 레드벨벳의 아이린, EXID의 하니, AOA의 설현, 트와이스 쯔위 등은 예쁜 캐릭터를 좋아하는 팬층을 놓고 경쟁을 벌인다.

전체적으로 보아, 아이돌 그룹의 market share는 크게 보아 Attention을 놓고 경쟁하는 attention share 경쟁이라고 할 수 있다.그리고 이 경쟁을 상징적으로 보여주는 것은 CF출연 수익이라고 할 수 있다.

산업 내 경쟁심도

상업적으로 의미 있는 팬층을 확보할 수 있는 아이돌 그룹의 수는 최대 8, 9개 정도이고, 이미 데뷔한 그룹의 수는 이를 넘어섰다. 성별, 나이별, 취향별로 세분화하여 공략하려 해도, 이미 같은 목표시장을 노리는 그룹들이 넘쳐난다. 그리고 아이돌 그룹의 기반이 되는 우리나라 음반 시장의 규모 역시 이들 그룹을 전부 수용할 정도로 크지 않다. 이같이 급격히 레드오션화될 수 있는 아이돌 그룹 시장에서 돌파구를 찾는 시도 역시 지난 몇 년간 꾸준히 이어져 왔다. 가장 대표적인 시도는 국경을 넘어서는 것이다. 이미 동방신기, 슈퍼주니어 등은 2007년부터 일본, 동남아시장을 공략하기 시작, 동방신기는 일본 내 최고 인기 그룹 중 하나가 되었으며, 아예 우리나라를 건너뛰고 일본에 직접 진출한 초신성 같은 그룹도 있다. 2009년 우리나라 걸그룹이 음악 시장을 독점하다시피 할 수 있었던 이유 중 하나는 걸그룹보다 훨씬 팬층이 넓은 빅뱅 등 인기 보이그룹들이 해외활동에 치중하면서 상대적으로 우리나라 시장이 무주공산이 되었기 때문이기도 하다. 걸그룹 역시 해외로 눈을 돌리면서, 2009년 원더걸스의 미국 진출, 2010년 소녀시대. 카라. 포미닛 등의 일본 진출과 같이 이제 현지 시장에서도 주목받는 성공 사례가 되고 있다.

한편 이들이 빠져나간 빈자리를 다른 아이돌그룹들이 채우고 있다. 일본 등 아시아 활동을 하는 WINNER 같은 그룹도 과거와는 달리 국내와 해외 활동을 시차 없이 병행하고, 방송프로그램 사전제작 등으로 공백기를 최소화하고 있으므로 경쟁은 더욱 치열해지고 있다.

있었는데 경쟁이 너무 심화되어 결국 구조조정이 불가피하게 되었다. 둘째 사항은 산업의 성장률인데 성장이 저조할 때 근원적 수요는 더 이상 늘지 않으므로 이와 같은 제로섬(zero-sum) 상황에서는 싸움이 치열해진다. 셋째 사항은 제품/서비스의 차별화 정도인데 차별화가 적을수록 경쟁은 심해진다. 여기에 직결되는 문제는 전환비용(switching costs)인데 이것이 낮을수록 다른 경쟁사가 남의 시장을 넘보게 된다. 넷째 사항은 고정비용과 제품의 유지 가능성인데 고정비용이 높고 제품유지가 어려울수록 가격싸움이 심해진다. 즉 고정비용이 높다는 것은 변동비용 위주의 가격책정이 유도될 수 있다는 것인데 특히 제품유지가 어려운 산업에서는 불황시 가격에 대한 압박이 더욱 커지게 된다. 다섯째 사항은 산업의 장치투자 성격인데 투자의 단위가 클수록 수요와 공급의 균형이 어려워지고 이에 따라 불황 시 과잉공급이 불가피해진다. 여섯째 사항은 철수장벽의 존재 여부인데 철수장벽이 높은 산업일수록 수지가 맞지 않는 기업들이 산업의 경쟁 질서를 유리시킬 수 있다. 끝으로 경쟁의 심도를 좌우하는 사항은 경쟁사의 다양성인데 경쟁사들이 다양한 전략, 배경 그리고 스타일을 지닐수록 이 회사들은 정면충돌을 하게 된다.

• SECTION 03 • 전략적 집단(Strategic groups)과 전형전략(Generic strategies)

산업과 경쟁의 역학을 이해하는 데 필히 사용되어야 하는 개념이 전략적 집단(Carney 외, 2011)이다. 전략적 집단(Strategic Group)이란 유사한 전략, 특징 또는 역량을 공유하는 경쟁사들을 의미한다. 예컨대 한국 음악시장에는 3개 정도의 전략적 집단이 있는데, 하나는 SM, JYP, YG로 불리는 3대 음악기획사이다. 또 일간지 시장 역시 몇 개의 주요 전략적 집단이 존재하는데 이른바 '조중동'으로 흔히 불리는 메이저(Major)급의 보수신문인 조선, 중앙 그리고 동아일보, 그 다음에는 진보계열로 불리는 중급 격의 한겨레신문, 경향신문, 그 다음에는 경제신문으로 특화된 한국경제와 매일경제신문이 있다. 전략적 집단들은 소속된 집단 내에서 직접적인 경쟁을 하면서 다른 집단과는 간접적인 경쟁을 하게 된다. 한국 일간지 시장의 경우를 본다면 메이저급 신문의 입지가 여러 진입장벽으로 인하여 강한 편이므로 다른 전략집단의 일간지들이 메이저급으로 상향이동이 용이

하지 않다.

전략적 집단의 개념은 다음과 같은 용도로 마케팅전략에서 사용될 수 있다. 첫째, 경쟁사가 많은 산업에서는 개별적 경쟁분석이 매우 복잡할 수 있으므로 우선 전략적 집단을 토대로 대대적인 분류를 한 다음 중요한 집단에 한해서 심층적인 분석을 이행할 수 있다. 둘째, 전략적 집단은 여러 가지의 유사한 특징을 공유하고 있으므로 같은 집단에 속한 경쟁사의 전략적 승패가 벤치마킹의 초점이 될 수 있다. 셋째, 시장주도형 전략의 목적은 지속적으로 유지할 수 있는 차별적 우위를 창출하는 것이므로 기업은 전략적 집단에 있는 경쟁사대비 공통점뿐만 아니라 차별점이 무엇인지 분석해야 한다. 넷째, 협경(co-opetition)의 개념에서 보는 바와 같이 경쟁사도 때로는 적보다 동지가 될 수 있다. 때문에 같은 전략적 집단에 속한 회사들은 다른 집단의 위협을 줄이기 위하여 공동노력을 펼칠수 있다. 끝으로 전략적 집단은 한 산업의 진화되는 패턴을 말해줄 수 있다. 예컨대 많은 업종들은 경쟁이 제한되어 있는 상태로 출발하지만 규제완화 같은 현상으로 인해 궁극적으로 몇 개의 정형적인 전략적 집단으로 산업이 재구성된다. 그러므로 다른 업종과 유사한 시장역학(market dynamics)이 대두된다면 그 시장이 향후 어떻게 변할 것인지 예측이 가능할 것이며 속하고자 하는 전략적 집단이 어느 것인지에 따라 기업은 이에 맞는 전략을 구상해야 한다.

전략적 집단의 개념에 맞물려 있는 사항이 기업의 정형전략이다. Porter(1980)는 각 산업에 세 가지의 정형전략이 사용되고 있으며, 유사한 전략을 사용하는 기업들은 같은 전략적 집단에 소속되어 있다고 주장하였다. 그가 주장한 정형전략의 명칭은 잘 알려진 원가우위(cost advantage), 차별화(differentiation) 그리고 집중(focus)전략 등이다.

원가우위전략은 본서에서도 여러 번 언급이 되고 있는데 그 전략의 기본적 요건은 지속적인 자본의 투자를 통한 대대적인 시장점유율의 확보이다. 뿐만 아니라 원가우위를 달성하려면 지속적 생산공정 향상을 위한 기술능력이 요구되고 또한 유통과 같은 마케팅 비용에 대해서도 비용절감이 요구될 수 있다. 다른 전략적 집단으로부터 원가우위 전략은 많은 위협을 받을 수 있는데 특히 기술혁신으로 인하여 자본장벽이 약해질 수 있고 또한 소비자의 구매기준으로서 가격보다 다른 사항이 중요해질 수 있다.

차별화전략의 기본적 요건은 무엇보다 뛰어난 마케팅력이다. 특히 시장변화에 대해서 민감하게 부응할 수 있는 능력이 필요하다. 뿐만 아니라 소비자의 요구와 일치하는 제품과 부가 서비스를 구현할 수 있는 역량이 승패를 가름하게 된다. 여기서도 다른 전략적 집단으로부터 직면하는 위협요인이 있는데 이는 소비자에게 부여하는 가치대비 가격의 역학이다. 즉 소비자는 차별화에 의한 가치 부가를 희망하는 동시에 이를 얻기 위한 가격을 고려하는데 경쟁사들 중 같은 가격에 더 나은 차별적 제품으로 위협하는 회사가 있는가 하면 더 낮은 가격에 비슷한 제품으로 위협하는 회사가 존재할 수 있다. 지속적 경쟁우위를 지키려면 차별화의 중요성이 유지될 수 있어야 한다. 예를 들어 버버리, 아르마니, 프라다, 훌라(Furla) 등 많은 명품브랜드들이 생산거점을 이탈리아, 혹은 프랑스에서 중국으로 옮기기로 결정했지만, 한편으로는 중국에서의 생산이 브랜드 명품 이미지에 부정적인 영향을 끼치지 않을까 걱정하고 있다.

집중전략은 틈새(niche)라고도 표현될 수 있는데 소비자 전체에 대한 공략이 아닌 일부 세그먼트에 대하여 집중 공략하는 원가우위 혹은 차별화 전략을 의미한다. 이러한 전략을 펼치기 위해서는 기본요건으로 생산 혹은 마케팅에 관련된 전문적인 노하우가 있어야 한다. 예를 들어 어떤 컨설팅회사는 인적자원관리, 특히 성과급제도 자문을 전문으로 하고 있어 이 분야에서는 독보적인 존재로 알려져 있다. 다른 전략적 집단으로부터 집중 전략을 위협하는 요소는 규모의 경제보다는 범위의 경제(economies of scope)이다. 즉 다양한 제품을 취급하면서도 공동비용이 절감되는 기술이 발달됨에 따라 하나의 제품만 취급하는 기업의 우위는 떨어지게 된다. 그리고 시장이 계속 분할(fragmented)되는 현상이 높을수록 차별화 및 집중전략의 수지를 맞추는 것이 어려워지게 된다.

이러한 접근방식에 대해서 주의해야 할 점은 정형전략에 있어서 복합적 전략의 사용이 가능하다는 것이다. 특히 경쟁을 하는 데 있어서 기업은 시간이 지나면서 하나의 전략만을 고수하지 않고 다른 전략적 집단 혹은 경쟁사의 위협에 대응하기 위해 다른 전략을 부분적으로 구사하거나 아니면 심지어 차츰 다른 정형전략으로 전환할 수 있다. 예컨대 특허와 같은 보호장치가 있는 제품을 보유

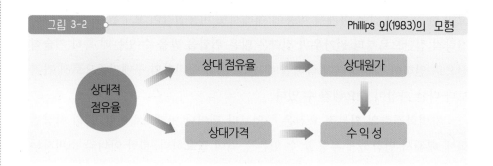

그림 3-2   Phillips 외(1983)의 모형

한 기업은 차별화전략을 펼칠 수 있으나 그러한 장벽이 퇴색하면서 원가우위로 방어할 수 있는 준비를 해야 한다. 즉 그 제품이 성숙기에 접어들 때 가격이 중요한 구매기준이 될 수 있기에 차별화전략보다는 원가우위가 주된 전략 포인트로 바뀔 수 있다.

<그림 3-2>를 보면 차별화는 잘 알려진 바와 같이 단기적으로 수익성을 높이는 효과가 있지만 차별화에 수반되는 원가요인의 상승으로 오히려 단기적인 수익성을 낮추는 효과가 있을 수 있다. 그러나 Phillips 외(1983)는 정형전략의 동시적 사용에 따른 성과를 실증적으로 보여줬는데 PIMS 자료를 바탕으로 차별전략과 원가우위가 상호 상충적이지 않다는 것을 시사했다. 본 연구의 흥미로운 점은 차별화의 장기적인 효과로 타사대비 품질이 높은 기업들은 이를 토대로 점유율의 확보가 용이해지는데, 점유율 확보에서 파급되는 결과는 궁극적으로 규모의 경제이므로 이로 인하여 장기적 원가는 절감되며, 원가의 절감은 곧 수익성 측면에서 마진을 올리는 결과를 가져온다. 이 두 가지의 결과를 합쳐보면 높은 품질을 추구하는 차별화전략은 경쟁사에 비해 높은 가격과 낮은 원가를 동시에 가능하게 한다는 것을 알 수 있다. 소비자 입장에서는 품질도 좋고 값도 품질에 비하여 저렴한 제품을 얻을 수 있는 만큼 가치(value)가 형성되는 셈이다. 특히 글로벌 경쟁 차원에서는 글로벌 규모(scale)가 왜 중요한 경쟁의 요건이 되는지 이 연구결과를 통해 실감할 수 있다.

SECTION 04 · 제품수명주기에서의 경쟁적 우위의 유지

한 제품이 시장에 등장하여 소비자의 기억 속으로 사라질 때까지 거쳐 가는 여러 단계가 있는데 이를 제품수명주기라고 한다. 시장에 처음 등장한 제품과 인지도가 높은 제품의 마케팅전략에 차이가 있듯이 경쟁의 특징 또한 각 단계별로 그 양상이 다르므로 마케팅전략을 수립하는 데 있어서 이러한 차이를 반영시켜야 한다. 각 단계별로 주의해야 할 경쟁적 지침은 다음과 같다(Walker 외, 2003).

Highlight 2

이케아는 규모,
한샘은 선점으로 승부

경기도 고양시가 국내 가구업계의 격전지로 떠올랐다. 국내 가구업계 1위 기업 한샘이 지난 8월 신세계 복합쇼핑몰 스타필드 고양에 대형 매장을 낸 데이어 글로벌 가구기업 이케아가 국내 2호점인 고양점을 연다. 맞대결을 펼치는 두 대형 매장 사이 간격은 3.5km에 불과하다. 또 이 근방 고양/일산 가구단지에는 현대리바트/에이스침대/에몬스가구/퍼시스/까사미아/보루네오가구 등 브랜드 가구 대리점과 중소 가구업체 300여 곳이 밀집해 있다.

고양에 잇따라 대형 가구 매장이 들어서는 이유는 수도권 북부 지역 가구 수요를 흡수할 최적의 입지조건 때문이다. 서울과 가깝고 인근에 파주/김포 등 대규모 신도시도 속속 조성되고 있다. 스타필드 고양과 롯데아울렛·이케아가 들어서는 지역은 고양시와 서북부권(은평·서대문구)을 비롯해 인근 서울 강서, 마포, 영등포, 경기 파주, 김포 등 총 500만명 이상이 거주하는 초대형 상권이다.

'이케아·롯데' 동맹에선 이케아 소유 건물에 롯데가 입점했다. '한샘·신세계' 동맹의 경우 한샘이 스타필드에 자리잡았다. 규모 면에서는 스타필드 고양이 롯데아울렛을 압도한다. 롯데아울렛과 이케아는 연면적 16만 4,000㎡, 4층 규모다. 롯데아울렛이 지하 1층과 지상 1층, 이케아가 지상 2층과 3층을 사용한다. 합산한 영업면적은 6만 8,827㎡다. 스타필드 고양은 연면적 36만 4,000㎡, 영업면적 13만 5,500㎡ 규모다. 롯데아울렛·이케아의 2배가량이다.

이케아 고양점의 영업면적은 약 1만 5,700평으로 한샘 고양점(약 1,100평)의 14배에 육박한다. 가구 단일 매장 기준으로 세계 최대 규모다. 규모로 치자면 한샘이 이케아의 적수가 되지 못한다. 이케아 관계자는 "연간 약 1조원씩 커지고 있는 한국 가구 시장의 잠재력은 여전히 대단하며, 이케아 매장이 성장 촉매제가 될 것"이라고 말했다. 이케아는 향후 경기 기흥/충남 계룡/부산 등 2020년까지 전국 6곳에 매장을 낼 계획이다.

시장에서는 한샘이 1위를 달리고 있다. 한샘의 지난해 매출은 1조 9,345억원으로 전년 대비 13% 성장했다. 매출액 기준으로 현대리바트(7,356억원), 에넥스(3,941억원), 퍼시스(2,316억원) 등과 비교해도 압도적이다. 한샘은 지난 8월 대리점주 10여 명이 공동 운영하는 대형 매장을 열고 한발 먼저 소비자 공략에 나섰다. 한샘의 매장 크기는 3,600㎡(약1,100평)이지만, 스타필드 고양 주차장(4,500대) 등 편의시설을 함께 이용할 수 있어 이케아에 밀릴 것 없다는 게 평가다.

하지만 세계 1위 가구 브랜드 파워를 지닌 이케아의 진격도 만만치 않다. 이케아 코리아는 2014년 12월 1호점인 광명점을 개장해 한국 진출 첫해인 2015년 단숨에 매출액 3,450억원을 올렸다. 이케아의 2016년 회계연도(2016년 9월~2017년 8월 기준) 매출은 전년보다 약 6% 오른 3,650억원을 기록했다.

중소 가구 업계는 우려

국내 가구 시장 규모는 계속 커지고 있다. 3년 전 이케아가 한국에 진출할 당시 국내 가구업계의 실적이 대폭 줄 것이라는 우려가 나왔지만 한샘/현대리바트 같은 국내 가국 브랜드의 매출 성장세는 더 가팔라졌다. 업계에서는 세계 1위 가구 기업인 이케아의 한국 진출이 가구에 대한 국내 소비자들의 관심을 키우고 국내 업체들의 경쟁력 향상에 기여하는 '메기효과'를 냈다고 분석한다.

하지만 고양/일산 가구단지에 있는 가구 소상공인들은 대형 브랜드 매장이 주변 상권을 독식할 것이라고 반발하고 있다. 경기 불황으로 매출이 예전보다 절반 수준으로 떨어지는 상황에서 대형 브랜드들이 대거 들어서 중소 가구 업체들은 줄줄이 문 닫게 된 상황으로 정부와 지자체가 적극적인 지원책을 요구하고 있다.

〈출처: 조선비즈 2017. 10. 18, 조선일보 2017. 10. 12〉

━━ 1 ━━ 도 입 기

도입기에 있어서 중시되는 점은 우선 수명주기의 분석단위이다. 즉 수명주기의 분석단위가 제품 카테고리(product category)라면 대개 수명주기에 큰 변화가 없기 마련이다. 예컨대 자동차라는 카테고리는 개발된 것이 이미 100년이 넘었지만 여전히 안정된 성숙기를 나타내고 있다. 이에 반해 카테고리 안에 있는 특정 제품유형(product type)은 다양한 제품수명주기를 지니고 있는데 예컨대 미래에 큰 기대를 모으고 있는 전기자동차는 아직 도입기 초기에 머물고 있다.

마케팅전략 관점에서는 제품 카테고리를 선도(pioneer)한다는 것은 매우 어려운 일이다. 대개 비슷한 욕구를 충족시키고 있는 기존 제품 카테고리가 있으므로 기본적인 카테고리의 상대적 이점이 없다면 대체가 불가능할 것이다. 설령 신종 카테고리가 이점이 있는 경우에도 이러한 이점을 소비자가 쉽게 이해하게끔 카테고리 선도주자는 많은 노력과 자원을 소모해야 한다. 따라서 제품 카테고리에 대한 그 정체성과 그 정당성을 소비자에게 알리는 작업은 카테고리 전체의 과제이므로 카테고리 내(intra-category)에서 경쟁하는 것보다는 동종업체들이 힘을 합쳐서 카테고리 간(inter-category)에 주력하는 것이 바람직하다. 이에 반해 제품유형에서 선도하는 기업은 비교적 나은 여건에서 그 전략을 펼칠 수 있다. 즉 제품유형의 다양화는 도입기 후반에 대개 이루어지게 되는데 이 시기에는 카테고리의 정당성이 어느 정도 입증되고 수요가 확충되는 단계이기 때문에 선도주자에 대한 위험부담이 상대적으로 적은 편이다. 뿐만 아니라 성장기에서 시장 저변이 확대되는 것에 대비하여 각 기업은 유리한 고지에 올라서야 하는데 독보적인 제품유형을 선도하는 기업에 부여되는 프리미엄은 클 수밖에 없다. 이 계통에서 잘 알려진 예로 SK텔레콤은 이 시장의 대중화에 앞서 CDMA의 첫 상용화를 통하여 한국 디지털 이동통신의 확고한 선두주자로서 자리매김을 했다.

도입기에 대두되는 마케팅믹스 경쟁전략을 본다면 우선 제품전략은 일반적으로 도입기의 여러 불확실성과 위험을 고려하여 제품라인과 재고를 제한시킬 필요가 있다. 제품전략의 경쟁적 초점은 다른 카테고리에 비하여 차별적우위를 규명하는 것인데 특히 소비자가 중시하는 특정 욕구와 필요에 집중해서 이 전략을 펼쳐야 한다. 예컨대 Tesla가 출시하는 순수전기 자동차는 화석연료 엔진 없이 배터리를 통하여 전기에너지만으로 사용가능하다. 때문에 이산화탄소나 배출가스가 전혀 발생되지 않는다. 기존 차들에 비해 내연기관 공간이 필요 없기 때문에 작은 전기모터만 장착하면 되고 너 넓고 다른 구조의 활용이 가능하다. 소비자들의 원료절약, 환경보호, 제조의 단순함 등 다양한 장점을 지니게 된다. 가격전략의 관건은 경쟁적 여건을 고려하여 저렴한 가격을 토대로 침투(penetration)전략을 택할 것인지 아니면 반대로 높은 가격을 토대로 고가(skimming)전략을 택할 것이냐이다. 소비자의 가격에 대한 탄력성이 크고, 또한 잠재적 경쟁자가 존재하고 규모의 경제와 경험곡선 효과가 막대한 상황에는 침투전략이 적합하다. 반면 소비자의 가격에 대한 탄력성이 낮고 또한 시장이 틈새(niche)처럼 작고 또한 경쟁자에 대하여 진입의 장벽이 어느 정도 구축이 되어 있는 상황에는 스키밍전략이 적합하다. 유통문제에 있어서 소비재와 산업재는 그 성격이 매우 다른데 전자의 경우 대개 중간상을 활용하지만 후자의 경우는 직접유통이 가능하다는 것이다. 소비재의 경우 경쟁초점이 유통망의 확보인데 원활한 유통망을 도입기에 구축하는 기업은 시장을 선점할 수 있는 이점을 가지게 된다. 특히 여러 제품을 같은 유통망을 통하여 배급할 수 있는 회사는 유통규모의 경제 이점을 갖게 된다. 도입기에 있어서 촉진전략은 제품의 존재 및 차별적 우위를 알리는 것인데 그 비용이 만만하지 않으므로 비용 대비 효과의 관계를 반드시 잘 규명해야 한다. 예컨대 인터넷 벤처들은 너무 브랜드 인식을 대대적으로 늘리는 데에 중점을 두면서 그 막대한 비용을 간과하였고 그 결과 상당수가 부도위기에 놓였다. 이 때문에 기업은 도입기에 경쟁사들에 비해 인지점유율(share of mind)을 높이는 것도 중요하지만 현명한 매체선택과 비용지출을 행하는 것이 오히려 더 중요하다고 할 수 있다.

2 성 장 기

새로운 제품 카테고리 그리고 유형에 대한 검증이 끝난 다음 제품사용자의 수가 늘게 된다. 이러한 단계에서 마케팅전략은 제품에 대한 획기적인 향상보다는 개별 브랜드에 대하여 선별적 수요를 이끄는 방향으로 바뀌게 된다. 시장의 확충을 위해서는 여러 특정 세그먼트를 염두에 둔 새로운 제품속성(features)들이 추가될 수 있고 이에 따라 가격대(price points)도 다양해지게 된다. 성장기에는 지배적인 위치를 차지한 기업의 역할이 중요한데 이 기업의 노력에 따라 성장기가 지속될 수도 있고 안일한 시장관리로 인하여 시장이 일찍 성숙기로 접어들 수도 있다.

성장기에 대두되는 마케팅믹스 경쟁전략은 우선 제품전략 차원에서 도입기와는 달리 제품라인의 확충이 바람직하다. 확대된 제품라인은 다양한 세그먼트에 대한 다양한 가격대를 제공하게 되므로 성장기의 지속화뿐만 아니라 개별 세그먼트에 대한 의존성을 완화시키게 된다. 예컨대 합성고무로 된 슬리퍼 스타일의 신발로 세계적 명성을 얻게 된 크록스(CROCS)의 경우, 초기 슬리퍼, 샌들류의 성공을 바탕으로 색상과 모양을 늘려나갔지만, 최근에는 구두, 운동화, 부츠등 다양한 형태의 신발로 라인업을 확대시키고 있다. 또한 신발뿐 아니라, 신발에 꼽는 액세서리류인 지비츠 제품군도 만들어, 신발 사업보다 더 높은 고부가가치를 만들어내고 있다. 성장기에서 경쟁심화로 인하여 가격은 떨어지게 되는데 이 싸움에서 다양한 원가우위를 지니는 업체가 유리할 수밖에 없다. 제품라인 전략과 가격전략을 결합시켜서 본다면 다각적인 수요계층을 공략하면서 오히려 통합적인 원가구조를 지니는 업체가 궁극적으로 큰 이점을 갖게 된다. 가령 스마트공장 시스템을 통해서 과거에 비해 소비자들의 차이를 인식하여 대량맞춤형으로 여러 가지의 제품을 생산하고 원가절감을 동시에 이룩할 수 있다.

그림 3-3 ○━━━━━━━━━━━━━ CROCS와 Jibbitz

성장기에는 소비자에게 제품을 원활하게 배급하는 것이 아주 중요한 현안인데 특히 전속거래가 요구되는 유통체제일수록 주요 지역의 유통선점이 중요한 마케팅 목표가 되어야 한다. 성장기에서의 촉진전략은 도입기보다 용이하지만 선별적 수요와 브랜드 태도를 증진시키기 위하여 차츰 차별적 우위를 강조하는 전략이 사용되어야 한다.

3 셰이크아웃

셰이크아웃(shakeout) 단계는 대개 따로 보는 것보다는 성장기의 말기로 보려는 경향이 강하다. 하지만 이 단계에 나타나는 양상이 근본적으로 성장기와는 같지 않으므로 별도로 분석하는 것이 바람직하다. 셰이크아웃은 '개편' 또는 '정리'라고 흔히 표현되는데 이 단계는 성숙기에 앞서 살아남을 브랜드와 낙오하는 브랜드의 우열을 가리는 중요한 단계이다. 이 때문에 경쟁전략 최대의 초점은 여러 방면에서 효율성을 강화하는 이른바 합리화(rationalization)를 기하는 것이다. 잘 알려진 셰이크아웃의 사례는 카 네비게이션 업종으로, 2000년대 중반까지 수많은 중소업체 및 삼성, LG 등 대기업들이 너도나도 참여했으나, 현재는 팅크웨어, 만도, 파인디지털, SK 등 몇 개 업체로 그 수가 축소되었다. 이처럼 셰이크아웃에서 생존이 어려워지는 가장 주된 이유는 더 이상 경영수지가 맞지 않기 때문이다. 즉 성장둔화로 인해서 매출은 떨어지고 이로 인하여 가격경쟁은 심화될 수밖에 없는데 재고를 비롯한 여러 비용절감이 어려워진다면 많은 브랜드들은 회생 가능성이 희박해진다.

셰이크아웃에 대두되는 마케팅믹스 경쟁전략은 다방면에서 재정비를 하는 것인데 우선 제품라인에 있는 모든 아이템의 개별 수익성을 철저하게 분석하여 유지할 아이템과 포기해야 할 아이템을 정하는 작업이 급선무이다. 가격전략도 경쟁력을 키우기 위해 가격절감뿐만 아니라 가격의 구조를 유지할 수 있게끔 리베이트처럼 창의적인 촉진적 가격(promotional pricing)수단을 고려해야 한다. 선두 브랜드의 경우 유통전략은 쉬워지는데 그 이유는 중간상이 선호하는 브랜드 위주로 주문을 하기 때문이다. 그러나 후발 브랜드에게는 그 반대 현상이 나타날 수 있어 주문에서 제외되지 않게끔 중간상에게 추가적 인센티브를 제공하거나 아니면 인터넷 같은 새로운 유통경로의 발굴이 불가피해질 수 있다. 촉진의 경우 성장기와는 달리 과다한 비용지출은 자제해야 하는데 장기보다는 단기에 효과가 있는 판촉(sales promotion)수단 선택의 중요성이 대두된다.

4 성 숙 기

성숙기는 더 이상 성장이 없는 단계를 의미하는데 이러한 시기에 접어들 때 경쟁은 진정한 제로섬(zero sum) 게임이 된다. 제로섬 게임은 공생보다는 시장의 지배가 중요하므로 시장점유율을 확충하는 것이 핵심 경쟁관건으로 부각된다. 우리가 잘 알듯이 시장의 지배력과 성숙기가 겹칠 때에는 기업의 현금흐름이 수월해지므로 기업은 장기전을 펼칠 수 있는 경쟁력이 강화된다. 성숙기가 매우 안정적인 제품도 있지만 더러 성숙기가 새로 발돋움하는 재성장(recycle) 패턴 아니면 바로 쇠퇴기로 접어들어 가는 패턴을 나타낼 수 있다. 이 때문에 기업은 성숙기의 예상되는 흐름을 예측하여 이에 맞는 대비책을 마련해야 한다. 가령 재성장이 가능한 시장이라면 앞서 언급된 도입기의 여러 경쟁지침이 제품혁신에 자세하게 맞추어져 다시 고려될 수 있다.

성숙기에 대두되는 마케팅믹스 경쟁전략은 우선 제품차원에서 획기적인 기술혁신보다는 타 브랜드 대비 부분적인 차별화가 중시된다. 특히 제품의 유형적 차별화가 점점 어려워지는 성숙기에서는 제품의 무형적 차별화, 즉 서비스를 토대로 한 차별화가 중요해진다. 잘 알려진 예로 미국시장에서 현대와 기아자동차는 10년 무료보증(warranty)제도로 미국 소비자들의 호응을 얻었다. 성숙기에서의 가격과 촉진전략은 보완적인 성격을 갖추어야 하는데 그 이유는 경쟁을 위한 전체 비용의 절약과 신축성이 요구되기 때문이다. 성장기처럼 막대한 광고비를 지출하면 수요에 대한 큰 성과 없이 경영수지의 악화만을 초래할 수 있다. 마찬가지로 무분별한 가격인하 정책은 업계 전체에 대하여 출혈이 극심한 가격전쟁을 유발시킬 수 있다. 이보다 기업이 경쟁력이 약한 제품라인 혹은 지역 위주로 집중된 가격과 촉진의 공략을 펼쳤을 때 그 기업은 일반 틀을 유지하면서 문제되는 부분에 대한 해결이 가능해진다. 여기서 사용될 수 있는 가격 혹은 촉진수단은 제품에 따라 차이는 있겠지만 쿠폰, 리베이트, 각종 할인(allowances), 판매촉진, 이벤트 등과 같은 신축성이 있는 방법들이 적합하다. 비슷한 맥락에서 성숙기에서의 유통전략은 중간상을 대상으로 하는 촉진의 사용 증가가 불가피해진다. 특히 소비재의 경우 중간상에 대한 공략을 통하여 진열대(shelf space)의 확보가 주요 목표로 떠오르게 된다.

5 쇠 퇴 기

제품수명주기의 마지막 단계는 쇠퇴기인데 특정 제품의 소멸은 매우 빠를 수 있고 반대로 매우 느릴 수 있다. 전자의 경우 차라리 기업은 다른 제품 쪽으로 노력을 빨리 돌리게 되지만 후자의 경우 사업포기의 결단을 내리는 것이 어려워지게 된다. 이에 여러 철수장벽까지 존재한다면 기업은 곤경에 처할 수 있다. 그러므로 쇠퇴기의 경쟁적 관건은 다른 사업에 피해가 가지 않게끔 냉정함을 취하는 것이다. 즉 새로운 사업에 많은 재정과 인적 자원이 필요한데 회생이 불가능한 기존 사업에 대해 미련이 남아 있는 기업은 시간과 자원을 낭비하게 된다. 예컨대 국내 유수기업들은 IMF 사태 이전에는 경영수지가 맞지 않는 상당수의 제품라인을 유지해왔지만 그 이후 경영합리화가 화두가 되면서 이러한 제품라인에 대해 보다 과감한 처분을 강행하였다. 여기서 주의할 점은 쇠퇴하는 제품과 쇠퇴하지 않는 제품들의 역학관계인데 특히 공동수요 혹은 공동원가가 있는 상황에서는 쇠퇴하는 제품의 철회가 악영향을 미칠 수 있으므로 이와 같은 부작용이 있는지 반드시 사전확인이 요구된다.

쇠퇴기에 대두되는 마케팅믹스 경쟁전략은 세밀한 분석을 통하여 남은 수익의 기회를 포착하는 것이다. 즉 대부분의 제품라인의 경영수지가 악화되는 가운데 상대적으로 안전한 라인이 존재할 수 있다. 특히 특정 라인에 대해 브랜드애호도(brand loyalty)가 강한 소수의 수요층이 이러한 현상을 부추길 수 있다. 가격전략은 쇠퇴의 속도에 따라 결정이 되는데 제품생산이 중단되고 재고처리가 시급한 상황에서는 과감한 가격인하가 필요하게 되지만 이에 반해 쇠퇴가 점차적으로 나타나는 양상이라면 이에 맞게 가격인하를 적용해도 된다. 유통전략도 중간상이 자사의 제품을 계속 취급하도록 관심을 끄는 데 주력해야 하는데 대대적인 유통으로 분산된 노력을 하는 것보다는 집중적인 유통을 통해 인센티브를 부여하는 것이 바람직하다. 촉진전략이 필요한 상황에서는 지출을 최대한으로 줄여야 한다는 지침하에 가격 메리트가 있는 판매촉진의 사용이 불가피하다.

• SECTION 05 • 경쟁자의 분석요인

기업과 기업 제품의 경쟁대상이 확인된 다음 여러 경쟁자에 대하여 다각적인 분석이 이루어져야 한다. Aaker(2013)는 다음과 같은 사항에 대한 분석을 통하여 경쟁자의 강점과 약점이 파악될 수 있다고 주장한다. 더욱이 이러한 분석은 향후 대두될 수 있는 기회와 위협을 예측하는 데 유용할 수 있으며 자사의 향방에 대한 경쟁자의 반응도 어느 정도 예측이 가능해진다.

1 일반 외형 특징

경쟁자의 일반 외형 특징은 측정이 쉬운 변수들을 의미한다. 대개 경쟁사의 매출, 성장률 그리고 자산규모 등은 여러 재무제표를 통하여 확인할 수 있지만 시장점유율과 수익성은 상대적으로 측정이 어려울 수 있다. 특히 세부적인 세그먼트시장 경쟁에서의 점유율 측정은 Neilsen's 같은 소매감사(retail audit) 방법을 통해서만 가능하다. 점유율은 시장의 지배력을 의미하므로 이를 측정하는 것이 중요할 수밖에 없다. 경쟁사의 성장률은 경쟁사의 미래 패턴을 암시하므로 이 변수의 측정도 마찬가지로 필히 있어야 한다. 경쟁사의 수익성은 경쟁사 원가분석으로 간접적으로 추정이 될 수 있는데 수익성이 높은 기업일수록 자본부담이 적어지고 자급자족한 경영과 마케팅이 가능해진다. 뿐만 아니라 기존 또는 계열사업을 확장하는 데 추가로 투자할 수 있는 여력이 있다.

2 이미지와 포지셔닝

기업과 기업의 브랜드들은 오랜 역사를 통하여 소비자들 마음속에서 어떠한 인성(personality)을 지닐 수 있다. 이러한 성격은 반드시 좋은 것만은 아니며, 하나의 경쟁 포인트가 될 수 있다. 기업 입장에서는 활동하는 무대에서 소비자가 고려하는 여러 브랜드가 각각 어떠한 연상(association)을 지니고 있는지 파악할 필요가 있고 이러한 기반을 이용해서 자사 브랜드의 이점과 경쟁사의 단점을 부각시킬 필요가 있다.

3 경쟁자의 목적과 의지

경쟁자의 목적과 의지 분석은 한 시장에서 경쟁자의 현재뿐만 아니라 미래의 지속적인 관여를 예측하는 데 유용하다. 가령 경쟁사의 여러 외형 목표달성 여부 혹은 그 달성정도에 따라 사업유지 혹은 폐업이 결정될 수 있다. 물론 기업은 경쟁사의 성향을 잘 감지하여 경쟁사의 향방을 예측해야 한다. 이를테면 어떤 경쟁사는 목표달성 부진으로 인해 폐업을 결정할 수도 있겠지만 다른 경쟁사는 오히려 성과향상을 위하여 더 많은 투자를 불사할 수 있다. 이 때문에 단순한 정량적인 목표분석만이 아닌 정성적인 경쟁사의 의지(commitment)에 대한 분석이 불가피하다. 특히 여러 관련된 사업을 펼치는 경쟁사일수록 일부 사업에 대해서 적자를 감당하려는 의지가 강한데 이는 다른 사업의 재정상태가 문제가 없거나 아니면 그 적자사업이 재무보다 다른 측면, 가령 기술학습 차원에서 도움이 되기 때문이다. 예컨대 웬만한 한국 반도체회사들은 미국 실리콘 밸리에 현지법인을 두고 있는데 그 목적은 매출보다 기술학습이 더 강하다. 이처럼 경쟁사 목적과 의지 분석에는 사업부 차원에서만 이행하는 것보다는 경쟁사 모기업까지 포함하여 여러 계열사에 대한 역할분담이 무엇인지 추정하는 것이 중요하다.

4 현재와 과거전략

경쟁사의 전략 연혁(strategy history)이 그 회사의 향후 행동을 예측할 수 있는 중요한 근거가 될 수 있다. 사람 개개인은 성장과정이 있고 그 과정이 한 개인의 생활패턴을 말해주듯이 기업도 전략 연혁이 한 기업의 현재뿐만이 아닌 미래 경쟁패턴을 말해주게 된다. 예를 들어 Aaker(2013)는 어떤 사업에 대한 경쟁사의 과거 실패는 그 사업에 대한 기피성향으로 향후 나타날 수 있다고 주장한다. 한국에서도 신규사업(greenfield)의 선점을 선호하는 기업이 있는가 하면 입증된 사업에 후발주자로 진입하여 우위를 발휘하려는 기업들이 있다. 한국에는 아직 경영주의 입김이 강한 편이어서 기업의 그러한 성향은 경영주의 성향에서 비롯된다. 앞에서 알아본 정형전략을 펼치는 경쟁사가 대체로 유사한 세부전략을 이용한다면 기업은 그 경쟁사의 다른 사업에서의 구체적인 전략이 무엇일지 추정이 가능해진다. 예를 들어 여러 시장에서 막대한 광고를 이용하여 브랜드 차별화를 추구해온 경쟁사가 있다면 다른 시장에서도 이 회사는 비슷한 전략을 시도할 수 있다. 이러한 상황에서 기업은 광고보다 소비자가 중요시하는 다른 경쟁전략을 펼쳐 차별적 우위를 얻을 수 있다.

5 조직과 문화

마케팅전략에 경쟁사 조직과 문화에 대한 분석이 흔하지 않지만 때로는 중요할 수 있다. 위에서 알아본 경쟁사의 전략 연혁은 겉으로 나타난 경쟁사의 행동을 보여주지만 경쟁사의 조직과 문화는 그 행동 이면에 존재하는 경쟁사의 성향을 말한다. 기업조직은 규모나 지배구조(governance structure)에 따라서 경영과 마케팅 의사결정이 많이 좌우되는데 한국은 과거의 흔했던 중앙집권화 지배구조가 점차 분권화된 조직으로 전향되고 있다. 그러나 일상적인 마케팅관련 의사결정만 분산되어 있을 뿐 아직 중요한 최종 의사결정의 권한은 집중되어 있다. 따라서 겉보기에 브랜드 매니저 제도를 이용하는 기업의 경우에도 중요한 사안에 대하여 경쟁사의 성향을 추측하는 데 주의를 기울여야 한다. 권한이 집중된 경쟁사의 성향을 분석하는 것은 당연히 더 쉬울 수밖에 없다. 권한이 집중된 경우에는 최고경영자의 수가 적을 뿐만 아니라 인사이동도 많지 않지만 권한이 분권화되었을 때에는 그 반대의 현상이 있다. 조직 성격의 중요한 분석 일환은 경영자들의 기능적 성향이다. 이러한 성향은 학부 전공과 관련이 있으므로 경쟁사 경영진의 학업배경을 분석하는 것이 유용할 수 있다. 예컨대 많은 산업재 회사에 공학 출신들이 최고경영진 자리에 포진되어 있다. 그러나 공학 출신들 중 경영학 석사(MBA)를 취득한 경영진들이 최고경영자 자리에 오를 때 일반 공학 출신들과는 다른 경쟁패턴을 이룬다.

기업의 조직과 더불어 중요한 기업의 특징이 조직문화인데 이는 경쟁사 내부에 공유하는 가치, 공유하는 규범 그리고 공유하는 상징과 상징적 활동에 의하여 형성된다. 한국에서 잘 알려진 조직문화의 예는 SK그룹인데 오랫동안 총수를 하였던 고 최종현 회장은 SUPEX라는 경영이념 시스템을 개발하여 이것으로 가치, 규범 그리고 상징적 활동을 연결하였다.

Miles와 Snow(1978)는 경쟁과 관련하여 기업의 조직문화 형태를 네 가지로 구분하였다. 첫째 유형은 탐색형(prospector)으로 이들은 신규 시장을 선점하지만 이를 오랫동안 지탱하지 못하는 경쟁문화를 의미한다. 둘째 유형은 방어형(defender)으로 이들은 안정적인 시장에서 확고한 일부분만을 한결같이 지키는 문화를 의미한다. 셋째 유형은 분석형(analyzer)으로 이들은 주력사업을 지키면서 고성장 신규사업을 탐구하려는 문화를 의미한다. 끝으로 넷째 유형은 수동형(reactor)으로 이들은 뚜렷한 전략이 없는 관계로 성과가 부진한 경쟁사를 뜻하며 자원부족으로 신규사업 개발도 피하는 문화를 의미한다.

6 원가구조

경쟁사의 원가구조 분석은 경쟁사의 원가우위전략 향방은 물론 경쟁사의 수익과 관련된 시사점도 제공한다. 뿐만 아니라 경쟁사 가격전략 분석에 중요한 기반이 될 수 있다. 예를 들어 자본집약적 산업에서는 감가상각이 거의 다 된 경쟁사를 아주 위협적인 경쟁사로 취급한다. 그 이유는 고정비용에 대한 부담이 없으므로 변동비용 위주의 가격책정을 펼칠 수 있기 때문이다. 경쟁사의 정확한 원가정보는 쉽게 얻기 힘들지만 간접적으로 추정될 수 있다. 가령 산업 그리고 자사에서 관행적으로 소요되는 인건비, 자본비, 물류비, 원자재 등을 토대로 경쟁사의 여러 상황여건에 적용 또는 수정하여 경쟁사의 원가를 추정할 수 있다.

7 철수장벽

경제학의 한 분야인 산업조직론에서는 진입의 장벽뿐만 아니라 철수(exit) 장벽의 중요성을 강조한다. 이러한 장벽은 자사뿐만 아니라 경쟁사의 이동성(mobility)을 좌우하는 요소로 대두되는데 철수가 어려운 상황일수록 경쟁이 심화될 수 있고 경쟁사의 반응이 격해질 수 있다. 경쟁사가 직면하는 철수장벽의 형태는 아주 다양하다(Porter, 1980). 특유한 자산을 보유한 경쟁사는 이를 다른 사업으로 전향할 수 없으므로 사업부진에도 불구하고 버티게 된다. 또한 여러 종류의 고정비용이 높은 경쟁사일수록 철수가 어려워진다. 예컨대 특정 사업에 관련된 전문 장기계약 인력이 많은 경쟁사는 사업전환이 어려워진다. 또한 정성적으로 애착이 강한 사업일수록 경쟁사는 철수를 고사하게 된다.

• SECTION 06 • 협경

몇 년 전 미국 최고의 경영주간지인 「비즈니스 위크」는 경쟁은 죽었는가?'라는 선정적인 커버스토리를 다룬 적이 있다. 그만큼 경쟁에 대한 개념이 제휴와 같은 형태로 인하여 흐려졌기 때문에 경쟁의 개념에 대한 재검토가 이슈가 되고 있는 것이다. 최근 미국에서 출간된 하버드와 예일 대학 교수(Brandenburger and Nalebuff, 1996)의 저서는 경쟁과 협조의 개념을 동시에 적용해 이른바 협경(co-opetition)이라는 신조어를 탄생시켰다. 협경의 틀은 <그림 3-4>에 나타나 있는데 이 틀은 언뜻 보기에는 Porter의 유명한 경쟁모형과 흡사하다. 특히 경쟁의 분석에 고객과 공급자를 포함시킨 것은 같은 맥락에서 이해할 수 있다. 협경 개념의 차별점은 경쟁에 협조의 개념을 추가했다는 것이다. 이 저자들은 게임이론에 입각해 기업, 경쟁자, 보완자, 고객, 그리고 공급자들에 대한 분석을 바탕으로

그림 3-4 ●───────────────────────── 협경의 틀

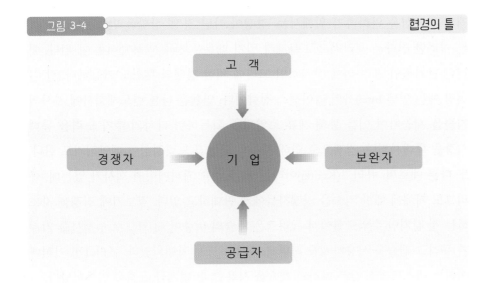

최적의 전략을 수립할 것을 촉구하고 있다. 쉽게 말해서 기업은 전체적인 결과에 역점을 두어 경쟁자, 보완자, 고객, 그리고 공급자들에 대한 관계를 이에 맞게 관리해야 한다는 주장이다. 따라서 일반 제휴 개념보다는 좀 더 뚜렷하고 장기적인 목표의 정립이 가능하다.

기업이 각 게임 상대(player)에 대하여 어떠한 관계가 가능한지 알아보면 다음과 같다.

1 기업과 경쟁자의 관계

기업과 경쟁자는 전통적으로 제로섬(zero-sum)의 관계를 지니는 것으로 생각되어 왔다. 이는 승자가 있기 위해서는 패자가 있어야 한다는 아주 단순한 주장이다. 이를 win-lose라고 표현하기도 한다. 그러나 제휴의 정신에서 이미 나타나듯 경쟁자와의 관계에서도 win-win의 결과가 가능하다. 경쟁자와 기업의 관계는 특히 총체적인 게임의 성과를 놓고 볼 때 더욱 win-win이 가능해진다. 여기에서 말하는 총체적인 게임은 경쟁자 외에 다른 상대까지 포함하는 광의의 시각을 의미한다.

기업은 고객과 공급자, 그리고 보완자와도 많은 관계를 지닌다. 따라서 경쟁과의 관계에서 다른 이들에 대해 여러 가지의 간접적이거나 경우에 따라서는 직접적인 영향을 미칠 수 있다. 제일 흔한 예가 입찰상황에서 들러리를 세우는 경우이다. 고객들은 독점을 하는 기업으로부터 입찰을 꺼리기 때문에 이러한 고

객의 경계심을 완화하기 위해서는 '경쟁이 아닌 경쟁' 상황을 만들 수 있다. 물론 이러한 전략은 윤리적으로 문제가 있기 때문에 자주 악용해서는 안 된다. 이러한 단기적인 고려 외에 장기적인 고려에 의한 경쟁의 투입도 가능하다. 잘 알려진 예는 인텔(Intel)사의 라이센스 전략이다. 인텔은 다른 반도체회사에 자사의 기술을 제공하여 이를 통해 제휴 로열티를 획득하며 타사의 추가 노력을 통해 시장을 확대시킨다. 경쟁으로 인해 자사의 끈질긴 노력정신이 배양되기도 한다. 또 다른 예로써, 큐리그(Keurig)라는 고급 캡슐 커피메이커 회사가 있는데, 큐리그도 기계에 대한 기술을 경쟁사들에게 판매하고 있다. 겉보기에 경쟁을 자초하는 것 같지만 수익모델에서 큐리그은 캡슐의 비중이 더 크므로 경쟁사들 기계가 큐리그 캡슐을 사용하게끔 하면서 판매가 크게 확대되었다. 큐리그형 커피메이커는 네스프레소 같은 타사의 캡슐을 사용할 수 없게끔 규격을 만들어났다.

2 기업과 보완자의 관계

보완자(complementor)란 성격상 기업과 win-win의 관계가 나타낸 상대를 말한다. 제일 간단한 예가 PC의 하드웨어와 소프트웨어의 관계이다. 보완자는 기업에게 도움만 주는 상대로 간주되기 때문에 총체적인 게임에서 부정적인 측면을 나타낼 수 있다는 점을 간과해서는 안 될 것이다. 한편 협경의 개념에 입각해 협조 외에 경쟁적인 측면도 고려할 필요가 있다. Kim 외(2000)의 연구에서 증명된 사실은 보완재가 부분적으로 위협을 줄 수 있다는 것이다. 간단한 예가 유선전화와 이동전화의 예이다. 아직 두 가지의 제품이 보완적으로 사용되고 있기는 하지만, 이동전화시장의 가격이 낮아지고 있기 때문에 기능이 제한적인 유선전화시장은 점점 축소화되고 있는 실정이다. 장대련 외(1996)의 연구에서는 이와 같은 보완과 대체적인 관계를 판매역학 차원에서만 보지 않고 제품의 세부적인 속성별로 분석하였는데 기능측면에서 제품유형간 보완적인 관계를 지닌 상황일수록 소비자들은 그 제품들을 함께 사용하려고 한다는 것을 확인했다.

3 기업과 공급자의 관계

공급자와의 관계는 JIT와 같은 재고관리 형식이나 혹은 통합품질관리(TQM)에서 이미 중요성이 입증된 바 있다. 협경 차원에서는 추가적으로 공급자의 참여에 따른 총체적인 게임 성과를 고려할 수 있다. 특히 기업간 거래상황에서 중요하게 대두되는 문제는 단일 공급선(single sourcing)에 따른 고객기업의 불안감 유발이다. 공급선이 단일적일 경우 기업의 교섭력이 약해지므로 원자재나 부품의 값은 오르게 된다. 또한 공급선이 다원화될 경우 고객기업의 협상력은 일반적으로 오르게 되고 공급불안도 완화된다.

　　Brandenburger와 Nalebuff가 소개하는 많은 사례 중 특기할 수 있는 예는 펩시(Pepsi)와 코카콜라(Coca Cola)의 다이어트 음료용 감미료 제조업체인 뉴트라스위트(Nutra Sweet)인데, 대체품의 등장과 그 위협을 완전히 차단하기 위해 이 회사는 펩시와 코카콜라를 장기계약으로 묶었다. 이 두 회사는 언뜻 보기에 단일 공급선에 예속된 것 같지만 사실은 거꾸로 안전한 공급과 유리한 가격을 장기적으로 보장받은 셈이다.

▬4▬ 기업과 고객의 관계

　　기업과 고객의 관계는 마케팅 철학으로 보았을 때 당연한 win-win의 상황이다. 그러나 산업재를 판매하는 상황에서는 고객도 기업이기 때문에 이에 따라 여러 가지의 경쟁적인 상황이 초래된다. 예컨대 중소기업이 대기업 고객을 상대할 때에는 가격과 대금조건에서 상충적인 이해관계가 성립될 수 있다. 기업은 고객에 대한 관리를 공급자에 대한 관리와 완전히 반대적인 관점에서 입장을 취하면 된다. 즉 고객의 공급자가 바로 자사이므로 반드시 입장을 바꿔서 생각을 할 필요가 있다. 이를테면 고객 입장에서는 공급선이 많은 것이 좋겠지만, 공급자 입장에서는 일반적으로 반대되는 상황이 더 유리하다. 따라서 공급자의 이와 같은 의도에 대응하기 위해서는 고객의 수를 늘려야 한다. 여기에 따르는 효과는 여러 가지인데, 우선 전체 시장을 확대할 수 있고, 또한 특정 고객에 대한 의존도를 줄일 수 있어 회사의 교섭력이 강해지게 되며, 경쟁의 강도도 완화시킬 수 있다.

• SECTION 07 • 경쟁의 미시적 분석

　　경쟁분석의 마지막 단계는 개별적인 경쟁사의 다각적이면서 구체적인 평가이다. 경쟁사는 여러 가지의 강점과 약점을 보유하고 있는데 기업은 자사의 평가와 여러 경쟁사의 평가를 토대로 현재의 위치뿐만 아니라 앞으로 공략해야 할 전략적 위치를 선정할 수 있다.

Aaker(2013)는 경쟁사 분석에 앞서 기업이 활동하고자 하는 산업에서 요구되는 자산과 역량이 우선적으로 확인이 되어야 한다고 주장한다. 이를 파악하려면 아래에 열거된 문항에 답할 수 있어야 한다.

- 성공한 사업의 성공요인은 무엇인가?
- 실패한 사업의 실패요인은 무엇인가?
- 고객들의 핵심 구매동기는 무엇인가?
- 원가의 주요 구성요인은 무엇인가?
- 가치사슬에서 경쟁우위를 창출하는 구성요인은 무엇인가?

우선 기업의 성과는 그 기업이 종사하는 산업에 대두되는 주요 자산과 역량에 의해 이루어지므로 성공한 경쟁사뿐만 아니라 실패한 경쟁사 관련 자산과 역량의 확인이 중요해진다. 성공한 경쟁사들이 여러 가지의 차별적 자산과 역량으로 인하여 지속적 경쟁우위(sustainable competitive advantage)를 창출하고 있다면 다른 회사들은 이러한 자산과 역량의 구현이 급선무가 된다. 예를 들어 음료산업에서는 제품을 전국적으로 배급할 수 있는 물류와 운송 시스템이 핵심자산과 역량인데 아무리 신규 업체가 브랜드 파워가 있어도 이러한 기반 없이 장기적으로 성공하기 힘들다. 반대로 실패한 경쟁사의 경우를 참고하는 것이 유익할 수 있는데 경쟁사의 실패한 경위를 분석함에 따라 기업은 어떠한 자산과 역량을 갖춰야 하는지 확인할 수 있다.

고객들의 주요 구매동기를 토대로 기업은 어떠한 자산과 역량이 가치구현 시스템(value delivery system)으로 요구되는지 분석할 수 있다. 스마트 기술이 확대되면서 과거에는 이동통신에서만 중시됐다면 이제는 운동기구, 가구 그리고 특히 TV에서 많이 활용되고 있다. 따라서 TV에서 케이블의 망도 중요하지만, 인터넷과의 연결과 인터넷의 네트워크 사용 편의성이 하드웨어의 차별성과 비롯하여 중요한 변수가 될 것이다. 이러한 자산과 역량이 없는 기업이라면 기존 전략에 대한 소비자 가치를 향상하거나 소비자의 인식을 바꿔야 한다. 또한, 극장 업체는 주문형 비디오 즉 VOD 또는 봉준호 감독과 Netflix 공동 제작인 옥자와 같은 TV 스트리밍을 위한 제작 영화의 등장으로 인해 큰 타격을 받고 있는데, 영화를 내려받아 보는 소비자들을 극장으로 이끌기 위해서 가격 인하뿐만 아니라 극장을 단순히 영화를 보는 곳이 아닌, 문화공간으로 인식시켜 소비자의 호감을 살 수 있도록 하는 등 다양한 서비스를 시도하여야 한다.

경쟁사들의 제품과 서비스의 여러 원가는 특정 자산과 역량에 의해 좌우된다. 특히 원가우위를 추구하는 기업이라면 원가비중이 큰 부분에 대해서 원가절감 노력을 기울일 수 있는데 이를 위해서는 기존 자산과 역량의 강화 또는 새로운 자산과 역량이 부가될 수 있다. 예를 들어 물류비가 과다해 경쟁력이 떨어지는 회사라면 생산 혹은 창고를 다원화해서 경쟁력을 강화시킬 수 있다. 경쟁사의 원가를 구체적으로 측정하는 유용한 방법이 Cooper와 Kaplan(1985)이 주장하는 활동 위주의 원가회계 방법(activity based costing: ABC)이다. 많은 원가회계는 여러 활동을 사업부별로 구분하지 않고 통합적으로만 측정을 하는데 이 때문에 각 사업부 활동의 원가가 과소 혹은 과대평가될 수 있으나 ABC 방법은 보다 정확한 원가할당을 가능하게 한다.

이와 관련된 개념이 Porter의 잘 알려진 가치사슬모형이다. 여기서는 기업의 가치부가를 여러 일차가치와 지원가치 활동으로 분류를 한다. 기업은 여러 활동이 원가만으로 나타나는 것이 아니라 가치를 부가한다는 점을 필히 인식해야 한다. 원가가 아무리 높아도 이보다 훨씬 많은 가치를 부가하는 활동에 관련된 자산과 역량은 중시되어야 한다. 예컨대 CRM 시스템에 수반되는 투자와 운영비용은 시스템 도입 초반에는 비싸게 느껴질 수 있으나 장기적으로 우수고객 발굴을 가능케 하여 보다 높은 가치를 부가할 수 있다. 유수 컨설팅회사들은 상세한 원가분석을 ABC가 가능하게 하듯이 여러 활동 위주의 가치분석(value analysis)을 측정하는 모델을 자사와 경쟁사에 대해 적용한다.

• SECTION 08 • 자사와 경쟁사 비교평가 상세항목

Aaker(2013)는 자산과 역량을 비롯하여 특정 산업에 대두되는 보다 상세한 경쟁사 항목에 대하여 분석이 있어야 한다고 주장한다. 산업마다 그 항목이 추가 혹은 좁혀질 수 있으나 대개 <표 3-2>에 나와 있는 사항들이 고려될 수 있다.

<표 3-2>를 보면 크게 6가지의 카테고리가 있다. 첫째 카테고리는 혁신으로 이는 변화가 심한 산업일수록 중요한 경쟁의 기반이 될 수 있다. 혁신 분야 안에

표 3-2		경쟁사 분석 상세항목
혁신관련 항목	**제조관련 항목**	**재무 및 자본력관련 항목**
연구개발 기　술 신제품 개발능력 특허출원	원가구조 장　비 원자재의 납품능력 수직적 계열화 노동력의 태도와 동기부여 제　조	운영 자본력 단기자산 자본력 부채사용 자본력 증자사용 자본력 모회사 자본력
경영관련 항목	**마케팅관련 항목**	**고객기반관련 항목**
최고경영자 수준 중간경영자 및 　운영시스템의 수준 이 직 률 전략적 의사결정 수준	제품 품질 제품라인의 넓이 및 시스템 능력 브 랜 드 유　통 소매점과의 관계 광고/판매촉진 능력 영 업 력 서 비 스 고객욕구의 지식	주요 세그먼트의 크기와 　성장률 고객의 애호도

있는 세부항목들은 아주 다양한데 앞서 본 정형전략, 즉 차별화, 원가우위, 혹은 집중전략을 추구하는 데 혁신 경쟁력은 도움을 주게 된다. 예를 들어 차별화전략을 펼치는 기업은 지속적으로 소비자의 변화에 부응할 수 있도록 제품수정 또는 신제품 개발능력을 갖추어야 한다. 둘째 카테고리는 제조관련 항목들인데 이는 원가우위를 추구하는 기업일수록 중요한 평가사항이 된다. 제조에 관련된 세부항목들은 제조의 다양한 측면의 분석을 요구한다. 특히 통합품질경영에서 주장하듯이 일부 제조에 국한된 지협적 원가의 계산뿐만 아니라 통합적 원가의 계산이 관건이다. 셋째 카테고리는 재무관련 사항들로 이는 단기 또는 장기적으로 자금조달을 할 수 있는 기업의 능력을 말한다. 재무관련 세부항목들은 무엇보다 자금조달의 원천이 얼마만큼 다양한지 그 경쟁력을 측정한다. 현업의 수익성이 기본적인 원천이 되겠지만 이 외에도 내부적으로 또는 외부적으로 자금이 조달될 수 있는 만큼 그 사업부는 여러 가지의 향후 다양한 전략이 가능해진다. 이처럼 사업부의 전략적 이동성은 자금여력에 따라 많이 좌우된다. 넷째 카테고리는 경영관련 항목들인데 이는 일반 경영의 다양한 측면을 의미하고 사업부가 많은 기업일수록 중요한 경쟁분야로 떠오른다. 세부항목들은 하나하나가 중요할 뿐만 아니라 다 합쳐져 타사가 모방하기 힘든 경영의 하부구조로 형성이 된다. 다섯째 카테고리는 마케팅관련 항목들인데 이는 차별화전략을 추구하는 기업일

수록 중요한 경쟁력의 기반이 된다. 여기 속한 세부항목들은 주요 마케팅믹스의 여러 특징을 반영하는 데 차별화의 방법은 반드시 제품만으로 구현하는 것이 아니라 다른 마케팅전략으로도 구현이 가능하다. 끝으로 여섯째 카테고리는 고객 기반관련 항목들인데 이는 고객과의 관계를 정량 그리고 정성적으로 평가하는 것이다.

Aaker는 경쟁사와 자사의 평가를 토대로 경쟁력 틀(competitive grid)에 의한 분석을 해야 한다고 주장한다. 이러한 틀의 이점은 크게 세 가지라고 볼 수 있는데 첫째 이점은 포지셔닝 분석처럼 여러 자사와 경쟁사의 상대적 위치를 한눈에 파악할 수 있다는 것이다. 즉 경쟁력은 절대보다는 상대적 개념이므로 절대수준에서 잘할 경우 방심할 수 있는 위험을 모면한다. 둘째, 이러한 각 산업별로 요구되는 자산과 역량을 서열화함으로써 자사뿐만 아니라 타사의 자원배분이 적합한지 평가할 수 있다. 즉 중요한 자산과 역량에 있어서 자사는 총력을 펼쳐야 하고 가급적 경쟁적 우위를 지녀야 하는데, 이러한 자산이나 역량에 대해서는 경쟁력이 떨어지면서 중요하지 않은 자산이나 역량에 대해 신경을 쓰고 있는 상황이라면 이 회사는 전략적 위치가 매우 심각한 것이다. 셋째, 기업이 자체 자원을 효율적으로 배분하기 위해서 여러 사업부에 대해 이러한 틀로 분석을 하는 것은 사업부의 상대적인 대외 경쟁력을 평가할 수 있을 뿐만 아니라 사업부 간에 공유할 수 있는 경쟁의 원천을 발굴하여 상호상승 효과, 즉 기업의 시너지(Synergy) 효과를 강화할 수 있게 한다.

• SECTION 09 • 경쟁 첩보

경쟁 첩보(competitive intelligence)란 경쟁자에 관련된 주요 정보를 여러 공식 원천을 통하여 물색하는 작업을 의미한다(Jain and Haley, 2009). 이러한 정보는 시장 조사의 일환으로 많이 수집하게 되는데 경쟁 분석에 사용되면 매우 유용할 수 있다. 경쟁 첩보는 여러 형태를 나타내고 있는데 크게 세 가지로 분류할 수 있다: ① 방어적 첩보, 이러한 정보는 기업이 지켜야 하는 요소들에 대해서 경쟁자들의 행보를 모니터하는 행위를 의미함. ② 수동적 첩보, 이러한 정보는 정기적으로 수집하는 정보가 아니고 일시 관심사에 의해 확인하는 사항들을 뜻함. ③

표 3-3			경쟁 첩보의 원천
	일 반	업계 전문가	정 부	투 자 자

	일 반	업계 전문가	정 부	투 자 자
경쟁사관련 자체 발표	• 광고 • 간행물 • 홍보물 • 책 • 기사 • 인사이동 • 구인광고	• 매뉴얼 • 기술 보고서 • 라이선스 • 특허출연 • 강의 • 세미나	• 금융보고 • 법정발언 • 소송발언	• 총회 • 연보고서 • 투자설명회 • 증자
경쟁사관련 외부 자료	• 책 • 기사 • 사례연구 • 컨설턴트 • 신문기자 • 환경단체 • 소비자단체 • 채용회사	• 납품업자 • 업계 신문 • 산업 보고서 • 고객 • 하청업체	• 소송 • 정부	• 애너리스트 보고서 • 산업분석 • 신용평가

공격적 첩보, 이는 새로운 기회를 발굴하기 위해 수집하는 경쟁자들의 정보들이다. 기업은 이 세 가지의 첩보를 다 수집할 필요가 있지만 시장의 변화가 두드러지는 상황에서는 공격적 첩보 능력의 활성화가 대두된다.

경쟁 첩보의 원천은 <표 3-3>에서 볼 수 있듯이 다양한데 여기서 주목할 수 있는 점은 경쟁 첩보의 상당 부분이 경쟁사 자체로부터 생성된다는 사실이다. 즉 경쟁사들이 여러 내부 필요에 의해 많은 자료를 제공하고 있기 때문에 그러한 정보를 취합해서 경쟁의 향방이 예측될 수 있다. 하지만 대외적으로 공개한 경쟁사들의 자체 자료는 회사의 모든 의도를 다 보여주지 않을 뿐만 아니라 일부 자료는 오도성도 있으므로 기업이 타사의 "전략 스토리"를 만들 때 외부 자료로 이를 반드시 검증해야 한다.

요약 및 복습

경쟁과 산업분석은 전략의 환경을 이해하는 데에 있어서 가장 우선적으로 이루어져야 하는 사항이다. 다만 여기서 보았듯이 경쟁과 산업의 범위가 넓기 때문에 우리는 두 가지의 개념을 명확히 규명해야 한다. 그래야만 기업은 전략에서 중요한 떠오르는 이슈들인 "우리의 시장은 무엇인가, 우리의 고객은 누구인가, 그리고 우리의 진정한 라이벌은 누구인가" 같은 질문에 정확히 대답할 수 있을 것이다. 경쟁은 보이는 곳에만 있는 것이 아니며 보이는 경쟁자는 사실상 협경 개념에서 우리가 배웠듯이 우호세력이 될 수 있으므로 기업은 경쟁에 대해서 신축적인 사고를 가져야 한다. 기업은 이러한 경쟁과 산업의 정립을 토대로 거시와 미시차원에서 다각적인 분석을 실시해야 한다.

생각해 볼 문제

01 경쟁분석과 산업분석의 공통점과 차이점을 생각해 보시오.

02 Porter의 5요인모형과 협경모형의 공통점과 차이점을 생각해 보시오.

03 제품의 수명주기는 경쟁전략에 어떠한 영향을 미치는지 생각해 보시오.

· 김현진 · 이승윤 (2017), "어? 이 신발은 우리 취향을 잘 알아, 10대와 소통한 휠라의 '화려한 부활'," 동아비즈니스리뷰, 234(1). Retrieved from http://dbr.donga.com/article/view/1901/article_no/8324.

· 박태희 (2017), "아이폰X 얼굴 · 두뇌 다 삼성 부품 … 애플이 도시바 노린 배경" 중앙일보, Retrieved from http://news.joins.com/article/21985945#none.

· 양지혜 (2017), "한샘 옆에 이케아… 고양시 뜨거운 가구大戰," 조선일보, Retrieved from http://srchdb1.chosun.com/pdf/i_service/pdf_ReadBody.jsp?Y=2017&M=10&D=12&ID=2017101200156.

· 박수현 (2017), "차로 10분 거리' 한샘 vs 이케아…홈퍼니싱 고양 大戰," 조선비즈, Retrieved from http://biz.chosun.com/site/data/html_dir/2017/10/17/2017101702634.html.

· 장대련 · 이권수 · 박세범 (1996),"다속성 모형을 이용한 제품군 다이나믹스에 관한 연구," 「연세경영연구」, 가을호, pp.163-180.

· Aaker, David A (2013), "*Strategic Market Management, 10th ed.*," New York, NY: John Wiley.

· Brandenburger, Adam M. and Barry J. Nalebuff (1996), "*Coopetition*," New York, NY: Doubleday.

· Carney, Michael, Eric R. Gedajlovic, Pursey P. M. A. R. Heugens, Marc Van Essen and J. (Hans) Van Oosterhout (2011), "Business Group Affiliation, Performance, Context, and Strategy: A Meta-analysis," *Strategic Management Journal*, Vol. 54(3).

· Cooper, R. and R. S. Kaplan(1985), "Measure Costs Right: Make the Right Decisions," *Harvard Business Review*, Vol. 66, No. 5, pp. 96-103.

· Jain, Subhash C. and George T. Haley (2009), "*Strategic Marketing*," New York: Cengage.

· Khan, Amina (2013), "Scientists uncover a secret to cockroaches' adaptability," http://articles.latimes.com/2013/may/24/science/la-sci-cockroaches-sugar-20130524.

· Kim, Namwoon, Dae Ryun Chang, and Allan D. Shocker (2000), "Modeling Intercategory and Generational Dynamics for a Growing Information Technology Industry," *Management Science*, Vol. 46, No. 4, pp. 496-512.

· Kotler, P., & Caslione, J. A (2009). "*Chaotics: the business of managing and marketing in the age of turbulence*," AMACOM Div American Mgmt Assn.

· Mascarenhas, B(1989), "Strategic Group Dynamics," *Academy of Management Journal*, Vol. 32, No. 2, pp. 333-352.

· Miles, R. E. and C. C. Show (1978), "*Organizational Strategy, Structure and Process*," New York, NY: McGrawHill.

· Phillips, Lynn W., Dae Ryun Chang, and Robert D. Buzzell (1983), "Product Quality, Cost Position, and Business Performance: A test of Some Key Hypotheses," *Journal of Marketing*, Vol. 47, No. 2, pp. 26-43.

· Porter, Micheal (1979), "How Competitive Forces Shape Strategy," *Harvard Business Review*, Vol. 57, No. 2, pp. 137-145.

· Porter, Micheal (1980), "*Competitive Strategy*," New York, NY: The Free Press.

· Walker, Orville C., Harper Boyd, Jr., John Mullins, and Jean-Claude Larreche (2003), "*Marketing Strategy: A Decision-Focused Approach*," New York, NY: McGraw-Hill, Irwin.

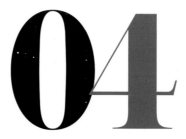

CHAPTER

04

SWOT 분석에
의한 전략수립

其用戰也貴勝, 久則頓兵挫銳. 故兵聞拙速, 未覩巧之久也.
[기용전야귀승, 구즉둔병좌예. 고병문졸속, 미도교지구야.]

"전쟁에 임해서는 빠른 승리를 이끌어 낼 수 있는 방법을 찾아야 한다. 전쟁이 지속될수록 병사들은 둔해져서 그 예리함을 잃기 때문이다. 군사를 부림에 있어서 졸속(서둘러서 일을 그르침)은 있었으되, 질질 끌어서 성공한 전술은 보지 못했다.

손자병법 작전편[作戰篇]

코카콜라는 뉴 코크(New Coke)를 출시하기에 앞서 20만 명이 넘는 소비자들을 대상으로 엄밀한 블라인드 테스트를 시행하였다. 소비자들이 기존의 코카콜라나 펩시콜라 맛보다 더욱 선호되는 맛을 찾아내기 위함이었다. 그러나 뉴 코크는 소비자들의 거센 반발에 직면하여 결국 퇴출되는 실패를 겪게 된다. 소비자들은 코카콜라를 마시는 그 자체를 즐거워하는 것이지 맛에 집착하지는 않는다는 것을 간과한 결과이다. 결국 코카콜라는 기존의 콜라를 코카콜라 클래식(classic)이라는 이름으로 재출시하게 되었지만, 20년이 흐른 지금도 뉴 코크로 인해서 상실한 시장점유율을 회복하지 못하고 있다.

하나의 제품이 개발되어 상품화되고, 이것이 다시 성공할 확률은 5%에도 미치지 못한다. 일관된 전략을 취하여도 성공할 확률이 5%에 미치지 못하는데, 한 번 수립한 마케팅전략을 거듭 수정하거나 번복할 경우, 그 확률은 더 낮아지고 동시에 더 많은 시간과 비용이 들게 된다. 마케팅의 전략은 일관성이 있어야 한다. 그것이 시간과 비용을 줄이는 길이며, 성공으로 가는 가장 빠른 지름길이다.

Leading CASE

PAVV LED

TV는 기본적으로 화질을 개선하기 위한 기술발전을 거듭하였으며, 그 결과 TV는 PDP, LCD를 거쳐 현재 LED TV까지 진화하였다. 빛의 화질이라 불리는 LED TV는 이러한 기술로 현존하는 방식 중 현장감을 그대로 생생하게 전달할 수 있는 가장 선명한 화질을 구현하고 있다. 뿐만 아니라 사회적으로 친환경적이고, 전력소비가 효율적인 LED산업의 성장이 전반적으로 가속화됨에 따라 TV분야에서도 LED의 성장이 지속될 것으로 전망된다.

PAVV LED TV는 디지털 TV 시장의 1위 자리를 지켜낼 삼성전자의 야심작으로, 2009년 3월 국내에 출시되었다. LED TV는 빛을 내는 반도체로 불리는 LED(발광다이오드)를 광원으로 사용하여 빛의 화질을 구현한다. 2009년도에 전세계적으로 LED TV가 3.8백만 대가 판매가 되었으며, 그 중에서 삼성전자가 52%의 시장점유율을 보이며 LED TV시장을 선도하였다. 이러한 LED TV의 성공은 초기에 LED TV 시장 자체를 부인하던 LG, SONY 등 기존의 TV 경쟁기업들 역시 LED 시장에 뛰어들게 하였다. 하지만 치열한 경쟁사들의 추격에 LED TV 시장은 새로운 전환기를 맞이하고 있다는 점을 주목할 수 있다. LED TV는 제품수명주기(PLC)상 도입기를 지나 성장기에 접어들어 경쟁이 치열해지고 있으며, 기술에 있어서도 평준화되었다고 말할 수 있다.

초기 삼성이 LED TV 시장을 석권할 수 있었던 비결은 삼성전자가 TV 시장의 주력이 디지털 TV로 바뀌는 변화 추세를 가장 먼저 감지하고 이 분야에 대규모 투자를 단행하여 세계최고 수준의 원천기술을 확보한 데서 찾을 수 있는 것이다. 현재 제품이 나오기 전까지 삼성전자는 천문학적 금액인 500억 원의 연구개발비와 10년간의 개발기간, 6,000명의 연구원을 투입하는 등 디지털 TV 개발에 총력을 기울였다. 덕분에 디지털 TV 부문에서 외국 경쟁업체에 비해 개발 및 생산 등 모든 면에서 3~6개월 정도 앞서게 되었고 현재 LED 시장을 초기에 선점하여 선두주자로서 자리매김할 수 있었다. 하지만 시간이 지나면서 고유한 기술이라고 여겨졌던 LED 기술력을 경쟁업체들이 대부분 따라잡았으며 특히 가장 강력한 라이벌인 LG는 삼성의 기술방식과는 다른 새로운 방식으로 더 뛰어난 화질을 구사하고 있다.

삼성은 기술력 외에도 안정적 원료조달, 유통, 디자인, 브랜드 측면에서 강점을 보이고 있다. 칩을 제작하는 것이 쉽지 않은 LED TV 시장에서 원료조달이 원활하다는 것은 분명한 강점이다. 또한, 전국의 삼성전자 대리점을 중심으로, 백화점, 홈쇼핑뿐 아니라 인터넷까지 커다란 유통망을 가지고 있다. 그리고 기능과 얇기, 무게, 외관 등 디자인 면에서 강점을 보이는 삼성의 입장에서는 소비자들이 전자제품 선택 시 화질과 디자인을 중요한 구매요소로 꼽는다는 것도 기회가 될 수 있다. 이는 휴대가 가능한 전자제품뿐만 아니라 집안 내에서 TV가 하나의 인테리어 요소로 작용하고 있기 때문이다. 하지만 이러한 강점들도 진입장벽이 높은 TV 시장에서 기존 강력한 경쟁업체들이 따라잡을 수 있는 요소들이다. 게다가 PAVV LED TV는 경쟁업체보다 고

세계 '2,500달러 이상 TV'
시장점유율 단위: %

	2015년	2016년
		23.40
삼성전자	54.70	24.60
소니	14.30	40.80
LG전자	21.30	

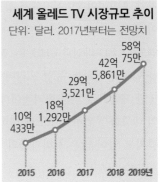

세계 올레드 TV 시장규모 추이
단위: 달러. 2017년부터는 전망치

2015	2016	2017	2018	2019년
10억 433만	18억 1,292만	29억 3,521만	42억 5,861만	58억 75만

〈출처: IHS〉

가라는 점에서 약점을 가지고 있다.

그렇다면 이와 같은 상황에서 삼성전자가 취할 수 있는 전략은 무엇이 있을까?

SWOT을 통하여 보면 우선 앞으로도 성장이 예측되는 LED 제품에 집중하여 브랜드를 강화하는 O/S 전략이 있으며, 제품계열로 확장하거나, 따라잡힌 기술력보다 높은 차원의 신제품을 개발하는 T/S전략, 높은 가격의 제품의 판매 증대를 위해 판매접점의 유통채널을 강화하는 O/W전략, 마지막으로 현상유지의 T/W전략이 있다.

삼성은 영화에서 시작해 카메라, 노트북에까지 이용되는 3D기술을 접목하여 3D LCD TV와 3D LED TV라는 새로운 제품라인을 통해 디지털TV의 1인자 자리를 고수하였다. 2015년, 2016년과 비교해보면 삼성이 새로운 SWOT전략이 필요할 것으로 보여 진다. 2015년 삼성전자가 QLED TV 제품을 통하여 이전 PAVV가 갖고 있던 프리미엄 TV시장에서 54.7%의 시장점유율을 차지하며 강력한 입지를 유지하였으나, 2016년 들어오면서 LG전자가 시장점유율 40.8%를 차지하면서 프리미엄 TV시장에서 1위 자리를 탈환했다. 이와 같이, LG전

표 4A ──── PAVV LED의 SWOT Matrix

강점(Strength)	약점(Weakness)
기술력, 안정적 원료조달, 유통, 디자인, 브랜드	높은 가격
기회요인(Oppourtunity)	위협요인(Threat)
LED산업의 성장 화질과 디자인에 대한 소비자의 높은 선호도	경쟁업체들의 시장진입

표 4B ──── PAVV LED의 SWOT 분석에 의한 전략

	기회요인 (Oppourtunity)	위협요인 (Threat)
강점 (Strength)	〈O/S 전략〉 LED 제품 집중 및 브랜드 강화	〈T/S 전략〉 제품계열확장 및 신제품 개발
약점 (Weakness)	〈O/W 전략〉 유통채널강화로 판매 증대	〈T/W 전략〉 현상유지 전략

자가 프리미엄 TV 시장에서 성공한 데는 OLED TV 덕이 크다. LG전자는 한 대에 1000만 원을 호가하는 하이엔드 OLED 라인과 UHD TV 라인 등의 프리미엄 제품을 함께 공략하는 '듀얼 프리미엄 전략'을 펼치고 있다. 또한 제품가격 역시 합리적이다. LG전자는 OLED TV의 대중화를 위하여 고스펙 대비 합리적인 가격 전략을 펼치고 있어 많은 소비자들의 구매가 LG전자 쪽으로 기울었다. 이를 비추어 볼 때, 삼성전자는 당시 SWOT 전략을 재고하여야 한다. 삼성전자는 이에 대한 해결방안을 찾는 동시에, 존재감을 회복해야 하는 쉽지 않은 과제를 새로운 SWOT전략을 통하여 해결해야 할 것이다.

〈출처: 동아닷컴, 2017년 5월 2일
"세계 시장 점유율 41% … 프리미엄 TV, 황금알"〉

CHAPTER 04

SWOT 분석에 의한 전략수립

• SECTION 01 • SWOT 분석의 중요성

상황분석은 전략을 수립하는 데 있어서 매우 중요한 기초가 되는 부분이다. 상황분석을 전략적으로 접근하기 위해서 개발된 도구가 SWOT 분석이다. 주어진 상황을 전략적인 시각으로 분석하여 기회와 위협의 요인들을 도출하고, 이렇게 도출된 기회와 위협을 자사의 강점을 통하여 활용하고 자사의 약점을 보완하거나 회피할 수 있도록 전략의 방향과 세부전술을 수립함을 목적으로 한다. SWOT 분석은 기업의 외부환경과 내부환경 중 중요한 요인들을 바탕으로 전략수립을 가능케 하는 분석도구로서 특별히 복잡한 작업이나 계량화 작업 없이도 기존에 수행한 상황분석만으로 전략을 수립할 수 있다는 실용성 때문에 널리 사용된다. 따라서 본장에서는 SWOT 분석을 통해 시장상황에 적합한 역동적인 전략을 수립하는 방법을 알아보고자 한다.

한 기업은 자사가 처해 있는 상황을 면밀히 파악함으로써 전략에 대한 큰 밑그림을 그릴 수 있는데, 이를 위해서는 흔히 파악된 상황분석을 바탕으로 SWOT Matrix를 작성하게 된다. 저명한 마케팅 학자인 Kotler 교수는 SWOT 분석을 한 기업의 강점과 약점, 기회요인과 위협요인들에 대한 전체적인 평가라고 정의하고 있다.

결국 SWOT 분석이란, 내부적으로는 자사가 보유하고 있는 강점(Strength)

그림 4-1 ─────────────── SWOT 분석에 의한 전략수립 단계

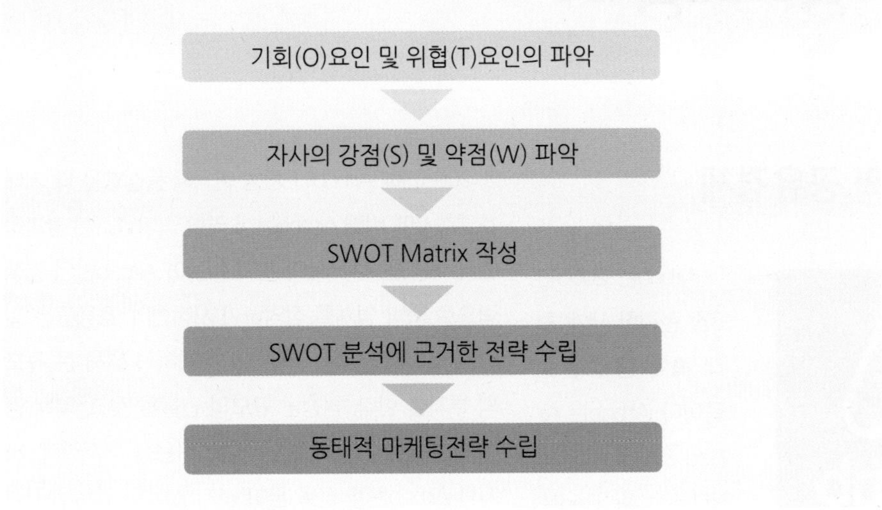

기회(O)요인 및 위협(T)요인의 파악

▼

자사의 강점(S) 및 약점(W) 파악

▼

SWOT Matrix 작성

▼

SWOT 분석에 근거한 전략 수립

▼

동태적 마케팅전략 수립

과 약점(Weakness), 외부적으로는 시장에 있어서의 기회요인(Opportunity)과 위협요인(Threat)을 한눈에 보기 쉽게 도표화한 것이며, 이렇게 작성된 SWOT Matrix를 바탕으로 위와 같은 여러 가지 요인들을 분석함으로써 자사가 시장의 경쟁에서 이기기 위한 전략을 도출하는 과정이라고 할 수 있다.

　본장에서는 앞에서 배웠던 전략적 상황분석을 토대로 어떻게 SWOT 분석을 하고 이를 바탕으로 하여 어떻게 마케팅전략을 수립하는지에 대하여 알아본다.

　SWOT 분석의 체계는 <그림 4-1>에 제시되어 있는 다섯 단계를 따른다.

• SECTION 02 • 위협 및 기회요인의 파악

　SWOT 분석의 첫 번째 단계는 시장분석과 고객분석을 통하여 자사가 처해 있는 시장환경에 있어서의 기회요인과 위협요인을 파악하는 것이다. 또한, 경쟁사가 처해있는 상황과 경쟁사의 실행가능한 전략 등을 토대로 미래의 시장기회와 위협요인을 파악할 수도 있다. 이 단계에서 반드시 잊지 말아야 할 점은 어떤 상황에서도 시장환경을 객관적이고 구체적으로 분석해야 한다는 점이다. 예를

Highlight 1

Airbnb와 공유경제

Airbnb는 2008년 8월 런칭한 세계 최대 숙박 공유 플랫폼이다. Airbnb는 Air Bed & Breakfast의 약자로, Air Bed는 바람을 넣어 사용하는 침대를 뜻하고, Bed & Breakfast는 침대와 아침식사를 뜻한다. Airbnb는 세 명의 청년이 창업하였고, 미국의 캘리포니아주 샌프란시스코에 본사를 두고 있다. Airbnb는 웹사이트 및 어플리케이션을 통해 전 세계 사람들을 연결하는 온라인 및 모바일 신뢰 기반 커뮤니티가 중심이다. 자신의 방, 집 또는 별장 등 사람들이 숙박 가능한 모든 공간이 임대된다. 2013년 기준, 192개국 3만 4,800개의 숙박을 중개하며, 2초당 예약이 한 건씩 이루어진다.

Airbnb는 창업한지 3년 후, 2011년에 세계 최대 호텔인 힐튼(Hilton)을 객실 수에서 앞섰다. 2015년 월스트리트 저널에서 분석한 'Airbnb와 주요 호텔의 기업가치 (단위:달러)'를 보면, 힐튼은 219억, Airbnb는 200억, Marriot는 159억, Hayatt는 84억으로 Marriot와 Hayatt를 제쳤다. 게다가, 최근 한국에서의 인기몰이가 시작되며 Airbnb에 올라온 한국지역 투숙 예약이 전년 대비 858% 증가하였다. Airbnb의 최고 경영자는 Airbnb의 성공비결로 값싼 숙박을 원하는 여행자와 사용하지 않는 공간을 통해 소득을 올리고 싶어하는 집주인을 연결하여 이 둘의 요구를 동시에 해결해 준 데에 있다고 했다.

2008년에 Aribnb가 처음 미국에 등장했을 때 거대 호텔회사에 비해 Airbnb는 초라한 숙박업소에 불과하였다. 하지만 투자자의 힘과 더불어 Airbnb만의 경쟁력으로 숙박 업계를 장악하기 시작한다. 호텔들은 일반적으로 시스템을 구축하고 유지하기 위해 큰 규모의 투자를 한다. 엄청난 규모의 건물을 짓고, 몇백 명의 직원들을 채용하는 등 많은 비용을 투자한다. 하지만 Airbnb는 건물을 굳이 짓지 않아도 되는 공간적 제약이 없는 숙박 공유 서비스 업체라는 장점을 통해 새로운 시장을 구축하였다. Airbnb는 또한, 지역주민과 경험과 라이프스타일을 공유할 수 있는 기회를 줌으로써 방문객과 호스트에게 추가적인 이익을 제시한다. 호스트는 약간의 돈을 벌면서 자신의 집을 공유하고, 세계의 여러 나라 사람들을 만나게 된다. 또한, 방문객은 많은 나라에 살면서 다른 비싼 호텔이나 콘도에서 머무르는 비용을 줄일 수 있다. 예를 들어, 브라질 Rio에 머무르는 비용은 일반 호텔에서 머무르는 비용의 10배에서 12배 가까이 싸다. 또한, 브라질 Rio에 머무르는 현지인과 대화를 통해 그 지역 생활에 대한 조언과 라이프 스타일을 경험의 기회를 제시한다. Airbnb는 집주인에 대한 보증을 하고 있어, 투숙객들이 안심하고 머무를 수 있는 제도를 구축하였다. Airbnb는 예약 건당 백만 달러의 보험 커버리지를 제공하고 있다. 게다가, 모바일 유저에게 매우 쉬운 방법으로 예약할 수 있도록 도우며, 시각적으로 매력적인 웹사이트 및 어플리케이션을 제공함으로써 고객지향적인 고객 서비스를 제공한다. 이러한 공유경제를 통한 이익은 단순히 여행자와 호스트뿐만 아니라, 이에 투자하는 투자자들에게도 이익을 제공하며 늘어난 이익은 눈덩이처럼 불어나고 있으며, Airbnb는 미래 생활양식 변화에 중요한 역할을 수

행하는 강력한 글로벌 브랜드로 인식되고 있다. 예를 들어, Airbnb는 여행사, 항공회사, 자동차 렌탈회사 및 여행 보험 회사와의 제휴를 통해 더욱더 이익을 극대화한다.

반면, Airbnb가 많은 강점과 기회를 가지고 있다면 약점과 위협 역시 도사리고 있다. Airbnb의 가장 큰 약점은 기업 이미지가 게스트의 평가로 의해 크게 작용한다는 것이다. 게스트의 신뢰를 얻지 못한다면 실패할 가능성이 크다. 그리고 최근 Airbnb의 시스템을 악용한 변종 호텔 등 불법적으로 운영하는 호스트가 등장하는 문제점과 게스트들이 No-show(나타나지 않음)로 인한 손해가 발생한 사례가 늘고 있으나 이에 대한 명확한 해결책이 없다는 점이 약점으로 평가될 수 있다. 유명 호텔 회사와 같이 유형 자산으로 회사를 운영하는 것이 아닌 만큼 Airbnb는 후발주자에 의하여 잠식당할 위협이 항상 존재하고 있다.

그리고 이용자(게스트&호스트)들의 개인정보를 많이 공개하도록 하는 시스템으로 운영하고 있어 개인정보가 유출되면 큰 문제를 야기할 수 있다. 이러한 문제를 해결하기 위해 Airbnb는 고객서비스 콜센터를 24시간 운영하고 있으며, 이에 따른 비용이 점점 늘어나고 있다.

강점(Strength)	약점(Weakness)
• 지역 주민과 경험 및 라이프스타일 공유 • 집주인과 이용객에 대한 안전 보장 • 서비스 이용료와 비즈니스 모델을 통한 수익구조 • 좋은 브랜드 인식 및 트렌디한 이미지	• 호스트의 법규제 위반에 따른 리스크 • 공유경제에 대한 시민들의 인지도 부족 • 집주인의 서비스 및 집 상태에 의존한 서비스 • 개인정보 유출
기회요인(Opportunity)	위협요인(Threat)
• 공유경제 비즈니스 기업 성장 • 모바일 시장의 성장을 통한 공유경제 인프라 확충 • 여행을 즐기는 새로운 생활양식 대두 • 자선단체에 대한 지원을 통한 좋은 인식	• 법률, 제도 등의 규제로 비즈니스 활성화 저해 • 기존 산업(호텔, 숙박업)과의 경쟁 • 고객 서비스에 따른 늘어나는 운영비용 • 늘어나는 값싸고 질좋은 호스텔과 호텔

들면, 1997~98년에 있었던 IMF의 상황은 고금리와 고환율의 환경을 유발함으로써 외국으로부터 부품이나 자재를 수입해 오는 기업에게는 위협요인으로 작용하였지만, 국내에서 제품을 만들어 외국에 수출하는 기업에게는 기회요인으로 작용할 수 있었다. 이렇듯, 동일한 환경에 있지만 각 기업의 사업형태나 특수성에 따라 자사에게 다른 영향을 미칠 수 있기 때문에, 그 영향력을 객관적으로 바라보아야 하는 것이다. 그럼 시장분석과 고객분석을 통하여 어떻게 기회요인과 위협요인을 파악하는지 사례와 함께 알아보자.

1 시장분석(Market analysis)

시장분석에 있어서 가장 먼저 해야 할 일은 시장의 트렌드(trend)를 파악하는 것이다. 트렌드란 시장이 변화하는 추세로서 시장의 크기라든가 시장의 성장률에 큰 영향을 미치기 때문에 트렌드를 파악하는 것은 시장의 기회요인과 위협요인을 파악하는 데 있어서 매우 중요하다고 할 수 있다. 시장의 트렌드는 <그림 4-2>에서 볼 수 있는 것과 같이 다양한 요인에 의해 변화할 수 있다. 사회경제적 상황이나 기술의 발달, 소비자들의 라이프스타일 등은 서로 밀접한 관련을 맺으며 시장에서 새로운 트렌드를 형성할 수도 있고 기존에 있던 트렌드를 없애기도 한다. 이러한 트렌드의 변화는 특정 시장에 있어서 새로운 수요를 창출하거나 새로운 시장을 만들어 내며 시장을 성장시키기도 하고, 기존에 있던 시장을 감소시키거나 없애기도 하면서 시장의 구조를 변화시키는데, 이러한 변화

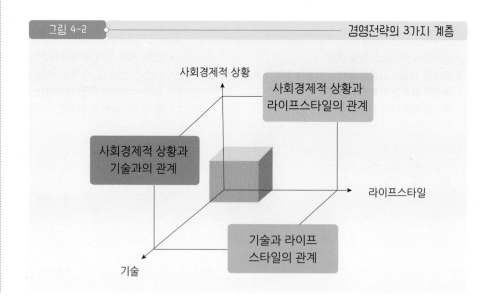

그림 4-2 경영전략의 3가지 계층

| 표 4-1 | M-T UIDO Matrix |

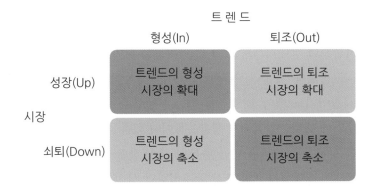

트 렌 드

	형성(In)	퇴조(Out)
성장(Up)	트렌드의 형성 시장의 확대	트렌드의 퇴조 시장의 확대
쇠퇴(Down)	트렌드의 형성 시장의 축소	트렌드의 퇴조 시장의 축소

시장

를 쉽게 파악하기 위한 틀로서 <표 4-1>에 나와 있는 M-T UIDO Matrix를 소개하고자 한다. M-T UIDO Matrix란 트렌드의 형성(In)과 퇴조(Out)가 시장의 성장(Up), 쇠퇴(Down)와 어떤 관련이 있는지 나타내는 도표이다.

트렌드 변화와 시장구조의 변화는 기업들에게 새로운 기회요인을 만들어주거나 위협요인을 제공하기도 하는데, 예를 들어 A라는 한 의류기업이 최신유행의 검정 티셔츠를 생산하고 있다고 하자. 그런데, 패션의 흐름이 어떤 사회적 요인에 의해 갑자기 검정색에서 붉은색으로 변했다고 한다면, 이 상황은 검정색 티셔츠를 만들기 위해 검정색 원단을 창고에 잔뜩 쌓아둔 A기업에게는 매우 위협적일 것이다. 따라서 기업들은 항상 이러한 트렌드의 변화와 시장의 변화를 수시로 파악하면서 이런 변화가 과연 자사에게 기회요인이 될 것인지 아니면 위협요인이 될 것인지를 파악해야 한다.

삼성전자의 지펠(Zipel, <그림 4-3>)은 1997년 5월 Side-By-Side(양문형) 냉장고 시장에 진입할 당시, 사회경제적 환경의 변화에 따른 트렌드의 변화를 잘 파

| 그림 4-3 | 양문형 냉장고 시장 |

악했던 것으로 유명한 사례이다. 지펠이 국내 브랜드의 불모지였던 대형냉장고 시장에 진입하던 1997년은 1990년대 중반까지 붐을 이루었던 신도시 아파트 단지 조성으로 인하여 서울의 인구가 신도시로 대거 유입되었던 시점이었으며, 이들 중에는 서울보다 상대적으로 값이 싼 아파트를 찾아 이주하는 맞벌이를 하는 젊은 부부들도 많았다. 아울러, 이러한 신도시를 중심으로 대형할인점들이 생겨나고 있던 시점이기도 했다. 맞벌이를 하는 부부들은 주중에는 장을 보지 못하기 때문에 주말에 대형할인점에서 생활용품이나 식품들을 대량으로 구매해야만 했고, 구매한 식품들을 보관할 만큼 충분히 큰 냉장고가 필요하게 되었다. 이런 트렌드의 형성은 대형냉장고의 출시를 준비하던 삼성에게 큰 기회요인으로 작용하였다.

최근에는 IoT 기술을 접목시킨 '패밀리 허브' 기능을 비롯하여 내부 벽면에 금속 소재를 적용한 '메탈 쿨링', 그리고 다양한 수납공간 등의 혁신을 반영한 프리미엄 냉장고 셰프컬렉션 라인을 출시하며, 장기간 보관 시 식품의 수분을 증발시키는 일반 냉장고와는 차별화된 혁신적인 제품으로 고객들의 요구에 부응하였다. 특히 영국 제품 평가 전문 매체인 Trusted Review 평가에서 10점 만점을 획득하며 'Editor's Choice'에 선정되었는데, 해당 매체가 상냉장 하냉동 2도어 냉장고(Bottom Mounted Freezer) 평가에서 10점 만점을 부여한 것은 삼성 '셰프컬렉션'이 처음이다. 음식을 품었다가 문만 열면 아낌없이 내어주는 냉장고는 행복의 원천이라는 슬로건에 걸맞는 '정온냉동' 기술력과 더불어 냉기를 잘 머금는 소재인 풀메탈을 사용하며 디자인 관점에서도 세련되었지만, 신선함을 지켜주는 데 기여하는 성능을 구현해냈다. 가전 브랜드의 본고장인 유럽시장에서의 호평을 바탕으로 삼성은 글로벌 냉장고 시장 리더로서의 경쟁력을 더욱 공고히 하고 있다.

반면, 기술의 발달에 의한 새로운 트렌드의 형성과 그에 따른 시장의 변화를 간과함으로써 어려움에 처한 경우도 있다. 1990년대 중반부터 인터넷 기술이 발달하면서 인터넷을 통해 물건을 매매하는 인터넷 상거래 시스템들이 개발되었다. 1984년 제프 베조스가 시애틀에 설립한 종합 인터넷 쇼핑몰 아마존(Amazon, www.amazon.com)은 이러한 인터넷 상거래 시스템을 이용하여 기존의 유통망보다 저렴한 가격에 제품을 판매하며, 쇼핑몰을 방문한 고객들에게 개별적으로 맞춤화되고 최적화된 서비스를 제공함으로써 많은 고객들을 확보할 수 있었다. 반면, 서적판매 분야에서 경쟁관계에 있던 미국의 대형 서점체인인 반즈앤노블(Barns & Noble, www.barnsandnoble.com)은 이런 온라인 비즈니스를 과소 평가하고 적절한 대응을 하지 않았다. 뒤늦게 온라인 비즈니스의 중요성을 깨닫고 사업에 뛰어들었지만 아마존을 따라잡기에는 격차가 크게 벌어져 있었고, 반즈앤노블은 이를 만회하기 위해 많은 어려움을 겪어야 했다.

2 고객분석(Customer analysis)

상황분석을 위한 고객분석이란 소비자의 욕구(Needs)를 분석하여 이러한 소비자 욕구의 변화를 탐지해 내는 것을 중심으로 한다. 소비자의 욕구는 현재의 소비자 욕구와 잠재적인 소비자 욕구로 구분할 수 있다. 즉, 고객분석은 현재 소비자들이 지각하고 있는 혜택이나 불만족(Current Needs)을 분석하거나, 아니면 현재 지각하고 있지는 못하지만 소비자들의 잠재적인 의식 속에 감추어져 있는 욕구(Potential Needs)를 분석하는 것이라고 할 수 있다. 따라서, 고객분석에서는 이러한 혜택과 불만족으로 나타나는 현재의 욕구와 잠재된 욕구가 무엇인지를 파악하는 것이 그 목표라고 할 수 있다.

기업의 입장에서는 현재 소비자들이 느끼고 있는 욕구뿐만 아니라, 향후 소비자들의 욕구가 어떻게 변화해 나갈 것인지에 대해서도 연구할 필요가 있다. 미래 소비자들의 욕구가 자사에게 유리하게 변화한다고 분석되었다면, 이는 자사에게 기회요인으로 작용할 것이기 때문이다.

특히 최근에는 제품이나 서비스의 기능을 중심으로 형성되던 고객의 욕구들이 점차로 제품이나 서비스의 스타일을 중심으로 하는 미학적 욕구와, 제품이나 서비스의 상징적 의미를 통한 자아정체성(Self Identity)에 대한 상징적 욕구로 변화해 가는 추세가 나타나고 있다. 그러한 욕구의 변화추세를 잘 활용한 예로 삼성전자의 지펠을 들 수 있다.

지펠이 국내 대형냉장고 시장에 성공적으로 출시한 이후 삼성전자는 그동안 지펠을 구매한 고객을 대상으로 조사를 실시하였다. 출시시점에서 상류층을 지펠의 핵심타깃으로 설정했던 삼성전자는 이 조사를 통해 실제로 구매했던 고객들의 계층은 상류층이 아닌 중상류층임을 알아내었다. 삼성전자는 소비자들이 지펠을 구매함으로써 냉장고가 가지고 있는 기능적인 혜택뿐만 아니라 '상류층의 삶'이라는 대형냉장고의 상징성도 함께 구매한다고 판단하여 제품컨셉을 '행복이라는 작품'으로 설정하고 그 타깃을 상류층의 삶을 동경하는 중상류층으로 넓혀 나갔다.

•SECTION 03• 자사의 강약점 파악

SWOT 분석의 두 번째 단계는, 자사가 가지고 있는 강점과 약점을 경쟁사와 비교하고 분석하여 자사가 가지고 있는 상대적인 강점을 향후 시장에서 어떻게 활용할 수 있는지 그리고 자사의 상대적인 약점을 어떻게 보완하거나 방어할 수 있는지를 분석하는 단계이다. 자사의 강점과 약점을 파악하기 위해서는 가치사슬(Value Chain)의 각 단계별로 경쟁사의 활동과 상대적으로 비교하는 방법을 사용한다.

가치사슬을 통해 강약점을 분석하기 위해서는 먼저 누가 우리의 주 경쟁사인지 혹은 어떤 제품이 우리의 주 경쟁제품인가를 파악하는 것이 필요하다. 만약 이 단계를 거치지 않는다면, 비교해야 할 대상이 명확하지 않다는 문제점이 생기게 되고, 향후 전략수립 과정에 있어서도 혼란을 야기할 우려가 있기 때문이다. 경쟁사가 누구인지 파악한 뒤에는 자사의 강점과 약점을 경쟁사와 비교하여 파악한다. 이를 위해서는 가치사슬의 각 단계별로 비교하여 파악하는 것이 좋다. 가치사슬이란 기업의 제품이나 서비스가 어떻게 경영활동의 여러 단계를 거쳐 소비자에게 전달되는지를 파악할 수 있게 해주기 때문에 자사의 어떤 부분이 경쟁사에 비하여 상대적으로 취약한지 알기 쉽게 해준다. 이를 통하여 파악된 자사의 강점은 활용하고 약점은 보완할 수 있는 전략을 수립할 수 있는 것이다.

가치사슬의 단계는 연구개발 → 생산 → 경영관리 → 마케팅 → 고객의 다섯 단계로 나누어서 생각할 수 있다. 이 각 단계별로 자사와 경쟁사의 상대적인 강점과 약점을 비교하기 위한 체크리스트가 <표 4-2>에 제시되어 있다. 이러한 체크리스트는 비교되어야 할 요소들이 누락되는 것을 방지하기 위하여 사전에 항목별로 작성하는데, 각 요소들을 단순히 나열만 한다면 작성한 후에 자사에게 어떤 요소들이 상대적으로 중요한지 알 수 없기 때문에 항목별로 가중치를 두는 것이 좋다. 만약 3개 항목의 강점이 파악되었지만, 1개의 약점이 3개의 강점을 상쇄시키고도 남을 정도로 크다면, 전체적으로는 자사에게 불리한 상황일 것이다. 이것들을 단순히 나열만 해 놓아 그 숫자만 비교한다면, 자사에게 강점이 더 많은 것으로 잘못 해석할 수도 있기 때문에, 항목별 가중치가 필요한 것이다.

지금까지 살펴본 내용과 같이 SWOT 분석은 단지 상황분석에서 그치는 것이 아니라 상황분석의 결과를 전략과 연결시킴으로써 그 의미와 중요성을 갖게

항목 \ 평가	평가					중요도		
	Major Strength	Minor Strength	Neutral	Minor Weakness	Major Weakness	Hi	Med	Low
연구개발								
연구개발 인력의 우수성								
신제품 개발능력								
연구개발 투자								
기 술 력								
특 허 권								
생 산								
원가구조								
생산운영의 유연성								
설비								
생산능력								
경영관리								
경영진의 리더십								
구성원의 자질								
기업문화								
전략적 목표와 계획의 일관성								
마 케 팅								
제품품질								
제품특징과 차별화								
브랜드 인지도								
브랜드 이미지								
유통경로								
광고 및 판촉역량								
판 매 원								
고 객								
규모와 점유율								
고객 애호도								

된다. 그러나 이렇게 SWOT 분석을 통해 전략을 수립하는 데 있어서도 어떤 한 가지의 분석만을 이용한다면, 제대로 된 전략을 만들어 낼 수 없다. 앞서 설명한 사례들을 통해서도 알 수 있듯이 상황분석에 의한 전략의 수립은 시장분석, 고객분석, 자사 및 경쟁사의 분석이 모두 선행되고 이러한 요소들이 체계적으로 고려된 후에야 이루어질 수 있는 것이다. 이와 같이 시장, 고객, 자사 및 경쟁사에 대한 분석들을 체계적으로 정리하고 그 결과를 전략으로 연결시켜주는 것이 바로 SWOT 분석의 역할이다.

Highlight 2

Dell Computer

미국의 컴퓨터 제조회사인 델(www.dell.com)은 모바일 환경으로의 변화와 개인 소비자 시장의 성장 등이 나타나기 이전인 2000년대 중반까지, HP와 함께 세계 최대의 컴퓨터 제조기업으로 군림해왔다. IBM과 컴팩 같은 거대기업이 지키고 있는 시장에서 이 신생기업이 승리하는 데 중요한 역할을 한 것은 바로 자사와 경쟁사가 가지고 있는 가치사슬상의 강·약점을 활용하는 전략이었다. 델이 1984년 시장에 진입할 당시 컴팩과 IBM은 미국 전역에 자사의 유통망을 가지고 있었고, 품질과 브랜드 파워로 인하여 어느 정도의 가격 프리미엄을 누리고 있었다. 반면 델은 컴퓨터시장에 새롭게 진입한 기업이었기 때문에 컴팩과 IBM 같은 유통망을 확보하는 것이 매우 어려운 상황이었다.

이때 델이 선택한 전략은 상대의 강점을 흉내내는 것이 아니라 애초에 통신판매의 형태로 출발한 자신의 강점을 극대화시켜 유통이라는 가치사슬의 게임 규칙을 바꾸어버린 것이다. 이렇게 탄생한 것이 바로 오늘날 델 다이렉트 모델(Dell Direct Model, 그림 A)이라는 유통시스템이다. 델의 입장에서 경쟁사가 Value Chain상에서 가지고 있었던 강점은 잘 갖추어진 유통망이었지만, 백화점이나 자사 소유의 매장을 통한 전통적인 유통방식은 제품이 소비자들에게 인도되는 기간이 늘어날 수 있다는 단점으로 생각되었다. 이와 함께, 경쟁사들은 미리 대량으로 만들어 놓은 제품을 판매해야 했기 때문에 소비자들이 원하는 다양한 사양의 제품을 생산할 수 없다는 점, 제품을 보관할 만한 충분한 공간이 필요하기 때문에 물류비용에 대한 부담이 존재한다는 점도 경쟁사의 약점으로 파악되었다.

따라서, 델은 Direct Model이라는 직접주문판매 방

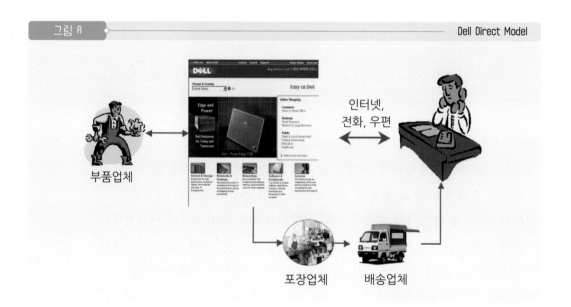

그림 A — Dell Direct Model

인터넷, 전화, 우편

부품업체

포장업체   배송업체

Comany	2Q16 Shipments	2Q16 Market Share(%)	2Q15 Shipments	2Q16 Market Share(%)	2Q15-2Q15 Growth(%)
Lenovo	13,198	20.5	13,491	19.9	-2.2
HP Inc.	12,284	19.1	12,063	17.8	1.8
Dell	9,788	15.2	9,490	14.0	3.1
Asus	4,695	7.3	4,637	6.8	1.3
Apple	4,559	7.1	4,793	7.1	-4.9
Acer	4,417	6.9	4,401	6.5	0.4
Others	15,354	23.9	18,975	28.0	-19.1
Total	64,295	100.0	67,851	100.0	-5.2

출처: Gartner

식을 통하여 주문은 전화나 인터넷 등을 통해서만 받고 제품의 배송 또한 전문배송회사에 위임하여 소비자들에게 직접 전달함으로써 유통비용을 절감할 수 있었다. 또한, Module화된 부품은 조립라인의 변경 없이도 소비자들이 원하는 사양의 컴퓨터를 생산할 수 있게 하여 경쟁사보다 저렴한 가격으로 소비자들에게 Customized된 제품을 공급할 수 있었다.

델(www.dell.com)은 2000년대 중반 이후 IBM을 인수한 레노보에게 세계 1위자리를 빼앗기고, HP에게 추월을 당하였다. 하지만, 델컴퓨터는 2015년부터 2016년간 시장점유율이 늘어나고 있다. HP에게 추월을 당한 상황에서도 2015년에 세계 1위인 스토리지 솔루션 회사인 EMC를 인수하면서, EMC의 소프트웨어를 델의 하드웨어와 결합하여 더 큰 시너지 효과를 내고, 경쟁력을 강화하기 위하여 많은 노력을 하고 있다.

• SECTION 04 • SWOT Matrix의 작성

SWOT 분석의 첫 번째 단계와 두 번째 단계를 마치면, 그 결과를 바탕으로 드디어 SWOT Matrix를 작성하게 된다. 첫 번째 단계에서 파악한 시장환경의 변화요인을 크게 자사에게 유리한 변화요인인 기회요인(Opportunity)과 자사에게 불리하게 작용하는 변화요인인 위협요인(Threat)으로 나누어본다. 그리고 두 번째 단계에서 파악한 자사의 가치사슬의 각 단계가 경쟁사에 비하여 비교우위에 있다면 강점(Strength)으로, 비교열위에 있다면 약점(Weakness)로 분류한다.

이렇게 분류된 각 요인들을 <표 4-3>과 같이 2×2 Matrix로 정리하면 전략을

| 표 4-3 | | SWOT Matrix |

| 강 점
(Strength) | 약 점
(Weakness) |
| 기회요인
(Opportunity) | 위협요인
(Threat) |

| 표 4-4 | | SWOT Matrix |

	기회요인(Opportunity)	위협요인(Threat)
강점(Strength)	a 사업부	
약점(Weakness)	A사	b 사업부

수립하기 위해 기초자료로 활용할 수 있는 SWOT Matrix가 완성된다.

SWOT Matrix 작성에 있어서의 마지막 단계는 완성된 SWOT Matrix상에서 자사의 위치를 파악하는 것이다. 이 작업을 위해서는 위에서 작성된 SWOT Matrix를 입체적으로 바라볼 수 있는 시각이 필요하다.

<표 4-4>는 앞에서 작성한 SWOT Matrix를 자사의 위치를 파악하기 쉽도록 정리한 것이다. 이미 정리된 강점, 약점, 기회, 위협 등의 각 요인들을 따져보아 자사의 위치가 4개의 사분면 중 어떤 위치에 있는지를 파악하는 것이다. SWOT Matrix상의 자사의 위치는 꼭 어느 한 분면에만 한정되어야 할 필요는 없다. SWOT 분석을 통해 전략을 수립할 필요성이 판단된다면 각 사분면별로 적절한 전략을 도출할 수 있다. 단지 여기서 우리가 자사의 위치를 강조하는 것은 각 사분면에서 도출되는 전략들의 상대적인 우선순위를 염두에 두고자 함이다. 또한 한 회사의 SWOT Matrix상의 위치는 그 회사의 사업부 혹은 제품라인별로 나타나는 SWOT Matrix상의 위치와 다를 수 있음도 알아야 한다. 만약 A라는 회사가 여러 가지 요인들을 고려하여 보았을 때 시장상황에 있어서 위협요인보다 기회요인이 더 많은 것으로 판단되었지만, 기업 내부적으로 경쟁사에 비하여 상대적인 강점보다는 약점이 더 많다고 판단된다면 A사는 기회요인과 약점이 교차하는 사분면에 위치할 것이다. 그러나, 여러 개의 사업부 혹은 제품라인을 가지고 있는 기업이라면 각 사업부나 제품의 위치도 다양하게 나타날 수 있을 것이

스마트폰의 등장으로 인한 소셜 미디어의 지각변동과 싸이월드의 실패 사례

전세계적으로 스마트폰의 등장과 함께 소셜 미디어 열풍이 불면서 '트위터', '페이스북' 같은 소셜 네트워크 사이트들이 엄청난 속도로 성장하고 있다. 2004년, 하버드대 대학생이었던 마크 주커버그에 의해 설립된 페이스북은 서비스 개시 6년 만인 2010년 7월 전세계 가입자수 5억 명을 돌파하였으며, 2017년에는 19억 명에 이르렀다. 2006년 창업된 트위터는 3년 만에 3억 가입자를 돌파하며, 2017년에는, 그 기업가치가 142억 달러에 달하는 것으로 평가받고 있다. 반면 지난 2005년 가입자 2,000만 명을 돌파하며 사회 전반에 '싸이질'을 유행시켰던 싸이월드는 2011년 국내 SNS 시장 점유율 59.1%를 차지하였으나, 2015년 2.4%로 떨어지며, 서비스 존폐 위기에 처했다.

이처럼 트위터, 페이스북 그리고 싸이월드의 명암이 갈린 이유로는 변화하는 환경에 빠르게 대응하지 못했다는 점을 들 수 있다. 국내 2009년에 80만명으로 시작된 스마트폰 가입자는 1년만에 722만명을 돌파하고, 현재 4,800만 명에 육박할 정도로(2017년 10월 기준) 모바일 시장에서 스마트폰이 차지하고 있는 비중은 압도적인 수준이라고 할 수 있다. 모바일시장의 중요성이 커짐에 따라, 스마트폰으로 활용 가능한 영역이 다양해지고 있는 만큼 웹사이트들 역시 모바일 환경에 적합하도록 변화하여야 한다. 트위터와

페이스북은 모바일 기기를 활용하여 언제 어디서나 정보 공유가 가능한 편리한 인터페이스를 제공하고 있다. 이들 사이트는 Social network를 개방성 속에서 형성한다는 장점 외에도 변화하는 모바일 환경에 적합한 사이트였다는 점에서, 스마트폰 이용자수의 증대와 함께 폭발적인 성공신화를 써내려갈 수 있었다.

반면 싸이월드는 싸이월드 특유의 개인적인 네트워크 공간, 일촌 위주의 네트워킹이라는 폐쇄성을 벗어나지 못한 채, 단순히 친구들과 대화를 나누고 소식을 전하는 창구의 역할에 머무르며 그 이상으로 성장하지 못하였다. 트위터, 페이스북 등이 플랫폼 비즈니스 전략을 바탕으로 사용자가 서비스를 무료로 이용하고 이렇게 모인 수많은 사용자가 광고나 판촉을 촉발하게 하는 데 집중한 반면, 싸이월드는 사용자에게서 돈을 지불하게 하는 단면적인 비즈니스 모델을 고집하였기 때문에 선순환 구조의 생태계를 만들어 갈 수 없었다. 현재 싸이월드 미니홈피는 여전히 존재하지만 대대분 방치된 채 관리되지 않고 있다. 회원들이 거의 활동을 하지 않으면서 SNS 기능을 사실상 상실했다.

최근 싸이월드의 움직임처럼 변화하는 환경을 인식하고 그에 따른 대응책을 준비한다면, '위기'를 '기회'로 전환시킬 수 있을 것이다. 싸이월드는 결국 소셜 미디어 서비스 시장에서 경쟁력을 크게 상실하였고, 명맥만 유지하는 서비스로 전락하였다.

도메인	2009년 월 이용자수	2016년 월 이용자수	성장률	서비스 시작
싸이월드	1,600만 명	110만명	-1,455%	1999년 8월
트위터	3천만 명	3억 1,000만명	1,033%	2006년 7월
페이스북	5억명	19억명	380%	2004년 2월

다. 예를 들어, A사가 a라는 사업부와 b라는 사업부를 보유하고 있다고 하자. 만약 a라는 사업부가 타사의 경쟁사업부와 비교하였을 때 상대적으로 강점을 가지고 있고, 향후 a사업부에 유리하게 작용할 시장기회가 많다면 a사업부의 위치는 기회요인과 강점이 교차하는 사분면이 될 것이다. 반면, b라는 사업부는 타사의 경쟁사업부에 비하여 상대적으로 강점보다 약점이 더 많고, 시장상황 또한 기회요인보다 위협요인이 많다면, b사업부는 위협요인과 약점이 교차하는 사분면에 위치할 것이다.

• SECTION 05 • SWOT 분석을 통한 마케팅전략의 수립

전략적인 상황분석을 하는 목적은 그 결과를 가지고 SWOT Matrix를 작성하는 데에서 그치는 것이 아니라 SWOT 분석을 토대로 적절한 전략을 수립하는 것이다. 따라서, 여기에서는 Matrix상의 사분면의 분석이 각각 어떤 전략으로 연결될 수 있는지 알아본다. <표 4-5>는 SWOT Matrix의 각 사분면에서 도출될 수 있는 전략들(O/S전략, T/S전략, O/W전략, T/W전략)을 나타내고 있다.

1 O/S(Opportunity/Strength)전략

O/S는 시장상황에 많은 기회요인이 있고 내부적으로 그 기회요인을 전략적으로 활용할 수 있는 강점이 많은 상황으로 모든 기업들이 추구하는 상황이다. 이때 기업들이 추구할 수 있는 전략은 이런 시장기회를 자사의 역량으로 선점하는 전략과 제품의 라인을 늘려가면서 시장을 확장해 나가는 전략이 있을 수 있다.

오늘날 세계적인 SNS(Social Network Service)로 인기를 끌고 있는 페이스북(http://www.facebook.com)은 O/S 상황에 놓인 대표적인 사례이다. 페이스북은 2004년 2월 4일 하버드 대학교 학생이던 마크 주커버그가 주축이 되어 설립되었다. 설립 다음달인 3월에 스탠퍼드, 컬럼비아, 예일까지 서비스 대상을 확대한 이래, 초기에는 아이비리그 대학교들에서부터 미국과 캐나다의 여러 대학을 중심으로 서비스가 확대되었다. 그러나 서비스가 호평을 받자 2005년 9월에는 고등

표 4-5		SWOT 분석에 근거한 전략
	기회요인(Opportunity)	위협요인(Threat)
강점(Strength)	〈O/S전략〉 시장기회선점 전략 시장/제품다각화 전략	〈T/S전략〉 시장침투 전략 제품확충 전략
약점(Weakness)	〈O/W전략〉 핵심역량강화 전략 전략적 제휴	〈T/W전략〉 철수 전략 제품/시장집중화 전략

학교에까지 영역이 확대되었으며, 그 해 말까지 2,000개 이상의 대학과 25,000개 이상의 고등학교의 네트워크가 생성되었다. 그 이후로는 몇몇 기업에까지 회원 영역을 넓혔으며, 마침내 2006년 9월, 13살 이상의 전자우편 주소를 가진 사용자 라면 누구나 가입할 수 있게 되었다. 페이스북은 2006년 야후로부터 10억 달러의 인수제안을 받았으나 이를 거부하였으며, 벤처 캐피탈로부터 2억 5천만 달러를 투자받기도 하였다.

페이스북의 2016년 매출액은 약 276억 4,000만 달러(31조 8,000억원, 월스트리트저널 추산)로 2015년보다 54% 늘었고, 순이익은 102억 2,000만 달러로 전년보다 117% 늘었다. 페이스북의 진짜 힘은 창업자 주커버그와 약 19억 명의 가입자, 그리고 이들이 형성한 그물처럼 연결된 관계망에서 나온다. 2010년에 약 5억 명에 불과했던 페이스북의 이용자는 2017년에 약 4배에 가까운 19억명으로 증가하였다. 페이스북은 인류 4명 중 1명을 서로 연결하는데 성공하였으며 하루 이용자 수는 12억 3,000만명에 달한다.

표 4-6	페이스북의 SWOT Matrix
Strength	**Weakness**
• 높은 시장점유율과 고객 충성도 • 수익성 있는 데이터베이스 수집 • 우수한 모바일 연동 • 인스타그램과 연동을 통한 시너지 창출	• 불법 광고에 대한 통제 부족 • 전 연령대 수용능력 부족(노년층 취약) • 광고에 의존한 수익창출
Opportunity	**Threat**
• 모바일 앱의 사용자 기반 확대 • Social Network Service시장의 성장 • 모바일 광고시장의 비약적인 성장 • 다양한 수익 원천	• 경쟁서비스의 지속적인 출현 • 법적 규제로 인한 통제(중국) • 개인정보 및 사생활 침해 가능성

<표 4-6>은 페이스북의 SWOT Matrix이다. 페이스북은 높은 인지도를 토대로 지속적으로 혁신적인 서비스를 제공하고 있는데, 인스타그램과 같은 사진 및 동영상을 업로드하는 SNS와 연동하고, 모바일 앱 및 소셜게임과 같은 부가서비스와 결합하며 수익을 창출한다. 이로 인해 높은 점유율과 고객충성도를 확보하고 있으며, 모바일 기기에서도 잘 구현되는 강점을 가지고 있다. 이러한 강점은 페이스북의 트래픽과 직접적으로 관련된 인터넷, SNS, 모바일의 사용 증가 추세와 결부되어, 강력한 엄청난 위력을 발휘하고 있다. 따라서 다소간의 약점이나 위협요인이 페이스북의 확산에 그다지 걸림돌이 되지 않고 있다.

페이스북은 스스로를 미디어로 정의하고 있다. 또한 2012년 4월, 인스타그램을 10억 달러에 인수하였는데, 인스타그램은 지난 5년간 사용자수가 6억명까지 늘어나며 대표적인 이미지 관련 SNS로 성장하였다. 페이스북과 인스타그램의 연동 시스템은 광고수익을 높이는 데 성공적으로 작용하였고, 페이스북과 인스타그램은 사람들의 라이프스타일에 깊게 자리잡았다. 페이스북, 인스타그램은 사람들이 일상생활에서 패션, 문화 등 다양한 콘텐츠를 접하고, 공유하면서 자연스럽게 있도록 하며 시너지 효과를 극대화하고 있다.

Facebook의 O/S전략: 소셜 미디어 부문 확장 전략

- 높은 시장점유율과 소셜 네트워크 서비스의 상징화 및 모바일 부문 선점
- 소셜 네트워크 서비스를 넘어서는 소셜 미디어로의 확장: 인스타그램 인수를 통한 시너지
- PaaS(Platform as a Service: 플랫폼을 서비스 형태로 지원) 지향: 친구라는 데이터 기반으로 플랫폼 구축함으로써 높은 고객충성도 형성 및 페이스북 이탈의 어려움
- 다른 소셜 서비스로의 확장에 용이: 기존 데이터 기반으로 사용자들이 소셜 게임과 같은 다른 서비스로의 이동에 유연
- 개개인의 요구에 맞춘 Customized된 광고

2 O/W(Opportunity/Weakness)전략

O/W는 시장상황이 자사에게 유리하게 조성되어 있으나 이 기회를 활용할 만한 자사의 핵심역량이 부족한 경우이다. 이 경우에는 이 기회를 활용할 수 있도록 자사의 역량을 강화시키거나 단기간 내에 이 기회를 활용하기 위하여 전략적 제휴를 통해 시장기회를 포착하고 내부적으로 서서히 핵심역량을 보완하는 전략을 택할 수 있다.

<표 4-7>은 미국의 대형 서점체인인 반즈앤노블(Barnes & Noble)의 SWOT Matrix이다. 아마존이 눈부신 성장을 하였던 온라인 비즈니스의 초기 반즈앤노블은 온라인 비즈니스에 대한 노하우가 전혀 없었기 때문에 큰 혼란기를 겪어야만 했다. 오프라인 서점을 방문하는 폭넓은 고객이 있었지만, 어떤 고객들이 방문하는지, 이들이 얼마만큼의 책을 구매하는지에 대한 체계적이고 정확한 데이터가 구축되지 못한 상태였으며, 아마존에 대응하기 위해 구축한 자사의 온라인 시스템이 오프라인과 시너지효과를 일으키지 못하고 있었다. 특히 온라인 상거래 시장의 빠른 성장을 예상하지 못한 것이 뼈아픈 실책으로 다가왔다. 온라인 도서 유통에 대한 소비자의 수용성은 예상을 크게 뛰어넘는 수준으로 빠르게 이루어졌고, 반즈앤노블은 이에 대한 적절한 대처를 하지 못한 채 아마존닷컴이 온라인시장과 전자책시장을 석권하는 것을 지켜볼 수밖에 없었다. 그러나 온라인 상거래 시장이 형성된 이후, 다수의 실패사례를 통해 비즈니스 모델들이 하나둘씩 검증되기 시작하며 새로운 기회가 찾아왔다. 먼저, 소비자들의 전자상거래에 대한 관심과 인지도는 크게 확산되어 있는 상태였다. PDA 혹은 전용 단말기를 사용한 e-book의 성장 가능성도 긍정적으로 점쳐지고 있었다. 따라서, 반즈

표 4-7	반즈앤노블의 SWOT Matrix
Strength	**Weakness**
• 오프라인에서의 높은 인지도 • 오프라인의 폭넓은 고객기반 • 종합문화공간으로서의 이미지 • 자체 E-book 개발 능력	• 온라인에서의 낮은 인지도 • 고객 데이터베이스에서의 절대적 열세 • 온라인 비즈니스에 대한 노하우 부족 • 오프라인과의 시너지 효과 부재
Opportunity	**Threat**
• E-book을 비롯한 디지털 컨텐츠 시장의 성장 가능성 • 온라인과의 전략적 제휴 및 인수 가능성 • 전자상거래에 대한 인지도 및 관심 증가	• 대체유통시스템의 발달 • 디지털 컨텐츠의 성장으로 인한 오프라인 기반 약화 가능성

MEMO

그림 4-4 ● 미국 최대 서점체인 반즈앤노블

앤노블은 침체에 빠져 있는 온라인 기업들과의 전략적 제휴를 통해 온라인사업 및 디지털 콘텐츠 개발에 관한 역량을 구축하면서 앞으로 다가올 시장기회를 대비할 수 있는 전략이 필요했다.

반즈앤노블은 온라인 부문의 역량강화를 위해 다양한 온라인 기업들과의 전략적 제휴를 체결했다. 아마존과의 계약이 끝난 야후(Yahoo, www.yahoo.com)와는 서적판매 분야에서, 아메리칸 온라인(AOL, www.aol.com)과는 온라인유통 부문에서, 미국 최대 e-book 기업인 젬스타 인터내셔널(www.gemstarebook.com)과는 e-book 관련 부문에서 전략적 제휴를 맺고 자사의 역량강화를 꾀하였다. 마이크로소프트(MS)사와 파트너십을 체결하였고, 약 3억 달러(3,345억원)에 해당하는 금액을 투자받아 아마존의 '킨들'과 경쟁할 전자책 누크(NOOK)를 개발하는 전략적 제휴를 체결하였다. 한편, 온/오프라인간의 시너지 강화를 위해 온라인에서 주문한 책을 가까운 오프라인 매장에서 찾을 수 있는 서비스를 실시하고 있으며, 체계적인 고객관리와 더 높은 시너지효과 창출을 위해서 오프라인 매장을 방문하는 고객들에 대한 데이터 수집과 온라인 서비스와 연계한 다양한 마케팅활동을 시행하였다. 이러한 전략적 제휴 및 파트너십 체결을 바탕으로 반즈앤노블은 약점을 보완하고 기회를 노리는 O/W전략을 펼쳤으나, 보다 적극적으로 전략을 실행하지 못하며 아마존과의 경쟁에서 뒤처지게 되었다. 반즈앤노블이 단순히 약점을 보완하는 데에 머무르지 않고, Threat을 어떻게 극복할지 고민하는 T/W전략과 대처 방안을 병행했다면 온라인 상거래 시장으로의 변화에 적절하게 대처할 수 있었을 것이다.

3 T/S(Threat/Strength)전략

T/S는 시장에 상대적으로 많은 위협요인이 존재하지만, 그것을 극복할 수 있는 역량이 자사 내부에 축적되어 있는 경우이다. 따라서, 이러한 상황에서는 자사의 강점을 적극적으로 활용하여 기존에 경쟁하고 있던 시장에 더 깊숙이 침투함으로써 안정된 시장을 확보하거나 제품계열을 확충함으로써 위협요인에서 생겨날 수 있는 다양한 위험을 사전에 방지하는 전략을 택할 수 있다.

<표 4-8>은 프랜차이즈 기업 BBQ의 SWOT Matrix이다. BBQ는 엑스트라버진 올리브유를 사용한다는 캐치프레이즈를 바탕으로 한 대표 치킨 프랜차이즈 업체로 많은 체인점을 바탕으로, 많은 시민들에게 치킨하면 떠오르는 대표적인 업체로 각인되어 있다. 업계 시장 점유율 20%를 바탕으로 다수의 고객을 가지고 있다. 그러나 BBQ에게 위협적인 요인 몇 가지가 최근 부상이 되었다. 2010년 12월 롯데마트의 치킨메뉴인 '통큰치킨'으로 인한 닭값 논쟁은 BBQ와 같은 고급

표 4-8	BBQ치킨의 SWOT Matrix
Strength	Weakness
• 올리브유사용을 강조한 고급 브랜드 인식 • 많은 광고를 통한 치킨 대표 브랜드 • 다수의 체인점이 배달에 좋은 동선 확보	• 상대적으로 높은 가격 • 인적 자원 관리의 어려움 • 후발 업체의 서비스 모방 가능성
Opportunity	Threat
• 주 5일 근무제의 확산 • 인터넷을 통한 마케팅 기회의 증가	• 대형마트의 시장 침투 움직임 • 시장진입자에 대한 과잉대처에 대한 반감 • 불공정 거래에 대한 의혹 증폭

브랜드에 대한 사람들의 비난으로 이어졌다. 비록 '통큰치킨'이 3일 천하로 일단락되었지만, 이후 치킨 판매 자체가 감소하는 것은 물론, 상위 5개 치킨 프랜차이즈인 BBQ, 교촌, 굽네치킨, 또래오래 등에 대한 공정위의 조사로 이어져 BBQ를 비롯한 치킨 업계에 위협요인이 되고 있다. 특히 공정위 조사를 통해 담합 혐의가 밝혀질 경우 쌓아온 고급치킨 이미지 및 친근한 이미지가 모두 무너질 수도 있다. 최근에는 20여 개 품목의 가격을 인상하는 등 한 달 사이 두 차례 가격을 올려 논란을 빚었고, 소비자와 대한양계협회 등이 BBQ의 치킨 가격 인상을 비판하며 불매운동을 벌일 정도로 반발이 커졌다. 이는 공정거래위원회의 가맹 조사와 현장조사 등의 결과로 이어졌고, BBQ는 최근 값을 올린 약 30개 품목의 제품 가격을 인상 이전으로 되돌린다는 입장을 밝혔지만 비난 여론은 좀처럼 사라지지 않고 있다.

이러한 상황에서 BBQ는 반사적으로 가격을 낮추기 보다는 소비자들에게 제 값을 치러야 할 만한 이유를 보여주는 것이 필요할 것이다. 현재의 고급 이미지를 강화할 수 있도록, 올리브유와 같은 전반적인 식사재의 고급화를 추진해야 할 것이다. 또한, 적극적인 PR을 통해 BBQ는 폭리를 취하는 것이 아니라, 프리미엄 브랜드를 제공한다는 점을 더욱 각인시켜 상황을 정면돌파해야 할 것으로 보인다.

BBQ치킨 T/S 전략: BBQ의 프리미엄 브랜드 전략
- '올리브유 치킨'이라는 확실한 차별화 전략
- 신문, 자사 홈페이지, 서적 등을 활용한 품질관리에 대한 광고/PR
- 프랜차이즈 치킨업체의 원가 공개 통해 폭리에 대한 인식 개선

---

4 T/W(Threat/Weakness)전략

T/W는 시장에 자사에게 불리한 위협요인이 존재하지만 그것을 극복할 만한 역량이 자사에 존재하지 않는 경우로서, 기업에게는 가장 회피하고자 하는 상황이다. 기업들은 이러한 상황을 탈출하기 위하여 자사의 남은 역량을 자사가 보유하고 있는 시장이나 제품에 집중함으로써 명맥을 이어가거나, 더 상황이 악화될 것으로 예상된다면, 자사의 전체적인 생존을 위하여 시장에서 철수하는 전략을 선택할 수 있다.

표 4-9 중국 롯데마트의 SWOT Matrix   MEMO

Strength	Weakness
• 모기업인 롯데그룹의 자금력과 인프라 • 오랜기간 쌓아온 유통 노하우 • 국내 최대 점포망과 협력업체	• 까르푸와 월마트에 보다 낮은 시장 점유율 • 가격 경쟁력과 상품 신선도 유지의 어려움 • 전반적인 유통력의 부재
Opportunity	Threat
• 중국 시장의 미래 성장 가능성 • 한류 열풍으로 인한 기업 이미지 상승효과 • 중국 내 온라인시장 활성화에 따른 마케팅 기획 확대	• 다국적 유통업체와의 경쟁 과열 • 사회주의 체제 하 중국 정부의 규제 • 수개월 째 이어지고 있는 '사드 보복'

한국 유통시장을 장악하며 수많은 협력업체를 두고 있는 롯데는 중국 시장에서 고전을 면치 못하고 있다. 사드 보복 이전부터 사실상 '실패'라는 평가를 받아오고 있는 롯데의 중국 유통시장 공략은 <표4-9>에서의 SWOT Matrix에서 볼 수 있는 것과 같이 현재 자사에게 불리한 요인이 많은 상황이다. 중국 유통시장에서 중국 기업과 글로벌 유통기업인 월마트, 까르푸보다 낮은 시장점유율을 기록하고 있고, 전반적인 유통력의 부재 등에 의하여 불안한 상황이다.

이러한 상황에서 이어진 중국의 '사드 보복'은 중국 롯데마트 영업을 불능 상태에 빠뜨렸다. 북한의 6차 핵실험 이후, 사드 발사대 추가 배치를 둘러싼 한·중 양국 간 갈등이 심화되었고, 기업 입장에서 이를 극복할만한 대책을 마련하기 어려운 상황에 직면함에 따라 자연스럽게 롯데마트는 '차이나 엑시트'를 현실적으로 고려하게 되었다.

2017년 10월, 롯데마트는 현재 중국 내 점포 112개 중 87곳의 영업이 중단된 상태다. 나머지 점포 역시 중국 내 반한감정 여파로 영업을 포기한 상태다. '사드 보복'으로 해석할 수 있는 중국 당국의 조치는 다음과 같다. 사드 배치 결정이 내려진 시점으로 거슬러 올라간 지난해 11월, 중국 정부는 중국에 진출한 롯데 계열사의 전 사업장에 대해 실시한 세무 조사를 실시했다. 이후 각종 소방 점검 등을 이유로 롯데마트 매장을 영업 중지시켰고, 롯데마트는 수개월째 이어지고 있는 중국 정부의 사드 보복으로 인해 약 5000억 원에 달하는 피해를 입은 것으로 추정하고 있다. 지속적으로 사업 전반에 대한 위협요인이 늘어났지만, 롯데마트는 '중국

시장 철수'결정을 선뜻 내리지 못하고 있다. 그만큼 중국 시장의 미래 성장가능성을 포기할 수 없다는 판단이 앞섰기 때문이다. 중국 롯데마트·백화점 법인을 소유한 홍콩 롯데쇼핑 홀딩스는 중국 금융기관으로부터 3억 달러의 자금을 직접 차입하며 자금을 조달했다. 지난 3월 긴급 수혈한 3,600억원의 운영자금이 최근 모두 소진돼 추가 차입을 결정한 것이다. 문제는 이 같은 '인공호흡'이 한·중 관계 악화로 무의미해졌다는 것이다. 지금보다 더 악화될 수 있는 상황에서 롯데가 택할 수 있는 전략은 일부 매장을 매각하거나 철수함으로써 재무구조를 더욱더 개선하고, 나아가 전체적인 생존을 위하여 '중국 시장 철수'를 선택하는 마케팅 전략도 고려해 볼 수 있을 것이다.

〈출처: 중앙일보, 2017년 5월 2일 "中사드보복, 롯데 저주인가 축복인가?〉

• SECTION 06 • SWOT 분석을 활용한 동태적 마케팅전략의 수립

<표 4-10>은 T/W 상황에 있는 기업이 O/S 상황으로 갈 수 있는 다양한 전략대안들을 도표로 나타낸 것이다. 기업이 가장 활동하기 좋은 상황은 시장환경에 경영활동을 원활하게 할 수 있는 기회요인이 많고 이러한 기회를 자사에게 유리한 방향으로 살릴 수 있도록 내부에 강력한 핵심역량이 축적된 경우일 것이다. 반대로 기업에게 가장 좋지 않은 상황은 외부적으로 자사에게 불리한 위협요인이 다수 존재하고 이를 극복할 만한 역량이 부족한 경우일 것이다. 따라서, 기업들은 자사의 원활한 경영활동을 위하여 O/S에 위치할 수 있도록 노력을 해야 할 것이다. 만약, 이 표에 나와 있는 것처럼 자사의 위치가 T/W라고 가정해 보자. 이때 O/S로 가기 위해 기업이 선택할 수 있는 전략의 방향은 크게 두 가지이다.

첫째는, T/W에서 O/W를 거쳐 O/S로 가는 전략이다. 이 전략은 향후 단기간 내에 시장상황이 자사에게 유리하게 변화할 것으로 판단될 때 유용한 전략으로 먼저, 자사가 가지고 있는 모든 역량을 총동원하여 시장기회를 포착한다. 그리고 이 기회를 활용하기 위하여 필요하지만 역량이 부족한 부분에 대해서는 이러한 역량을 가진 기업들과 전략적 제휴를 통해 보완하고, 장기적으로는 이런 활동들을 통해 자사 내부에 역량을 구축해 나가면서 자사의 상황을 O/S로 이동

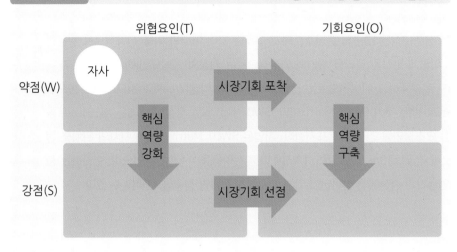

표 4-10 ━━━━━━━○━━━━━━━━━━━ SWOT 분석에 의한 동태적 마케팅전략

시키는 것이다.

　두 번째는, T/W에서 T/S를 거쳐 O/S로 가는 전략이다. 이 전략은 시장상황이 장기적으로 자사에게 불리할 것으로 판단될 때 사용될 수 있는 전략으로, 이를 위해 기업은 먼저, 자사의 약점을 보완하고 핵심역량을 구축하면서 시장의 상황이 자사에게 유리하게 움직이도록 기다린다. 그리고, 시장에 기회요인이 많아질 때 축적된 핵심역량을 바탕으로 시장기회를 선점하여 경쟁사보다 우월한 위치에서 경쟁할 수 있는 기반을 마련하는 것이다. 이 전략은 1998년 IMF체제에 있었던 한국의 많은 기업들이 채택했던 것으로 당시에는 많은 기업들이 기업외부적으로 고환율, 고금리라는 위협요인과 내부적으로는 방만하고 낙후된 경영시스템이라는 최악의 상황에 빠져 있었다. 기업들은 이러한 상황을 바르게 인식하고, 먼저 내부적으로 구조조정을 통해 조직을 정비하고 핵심역량을 구축하면서, 시장환경이 IMF체제를 벗어나 경기흐름이 좋아지는 시점을 대비하였다. 끝으로 우리는 유연한 전략적 사고와 상황에 맞는 전략적 선택이라는 전략수립의 두 가지 기본전제를 명심하여야 할 것이다. 어떤 특정 상황에서는 꼭 어떤 전략만이 옳다라고 생각하기보다는 상황에 맞는 최적의 전략을 수립하기 위하여 유연한 전략적 자세를 갖는 것이 보다 중요하다. 즉, 시장의 상황은 각 기업들에게 다양하게 적용될 수 있으며, 이에 맞는 전략을 선택하는 것이 중요하다.

기업이 수행한 상황분석은 단순히 분석수준에서 그치는 것이 아니라 이를 전략적으로 활용할 수 있어야 한다. 이렇게 분석된 결과를 기업의 외부적으로는 시장의 기회요인(Opportunity)과 위협요인(Threat)으로 분류하고 내부적으로는 강점(Strength)과 약점(Weakness)으로 분류함으로써 체계화된 도표로 만든 것이 SWOT Matrix이다. SWOT Matrix를 작성할 때에는 체크리스트를 사용하여 중요한 요소들만을 간결하게 표시한다. 기업은 SWOT Matrix상에서 자사의 위치를 정확히 파악함으로써 각 위치(O/S, O/W, T/S, T/W)에 따른 전략들을 수립할 수 있으며, 변화하는 환경에서 다른 기업들과의 경쟁에서 살아남기 위해 자사에게 적합한 전략을 선택할 수 있다.

생각해 볼 문제

01 동일한 산업에서 경쟁관계에 있는 두 기업을 선정하여 각각 강점과 약점, 기회요인과 위협요인을 생각해 보시오.

02 1번 문제에서 고려된 강점과 약점, 기회요인과 위협요인을 토대로 SWOT Matrix를 작성해 보시오.

03 2번 문제에서 작성된 SWOT Matrix를 바탕으로 각각 O/S, O/W, T/S, T/W 전략을 수립하여 보시오.

참고 문헌

· 유필화 · 김용준 · 한상만(2011), 「현대마케팅론」, 제 8 판, 박영사.

· Aaker, D.(2013), *Strategic Market Management*, 10th ed., John Wiley & Sons, LTD.
· Adcock, D.(2000), *Marketing Strategies for Competitive Advantage*, John Wiley & Sons, LTD.
· Kotler, P.(2012), *Marketing Management: Analysis, Planning, Implementation, and Control*, 14th ed., Prentice Hall.
· Kotler, P., & Gertner, D. (2002). Country as brand, product, and beyond: A place marketing and brand management perspective. *Journal of brand management*, 9(4), 249-261.
· Hollensen, S. (2015). Marketing management: A relationship approach. Pearson Education.
· McDonald, M., & Wilson, H. (2016). Marketing Plans: How to prepare them, how to profit from them. John Wiley & Sons.
· Stacey, R.(1993), *Strategic Management and Organizational Dynamics*(London: Pitman).
· Stevenson, H. H.(1976), "Defining Corporate Strengths and Weaknesses," *Sloan Management Review*, Spring, Vol. 17, No. 3, pp. 51-68.
· Sudharshan, D.(1995), *Marketing Strategy: Relationship, Offering, Timing & Resource Allocation*, Prentice Hall.

PART

03

경쟁우위의
구축과 활용

Chapter 05 지속적 경쟁우위의 확보
Chapter 06 경쟁우위에 근거한 전략

CHAPTER

05

지속적
경쟁우위의 확보

凡戰者, 以正合, 以奇勝. 故善出奇者, 無窮如天地, 不竭如江河. 戰勢不過奇正,
奇正之變, 不可勝窮之也.
[범전자, 이정합, 이기승. 고선출기자, 무궁여천지, 불갈여강하. 군세불과기정, 기정지변,
불가승궁지야.]

"일반적으로 싸움에선 정으로써 적에 맞서고 기로써 승리를 거두는 것이다. 따라서
기를 잘 이용하게 되면, 그 전법의 변화는 하늘과 땅의 무궁함, 강과 하천이 마르지
않는 것과 같이 풍부해진다. 전세는 기와 정으로만 구성되나, 그 변화의 무궁함은
이길 수 없다."

손자병법 병세편[兵勢篇]

정[正]: 정공법 → 적과 대치하는 체계적이고 정형화된 전술
기[奇]: 기습법 → 체계적으로 방어하는 적의 허를 찌르는 예측불가능한 전술

삼성에서 처음 30만 화소의 카메라 폰을 출시했을 때만 해도 그것은 굉장한 인기를 누릴
수 있었다. 그러나 최근에는 폰 카메라가 기본으로 인식되기 때문에, 휴대전화에 딸린 130
만 화소 카메라도 별다른 매력을 줄 수 없다. 이처럼 상대적으로 기술 수준이 낮은 기업은
선도기업이 출시한 제품과 유사한 me-too 제품을 출시하여 시장점유율을 방어하게 된다.
때문에 선도기업은 지속적으로 신제품을 개발해서 경쟁사들이 me-too 제품을 출시하기
전까지 누리는 이익을 지속적으로 창출해야 하는 부담을 안고 있다.

기업의 생존을 위해서 트렌드와 소비자의 니즈에 맞춘 me-too 제품을 출시하는 것은 기업
의 존속을 위한 최소한의 요구 조건이다[正]. 그러나 진정한 히트상품[奇]은 트렌드를 만드
는 제품이다. 트렌드를 만들고, 경쟁사들이 그 트렌드에 압도당할 수 있게 해야 한다. 이처
럼 마케팅에도 정[正]과 기[奇], 모두가 필요하다. 특히 승리의 카드가 되는 기[奇]가 중요
한 것은 전장이나 마케팅 현장이나 다를 바가 없다.

Leading CASE

나이키

1960년대 초, 운동선수 필 나이트(Phil Knight)와 코치 빌 바우어만(Bill Bowerman)은 러닝화 유통업체 Blue Ribbon Sports를 설립했다. 일본 오니츠카(Onitsuka) 타이거 운동화 200켤레를 들이면서 소매유통업체로 출발한 Blue Ribbon Sports는 창고에 제품을 쌓아두고 트럭으로 대학 운동장을 돌아다니며 제품을 판매하였다. 첫해 8,000달러의 판매로 250달러 수준의 작은 수익밖에 올리지 못했지만, 운동선수 그리고 코치 생활에서 얻은 경험을 토대로 한 고성능 운동화의 지속적인 연구는 선수들의 성적에 영향을 주었고, 5년 뒤에는 30만 달러로 매출이 증가하였다. 1971년 블루 리본 스포츠는 더 이상 다른 업체의 운동화를 유통하지 않고 자사의 신발 생산라인을 구축하면서 나이키로 이름을 바꾸었다.

이후 나이키는 당시 업계의 선두주자였던 아디다스, 퓨마 등과 차별화된 경쟁우위를 찾기 위해 다양한 노력을 시작하였는데, 그 노력의 일환으로 브랜드 레버리지 효과를 극대화하는 성장 방정식을 구축하였다. 나이키의 설립자 필 나이트(Phil Knight)에 의하면 "사업 초창기에는 모든 직원들이 운동선수 출신이었기 때문에 고객이 진정 필요로 하는 운동화가 무엇인지 매우 잘 알았다"고 한다. 이를 바탕으로 나이키는 최고의 경기 성과를 이끌어 낼 수 있는 혁신적 신발 개발에 모든 역량을 집중할 수 있었고, 운동선수들의 신뢰를 구축하는데 성공하였다. 또한, 시장의 선발주자인 아디다스, 퓨마 등의 업체들이 유럽지역에 제조라인을 운영하고 있었던 데에 반해 나이키는 아시아 저임금국가 중심의 생산체제를 구축하여 제조원가를 절감함으로써 R&D 및 디자인에 자원을 집중 배분하였다. 엘리트 선수와의 긴밀한 파트너십, 효율적인 가치 사슬에서 발현되는 브랜드 파워 등은 나이키가 브랜드 중심의 성장을 이루어내는 원동력이 되었다.

육상에서 출발한 나이키 러닝화는 축구, 농구, 트레이닝 등 새로운 스포츠 종목으로의 개척을 이어나갔으며 제휴 브랜드를 통해 캐주얼 패션 시장까지 진출하였다. Converse, Hurley, Umbro 등의 브랜드를 인수하며 의류 사업을 병행한 결과, 나이키는 지속적 경쟁우위를 운동화에서만 찾는 데 그치지 않고 의류 사업에서 그 새로운 가능성을 찾았다. 2012년 나이키의 운동화 매출은 134억 달러로 전체 매출의 55% 비중을 차지하고 있으며, 의류 및 운동용품이 74억 달러로 31%를 차지하였다.

운동선수들이 주축이 된 기존의 전문가를 활용한 브랜드 보증 프로그램은 '전문가를 위한 최고의 제품'이라는 브랜드 정체성을 확보하는 데 크게 기여하였으나 소비자 외연을 넓히는 데에는 다소 한계점이 존재하였다. 이에 나이키는 강력한 영향력을 가진 유명 스포츠스타들을 활용한 브랜드 보증 프로그램과 미디어 매체 광고에 더욱 집중하는 방향으로 전략을 수정하였다. 1984년 나이키는 마이클 조던과 250만 달러에 5년 전속계약을 체결하며 'Air Jordan'에 과감하게 승부수를 띄웠다. 'Air Jordan' 시리즈는 뛰어난 재능, 강한 승부근성 등으로 대표되는 마이클 조던의 위대한 선수 생활이 스토리텔링으로 더해져 하나의 문화로 자리잡게 되었고, 조던의 엄청난 활약과 함께 나이키의 실적도 고공비행을 이어갈 수 있었다. 마이클 조던과의 협업으로 큰 매출

을 올린 나이키는 농구 시장에서의 성공 경험을 바탕으로 1990년대 축구, 테니스, 골프 시장에서도 유사 전략을 반복하여 활용하였다. 진입장벽이 높다고 평가되는 골프 시장 진출 시에도 당시 유망주로 분류되던 골프 선수 타이거 우즈와 5년 4천만 달러에 전속계약을 체결하였고, 우즈의 눈부신 활약에 힘입어 골프화 시장에서 단기간 내에 선두권으로 도약할 수 있었다. 이후에도 로저 페더러, 크리스티아누 호날두, 르브론 제임스 등 각 분야의 정상급 스포츠 스타들과 계약을 맺어 하나의 라인을 런칭하고, 스토리텔링을 불어넣는 마케팅 전략을 유지하고 있다. 이처럼 나이키가 가진 경쟁우위는 성공 패턴을 타 스포츠 시장 진출 시에도 적용하며, 보다 빠르고 효과적으로 사업을 확장함과 동시에 경쟁사와의 격차를 더욱 확대하는 능력이라고 할 수 있겠다.

빅데이터 시대를 맞이하여, 나이키는 지속적 경쟁우위 확보를 위한 새로운 시도를 이어나갔다. 나이키 플러스 제품군은 변화하는 시장 환경에서 나이키의 미래 전략을 설명할 수 있는 가장 좋은 사례라고 할 수 있다. 나이키는 10여 년 간의 영업과정에서 확보한 약 700만 명의 활동 데이터를 분석해 '조깅하는 사람들은 음악과 게임을 좋아하며, 스마트 기기와 더욱 친숙해질 것'을 예측했다. 분석 결과를 적극적으로 반영하기 위해, IT기업 애플과 손을 잡고 기존의 제품군과 차별화된 융합제품 나이키 플러스(NIKE+)를 출시하였다. 나이키 플러스 사용자들은 자가 측정 및 경쟁을 통해 스스로 운동 실력을 점검하거나 운동 노하우를 공유하였고, 제품을 사용하면서 동기 부여된 피드백을 제공받을 수 있었다. 나이키 플러스는 출시 1년 만에 나이키 러닝화 연 매출을 30% 이상을 끌어올리며, 지속적 경쟁우위를 운동선수들에게서만 찾는 것이 아니라 일반인을 타깃으로 하는 전략이라는 새로운 가능성을 제시하였다.

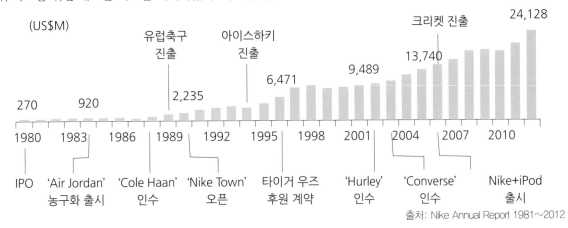

출처: Nike Annual Report 1981~2012

CHAPTER

05

지속적
경쟁우위의
확보

• SECTION 01 • 경쟁우위란 무엇인가

우리는 앞서 제4장에서 상황분석을 통해 전략의 큰 방향을 설정할 수 있는 SWOT 분석에 대해서 알아보았다. 그리고 SWOT 분석의 목적은 단순히 기업이 처해 있는 상황의 분석에만 그치는 것이 아니라 분석을 통한 전략의 수립에 있음을 알아보았다. 전략은 자사가 가지고 있는 자원들을 활용하여 경쟁사보다 우월한 경쟁적 위치를 확보하는 것을 목적으로 하고 있다. 따라서, SWOT 분석을 활용하여 전략의 방향을 결정할 때에는 자사가 어떤 자원을 보유하고 있는지 또한, 보유하고 있는 자원들 중에 어떤 것들이 경쟁사에 비하여 강한지 혹은 약한지를 파악해야 하는 것이다. 만약, 자사가 보유하고 있는 자원들 중에 경쟁사보다 뛰어난 요소들을 다량으로 보유하고 있다면 시장상황이 자사에게 유리하게 조성되었을 때 경쟁사보다 시장기회를 활용할 수 있는 가능성이 높아질 것이다. 또한, 시장상황이 자사에게 불리하더라도 자사 내부에 축적된 많은 강점들이 있다면, 이를 활용하여 어려운 상황을 헤쳐 나갈 수 있을 것이다.

그렇다면, 자사가 활용할 수 있는 강점이란 과연 어떻게 정의할 수 있을까? 앞 장에서 강점은 자사가 보유하고 있는 자산과 역량을 절대적으로 평가하는 것이 아닌 경쟁사와의 비교를 통해 파악될 수 있는 상대적인 강점이라고 하였다. 결국 기업이 사업을 영위하고 있는 시장에서 독점적인 위치에 있지 않은 한 여러 경쟁기업과의 치열한 경쟁에서 살아남기 위해서 혹은 더 우월한 경쟁적 위치를 차지하기 위해서는 경쟁사보다 더 뛰어난 기업자원을 보유하고 있어야 한다는 것이다. 즉, 경쟁우위(Competitive Advan-tage)를 가지고 있어야 함을 의미한다. 마케팅전략을 수립하는 데 있어서 경쟁우위가 차지하는 중요성만큼이나 학자들은 다음과 같이 경쟁우위에 대하여 다양한 정의를 내리고 있다.

- 핵심역량은 고객의 욕구에 맞는 신제품을 지속적으로 그리고 경쟁자보다 앞서서 출시할 수 있는 역량(Prahalad, C. & Hamel, G., 1994)
- 절대적 우위가 불가능할 때에는 자신의 역량을 잘 활용하여 가장 결정적 시점에 경쟁자보다 상대적 우위를 갖추는 것이 중요하다(Where absolute superiority is not attainable, you must produce a relative one at the decisive point by making skillful use of what you have)(Clausewitz, K, 1832).
- 경쟁우위는 우월한 경쟁적 위상을 가져다주는 자산과 역량에 근거를 두고

있다(Advantages are based on the assets and capabilities of the firm that yield superior com-petitive position)(Day, G., 1997).

위의 정의 가운데에서 George S. Day의 정의는 경쟁우위의 개념을 가장 함축적으로 잘 표현하고 있다.

결국 경쟁우위는 자사가 보유한 뛰어난 자산 및 역량과 이를 통해 나타나는 우월한 경쟁적 위치라고 정의할 수 있을 것이다.

그렇다면, 기업이 이러한 경쟁우위를 축적하고자 하는 이유는 무엇일까? 앞에서 경쟁우위는 자사가 경쟁사에 비하여 우월한 위치를 차지하기 위해 반드시 필요한 것이라고 하였는데, 구체적으로 경쟁우위는 이를 위해 어떤 역할을 담당하고 있는 것이며, 그 중요성은 무엇일까? 경쟁우위의 역할과 그 중요성은 매우 다양하게 표현될 수 있지만 다음과 같이 크게 세 가지로 정리하여 볼 수 있다.

① 경쟁우위는 시장에 가치 있는 제품이나 서비스를 제공할 수 있다. 기업들은 경쟁기업의 제품/서비스에 비하여 경제적인 가격, 뛰어난 품질 등 차별화된 가치를 제공함으로써 소비자들을 구매행동으로 이끄는 동기를 제공한다. 컴퓨터 CPU 제조업체인 인텔(www.intel.com)의 펜티엄(Pentium) 칩은 경쟁기업인 AMD의 CPU 칩에 비하여 월등히 뛰어난 성능을 제공하지는 않지만, Intel이라는 강력한 브랜드를 구축함으로써 '신뢰성'이라는 차별화된 가치를 소비자들에게 전달할 수 있었다.

② 경쟁우위는 기업으로 하여금 다양한 사업으로 확장할 수 있는 기반을 만들어 준다. 기업 내에 축적된 경쟁우위는 변화하는 경영환경에서 기업이 사업을 확장하거나 제품/서비스 라인을 확장할 때 활용될 수도 있다. 혼다(www.honda.com)의 경우 뛰어난 품질의 엔진을 제조할 수 있는 기술을 발전기, 선박용 엔진 등에도 활용함으로써 다양한 사업기회를 놓치지 않을 수 있었다.

③ 경쟁우위는 기업에게 고객만족도 및 충성도의 증가, 이윤의 증가, 시장점유율의 증가 등 다양한 형태의 시장성과(market performance)를 가져다 준다. 자사의 제품이나 서비스가 경쟁우위를 바탕으로 소비자들에게 차별화된 가치를 전달한다면 소비자들이 자사의 제품/서비스를 선택할 가능성이 높아질 것이다. 시장조사기관 트렌드포스는 삼성전자가 2017년 1분기 세계 스마트폰 시장점유율(생산량 기준)이 26.1%로 애플(16.9%)을

앞질렀다고 보고했다. 삼성전자의 갤럭시 시리즈는 프리미엄급 스마트폰의 판매 확대와 더불어 중저가 라인을 보강하여 수익성을 유지하는 전략으로, 세련된 디자인과 다양한 부가기능, 높은 품질로써 2017년 1분기 기준으로 세계 1위의 시장점유율을 가지고 많은 이윤을 창출하고 있다.

이러한 중요성으로 인하여 기업들은 자사만의 경쟁우위를 구축하기 위하여 끊임없이 노력해야 하며, 시간이 지남에 따라 지속적으로 진화하고 발전할 수 있도록 투자를 아끼지 않아야 한다. 본장에서는 이러한 기업의 경쟁우위가 어떻게 형성되는지 그 원천(resources)을 크게 자산(assets)과 역량(capabilities)으로 나누어 알아보고, 그것을 기반으로 기업들은 어떤 가치제안(value proposition)의 형태를 가질 수 있는지 알아보도록 한다.

• SECTION 02 • 경쟁우위의 선순환 과정
Competitive advantage cycle

경쟁우위의 기반이 되는 원천(resources)과, 이를 통해 나타날 수 있는 경쟁적 가치제안(competitive value proposition)에 대하여 자세히 알아보기에 앞서, 기업 내에서 경쟁우위가 형성되는 과정과 경쟁우위가 기업의 경쟁력에 영향을 미치는 피드백(feedback) 과정인 경쟁우위의 선순환 과정(competitive advantage cycle)을 단계별로 알아보자.

1 ▶ Step 1

앞서 이야기했던 것처럼 경쟁우위의 기반을 이루는 원천은 크게 경쟁사보다 우월하게 보유하고 있는 자산(superior assets)과 역량(superior capabilities)으로 나누어 생각해 볼 수 있다. 기업이 시장에 진출할 때에는 그 시장에 맞는 핵심성공요인(KSF, Key Success Factor)을 필요로 한다. 예를 들어, 핸드폰 산업에 있어서는 소비자들의 다양한 욕구에 맞는 다양한 기종의 핸드폰을 재빨리 개발하여 적시에 출시할 수 있는 기업이 성공할 것이다. 이렇게 하기 위해서는 경쟁사보다 더 뛰어난 품질을 가진 핸드폰을 만들 수 있는 기술과 함께 소비자들이 원하는 다양한 부가기능과 디자인을 가진 핸드폰을 개발할 수 있는 능력들이 요구될 것이다. 또한, 이러한 핸드폰들을 소비자들에게 적시에 전달하기 위해서는 뛰어난 영업인력과 탄탄한 유통기반을 가지고 있어야 할 것이다. 만약 자사의 핸드폰 브랜드가 소비자들에게 좋은 이미지를 주고 있다면, 매출에도 많은 영향을 미칠 수 있을 것이다. 이를 종합해 본다면, 자사의 제품이나 서비스가 시장에서 성공하기 위해서는 먼저 핵심성공요인을 파악하여 그에 적합한 경쟁적 가치제안의 형태(Operational Excellence, Product Leadership, Customer Intimacy)와 자산 및 역량을 갖추어 나가는 것이 필요하다.

2 Step 2

두 번째로는 이렇게 형성된 경쟁우위를 경쟁사가 모방할 수 없도록 만드는 것이다. 경쟁우위란 앞서 이야기했듯이 자사와 경쟁사를 비교하여 고려했을 때 나타나는 상대적 개념의 성격을 가지고 있으므로, 만약 자사의 경쟁우위가 쉽게 모방된다면 자사의 경쟁우위는 순식간에 사라질 것이다. 이렇게 경쟁사가 자사의 경쟁우위를 쉽게 모방할 수 없도록 모방장벽(barriers to imitation)을 만드는 것은 자사에게 두 가지 이익을 가져다준다. 첫째, 자사의 제품/서비스군에 있어서 진입장벽(entry barrier)을 형성하는 것이다. 만약 자사가 어떤 제품이나 서비스산업에 있어서 활용할 수 있는 독특한 자산과 역량을 가지고 경쟁사가 모방할 수 없는 경쟁우위를 가지고 있다면 아무리 그 시장이 매력적이라 할지라도 잠재적인 경쟁사(potential competitor)가 쉽게 진입할 수 없을 것이다. 둘째, 새로운 사업기회가 찾아왔을 때 진입하는 시장에서 선점효과(first mover advantage)를 누릴 수 있다. 경쟁우위의 역할과 중요성에서 밝혔듯이 경쟁우위는 새로운 사업기회가 찾아왔을 때 자사의 사업을 확장할 수 있는 기반을 제공해 줄 수 있다. 따라서, 경쟁사보다 더 쉽게, 더 빨리 시장에 뛰어듦으로써 선점효과를 창출할 수 있는 것이다.

3 Step 3

경쟁우위의 가치제안 형태는 Operational Excellence, Product Leadership, Customer Intimacy 등 세 가지로 나타날 수 있는데, 좀 더 크게 본다면 Operational Excellence는 적은 비용과 효율적인 사업운영을 통한 가치창출의 형태로, Product Leadership과 Customer Intimacy는 경쟁사보다 더 뛰어난 제품과 서비스를 제공하는 가치창출의 형태로 구분할 수 있다. 경쟁우위는 이렇게 경쟁사보다 더 뛰어난 가치를 고객들에게 전달함으로써 경쟁사가 제공하는 제품과 서비스보다 더 많은 고객만족을 이끌어 낼 수 있다. 고객만족은 더 높은 고객충성도로 이어지고 높은 고객충성도는 자사의 제품이나 서비스를 이용하는 고객들이 타사의 제품과 서비스로 이탈하는 것을 방지해 준다. 또한, 높은 고객충성도를 가진 고객들은 자신이 이용하는 제품과 서비스를 자신의 주변사람들에게 권하는 구전효과(word of mouth)를 창출함으로써 더 많은 고객들을 확보할 수 있게 한다. 결국 이러한 과정이 반복됨으로써 시장점유율을 확대할 수 있고, 더 많은 이윤을 창출할 수 있게 되는 것이다. 하지만, 이렇게 시장점유율의 증가나 더 많은 이윤을 창출을 하는 과정에서 아무리 모방장벽을 높게 구축하고 있다 하더라도, 자사가 가진 자산과 역량이 경쟁사에 노출됨으로써 자사의 경쟁우위가 잠식되기도 한다. 따라서, 이를 방지할 수 있는 방안이 필요하다.

4 Step 4

경쟁우위의 선순환 과정의 마지막 단계는 두 번째와 세 번째 단계에서 언급

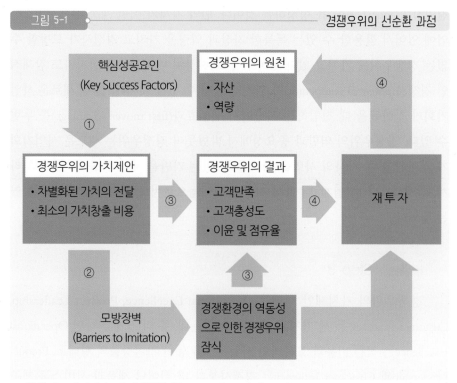

그림 5-1 　　　　　　　　　　　　　　　　　　　　　　경쟁우위의 선순환 과정

〈출처: Day, G., & Reibstein, D.(1997), Wharton on Dynamic Competitive Advantage, John Wiley & Sons, Inc.〉

한 경쟁우위의 잠식을 방지하는 단계이다. 시장과 경쟁환경이 매우 역동적으로 변하기 때문에 자사의 제품/서비스가 시장에서 성공하기 위한 핵심성공요인이 변화할 수가 있다. 또한, 경쟁사도 새로운 경쟁우위를 구축하거나 자사가 경쟁우위를 구축한 과정을 학습하면서 자사의 경쟁우위가 잠식될 수도 있다. 기업은 이러한 것을 방지하기 위한 노력으로서 경쟁우위의 결과물로 얻어진 이윤을 재투자하여 다시 자산과 역량을 축적시킴으로써 경쟁우위의 원천을 강화시킬 수 있다.

이러한 4단계의 과정들이 <그림 5-1>과 같이 계속 반복된다면, 기업은 자사의 경쟁우위의 잠식을 최대한 방지하면서 지속적으로 자사의 경쟁우위를 강화시킬 수 있다. 그럼 이러한 선순환 과정에서 첫 출발점이 되는 경쟁우위의 자산과 역량이란 무엇인지 아래에서 구체적으로 살펴보기로 하자.

• SECTION 03 • 경쟁우위의 원천으로서의 자산
Superior assets

경쟁우위의 원천이 되는 한 요소로서 우리는 기업이 보유하고 있는 자산들(assets)을 생각해 볼 수 있다. 자산은 기업이 사업을 영위하면서 축적해온 부존자원들로서 생산시설이나 영업인력, 자금력 등의 유형적이고 물리적인 자원들과 브랜드 가치, 연구개발 능력 등 무형적인 자원들을 포괄하고 있다. 자산은 앞 장에서 언급되었던 Michael E. Porter 교수의 가치사슬(value chain)과 깊은 관련성이 있는데, 이는 기업이 보유하고 있는 자산이 제품이나 서비스가 만들어지기 위해 원료나 물자들이 조달되는 과정부터 그것이 만들어지고 고객들에게 전달되는 과정 전반에 걸쳐 사용됨으로써 가치를 창출하기 때문이다. 가치사슬의 주된 활동(primary activities)들은 원료조달(outbound logistics), 제품/서비스의 제조(operation), 물류/유통(outbound logistics), 마케팅/영업(marketing & sales), 고객서비스(service) 등으로 구성되어 있고 이를 지원하기 위한 활동(supportive activities)들로는 기업인프라(firm infrastructure), 인적자원관리(human resource management), 기술개발(technology development), 기업운영자원 조달(procurement) 등이 있다. 이러한 각각의 활동들과 경쟁우위의 원천으로서의 자산과의 연관성은 <그림 5-2>에서 확인할 수 있다. 브랜드 자산(brand equity)과 고객자산

그림 5-2 ──────────────── 가치사슬(Value Chain) 가치의 창출과정

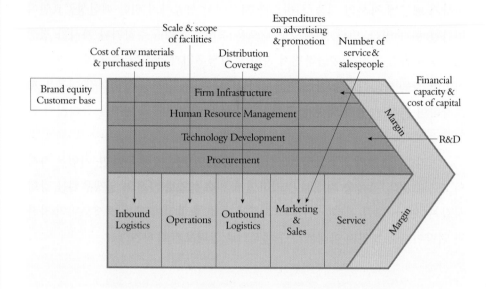

(customer base)은 Porter 교수의 가치사슬에서 언급되지는 않았지만 현대 기업활동에 있어서는 반드시 보유하고 있어야 할 무형자산들이다.

만약, 이렇게 가치를 창출하는 과정에서 경쟁사보다 조금이라도 더 효율적인 프로세스(process)를 가지고 있어 고객들에게 경쟁사의 제품이나 서비스보다차별화된 가치를 전달하거나 더 낮은 가격에 전달할 수 있다면, 기업은 경쟁사에 비하여 충분한 경쟁력을 가지고 있다고 말할 수 있을 것이다. 여기에서는 이러한 과정들을 좀 더 세분화시켜 어떻게 경쟁우위를 이루는 원천으로서 작용하는지 알아보도록 한다.

1 Cost of raw materials and purchased inputs

제품이나 서비스를 창출하는 과정은 원료를 조달하는 것부터 시작된다. 만약, 경쟁사보다 낮은 가격에 원료를 조달하거나 양질의 원료를 확보할 수 있다면 이는 생산원가를 절감하거나 뛰어난 품질의 제품이나 서비스를 만들어낼 수 있도록 함으로써 고객들에게 더 높은 가치를 제공할 수 있기 때문이다. 또한, 생산에 필요한 원료를 적시에 공급받을 수 있는 능력 또한 매우 중요한 요소이다. 만약, 자사의 제품이 시장에서 좋은 반응을 얻고 있음에도 불구하고 제조에 필요한 원료를 조달할 수 없다면, 소비자들에게 어떤 가치도 제공할 수 없기 때문

이다.

　이미 전세계의 다양한 국가에 진출하여 많은 소비자들로부터 사랑받고 있는 미국의 커피전문점 체인인 스타벅스(www.starbucks.com)는 이러한 측면에서 뛰어난 원료확보 능력을 가지고 있다고 할 수 있다. 스타벅스는 1971년 시애틀에서 시작된 작은 커피숍에 불과했지만, 2016년 기준, 세계 약 65개국에서 25,000개가 넘는 매장을 운영하고 있는 고급커피 전문 체인이다. 스타벅스가 이러한 성공을 거둘 수 있었던 데에는 많은 원인들이 있는데, 양질의 원료를 적시에 공급받을 수 있었던 능력이 그 중 한 가지이다. 스타벅스의 양질의 원료확보 과정은 중남미의 커피농장에서 생산되는 커피 원두 중 고급커피에 적합한 커피 원두를 엄선하는 것부터 시작한다. 이 엄격한 선정과정을 통과한 농장에게는 스타벅스에게 커피를 공급할 수 있는 자격이 부여되는데, 스타벅스의 뛰어난 원료확보 노력은 여기서 끝나지 않는다. 커피의 선적과정에서 스타벅스는 선적을 기다리고 있는 커피를 무작위로 추출하여 다시 한번 품질검사를 한다. 그리고, 선적된 커피가 도착한 항구에서 한번 더 검사가 이루어지고, 마지막으로 가공하기 전 단계에서 검사가 이루어진다. 만약 이러한 검사에서 모두 합격을 받은 커피농장은 지속적으로 스타벅스에 커피를 공급할 수 있는 자격이 주어져 안정된 공급처를 확보할 수 있으므로 많은 커피농장들이 스타벅스에게 뛰어난 품질의 커피를 제공하고자 하는 동기를 부여한다.

2　R&D(Research & Development)

　R&D는 미래 사업기회를 잡기 위해 반드시 수행되어야 하는 활동들이다. 특히, 1980년대 이후 모든 산업분야에 걸쳐 관련 기술들이 급속하게 발전됨으로써 경쟁에 뒤처지지 않기 위해서는 R&D 투자에 게을리 해서는 안 된다. 만약, 현재에는 경쟁사보다 뒤처져 있을지라도 경쟁사보다 더 많은 투자를 하여 좋은 결과가 나온다면 미래에는 경쟁사를 추월할 수 있는 가능성이 높아질 것이다. R&D 활동은 특히 기술집약적인 산업에서 경쟁우위를 구축하기 위해 필수적으

로 요구된다.

산업용품과 사무용품, 생활용품들을 생산하는 미국의 3M(www.3m.com)은 R&D에 많은 투자를 하고 있는 대표적인 기업이다. 3M은 2016년 기준 17억 달러 이상을 R&D에 투자하고 있는데, 이는 총 매출액 300억 달러의 5.8%에 해당하는 수치이며, 연구 활동을 위한 인력만 8,000명이 넘고 있다. R&D 투자액이나 인력 만큼 3M은 혁신적인 기업문화를 가지고 있는데, 특히, 15% Rule은 이를 대변하고 있다. 15% Rule이란 연구직원들이 자신이 원하는 프로젝트에 자기 근무시간의 15%를 투자할 수 있도록 보장하는 제도이다. 포스트잇(Post-it)은 이러한 노력으로 탄생된 제품 중 하나로 원래는 접착제를 개발하는 과정에서 나온 실패작이었지만, 15% Rule에 의해 제품화되어 성공한 사례이다. 3M은 이렇게 15% Rule을 통해 혁신적인 제품을 개발한 직원들의 명예를 높이기 위해 '혁신가상'을 도입함으로써 더 좋은 R&D 환경을 조성하기 위해 힘쓰고 있다.

3   Scale and scope of facilities

많은 경제학자들은 생산량이 늘어감에 따라 고정비용이 감소하므로 전체적인 생산비용이 감소함을 밝혀냈다. 이를 잘 설명해 주는 것이 규모의 경제(economies of scale)와 범위의 경제(economies of scope)로서, 규모의 경제란 생산의 규모가 커질수록 생산단가가 낮아지는 효과를 말하며, 범위의 경제는 한 기업이 여러 상품을 동시에 생산함으로써 비용상의 이점이 생기는 이익향상의 효과를 말한다. 규모의 경제와 범위의 경제는 제품을 대량생산하여 소비자들에게 전달하는 과정에서 생산원가를 절감시킬 수 있는 효과를 제공할 뿐만 아니라, 이를 통해 더 많은 수익을 확보할 수 있는 원인이 되어 미래를 위한 더 많은 투자를 가능케 한다. 예를 들어, 가격이 2원인 한 제품을 생산하는 데 100원의 고정투자비용이 들어가고 단위당 가변비용이 1원씩 들어간다고 하자. 300개의 제품을 생산하는 A기업의 총비용은 400원이고 100개의 제품을 생산하는 B기업의 총비용은 200원이 된다. 이때 A기업의 매출은 600원으로 200원의 이익을 창출할 수 있지만 B기업의 매출은 200원으로 이익을 창출할 수 없다. 즉, 더 많은 생산량을 가진 A기업은 B기업에 비하여 더 낮은 단위당 고정투자비용을 들임으로써 더 많은 이윤창출의 기회를 잡을 수 있다는 것이다. 또한, 수직으로 통합되었거나 서로 연관성이 깊은 수평적으로 다각화된 사업을 운영하고 있는 기업은 그렇지 못한 기업들보다 더 낮은 가격에 원료를 조달받거나 전체적으로 더 높은 수익을 창출할 수 있을 것이다.

우리나라에 본격적으로 자동차산업이 태동된 1970년대부터 줄곧 업계선두를 지켜온 현대자동차(www.hyundai.com)는 1998년 국내에 IMF사태가 발생하였을 때 부도처리된 기아자동차를 인수하였다. 현대자동차가 IMF라는 어려운 상황에서도 기아자동차를 인수하고자 했던 이유 중 하나는 생산시설을 늘림으로써 규모의 경제효과를 달성하고자 하는 데 있었다. 자동차산업은 대표적인 대량생산 대량소비의 산업으로서, 연간 생산대수가 업계의 위치를 좌우하는 경우가 많다. 현대자동차는 국내의 자동차 수요가 포화상태에 이르러 경쟁이 매우 치열함을 알고 그동안 꾸준히 해외시장의 문을 두드렸지만, 미국의 포드(www.ford.com)나 제너럴 모터스(www.gm.com), 일본의 도요타(www.toyota.com), 혼다(www.honda.com)에 비하여 작은 규모의 생산시설을 가지고 있어 그 경쟁기반에서 큰 차이가 나고 있었다. 따라서, 현대자동차는 기아자동차를 인수함으로써 이러한 글로벌 기업들과 경쟁할 수 있도록 생산기반을 확충하고 다양한 제품 라인업을 구축함으로써 고객들의 다양한 요구에 응할 수 있도록 하였다. 기아차의 인수합병 이후, 기아차는 젊은 스타일의 외관 디자인에 첨단 기술 사양을 적용해 경제성, 실용성 및 안전성을 겸비한 차량 상품성과 가격 경쟁력을 극대화하여 젊은층을 타겟으로 삼았다면, 현대차는 프리미엄급 성능으로 SUV와 준중형 및 중형 세단에서 입지를 구축하여, 운전의 용이성, 우수한 주행성능, 성능과 디자인을 두루 갖춘 고급브랜드를 원하는 소비자들을 노리고 있다. 최근에는 연간 생산능력 40만대 규모의 멕시코공장이 완공되면서 현대기아차의 글로벌 생산능력은 800만대를 넘어섰다. 규모의 경제 실현과 안정적인 생산 네트워크 구축을 바탕으로 현대기아차는 글로벌 업체들과의 경쟁에서 우위를 점하기 위하여 계속해

서 노력하고 있다.

4 Distribution coverage

제품이나 서비스의 유통채널(distribution channel)은 제품이나 서비스가 소비자와 만날 수 있는 고객접점이라는 측면에서 매우 중요하다고 할 수 있다. 소비자들이 구매장벽을 느낄 수 있는 요소들은 다양하게 존재하지만, 소비자들이 제품이나 서비스를 구매하고자 할 때 자신이 원하는 곳에서 그것들을 접할 수가 없다면, 소비자들이 구매를 포기할 가능성이 높아질 것이다. 또한, 이는 미래의 사업기회에 있어서도 부정적인 영향을 미칠 것이다. 따라서, 유통채널을 통해 소비자와 접할 수 있는 기회를 증가시키고 이를 위해 효과적인 유통채널을 확보하는 것은 경쟁우위 확보를 위한 요소가 될 것이다.

농심(www.nongshim.com)의 신라면은 1986년 10월에 발매되었고, 2015년 말 기준 누적 매출액 10조원을 기록하며 라면시장에서 꾸준히 시장점유율 1위를 고수하고 있는 제품이다. 또한 신라면은 해외 사업 매출액 6억 4천만 달러를 돌파하였고, 일본, 중국, 미국뿐만 아니라 아프리카, 이슬람 국가 등 전 세계 100여 개국에 유통되고 있다. 신라면의 2016년 국내 매출은 약 4,500억원으로 2조원 규모의 국내 라면시장의 4분의 1에 해당한다. 신라면이 농심의 유통채널에서 발휘하는 힘은 단지 시장점유율로만 설명할 수는 없다. 전체 소매점 중 신라면을 취급하는 소매점의 비율로 나타나는 유통침투율은 거의 100%에 가깝지만, 만약 농심의 전체제품의 유통침투율에 영향을 미치는 힘을 고려한다면 실제 신라면의 유통침투율은 100%를 상회한다고 볼 수 있다. 농심은 소비자들이 가장 많이 찾는 신라면을 매장에 진열시킬 때 상점들로 하여금 신라면뿐만 아니라 농심의 다른 라면제품도 함께 진열하도록 하고 있다. 즉, 농심의 다른 라면제품의 유통침투율이 신라면의 유통침투율에 따라 같이 상승하게 되는 것이다. 이러한 유통력은 유통경로상에서 공급자가 자사의 제품이나 서비스가 경쟁사에 비해 우월한 위치에 있음으로써 구매교섭력(bargaining power)을 가지고 있을 때 나타나는

데, 이는 자사의 매출을 증대시키는 역할을 할 뿐만 아니라 경쟁사의 유통력을 제어함으로써 경쟁사의 추격을 견제하는 데에도 도움이 된다.

5 Expenditures on advertising and promotion

기업의 광고(advertising)나 프로모션(promotion) 활동은 소비자들이 기업의 마케팅활동을 직접적으로 체감할 수 있는 도구라고 할 수 있다. 따라서, 많은 기업들이 소비자들에게 자사의 브랜드나 제품, 서비스를 인식시키기 위해서 혹은 그 인지도를 증가시키거나 호의적 태도를 형성하여 강력한 브랜드 자산을 구축하기 위해서 광고와 프로모션 활동에 많은 돈을 투자하고 있다. 기업이 가지고 있는 자원은 매우 한정되어 있는 만큼 마케팅활동에 투입되는 자금은 다른 활동에 따라 제약받을 수도 있다. 그러나, 자사의 제품이나 서비스를 알리기 위한 도구로서 광고나 프로모션이 적합하다고 판단될 경우에는 이에 대한 지원을 아끼지 말아야 할 필요성이 있다. 광고와 프로모션 활동들이 결국 소비자의 제품이나 서비스 구매로 연결시키려는 노력이라고 보았을 때, Simon과 Sullivan의 연구는 이러한 활동 중에서 광고에 대한 지출이 가지고 있는 중요성을 잘 보여주고 있다. Simon과 Sullivan은 브랜드 자산은 시장진입순서, 누적 광고량, 해당 브랜드가 속한 산업전체 광고량 중 그 브랜드가 차지하는 비율 등에 큰 영향을 받는다고 하였다. 즉, 경쟁사에 비하여 더 많은 광고를 할수록 그만큼 강력한 브랜드 자산을 구축할 수 있는 가능성이 높아진다고 할 수 있다. 결국, 근시안적인 생각으로 광고와 프로모션 활동에 대한 지원에 인색하다면, 원하는 효과를 달성할 수 없을 뿐더러 금전적인 낭비만 초래할 수도 있을 것이다.

우리나라 화장품 업계에서 부동의 선두를 달리고 있는 아모레퍼시픽(http://www.amorepacific.co.kr/)은 자사의 화장품 브랜드를 알리기 위해 광고에 지속적인 투자를 하고 있다. 특히, 20대 여성을 타깃으로 한 이 회사의 대표적인 브랜드인 이니스프리의 경우, '자연주의', '제주 마케팅'을 통해 미샤와 더페이스샵을 제치고 브랜드 샵 부문 1위를 차지하였다. 이니스프리는 79억 원 이상의 광고비를 2016년 한 해 동안 집행하고 있으며, 적정치를 상회하는 다수의 TV 프로그램을 커버함으로써 소

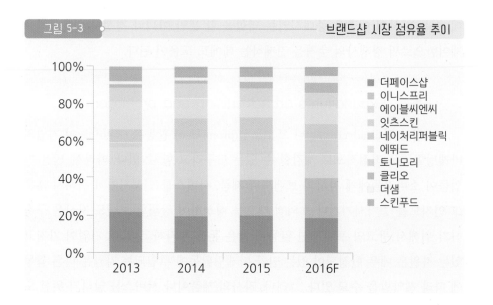

그림 5-3 ● ─────────── 브랜드샵 시장 점유율 추이

범례:
- 더페이스샵
- 이니스프리
- 에이블씨엔씨
- 잇츠스킨
- 네이처리퍼블릭
- 에뛰드
- 토니모리
- 클리오
- 더샘
- 스킨푸드

비자들이 광고를 접할 수 있는 기회를 증가시킨다. 이니스프리는 '기적을 믿지 마세요 며칠 만에 어려질 수 는 없어요' 다들 에센스의 1%의 성분을 바꾸려 할 때 과감히 70% 물을 바꿨죠' '24시간, 48시간 지속된다는 수분을 믿지 마세요' 라 는 문구를 통해 타 브랜드와 차별화된 '자연주의'를 강조하였다. 또한 '제주'라는 구체적인 콘셉트를 언급함으로써 '자연주의'의 본질을 일깨움으로써 브랜드 콘 셉트를 살려 피부에 대해 무척이나 예민한, 저자극, 화장품을 추구하는 20대 여 성층을 이니스프리에 대한 고객 충성도를 높이는 효과를 가져왔다.

6 ● Number of service and salespeople

인적판매는 자사의 제품과 서비스를 알리며 구매를 유도하기 위한 방법 중 하나이다. TV, 라디오, 다이렉트 메일(direct mail)부터 인터넷, 핸드폰 등 커뮤니 케이션 수단이 다양해짐에 따라 이를 통해 제품과 서비스를 광고할 수 있는 방 법도 매우 다양해졌다. 따라서, 최근에는 인적판매의 중요성이 많이 약화되는 현 상을 보이지만, 기업에 속한 직원들이 자사의 서비스와 제품을 직접 알려야 할 필요성이 있는 경우 인적판매자원의 규모와 질은 반드시 확보해야 하는 자산일 것이다. 더욱이 소비자들에게 자사의 차별화된 가치를 전달하는 것은 제품이나 서비스를 구매할 때뿐만이 아니라 그 후에 그 가치를 지속적으로 보존시키기 위 한 고객서비스(customer service)의 과정에서도 이루어진다. 만약, 서비스 인력을 통해 이러한 작업이 이루어지지 않는다면, 이는 소비자들이 비슷한 제품이나 서

비스를 재구매할 때 경쟁사의 브랜드로 옮겨 가는 결과를 낳을 것이다.

보험산업, 특히 생명보험의 경우 그 판매직원이라고 할 수 있는 보험설계사를 확보하는 것은 매우 중요한 일이다. 삼성생명은 보험 설계사 판매 비중이 32%를 차지할 정도로, 영향이 크기 때문에 직원 교육 및 지원이 굉장히 중요하다. 삼성생명(www.samsunglife.com)은 2017년 기준업계 최다인 3만 2천명에 달하는 전문 보험설계사를 보유하고 있다. 또한, 보험 설계사의 지원 및 이미지 제고를 위해 '인생금융전문가, 삼성생명 FC' 등의 광고 슬로건을 출시하였다. 이는 보험 설계사들에게 인생 전반을 책임질 수 있는 금융재무전문가 이미지를 부여하는 것을 목표로 한 시도였다. 이에 따라 보험설계사들에게 인생금융전문가에 맞는 컨설턴트가 이루어지도록 이미지 컨설팅 교육을 받고, 1년 이하 신인 보험설계사를 대상으로 기본적인 매너 및 비즈니스 에티켓, 복장, 대인관계 등 인생금융전문가로서 반드시 알아야 할 내용들을 가르치는 프로그램을 실시하고 있다. 또한 보험설계사들에 대한 지원으로 높은 수준의 실적을 달성할 경우 추가 수수료를 지급하여 신입 보험 설계사들의 정착률을 높이고, 설계사들의 육아비 지급, 학자금 대출, 건강검진 등 복지혜택을 강화한다. 이를 통해 설계사 측면에서는 직원들에게 직원 고유의 타이틀을 갖게 함으로써 전문성은 물론 삼성생명 일원이라는 자긍심을 높여주고 있어 설계사들이 단순히 보험 상품만 판매하는 것이 아니라 인생에 걸친 재무설계까지 진행하는 결과를 낳았다.

7 Customer base

컴퓨터의 보급률이 늘어나고 인터넷이 확산되면서 다양한 마케팅 기법들이 발달하게 되었다. 이는 과거에 시간과 금전적 기회비용 때문에 하지 못했던 많은 일들을 가능케 하였는데, 특히 컴퓨터가 발달하기 이전에는 생각지도 못했던 방대한 고객들의 데이터를 관리할 수 있는 도구들을 만들어 내었다. 기업들이 방대한 고객 베이스(base)를 가짐으로써 얻을 수 있는 효과는 크게 3가지 정도로 찾아볼 수 있다. 첫째, 경쟁사보다 더 많은 고객들의 데이터를 보유함으로써 소비자들의 라이프스타일(lifestyle)이나 시장의 추세(trend)를 쉽게 파악할 수 있다. 이는 기업들로 하여금 다양한 세분시장(segment)을 파악할 수 있게 하여 자사의 제품이나 서비스에 적합한 타겟을 쉽게 선정할 수 있게 도와준다. 둘째, CRM(Customer Relationship Management) 측면에서 보았을 때, 고객들의 데이터를 관리하는 것은 단순히 고객들의 데이터를 수집하는 단계에서 그치는 것이 아니라 그 데이터를 활용하여 다양한 마케팅활동이 가능하다는 측면에서 그 중요성을 가진다. 과거의 CRM은 자사가 보유하고 있는 고객들을 대상으로 어떻게 하면 자사의 제품이나 서비스를 더 많이 판매할 것인가(up-selling) 혹은 다른 제품이나 서비스의 구매로 연결할 것인가(cross-selling)에 중점을 두었지만 최근의 CRM은 새로운 사업기회가 찾아왔을 때 자사가 보유하고 있는 고객 데이터를 활용하는 방향으로 나아가고 있다. 셋째는, 네트워크 외부효과(network externality)로서 특히 최근 디지털 경제에서 종종 발견됨으로써 그 중요성이 커지고 있다. 네트워크 외부효과는 어떤 한 제품이나 서비스의 이용자 베이스가 커짐으로써 그만큼 더 높은 가치를 가질 수 있는 효과를 의미하는데, 모바일 메신저(messenger) 서비스 카카오톡을 예로 들 수 있다. 만약 카카오톡 서비스 가입자의 수가 매우 적다면, 정보를 교환하고 관계를 형성할 수 있는 기회도 제한적일 수밖에 없다. 그러나 만약 가입자가 매우 많다면, 카카오톡을 통해 교환되는 정보도 많아지고 관계를 형성할 수 있는 기회도 증대됨으로써 모든 가입자들에게 더 높은 가치를 전달할 수 있을 것이다.

카카오톡은 이와 같은 고객 베이스를 토대로 플랫폼 비즈니스를 확장해 나가는 양상을 보인다. 예를 들어, 기본적으로 카카오톡은 문자 메세지(SMS)를 대체하며, 그 외에 카카오페이, 카카오택시온라인, 음식배달 기능 등 자신의 강점에 해당하는 서비스를 확장해 나간다. 즉, 강력한 고객 기반을 통해 은행, 택시, 음식배달 업체 등의 서비스와 연결하며 가치를 창출한다. 카카오는 이미 많은 영역에 도전해왔지만 계속해서 확장을 시도할 것이며, 이와 같은 카카오의 고객가치기반 서비스를 통해 2016년 3분기에 음원·웹툰·게임 등의 콘텐츠 플랫폼 분야에서 전년 동기보다 2.87배 높은 1,984억 원을 기록하였다. 영업 이익은 동기대비 87% 증가한 303억 원, 매출은 70.5% 성장하여 3,914억 원을 달성하였다. 이를 통해 카카오톡이 고객에게 신뢰받는 서비스를 제공하기 위하여 다양한 가치를 창조하고 커머스, O2O, 핀테크 등 기타 사업 부문을 통해 경쟁우위를 확보하였다는 것을 알 수 있다.

8   Brand equity

브랜드(brand)는 처음에는 단순히 자사의 제품이나 서비스를 경쟁사의 그것과 구별하기 위한 도구에 불과하였다. 이러한 브랜드의 기능은 자사의 제품이나 서비스를 소비자들에게 인식시킴으로써 더 많은 구매를 유도하기 위한 것이었다. 그러나, 1990년대 이후 산업전반에 걸쳐 스타일(style)과 미학적 개념들이 제품이나 서비스의 기능적 속성보다 중요하게 여겨지면서 브랜드의 개념 또한 바뀌어야만 했다. 즉, 단순히 제품과 서비스를 식별하기 위한 도구로부터 소비자들에게 친근함이라든가 즐거움과 같은 특별한 경험을 줄 수 있는 도구로서 새로운 위상을 정립해야만 하는 시기가 된 것이다. 이러한 브랜드의 새로운 위상은 기업에게 전략적으로 관리해야 할 자산으로서의 필요성을 불러일으켰으며, 이전부터 꾸준히 브랜드의 가치를 높여왔던 기업들은 그렇지 못한 기업들보다 그만큼 더 우월한 위치에서 경쟁할 수 있는 토대를 마련할 수 있었다. 이러한 마케팅 환경은 현재 많은 기업들이 전략적인 브랜드 관리를 통하여 소비자들에게 차별화된 가치를 전달하기 위하여 노력하도록 만들고 있다.

매년 세계적인 브랜드 컨설팅기관인 인터브랜드(Interbrand)의 조사를 통하여 각국 기업들의 브랜드가치를 발표하고 있는 포브스(www.forbes.com)는 2017년 세계 1위의 브랜드가치를 가지고 있는 기업으로 애플(www.apple.com)을 선정하였다.

애플은 1976년 팀쿡에 의해 설립되어 컴퓨터 하드웨어 판매를 시작하여, 스마트폰, mp3, 스마트워치, 소프트웨어 및 어플리케이션까지 분야를 확장한 다국적 기업으로서 특히 휴대폰 시장에서 확고한 1위를 차지하고 있다. 2017년의 브랜드가치는 약 1,700억 달러로서 2위인 구글과는 약 700억 달러 가까이 차이가 난다(1,018억 달러). 애플은 경쟁사들이 흉내 낼 수 없는 독특한 브랜드 이미지와 차별화된 제품 및 디자인을 통해 소비자들에게 어필하였다. 애플의 '완벽한 제품'에 대한 고집은 애플의 모든 활동으로 이어졌고 곧 애플만의 감성, 디자인, 광고로 나타났다. 제품 자체를 그들만의 방식으로 소개하는 것만으로도 세계가 열광했다. 그렇게 애플이라는 브랜드의 가치는 갈수록 높아졌다.

앞서 예로 들었던 스타벅스는 'Coffee Experience'라는 독특하고 강력한 브랜드 자산을 잘 구축한 예라고 할 수 있다. 스타벅스는 커피전문점 시장에서 후발주자였지만 이렇게 강력한 브랜드를 구축할 수 있었던 원인

으로는 고급커피에 대한 소비자들의 욕구(needs)를 잘 파악하여 이를 충족시킬 수 있도록 모든 마케팅 노력을 '스타벅스'라는 브랜드에 담아내기 위해 일관적으로 노력한 데에서 찾아볼 수 있다. 스타벅스는 기존의 커피전문점처럼 단순히 커피만 판매하는 것이 아니라 유럽풍으로 꾸며진 이국적인 인테리어, 커피에 대한 풍부한 지식을 가진 직원들의 친절한 서비스, 매장에 잔잔하게 흐르는 재즈 음악 등 스타벅스라는 고급커피를 소비함으로써 얻을 수 있는 즐거움과 편안함, 자부심 등 경험적 측면을 극대화시키기 위해 자사의 자산과 역량을 집중했던 것이다.

9 Financial capacity and cost of capital

기업이 사용할 수 있는 자금은 '이윤획득'이 기업이 사업을 영위하는 목적이라는 점을 고려한다면 매우 중요한 자산일 것이다. 뿐만 아니라, 기업활동에 필요한 자금이 없다면 경영을 위한 어떤 투자도 이루어질 수 없다는 측면에서 그 중요성은 더욱 강조될 것이다. 기업 내에 축적된 자금력이 풍부할수록 외부환경의 위협에 잘 대처할 수 있는 가능성이 높아질 뿐만 아니라 새로운 사업기회가 찾아왔을 때 신속하게 포착할 수 있기 때문이다.

2016년 10월, KB투자증권이 현대증권을 인수·합병하면서, 자기자본을 4조 2,000억원 규모로 불리며 업계 3위로 올라섰다. 금융업의 특성상, 자산규모가 업계의 판도를 좌우한다. 금융당국은 증권사의 자기자본에 대하여 3, 4, 8조원 이상으로 각각 구분해 차별화된 혜택을 주는 '초대형 투자은행 육성안'을 발표하였다. KB투자증권은 이에 대한 경쟁상황을 대비함과 동시에, 규모와 역량을 확보하기 위하여 현대증권 인수를 결정하고, 초대형 투자은행 자격을 갖추었다. 이와 같이, 증권사들은 인수·합병(M&A), 증자 등으로 덩치를 키워 투자은행에 적극적으로 진출하는 규모의 경제를 확보하며, 단순히 규모만 커지는 것이 아니라 통합 금융서비스를 제공하여 새로운 사업진출을 꾀할 수 있다. 예를 들어, KB금융은 은행과 증권의 복합점포를 확대하여 다양한 은행·증권의 맞춤형 상품을 제공할 수 있었다. 이를 바탕으로 고객의 자산을 분석하고 고객의 투자성향과 니즈에 맞는 최적의 종합자산관리 솔루션을 제공하며, KB금융의 상품공급 역량을 강화하는 등의 변화를 시도하였다. KB그룹의 이러한 변화는 증권사의 범위의 경제 및 기업 경쟁력을 확대하는 계기가 되었다.

KB금융그룹

Highlight 1

NAVER

1995년 대학(원)생들이 개인적으로 개발해 제공했던 한글 검색 서비스 코시크, 까치네, 와카노 같은 검색 서비스에서 출발한 한국 검색포털시장은 1990년대 후반부터 시작된 급속한 벤처붐에 힘입어 인터넷의 대문으로 큰 성장을 이룬다. 국내업체 중 괄목할 만한 성장을 보인 것은 무료 이메일로 막대한 가입자수를 자랑하는 다음(www. daum.net)이었고, 1997년 세계적인 강자 야후(www.yahoo. co.kr)의 국내 진출 뒤엔 점차 야후와 다음을 중심으로 시장이 재편되었으며, 1998년 말 이들의 틈새를 엠파스(www.empas.com)가 파고들고 있었다.

여기에 도전장을 내민 것이 네이버였다. 삼성 SDS 사내벤처에서 출발해 1999년 6월 정식 서비스를 시작한 네이버는 2000년 4월 한게임과의 합병 후 한게임의 게임을 설치할 때 시작페이지로 네이버를 설정하도록 기본 세팅함으로써 '시작페이지 점령'을 시도했다. 시작페이지 점령과 2000년 8월 시작한 통합검색 서비스의 시너지 효과로 2001년 네이버는 포털 3위 기업으로 도약했으나, 강력한 카페 커뮤니티와 디렉토리 검색을 보유한 1, 2위 다음과 야후를 따라잡기엔 역부족이었다. 이후 국내 검색 서비스시장은 대형 해외 검색 서비스와의 경쟁으로 인해 검색엔진이 아닌 대대적인 물량공세가 필요한 포털화 경쟁으로 치달았다. 이에 반해 네이버는 '포털의 중심은 검색엔진이며 서비스 질 향상'이라는 일관된 방침을 가지고 검색엔진에 관한 자체 기술력을 확보하고 기능을 업그레이드해 나가는 데 주력했다.

2002년 말 새롭게 선보인 '지식in' 서비스는 그러한 역량집중의 결과로 탄생한 것이었다. 당시 야후의 디렉토리 검색과 엠파스의 검색은 비교적 우수한 검색결과를 보여주었으나, 아직 한글정보가 많지 않은 인터넷에서 단순히 검색만 하기보다 정보의 생성과 수집의 필요성이 대두되었고, 다음의 카페 서비스 성공에서 나타난 한국 네티즌의 커뮤니티 선호 경향을 확인할 수 있었다. 네이버가 위와 같은 경쟁자들의 경쟁우위를 벤치마킹하여 새로운 검색방법을 제안하게 된 것이 '지식in'이다. 한겨레 사이트의 '지식거래소 디비딕'에서 힌트를 얻은 '지식in'은 기계적인 검색에서 벗어나 참여자들이 지식을 묻고 답하는 커뮤니티형 검색을 도입한 것이다. 업계 3위 규모의 사용자들이 새로운 지식검색의 재미와 유용성에 빠지게 되면서 2002년 네이버는 경쟁자들을 따돌리고 업계 1위의 업체로 올라서게 되었다.

네이버는 업계 1위라는 위상에도 불구하고, 여전히 지속적인 변신을 시도하고 있다. 2009년 말 뉴스캐스트로 뉴스 전송방식을 바꿔 언론의 뉴스 콘텐츠를 지배한다는 이미지를 벗었으며, 자사 서비스 위주의 폐쇄적인 블로그 검색에 대한 비판이 들어오자 이글루스, 티스토리 등 다른 블로그 또한 검색 결과에 반영하는 등 개방된 검색엔진으로서의 이미지를 위한 지속적인 노력이 함께 이루어지고 있다. 나아가 모바일 검색시대의 새로운 욕구를 충족시키기 위해 모바일 검색을 선보이기 시작했으며, 한편으로는 아날로그 감성을 충족하는 '글꼴 공개'와, 실시간으로 정보를 찾고 싶은 마치 내 마음을 들여다보는 듯한 각종 기능을 제공하는 '네이버 앱'을 선보였다.

NAVER 6.0 for Android / iOS

네이버 앱은 모바일에서 여러 가지 기능이 추가되어, 기존 네이버 웹상에서의 활동을 모바일에서도 할 수 있을 뿐만 아니라, 더욱 강화된 검색 기능을 제공한다. 예를 들어, 네이버 앱에 포함된 음악검색을 통해 야외에서 듣고 있는 음악을 인식하여 검색하거나, 음성 검색을 통하여 모바일 사용자의 음성을 인식하여 손이 불편하여 검색하기 어려운 상황에 검색을 용이하게 한다. 또한, 네이버 한자사전을 통하여 사용자의 필기를 인식하고, 해당 한자의 음과 훈, 뜻까지 검색을 가능하게 한다.

2017년에는, 네이버 앱에 포함된 스마트렌즈를 통하여 이미지 검색 기능을 제공한다. 스마트렌즈에는 인공지능인 스코픽이 탑재되었는데, 장난감, 가전기기, 그림 등의 이미지를 사진을 찍거나 넣으면 이를 인식하여 유사 이미지를 검색해낸다. 이를 통해, 네이버 앱을 통하여 모바일로 더욱 편리하고 다양하게 검색할 수 있게 되었으며, 기존의 경쟁력을 모바일에도 확장해 나가고 있다는 것을 알 수 있다.

• SECTION 04 • 경쟁우위의 원천으로서의 역량
Superior Capabilities

우리는 앞에서 경쟁우위의 원천으로서 한 축을 이루는 자산들에 대하여 알아보았다. 자사가 가진 가치사슬상에 뛰어난 자원들을 보유하는 것은 매우 어려운 일이다. 그러나, 이러한 자원들을 보유하고 있다하더라도 이것을 활용할 수 있는 능력이 없다면, 속담에서 말하는 것과 같이 '그림의 떡'이라고 밖에 말할 수 없다. 이러한 측면에서 '역량(cap-abilities)'은 자산만큼이나 혹은 그 이상으로 매우 중요한 경쟁우위의 원천이라고 할 수 있다. 역량은 한 개인이나 기업이 오랜 기간 동안 축적해 온 독특한 고유의 지식(knowledge)이나 기술(skill), 노하우(knowhow) 등을 일컫는데, 이는 필요한 자산들을 서로 연결시켜 주어 경쟁우위

그림 5-4 ●————— 경쟁우위 역량의 네 가지 측면

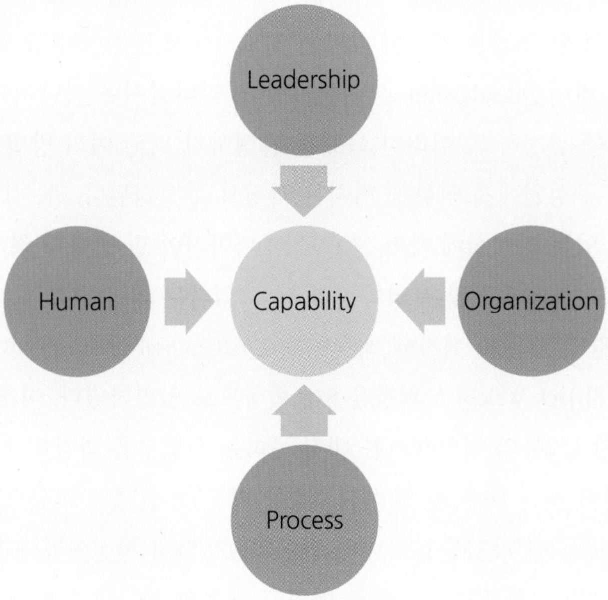

MEMO

로서 작용할 수 있도록 하는 접착제와 같은 역할을 담당한다. 즉, 컴퓨터의 하드디스크나 모니터 등 하드웨어를 작동시키기 위해서 이에 맞는 소프트웨어로 제어해야 하는 것과 같은 이치라고 할 수 있다.

역량의 특징들을 살펴보면 먼저, 자산이 유형적인 것과 무형적인 것이 혼재되어 있는 반면에, 역량은 무형적인 것으로 그 힘과 영향력을 쉽게 금전적인 가치로 측정할 수 없다. 또한, 역량은 시도와 오류를 반복하면서 학습할 수 있는 결과이므로 자사만의 고유한 역량을 가지기 위해서는 일반적으로 자산을 획득하는 기간에 비하여 더 긴 기간을 필요로 한다. 우리가 흔히 말하는 한 기업만의 고유한 문화라는 것이 짧게는 수년, 길게는 수십 년에 걸쳐 형성된다는 점은 이를 잘 설명하여 준다. 이러한 역량의 특징들은 경쟁기업이 자사의 역량을 쉽게 모방할 수 없도록 모방장벽을 구축한다.

여기에서는 이러한 역량들을 Leadership, Human, Organization, Process의 네 가지 측면에서 좀 더 자세히 살펴보고자 한다.

1 Leadership

한 조직의 지도자는 조직 구성원의 의견수렴과정을 거쳐 앞으로 지향해야

할 방향을 설정하고 그에 따라 조직 구성원을 이끌어 목표를 달성해야 하는 책임이 있기 때문에 이에 적합한 역량이 요구된다. 따라서, 흔히 한 조직을 이끌어 나가는 지도자로서 갖추어야 할 역량의 1순위로 리더십(leadership)을 이야기한다. 리더십이란 집단이나 조직의 목표를 결정하고, 이러한 목표를 달성하기 위해 여러 방법으로 집단이나 구성원에게 영향을 미치는 과정으로 정의된다. 즉, 지도자가 가지고 있는 리더십에 따라 그 조직이 나아가야 할 방향과 취해야 할 행동이 결정되고 그 성과에도 많은 영향을 미칠 수 있다는 의미이다.

방만한 경영 때문에 적자에 허덕이던 GE(General Electric, www.ge.com)는 1981년 잭 웰치(Jack Welch) 부회장을 8대 회장으로 임명하였다. 이후 잭 웰치 회장이 시장에서 1, 2등의 경영성과를 내지 못하는 사업부를 과감히 처분함으로써 GE를 회생시킨 것은 매우 잘 알려진 이야기이지만, 실제로 회장으로 취임하면서 가장 먼저 착수한 작업은 GE 내의 인재개발센터의 혁신이었다. 그는 인재개발센터의 시설을 세계최고 수준으로 바꾸고 거기서 2001년 은퇴할 때까지 총 1만 8,000명의 핵심 리더들을 대상으로 강연함으로써 유능한 리더들을 길러낼 수 있었다. 즉, GE의 회생은 잭 웰치뿐만 아니라 최고시설의 인재개발센터에서 훈련된 중간관리자들에 의해 힘입은 바가 크다고 할 수 있다.

GE와 잭 웰치 전 GE 회장의 사례가 우리에게 주는 의미는 두 가지로 요약될 수 있다. 먼저, 기업의 CEO(Chief Executive Officer)가 얼마나 뛰어난 리더십을 보유하고 있느냐에 따라 한 조직의 성패가 결정될 수 있다는 점이다. 그리고 두 번째로는, 기업의 조직이 거대해짐에 따라 CEO뿐만 아니라 임원들과 각 사업부 혹은 팀을 책임지고 있는 중간관리자들의 리더십 배양이 매우 중요해지고 있다는 점이다. 과거의 수직적인 조직이 수평적으로 변하면서 하나의 사업부 혹은 팀이 독립된 조직처럼 움직이게 되었다. 따라서, CEO에게 집중되어 있던 권한들도 임원들이나 중간관리자들에게 많이 이양되면서 이들의 리더십을 배양시키는 것이 중요한 문제로 대두되고 있는 추세이다.

2 Human

앞서 경쟁우위 원천으로서의 자산과 관련하여 Number of service and salespeople에 대하여 알아보았는데, 여기서 말하는 human은 다른 의미를 가지고 있다. Number of service and salespeople이 고객과의 접점에 있는 서비스나 영업

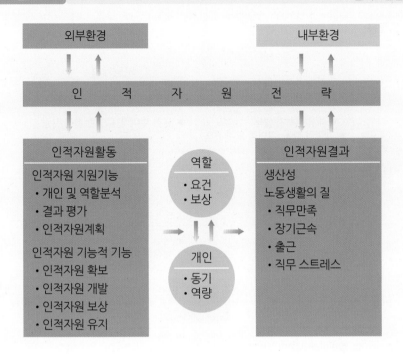

그림 5-5 ●━━━━━━━━━━━━━━━━ 인적자원전략

외부환경   **내부환경**

인 적 자 원 전 략

인적자원활동

인적자원 지원기능
• 개인 및 역할분석
• 결과 평가
• 인적자원계획

인적자원 기능적 기능
• 인적자원 확보
• 인적자원 개발
• 인적자원 보상
• 인적자원 유지

역할
• 요건
• 보상

개인
• 동기
• 역량

인적자원결과

생산성
노동생활의 질
• 직무만족
• 장기근속
• 출근
• 직무 스트레스

인력의 양적 우위나 질적 우위 그 자체를 말하는 것이라면 human은 이들을 효율적으로 관리하는 시스템 혹은 이들이 지속적으로 자기개발을 할 수 있도록 해주는 시스템들을 말한다.

최근 우리나라의 많은 기업들은 인적자원관리 측면에서 서로 훌륭한 인재를 확보하기 위해 보이지 않는 전쟁을 하고 있다. 그러나, 만약 자사에게 적합한 인재를 선발할 수 있는 시스템이 없다면 그 기업은 우수인력 확보 측면에서 뒤처질 수밖에 없을 것이다. 이러한 시스템은 선발뿐만 아니라 <그림 5-5>와 같이 훈련, 충원, 인사고과, 보상, 승진 등 인적자원관리 전반에 있어서 그 기업에 적합하게 그리고 효율적으로 디자인되어 있어야만 경쟁력을 가질 수 있을 것이다.

인적자원관리의 예로써 가치관 경영을 강조하는 그룹인 알리바바는 크게 인재를 3가지로 나누며, 그에 따라 대응을 다르게 한다. 첫째로, 팀에서 성과는 있지만 팀워크가 부족한 사람을 들개형, 그에 반해, 협동정신은 좋지만 성과가 부족한 사람을 토끼형, 성과와 팀워크가 모두 있는 사람을 사냥개형이라 한다. 알리바바는 사냥개형 인재를 추구하며, 인재상에 따라 선발과 트레이닝, 평가보상이 나뉜다. 먼저 인재선발에서는 '사냥개형'의 특성을 가진 사람을 선발하기 위해 4 단계에 걸친 어려운 선발절차를 운영하고, '들개형'의 경우는 한정적으로

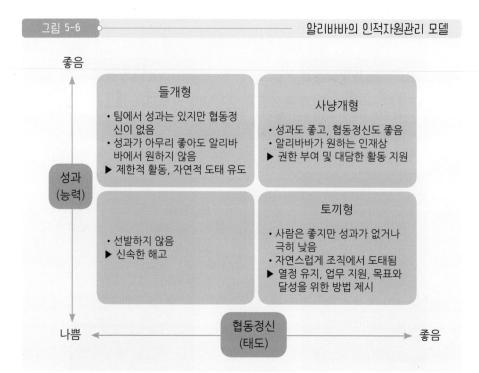

그림 5-6 ● ━━━━━━━━ 알리바바의 인적자원관리 모델

자료: DBR, 하이얼, 알리바바, 샤오미, 상상초월의 3色 극강 HR

활용하다 결국 걸러내지만, '토끼형'일 경우, 능력 개발과 더불어 업무지원, 개선해야 목표와 구체적인 노하우까지 제시해준다. 알리바바는 2004년부터 '알리학원'을 개설하여, 모든 구성원들의 가치를 높일 수 있는 길을 제시하며, 인사평가에서 업무실적 50%, 기업문화 및 가치관 평가를 50% 배정하여, 우수한 가치관을 통하여 보상 및 승진의 기회를 준다. 즉, 최소한의 제도와 규율을 통해 그룹의 가치관과 문화가 발현될 수 있는 가치관에 대한 경영 체계를 운영하고 있다.

3 Organization

조직의 형태는 기업의 업종이나 규모 등 그 특성에 따라 다양하게 나타날 수 있다. 19세기에서 20세기까지 유행했던 전통적 조직형태는 전형적인 피라미드형 조직으로 표현될 수 있다. 피라미드의 각 계층은 상이한 작업수준과 조직 내 위치를 나타내는데, 위로 갈수록 고도화된 작업수준과 높은 직위를 가지고 있다. 피라미드 조직은 위계(hierarchy)에 따른 명령과 통제를 근간으로 움직이므로 빠르고 효율적인 의사결정구조를 가지고 있다. 그러나, 조직이 거대해질수록 관료적이 되기 쉽고 업무가 분업화되어 있기 때문에 변화에 빠르게 대처할 수

그림 5-7 ─────────────────────── 기업의 조직형태

피라미드형 조직   팀제 조직

없는 단점이 있다. 20세기 후반에 들어와 많은 기업들이 도입한 팀(team)제는 피라미드형 조직에서 강조되었던 계층을 제거하고, 관리자들만이 가지고 있던 권한을 종업원에게도 부여하고 있다. 팀제는 피라미드형 조직에서 분업화된 업무를 다시 통합함으로써 각 업무간에 생기는 마찰을 조정해야 하는 시간과 노력을 줄여 변화에 신속하게 대처할 수 있다.

　이상에서 살펴본 바와 같이 두 조직의 형태는 매우 상반된 특징들을 가지고 있지만, 아이러니컬하게도 기업에 있어서 가장 이상적인 조직형태는 이 두 가지를 모두 갖춘 형태일 것이다. 각 조직 형태의 너무나 다른 특징들 때문에 서로 융합되기가 힘들겠지만, 만약 피라미드형 조직의 효율성과 팀제의 유연성이 공존한다면 매우 강력한 힘을 발휘할 수 있을 것이다. 예를 들면, 도요타는 조직 개발 측면에서 조직 수평화를 추구한다. 이를 위해, 1989년에 '과장제도'를 폐지하고, 의사결정이 빨리 이루어지도록 조직의 플랫(flat)화를 실시했다. 그 이후 도요타

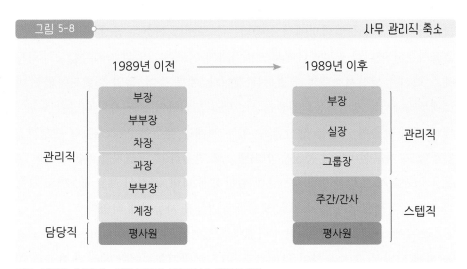

그림 5-8 ─────────────────────── 사무 관리직 축소

1989년 이전		1989년 이후	
관리직	부장	관리직	부장
	부부장		실장
	차장		그룹장
	과장	스텝직	주간/간사
	부부장		평사원
	계장		
담당직	평사원		

자료: 전병유, 혁신하는 기업 도요타 1994.7.14., 을유문화사

는 2004년 호봉 제도를 완전히 폐지하고, 조직혁신에 박차를 가했다.

4 Process

이러한 프로세스(process)는 위와 같은 역량들과 지식자산을 얼마나 효율적으로 축적하고 활용하는 것이다. 프로세스는 크게 내부 프로세스와 외부 프로세스, IT(Information Tech-nology)의 활용으로 나누어 살펴볼 수 있다.

내부 프로세스는 자사만이 보유하고 있는 지식자산이라든가 이를 업무에 활용하는 정도, 그리고 이것이 자사 내에서 공유되는 정도 등이며, 이러한 결과로 얻어지는 업무처리의 효율성까지 포함한다.

외부 프로세스는 자사 내에 축적되지 않은 역량을 아웃소싱(outsourcing)을 통해 조달하거나 축적하는 능력, 대외적인 신용도, 사회공헌도 등으로 이루어져 있으며, 이는 자사에 위협이 닥쳤을 때 활용할 수 있는 기업 외부의 힘과도 밀접한 관련이 있다.

많은 기업들이 경영 성과를 향상시키기 위해 프로세스 혁신을 단행하고 있다. 이러한 프로세스 혁신은 포디즘(Fordism)으로부터 출발하여 기계화된 대량생산을 이끌어내고 생산성 향상에 큰 기여를 하였고, 일본기업들에 의해서 프로세스 혁신의 제2단계가 주도되었다. 적극적인 비용관리를 위한 린(lean) 생산방식과 간반식 제조방법(Just In Time) 등 프로세스 측면에서 다양한 개선 노력을 전개하는 한편, 품질관리에 집중하였다. 이러한 포드(Ford)사의 Process혁신이나 일본의 간반식 Process혁신은 작업의 단순화(Simplification), 기계나 공구의 전문화(Specialization), 부품이나 작업의 표준화(Standardization)를 추구하는 것이었다. 그러나 최근 4차 산업혁명에서 진행되는 프로세스 혁신은 공장 자체의 생산성 효율화뿐만 아니라 원료공급에서 소비자까지 이르는 기업의 가치사슬상의 프로세스 혁신을 생산시스템과 연결하는 것이다. 예를 들어, 독일 노빌리아의 스마트팩토리에서는 생산자동화컴퓨터 시스템을 도입하여, 소비자의 다양한 주문에 대해 개별 맞춤형 가구를 생산할 수 있는 체계를 갖추어 Process혁신 경쟁력을 갖추었고, 가구설비들의 공정을 인터넷으로 연결하고, 공급자들로부터 어떤 부품을 가져와서 조립할지를 시스템이 판단하게 하며, 공장이 프로세스별로 모듈화 되어 주문별로 조합을 스스로 생성하는 기능을 가능하게 하였다.

프로세스의 구축활동은 최근 마케팅의 컨셉이 시장지향성(market orientation)을 띠게 되면서 그 중요성이 더해지고 있다. 시장지향성이란 시장의 욕구와 이

그림 5-9 ●━━━━━━━━━━━━━━━━━ 사무 관리직 축소

MEMO

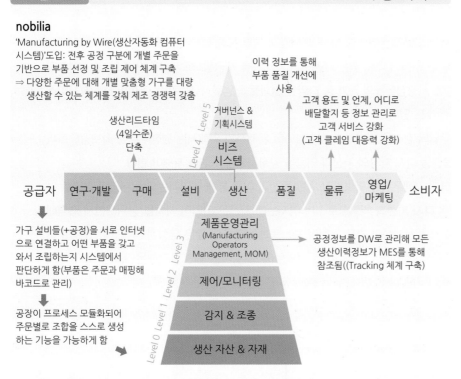

nobilia
'Manufacturing by Wire(생산자동화 컴퓨터 시스템)'도입: 전후 공정 구분에 개별 주문을 기반으로 부품 선정 및 조립 제어 체계 구축
⇒ 다양한 주문에 대해 개별 맞춤형 가구를 대량 생산할 수 있는 체계를 갖춰 제조 경쟁력 갖춤

이력 정보를 통해 부품 품질 개선에 사용

생산리드타임 (4일수준) 단축

거버넌스 & 기획시스템

고객 용도 및 언제, 어디로 배달할지 등 정보 관리로 고객 서비스 강화 (고객 클레임 대응력 강화)

비즈 시스템

공급자 / 연구·개발 / 구매 / 설비 / 생산 / 품질 / 물류 / 영업/마케팅 / 소비자

가구 설비들(+공정)을 서로 인터넷으로 연결하고 어떤 부품을 갖고 와서 조립하는지 시스템에서 판단하게 함(부품은 주문과 매핑해 바코드로 관리)

제품운영관리 (Manufacturing Operators Management, MOM)

공정정보를 DW로 관리해 모든 생산이력정보가 MES를 통해 참조됨((Tracking 체계 구축)

제어/모니터링

공장이 프로세스 모듈화되어 주문별로 조합을 스스로 생성하는 기능을 가능하게 함

감지 & 조종

생산 자산 & 자재

Level 0 Level 1 Level 2 Level 3 Level 4 Level 5

자료: 이정아 · 김영훈. (2014). 인더스트리 4.0과 제조업 창조경제 전략. NIA, 「IT & Future Strategy」 보고서. 한국정보화진흥원. 1(2), 1-37.

익기회를 확인하고 고객 및 경쟁자에 관련된 정보를 지속적으로 획득하여 기업의 모든 구성원이 그 정보에 쉽게 접근함으로써 고객에게 더 큰 가치를 제공할수 있도록 기업의 역량을 집중하는 것이라고 할 수 있다. 과거의 마케팅은 소비자에 중점을 두고 마케팅 부서가 타 부서와 협력과 조정이 가능한 상태라는 것을 전제로 하고 있었다. 하지만 기업들이 실제 경영활동을 하는 데 있어서는 많은 제약이 뒤따르므로 이러한 전제는 쉽게 지켜지지 않는 경향이 있다. 반면, 시장지향적 마케팅은 기업이 보유하고 있는 정보에 전 기업 구성원이 쉽게 접근함으로써 협력과 조정이 이루어져야 함을 강조하고 있다. 즉, 위에서 제시한 IT를 활용한 효율적이고 유기적인 사내 정보망의 구축은 시장에 대한 정보를 수집하는 단계에서부터 이를 구성원들이 공유하고 활용하는 단계까지 영향을 미침으로써 기업이 보유한 역량의 효과적 활용을 좌우할 수 있다. 따라서, 기업의 프로세스는 이러한 시장지향적 컨셉이 반영될 수 있도록 구축되거나 개선되어 나아갈 필요가 있다.

경쟁우위란 자사가 보유한 뛰어난 자산 및 역량과 이를 통해 나타나는 우월한 경쟁적 위치로서 기업들은 이를 통해 시장에 가치 있는 제품이나 서비스를 제공함으로써 고객만족도 및 충성도의 증가, 이윤의 증대, 시장점유율의 증가 등 다양한 결과물을 얻을 수 있으며, 사업이나 제품/서비스의 확장에 활용할 수도 있다.

이러한 경쟁우위의 잠식을 방지하고 지속적으로 유지하기 위해서는 경쟁우위를 확보함으로써 얻어지는 결과물들을 다시 자사의 자산과 역량을 강화시키는 데 재투자해야 한다.

경쟁우위는 크게 경쟁우위를 확보하기 위한 원천과 이를 통해 얻어지는 가치제안의 형태로 나누어진다. 원천은 다시 자산과 역량으로 나누어지는데 자산은 기업이 사업을 영위하면서 축적해온 부존자원들로서 생산시설과 같은 유형적 자산들과 브랜드와 같은 무형적 자산들이 있으며 이는 가치사슬과 많은 관련이 있다. 역량이란 기업들이 오랜 기간 동안 축적해온 독특한 고유의 지식(knowledge)이나 기술(skill), 노하우(knowhow) 등 무형적인 자원들을 말한다.

생각해 볼 문제

01 세계 50대 기업 중 하나를 선정하여 그 기업의 경쟁우위를 이루는 자산에는 어떤 것이 있는지 분석해 보시오.

02 경쟁우위의 원천으로서 기업의 역량을 잘 활용하여 성공한 사례에 대하여 생각해 보시오.

03 시장지향성이 기업의 프로세스에 잘 반영된 사례에는 어떤 것이 있는지 생각해 보시오.

참고 문헌

- 김용규(2001), "시장지향성의 선행요소, 조정변수, 해외 자회사 성과와의 관계," 「경영학연구」, 제30 권, 제3호.
- 안광호·한상만·전성률(2008), 「전략적 브랜드 관리」, 3판 학현사.
- 예종석·윤운락(1996), "시장지향성이 사업성과에 미치는 영향," 「마케팅연구」, 제11권, 제2호.
- 전자신문, "세계최강에 도전한다(7): 인터넷 포털," 2002. 10. 22.
- 한겨레신문, "전기초자 서두칠사장 퇴진소식에 급락세," 2001. 7. 10.
- 한국경제신문, "잭 웰치의 모든 것: 경영이란 인재를 키우는 것 '시사점,'" 2001. 11. 8.

- Aaker, D. A. (2009). *Managing brand equity*. Simon and Schuster.
- Aaker, D. A., & McLoughlin, D. (2009). Strategic market management: global perspectives. John Wiley & Sons.
- Barney, J. B. (2014). Gaining and sustaining competitive advantage. Pearson Higher Ed.
- Day, G.(1999). *Market Driven Strategy*, Free Press.
- Day, G. & Nedungadi, P.(1994). Managerial Representations of Competitive Advantage, *Journal of Marketing*, Vol. 58(April 1994), pp. 31-44.
- Gunther, R. E. (2004). *Wharton on dynamic competitive strategy*. John Wiley & Sons.
- Jones, G., & George, J. (2015). Contemporary management. McGraw-Hill Higher Education.
- Leonard-Barton, D.(1992). Core Capabilities and Core Rigidities: A Paradox in Managing New Product Development, *Strategic Management Journal*, 13(Summer 1992), pp. 111-125.
- McWilliams, A. and Donald S. Siegel(2010). Creating and Capturing Value: Strategic Corporate Social Responsibility, Resource-Based Theory, and Sustainable Competitive Advantage, *Journal of management*, 36(4), pp. 1-16.
- Pisano, G. P. (2015). You need an innovation strategy. *Harvard Business Review*, 93(6), 44-54.
- Porter, M. E. (2008). Competitive strategy: Techniques for analyzing industries and competitors. Simon and Schuster.
- Porter, M. E. (2008). Competitive advantage: Creating and sustaining superior performance. Simon and Schuster.
- Porter, M.(2000). What is Strategy? *Harvard Business Review*(February 2000).
- Porter, M. E., & Heppelmann, J. E. (2014). How smart, connected products are transforming competition. *Harvard Business Review*, 92(11), 64-88.
- Schmitt, B.(1999). *Experiential Marketing*, Free Press.
- Slack, N. (2015). Operations strategy. John Wiley & Sons, Ltd.
- Simon, C. & Sullivan, M.(1992). A Financial Approach to Estimating Firm-Level Brand Equity and Measuring the Impact of Marketing Events, *Marketing Science Institute*(Annual Report)(June 1992), pp. 1-43.
- Treacy, M. & Wiersema, F.(1995). The Discipline of Market Leaders, Addison-Wesley.

06

경쟁우위에 근거한 전략

風林火山陰雷霆.
[풍림화산음뢰정.]

풍[風]: 군대가 움직일 때는 질풍처럼 신속해야 하며,
림[林]: 군대가 멈출 때는 숲의 나무처럼 고요해야 한다.
화[火]: 공격할 때는 타는 불처럼 기세가 맹렬해야 하나,
산[山]: 움직이지 않을 때는 산처럼 동요하지 말아야 한다.
음[陰]: 숨을 때에는 어둠 속에 잠긴 듯 하다가도,
뇌정[雷霆]: 움직일 때는 벼락 치듯 적에게 손쓸 기회를 주지 않아야 한다.

1999년 남양유업은 '니어워터'라는 미과즙음료를 출시하여 새로운 카테고리의 선두주자로 나섰다. 청량음료에 들어있는 지나친 설탕과 인공첨가물이 들어있지 않은 물에 가까운 음료수라는 니어워터의 포지셔닝 전략은 '내 몸에 가까운 물'이라는 '포카리 스웨트'의 포지셔닝에 가로막혀 성공을 거두지 못하였다. 그러나 롯데칠성은 '2% 부족할 때'를 내세워 '활동적인, 고집스런, 갈증해소'라는 포지셔닝 선점을 위한 대대적인 마케팅전략을 수립하여 성공을 거두어, 미과즙음료 시장을 석권할 수 있었다. 기존 시장에 아직 선점되지 않은 새로운 포지셔닝을 찾아서 신속하게 진입하는 롯데칠성의 역량이 십분 활용된 결과이다.

마케팅전략 목표의 달성을 위해서, 기업은 자신의 경쟁우위를 바탕으로 달성할 수 있는 마케팅적 목표에 집중하여야 한다. 만약 자사의 역량이 미치지 않는 마케팅적 목표에 지나치게 집착하고 여러 곳에 자원이 분산된다면, 단 하나의 성과도 이루지 못할 수 있다.

Leading CASE

IKEA

브랜드 평가 미디어인 Brandchannel. com이 매년 실시하는 리더스 초이스 어워드에서 2006년 노키아를 제치고 유럽·아프리카 지역의 1위를 차지한 기업은 '가구업계의 McDonald'로 불리는 스웨덴 가구 업체 'IKEA'였다.

1950년대 모든 유럽 가구기업들이 시장에 접근한 관점은 '유럽풍 가구는 고전적이며 장중하고 내구성이 높은 고급 가구여야 한다'는 것이다. IKEA의 창립자 잉그바르 캄프라트는 이러한 기존 사고의 틀에서 벗어나 서민층을 대상으로 한 싸지만 내구성 좋은 가구를 mail order 방식으로 판매하기 시작했다. 이러한 방법을 통해 점포 임대료나 재고비용, 인건비를 절약함으로써 유통판매 단가를 낮췄고 고객들에게 더욱 값 싸고 질 좋은 상품을 제공할 수 있었다. 나아가 '많은 사람들을 위한 더 좋은 생활을 만든다'는 비전 아래 IKEA는 공급업체들과 장기적인 관계를 맺고, 자동화 생산에 투자하며, 제품을 대량생산하였고 이를 바탕으로 전 생산 과정의 가치사슬을 최적화하였다. 이렇게 시작한 사업이 DIY 가구라는 특정 분야에서 폭발적인 매출 신장을 기록, 현재는 전세계 28개국에서 340개의 매장을 운영하는 글로벌 기업의 대명사로 자리매김했다. IKEA그룹의 2016년도 연간보고서에 따르면, 멀티채널 및 지속가능한 성장에 중점적으로 꾸준히 투자해 총 매출 351억 유로를 기록하며 전년 대비 7.4% 성장을 기록하고 있다. IKEA가 이처럼 성공한 Brand로 우뚝 설 수 있었던 데는 자신의 경쟁우위를 발견하고 이에 기반한 전략을 효율적으로 구사한 데 있다고 할 수 있다.

Operational Excellence

IKEA의 경쟁우위는 신뢰할 수 있는 제품을 경제적인 가격으로 편리하게 제공하는 Operational Excellence를 통하여 달성된 것이다. DIY라는 IKEA의 방식은 가구의 합리적인 가격 형성을 현실화하였다. 완제품이 아닌 부품의 형태로 판매되어 고객들이 직접 조립하는 이 방식은 Flat-Package를 가능하게 하여 물류비와 보관비용을 획기적으로 줄여 주었고, 셀프 서비스를 통해 인건비의 부담을 피할 수 있게 해주었다. 또한 아웃소싱을 적극적으로 수용하여 전세계 67개국 2,300여 업체로부터 가구 부품을 공급받고 있다. 전 세계 30여 개의 물류센터와 10여 개의 고객물류센터를 운영하고 있을 뿐 아니라, 운송업체의 아웃소싱도 관리하고 있다. 예를 들면 의자 등받이는 폴란드, 다리는 프랑스, 나사는 스페인에서 공급받는 식이다. 현재 IKEA는 저렴하면서도 신뢰감 가는 디자인과 마케팅, 운영에만 집중하고 생산은 아웃소싱을 통해 해결하고 있다. 또한 원료의 조달 창구를 일원화함으로써 규모의 경제를 도모하여 경쟁 제품보다 저렴하고 질 좋은 원료를 얻고 있다. 이를 통해 가장 좋은 제품을 가장 낮은 가격에 공급받아 항상 낮은 가격을 유지하고 있는 것이다. 매장의 형태도 임대료나 부지비용이 싼 도시 외곽에 평균 8천평 규모로 넓게 자리잡아 넓고 편리한 주차시설을 완비한 채 우수 고객에게는 인근 주유소와의 연계를 통해 기름값 할인

서비스를 제공함으로써 고객들이 외곽으로 나오는 것에 대한 불편을 최소화하고, 또한 도심의 가구 소매점과의 치열한 경쟁과 비싼 부대비용을 피하고 있다. 이처럼 기존의 기업들이 품격이라는 매너리즘에 빠져있을 때 IKEA는 시대의 변화를 포착하고 가격에 민감한 합리적인 소비자들에게 어필한 것이다.

하지만 Operational Excellence가 단순한 저가격 정책만으로는 달성될 수가 없다. 고객이 구매하는 과정에서 거침없이 편리하게 접근할 수 있어야만 한다. 생각하기에 따라 약점이 될 수 있는 DIY를 즐거움으로 승화시킬 수 있도록 다양한 교육 서비스와 광고를 시행하고 있으며, 매장에는 카탈로그와 작은 연필, 줄자, 메모지를 세심하게 구비해놓고 있어 언제나 자신의 방의 크기와 전시된 가구들의 크기를 재고 가능할 수 있게 하였다. 그 자리에서 고객들이 자신이 원하는 스타일의 가구 모델을 선택하면, 바로 가구 창고에서 구입할 수 있는 시스템도 갖추고 있다. 또한 쇼핑 자체가 즐거울 수 있도록 다양한 이벤트와 아이들을 위한 공간, 저렴한 푸드코트 등을 제공해 쇼핑을 나들이처럼 할 수 있도록 배려하고 있다.

혁신적 디자인

저가전략의 함정은 제품에서 눈을 돌린 채 비용에만 신경쓰다 보면 소비자의 외면을 받게 된다는 것이다. 하지만 IKEA는 Operational Excellence를 경쟁우위로 삼으면서 그 전략의 배경에는 신뢰할 수 있는 제품이 있다는 것을 잊지 않았다. IKEA의 가구는 항상 앞서가는 디자인을 선보이면서도 실용적이고 시대보편적인 Simple한 감수성을 놓치지 않았다.

IKEA는 이처럼 혁신적 제품을 시장에 내놓기 위해 디자인팀과 엔지니어, 마케팅, 전문가 등 인접분야의 팀워크를 중요시하여 보다 과학적이고 다양한 신제품 개발을 위해 노력해왔다. 1969년에 나온 PRIVAT 소파는 건축가와 테피스트리 디자이너의 합작품이었는데, 당시 신소재로 개발된 플라스틱은 새로운 홈패션을 구상하는 많은 디자이너에게 해결방법을 주었다. 1985년 디자인된 MOMENT 소파는 힘과 안전성을 극대화하기 위해 슈퍼마켓 쇼핑카트에서 아이디어를 착안했는데 이 제품은 'Excellent Swedish Design'상을 받기도 했다. DAGIS 어린이용 의자 같은 경우는 인체공학적으로 어린이에게 적합한 의자를 디자인하기 위해 오랫동안 어린이의 행동을 면밀히 관찰한 뒤 나온 제품이다. 또한 지금까지도 사랑받는 KLIPPAN 소파는 세탁하기 쉽고, 쉽게 갈아 끼우기 쉬워 기존의 소파에 대한 고정관념을 깬 대표적인 제품이다. 최근에는 IKEA의 리사보(LISABO) 테이블 시리즈가 세계 디자인 대회 Red Dot Design Award에서 우수한 제품 디자인을 인정받아 디자인상을 수상하였다. 공간과 디자인, 지속가능성과 시간을 재해석한 리사보(LISABO) 테이블 시리즈의 핵심은 '끼움촉'이라는 작은 고정장치에 있으며, 이는 가구 조립시간을 크게 절약시켜주는 것으로 알려졌다. IKEA는 저가전략을 추구하는 데에 그치지 않고, 실용성과 디자인, 품질등을 기반으로 지속가능한 제품을 합리적인 가격에 제공하는 것에 보다 큰 의미를 부여하였다.

이렇게 새로운 발상의 디자인과 혁신적 신소재 덕분에 IKEA의 가구들은 언제나 화제가 되어왔다. 값싸면서도 내구성이 뛰어난 소재를 찾고 트렌드를 만들어내는 것은 우수한 디자이너의 존재와 이들 전문가들 간의 팀워크가 존재했기 때문이다. IKEA는 각각의 가구를 디자인한 디자이너의 이름을 제품과 같이 디스플레이해 놓는 방식인 '디자인 실명제'를 실시하여 디자이너에게 자부심을 줄 뿐만 아니라 소비자에게도 디자인에 대한 신뢰감도 주고 있다.

이처럼 IKEA는 위 Activity System Map에서 확인할 수 있듯이 자신이 가진 경쟁우위를 기반으로 그 전략을 확장하여 효율적 아웃소싱과 DIY에서 발생하는 가격에 대한 경쟁우위, 현대인들의 심플하면서 개성적인 디자인에 대한 욕구에 부합한 기능적이고 혁신적인 디자인을 담은 제품의 경쟁우위, 무형적 쇼핑경험의 가치와 광고 및 프로모션 활동으로 만들어내는 고객친화적 브랜드의 경쟁우위가 함께 작용하기 때문에 시너지효과를 일으켜 원가와 비용은 더욱 절감되고, 혁신적 디자인의 제품이 더욱 증가하고, IKEA의 브랜드 자산은 더욱 견고해지는 경쟁우위의 선순환효과가 발생하게 한 것이다.

CHAPTER

06

경쟁우위에 근거한 전략

• SECTION 01 • 경쟁적 가치제안
Competitive Value Proposition

앞에서 살펴보았던 기업의 경쟁우위의 원천으로서의 자산들은 또 다른 원천인 역량에 의해 서로 조합되어 시장에서 경쟁할 수 있는 큰 힘을 발휘하도록 해준다. 그러나 만약, 이 힘이 일관적인 방향 없이 분산되어 발휘된다면 모처럼 모여진 힘만 낭비될 뿐 그 성과가 좋아질 가능성은 낮아질 것이다. 따라서, 자산과 역량들이 효율적으로 사용되기 위해서는 정해진 프레임워크(framework)에 의해 일관적인 방향으로 지향될 필요성이 있다. 여기서는 이러한 프레임워크로서 3가지의 가치제안(value proposition) 형태를 소개하고자 하는데, 기업들이 가치제안을 선택하고자 할 때에는 자사의 제품이나 서비스가 경쟁제품과 서비스를 이기기 위해 추구하고자 하는바, 즉 핵심성공요인(KSF, key success factor)과 일관성을 가질 수 있도록 해야 할 것이다.

• SECTION 02 • Operational Excellence

Operational Excellence란 원가를 지속적으로 절감하고 소비자들이 쉽게 구매할 수 있는 환경을 만들 수 있는 표준화된 시스템을 통하여 소비자들이 느끼는 가장 경제적인 가격으로 제품을 제공할 수 있는 능력을 말한다. Operational Excellence를 추구하는 기업들은 대개 수직적 혹은 수평적으로 잘 통합된 가치사슬(value chain)을 가지고 있으며, 어떻게 해야 프로세스(process)를 효율화시킬 수 있을지를 끊임없이 고민한다. 이로 인하여 Operational Excellence를 추구하는 기업에게 있어서 표준화된 자산(standardized assets)과 효율적인 사업운영 프로세스(efficient operating procedures)를 보유하는 것은 필수적이다.

미국의 월마트(Wal-Mart, www.walmart.com)와 같은 할인매장의 외관이나 인테리어 등이 모두 동일하게 디자인되어 있다는 점과 미국의 항공사인 Southwest Airlines의 항공기가 모두 점보 737이라는 점은 표준화된 자산을 보유하는 것이 Operational Excellence를 추구하는 기업에게 얼마나 중요한 것이지 잘 설명해준다. 만약, Southwest Airlines가 다양한 종류의 항공기를 보유하고 있다면 Southwest Airlines는 이들을 유지·보수하기 위해 더 많은 비용을 들여야 할 것이다. 즉, 동일한 기종의 항공기를 보유함으로써, 다양한 기종의 부품을 소량으로 구매하는 데에 따르는 구매비용을 절감할 수 있고, 유지·보수를 하는 인력도 동일한 항공기만을 취급하기 때문에 업무의 효율성을 증대시킬 수 있는 것이다.

효율적인 사업운영 프로세스 측면에서는 최근 IT의 발달과 함께 virtual integration이 매우 중요시되고 있는 추세이다. Virtual integration이란 자사 내에서의 사업운영 프로세스뿐만 아니라 자사에게 원료를 공급하는 공급자와 자사의 제품을 유통시키는 유통망의 사업운영 프로세스까지 통합함으로써 각각을 서로 다른 프로세스로 운영하는 것이 아니라 모두를 마치 한 기업의 프로세스인 것처럼 운영하는 것이다. 제품이나 서비스를 직접 만드는 기업도 가치사슬을 가지

Southwest®

고 있지만, 그 원료를 제공하는 공급자나 그것을 유통시키는 유통업자 또한 각자의 가치사슬을 가지고 있기 때문에 원료획득 단계부터 고객들에게 최종적으로 전달되기까지 많은 단계를 거쳐야 한다. Virtual integration의 목적은 제품이나 서비스가 이렇게 여러 단계를 거치지 않고 최소의 단계만을 거쳐 소비자들에게 전달시키는데에 있다. 월마트는 이러한 통합적인 프로세스를 개발한 선도적 기업으로 유명하다. 월마트는 이를 위해 자사에게 제품을 공급하는 공급자, 매장을 방문하는 고객들과 자사의 거래 프로세스를 통합시켰는데, 월마트는 특히 제품을 공급자로부터 구매하는 데 필요한 구매인증서, 구매지시서, 선적지시서, 영수증 등 다양한 절차들을 전산화하거나 없앰으로써 공급자와의 거래에서 발생되는 불필요한 비용을 크게 절감할 수 있었다.

하지만, Operational Excellence가 단순히 제품이나 서비스를 창출하는 데 소요되는 원가를 절감함으로써 고객들에게 낮은 가격의 제품과 서비스를 제공하는 것이라고 생각해서는 안 될 것이다. Operational Excellence를 추구하는 기업은 낮은 가격뿐만 아니라 다음과 같은 다양한 요소도 함께 전달해야 한다.

1 상대적으로 낮은 가격 혹은 최저가격(Low or lowest prices)

Operational Excellence에서 상대적으로 낮은 가격 혹은 최저가격이 의미하는 바는 365일 항상 동일한 가격대를 유지하는 것이다. 따라서, 프로모션 형태의 바겐세일이나 창고대정리와 같은 clearance sale은 Operational Excellence라고 할 수 없다.

2 신뢰성과 내구성(Reliability and durability)

'값싼 것이 비지떡'이란 속담 때문에 Operational Excellence를 추구하는 기업의 제품이나 서비스는 흔히 저렴한 가격을 유지하기 위해 내구성이 떨어지리라 생각될 수도 있지만 미래에 같은 제품을 다시 구매(future costs of ownership)하는 데에 따르는 비용을 감소시켜주기 위한 배려도 해야 한다. 이러한 내구성은 결국 제품이나 서비스에 대한 신뢰성으로 이어진다.

3 편리성(Convenience)

Operational Excellence를 추구하는 기업은 소비자들이 제품이나 서비스를 편리하게 구매할 수 있도록 배려를 해야 한다. 만약, 소비자들이 자사의 제품을 구매하거나 서비스를 이용하기 위해 많은 비용을 추가적으로 부담해야 한다면 원래 구매하고자 했던 제품이나 서비스가 저렴하다고 느끼지 못할 것이다. 따라서, 제품이나 서비스가 소비자들에게 빠르고, 효과적으로 전달되기 위한 유통경로를 설정할 필요가 있다.

4 쉽고, 즐겁고, 빠르고, 정확한 거래(Easy, pleasant, quick, and accurate transaction)

제품과 서비스를 구매하는 상황에 있어서도 Operational Excellence를 추구하는 기업은 소비자들이 불쾌감을 느끼지 않도록 세심한 배려를 해야 한다. 만약, 구매상황에서 판매하는 직원이 불쾌감을 느끼게 하거나 혹은 소비자의 의도와는 다른 제품이나 서비스를 전달하려 한다면 그만큼 소비자들은 자신에게 적합한 제품과 서비스를 제공받기 위해 더 많은 노력을 들여야 할 것이다.

가격뿐만이 아닌 위와 같은 다양한 요소들이 Operational Excellence를 추구하는 기업들에게 중요해지고 있다. 예를 들어, 렌터카를 대여하는 데에 필요한 과정이 몇 년 전에 비하여 크게 간소화되었다는 것을 생각해 보면 쉽게 이해가 될 것이다. 세계 제1의 렌터카회사인 Hertz(www.hertz.com)의 Hertz No. 1 Club Gold 멤버는 렌터카를 빌리기 위해 단 한 번만 자신이 선호하는 렌터카를 입력하면 다음에는 다시 입력할 필요가 없다. Hertz는 이렇게 수집된 자사에 필요한 고객정보들을 활용하여 고객들이 렌터카를 빌리는 데에 따른 복잡한 절차를 생략하고 더 빠르고 편하게 서비스를 이용할 수 있게 해주었다.

그러나, 기업은 한정된 자원을 보유하고 있기 때문에 이 모든 요소들을 함께 갖출 수 없는 경우가 종종 발생한다. 따라서, 기업들은 자사가 제공하는 제품이나 서비스에 있어서 어떤 요소가 가장 중요한 것인지를 먼저 고려한 후에 그

에 대한 비중을 높이는 것이 바람직하다. 예를 들어, 대형 할인매장인 Costco Wholesale은 백화점만큼 다양한 브랜드의 제품 및 서비스를 제공하지 못하지만, 낮은 수수료와 PB브랜드 활용 등의 전략을 취하며 수입 물품이나 공산품의 경우 시장에서 가장 저렴한 가격을 유지하고 있다. 특정 요소에 대한 비중을 높이는 데 집중한 Costco는

고객으로 하여금 자사 제품 가격에 대한 강력한 신뢰를 형성하였다.

이와 같이 살펴보았을 때, Operational Excellence를 성공적으로 달성하는 기업들은 다음과 같은 세 가지 요소들을 공통적으로 보유하고 있는 것으로 관찰되었다.

첫째, Operational Excellence를 달성하기 위해 자사의 자산과 역량을 집중한다.

둘째, 사업운영 모델이 효율적이고 무결점(zero-defect) 지향적인 제품과 서비스를 공급하는 데 초점이 맞추어져 있다.

셋째, 자사의 제품과 서비스를 고객들에게 효과적으로 전달하기 위해 IT를 적극적으로 활용한다.

마지막으로, Operational Excellence를 추구하는 기업이 성장하기 위해서는 다음과 같은 세 가지 방법들 중 하나 혹은 그 이상이 고려되어야 할 것이다.

① 자사가 보유하고 있는 자산들이 지속적으로 경쟁우위의 원천으로 작용할 수 있도록 일정한 사업의 규모를 유지 혹은 성장시킨다. 지속적 경쟁우위의 확보에서 설명했던 규모의 경제와 범위의 경제효과는 원가절감 측면에서 이를 잘 설명해준다.

② 자사가 보유하고 있는 자산들을 활용하여 새롭게 진입할 수 있는 시장을 탐색한다. 세계 최대의 패스트푸드 체인인 맥도날드(McDonald's, www.mcdonalds.com)는 자사가 보유하고 있는 레스토랑이라는 고정자산을 활용할 수 있는 방법을 고민하다가 아침 식사용 메뉴인 Egg McMuffin을 개발하였다. 이를 통해 하루에 6시간에서 8시간 정도만을 활용할 수 있던 레스토랑 시설을 10시간에서 최대 12시간까지 활용할 수 있게 하였다.

③ 자사가 보유하고 있는 표준화된 제품과 서비스가 다른 지역으로 쉽게 침투될 수 있도록 효율적이고 표준화된 프로세스를 개발한다. 맥도날드는 자사의 표준화된 제품을 소비자들에게 제공하기 쉽게 하기 위하여 표준화된 레스토랑 시설을 고안함으로써 미국뿐만 아니라 세계 전지역에서 거의 동일한 품질의 제품을 제공할 수 있었다.

ZARA의 Operational Excellence와 Product Leadership

ZARA는 스페인 의류유통업체인 Inditex가 보유하고 있는 국제적인 SPA브랜드이다. 1975년 스페인 Coruña에 첫 매장을 오픈한 이래로 2017년 현재, 80여 개 나라에 약 2,100여 개의 매장이 있으며, 2017년 인터브랜드가 선정한 글로벌 100대 브랜드 중 24위에 선정되었다. 이는 럭셔리 브랜드를 포함한 의류잡화브랜드 중에서는 3번째로 높은 순위이다. 이처럼 ZARA가 성장할 수 있었던 배경에는 SPA업체의 특성인 생산운영측면에서의 효율성 극대화와 혁신적인 제품개발이라는 두 가지 측면을 들 수 있다.

ZARA를 제대로 이해하기 위해서는 SPA 브랜드들의 특성을 살펴볼 필요가 있다. SPA 브랜드란 Speciality store retailer of Private label Apparel의 줄임말로 하나의 업체가 제품 기획부터 생산 및 판매에 이르는 모든 과정을 일체화하는 이른바 '제조 소매업'이다. 이렇게 모든 과정을 일괄 관리하므로 효율적 물품관리가 가능하고 유통과정 역시 직접 관리함에 따라 제품 공급에 걸리는 시간이 단축되고 생산원가도 절감시킬 수 있다. 더불어 의류 트렌드와 소비자들의 반응을 즉각적으로 파악하고 적정한 시기에 이를 생산에 반영할 수 있는 구조를 가지고 있어 재고부담이 적고 가격도 대체적으로 저렴하다.

Operational Excellence

ZARA는 이와 같은 SPA 브랜드들의 특성을 완벽하게 반영했다고 볼 수 있다. 소비자들의 기호를 적극 반영한 디자인을 만들면 한 달 내에 각 매장에서 해당 디자인을 상품으로 만나볼 수 있는 구조를 만들었는데 ZARA가 보유하고 있는 섬유의 1/2을 염색을 하지 않은 흰 섬유로 보관하는 것이 그 중 하나이다. 이는 유동성을 위한 것으로 한 시즌에 어떤 컬러와 프린트가 유행할지 모르는 상황에서 기본적인 흰 섬유를 준비해 놓고 시장의 트렌드를 바로 반영할 수 있도록 한 것이다. 따라서 한창 시즌이 진행 중인 상황에서도 유행하는 디자인을 반영한 제품을 신속하게 생산하여 시장 경쟁에서 뒤쳐지지 않는 환경을 구축했다. 새로운 시즌이 시작된 뒤에도 소비자들의 트렌드를 즉각 파악한 뒤, 한 달 안에 제품을 만들어 내거나, 기존 디자인에서 보완된 제품을 만드는 것이 가능했다. 또한 인기 있는 제품과 그렇지 못한 제품을 파악한 뒤, 인기 있는 제품의 생산은 더 늘리고 그렇지 못한 제품의 생산 중단 및 회수를 즉각적으로 하는 효율성을 지녔다.

그리고 짧은 패션주기를 살릴 수 있는 제품생산 시스템을 갖추어 의류 중 40%가 자국 내에서 생산된다면 나머지는 유럽, 북아프리카, 아시아에서 생산이 되는데 이 상황에서 ZARA만의 효율적인 생산 분배가 이루어지고 있다. 패션에 민감한 상품의 경우에는 신속한 주문과 생산이 이루어져야 하는 만큼 위험부담이 크므로 자국 내에서 생산되거나 비교적 가까운 지역에서 생산을 하도록 했고 가격에 더 민감한 item은 상대적으로 거리가 먼 지역인 아시아권에서 생산을 하는 것을 통해 리스크관리에 더 효과적인 생산 시스템을 갖추고 있다.

또한 유통의 경우에는 ZARA는 내부공급자부터 외부공급자까지 모두 Arteixo의 중앙 유통과정을 거치도록 하고 있다. 여기에 모바일 추적 시스템까지 사용하면서 주문 승인부터 배달까지 모두를 효율적으로 관리하도록 만들었다. 각 매장에서 주문이 들어오면 이를 가지고 유통센터에 연락을 한 뒤, 센터에서 할당 결정을 내리고 이후 승인이 되고 나면 배달을 위한 리스트를 창고에서 만드는 식이다. 대부분의 의류들이 창고에서 3일 이상 있지 않으며 수요가 급증하는 시즌에는 종업원을 1,000%까지 보충하는 방식을 통해, 활동비율을 늘리기도 한다. 배송은 일주일에 2번씩 각 매장으로 보내지며, 생산품은 1~2일 사이에 각 상점으로 도달하는 것을 기본으로 하고 있다.

Product Leadership

앞에서도 언급된 것과 같이 Zara는 시기적으로 민감한 제품의 생산이 자국 내에서 이루어지도록 하고 있다. 최신 트렌드를 반영한 새로운 상품을 출시하기까지 걸리는 시간을 최소화하기 위한 조치인데, 디자이너들은 해당 시즌의 트렌드를 반영한 상품을 출시하기 위해 고급 브랜드의 패션쇼, 텔레비전, 클럽, 스토어 내 젊은 스태프들의 의견에 이르기까지 트렌드 해석에 많은 신경을 쓰고 있다. 이를 통하여 매일 평균적으로 수십 개에 이르는 아이템들이 디자인되고 그 중 3분의 1이 조금 넘는 디자인들이 제품 생산된다. 이는 다른 경쟁사들이 1년에 2,000~4,000개의 상품을 만들어 내는 것과 비교했을 때, Zara는 대략 11,000개의 아이템들이 만들어진다는 것을 알 수 있다.

그리고 ZARA는 다품종 소량생산과 수직 통합을 통해 제조에서 운반까지의 시간을 줄여, 전체적인 제품생산주기가 매우 짧다는 특성을 가지고 있다. 이런 시스템을 통해 다양한 제품들을 소비자에게 빠른 시간 안에 선보일 수 있으며 소량생산이라는 특성을 통해 출시되는 제품들의 희소성을 높여 고객들의 구매율을 높이고 있다. 또한 ZARA는 빠른 상품 회전에 기반을 두어 새로운 상품을 강조하고 있다. 새롭게 출시된 제품들이 1주일에 두 번씩 상점에 들어오면 그 안에 전시되는 상품 중 75% 정도가 3~4주에 한 번 꼴로 바뀐다. 이렇게 회전율이 빠르기 때문에 소비자들은 매장에 들어섰을 때, 지금 구매하지 않으면 나중에 그 상품을 접할 수 없을 것이라는 생각을 가지게 된다. 이는 각 item들을 구입할 수 있는 기간이 제한적이기 때문에 제품을 판매하는 데에 있어 소비자들의 심리를 자극할 수 있어 효과적이라 할 수 있다.

80개가 넘는 국가에 매장을 운영하고 있는 만큼 해외 매장 내 판매상품 구성에 있어서 각 지역별 특성을 반영하고 있다. 비록 한 나라의 요구를 충족시키기 위한 상품을 만들지는 않더라도, 85~90%의 기본 디자인들이 여러 나라에서 모두 같이 판매되고 나머지 10~15%는 그 나라의 물리적, 문화적, 기후적 차이를 만족시킬 수 있도록 ZARA가 확보한 다양한 많은 상품군 가운데 선택하여 유통하고 있다.

• SECTION 03 • Product Leadership

Product Leadership은 지속적으로 혁신적인 기술을 바탕으로 신제품이나 서비스를 빠르게 개발하는 것을 말하는데, 종종 자사의 제품을 잠식하면서까지 새로운 기술을 상품화시키려는 노력도 발견될 수 있다. Product Leadership을 추구하기 위해서는 소비자들 속에 숨겨진 잠재된 욕구(needs)를 발견하기 위해 끊임없이 노력해야 하고 새로운 아이디어에 항상 개방되어 있는 자세를 가질 필요가 있다. 또한, 새로운 사업기회를 빠르게 포착하기 위해서 효율적인 조직구조보다 유연한 조직구조를 추구하게 되는 경우가 많다.

하지만, 신제품을 많이 낸다고 해서 모두 Product Leadership을 추구하는 것은 아니다. 예를 들어, Ford의 자동차인 Mustang이 외관이나 내부 인테리어만 조금씩 바꿔서 2015년형 Mustang, 2016년형 Mustang, 2017년형 Mustang 등으로 제품을 출시한다면 소비자들은 이것을 단순히 디자인만 바뀐 것뿐이라고 인식할 것이다. Product Leadership은 한번 혁신적인 제품을 출시한 뒤 그 성능이나 디자인을 계속 향상시키는 것이 아니라 혁신적인 제품 뒤에도 지속적으로 혁신적인 제품을 끊임없이 출시할 수 있는 능력이다. 기존의 제품과 차별화된 가치를 제공하지 못하는 신제품을 출시하는 것은 Product Leadership이라고 말할 수 없다. 차별화된 가치를 제공하지 못하는 제품이나 서비스의 변화는 혁신(innovation)이라기보다는 향상(improvement)에 가까운 개념일 것이다. Product Leadership을 성공적으로 달성하는 기업들에서는 다음과 같은 특징들을 발견할 수 있다.

1 유형적 제품의 우수성에 근거한 무형적 소비경험의 제공

Product Leadership을 추구하는 기업은 제품이나 서비스의 유형적인 편익과 제품이나 서비스를 이용하면서 느낄 수 있는 무형적 편익, 즉 경험적 측면을 같이 고려해야 한다. 소비자들은 제품과 서비스가 가지고 있는 혁신성이 자신들의 이성적인 측면에만 파고들기를 원하는 것이 아니라 감성적인 측면에까지 영향을 미치기를 바라는데, 나이키(Nike, www.nike.com)나 리복(Reebok, www.reebok.com), 스와치(Swatch, www.swatch.com) 등에서도 찾을 수 있다. 특히, 나이키의 경우 1년에도 몇 번씩 혁신적인 제품이 나오는 것으로 유명한 종합 스포츠용품 제조기업이지만 나이키는 단순히 제품의 혁신성만을 강조하지는 않는다. 크리스티아누 호날두, 르브론 제임스 등 각 종목을 대표하는 스포츠 스타를 광고모델에 기용하거나 바르셀로나, 파리생제르망과 같이 각 리그를 대표하는 프로 구단에 스폰서 활동을 함으로써 자사의 제품을 구매하는 고객들에게 마치 자신이 유명한 스포츠 스타의 플레이를 하는 것과 같은 경험을 제공하고 있다. 최근에는 IT기업 애플과 손을 잡고, 자가 측정 및 경쟁을 통해 스스로 운동실력을 점검하거나 피드백을 제공받을 수 있는 나이키 플러스(NIKE+)를 출시하며, 기존의 제품과는 차별화된 무형적 소비경험을 전달하는 새로운 시도를 이어나가고 있다.

2 아이디어를 단기간에 혁신적인 제품으로 구체화

Product Leadership을 추구하는 기업들은 혁신적인 제품을 출시하기 위해 많은 돈을 R&D에 투자하고 있으며, 제품에 대한 아이디어를 얻기 위해 많은 노력을 기울이고 있다. 그러나, 이러한 연구성과나 아이디어가 쉽게 제품화되지 못하거나 경쟁사에 비하여 제품화할 수 있는 역량이 떨어진다면 그 기업은 Product Leadership을 달성할 수 없을 것이다.

삼성과 LG의 경우, 이러한 요건을 명확히 인식하고 있으며, 특히 LED TV에 관한 연구성과 및 아이디어가 소비자들이 원하는 제품으로 구체화시키는 데 많은 시간과 노력을 투자하고 있다. 예를 들어 삼성과 LG의 경영진은 개발자들에게 디스플레이 경쟁력을 강화한 TV라는 가이드라인을 제시하였지만, 제품 개발자들은 이를 QLED(양자점 발광 다이오드)와 OLED(유기 발광 다이오드) TV라는 고스펙 제품라인으로 구체화시켰고 프리미엄 TV시장에서 큰 성공을 거둘 수 있었다.

3 신속한 제품확산

기술적으로 뛰어난 제품, 기능과 속성이 우수한 제품을 만드는 기업들은 많이 있다. 그러나 이 기업들이 모두 성공하는 것은 아니다. 아무리 뛰어나다고 인정받는 제품이라 하더라도 소비자들 사이로 빠르게 침투하지 못한다면 성공할 수 없을 것이다. 혁신적인 제품의 확산속도는 그렇기 때문에 매우 중요한데, 특히 제품의 기술적 혁신성이 높을수록 소비자들은 쉽게 수용하기를 꺼려하는 경향이 있다. Moore(1999)의 캐즘(chasm)이론에 따르면 소비자들은 혁신적인 제품에 대한 태도와 수용도에 따라 혁신수용자(innovative adopter), 선각수용자(early adopter), 전기다수수용자(early majority), 후기다수수용자(late majority), 지각수용

Harley-Davidson
(할리 데이비슨)

미국의 할리 데이비슨(Harley-Davidson, www. harley-davidson.com)은 이러한 측면을 적절히 활용한 예라고 할 수 있다. 할리 데이비슨이 성공할 수 있었던 원인은 일본의 오토바이에 뒤지지 않는 기술력과 지속적인 모델 개발에서도 찾을 수 있지만, 일본의 오토바이가 제공할 수 없는 경험적 측면을 제공했다는 것에서도 찾을 수 있다. 할리 데이비슨은 2003년, 창립 100주년을 맞았다. 할리 데이비슨의 창립 100주년 기념 모델은 2003년에야 출시가 가능함에도 불구하고 이전부터 그 제품에 대한 주문이 끊이지 않았다. 이러한 현상은 할리 데이비슨이 단순히 오토바이라는 유형적 제품만을 판매하는 것이 아니라 할리 데이비슨이 표방하는 라이프스타일과 아이덴티티라는 무형적 편익까지 함께 제공하였기 때문이다. 할리 데이비슨은 '달리는 자유와 독립심, 그리고 그와 함께 느끼고 싶은 자아실현과 자아표현'이라는 아이덴티티를 고객들에게

체험시키기 위해 1983년 할리 데이비슨을 소유하고 있는 고객들을 위한 커뮤니티인 H.O.G.(Harley-Davidson Owners Group)를 창립하고 그 이후 매년 전국적인 오토바이 랠리(rally) 행사를 개최하였다. 'To ride and have fun'이라는 슬로건 아래 현재 세계적으로 130만이 넘는 회원을 가지고 있는 H.O.G.는 고객들에게 할리 데이비슨이라는 오토바이를 소유하고 있다는 데에 대한 자부심을 심어줄 뿐만 아니라 그들에게 할리 데이비슨을 타는 것을 그들의 삶의 일부로 만듦으로써 할리 데이비슨에게 98%라는 높은 고객유지율(retention rate)과 63%의 높은 시장점유율을 가능케 하였다. 운전자 교육이나 단체 오토바이 여행 등 다양한 행사를 통해 커뮤니티의 욕구를 충족시키기 위한 마케팅 전략의 일환으로 회사 주도하에 시작된 H.O.G는, 이제 자발적으로 할리 데이비슨을 지원하는 Cult brand로 성장했다. 실제로 할리 데이비슨의 직원들이 H.O.G 모임에 참가하여 제품 개선이나 잠재적 신상품, 그리고 서비스에 대한 고객의 목소리를 듣고 이해하며, 아이디어를 얻는 것으로 알려졌다.

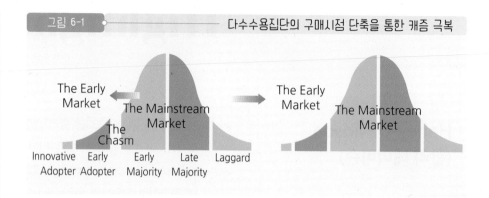

그림 6-1 ──────── 다수수용집단의 구매시점 단축을 통한 캐즘 극복

자(laggard) 등 다섯 개의 집단으로 나눠진다고 한다. 혁신수용자와 선각수용자는 혁신적인 제품을 쉽게 받아들이는 경향이 있기 때문에 출시 초기에는 이들을 중심으로 제품의 구매가 이루어지지만 나머지 집단들은 제품의 수용에 있어 중요한 요소인 지각된 가치(perceived value)와 지각된 위험성(perceived risk)이 균형을 이루지 못하면 구매를 꺼려한다. 여기서 지각된 가치는 소비자들이 기존의 제품보다 더 쉽고, 편리하게, 효과적으로 사용할 수 있다고 느끼는 것이고, 지각된 위험성은 높은 구매비용, 제품의 성능에 대한 의구심, 제품학습에 필요한 시간, 신제품으로 전환하기 위한 심리적 부담감으로부터 기인하는 것이다. 따라서 다수수용자들에게 가치를 높게 지각시키고 위험성을 낮게 지각시키지 못한다면 다수수용자들의 수용이 늦어져 앞의 두 집단(혁신수용자와 선각수용자)과 구매하는 시기의 간격이 넓어짐에 따라 캐즘은 더 심하게 나타날 수 있다.

Product Leadership을 추구하는 기업들은 다수수용자들의 구매시점을 앞당김으로써 이러한 간격을 줄여 캐즘현상을 극복하고 나아가 일반적인 제품의 확산속도보다 더 빨리 제품을 확산시키기 위해 노력한다. 이러한 측면에서 신제품을 신속히 확산시키기 위해서 제품의 출시 초기에 사용되는 론칭전략은 매우 중요하다고 할 수 있다. 따라서, Product Leadership을 추구하는 기업들은 론칭전략에 많은 투자를 아끼지 않는데, 이들이 사용하는 전략은 크게 세 가지 정도로 유형화된다.

1) 제품출시를 위한 대형 이벤트

신제품이 소비자들에게 인식되지 못하거나, 그 제품의 가치가 잘 알려지지 못한다면 소비자들이 신제품을 찾을 확률이 줄어들기 때문에 기업들은 종종 대규모의 출시이벤트(larger-than-life events)를 마련한다. 이러한 출시이벤트는 소비자들에게 제품에 대한 기대치를 높임으로써 출시와 동시에 제품을 구매할 수 있도록 만드는 역할을 한다.

테슬라모터스(Tesla Motors)는 니콜라 테슬라의 이름을 따서 일론 머스크(Elon Musk)가 만든 전기자동차 회사다. 테슬라는 매년 글로벌 브랜드를 대상으로 브랜드 가치를 평가하는 인터 브랜드에 98위로, 브랜드 가치는 40억 달러로 100대 기업에 선정되었다. 아놀드 슈왈제네거 주지사나 마이클 아이스너 전임 디즈니 CEO 등 유명인들이 행사장에 등장할 때 상당수가 테슬라의 로드스터를 타고 왔다. 그 이후 테슬라는 화제의 차량이 되었고, 테슬라 부스에서는 사람들이 몰려들어 선 주문 예약금으로 10만 달러짜리 수표 여러 장을 건네곤 했다. 테슬라 로드스터, Model S와 X의 주 구매고객이 부유층이었기 때문에 이러한 스타파워가 큰 도움이 됐고, 충성심이 높은 팬 층과 소비자의 생성으로 이어졌다. 영화 'X-men 아포칼립스'에서도 마찬가지로 프로페서 X 역할을 맡는 배우 패트릭 스튜어트가 테슬라 모델X를 이용하는 모습을 보여주는 PPL(product place-ment) 전략을 사용한다. 이러한 제품에 대한 대형 이벤트는 브랜드 애호도를 높임과 더불어 테슬라 고객들이 직접 입소문을 내는 등의 성과로 이어졌고, 테슬라 전체 판매를 성장시키는 데에 큰 도움이 됐다.

2) 저렴한 진입가격 전략

신제품, 특히 혁신적인 기술을 사용한 제품의 경우 제품을 개발하기 위한 투자비용 때문에 출시 초기에 높은 가격으로 책정되는 경우가 많으며 소비자들도 가격이 매우 높을 것이라고 예상하기 쉽다. 그러나, Product Leadership을 추구하는 기업들은 이러한 예상을 깨고 소비자들이 쉽게 구매할 수 있도록 제품 출시 시 저렴하게 가격을 책정한다. 이렇게 시장에 진입할 때 저렴한 가격을 책정하는 이유는 일단 낮은 가격으로 고객을 확보하게 되면 소비자들이 제품에 대한

가치를 지각하는 것이 더욱 쉬워지기 때문에 가격을 상승시킨다 하더라도 지속적인 소비자들의 구매를 유도할 수 있기 때문이다. Mercedes-Benz의 경우, 북미에 Baby Benz를 출시하면서 20,000달러도 되지 않는 낮은 가격을 책정하였으며, 뒤이어 C-Class를 출시하면서 30,000달러 이하로 책정하여 초기 수요를 확대할 수 있었다. 이러한 Benz의 전략은 Toyota의 최고급 기종인 Lexus의 출시전략에서도 활용되었다. Lexus는 경쟁력을 유지하기 위해 유사한 수준의 고급 자동차에서 제공하는 최신 기술을 모두 제공하면서도 원가를 크게 절감하여 가격을 대폭 낮추었다. 시장 진입 초기 가장 비싼 모델 중 하나인 LS 모델의 기본 가격은 35,000달러로, BMW의 535i나 Mercedes-Benz의 300E와 비교할 때, 10,000달러 정도 저렴한 가격으로 승부를 걸었다. Toyota는 가격 대비 가치를 높게 잡는 전략을 통해 시장 진입에 성공하였고, LS모델 출시 초기에 많은 고객들을 확보할 수 있었다.

3) 공격적인 시장운영 전략

일단 시장진입에 성공하게 되면, Product Leadership을 추구하는 기업들은 다양한 제품으로 라인업을 확장하게 된다. 이렇게 라인업을 확장할 때에는 다양한 세분시장의 소비자들의 욕구를 충족할 수 있도록 기존의 제품에 기능이나 속성을 추가시킨다. 제품의 라인을 신속히 확장하는 것은 다양한 소비자들의 욕구를 충족시킴으로써 고객의 기반을 증가시키는 데에 그 전략적 목표가 있기도 하지만 경쟁사들의 진입을 사전에 차단함으로써 경쟁의 빌미를 제공하지 않는 것에 더 중요한 의의가 있다. 이러한 시도는 종종 자사 제품의 시장을 잠식하면서까지 새로운 제품을 만들어내는 극단적인 모습으로 나타나기도 한다. 세계 제1의 CPU 생산업체인 Intel은 신제품의 출시와 동시에 그 다음 세대의 CPU 개발에 착수한다. 인텔은 2008년, 코어 i시리즈의 시장 진입과 동시에 연달아 코어 i시리즈의 후속 세대를 만들 계획을 가지고 있었으며, 2017년에는 6코어 칩까지 출시된 상태이다. 2017년 인텔은 590억 달러의 매출액을 달성하였으며 현재도 경쟁사인 AMD에게 시장의 주도권을 빼앗기지 않기 위해 한발 앞서서 다음 세대의 칩을 개발하기 위해 노력하고 있다.

• SECTION 04 • Customer Intimacy

Customer Intimacy는 계속 증가되는 소비자들의 세세한 욕구를 정확히 반영하여 제품과 서비스를 디자인하여 전달하는 것을 말하는데, 주로 기업과 고객간의 친밀도를 증가시켜 고객과 장기적인 관계를 맺는 것에 초점을 두고 있다. 따라서, 이를 추구하고자 하는 기업들은 대개 고객접점에 가까운 곳에 의사결정권한을 위임하는 분권화된 조직을 가지고 있거나, 제품이나 서비스가 고객의 요구에 민감하게 대처할 수 있도록 생산시스템을 갖추고 있다.

앞서 살펴본 바와 같이 Operational Excellence나 Product Leadership을 추구하는 기업들은 소비자들의 세세한 욕구를 간과하는 면이 다소 있지만 Customer Intimacy를 추구하는 기업들은 소비자들이 제품이나 서비스에 대하여 안고 있는 작은 문제점까지도 해결하려고 노력한다. 따라서, 이 기업들은 소비자들의 욕구에 대해 포괄적인 접근을 하려고 하는데 이러한 노력들은 다양한 소비자들의 욕구를 충족시킬 수 있는 맞춤화(customized)된 서비스의 개발부터 직원의 친절한 서비스까지 경쟁사가 모방할 수 없는 뛰어나고 특별한 서비스 프로그램의 제공으로 나타난다.

Customer Intimacy를 추구하는 기업들에게서 발견할 수 있는 특징으로는 다음과 같이 세 가지가 있을 수 있다.

1 고객에 대한 깊은 이해

Customer Intimacy는 고객에 대한 철저한 이해로부터 시작된다. IBM을 오늘날과 같은 거대기업으로 성장시킨 창업자 토마스 왓슨(Thomas Watson)은 고객에 대한 이해 없이는 어떠한 사업기회도 발견할 수 없다고 생각하였으며, 이러한 신념을 토대로 세계제일의 서비스인력과 판매인력을 육성하였다. IBM은 항상 고객보다 한발 앞서 제품을 최적으로 활용할 수 있는 방안에 대해 연구하였으며, 고객이 문제의 현상을 바라볼 때 IBM은 근본적인 치유책을 찾고자 노력하였다.

Highlight 3

Nordstrom

미국의 의류전문 백화점인 Nordstrom(www.nordstrom.com)은 직원들의 친절한 서비스로 고객들이 지속적으로 다시 방문하는 것으로 유명하며 이에 관한 전설적인 일화를 몇 가지 남기고 있다.

- 세일기간 중 한 고객이 맘에 드는 옷의 사이즈가 없자, 직원은 맞은편 백화점에 가서 정가를 주고 옷을 산 후 고객에게 세일가격으로 팔았다.
- 1975년 알래스카의 상점 세 군데를 인수한 직후, 이 상점에서 타이어를 산 한 고객이 타이어를 환불받기 위해 찾아왔다. Nordstrom은 타이어를 취급하지 않았지만 직원은 기꺼이 환불을 해주었고, 여기에 감동한 고객은 Nordstrom의 평생고객이 되었다.

Nordstrom이 이렇게 친절한 서비스를 고객들에게 전달할 수 있었던 원동력은 직원들에게 고객서비스에 대한 책임과 권한을 부여하고 있기 때문이다. 어떤 상황에서든 스스로 판단하여 고객에게 최대한 유리한 방향으로 서비스를 할 수 있도록 하는 것이 Nordstrom이 직원들에게 요구하는 원칙이다. 그러나 Nordstrom에는 신입사원에게 실시하는 특별한 교육프로그램은 없다. 다만, 다음과 같은 사원 안내서만이 신입사원들에게 배부될 뿐이다.

Nordstrom 사원 안내서

Nordstrom에 입사하신 것을 환영합니다.

당신과 함께 일하게 된 것을 참으로 기쁘게 생각합니다. 우리의 최대목표는 고객에게 최상의 서비스를 제공하는 것입니다. 여러분도 개인적인 목표나 직업적인 목표를 모두 높게 가지십시오. 우리는 당신이 그 모두를 이룰 수 있을 것이라고 확신합니다.

Nordstrom의 규칙은 다음과 같습니다.

규칙 1: 모든 상황에서 스스로 최선의 판단을 내릴 것.

이 외에 규칙은 없습니다. 그 밖에 의문나는 점이 있으면 언제든지 매장의 지배인이나 상점 지배인, 각 부문 책임자에게 물어보십시오.

〈출처: 「LG 주간경제」, 1997. 9. 3.〉

2 다양한 제품라인의 보유

Customer Intimacy를 추구하는 기업은 고객에 대한 이해를 넘어서서 이들의 다양한 욕구를 충족시킬 수 있는 구체적인 제품과 서비스를 폭넓게 운영한다. 이러한 제품과 서비스는 Product Leadership을 추구하는 기업들이 보유하고 있는 최신의 제품은 아니더라도 많은 소비자들의 특정한 욕구를 충족시킬 수 있도록 맞춤화(customized)되어 있는 경우가 많다. 또한, 시시각각 변화하는 소비자의 욕구를 이해하고 충족시키기 위해 제품과 서비스 자체에 유연성을 부여하기도 하지만, 이를 실행할 수 있는 조직이나 조직 구성원 개개인이 유연한 사고를 할 수 있도록 유도하는 경향을 발견할 수 있다.

3 고객점유율을 높이기 위한 노력

많은 기업들이 시장점유율(market share)을 높이거나 이를 통한 이윤의 확보에 노력을 경주할 때, Customer Intimacy를 추구하는 기업들은 고객점유율(customer share)을 높이기 위해 노력한다. 이들이 가장 심각하게 생각하는 것은 매출이 감소되는 것이 아니라 고객을 잃어버리는 것인데, 최근 이러한 개념들은 기업들이 고객이탈률(defection rate)이나 고객유지율(retention rate)에 많은 관심을 기울이면서 일반적인 기업들도 반드시 해결해야 하는 과제로 떠오르고 있다.

Treacy와 Wiersema(1995)는 Customer Intimacy를 추구하는 기업들은 다양한 소비자들의 욕구를 충족시키기 위하여 제품과 서비스를 Total Solution화시켜야 한다고 말한다. Total Solution이란 고객이 당면한 문제에 대해서 해답을 제시해 주거나 소비자들이 느끼고 있는 다양한 욕구를 충족시켜 줄 수 있는 포괄적인 제품과 서비스를 의미한다고 할 수 있다. 즉, 소비자들이 제품이나 서비스를 사용하는 과정에서 문제점, 미충족욕구로서 인식할 수 있는 것을 하나의 제품이나 서비스로 통합하는 것이다. Total Solution은 결국 소비자들이 그 제품과 관련하여 다양한 상황에서 느낄 수 있는 문제점을 하나의 제품과 서비스로 해결해줌으로써 소비자들의 욕구에 미리 반응(proactive)하고, 소비자들의 편리성을 극대화시켜 Customer Intimacy를 달성하게 된다. Total Solution을 제공하는 데 있어서 중요한 점은 소비자의 욕구를 파악하여 그것을 하나의 제품과 서비스로 통합하는 것이지만, 그에 못지않게 그 구성요소를 매끄럽게(seamless) 연결함으로써 소비자들에게 하나의 제품이나 서비스로 인식시켜 그 가치를 더 높게 인식시키는 것이다. 만약, 통합의 연결고리가 느슨하여 소비자들이 각 구성요소를 별개의 제품

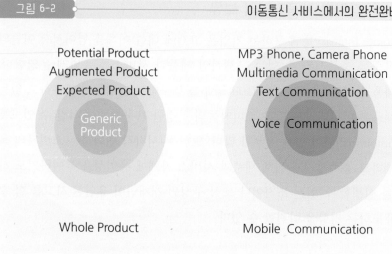

그림 6-2 ———————————— 이동통신 서비스에서의 완전완비 제품

과 서비스로 인식한다면, 통합의 의미가 퇴색할 뿐만 아니라 오히려 그 불편함이 더 커질 수 있기 때문이다.

Moore(1999)는 Total Solution의 한 형태로서 완전완비제품(whole product)이라는 개념을 제시하고 있는데, 이 개념에 따르면 제품은 크게 네 가지의 단계를 가지고 있다. 최소한의 필요성을 가진 가장 기본적으로 제공되는 제품인 Generic Product, 고객이 최소한 구매할 수 있는 조건을 갖춘 제품인 Expected Product, 사용에 불편함이 없도록 보강된 기능과 다양한 서비스를 제공하는 Augmented Product, 제품을 소비하면서 얻을 수 있는 경험과 소비자의 잠재된 욕구를 충족시킬 수 있는 서비스를 제공하는 Potential Product가 그것이다. <그림 6-2>는 이동통신사업자들이 완전완비제품으로 고려할 수 있는 대안이다. 이동통신사업 초기 이용자들은 음성통신에 관련된 욕구만이 존재했다. 따라서, 이 시기 이동통신사업자들은 깨끗한 통화품질과 통화성공률에 중점을 두고 서비스를 구성하였으며 요금체계 또한 이를 중심으로 구성되었다. 그러나 PC 못지않은 성능에 다양한 기능들이 내장된 스마트폰이 등장하면서 젊은 이용자들을 중심으로 메신저 어플과 SNS 어플을 이용한 커뮤니케이션 방식이 증가하자 이동통신사들은 기존의 음성통신서비스, 문자 메시지 이외에 스마트폰 데이터 서비스를 추가하였으며 이는 요금체계에도 반영이 되었다. 2016년도 기준으로, 국내 휴대폰 시장은 1,500만 대 규모로 알려져 있으며 이 중 스마트폰은 1,400만 대 이상으로 휴대폰 시장의 대부분을 점유하고 있다. 스마트폰 출시 10여 년 만에 기존 피처폰의 시장점유율 90% 이상 잠식함에 따라 이동통신 요금제 또한 끊임없는 변화가 요구된다. 메신저 어플을 활용한 사진, 동영상 그리고 PDF, Word파일 등을 주고받는 등 멀티미디어 방식의 커뮤니케이션이 일상생활에 자리 잡고 있음과 더불어 실시간 스포츠 중계, 인터넷 방송 시청 등 휴대폰을 활용한 여가생활의 스펙트럼이 넓어지고 있는 흐름을 고려할 때, 이동통신사업자들은 데이터가 중심이 된 서비스를 구성함으로써 이동통신 사용자들이 더욱 편리하게 이용할 수 있도록 만드는 전략을 생각해볼 수 있다. 요금체계 또한 연령대별로 데이터 사용의 관점에 기초한 합리적인 요금체계가 필요하다고 생각해볼 수 있다.

이상과 같이 경쟁우위의 원천으로서의 자산과 역량, 그리고 경쟁우위로 나타나는 다양한 가치제안의 형태들을 살펴보았는데, 이 두 가지는 마치 동전의 양면과 같아서 매우 깊은 연관성을 가지고 있다. 즉, 가치제안의 형태들에서 살펴보았듯이 각 형태에 따라 필요한 자산과 역량은 크게 바뀔 수 있다. 만약, Product Leadership을 추구하는 기업이 관료적이고 보수적인 피라미드 조직을 가지고 있다면? 혁신적인 제품이나 서비스 개발을 위한 R&D 시설이 부족하다면? 혁신적인 제품을 경쟁사에 뒤지지 않게 빨리 소비자들에게 전달할 수 있는 유통경로를 확보하지 못한다면? 물론, 이 질문들에 대한 대답은 한 가지로 'Product Leadership은 달성될 수 없다'이다. 따라서, 기업은 자사가 추구하고자 하는 가치제안의 형태에 적합한 자산과 역량을 보유하고 있어야만 한다.

• SECTION 05 • SCA(Sustainable Competitive Advantage) −based Strategy

지금과 같이 살펴본 경쟁우위의 원천인 자산과 역량, 그리고 경쟁적 가치제안이 단순히 한순간을 위해서만 축적되어 사용된다면, 그 기업이 가지고 있는 시장에서의 경쟁적 위치는 오래 지속되지 못할 것이다. 따라서, 기업이 지속적인 경쟁우위를 확보하기 위해서는 경쟁우위의 선순환 과정에 따라 자사가 가지고 있는 경쟁우위를 활용한 마케팅전략을 수립하고 이를 구체화시킨 마케팅활동들을 통해 얻은 결과물을 다시 경쟁우위의 구축에 재투자할 수 있어야 한다(<그림 6-3> 참조). 특히 마케팅활동을 통해 이윤창출과 시장점유율을 높이는 세 번째 단계에서 성공하기 위해서는 자사가 보유하고 있는 경쟁우위에 근거한 마케팅 전략의 수립이 요구된다. 첫 번째 단계와 두 번째 단계를 잘 구축해 놓고 이를 마

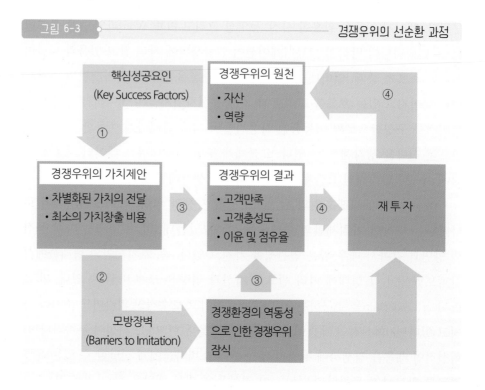

그림 6-3 ○──── 경쟁우위의 선순환 과정

케팅에 활용하지 못한다면 만족할 만한 성과를 얻을 수 없을 뿐더러 경쟁우위를 지속적으로 유지시키기 위한 재투자 기회마저 놓칠 수 있기 때문이다.

유튜브는 컴퓨터를 사용하는 누구든지 동영상을 업로드 할 수 있도록 만들어 몇 분 안에 수백만 명이 자신의 영상을 시청할 수 있도록 하였고, 유튜브가 다루는 넓은 범위의 주제는 비디오 공유를 온라인 문화의 중요한 한 부분으로 자리잡게 했다. 2005년 창립된 유튜브는 넓은 고객 기반과 높은 브랜드 인지도를 통해 고객기반의 서비스를 강화한다. 2017년 기준, 유튜브는 15억명의 월 이용자를 보유하고 있으며, 이를 경쟁우위의 원천으로 고객 맞춤 콘텐츠를 제공하고 있는데, 사용자가 다음에 어떤 동영상을 보고 싶어할지를 가장 잘 예측할 수 있도록 설계된 유튜브의 알고리즘에 따라 선별된다. 유튜브 홈페이

지의 각 동영상 플레이어의 우측에 소개되는 추천 동영상은, 유튜브는 사용자가 얼마나 오래 특정 동영상을 시청하였느냐, 특정 동영상에 좋아요를 표시하였느냐 등이 반영되어 검색결과가 표시된다. 이를 바탕으로 회사 측면에서 유튜브는 고객기반의 측면에서는 정보검색 엔진을 더욱 강화하여 고

그림 6-4 ─────── 다수수용집단의 구매시점 단축을 통한 캐즘 극복

객기반을 더욱 넓히고, 이미 구축된 고객의 데이터베이스를 고객욕구를 중심으로 세분화하여 각 세분시장별로 차별화된 마케팅전략을 수립할 수 있는 발판을 마련할 수 있을 것이다. 또한, 이용자들의 세분화된 욕구를 충족시킬 수 있으므로 Customer Intimacy를 통해 시너지를 만들고 고객의 충성도를 지속적으로 제고시키면서 선도적 위치를 지켜나갈 수 있다. <그림 6-4>에서 볼 수 있는 것과 같이 경쟁우위의 원천과 3가지 가치제안 형태로 나타나는 경쟁우위는 마케팅믹스 전략(Marketing Mix Strategy)으로서 구체화된다. 경쟁우위의 내부적 형태라고 할 수 있는 자산/역량과 경쟁우위의 외부적 형태라고 할 수 있는 경쟁적 가치제안은 서로 일관성을 가지고 서로 시너지 있게 연결되어야 한다는 것은 이미 앞에서 설명을 하였다. 이러한 바탕 위에서 기업은 경쟁우위의 원천을 활용할 수 있는 마케팅전략을 수립해야 하며, 그 결과물은 다시 경쟁우위의 원천을 강화(reinforce-ment)할 수 있어야 한다. 경쟁적 가치제안도 마찬가지로 마케팅전략으로 구체화됨에 있어 자사가 추구하는 경쟁적 가치제안의 형태와 일관성 있게 수립될 수 있도록 고려해야 한다. 예를 들어, Product Leadership을 추구하는 기업이 새로운 기술을 개발하고 상품화시킬 수 있는 R&D 투자를 게을리 하고 새로운 제품을 소비자들에게 알리는 광고에 대한 투자를 아낀다면, 혹은 자사의 최첨단 제품의 이미지를 잠식할 만큼 낮은 제품가격을 설정한다면 이는 자사가 추구하는 경쟁적 가치제안 형태와는 다른 방향의 마케팅전략을 수립했다고 말할 수 있을 것이다. 그럼, 경쟁우위의 원천을 마케팅전략으로 연결하는 것과 경쟁적 가치제안을 마케팅전략으로 연결하는 두 가지 측면을 사례와 함께 알아보도록 하자.

이는 자사의 뛰어난 자산과 역량을 마케팅전략으로 구체화하여 활용하고 마케팅전략의 실행으로 얻어진 결과물로 자산과 역량을 강화하여 재구축하는 것으로 이 과정이 계속 선순환됨으로써 지속적 경쟁우위를 획득하는 것이다.

2017년, 인터브랜드는 세계 4위의 브랜드가치를 가지고 있는 기업으로 코카콜라를 선정하였다. 코카콜라는 페이스북, 구글, 마이크로소프트에 뒤이어 4위로 음료시장에서 확고한 1위를 차지하고 있으며, 브랜드가치는 약 700억 달러이다. 코카콜라의 브랜드에는 세계인에게 쉽게 다가갈 수 있는 친근함, 코카콜라를 마시는 즐거움, 주변사람들과 코카콜라를 마시는 즐거운 상황, 젊고 발랄함 등 다양한 이미지가 잘 표현되고 있다. 브랜드가 단순히 브랜드명(brand name)만을 의미하는 것이 아니라 그와 관련된 로고, 패키지, 심벌, 그리고 이러한 요소들이 합쳐져 나타나는 하나의 종합된 이미지라고 하였을 때, 코카콜라는 이러한 브랜드 자산을 잘 활용하고 있다. 100년 동안 일관되게 유지해온 유선형의 병과 이탤릭체의 로고, 강렬한 빨간색 등은 소비자들로 하여금 코카콜라 브랜드를 연상시키도록 하고 있다. 이러한 브랜드를 소비자들에게 인지시키기 위해 코카콜라는 매년 20억 달러 내외의 광고비를 들여, 즐겁고 자유로운 삶이라는 일관된 컨셉을 소비자들에게 각인시킴으로써 코카콜라 브랜드가 주는 이미지를 지속적으로 강화시키고 있다. 또한, 올림픽이나 월드컵 등 스포츠 행사에 대한 후원도 코카콜라의 브랜드 이미지를 강화시키는 역할을 담당하고 있다. 이렇게 재고된 브랜드 이미지는 소비자들 사이의 브랜드 인지도와 호감도를 증가시킴으로써 더 많은 구매를 유도하고 지속적인 매출/이윤증가에 기여할 수 있다.

Airbnb는 웹사이트 및 어플리케이션을 통해 전 세계 사람들을 연결하는 온라인 및 모바일 신뢰 기반 커뮤니티가 중심인 플랫폼 서비스이다. 2015년 월스트리트 저널에서 분석한 'Airbnb와 주요 호텔의 기업가치(단위: 달러)'를 보면, 힐튼은 219억, Airbnb는 200억, Marriot는 159억, Hayatt는 84억으로 Marriot와 Hayatt를 제쳤다. Airbnb는 2015년 기준, 2억 명의 게스트와 300만 개의 숙소를 보유하며, 연간 1,700만 건의 숙박 예약을 제공한다. 이를 통해 Airbnb는 상당한 브랜드 인지도와 고객 수를 바탕으로 다양한 가치를 창조한다는 것을 알 수 있다. 많은 고객 수를 바탕으로 숙박 예약을 중개하며, 시각적으로 매력적인 웹사이트 및 어플리케이션을 제공함으로써 공유 경제 플랫폼을 만들어 고객지향적인 서비스를 제공한다. 이러한 공유경제를 통한 이익은 단순히 여행자와 호스트뿐만 아니라, 이에 투자하는 투자자들에게도 이익을 제공하고 있으며, Airbnb는 미래 생활양식 변화에 중요한 역할을 수행하는 강력한 글로벌 브랜드로 인식되고 있다.

2 경쟁우위의 가치제안(Value proposition)을 구체화하는 마케팅전략

이는 자사의 뛰어난 자산과 역량을 바탕으로 구축되는 가치제안의 형태를 마케팅전략으로 구체화하여 활용하고 마케팅전략은 이러한 가치제안 형태와 일관성 있게 집행됨으로써 가치제안의 형태를 더욱 강화시키는 과정이 계속 선순환됨으로써 지속적 경쟁우위를 획득하는 것이다.

제4장의 SWOT 분석에서 살펴보았던 Dell(www.dell.com) 사례는 Ope-rational Excellence를 일관적으로 추구함으로써 성공했던 대표적인 사례라고 할 수 있다. 델은 웹기반 고객들에게 판매 및 서비스를 제공하기 위하여 프로세스를 단순화하였다. Dell은 저원가와 낮은 가격이라는 목표를 달성하기 위해 당시 모든 컴퓨터 회사가 채택하고 있던 중간 판매 단계를 과감히 생략하였다. 중간 판매 단계가 없어 Dell은 모든 재고부담을 스스로 안고 있어야 했기 때문에 재고비용을 줄이는 것이 매우 중요했다. 하지만, Dell의 직접 판매 전략은 공급업체와의 파트너십을 통한 정보 네트워크를 구축하면서 재고비용을 최소화할 수 있었고, 이러한 SCM 최적화는 맞춤식 고객서비스를 통해 고객의 이익을 극대화하였다. 또한 Dell은 고객의 주문에 따라 신속히 생산하여 판매할 수 있도록 각 부품을 모듈(module)화시킴으로써 고객의 요구에 대해 빠른 시간 내에 대응할 수 있는 방식을 채택하였다. 또한, 중간 판매 단계를 생략하기 위해서는 매장에 진열하여 고객을 관심을 끄는 전통적인 방식도 과감히 탈피해야만 했다.

이를 위해 채택한 전략이 제품 카탈로그나 우편·전화주문과 같은 다이렉트 마케팅전략이었으며, 제품의 배송도 배송전문업체에 아웃소싱(outsourcing)하는 방식을 택하여 업무효율화를 달성하였다. Dell의 이러한 비즈니스 모델은 Dell Direct Model이라는 시스템으로 체계화됨으로써 사업에 따른 이윤이 Dell의 비즈니스 모델을 더욱 강화시켜 다른 경쟁업체가 모방할 수 없는 독보적인 자산으로 구축되어, 2017년 기준 616억 달러를 기록하였다.

면도기로 잘 알려진 다국적기업 질레트(www.gillette.

com)는 새로운 기술을 활용한 제품을 경쟁사보다 빨리 시장에 출시할 수 있는 Product Leadership을 가진 기업의 대표적인 사례이다. 질레트는 신기술을 개발하기 위하여 R&D에 막대한 투자를 하고 있는데, 가장 성공적인 면도기라고 평가받고 있는 센서(Sensor) 면도기를 개발하기 위해 질레트가 투자한 돈은 2억 7,500만 달러에 달했다. 센서는 발매 1년 만에 10억 개가 팔리는 큰 성공을 거두었음에도 불구하고 질레트는 거기서 만족하지 않고, 1999년 Mach3라는 혁신적인 면도기를 시장에 출시하였다.

센서의 판매에서 거둬들인 이익을 바탕으로 7억 5,000만 달러라는 막대한 개발비를 투자하여 만든 Mach3는 질레트가 가지고 있는 막강한 유통력을 활용하여 자사의 주력제품이던 센서의 시장을 빠르게 잠식하였다. Mach3는 전투기가 날아가는 모습을 담은 TV광고나 옥외간판, 인터넷 웹사이트 등을 통해 제품의 성능을 잘 보여주었다. Mach3는 1999년 발매한 지 1년도 되지 않아 10억 개 이상을 판매하는 성공을 거둘 수 있었다.

2006년 이후, 질레트는 퓨전이라는 제품 시리즈를 발표하였다. "소비자들은 면도 시 면도날이 수염을 잡아당기는 것 같은 느낌을 받으며, 이것은 남성 피부 자극의 원인이 된다"며 '질레트는 이를 개선하기 위한 제품개발에 착수하여 2011년, 질레트는 5중 날 진동면도기인 '퓨전 프로글라이드'를 출시하였다. 퓨전 프로글라이드는 더욱 얇고 섬세해진 면도날로 힘들이지 않아도 편안하게 미끄러지는 면도가 가능한 신개념 면도기다. 퓨전 프로글라이드라는 혁신적인 제품으로 소비자들에게 면도의 인식을 일반적인 쉐이빙(Shaving)의 개념이 아닌 글라이딩(ProGliding)개념으로 바꾸면서 성공을 거두었다.

인터넷 종합쇼핑몰인 아마존(www.amazon.com)을 방문하는 사람들은 대개 자신이 머물고자 예상했던 시간보다 훨씬 오랫동안 아마존에 머물게 된다고 한다. 그 이유는 아마존이 이용자들에게 가장 적합한 최신의 정보를 제공함으로써 이용자들과의 친밀감을 형성하려는 노력을 했기 때문이었다. 아마존은 Customer Intimacy라는 가치제안의 형태를 구체화하기 위한 방안으로 Recommendation System이라는 아마존만의 독특한 아이템(Item) 추천 시스템을 구축하였다. 아마존의 Recommendation System은 아마존을 방문하는 모든 이용자들의 데이터를 활용하여 이용자 개개인에게 최적화된 아이템을 추천하는데, 예를 들면, 검색창에 'Marketing Strategy'라고 입력하면 제목이 Marketing Strategy인 책뿐만 아니라 이 책에 대한 독자들과 전문가들의 비평, 이에 관련된 책들과 이 책을 구매한 사람들이 구매한 다른 종류의 책 등을 같이 보여줌으로써 이용자

들이 사이트를 이용하는 데 불편함이 없도록 최적의 서비스를 제공한다. 이용자들은 자신이 요구하는 정보뿐만 아니라 관련된 정보를 같이 제공받음으로써 이 사이트에 대하여 좀 더 친밀감을 느낄 수 있는 것이다. 이렇게 구축된 Customer Intimacy는 아마존에게 더 많은 이용자들을 확보할 수 있게 해주었고, 더 많은 고객 데이터를 확보한 아마존은 이용자들에게 더 정교한 Recommendation System을 제공함으로써 개개인에 더 최적화된 서비스를 할 수 있었다.

3　3 Steps of SCA-based Strategy

지금까지 사례를 통해 살펴본 바와 같이 경쟁우위를 지속적으로 유지하기 위해서는 위에서 언급한 세 가지 요소(Competitive Advantage, Value Proposition, Marketing Mix Strategy)가 서로 일관성을 가지고 자사의 경쟁우위를 강화시킬 수 있도록 시너지 있게 구성되어야 할 것이다. 그렇다면 지속적인 경쟁우위를 달성

그림 6-5　3 steps of SCA-based Strategy

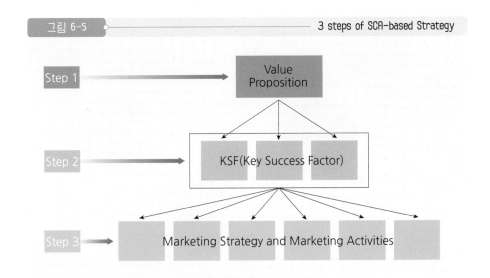

하기 위한 마케팅전략은 어떤 단계를 거쳐 수립되어야 하는 것일까? <그림 6-5>는 지속적 경쟁우위를 달성하기 위하여 경쟁적 가치제안에 기반한 마케팅전략을 수립하는 단계를 표현한 것이다.

먼저, 첫 번째 단계는 자사의 자산과 역량을 고려하여 자사의 제품과 서비스에 적합한 경쟁적 가치제안의 형태를 결정하는 단계이다. 다음 단계는 이러한 경쟁적 가치제안의 형태에 근거하여 해당 제품군이나 서비스군에서 성공하기 위해 필요한 핵심성공요인을 도출하는 단계이며 마지막 3단계는 핵심성공요인을 달성하기 위해 경쟁적 가치제안과 일관성있는 마케팅전략과 구체적인 활동들을 설계하는 단계이다. 특히, 기업들은 경쟁우위에 근거한 마케팅전략을 수립하기에 앞서 <그림 6-6>과 같은 Activity System Map을 작성하는데, 세부적인 마케팅활동을 계획하기에 앞서 이러한 맵(map)을 그리는 이유는 자사의 목표를 달성하기 위해 선행되어야만 하는 마케팅활동들을 선정하고 다시 그 마케팅활동들을 구체적으로 달성하기 위한 세부적인 활동들을 명확히 함에 있다. 이런 구체적인 세부활동들은 상위 단계의 목표를 달성하기 위해 상호일관성 있게 연계되어야 하며, 어떤 한 요소라도 목표와는 다른 방향으로 활동이 이루어진다면 그 시너지효과는 소멸되거나 반감되고 만다. 그러면 위와 같은 전략수립단계가 어떻게 적용되었는지 미국의 항공사인 Southwest Airlines의 사례를 통해 알아보자.

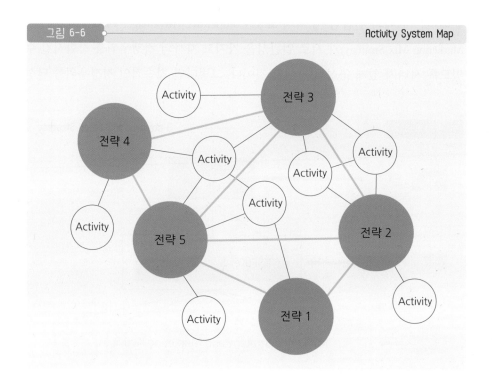

그림 6-6 　　　　　　　　　　　　　　　　　　　　　Activity System Map

Southwest Airlines

Southwest Airlines는 1966년 사업을 시작할 당시 텍사스주 안에 있는 댈러스, 휴스턴, 샌안토니오 세 개 도시만 운항하는 local airliner였다. 그러나 1975년, 경쟁사였던 Braniff Airlines는 Southwest의 저운임에 대항할 수 있는 방안을 찾지 못하고 결국, Southwest가 취항하는 노선을 포기하게 되었다. 이후 Southwest는 Cleveland-Chicago노선에 취항하면서 운임을 경쟁사 운임의 5분의 1에 불과한 59달러로 책정하면서, 모든 고객들에게 Southwest의 저운임정책은 단지 1회성에 불과한 프로모션 형태가 아닌 정상적인 운임임을 인식시키게 되었다. Southwest는 어떻게 경쟁사보다 지속적으로 낮은 운임을 책정할 수 있었을까?

Step 1

먼저 Southwest가 지속적으로 가격우위를 지키기 위해서는 아래 그림과 같은 일련의 과정을 계속해서 반복할 필요성이 있었다. 원가를 절감하기 위해서는 이를 달성하기 위한 운영시스템과 운영인력들의 노력들이 필요했고, 그 결과 원가우위라는 경쟁우위를 얻을 수 있었다. 이는 경쟁사에 있어서는 모방할 수 없는 장벽이 되어 Southwest에게 특정지역 시장에서의 고객점유율, 이윤을 가져다준다. 그리고 이러한 성과는 다시 원가감소를 위해 재투자되는 것이다. 이러한 원가절감을 위한 일련의 과정이 반복되면서 Southwest와 경쟁사의 가격격차가 벌어지는 것이다. 그렇다면 Southwest는 어떤 마케팅활동들을 했던 것일까?

Step 2

Southwest는 먼저, 항공시장에서 원가절감을 통해 성공할 수 있는 핵심성공요인을 다음과 같이 도출했다.

- 시장이 크면서도 혼잡이 덜한 운항노선 취항
- 제한된 서비스로 원가절감
- 표준화된 항공기와 유지/보수 시스템으로 인한 원가절감
- 많은 항공편과 정시출발을 통한 수익창출과 신뢰성 유지

Southwest는 이렇게 도출된 핵심성공요인을 달성하기 위해 마케팅전략의 수립에 착수하였다.

Step 3
STP Strategy

1972년, Southwest는 승객들을 여행목적과 패턴에 따라 크게 Business Traveller와 Leisure Traveller형으로 나누었다. Business Traveller는 여행시간 동안의 편리함과 효율적인 시간계획을 위해 여행시간에 신경을 쓰는 것으로 나타났고, Leisure Traveller는 여행경비의 부담을 줄이려는 목적으로 가격에 대한 민감도가 큰 것으로 나타났다. Southwest는 미국을 횡단하거나 외국항로를 취항하지 않는 로컬 항공사이기 때문에 장거리 운항에 따른 승객의 피로를 줄이기 위한 부담은 대형 항공사에 비하여 덜한 편이었다. 따라서, Southwest는 비즈니스를 위해 짧은 거리를 오고 가는 승객들과, 주말에 휴일을 이용해 여행 다니는 승객들을 타깃으로 저렴한 운임을 책정하기로 하고, 요일에 따라 운임체계를 차별화하였다. 그리고 이를 소비자들에게 인식시키기 위하여 "The Low Fare Airline"이라는 컨셉으로 타 항공사와 차별화를 시도하며 이 컨셉

에 부합하는 마케팅활동을 펼쳐 나갔다.

SCA-based Marketing Activities

다음의 그림은 Southwest가 저원가 달성을 위해 실행했던 마케팅활동들을 일목요연하게 보여주는 그림으로 Southwest의 마케팅활동 계획을 이해하는 데에 있어서 매우 중요한 부분을 차지한다. 이제 Southwest의 구체적인 마케팅활동에 대해 알아보자. 1995년 Southwest의 항공기 1대당 평균 운항거리 394마일에 대한 편도 운임은 69달러였고, 600마일을 넘는 운항은 가급적 피했다. Southwest의 항공기는 하루에 한 도시에서 40회 출항하고 이를 비행기 1대로 환산하면 10회 정도로 경쟁 항공사에 비해서는 2배 많은 것이다. 이렇게 많은 편수를 운항하면서도 Southwest의 평균 기령은 약 8년으로 안전도 면에서도 가장 좋은 기록을 보유하고 있었다. 이렇게 경쟁 항공사에 비해 더 많은 편수를 운항할 수 있었던 이유는 비행기 좌석 하나당 평균비용이 업계에서 가장 낮았기 때문이었다.

Southwest는 미국 내 대형 항공사 중에서 허브(Hub)시스템을 갖고 있지 않은 유일한 회사였다. 도시와 도시간을 왕복하는 Point-To-Point 시스템은 빠르고 편하게 목적지까지 가고자 하는 탑승객들에게는 매우 편리한 시스템이었지만, 비행기 편수가 늘어나고 그에 따른 승객들이 늘어나지 않으면 편당 운항비용이 상승하기 때문에 대부분의 항공사는 운영효율을 목적으로 목적지까지 가기 위하여 중간 기착지에서 비행기를 갈아타는 허브시스템을

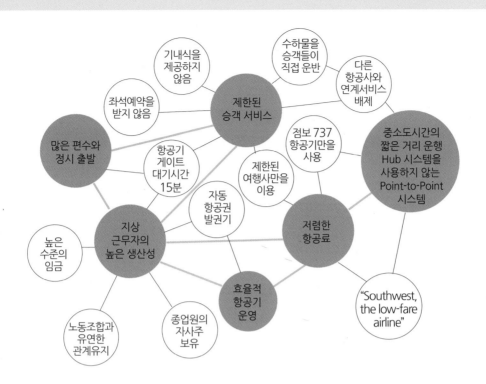

사용하고 있었다. 그러나, Southwest는 이렇게 탑승객들을 다른 항공기로 갈아타게 하기 위해서는 항공기들이 공항에 머무르는 시간이 길어짐에 착안하였다. Southwest는 turnaround time, 즉 승객들이 내리고 다음 운항을 위해 다시 승객을 태우는 시간을 경쟁사의 3분의 1 수준인 15분으로 단축하였고, 승객들을 안내하는 공항 안내 인력의 50%를 절감할 수 있었다. 대기시간을 줄이기 위해 예약시스템도 과감히 포기하고, 준비시간이 필요한 기내식도 제공하지 않았다. 예약시스템이 없기 때문에 먼저 티켓을 끊고도 먼저 타는 사람에게 좌석을 양보해야 하는 상황이 발생하였지만, 이에 대해 불평하는 승객들은 거의 없었다. 그만큼 하루에 운항하는 편수가 많아 다음 비행기를 기다리는 시간이 다른 항공사의 비행기를 기다리는 시간에 비해 짧았기 때문이었다. 그리고, 만약 비행기를 놓치더라도 티켓을 재발급받을 필요 없이 다시 사용될 수 있도록 디자인하였다. 예약시스템을 하지 않으니 빈 좌석으로 운항하는 비행기도 그만큼 줄어들게 되었다.

비행기 티켓을 파는 데 있어서도 다른 항공사처럼 여행사를 거치지 않고 공항의 자판기나 인터넷을 통해 판매

하였다. South—west는 업계 최초로 인터넷 판매를 도입한 항공사였다. 여행사에게 지급할 수수료만큼의 금액을 인하하여 티켓을 판매할 수 있었고, 여행사를 관리하는 데 드는 시스템 구축비용이나 인건비를 절약할 수 있었다.

앞서 설명하였듯이 위에서 설명한 마케팅활동간에는 상호연관성이 있다. 저원가라는 목표를 위해 Southwest는 먼저 소도시들간의 짧은 항로만을 운항하는 것, 비행기운영의 효율성, 지상에 근무하는 종업원들의 높은 생산성, 정시이륙과 많은 편수, 제한된 기내 서비스 등을 주목표로 설정하였다. 이 주 목표를 위해 수많은 세부활동들이 상호 연관성을 가지고 일관되게 계획된 것이다.

예를 들어, 경쟁사와 비슷한 항공기 수로 일일 편수를 늘리기 위해서는, 비행기가 자주 이륙할 수밖에 없다. 따라서, Southwest는 착륙한 지 15분 만에 이륙을 하고, 그 짧은 시간에 기내식을 준비할 수 없기 때문에 기내식은 제공될 수 없다. 또한, 사전에 예약을 받아 좌석을 배정하지 않기 때문에 제한된 기내 서비스를 할 수밖에 없는 것이다. 사전에 예약을 받지 않으니 지상에서 근무하는 직원들의 수도 줄일 수 있었고, 그 결과 다른 직원들에

게 더 높은 임금을 지급할 수 있어서 직원들의 사기와 생산성도 높일 수 있었다. 이런 예약시스템을 없애기 위해서 Southwest는 공항에 있는 자판기를 이용하도록 하였고, 인터넷을 통해 티켓을 판매함으로써. 예약을 받았을 때 티켓을 프린트하여 고객들에게 발송하는 비용을 없앨 수 있었다.

Southwest는 23년 연속으로 흑자를 냈던 항공사일 뿐만 아니라 불경기가 한창이던 1992년에는 미국 대형 항공사 중 유일하게 흑자를 낸 회사였다. Southwest가 이러한 성공을 거둘 수 있었던 원인은 이처럼 마케팅활동들이 일관성 있고 시너지 있게 계획/집행됨으로써 타 항공사들이 모방할 수 없는 Operational Excellence를 통해 원가우위(low cost)를 달성하고, 이러한 결과로 얻어지는 이익이 다시 저원가 달성이라는 목표를 위해 재투자됨으로써 지속적인 경쟁우위를 유지할 수 있었기 때문이었다.

〈출처: Porter, M.(2000), "What is Strategy?"
Harvard Business Review(February 2000)〉.

　제품 혹은 서비스가 지향하는 소비자나 시장의 특성에 따라 기업들은 핵심성공요인을 추출해내고 그에 적합한 다양한 가치제안 형태를 추구하게 되는데 크게 Operational Excellence, Product Leadership, Customer Intimacy의 형태로 나타난다. Operational Excellence란 고객들에게 가장 경제적인 가격으로 제품과 서비스를 제공할 수 있는 능력을 말하며, Product Leadership은 혁신적인 기술을 바탕으로 지속적으로 새로운 제품이나 서비스를 출시할 수 있는 것을 말한다. 또한, Customer Intimacy는 소비자들의 다양한 욕구를 정확히 반영한 제품과 서비스를 전달하는 것을 말한다.

　기업이 지속적인 경쟁우위를 지니기 위해서는 앞 장에서 살펴본 경쟁우위의 원천과 가치제안의 형태가 서로 일관적이어야 하며 이들을 구체화시키기 위한 마케팅전략과도 일관성을 유지해야 한다. 그리고 경쟁우위의 결과물로 나타난 시장점유율이나 이윤을 재투자하여 경쟁우위를 강화시킬 수 있어야 한다. 지속적 경쟁우위를 달성하기 위해 마케팅전략을 수립할 때에는 먼저 자사의 자산과 역량을 고려한 가치제안(value proposition) 형태를 설정하고 핵심성공요인을 도출하며 핵심성공요인을 달성하기 위하여 가치제안 형태와 일관성 있는 마케팅전략과 구체적인 활동들을 정의해야 한다. 구체적인 마케팅전략을 수립하기 전에 Activity System Map을 작성하면 경쟁우위와 마케팅전략간의 일관성을 확보하는 데 도움이 된다.

생각해 볼 문제

01 캐즘을 극복하여 Product Leadership을 지속시킨 사례를 생각해 보시오.

02 최근 등장하고 있는 디지털 제품에서 Customer Intimacy를 구현하고 있는 사례를 생각해 보시오.

03 Dell 컴퓨터가 Operational Excellence를 달성하기 위해 펼친 마케팅활동들에는 어떤 것들이 있는지 생각해 보시오.

- 성균관대학교 편(2005), 「산업 및 조직심리학」, 박영사.
- 안광호 · 한상만 · 전성률(2013), 「전략적 브랜드 관리」, 4판, 학현사.
- 유승삼 · 김기원 옮김(2002), Moore, G., 「캐즘마케팅」, 세종서적.
- 전자신문, "세계최강에 도전한다(7): 인터넷 포털," 2002. 10. 22.
- 차원용 외(2002), 「솔루션 비즈니스 마케팅」, 굿모닝미디어.
- 한겨레신문, "전기초자 서두칠사장 퇴진소식에 급락세," 2001. 7. 10.
- 한국경제신문, "잭 웰치의 모든 것: 경영이란 인재를 키우는 것 '시사점,'" 2001. 11. 8.
- 황규대(2002), 「인적자원관리」, 박영사.

- Aaker, D. A., & McLoughlin, D. (2009). Strategic market management: global perspectives. John Wiley & Sons.
- Carpenter, Gregory S., Rashi Glazer, and Kent Nakamoto(2001), "Market-Driving Strategies: Toward a New Concept of Competitive Advantage," in Dawn Iacobucci(ed.), *Kellogg on Marketing*, John Wiley & Sons, NY, pp. 103-129.
- Drucker, P. F. (2017). The Theory of the Business (*Harvard Business Review Classics*). Harvard Business Press.
- Iacobucci, D. (2001). *Kellogg on Marketing*. John Wiley & Sons.
- Day, G. S. (1999). Market driven strategy: process for creating value: with a new information. Free Press.
- Day, G. S., & Nedungadi, P. (1994). Managerial representations of competitive advantage. *The Journal of Marketing*, 31-44.
- Gunther, R. E. (2004). *Wharton on dynamic competitive strategy*. John Wiley & Sons.
- Kim, W. C., & Mauborgne, R. (2005). *Blue ocean strategy*. Harvard Business School Press, Boston, 240.
- Kline, S., Dyer-Witheford, N., and De Peuter, G.(2003), *Digital Play*, McGill-Queen's University Press.
- Leonard-Barton, D.(1992), 'Core Capabilities and Core Rigidities: A Paradox in Managing New Product Development,' *Strategic Management Journal*, Vol. 13(Summer 1992), pp. 111-125.
- Leonard, D. A. (2011). Core capabilities and core rigidities: A paradox in managing new product development. In Managing Knowledge Assets, Creativity And Innovation (pp. 11-27).
- McWilliams, A., & Siegel, D. S. (2011). Creating and capturing value: Strategic corporate social responsibility, resource-based theory, and sustainable competitive advantage. *Journal of Management*, 37(5), 1480-1495.
- Porter, M.(1980), *Competitive Strategy*, Free Press.
- Porter, M.(1985), *Competitive Advantage*, Free Press.
- Porter, M.(2000), 'What is Strategy?' *Harvard Business Review*(February 2000).
- Prahalad, C. & Hamel, G.(1990), 'The Core Competence of the Corporation,' *Harvard Business Review*(May-June 1990), pp. 79-91.
- Prahalad, C. K., & Hamel, G. (2001). The core competence of the corporation. *Harvard Business Review*.
- Schmitt, B.(1999), *Experiential Marketing*, Free Press.
- Treacy, M. & Wiersema, F.(1995), *The Discipline of Market Leaders*, Addison-Wesley.

PART

04

마케팅 핵심전략

Chapter 07 시장세분화, 표적시장 선택 및 포지셔닝
Chapter 08 브랜드 자산의 구축과 관리

CHAPTER

07

시장세분화, 표적시장 선택 및 포지셔닝

善處戰地而待敵者佚, 後處戰地而趨戰者勞. 故善戰者致人而不致於人
[선처전지이대적자일, 후처전지이촉전자노. 고선전자치인이불치어인]

"먼저 전장에 도착해 싸움을 기다리면 편하고, 전장에 늦게 싸움을 걸면 피로하다. 전쟁을 잘한다는 것은 남을 움직이게 하는 것이지 내가 남에게 휘둘려 움직이는 것이 아니다."

손자병법 허실편[虛實篇]

선처전지: 유리한 포지셔닝을 선점
후처전지: 다른 기업이 선점한 포지셔닝에 후발주자로 진입하려는 기업

전장에 먼저 도착하게 되면, 보다 유리한 지형에 진지를 세우고 적을 기다릴 수 있다. 경우에 따라서는 길목에 매복하여 적의 물자를 빼앗고 게릴라전을 펼치는 것도 가능하다. 상대적으로 구사할 수 있는 전술이 더 많아지기 때문에 무리하지 않게 전쟁을 이끌 수 있다. 그러나 전장에 늦게 도착하게 되면 적에게 지형, 물자, 병사들의 목숨을 내주게 될 가능성만 높아진다.

포지셔닝이론의 창시자인 알 리스와 잭 트라우트는 '마케팅 불변의 법칙' 22가지 중 가장 첫번째로 '선도자의 법칙'을 꼽았다. 최초로 대서양 횡단 비행에 성공한 찰스 린드버그에 비해 두 번째로 횡단한 버트 힝클러의 지명도는 떨어지는 것처럼, 마케팅에서도 가장 먼저 고객의 마음에 포지셔닝을 한 기업이 가장 큰 인지도와 이익을 얻게 된다. 다른 기업이 선점한 포지셔닝을 얻기 위해 후발주자로 뛰어든 기업은 막대한 비용을 쏟아부어도 원하는 결과를 얻을 수가 없게 되며, 다른 전략을 모색해야 하는 부담까지 안게 된다. 내가 시장을 주도하고 남에게 주도당하지 않는[致人而不致於人] '마켓 리더십'의 중요성을 손자는 허실편을 통해 설파하였다.

Leading CASE

휠라의 턴어라운드 전략

어? 이 신발은 우리 취향을 잘 알아, 10대와 소통한 휠라의 '화려한 부활'

휠라는 국내 진출 초기인 1990년대, 젊은 이미지의 프리미엄 스포츠 제품, 그것도 잘나가는 해외 브랜드로 인식돼 큰 인기를 끌었다. 그러나 고루한 이미지가 더해지고 주 고객층이 중장년층으로 바뀌는가 하면 주력하던 아웃도어 관련 시장의 쇠락까지 겹치면서 2014년부터 매출과 브랜드 이미지 모두 뒷걸음질 치기 시작했

다. 그렇게 쇠락의 길을 걷는 것처럼 보였던 휠라가 갑자기 지난해부터 중고생을 비롯한 젊은 고객들의 적극적인 지지로 화제의 브랜드가 됐다. 테니스화를 재해석한 '코트디럭스'란 운동화는 중고생들 사이에 선풍적인 인기를 끌면서 10만 켤레만 팔아도 '대박'이라는 국내 운동화 업계에서 70만 켤레 판매(첫 출시 시기인 2016년 9월 말~올해 9월 중순 누적)라는 기록을 세웠다.

이러한 대중적 인기와 더불어 2011년 인수한 미국 골

표	휠라의 재기를 이끈 대표 아이템 4선
제품명	특징
코트디럭스 (6만 9,000원)	- 테니스화를 모티브로, 90년대 트렌드를 재현한 스트리트화 - 화이트 베이스의 기본 모델과 파스텔 핑크를 적용한 '코트디럭스 딸기우유', 메탈 컬러가 부분적으로 더해진 '코트디럭스 샤이니', 빙그레 메로나 협업모델인 '코트디럭스 메로나' 등 후속 모델 출시 - 2016년 9월 말 첫 출시 이후 현재까지 누적판매량 70만 켤레
디스럽터2 (6만 9,000원)	- 1997년 미국, 유럽에서 출시됐던 '디스럽터(DISRUPTOR)'의 2017년 재해석 버전'으로 국내에선 처음 출시. 스트리트 무드와 화이트 스니커즈 트렌드의 결정체라 불리며 패션에 민감한 젊은 세대에 폭발적인 반응을 얻음 - 화이트, 화이트검솔, 누디 핑그, 핑크 플라밍고 등 4가지 색상 - 2017년 6월 국내 출시 이후 현재까지 약 15만 족가량 판매
클래식킥스 (3만 9,000원)	- 라이프스타일 캔버스 슈즈 - 군더더기 없는 깔끔한 디자인에 휠라 로고 포인트, 휠라 헤리티지 컬러(네이비, 화이트, 레드 등)를 적용한 데일리 슈즈 - 레드, 그린, 화이트, 블랙, 네이비, 베이지 등 총 6가지 색상 - 2017년 7월 출시 이후 약 2달 만에 약 7만 켤레 이상 판매됨
헤리티지 빅로고 반팔 티셔츠(2만 9,000원)	- 빅 로고를 내세운 휠라 헤리티지 반팔 티셔츠 - 레트로 열풍 속에 로고 디자인이 인기를 끌면서 브랜드 정체성을 제대로 드러낸 아이코닉 아이템으로 부상 - FILA 리니어 로고 티셔츠, F로고 티셔츠, 블랙 로고 등 3가지 버전 - 2017년 봄/여름 시즌 주력 아이템으로 출시돼 현재까지 25만 장 판매

휠라는 10대 배우인 김유정을 광고 모델로 기용해 또래 소비재인 10대를 적극 공략하고 있다.

프기업 '아쿠쉬네트'가 지난해 뉴욕주식거래소(NYSE)에 상장하고, 이 회사가 휠라의 자회사로 편입된 데 힘입어 올 상반기(1~6월) 국내 패션 기업 가운데 매출 1위를 차지하기도 했다. 1990년대에 이어 최근 들어 '제2의 전성기'를 맞고 있다고 평가받는 휠라의 턴어라운드 전략은 무엇일까.

밀레니얼 세대에 프리미엄이란?

최근 휠라가 재기에 성공한 이면에는 혁신적인 생산 방식과 유통방식을 도입해 가성비 좋은 제품을 만들어 낼 수 있는 조건을 갖춘 것에서 시작한다. 하지만 최근 휠라가 돌풍의 중심에 선 데는 10대들이 있다는 사실을 기억해야 한다. 휠라의 가격혁신 덕에 운동화의 평균 판매 가격은 10만 원대를 상회하던 것이 6만, 7만원대로 대폭 하향 조정됐다. 디자인이나 품질은 오히려 높임으로써 기존 고객들도 만족했고, 높은 가격과 올드한 이미지 탓에 발길이 뜸했던 10대, 20대 초반 고객들이 매장에 제 발로 찾아 들어오기 시작했다.

사실 휠라처럼 백화점을 주요 유통 채널로 삼아온 브랜드가 젊은 층을 공략하는 접근 가능한(accessible) 가격대의 상품을 내놓는다는 것은 리스크가 큰 전략일 수 있다. 프리미엄 이미지가 훼손될 가능성이 높기 때문이다. 하지만 휠라 측은 브랜드 턴어라운드의 1차 수단이자 목적을 밀레니얼세대를 주축으로 한 10대, 20대 젊은 층 고객의 재확보로 생각했기에 이들이 생각하는 프리미엄, 더 나아가 럭셔리의 정의는 다를 것으로 판단했다. 즉 가격이 지나치게 높아 접근성이 낮고, 그래서

입고 다니는 사람들이 눈에 많이 띄지 않는 브랜드보다 또래 소비자들 사이에 많이 노출되고 회자되는 가시성(visibility)이 이들 1020세대 사이에서는 오히려 프리미엄 이미지로 받아들여질 수 있겠다고 생각한 것이다.

다행히 1020세대 고객군은 가격 하향 조정으로 브랜드 가치가 떨어진다고 생각하지는 않는 것으로 나타났다. 휠라가 2017년 8월 평소 스포츠를 즐기는 전국 5대 광역시 거주 20대 남녀 1,000명을 대상으로 실시한 자체 설문 조사 결과 휠라의 브랜드 스포츠군 내 브랜드 호감도는 6개월 사이 11위에서 7위로 네 단계 상승했다. 오히려 1차 가격을 고가로 책정한 뒤 여러 차례 세일을 하는 기존 판매 관행을 버리고 처음부터 '합리적인 가격을 매겼으니 세일은 하지 않는다'고 설득한 전략이 합리성을 중시하는 젊은 소비자들에겐 잘 통했다.

10대 타킷 마케팅

휠라의 가성비 좋은 제품이 10대들에게 각광받게 된 데는 휠라가 이들 세대와 커뮤니케이션을 효과적으로 진행해 이들에게 '핫' 하고 친근한 브랜드가 된 데 있다. 10대들에게는 또래 문화라는 중요한 코드가 있다. 즉, 지금 내 주변에 있는 사람들이 소비하는 것들이 무엇인지에 그들은 민감하게 반응한다. 20대와는 달리 10대들은 일정한 시간을 함께 학교라는 공간에서 공동생활을 한다는 특성이 있다. 당연히 오랜 시간을 함께 보내고 있는 주변 사람들이 많이 사용하거나 긍정적으로 반응하는 제품들에 민감할 수밖에 없다.

동시에 이들은 아주 독특한 문화를 가지고 있다. '테

크노 홀릭' 'Generataion Z'라고 불리는 10대는 아주 어렸을 때부터 인터넷 콘텐츠를 사용하는 데 익숙하고, 인터넷을 기반으로 한 문화들, 예를 들어 게임 문화 또는 유튜브 크레에이터와 같은 1인 미디어 문화에 아주 익숙하다. 또 다른 세대들에 비해 적극적으로 SNS 콘텐츠를 만드는 것을 좋아한다.

이 10대들에게 한번 '코드'가 맞는 제품, 반드시 가져야 하는 '잇(it)' 한 아이템이라고 평가받게 되면 그 인기가 빠르게 확산된다. 휠라가 최근 10대 사이에서 성공할 수 있었던 것은 그들이 '잇(it)' 한 아이템으로 이 브랜드를 생각하고 있기 때문이다. 휠라가 10대에게 접근한 방식을 면밀하게 분석해보면 휠라가 정교하게 10대들의 취향을 분석하고, 그들이 좋아하는 코드를 만들어내고, 그들이 주로 이용하는 채널들을 통해 활발하게 마케팅을 진행했음을 알 수 있다. 10대 사이에 베스트 아이템인 코트디럭스 중 핑크 색상 제품은 '딸기 우유'라는 애칭으로 불리는데 휠라는 타깃 고객의 코드에 맞는 애칭을 만들어내는 형태로 광고를 제작해왔다. 휠라 운동화의 인기와 더불어 빅사이즈 티셔츠 역시 F자가 한글의 'ㅋ'과 비슷하게 생겼다는 이유로 'ㅋㅋㅋ 티'라는 장난스런 이름으로 불린다.

또한 다른 브랜드와 컬래버레이션 활동을 할 때도 평소 10대들이 친근하게 생각하는 브랜드를 엄선했다. 10대들이 가장 많이 소비하는 제품군 중 하나가 스낵류다. 휠라는 '메로나' '펩시'처럼 이들이 즐겨 먹는 스낵 브랜드와 협업을 진행해 한정판 모델을 내놓았다. 아이스크림과 운동화의 만남을 내세운 메로나와 휠라의 '맛있는 운동화' 컬래버레이션 역시 전통적인 협업 공식에서 벗어나 '의외성'이라는 코드로 SNS상에서 큰 이슈를

만들어냈다. '먹지 마세요. 내 발에 양보하세요'라는 내용의 광고 카피 역시 10대들이 좋아하는 '병맛' 코드를 적극적으로 살렸다.

또 10대 맞춤형인 다양한 SNS 캠페인들을 통해 적극적으로 10대와 소통했다. 10대들은 기업들이 일방적으로 만든 콘텐츠를 소비하는 것을 싫어하고, 스스로 관련 콘텐츠를 만드는 것을 좋아하며, 다양한 쌍방향 SNS 캠페인을 만들어냈다. '코트디럭스 우리반 [찍었]스 콘테스트' 이벤트 역시 휠라가 10대들이 크게는 학교, 작게는 학급이라는 집단을 통해 강력한 또래 문화를 만들어내는 것을 잘 알고, 이벤트 자체를 개인이 아닌 학급 친구들과 함께하며 스토리를 만들어내고, 함께 미션을 완수해나가는 형태로 만든 것이다.

신발을 중심으로 상승세가 이어지면서 휠라의 실적 개선이 가시화됐다. 올 들어 1분기(1~3월) 휠라코리아의 매출은 전년 동기 대비 1.1% 늘어난 662억 원을 기록했다. 증가율이 높진 않지만 약 3년 만에 분기 실적이 흑자로 돌아왔다는 점에서 의미가 있었다. 전국의 휠라 매장 매출도 급등해 서울 이태원, 광주 충장로, 부산 광복동 등 주요 상권에 있는 메가 스토어(대형 매장) 11개의 매출 합계(5, 6월)만 놓고 보면 전년 동기 대비 80% 이상으로 껑충 뛰었다.

유통 및 가격 관리에서부터 혁신을 시도하고, 새로운 젊은 고객층을 위한 프리미엄 전략을 구사하는 휠라의 실험은 이제 본격적으로 결실을 맺고 있다. 레트로의 시대를 맞아 과거의 영광을 뛰어넘는 성공을 기대하고 있는 휠라의 미래에 업계의 관심이 집중되고 있다.

〈출처: 동아 비즈니스 리뷰, 제234호, 2017년 10월〉

본장에서는 마케팅의 핵심전략(core strategy)이라고 할 수 있는 시장세분화(segmentation)와 표적시장 선택(targeting), 그리고 포지셔닝(positioning)에 대해 살펴보고자 한다. 보통 우리는 이 세 단어의 영어 머리글자를 따서 STP라는 약어를 흔히 사용하는데 STP는 마케팅전략을 수립하는 데 있어 결정적인 중요성을 갖는 부분이므로 그 개념을 정확하게 이해할 필요가 있다.

• SECTION 01 • 시장세분화와 표적시장 선택

시장세분화(market segmentation)는 오늘날 기업들이 사용하는 핵심적인 마케팅전략 개념들 중의 하나이다. 사실 마케팅의 역사는 세분화의 역사라고 해도 과언이 아니다. 세분화는 시장이 소비자가 추구하는 편익, 사용률, 그리고 가격 및 촉진 탄력성 등에 있어서 동질적이 아니라는 가정에 바탕을 두고 있다. 즉 제품과 마케팅 프로그램에 대한 소비자의 반응에 차이가 있을 것이라는 가정이다. 상품에 대한 선호, 수요규모와 성장률, 매체 습관, 그리고 경쟁구조 등의 측면에서 세분시장 간의 차이는 반응률에 영향을 미친다. 그러므로 시장은 다양한 방식으로 정의되고 세분화될 수 있는 복잡한 실체이다. 기업에게 핵심적인 이슈는 표적시장을 선택하고, 포지셔닝하고, 성공적인 마케팅전략과 프로그램을 기획하는 데 도움을 줄 수 있는 적절한 세분화 기획 틀을 찾아내는 것이다.

기업은 시장통합전략이나 세분화전략을 채택할 수 있다. 대부분의 기업들은 세분화전략을 채택하고 있다. 시장통합전략은 전체시장이 고객욕구에 있어서 거의 차이가 없을 때, 특히 제품이 표준화될 수 있을 때 적합하다. 또한 통합전략은 각 세분시장에 적합한 차별적 제품이나 마케팅 프로그램을 개발하는 것이 어려울 때 유용하다. 즉, 모든 경우에 세분화전략이 실행될 수 있는 것은 아니다. 그러나 최근 들어 세분화의 필요성은 어느 때보다도 증가하고 있다. 따라서 본 절에서는 시장세분화의 중요성이 점증하는 배경을 살펴보고, 시장세분화의 기준 및 과정을 고찰한 다음, 세분시장의 매력성을 측정하는 방법과 표적시장을 선택하여 마케팅을 수행하는 방법에 대해 기술해 보고자 한다.

1 시장세분화의 배경

1) 증가하는 세분화의 중요성

다음과 같은 이유 때문에 시장세분화는 마케팅전략을 개발하는 데 있어서 더욱 중요해지고 있다. 첫째, 인구증가가 둔화되고, 보다 많은 제품-시장이 성숙기에 진입하고 있다. 이에 따라 기업들이 더 높은 시장점유율의 획득(예: 자동차산업 상황)과 브랜드 확장(예: 맥심 커피, Colgate 치약) 등을 통해 성장을 추구하기 때문에 경쟁강도가 격화되고 있다.

둘째, 가처분소득의 확대, 학력수준의 향상, 그리고 세상에 대한 폭넓은 인식 등과 같은 사회경제적인 힘이 커짐에 따라 고객들이 전에 비해 보다 다양하고 섬세한 욕구, 취향, 그리고 라이프스타일을 갖게 되었다. 이러한 변화는 기업들에게 세분화된 고객집단들을 만족시킬 수 있는 제품과 서비스를 경쟁적으로 쏟아내게 하고 있다.

셋째, 정보기술에 힘입은 마케팅 정보시스템의 도입으로 매우 작은 규모의 세분화(microsegmentation)가 가능하게 되었고, 이 같은 세분화전략은 특히 모바일 마케팅 등에서 볼 수 있듯이 관계마케팅을 위해 폭넓게 사용되고 있다(Kotler, Kartajaya, and Setiawan, 2017). 이 같은 추세는 몇몇 산업에서는 3D 프린팅 같은 신기술을 채용함으로써 가속화되고 있다. 이러한 신기술은 기업이 디자이너 진과 자동차 등의 제품들을 대량 맞춤화(mass customize)할 수 있도록 해준다. 예를 들면, 많은 자동차회사들은 동일한 생산라인에서 다른 모델들을 생산할 수 있는 유연생산 시스템을 사용하고 있다. 유연생산 시스템의 도입으로 기업은 문자 그대로 주문형 자동차를 생산할 수 있게 되었다(Pine, Victor, and Boyerton, 1993).

마지막으로, 많은 마케팅 조직들은 자사의 서비스를 세분화함으로써 전문화된 마케팅 프로그램을 보다 쉽게 수행할 수 있다. 예를 들면, 새로운 광고매체들이 소규모 관심집단에 적합한 소구방법으로 떠오르고 있다. 업종별 전문잡지, 라디오 프로그램, 인터넷 커뮤니티, 그리고 케이블 TV 등이 대표적이다. 또한, 대중잡지 수의 증가는 광고주들이 정기 구독자의 정보를 바탕으로 구체적인 집단을 선정할 수 있는 기회를 제공한다. 이러한 접근은 상당부분 우편번호를 활용하며, 이는 기업이 광고를 위해 특정 지역과 도시뿐만 아니라 선택된 소득계층을 표적화할 수 있도록 해준다.

2) 시장세분화의 이점

세분화는 기업이 시장환경의 변화에 대처하는 것과 함께 다음과 같은 혜택들을 제공한다. 첫째, 세분화는 기업이 신제품 개발기회를 인식하도록 해준다. 잠재시장에 대한 주의 깊은 분석은 종종 기존의 경쟁제품에 의해 충분히 만족되지 못하고 있는 하나 혹은 복수의 집단들을 찾아낼 수 있도록 해준다. 이렇게 미충족된 욕구를 갖고 있는 세분시장은 신제품 또는 혁신적 마케팅 프로그램 개발을 위한 매력적인 기회가 될 수 있다.

둘째, 세분화는 동질적인 고객집단을 만족시키기 위한 가장 효과적인 마케팅 프로그램을 기획할 수 있도록 도움을 준다. 예를 들면, 다수의 세제 브랜드 마케팅에서 P&G사가 성공할 수 있었던 것은 각각 다른 세분시장을 표적으로 하였기 때문이다.

셋째, 세분화는 마케팅자원의 전략적 배분을 개선하는 데 도움을 준다. 많은 경우 마케터들은 세분화의 전략적 이점을 간과한다. 잘 정의된 세분시장은 특정한 제품과 결합되었을 때, 잠재적 투자센터의 역할을 한다. 가장 성공적인 사업전략은 시장세분화를 바탕으로 보다 매력적인 세분시장에 자원을 집중하는 것이다. 세분화는 투자를 통해 장기적 경쟁우위를 획득할 수 있도록 하는 세분시장을 찾아내는 데에 집중해야 한다.

2 시장세분화의 과정

시장을 세분화할 수 있는 방법은 매우 다양하다. 많은 변수들이 소비자가 다양한 제품을 구매하는 데 영향을 미친다. 세분화 과정의 핵심은 수요측면에서 제품/서비스의 잠재구매자들을 상대적으로 동질적인 그룹으로 군집화하는 것이다. 이때 집단 내의 차이는 집단간 차이에 비해 상대적으로 작아야 한다. 세분화 과정은 또한 각 구성원들을 쉽게 식별할 수 있도록 각 집단을 설명해 줄 수 있어야 하고, 각 집단의 규모와 가치를 결정할 수 있어야 하고, 집단들 간의 차이를 기술해 주어야 한다. 세분화를 위해서는 이러한 목적을 충족시켜 줄 수 있는 세분화변수들을 사용해야 한다. 어떤 변수를 사용하느냐와 무관하게 세분화 작업은 기본적으로 다음의 단계들을 밟는다.

첫 번째 단계는 주어진 시장상황에 적합한 세분화변수를 선별하는 단계이다. 세분화변수는 사전(a priori) 혹은 조사 자료를 바탕으로(post hoc) 결정할 수 있다. 이러한 접근법은 둘 다 의미 있는 방식이며, 상호 배타적인 것은 아니다.

사전 세분화(a priori segmentation)는 기업이 세분화변수를 미리 결정할 수 있을 만큼 시장에 관한 지식을 충분히 가지고 있다는 것을 의미한다. 예컨대, 어떤 관리자는 상이한 인구통계학적 집단(나이, 소득, 교육, 그리고 가족규모)이 자사의 제품 사용이라는 관점과 매체 습관에 있어서 어떻게 다른지 미리 결정할 수 있다. 사후적 세분화(post hoc segmentation)는 전형적으로 태도, 제품 사용, 추구편익, 그리고 주어진 제품/서비스에 관한 소비자의 지각 등을 활용하여 시행한다. 이 같은 세분화의 예는 스포츠 의류시장의 사례연구에서 찾아볼 수 있다. 어떤 스포츠 의류를 판매하는 회사에서는 1,000명 이상의 소비자 대상 인터뷰를 바탕으로 일곱 개의 추구편익을 기준으로 세분시장을 정의하였고, 각 집단에 대해 인구통계학적 특성, 소비패턴, 그리고 매체 습관 등을 파악하였다.

두 번째 단계는 결과변수의 차이 여부와 그 정도를 결정하는 단계이다. 예컨대, 인구통계학적 특성, 제품사용, 그리고 라이프스타일 등에 의해 정의된 다양한 세분시장들간에 추구하는 편익의 차이 여부와 정도를 결정하고 군집화하는 것이다. 군집분석을 위해서는 단순 교차분석으로부터 다변량분석과 같은 복잡한 데이터 분석기법까지 폭넓게 사용될 수 있다. 이러한 통계기법들이 위의 스포츠 의류 사례연구에서 1,000명 이상의 응답자들로부터 수집한 데이터를 일곱 개의 편익 세분시장으로 군집화하는 데 사용되었다. 군집화 단계에서의 중요한 문제는 적절한 세분시장의 수를 결정하는 것이다. 세분시장들은 기업이 차별적 마케팅 프로그램을 수행할 수 있을 만큼 차이가 충분히 커야 한다(Myers, 1996).

세 번째 단계는 세분화 틀의 효과성과 유용성을 평가하기 위해 두 번째 단계의 결과를 평가하는 단계이다. 유용한 평가기준들은 다음의 다섯 가지로 요약할 수 있다. 첫째, 세분시장은 하나 혹은 그 이상의 마케팅변수들에 대하여 서로 다른 반응을 보여야 한다. 즉, 세분시장은 다른 세분시장들과 명확하게 구분될 수 있어야 한다. 둘째, 세분시장이 식별가능(identifiable)해야 한다. 식별 가능성은 기업이 표적 마케팅을 수행할 수 있도록 다양한 세분시장에 존재하는 고객들을 명확하게 식별할 수 있어야 한다는 의미로 접근 가능성(accessibility)이라고도 한다. 셋째, 세분시장이 충분한 규모(adequate size)를 가져야 한다. 세분시장은 기업이 효과적인 투자수익을 획득할 수 있을 만큼 충분한 규모의 잠재고객들이 있어야 한다. 이것은 고객 동질성과 규모의 효과간의 상쇄관계를 고려해야 한다는 것을 의미한다. 넷째, 측정가능성(measurability)이다. 세분화를 위해 사용되는 변수들은 측정 가능해야 한다. 다섯째, 세분시장과 회사의 가용자원간의 적합성(compatibility)이 있어야 한다. 이 같은 다섯 가지 기준으로 세분시장의 효과성과

Highlight 1

㈜빙그레의 요플레 마켓 리더십 강화 전략

국내에서 떠먹는 요구르트로 불리는 호상 발효유가 1980년대 첫 선을 보인 후로 빙그레 요플레는 국내 호상 발효유 시장의 선점 브랜드로서 그 입지를 유지하며 시장의 성장을 주도적으로 이끌어 왔다. 그러나 2009년부터 남양유업, 다논, 매일유업 등이 떠먹는 요구르트 시장에 뛰어들면서 빙그레 요플레는 이전과는 다른 시장 상황에 직면하게 된다.

시장점유율 40%로 절대적 지위를 누리던 요플레는 이 시기에 시장점유율의 하락을 경험하게 된 것이다. 뿐만 아니라 경쟁 브랜드들의 공격적인 제품 출시와 판매촉진활동으로 인해 확대되어 온 떠먹는 요구르트 시장은 기능성을 강조한 마시는 요구르트 시장이 상대적으로 다시 커지기 시작하면서 2011년부터 서서히 정체기를 겪게 되었고 시장 수요가 침체되는 양상을 보이게 되었다.

이러한 상황에서 빙그레 요플레는 시장 내에서 선도적인 위치를 유지 및 강화하기 위해서 다양한 노력을 기울였다. 우선 요플레는 소비자의 충족되지 않은 욕구에 기반하여 신규 수요를 개발하는 데

표							요플레가 최초 시장 진입을 시도한 다양한 제품 군
	오리지널	클래식	네이처	키즈 (떠먹은 요구르트)	키즈 (튜브형)	0%	바이오 요플레
세분시장	일반 과일 요구르트	무첨가	무첨가	아동용	아동용	체중관리	기능성
출시	1983	1998	2006	2009	2000	2008	2008
용량	85g, 90g, 200g	85g	85g	80g	40g	100g	85g
특징	국내 최초 과일 요거트	개별 발효한 홈메이드 스타일 요거트	설탕/색소/향 무첨가의 natural 요거트	성장기 어린이를 위한 영양 성분을 강화한(칼슘, 엽산, 초유 등) 어린이용 요거트	무지방, 저칼로리의 Light 요거트	장기능 활성화를 위한 떠먹는 요거트
최초 시장 진입	○	○	○	○	○	○	○

출처: 빙그레 내부자료, 2012

집중했다. 즉, 요플레는 변화하는 고객의 욕구에 대응하여 새로운 브랜드 라인을 지속적으로 개발함으로써 다양한 세분시장을 선점하고 시장 선도 브랜드로서의 자리를 지킬 수 있었다.

소비자의 충족되지 않은 욕구에 기반한 신규 수요 개발

요플레는 비교적 오랫동안 떠먹는 요구르트 시장에서 선도적인 위치를 점유해 왔다. 그러나 앞서고 있는 상황에 만족하여 변화하는 고객의 욕구에 적절히 대응하고자 하는 노력을 지속적으로 기울이지 않았다면 끊임없이 시장을 차지할 기회를 노리던 많은 경쟁자들에게 결국 시장 선도 브랜드의 자리를 내어주고 말았을 것으로 판단된다. 요플레는 시장 리더십 강화를 위해 Full Line-up 전략하에 첫 출시 후 30여 년 간 변화하는 소비자의 욕구를 기반으로 한 다양한 신규 세분시장을 개발하고 선점함으로써 세분시장의 분화를 통한 시장 확대 전략을 펼쳐왔다. 즉, 빙그레는 체중관리, 기능성, 아동용 등 표적 소비자의 특성에 맞춰 신규 브랜드 라인을 지속적으로 개발했다. 요플레가 최초 시장 진입을 시도한 다양한 제품군들을 살펴보면 아래와 같다.

이처럼 다양한 제품 라인의 개발과 확장을 통해 빙그레 요플레는 빠르게 변화하는 소비자의 욕구를 만족시키는 앞서가는 브랜드의 이미지를 지속적으로 유지할 수 있었다고 판단되며, 이는 후에 진입을 시도한 후발 경쟁 브랜드들의 다양한 시도에도 불구하고 성공적으로 선두 브랜드의 위치를 지킬 수 있는 요인으로 작용했다고 평가해 볼 수 있다.

제품 라인업(Line-up) 재정비

시장 성장성 및 변화하는 소비자 욕구에 기반하여 제품 라인업을 효율성 있게 재정비한 것 또한 빙그레 요플레의 1등 리더십 강화를 위한 자기 혁신의 노력 중 빼놓을 수 없는 부분이다. 빙그레는 라인업 재정비를 위해 강점인 오리지널 제품을 소비자 기호에 맞춰 보다 다양한 과일 맛의 제품들로 확장하고, 프리미엄 라인 제품인 딜라이트를 개발하였다(이데일리, 2013). 이와 반대로 체중관리 부문 'O% 무지방'과 기능성 부문 '바이오플레'는 시장 수요 감소세 부문임을 고려하여 지난 2012년 운영을 종료했다. 한편, 각각 시장 구성비 9.2%, 2.4%를 차지하는 무첨가 부문과 아동용 부문은 지속 성장 부문과 미래 성장동력 부문으로 선정하여 지속적인 개발과 지원을 보장했다. 이러한 제품라인업 재정비 노력은 요플레가 고객의 수요를 반영하여 비중 있는 제품라인 만을 보유하고 판매하는 데 기여한 것으로 분석가능하다.

〈출처: 안희경, 김자연, & 하영원. (2014), "㈜ 빙그레의 요플레 마켓 리더십 강화 전략," Korea Business Review, 제18권 제4호, pp. 131-158 중 발췌.〉

유용성을 평가하여야 한다.

3 세분시장의 규명

마케터는 세분화변수들을 소비재와 산업재시장과 관련된 네 개의 주요 범주들, 즉 인구통계학적 세분화변수, 사람 및 기업관련 행동적 변수, 제품관련 행동적 변수, 그리고 고객욕구변수 등으로 나눈다(<표 7-1> 참조).

마케터가 보다 효과적인 시장세분화를 위해서 이러한 네 개 범주의 변수들을 조합하여 사용하는 경우가 점점 늘어나고 있고, 이를 위해서는 광범위한 시

표 7-1	소비재 및 산업재시장 세분화 변수들		
세분화변수		소비재시장	산업재시장
인구통계학적 세분화변수	나　이	○	
	성　별	○	
	가족 라이프 사이클	○	
	소　득	○	
	직업/지위	○	
	교　육	○	
	지　역	○	○
	기 념 일	○	
	인종과 민속적 배경	○	
	기업규모		○
	산업(SIC code)		○
일반적 행동변수	라이프 사이클	○	
	사회적 계층	○	
	관 심 사	○	
	구매구조		○
	구매상황		○
제품관련 행동변수	제품사용 경험	○	○
	충 성 도	○	○
	구매성향	○	
	혁 신 성	○	
	현재고객	○	○
고객욕구변수		○	○

장조사 자료의 수집과 복잡한 통계기법의 사용을 필요로 한다.

1) 인구통계학적 세분화변수

인구통계학적 세분화변수들은 주로 소비자들의 인구통계학적인 특성을 기준으로 시장을 나누는 데 사용된다.

나 이

구매력이 있는 신세대의 부상이라는 인구통계학적 추세 때문에 청소년들이 단순한 소비자로서 뿐만 아니라 마케팅의 표적으로 부각되고 있다. 예컨대 의류 브랜드인 유니클로는 20대 전후의 젊은이들을 표적시장으로 하는 브랜드이다. 또한, 유아시장도 대단히 매력적인 시장이라고 할 수 있는데, 미국의 경우 P&G의 일회용 기저귀 브랜드인 Pampers는 시장을 나이에 따라 신생아(0~5개월), 아기(6~12개월), 걸음마 쟁이(13~23개월), 그리고 미취학 아동(24개월 이상)의 4개 세분시장으로 나누어 관리하고 있다(Kotler and Keller, 2015).

성 별

1990년대 미국 GM사의 Chevrolet 사업부는 '여성들을 위한 차'라는 컨셉의 광고와 이벤트에 상당한 규모의 금액을 투자하였다. Chevrolet의 이 같은 노력은 여성을 위한 자동차시장이 미국에서 구매되는 신차의 절반 정도인 연간 매출 850억 달러 정도를 차지할 것이라는 인식을 바탕으로 하고 있었다(Ralston, 1995). 우리나라 이동통신회사들이 여성용 브랜드로 시장에 내놓은 바 있는 드라마, 카라 등의 브랜드들도 성별에 기초한 세분화를 기본전략으로 시장에 출시되었다. 그러나 이 같은 시도는 남성과 여성 사이에 해당 제품이나 서비스에 대한 욕구가 확연히 구분될 수 있을 때 성공할 가능성이 높아진다고 하겠는데, 위에 언급된 브랜드들은 그 같은 점을 간과한 채 출시된 브랜드였기 때문에 결국 시장에서 사라졌다.

가족생애주기

일반적으로 가족생애주기(family life cycle)로 알려져 있는 이 개념은 편부모와 미혼 독립세대와 같은 비전통적 가족을 포함하는 현대적인 개념이다. 본질적으로 가족생애주기는 가족이라는 단위의 형성, 성장 그리고 쇠퇴 단계를 반영한다. 각각의 단계는 소비패턴이 다르다. 젊은 부부들은 작은 생활용품 및 가구 등의 대량 구매자들이다. 이들이 자녀를 갖게 되면, 보험, 의료 등과 같은 어린이관련 제품을 구매하게 된다. 가족상황의 변화는 소비행동에 의미 있는 변화를 초래하게 된다.

소 득

고소득 가구들은 고가의 핸드폰, 고가 자동차 그리고 극장표 등을 두드러지게 많이 구매한다. 특히 미국 시장의 경우, 최근 들어 소득의 양극화 현상과 함께 소비의 양극화 현상을 경험하고 있다. 예컨대 General Motors 같은 자동차 회사는 Benz나 BMW 같은 럭셔리 브랜드들로 구성된 독일산 자동차와 가격 대비 성능이 뛰어난 우리나라 또는 일본 자동차들의 중간에 끼어 시장점유율의 하락을 장기간 동안 경험하였다(White and Leung, 2002). 이처럼 미국의 경우 많은 시장들이 "모래시계 모양(hourglass shaped)"의 시장으로 변모해 가고 있으며 마케터들로 하여금 이 같은 변화에 적응하도록 요구하고 있다. 이에 관하여 체계적인 연구가 진행된 적은 없으나 우리나라의 경우에도 많은 시장에서 미국과 비슷한 현상이 일어나고 있는 것으로 보인다.

직 업

작업화, 자동차, 유니폼, 그리고 전문지 등과 같은 제품들의 매출은 직업유형과 밀접한 관계가 있다. 직장여성의 증가는 금융서비스, 여성용 비즈니스 정장, 편의식품, 여성만을 위한 자동차, 그리고 여성 전문잡지 등과 같은 전문화된 제품/서비스에 대한 욕구를 창출하고 있다.

교 육

교육수준과 여행상품, 책, 잡지, 보험, 극장티켓, 그리고 사진장비 등의 구매 간의 상관관계는 매우 높다.

지 역

지역에 따라 매출 잠재력, 성장률, 고객욕구, 문화, 기후, 서비스 욕구, 경쟁구조뿐만 아니라 다양한 상품에 대한 구매율의 차이가 나타난다. 예를 들면 미국의 남서부에서는 픽업트럭이 많이 팔리고, 북동부에서는 밴, 그리고 서부에서는 고가의 수입차가 더 많이 팔린다. 따라서 광고주인 기업들은 점점 더 많은 지역매체를 이용하고 있다.

지역인구통계학적 특성(Geodemographics)

지역인구통계학적 특성은 점차적으로 폭넓게 사용되는 세분화 변수이다. 이것은 인구통계학적, 심리도식적 및 구매정보를 지역별 우편번호 수준별로 적절하게 가공함으로써 소비자행동을 예측하고자 하는 것이다. 미국의 경우 Claritas' PRIZM 서비스는 미국의 모든 가족들을 인구통계학적 및 행동적으로 차별화된 62개의 군집으로 분류하고, 다음으로 각 군집들을 15개의 사회적 집단 중의 하나로 구분하고 있다(Goss, 1995).

기념일

국가적 공휴일, 스포츠, 학교 방문주간 등으로부터 생일, 기념일, 결혼식 등과 같은 개인적 이벤트를 망라하는 다양한 형태의 기념일들을 세분화에 활용하는 경우를 말한다. 심지어는 기업에서 특정일을 기념하도록 촉진하는 일들도 볼 수 있는데, 예컨대 롯데제과의 빼빼로는 '빼빼로 데이'인 매년 11월 11일을 전후하여 엄청난 양의 매출을 기록하고 있다. 각각의 기념일을 세분화에 활용하려면 특별하게 설계된 마케팅 프로그램이 필요하다.

인구통계학적 변수는 산업재 시장세분화를 위해서도 중요하게 사용된다. 산업재 시장은 두 단계로 세분화된다. 첫째, 거시적 세분화는 시장을 지리적 위치, 회사의 크기 그리고 산업유형(SIC code)과 같은 변수를 사용하여 구매조직의 특성에 따라 나눈다. 국제적으로 SIC 코드를 대신할 수 있는 것은 거래범주 코드(trade category code)이다. 두 번째는 미시적 세분화로 집단의 고객들을 구매 의사결정에 영향을 주는 개인특성들, 즉 나이, 성, 그리고 조직 내에서의 지위 등에 의해 분류한다.

2) 일반적 행동변수

일반적 행동변수는 소비자의 행동방식과 이유에 대한 보다 깊이 있는 이해를 얻고자 사용하는 변수들이다. 소비재 시장에서 가장 일반적인 행동변수는 라이프스타일(심리도식적 변수 포함)과 사회적 계층이다.

라이프스타일

라이프스타일 혹은 심리도식적 변수에 의한 세분화는 소비자들을 그들의 활동(activities), 관심사(interests), 그리고 의견(opinions)을 바탕으로 집단화하는 것이다. 그와 같은 정보를 통해 특정 집단 내의 구성원들에게 어떤 유형의 제품/서비스가 매력적인가 하는 것뿐만 아니라 최고의 커뮤니케이션 방법은 무엇인지 등을 추론할 수 있다. 예를 들면 라이프스타일은 스포츠 의류에 대한 고객들의 추구편익에 따른 세분화에 사용되고 있다. 또한 몇몇 신용카드사들은 보상 프로그램을 특정 라이프스타일을 표현하는 제품과 연계시켜 사용하고 있다(Dugas, 1997).

Stanford Research Institute(SRI)는 미국시장의 세분화 틀로 VALS2를 개발하였다. 이것은 개인들을 자아지향성과 자원이라는 두 개의 차원을 바탕으로 분류하였다. 자아지향성은 소비자들이 만족감과 그들의 정체성을 형성하기 위해 제품/서비스를 어떻게 구매하는지를 분석하여 개념화하였다. 자아지향성은 소비자들이 무엇에 의해서 동기부여되는가에 따라 원칙, 지위, 그리고 행동지향적이라는 세 가지 유형으로 나뉜다. 원칙지향적 소비자들은 추상적이고 이상화된 준거에 의해 동기부여된다. 지위지향적 소비자들은 성공을 나타내주는 제품을 산다. 반면에 행동지향적 소비자들은 사회적 혹은 육체적 활동에 대한 열망, 다양성, 그리고 위험감수 등에 대한 욕구가 매우 높다. 자원은 교육, 소득, 자신감, 건강, 구매욕, 지능 및 에너지수준 등을 포함하는 소비자가 사용할 수 있는 심리적·신체적·인구통계학적 그리고 경제적 수단들 모두를 의미한다.

이러한 두 개의 차원에 입각하여, VALS2는 차별적인 행동과 의사결정을 보여주는 여덟 개의 세분시장으로 정의하였다. 여덟 개의 세분시장은 실현형(actualizers), 충족형(fulfillers), 성취형(achievers), 경험형(experiencers), 신뢰형(believers), 투쟁형(strivers), 자급형(makers), 그리고 분투형(strugglers)이다. 이 세분시장들은 대략적으로 같은 크기이다. 그래서 이들은 유효한 표적세분시장으로 고려될 수 있다. Claritas와 또 다른 광고회사들은 그들의 고객들을 VALS 유형으로 정의하고, 여기에 회사가 수집한 응답자들의 제품 사용 및 개인정보를 교차분류하였다. 이것을 이용해서 관리자들은 각각의 VALS 세분시장 고객들이 구매

하는 것, 그들의 매체 습관 등과 같은 자료들을 얻을 수 있다. 현재 VALS 시스템은 유럽과 아시아를 위해서도 개발되고 있다.

사회적 계층

모든 사회는 주로 소득, 교육, 그리고 직업의 유사성에 따라 집단화되는 사회적 지위가 있다. 조사회사들이 다양한 계층에 대한 자료를 지속적으로 축적해왔기 때문에 특정 제품에 관한 행동을 추론할 수 있다. 예를 들면, 중산층은 하위층 가족들에 비해 교육, 가족활동, 청결함, 그리고 새로운 문물을 수용하는 데 보다 많은 가치를 두는 경향이 있다. 한편 미국에서는 국가가 점점 더 수많은 독특한 하위문화로 집단화되어감에 따라 계층을 정의하기 위해 사용되는 많은 준거들이 더 이상 유용성을 잃어가고 있는 것으로 보인다.

관심사

취미, 스포츠, 여행, 건강, 가족부양, 업무관련 활동 및 교육 등과 관련된 관심사들은 동호인들에 의한 인터넷 커뮤니티의 출현과 함께 세분화 변수로서 그 중요성이 점점 더 커지고 있다. 이러한 커뮤니티의 형성은 인터넷 사용자수가 전 세계적으로 1994년 100만 명에서 2017년 현재 38억 명이 넘는 정도에 이르기까지 폭발적으로 증가함에 따라 불가피한 현실이 되었다. 또한 인구통계 특성들도 변화되고 있다. 사용자들의 평균연령이 높아지고 있으며 여성 사용자들의 비율도 점증하고 있다. 인터넷 이용자들은 수만 개의 웹사이트에서 혼란을 겪기 때문에 필연적으로 그들은 비슷한 관심을 가진 사람들을 찾을 수 있고 편안한 기분을 느낄 수 있는 웹사이트로 모여든다.

조사에 따르면, 만일 특정 웹사이트가 탐색자들에게 8초 이내에 흥미를 끌지 못하면, 그들은 나가 버린다고 한다. 심지어 남아 있는 경우에도 평균 체류시간은 단 7분 정도이다. 그러나 방문자들이 대화할 수 있도록 채팅창을 제공하면 방문빈도가 50% 높아지고, 체류시간이 30분 증가한다. 이상적인 커뮤니티는 공통 관심사에 집중할 뿐만 아니라 많은 커뮤니케이션과 상호작용을 고무하고 있다.

구매구조

구매구조(purchasing structure)는 구매활동의 집중화 정도인데 산업재 시장에서 주로 사용되는 변수이다. 구매의사결정이 집중화된 구조하에서 구매자는 국제적 기준에 따라 공급업자와의 모든 거래에서 비용절감과 위험의 최소화를 추구한다. 한편 분산된 조건에서의 구매자는 사용자의 욕구에 더욱 민감하고, 품질과 빠른 배달을 강조하며 가격민감도는 낮은 경향이 있다.

구매상황

구매상황(buying situation) 변수 역시 산업재시장의 세분화 기준으로 자주 사용되는 변수로서 세 가지 유형으로 구분된다. 연속 재구매(straight rebuy)는 관행화된 절차에 따른 반복 구매상황이다. 수정된 재구매(modified rebuy)는 고객−공급자 관계에서 가격이나 배달 스케줄과 같은 어떤 요소가 변화되었을 때 발생한다. 신규 구매상황(new buying situation)은 중요한 정보수집과 대안적인 공급업자들에 대한 평가를 필요로 한다(Anderson, Narus and Narayandas, 2009).

3) 제품관련 행동적 세분화변수

제품관련 행동변수들은 특정 제품에 대한 고객들의 행동을 반영한다. 이 변수들은 제품 사용경험, 충성도, 구매성향, 구매 영향력 등이다. 이러한 변수들은 소비재와 산업재 시장세분화에 공통적으로 사용될 수 있다.

제품 사용경험

제품 사용경험(product usage)은 소수의 잠재고객들이 전체 구매량의 많은 부분을 구매하기 때문에 중요하다. 1990년대의 수년 동안 Kraft Foods사는 자사의 Miracle Whip의 다량 사용자 및 마요네즈와 Miracle Whip을 함께 사용하는 고객들에게 집중하였고, 마요네즈 사용자들을 자사의 Miracle Whip으로 브랜드 전환을 유도함으로써 매출증대를 도모하였다(Pillack, 1997). 산업재시장(B2B market)에서는 마케터가 고객들을 대개 잘 알고 있고, 핵심고객으로 불리는 다량 사용자들은 식별하기가 더 용이하다.

충성도

충성도(loyalty)라는 관점에서 보면 현재의 사용자들은 특정 브랜드의 구매나 공급업자에 대한 애호에 있어서 상당한 차이를 보인다. 산업재시장에서 판매자들은 종종 충성도를 직접적으로 관찰할 수 있지만, 소비재시장에서는 충성도 높은 고객을 식별하기 위해 마케팅조사를 실시해야 한다.

구매성향

구매성향은 미래의 구매자가 될 가능성이 높은 비사용자를 식별하는 데 도움을 준다. 예를 들어 구매의도를 가진 상품지식이 있는 비사용자들은 미래의 사용자가 될 가능성이 가장 높다.

구매 영향력

구매 영향력의 원천은 소비재(B2C)와 산업재(B2B)시장에서 모두 유효한 세분화 변수이다. 다양한 가족구성원들이 사용하는 많은 제품들은 부인들이 구매한다. 그러나 남편과 부인의 공동 의사결정도 점차 일반화되고 있다. 아동용품, 처방전이 필요한 약품, 그리고 선물용품들은 많은 사람들의 영향을 받는다. 산업재 시장에서는 영향력이 서로 다른 많은 개인이나 조직단위들이 구매센터(buying center)에 참여한다.

혁신성

혁신성은 개인과 조직의 혁신에 대한 요구가 얼마나 다른가와 관련된다. 이것은 특히 신제품의 수용에서 더욱 그렇다. 혁신수용에 대한 중요한 차이는 초기와 후기수용자들 사이에 존재한다. 그래서 각각의 다양한 수용자 집단들(혁신자, 초기수용자, 초기다수, 후기다수, 그리고 지참자)은 각각 하나의 세분시장으로 고려될 수 있다. 현재의 고객들은 장기적 가치를 가지고 있고, 식별의 용이성이 있음에도 불구하고 종종 중요한 세분시장으로 고려되지 못하는 경향이 있다. 현재 고객의 제품사용과 충성도에 관한 데이터는 그들의 인구통계학적 특성의 변화를 고려해 가면서 정기적으로 평가하여야 한다.

4) 고객의 욕구

고객욕구는 특정 제품이나 서비스로부터 소비자가 추구하는 편익이다. 소비자들은 동일한 욕구를 갖고 있지 않다. 그래서 각각의 제품들이 제공하는 편익들에 대해 각기 다른 수준의 중요성을 부여한다. 결국, 소비자의 특정한 욕구를 충족시킬 수 있는 최상의 편익묶음을 제공하는 제품이 구매될 가능성이 가장 높다. 질레트사는 Schick Protector라고 불리는 새로운 면도

기 대표 브랜드를 출시하였다. 질레트사는 안전성에 초점을 맞추고 "closeness"로 소구하였다. 이는 Schick Protector가 안전하면서도 깔끔하게 면도를 하는 것을 도와준다는 의미를 가지고 있다. 이 같은 소구점은 안전성이 남성들이 면도기에서 추구하는 세 가지 중요한 속성들 중의 하나라는 조사 결과에 근거해 있다. 질레트사는 피부융기(skin bumps) 때문에 면도 시에 자주 고통을 호소하는 흑인들과, 면도에 관심을 갖기 시작하는 십대들을 표적시장으로 설정하였다.

구매는 소비자가 당면하는 문제의 해결과정이기 때문에 소비자들은 제품이나 브랜드와 관련하여 추구하는 속성에 기초해서 각각의 속성이 소비자의 선택기준에 얼마나 가치 있는지를 평가한다. 그러므로 마케터는 특정 속성의 유무와 중요성 정도에 따라 상이한 선택기준을 갖는 세분시장을 정의할 수 있다. 기업들은 그렇게 정의된 표적시장에 대해 몇 개의 추구 편익을 선발한다. 예를 들면, 자동차회사들은 때에 따라 안전성, 신뢰성, 연비, 스타일, 지위 등의 편익들 중에서 세분시장에 따라 서로 다른 편익들을 강조한다.

산업재 소비자들은 다양한 사용조건에서의 제품성능에 대해 고려한다. 제품성능 이외에도 산업재 구매 시의 또 다른 고려사항들은 적시배달, 신용공여기간, 경제성, 여분 부품의 활용 가능성 그리고 교육훈련 등이다. 일반적으로 소비자들이 추구하는 편익은 사용상황과 관련되는 경우가 많다는 점을 주목해야한다. 사용상황은 종종 제품선택과 대체 가능성에 강력한 영향을 미친다. 그러므로 제품속성의 적합성은 사용 환경에 따라 달라지는데, 유용한 세분시장을 정의하고자 할 때는 이러한 사실을 인식할 필요가 있다. 예컨대, 베이킹 소다, 가구용의자와 테이블, 그리고 식품 등과 같은 제품들에 대한 소비자 욕구는 사용상황에 따라 매우 다양하다. 사용상황은 특정 산업재에 매우 중요한 변수인 경우가있다. 예컨대 트럭, 컴퓨터 소프트웨어 그리고 안전 시스템 등의 사용상황을 마음속으로 그려볼 수 있고, 이에 따라 사용자 세분시장을 개발할 수 있다.

시장세분화를 위해 인구통계학적 변수로부터 행동변수, 그리고 소비자욕구에 대한 제품관련 변수로까지 폭넓게 검토함으로써, 마케팅전략과 프로그램 수립에 의한 시사점이 더 명백하고 의미 있게 된다. 마케터는 비록 이러한 세분화과정이 시장조사 자료의 수집과 복잡한 통계분석방법의 사용을 필요로 한다할지라도, 어느 한 가지 변수에만 매달릴 것이 아니라 추구편익, 행동변수, 그리고 인구통계학적 변수 등을 적절히 조합하여 효과적인 세분시장을 정의할 수 있도록 노력해야 한다.

4 글로벌 세분화

글로벌 시장에 대한 전통적인 세분화 방법은 하나의 국가나 국가들 집단에 대해 그 국가 내에 살고 있는 모든 소비자들을 하나의 세분시장으로 간주하는 것이다. 하지만 이러한 접근법은 소비자 행동변수보다는 국가변수들에 의존하기 때문에 심각한 문제를 초래할 수 있다. 이것은 한 국가를 동질적인 세분시장으로 가정하고 국가 간의 동질적인 소비자 그룹의 존재 가능성을 무시하고 있기 때문이다.

기업들은 여러 나라에서 유사한 욕구를 갖는 소비자를 식별한 다음 시장에서의 행동변수에 따라 그들을 집단화하는 방식을 사용하고 있다. 이러한 글로벌 세분화는 기업이 지역시장별로 최소한의 변화만을 주는 표준화된 프로그램을 개발할 수 있도록 해준다. 기업은 이를 통해 규모의 경제를 꾀할 수 있다. 글로벌 마켓에 관심을 갖고 연구하는 학자들에 의하면, 일반적으로 기업들이 눈여겨볼 필요가 있는 두 개의 글로벌 세분시장이 존재한다는 견해가 지배적이다. 글로벌 엘리트시장과 글로벌 십대시장이 그것이다. 핸드폰, PC, 고급자동차, 고가의 향수 등과 같이 독특한 이미지를 구축하고자 하는 제품/서비스를 마케팅하는 회사들이 글로벌 엘리트시장을 표적으로 하고 있다. 라틴 아메리카의 증가하고 있는 부유한 집단들은 자동차, CD 플레이어, 아동복, 그리고 건강 및 미용서비스와 같은 다양한 상품과 관련하여 막대한 성장기회를 제공하고 있다(Galeeran and Berry, 1995).

글로벌 십대시장은 문화적 규범과 라이프스타일에 있어서 거의 차이가 없는 것으로 간주된다. 조사결과에 의하면 Swatch 시계, Sony의 어린이용 오디오 제품들, 그리고 Benetton의 니트 의류 등과 같은 특정 종류의 상품들에 있어 이러한 현상이 두드러지고 있다. 심지어 "일본 최고(Japan First)"라는 문화적 동류의식의 표현으로 특징지을 수 있는 일본시장에서조차도, 젊은 세대들은 점점 더 미국과 유럽제품에 대해 긍정적으로 변해가고 있다(Rhea, Garland and Crawford, 1989).

많은 범세계적인 추세가 소비자행동에 영향을 준다는 것은 의심의 여지가 없다. 이러한 추세는 1인당 GDP의 증가, 교육수준의 향상, 도시화의 확대, TV와 인터넷 보급의 급속한 증가, 그리고 더 많은 여행기회 등이다. 자동차, 주요 가정용품, TV 등과 같은 많은 소비재들이 보다 일반화되고 있다. 그래서 글로벌 시장은 많은 제품들의 변천과정으로 볼 수 있다. 이 같은 발전은 글로벌 마케터가 새롭게 출현하는 세분시장을 식별하기 위해서 세계시장을 지속적으로 모니터할 것을 요구한다.

MEMO

5 서비스 시장세분화

본장에서 논의하고 있는 많은 것들은 제품과 서비스에 동일하게 적용할 수 있다. 그러나 Zeithaml, Bitner and Gremler(2017) 등이 지적한 것처럼, 제품과 서비스 사이에는 중요한 차이가 있다. 가장 큰 차이는 세분시장들간 조화의 필요성이다. 왜냐하면 소비자들은 종종 서비스의 생산과 배달의 참여자이기 때문에, 그들이 서로 조화될 수 있는지가 중요하다. 예컨대, 소매상의 재고정리 세일은 그 점포의 정규 고객들과 양립할 수 없는 고객집단들에게 매력적일 수 있다. 두 번째 중요한 차이는 서비스가 제품보다 훨씬 더 맞춤화할 수 있는 여지가 크다는 점이다. 이것은 서비스 구매 시 고객의 역할 때문에 서비스를 표준화하는 데 본질적인 어려움이 있기 때문에 발생한다. 이것은 일관성의 문제를 안고 있는 반면, 특정 고객집단의 욕구를 충족시킬 수 있도록 서비스를 맞춤화할 수 있는 기회를 동시에 제공한다. 그래서 많은 거대 서비스기업, 즉 광고대행사, 여행사, 은행, 그리고 보험회사들이 서비스 맞춤화를 위해 심혈을 기울이고 있다(Berry, 2006).

이 같은 문제에 대한 하나의 대안적인 접근법은 제품과 소비자가 접촉 시에 발생하는 변동성을 줄이는 것이다. Levitt(1986)은 이러한 문제를 극복하기 위해서 서비스를 산업화해야 한다고 제안하였다. 서비스 산업화는 다음의 세 가지 방식으로 수행될 수 있다.

① 하드웨어 기술의 사용: 이것은 사람을 기계나 도구 등으로 대체하는 것으로 ATM, 자판기, 그리고 은행 신용카드 등이 좋은 예가 될 것이다.
② 소프트웨어 기술의 사용: 소프트웨어 기술은 일차적으로 업무성과의 체계적 개선에 관심을 갖는다. 예컨대, 슈퍼마켓에서는 점원이 하는 서비스를 셀프 서비스로 대체한다. 맥도날드, 피자헛, 메리어트 호텔, 그리고 패키지 여행상품, 급여 원천징수 저축프로그램 등이 이러한 기술을 사용하고 있다.
③ 하드웨어와 소프트웨어 기술의 혼합사용: 혼합 기술은 중장비를 계획된 산업시스템과 결합시켜 사용함으로써 효율성을 최대화한다. 예컨대 머플러와 브레이크에 전문화함으로써 제한된 서비스를 빠르고 저가에 제공하는 자동차 수선사업과, 무선으로 통제하는 레미콘 트럭 배송서비스

등이다.

Gilmore and Pine(1993)은 서비스의 성공적 대량 맞춤화를 위해 몇 가지 방법을 제안하였다. 첫 번째 방법은 소비자가 스스로 욕구를 결정할 수 있도록 소비자와 함께 일하고, 이러한 욕구를 최상으로 충족시키는 제품 혹은 서비스를 정의하고, 그런 다음 고객과 함께 협력하여 제품을 만드는 것이다. 예컨대, 건강관리, 금융서비스 등이 좋은 예이다. 두 번째 방법은 모두에게 표준화된 서비스를 사용자들의 욕구를 수용할 수 있도록 개발하는 것이다. 예를 들면, 쌍방향 컴퓨터 서비스이다. 세 번째 방법은 표준모듈을 결합하는 것이다. 예를 들면 맞춤화한 관광여행, 체력단련 프로그램, 그리고 소프트웨어 패키지 등이다.

6 시장의 매력성

오늘날 대부분의 기업들은 고객들이 추구하는 편익의 차이를 바탕으로 시장을 동질적인 세분시장으로 나누고, 그런 다음 제품과 마케팅 프로그램을 각 세분시장의 특정한 욕구와 성향에 따라 맞춤화한다. 그러나 모든 세분시장이 기업에 동등하게 매력적인 기회를 제공하는 것은 아니다. 마케터는 각 세분시장의 잠재력에 따라 우선순위를 정하기 위해 향후의 매력성, 각 세분시장 고객들의 욕구에 대한 자사의 상대적 강점과 능력 및 세분시장의 경쟁적 조건 등을 평가해야 한다.

1) 잠재 표적시장의 분석과 우선순위 결정

경영자는 각각의 사업부나 제품 관리자들에게 세분시장들의 잠재력을 평가하는 방법을 개발하도록 하는 것보다는 각 세분시장들에 대하여 공통적인 분석 틀을 적용하는 것이 종종 더 유익할 수 있다. 경영자는 동일한 분석 틀을 사용함으로써 각 세분시장들의 잠재력을 비교할 수 있다. 그런 다음 어떤 시장을 표적화하고 마케팅자원과 노력을 어떻게 배당할지를 결정하기 위하여 이러한 세분시장들의 우선순위를 매긴다. 경영자들이 이러한 목적으로 사용할 수 있는 하나의 유용한 분석 틀은 시장매력성/사업위치 매트릭스이다. 경영자들은 이러한 모형을 기업수준에서 사업부간의 자원할당을 위해서 혹은 사업부 수준에서 제품시장 간의 자원배분을 위하여 사용하고 있다. 여기서는 두 번째 사용례에 대하여 논의하고자 한다.

<그림 7-1>은 표적시장 분석을 위한 시장매력성/사업위치 매트릭스를 개

발하는 단계들을 개략적으로 묘사하고 있다. 이 매트릭스는 경영자들이 수익성에 영향을 줄 수 있는 시장, 경쟁 및 환경적 요인을 검토함으로써 시장의 매력성(수익 잠재력)을 판단할 수 있도록 도움을 준다. 또한 경영자들은 시장의 욕구에 대한 자사의 강·약점을 검토하고 같은 방식으로 경쟁사의 능력을 검토함으로써 자사의 경쟁적 위치의 강점을 추정할 수 있다.

매트릭스 개발의 첫 번째 단계는 세분시장과 자사의 경쟁적 위치를 평가하기 위해 가장 적절한 변수를 식별하고, 그 중요성에 따라 각 변수들에 가중치를 주는 것이다. <그림 7-1>은 시장매력성이나 경쟁위치에 대해 현재 상황의 평가와 더불어 미래의 변화에 대해서도 예측할 것을 제안하고 있다. 이것은 특정 세분시장을 표적화하는 것이 현재뿐 아니라 미래의 생존을 위한 기업의 전략적 선택이라는 사실을 의미한다.

첫 번째 단계는 시장매력성과 사업강점을 평가하기 위한 요인들을 선택하는 단계이다(<표 7-2> 참조). 시장의 매력성과 자사의 현재 혹은 잠재적 경쟁위

그림 7-1 — 시장매력성/사업위치 매트릭스 개발단계

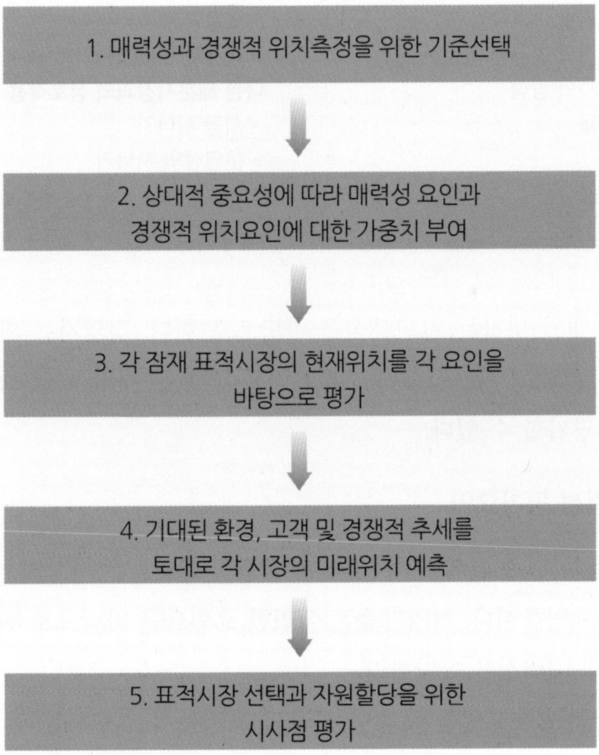

1. 매력성과 경쟁적 위치측정을 위한 기준선택

↓

2. 상대적 중요성에 따라 매력성 요인과 경쟁적 위치요인에 대한 가중치 부여

↓

3. 각 잠재 표적시장의 현재위치를 각 요인을 바탕으로 평가

↓

4. 기대된 환경, 고객 및 경쟁적 추세를 토대로 각 시장의 미래위치 예측

↓

5. 표적시장 선택과 자원할당을 위한 시사점 평가

표 7-2 ━━━━━━○━━━━ 시장매력성과 경쟁위치 평가를 위한 요인들	
시장매력성 요인들	**경쟁위치 요인들**

시장매력성 요인들	경쟁위치 요인들
시장/고객요인들 • 규모(매출액, 수량) • 시장잠재력 • 시장성장률 • 라이프 사이클상의 단계 • 경쟁제품의 다양성(차별화 잠재력) • 현 제품에 대한 고객충성도/만족도 • 가격탄력성 • 고객들의 구매 협상력 • 수요의 순환성/계절성 **경제적 및 기술적 요인들** • 투자강도 • 산업 생산규모 • 기술활용 수준 • 인플레이션 극복 능력 • 진입 및 철수장벽 • 원료조달 가능성 **경쟁 요인들** • 산업구조 • 경쟁집단들 • 대체품의 위협 • 경쟁사들 간의 지각된 차별화 • 개별 경쟁사의 강점 **환경적 요인들** • 규제환경 • 사회적 수용수준	**시장위치 요인들** • 상대적 시장점유율 • 점유율상의 변화율 • 지각된 실재적 혹은 잠재적 차별화 (품질/서비스/가격) • 현재 또는 계획된 제품라인의 폭 • 회사의 이미지 **경제적 및 기술적 요인들** • 상대적 비용위치 • 생산규모 활용도 • 기술적 위치 • 특허보유 기술(제품 또는 생산) **능　력** • 관리상의 강점과 깊이 • 재무능력 • R&D/제품개발 • 생산 • 마케팅 • 판매원 • 유통시스템 • 노동관계 • 이해관계자 집단과의 관계 **다른 세분시장과의 상호작용** • 시장 시너지 • 운영상의 시너지

출처: George S. Day(1986); Derek F. Abell and John S. Hammond(1979).

치의 강점에 대한 평가는 기회분석을 바탕으로 한다. 경영자는 환경, 고객세분화, 경쟁조건, 그리고 시장잠재력 추정분석을 통해 두 개의 차원, 즉 매력성과 경쟁적 위치를 평가할 수 있다.

시장매력성 평가요인

<표 7-2>의 왼쪽 열에 제시된 네 개 범주의 요인들은 시장의 매력성에 영향을 주는 결정요인들이다. 경영자들은 이러한 요인들을 바탕으로 현재 및 잠재적인 표적시장의 매력성을 판단한다.

먼저 시장/고객요인들은 해당 시장의 고객들이 추구하는 편익, 현재의 제품에 대한 만족도, 공급업자와의 상대적인 파워 등을 포함하는 고객특성과 시장

의 전반적인 규모, 성장률, 라이프 사이클 단계 등과 같이 시장의 잠재적인 규모를 결정지을 수 있는 요인들로 구성된다. 경제적 및 기술적 요인들은 기업이 시장에서 경쟁하기 위해 필요한 자본과 기술을 검토한다. 또한 장기적인 경쟁력과 수익 잠재력을 결정하는 데 도움이 되는 진입과 철수장벽과 같은 구조적 변수에 대해서도 검토한다. 경쟁위치 요인들은 현재 시장에 존재하는 경쟁자의 수와 강도를 측정하고, 대체재의 출현에 따른 미래의 경쟁환경 변화 가능성을 고려한다. 마지막으로 환경적 요인들은 수익성 있는 기업활동에 대한 장애가 될 수 있는 광범위한 사회·정치적 제약조건들을 검토한다.

주의할 점은 이러한 요인들과 시장매력성간의 관계는 산업과 사업단위들에 따라 복잡 다양하게 나타난다는 점이다. 따라서 경영자는 이러한 요인들 중에서 자사의 관점에서 해당 산업의 매력성을 결정하는 데 가장 중요한 요인을 선택해야 한다. 또한 시장매력성 판단을 위해 선택된 요인들은 표적시장으로 고려되는 모든 시장과 관련이 있어야 한다. 평가에 사용될 요인과 모든 시장과의 관련성은 종합 매력성 점수를 사용하여 대안시장들을 순서화하기 위한 필수적인 조건이다.

경쟁적 위치/사업강점 평가요인

<표 7-2>의 오른쪽 열은 경영자들이 특정한 표적시장에서 사업의 경쟁 위치를 평가하기 위해 사용할 수 있는 요인들을 보여주고 있다. 이러한 요인들은 고객, 산업, 그리고 경쟁자에 대한 분석자료를 바탕으로 한다.

먼저 시장위치 요인은 현재 경쟁하고 있는 시장평가에 가장 적합하다. 왜냐하면, 이들이 기존의 경쟁자들과 비교해서 자사의 현재 점유율 위치와 제품의 강점을 반영하기 때문이다. 경제적·기술적 요인은 저생산원가(규모의 경제와 프로세스 기술), 또는 지속 가능한 제품차별화(우월한 제품기술 혹은 특허보유) 등의 관점에서 사업의 현재 및 잠재적 경쟁우위와 약점을 표시한다. 사업의 능력(capabilities)은 보다 광범위한 유통망 또는 미래성장을 지원하기 위한 금융자원 같은 부분에서 경쟁사에 대비한 운영적 강·약점을 반영한다.

마지막으로, 경영자들은 복수 표적시장에서 나타날 수 있는 긍정적 혹은 부정적 상호작용을 고려해야 한다. 그러한 상호작용 혹은 시너지는 표적시장 간에 운영활동과 자원을 공유함(예, 일반 판매원에게 2개 이상의 표적시장을 담당하도록 함)으로써 발생한다. 또한 시너지는 한 시장에서 다른 시장으로 소비자 지각상의 이월효과(carryover effects)에 의해 나타날 수 있다. 예를 들면 미국의

| 표 7-3 | 식품회사의 시장매력성 및 사업 강점요인에 대한 가중치와 평점의 예 |

매 력 성			
요인집단	가중치	평점	종합
시 장	50	8	400
경제적/기술적	20	9	180
경 쟁	20	9	180
환 경	10	10	100
종 합	100	36	860
매력성 평가점수=(860×100)/1000=86			

사 업 강 점			
요인집단	가중치	평점	종합
시장 위치	20	9	180
경제적/기술적	20	8	160
능 력	50	9	450
다른 시장과의 상호작용	10	10	100
종 합	100	36	890
사업강점 평가점수=(890×100)/1000=89			

주: 평가척도=0~10.

Deere사는 가정용 잔디 깎는 기계시장에 진입하기로 결정할 때, 자사 농기구의 품질과 신뢰성에 대한 명성이 잔디 깎는 기계로 이월됨으로써 경쟁우위를 제공할 것이라는 점을 고려하였다.

두 번째 단계는 매력성과 사업 강점요인들의 가중치를 결정하는 단계이다. 평가자는 각 요인들의 상대적 중요성에 따라 가중치 점수를 준다.

<표 7-3>은 각 요인들에 대한 한 식품회사의 가중치 결정사례이다(가중치를 각 요인들의 범주에만 부여한 점에 주목하라).

세 번째와 네 번째 단계에서는 각 세분시장의 매력성과 자사의 강점을 평가한다. 이 단계에서 경영자는 각 세분시장을 0에서 10점까지의 척도를 사용하여 시장의 매력성과 자사의 강점을 평가한다. 식품회사의 예에서, 시장매력성은 86점, 자사의 사업강점은 89점을 받았다(<표 7-3> 참조). 이러한 높은 점수를 바탕으로 경영자는 자사의 경쟁적 위치를 매우 강한 것으로 평가하였다.

<그림 7-2>는 두 개의 평점 매트릭스를 보여주고 있다. 이 그림은 경영자가 강한 위치(높은 점유율)를 추구하거나 유지하기 위해서는 충분한 투자가 필수적

이라는 것을 말해준다. 한 기업의 역량이나 자원은 시장의 욕구뿐만 아니라 주요 경쟁사와 비교하였을 때 가장 잘 판단될 수 있기 때문에, 경쟁사들에 대하여 특히 그들의 목표, 전략, 그리고 마케팅 프로그램 등에 대하여 상세한 비교분석을 하는 것이 중요하다.

다섯 번째 단계는 시장의 미래 위치를 예측하는 단계이다. 시장의 미래를 예측하는 것은 현재 상태를 평가하는 것보다 어렵다. 경영자는 먼저 시장의 매력성이 향후 3~5년 동안에 어떻게 변화될지를 결정해야 한다. 이러한 평가를 위한 출발점은 제품−시장 진화분석이다. 이를 위해 경영자는 소비자 욕구와 행동의 변화 가능성, 경쟁자의 진입 및 철수, 그리고 경쟁사의 전략상의 변화에 대하여 검토해야 한다. 경영자는 또한 제품이나 프로세스 기술상의 가능한 변화, 경제환경의 변화, 사회·정치적 추세의 영향, 그리고 구매자들의 힘이나 수직적 통합으로의 변화 등과 같은 몇 가지 보다 넓은 문제들에 대해서도 관심을 가져야 한다. 다음으로 경영자는 시장에서 경쟁적 위치가 어떻게 변화될지를 결정해야 한다. 그런 다음 시장매력성과 경쟁적 위치 매트릭스 위에 기대된 변화의 방향과 크기를 반영하는 위치를 벡터형 화살표로 표시한다.

여섯 번째 단계는 표적시장 선택과 자원할당을 위한 시사점을 평가하는 단계이다. 경영자는 시장이 매력성과 잠재적 경쟁위치라는 두 차원 중 적어도 하나에서 강력하게 긍정적이고, 다른 하나가 중간 정도 긍정적인 경우에 해당 시장을 바람직한 표적시장으로 고려해야 한다. 예를 들면 경영자는 <표 7-4>에서 매트릭스의 상위 왼쪽 코너에 있는 세 개의 시장을 바람직한 표적시장으로 고려

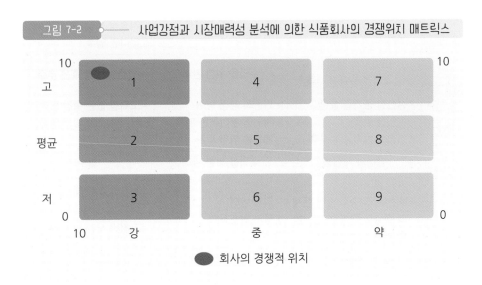

그림 7-2 사업강점과 시장매력성 분석에 의한 식품회사의 경쟁위치 매트릭스

● 회사의 경쟁적 위치

할 수 있다.

하지만 다음의 세 가지 경우에는 중간 셀 중의 한 시장에 진입을 결정할 수도 있다. 첫째, 경영자가 시장매력성이나 자사의 경쟁적 강점이 향후 몇 년 이내에 개선될 수 있다고 믿는 경우. 둘째, 그 시장이 미래에 더 크고 매력적인 시장으로 진입하기 위한 초석이 될 것으로 생각되는 경우. 셋째, 해당 시장에 대한 투자가 다른 시장과 비용을 공유할 수 있기 때문에, 향후 다른 시장 진입에 도움이 될 것으로 판단되는 경우이다.

시장매력성/사업위치 매트릭스는 현재 표적화된 시장에 대한 전략적 목표와 자원할당을 위한 일반적인 지침을 제공한다. 그리고 어떤 새로운 세분시장에 진입할지를 제시해 준다. <표 7-4>는 또한 각각의 셀에서 각 세분시장에 대한 전략적 목표와 자원할당을 위한 일반적인 지침을 요약하고 있다. 이러한 지침의 종합적인 시사점은 경영자가 확실한 사업 강점을 갖고 있는 매력적인 시장에 자원을 집중해야 하고, 매력적 시장에서 약한 경쟁위치를 개선하는 데 자원을 사용하며, 기업이 경쟁우위를 갖지 못하고 있는 비매력적인 시장에서 철수하라는

표 7-4 ─────── 표적시장 선택, 전략적 목적 및 자원할당을 위한 시사점

		경쟁적 위치		
		강	중	약
시장매력성	고	바람직한 잠재적 표적시장 방어위치 • 점유율 극대화를 위한 투자 • 강점 유지에 집중	바람직한 잠재적 표적시장 구축을 위한 투자 • 리더가 되기 위한 도전 • 강점에 대한 선택적 구축 • 취약점 재강화	선택적 구축 • 제한된 범위 강점 전문화 • 약점 극복방법 탐색 • 지속적 성장가능성이 없다면 철수
	중	바람직한 잠재적 표적시장 선택적 구축 • 생산성 증가를 통한 수익성 강조 • 경쟁사 반격능력 구축	수익을 위한 관리 • 기존의 강점 방어 • 저위험 분야에만 위치 개선을 위한 투자	제한된 확장 혹은 추수 • 고위험 없는 확장 모색, 투자 최소화 및 운영에 집중
	저	방어와 재집중 • 강점 방어 • 빠른 시장 축소 없이 현재의 수익을 증가시키는 방법 추구	수익을 위한 관리 • 위치 방어 • 투자 최소화	철수 • 현금가치를 극대화할 수 있을 때 매각 • 고정비 삭감 및 투자 중단

출처: George S. Day(1986); Derek F. Abell and John S. Hammond(1979); S. J. Robinson, R. E. Hitchens, and D. P. Wade(1978).

것이다.

7 표적시장 선택

경영자들이 표적시장을 선택하는 데 지침을 제공할 수 있는 가장 일반적인 전략들은 대량시장(mass-market), 틈새시장(niche-market), 그리고 성장시장(growth-market)전략으로 대별될 수 있다.

1) 대량시장전략

대량시장전략의 일차적인 목적은 규모의 경제와 비용우위를 획득하기 위해 충분한 양을 확보하는 것이다. 이 전략은 생산용량과 훌륭한 대량 마케팅 능력이라는 확실한 자원을 필요로 한다. 결과적으로 이 전략은 큰 사업부나 모기업이 충분한 지원을 제공하는 경우에 선호된다. 예를 들면, Honda사가 처음 미국과 유럽의 자동차시장에 진출할 때, 저가의 낮은 배기량의 구매자들로 구성된 큰 규모의 세분시장을 표적으로 하였다. 결국 Honda사는 판매량과 규모의 경제를 사용하였고, 그것은 대량 세분시장에서 보다 작고, 보다 전문화된 세분시장으로 확장할 수 있는 바탕이 되었다.

경영자는 두 가지 방법으로 대량시장전략을 수행할 수 있다. 첫째, Honda사가 했던 것처럼 어떤 세분시장의 차별성을 무시하고 가장 많은 소비자들에게 소구할 수 있는 단일제품과 마케팅 프로그램을 설계할 수 있다. 두 번째 접근법은 세분시장들에 대해 차별적인 제품과 마케팅 프로그램을 설계하는 것이다. 이것은 종종 차별적 마케팅이라고 불린다. 예컨대, 메리어트 호텔은 자사의 다양한 체인을 통해 이러한 전략을 사용한다. 비록 차별화 마케팅전략이 비차별적 마케팅보다 더 많은 매출을 창출할 수 있을지라도, 제품 디자인, 생산, 재고, 그리고 마케팅(특히 촉진)에서 비용증가가 수반된다.

2) 틈새시장전략

틈새시장전략은 가장 큰 시장은 피하고 하나 또는 그 이상의 세분시장을 표적으로 한다. 이 시장은 제품과 서비스에 대해 다소 전문화된 편익을 추구하는 고객들로 구성된다. 이 전략은 보다 큰 세분시장을 추구하는 큰 기업들과의 직접적인 경쟁을 피하기 위해 설계된다. 예컨대, 최근에 전반적인 커피 소비는 상당히 떨어지고 있지만, 전문가용 커피시장의 매출은 증가하고 있다.

Highlight 2

헛개수&비타민워터, 포화 음료시장 공략법 - 틈새시장 확보 후 차별화

CJ제일제당 '컨디션 헛개수'와 코카콜라 '글라소 비타민워터'는 포화 상태로 무한 경쟁의 표본이라고 일컬어지는 음료시장에서 최근 놀라운 성공을 거둔 제품으로 꼽힌다. 컨디션 헛개수는 헛개나무 열매에 칡즙 등 성분을 더해 갈증 해소에 유용하도록 만든 제품으로 2010년 가을에 나와 1년 6개월 남짓밖에 지나지 않았지만 지난해 매출 118억원을 기록한 데 이어 올해는 78억원을 올렸다. 상반기 점유율 50%를 넘으며 헛개수 음료시장 1위에 등극했다. 글라소 비타민워터는 비타민과 미네랄 등 영양소와 수분을 공급하는 제품으로 자리매김했다. 2010년 한국에서 매출 264억원을 거둔 데 이어 2011년에는 462억원을 기록해 전년 대비 75% 성장을 이뤘다. 김재훈 액센츄어 이사는 '헛개수와 비타민워터는 고객 니즈를 정확히 잡아내고 이를 상품 기획에 반영했을 뿐 아니라 스토리텔링과 광고 등 마케팅 전략을 적절히 구사함으로써 포화 상태였던 음료시장을 효과적으로 공략했다'고 설명했다.

女 – 간접광고, 男 – 직접광고 효과적

최기원 딜로이트 상무는 "음료시장처럼 포화 상태인 시장에서는 신제품 성공 가능성이 낮기 때문에 일단 특정 세그먼트를 공략할 필요가 있다"고 말했다. 출시 초기에 헛개수가 '음주 후 갈증 해소 원하는 직장인', 비타민워터가 '자기 관리가 철저한 여성'을 타깃으로 삼은 이유다.

글라소 비타민워터 마케팅은 빅모델에 의지해 직접 광고에 많은 돈을 쏟아붓던 기존 음료와 차별된 마케팅 방법을 택했다. 음료를 패션 아이템 측면에서 접근해 여성들이 좋아하는 트렌디 드라마에 간접광고(PPL)를 한 것이다. 미국 드라마 '섹스 앤 더 시티'와 한국 드라마 '최고의 사랑'이 대표적이다. '국내외 패셔니스타들이 즐겨 사용하는 소품'이라는 이미지를 소비자들에게 저절로 알게 한 것이다. 스타일에 민감한 트렌드세터(trend–setter)에 초점을 둔 광고 방식은 효과적이었다. 소비자 사이에 입소문이 퍼지기 시작하면서 글라소 비타민워터는 출시 첫해 매출 54억원을 기록하는 기염을 토했다.

헛개수는 음주 후 갈증 해소에 효과적이라는 점을 강조하면서 남성에게 다가가기 쉬운 광고 기법을 활용했다. 대표적인 TV 광고에서 '그 다음날 물로는 풀 수 없는 갈증이 있다'는 멘트와 함께 말끔한 모습으로 헛개수를 마시며 출근하는 모습을 연출해 '놀 때는 놀고 일 할 때는 일하는' 젊은 감각을 잘 표현했다. 나아가 헛개수는 헛개 열매를 오래전부터 스님들이 먹었다는 스토리가 뇌리에 착 달라붙는 메시지가 돼 입소문이 확산됐다.

탄산음료 밀어내고 음료시장 강자될까

이들 제품은 틈새시장 공략에 성공하자 이제 메

이저 시장 공략에 나섰다. 달콤한 탄산 청량음료가 비만을 부르는 주범이며 건강유해식품이라는 사회적 각성이 커지고 있어 두 제품은 탄산음료를 대체해 가볍게 마실 수 있는 건강음료로 포지셔닝하고 있다.

헛개수는 당류, 지방, 콜레스테롤, 나트륨 등을 첨가하지 않은 0kcal(제로 칼로리) 건강음료 컨셉트로 여성 소비자 마음을 흔든다는 전략이다. 이한메 파트너는 "최근 헛개수 광고는 여성과 남성이 함께 운동을 하면서 마시는 설정이다. 먼저 출시된 광동제약 제품과는 차별성이 두드러진다"고 말했다. 영화관팝콘 세트에 헛개수와 팝콘으로 구성된 콤보 세트를 선보이며 젊은 소비자들을 공략하고 있는 것도 이 같은 맥락이다. 비타민워터도 점차 남성 고객이 늘어나는 추세다. 이진영 코카콜라 차장은 "비타민워터가 '자기 관리 잘하는 사람이 마시는 품격있는 음료'로 알려지면서 증권가와 같은 소위 '잘나가는 직장'에서는 직원 배려 차원에서 비타민워터를 대량 주문해 휴게실 냉장고를 채우고 있다"고 전했다.

〈출처: 매일경제, 2012. 6. 15.〉

3) 성장시장전략

성장시장전략을 추구하는 기업은 비록 시장이 현재는 매우 큰 규모가 아닐지라도 하나 혹은 복수의 빠르게 성장하는 세분시장을 표적으로 한다. 이 전략은 종종 보다 큰 기업들과 직접 경쟁을 회피하고자 하는 작은 규모의 경쟁자들이 선호한다. 하지만, 성장시장전략은 보통 새롭게 등장하는 세분시장에 소구할 수 있는 제품정의와 개발을 위해 강력한 R&D와 마케팅 역량을 필요로 한다. 게다가, 기업은 급속 성장을 지원할 수 있는 금융자원을 조달할 수 있어야 한다. 문제는 만일 그러한 빠른 성장이 지속된다면 큰 경쟁자들이 그 시장에 진입하게 된다는 것이다. 이때 방어자의 목표는 경쟁사가 진입할 때까지 우월한 제품, 서비스, 유통, 그리고 비용을 수단으로 지속 가능한 경쟁적 위치를 개발하는 것이다.

4) 글로벌 표적시장의 선택

어떤 회사들은 그들의 경쟁적 약점을 지속적으로 탐색하고 있는 글로벌 경쟁사들에 대하여 국내의 위치를 방어하기 위해 국제시장으로 진출한다. 이것은 기업들이 미국, 일본, 그리고 몇몇 서유럽 국가들과 같은 주요 선진국을 표적으로 하도록 한다. 이러한 전략의 바탕이 되는 논리는 글로벌 경쟁사가 세계 도처에서 발생한 수익을 보조금으로 하여 비용을 낮추고 가격을 낮춤으로써 국내시장을 공격할 수 있다는 것이다. 만일 방어하는 기업이 오직 국내에서만 사업을 하고 있다면, 자사의 전체 규모에 대한 가격을 낮춤으로써 반응해야 한다. 반면에 공격자는 전체 매출 중 단지 일부분만 그렇게 하면 된다.

그와 같은 공격을 막기 위해서 또는 적어도 영향을 최소화하기 위해서, 기업은 공격자가 취약한 시장에서 반격할 수 있는 역량을 가져야 한다. 예를 들면, 미국의 Caterpillar사는 그들의 일본 경쟁사인 Komatsu사의 일본 내 강점을 약화시키기 위해 일본의 Mitsubishi 중장비사와 합작을 통해 약 30년 동안 일본에 상당한 투자를 했다. 이를 통해 Caterpillar사는 Komatsu사의 일본 내 수익기반을 잠식하는 데 성공했다. 만일 Caterpillar사가 이러한 성공적인 전략을 수행하지 못했다면, Komatsu사는 미국에서뿐만 아니라 다른 주요한 세계시장에서 훨씬 공격적으로 경쟁할 수 있었을 것이다(Lambent, 1991).

기업이 해외로 진출하고 특정국을 표적으로 해야 하는 또 다른 이유는 글로벌 시장에 편입되고 있는 고객들에게 서비스를 제공하기 위해서이다. 최근에 미국 제조설비를 창출하고 있는 일본 자동차회사들은 그들의 부품 공급업자들이 동참하도록 고무하고 있다. 기업들은 또한 외화획득을 위해 외국 시장에 진출한다. 어떤 경우에는 그들의 정부가 그렇게 하도록 보조금을 지원하기도 한다.

하나 혹은 그 이상의 표적국가의 선택은 적합한 파트너의 능력에 따라 이루어질 수 있다. 예컨대, Kellogg사는 1920년대 이래로 유럽에서 사업을 영위해 왔다. 그리고 유럽시장의 약 절반을 통제해 왔다. Kellogg사의 미국 내 주요 경쟁사인 General Mills사는 오랫동안 유럽시장에 진출하고 싶어 했다. 그러나 독자적으로 진출하는 것은 Kellogg의 높은 시장점유율을 감안하면 극도로 높은 비용을 감수해야 했다. General Mills사가 선택한 방법은 Nestle사와 Cereal Partners Worldwide라고 불리는 합작회사를 만들어 진출하는 것이었다. Nestle사는 시리얼을 취급하지 않고 있었지만 강력한 유통시스템을 보유하고 있었다. 프랑스, 스페인, 포르투갈은 General Mills사의 Honey Nut Cheerios and Golden Grahams라는 제품의 초기 표적시장이 되었다.

경제적, 사회적, 정치적 변화 때문에 회사가 정치적 위험에 보다 많은 주의를 기울여야 하는 경우를 제외하고는 해외 표적시장의 선택도 본질적으로 국내시장의 경우와 같은 절차를 따른다.

8 시장세분화와 표적시장 선택

지금까지 제품-시장진입을 위한 전략적 마케팅 프로그램의 기획을 위해서 가장 중요한 의사결정인 시장세분화 전략과 표적시장 선택전략에 관해 논의하였다. 기업은 시장통합전략이나 시장세분화전략 중의 하나를 채택할 수 있다. 시장통합전략은 대부분의 소비자들이 비슷한 욕구를 가지고 있을 때 적합하다. 고객들이 보다 다양할 때, 표준화된 단일 제품과 마케팅 프로그램은 다양한 욕구를 추구하는 고객들에게 소구되지 않는다. 세분화전략은 대부분의 시장에서 기업들이 직면하는 현실을 반영하기 때문에 점점 더 폭넓게 사용되고 있다.

세분화 과정은 고객특성을 기술하고 고객들이 추구하는 상이한 욕구와 편익을 식별하는 것으로부터 시작된다. 효과적 시장세분화를 위해서 각각의 세분시장은 분명하게 식별될 수 있어야 하고 다른 세분시장과 차이가 있어야 한다. 그리고 충분한 규모, 측정 가능성 및 실행 가능성이 있어야 한다. 세분화변수들은 세분시장 간에 제품구매의 차이를 설명하기 위해 사용되는 변수들이다. 이러한 세분화변수들은 인구통계학적 세분화변수, 행동적 세분화변수, 제품관련 행동적 변수, 그리고 고객욕구변수 등과 같은 네 개의 주요 범주들로 대별된다.

소비재 시장세분화를 위해 사용되는 보다 일반적인 세분화변수는 인구통계학적 특성, 라이프스타일, 사회계층, 제품사용, 제품충성도, 그리고 추구편익들이다. 산업재 시장세분화는 두 단계로 수행된다. 경영자는 먼저 제품사용과 지리적 위치와 같은 고객들의 조직특성에 따라 시장을 거시적으로 세분화하고, 다음으로 고객들을 구매결정에 영향을 미치는 개인적 특성, 즉 구매 영향력, 충성도, 전문성 등에 의해 미시적 규모로 집단화한다. 글로벌 세분화 또한 두 단계로 이루어진다. 경영자는 첫 번째 단계로 표적 국가를 선택하고 다음으로 표적국가 내에서 고객들을 세분화한다.

시장표적화는 경영자들이 어떤 세분시장을 표적화하고 어떻게 자원과 마케팅력을 할당할지를 결정하기 위해서 시장매력성/사업위치 매트릭스를 분석 틀로 사용한다. 이 매트릭스를 활용하는 데 있어서, 경영자들은 첫째 대안적 세분시장의 매력성을 평가할 수 있는 적절한 변수들을 정의해야 한다. 이것은 전형적으로 다음의 네 가지 요인 집합과 관련된 변수들을 선택하는 것이다. 네 개의 요인들은 시장요인, 경제적 및 기술적 요인, 경쟁요인, 그리고 환경요인들이다. 마찬가지로 경영자들은 세분시장 내에서 자사의 상대적 경쟁위치를 판단하기 위하여 관련변수 집합을 선택해야 한다. 이러한 경쟁변수들은 전형적으로 시장

위치 요인, 경제적 및 기술적 요인, 사업역량, 그리고 복수로 표적시장을 선택했을 때 발생할 수 있는 상호작용이나 시너지와 관련되는 항목들을 포함한다.

경영자들은 요인들의 상대적 중요성에 따라 가중치를 부여한 후, 대안적 세분시장들의 매력성과 각 세분시장 내에서 자사의 경쟁적 위치의 강점을 평가한다. 기업의 역량을 타당하게 평가하기 위해서는 주요 경쟁사를 분석하는 것이 중요하다. 경영자들은 그런 다음에 매트릭스 내에서 대안적 위치의 시사점을 보여주는 시장매력성/사업위치 매트릭스에 대한 평점의 타당성을 검토할 수 있다. 기업이나 사업부는 자원의 제약이 있기 때문에, 매력적인 잠재 표적시장을 찾는 것이 중요하며, 기업은 기업의 목적, 자원 그리고 경쟁적 강점과 부합되는 표적시장을 선택할 수 있어야 한다. 가장 일반적인 표적화전략은 대량시장, 틈새시장, 그리고 성장시장전략이다.

기업의 목적은 종종 표적국가의 선택에 영향을 준다. 기업은 지속적으로 자사의 약점을 찾고 있는 경쟁사에게 보복을 가함으로써 기업을 방어하기 위한 하나의 전략으로 표적국가를 선택할 수도 있다. 표적국가를 선택하는 또 다른 이유는 해외에 나가 있는 고객에게 서비스를 제공하기 위한 것이다. 어떤 투자의 경우에는 파트너의 능력이 국가 표적화에 영향을 주는 요인이 될 수 있다. 많은 회사들의 경우에 글로벌 표적화 문제는 한 국가 내에서 제품의 강점과 지리적 확대를 고려해야 한다. 하나 혹은 복수를 선택하는 데 있어서 가장 중요한 강조점은 경쟁사에 대비한 자사의 현재 위치에 부합되는가이다.

• SECTION 02 • 포지셔닝 Positioning

일단 기업이 어떤 세분시장에 진입할 것인지를 결정하고 나면 기업은 그 세분시장에서 자사의 제품을 어떠한 자리에 위치시킬 것인가의 문제에 대한 해결이 필요하다. 그것이 포지셔닝의 문제인 것이다.

1) 포지셔닝의 의의

제품의 포지션은 소비자들의 인식 속에 자사의 제품이 경쟁제품에 대비하여 차지하고 있는 상대적 위치를 말한다. 예컨대 소비자들의 마음속에 진로소주는 톡 쏘는 맛을 가진 소주로 포지셔닝되어 있고 빙그레는 맛있는 아이스크림 제조회사로 포지셔닝되어 있다.

소비자들은 제품과 서비스에 대한 많은 정보에 노출되어 있다. 따라서 소비자들은 그들이 구매 의사결정을 내릴 때마다 제품을 재평가할 수 없기 때문에 구매 의사결정을 단순화하기 위해서 소비자들은 제품들을 몇 개의 카테고리로 묶는 경향이 있다. 즉 소비자들은 제품, 서비스와 제조회사들을 그들의 마음속의 특정 위치에 저장한다. 기업은 선택한 표적시장의 소비자들 마음속에서 경쟁사에 대비하여 최대한의 경쟁적 우위를 누리기 위하여 포지셔닝 전략을 기획하고 마케팅믹스를 개발한다.

2) 포지셔닝전략

기업은 다양한 방법으로 제품을 포지셔닝시킬 수 있다. 첫째, 기업은 특정한 제품속성에 따라 포지셔닝시키는데, 예를 들어 McDonald's는 우리나라에서 저가격의 햄버거 브랜드로 포지셔닝을 시도하고 있다. 둘째, 제품을 소비자들이 추구하는 편익에 따라 포지셔닝시킬 수 있는데, 후라보노 껌은 입냄새 제거라는 소비자 편익을 가지고 포지셔닝시키고 있다. 셋째, 제품은 사용상황에 따라서도 포지셔닝할 수 있다. 예를 들어 게토레이는 목이 마를 때 마실 수 있는 갈증해소 음료로 포지셔닝하고 있다. 넷째, 특정 사용자 집단을 위한 상품으로서 포지셔닝하는 방법이 있다. Johnson & Johnson사는 미국시장에서 베이비 샴푸를 머리를 자주 감고 순한 샴푸를 원하는 성인들을 위한 제품으로 재포지셔닝함으로써 시장점유율을 3%에서 14%로 향상시킬 수 있었다.

3) 포지셔닝전략의 수립과정

기업이 포지셔닝전략을 선택하고 선택한 전략을 시장에 적용하기 위해서는 자사의 경쟁사 대비 경쟁적 강점 파악, 적절한 경쟁우위의 선택, 선택한 포지션의 전달의 과정을 거쳐야 한다.

경쟁적 강점 파악

소비자들은 일반적으로 그들에게 가장 높은 가치를 가져다줄 수 있는 제품이나 서비스를 선택하게 된다. 따라서 소비자들이 자사의 제품을 구매하도록 유도하고 지속적인 자사제품 고객으로 유지시키기 위해서 기업은 소비자들의 욕구와 구매과정에 대하여 경쟁사들보다 잘 이해하고 있어야 하며 그 결과로 경쟁사들보다 높은 가치를 소비자들에게 줄 수 있어야 한다. 기업은 제품, 서비스, 인력 또는 이미지 등으로 경쟁사에 대비하여 차별적인 우위를 누릴 수 있다.

제품 차별화(Product Differentiation)

기업은 성능, 디자인 등과 같이 제품의 물리적 특성을 가지고 차별화할 수 있다. 예컨대, 삼성의 갤럭시 같은 브랜드는 음성인식 기능의 도입, 손떨림 방지 기능을 통한 카메라의 화질 향상, 그리고 휴대폰의 디자인 등을 통해 다른 휴대폰들과의 차별화를 시도하고 있다.

서비스 차별화(Services Differentiation)

제품의 물리적 특성 이외에 기업들은 제품의 서비스에 대하여도 차별화가 가능하다. 어떤 기업은 빠르고도 조심스러운 배달을 통하여 경쟁적 우위를 누리고 있다. 그 예로 Domino's 피자는 주문 후 30분 내에 배달이 되지 않으면 가격을 할인해 주는 정책을 사용하고 있다. 또한 삼성전자의 경우에는 A/S사원들의 철저한 친절 교육을 통하여 서비스 차별화를 시도하고 있다. 한 조사결과에 의하면 실제로 삼성전자의 경우 국내 가전 3사 중에서 A/S에 대한 소비자의 만족도가 가장 높게 나타나고 있으며 이러한 만족도가 구매 의사결정에 직접적으로 영향을 미치기도 하는 것으로 나타나 삼성전자의 서비스에 의한 차별화는 어느 정

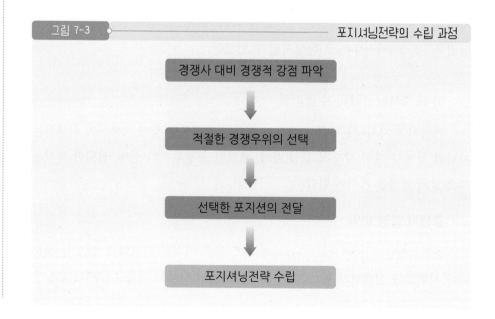

그림 7-3 포지셔닝전략의 수립 과정

경쟁사 대비 경쟁적 강점 파악

↓

적절한 경쟁우위의 선택

↓

선택한 포지션의 전달

↓

포지셔닝전략 수립

도 성공적임을 알 수 있다.

인적 차별화(Personnel Differentiation)

기업들은 그들의 경쟁사들보다 직원의 선발 및 훈련에 있어서 많은 노력을 기울여 강한 경쟁적 우위를 누릴 수 있다. 싱가포르 항공사의 경우 승무원들의 뛰어난 친절에 대하여 고객들이 높은 평점을 주어 우수 항공사로서 세계적인 명성을 드높이고 있다. 인적 차별화를 위해서 기업들은 특히 소비자들과 접촉하는 직원들의 선발과 교육을 매우 중요하게 고려해야 한다. 이러한 직원들은 소비자들에게 매우 친절해야 하며, 소비자들을 이해하려고 노력해야 하며 소비자의 요구에 즉각적으로 대응할 수 있어야 한다.

이미지 차별화(Image Differentiation)

기업들이 똑같은 제품을 제공하더라도 소비자들은 기업 이미지나 브랜드 이미지로 인해서 그 제품들을 매우 다르게 인식하게 되는 경우가 많기 때문에 기업들은 그들의 경쟁사에 대비하여 차별적 이미지를 구축하기 위한 노력을 기울인다. 기업이나 브랜드 이미지는 단순하고 차별적인 제품의 주요 편익과 포지셔닝을 잘 표현할 수 있는 내용을 전달할 수 있어야 한다. 강력하고 차별적인 이미지를 개발하기 위해서 기업은 창조적이고 부단한 노력을 하여야 한다.

심벌이나 로고 등은 이미지 차별화를 위한 중요한 수단으로 사용될 수 있는데 기업이나 브랜드의 차별성을 강하게 전달할 수 있는 이점이 있다. 성공적인 심벌이나 로고는 기업에게 상당한 자산적 가치를 가져다준다. 그러나 기업의 심벌이나 로고의 경우에도 기업환경이 변화함에 따라 적응해 나가는 것이 필요하다. 예컨대 진로소주의 경우 과거에는 두꺼비가 진로를 상징하는 자산적 가치를 지닌 심벌이었지만 시간이 갈수록 많은 소비자들에게 진부하다는 느낌을 주게 되었다. 따라서 진로에서는 레이블에서 두꺼비 그림을 작게 처리하는 등 부정적인 인상을 극소화하려는 노력을 기울이고 있다.

적절한 경쟁우위의 선택

가능한 경쟁적 강점 파악이 끝난 다음 기업은 그 다음 단계로 과연 어떠한 경쟁우위점을 선택할 것인지, 몇 개의 우위점을 가지고 차별적 포지셔닝을 시도할 것인지

를 결정해야 한다.

포지셔닝에 사용할 차별점의 수

다수의 마케팅 관리자들은 표적시장에 오직 하나의 편익을 집중적으로 촉진시켜야 한다고 생각한다. 또한 소비자들은 많은 정보들 속에서 "1등"을 보다 잘 기억해내는 경향이 있기 때문에 많은 기업들은 각 브랜드마다 그 자체로서 "1등"이 될 수 있는 제품속성을 찾아내고자 노력한다. 기업들이 하나의 편익을 사용하여 효과적으로 포지셔닝하기 위해서는 사용되는 편익은 소비자들이 그 제품을 구입할 때 매우 중요하게 고려하는 내용이어야 하며 확실히 타 경쟁사 대비 우위점이 있어야 한다.

다른 마케터들은 기업은 하나의 차별적 요인만으로 브랜드를 포지셔닝하기보다는 몇 개의 차별점들을 활용해야 한다고 생각한다. 예컨대 Volvo 자동차는 "최고의 안전성"과 "최고의 내구성"을 주장하고 있다. 현재 기업들은 보다 많은 수의 세분시장에 소구하기 위하여 자사제품의 보다 다양한 차별점들을 포지셔닝에 사용하고 있다. 그러나 기업들이 브랜드에 대한 다양한 주장을 할수록 소비자들이 신뢰하지 않을 수도 있으며 하나의 확실한 포지셔닝을 얻을 수 없는 경우도 있기 때문에 주의할 필요가 있으며, 가능한 한 세 개 이상의 차별점들을 사용하는 것은 피하는 것이 좋다.

차별점의 선택

제품의 모든 차별점이 기업의 효과적 포지셔닝에 가치 있는 것은 아니다.

표 7-5	성공적 차별화를 위한 고려요소

1. **중요성**: 차별점은 표적시장의 소비자들에게 확실히 가치가 있는 편익을 제공해야 한다.
2. **차별성**: 경쟁자들이 똑같은 차별점을 제공할 수 없거나 보다 확실히 차별화된 방법으로 그 차별점을 제공할 수 있어야 한다.
3. **우수성**: 차별점은 소비자들이 같은 편익을 얻을 수 있는 다른 방법들보다 확실히 뛰어나야 한다.
4. **전달성**: 차별점은 소비자들에게 전달할 수 있어야 하고 보여줄 수 있어야 한다.
5. **선점성**: 차별점은 경쟁자들이 쉽게 모방할 수 없어야 한다.
6. **가격 적절성**: 차별점은 구매자들이 구입을 꺼릴 정도로 가격의 인상을 초래하지 않아야 한다.
7. **수익성**: 차별점은 기업에게 이익을 제공할 수 있어야 한다.

각 차별점은 소비자에게 편익을 제공함과 동시에 기업의 비용증대를 가져오기도 한다. 따라서 기업은 경쟁사들에 비해 차별적 우위를 얻을 수 있는 경쟁적 강점이 어떤 것인지를 신중하게 선택하여야 한다. 차별점이 의미 있는 차별화를 위한 도구가 되기 위해서는 <표 7-5>와 같은 사항을 만족시킬 경우에 가능하다.

선택한 포지션의 전달

일단 포지셔닝에 사용할 차별점이 선택되고 나면 기업은 표적소비자들에게 바람직한 포지셔닝이 될 수 있도록 차별점을 전달해야 한다. 이때 모든 기업의 마케팅믹스 노력은 포지셔닝 전략을 뒷받침해야 하며 포지셔닝을 위해서는 기업의 실질적인 행동이 요구되는데 만약 기업이 좋은 제품의 질과 서비스로 포지셔닝을 시도한다면 우선 자사제품과 서비스의 질을 높여서 소비자들에게 전달해야 한다. 즉 기업은 포지셔닝 전략에 맞는 제품, 가격, 유통, 촉진의 마케팅믹스를 기획하여야 한다. 일단 바람직한 포지셔닝이 이루어지고 나면 기업은 이를 지속적으로 유지할 수 있도록 제품의 성능에 대한 주기적인 검사 등의 노력과 함께 경쟁사들의 전략 변화나 소비자의 욕구 변화에 대하여도 지속적으로 살펴보아야 한다.

지각도(Perceptual Map)

지각도란 여러 가지 평가할 수 있는 차원에 따라 제품이나 브랜드의 위치를 나타내는 것이다. 바꾸어 말하면 지각도는 제품의 심리적인 포지셔닝을 위한 하나의 강력한 도구로 사용되는 기법으로, 소비자가 제품, 브랜드 등에 대한 신념과 선호도를 형성하는 데 고려하는 여러 가지 제품속성을 두세 개의 차원(dimension)으로 압축하여 차원들 사이의 제품지각공간(product perceptual space)을 형성한 다음, 제품들의 전반적인 유사성이나 선호도에 대한 소비자 조사를 근거로 각 제품, 브랜드 등을 기하학적인 거리로 환산하여 공간상에 표시하는 것이다. 지각도상에서의 각 대상들의 위치는 고려되는 속성차원에서 그 대상들이 얼마나 강점과 약점을 지니고 있는가를 보여주고 표시된 제품들간의 거리로 미루어 제품들간의 유사성 정도를 판단할 수 있다.

지각도 분석을 통하여 소비자가 제품을 평가하는 데 사용하는 기본적인 인식차원(가령, 승용차 평가시의 안정성이나 경제성)을 알 수 있으며 이러한 차원상에서 기존 제품과 잠재적 제품의 상대적 위치를 알 수 있다. 지각도를 이용한 포지셔닝을 우리나라의 소주시장을 예를 들어 설명하면 다음과 같다.

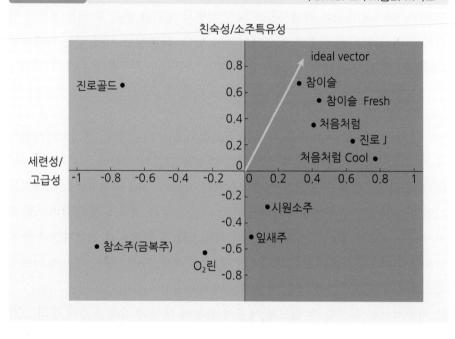

그림 7-4 ● 우리나라 소주시장의 지각도

<그림 7-4>에서 보는 바와 같이 지각도상에 소비자들이 소주를 지각함에 있어 가장 중요한 두 차원인 세련성/고급성과 친숙성/소주특유성에 근거하여 수도권 소비자들이 구입가능한 여러 가지 소주 브랜드들이 위치하고 있다. 진로 골드는 세련성/고급성 측면에 있어서는 상대적으로 부(−)의 평가를 받고 있으며 친숙성/소주특유성에 대하여는 매우 높은 평가를 얻고 있다. 시원소주, 잎새 주는 세련성/고급성은 상대적으로 정(+)의 평가를 얻고 있으며 친숙성/소주특유성에 대하여는 부(−)의 평가를 얻고 있다. 이에 반해 O_2린과 참소주는 두 축에 대하여 모두 부(−)의 평가를 얻고 있으며 참이슬과 처음처럼의 경우에는 세련성/고급성과 친숙성/소주특유성 두 차원에서 모두 정(+)의 평가를 얻고 있다. 여기서 소비자들이 가장 이상적으로 생각하고 있는 이상 방향인 'ideal vector'에는 참이슬이 비교적 근접해 있는 것으로 보인다.

Highlight 3

30년 나이키 아성에 도전하는 '언더아머' - 기능 중시 '언더독 마케팅' 틈새시장 공략

미국 메릴랜드대 미식축구 선수 출신인 케빈 플랭크가 만든 언더아머. 창업 20년 만에 연매출 5조 원을 돌파한 미국 2위 스포츠 용품 기업으로 세계에서 가장 주목받는 스포츠 브랜드기도 하다. 포브스가 2015년 발표한 '세계에서 가장 혁신적인 기업' 9위에 올랐다. 스포츠 브랜드 중 유일하게 톱10에 포함됐다. 현재 26분기 연속 20%가 넘는 매출 성장률을 기록하고 있다. 모두가 레드오션이라고 생각했던 스포츠 용품 시장. 나이키와 아디다스라는 두 거인이 가로막고 있던 이 시장에서 언더아머가 성공할 수 있었던 비결은 무엇일까.

레드오션 속에서 블루오션 찾아-디자인보다 기능에 충실한 제품으로

선수 시절 플랭크는 유독 땀이 많았다고 한다. 땀을 덜 흡수하는 티셔츠를 입으면 좀 더 잘 뛸 수 있겠다고 생각했다. 플랭크는 대학 근처 원단 상점을 돌아다니다 합성섬유로 만든 옷이 면보다 땀을 잘 배출한다는 사실을 깨달았다. 경영학 학사로 학교를 졸업한 플랭크는 프로 입단을 포기하고 스포츠 의류회사를 창업했다. 제품 특성에 맞춰 유니폼 안(under)의 갑옷(armour)이란 의미를 담아 '언더아머'란 브랜드 이름을 지었다. 플랭크는 옷감이나 제조는커녕 판매와 관련해 어떤 전문지식도 없었다. 하지만 평범한 아이디어에서 기회를 발굴해 세계적인

기업을 만들었다.

그간 사람들은 운동할 때 이너웨어에 크게 신경 쓰지 않았다. 하지만 이너웨어는 피부와 직접 닿기 때문에 소재 선택부터 민감할 수밖에 없다. 플랭크는 이점에 착안해 민감한 속옷 기술 개발에 많은 돈을 투자했다. 스포츠 용품이라는 레드오션 시장에서 의류라는 블루오션을 개척할 수 있었던 배경이다.

언더아머는 늘 기본에 충실했다. 언더아머 옷을 한 번이라도 입어본 사람은 알겠지만 디자인이 그렇게 화려하진 않다. 일부 제품은 둔탁해 보이기도 한다. 색도 평범하다. 플랭크는 자신이 운동선수였던 만큼 선수들의 능력 향상에 도움을 주고자 했다. 화려한 디자인 대신 편리함과 기능에 초점을 맞췄다.

바이럴 마케팅과 적극적인 영업

언더아머는 나이키와 종종 비교된다. 나이키를 만든 필립 나이트가 '은둔형 CEO'라면 플랭크는 '돌격대장'처럼 스스로 나서는 것을 좋아하는 스타일이다. 본인이 직접 물건을 만들고 배달하면서 팔기도 했다. 플랭크는 선수생활을 그만뒀음에도 다른 유명 선수와 친분을 계속 이어갔다. 직접 개발한 옷을 현역 선수에게 나눠주고 피드백을 받았다. 언더아머 제품은 라커룸 한쪽에서 시작해 미식축구 선수들의 입을 타고 널리 퍼졌다. 바이럴(입소문) 마케팅은 언더아머가 성장하는 데 큰 원동력이 됐다.

2006년 6월. 언더아머는 풋볼화를 출시하며 창업 10년 만에 신발 시장에 뛰어 들었다. 2008년엔 기능성 트레이닝 신발을 출시했고, 2009년에는 러닝슈즈와 축구화를 선보였다. 2010년 마침내 스포

언더아머(UNTER ARMOUR)

- 창립: 1996년 • 창립자: 케빈 플랭크
- 시가총액: 약 120억 달러
- 연매출 약 50억 달러
- 본사: 미국 메릴랜드주 볼티모어

자료: 언더아머코리아

언더아머-나이키 비교

언더아머		나이키
1996년	창립연도	1964년
케빈 플랭크	창립자	필립 나이트
스테픈 커리(농구)	중요 계약 선수 (종목)	르브론 제임스(농구)
클레이튼 커쇼(야구) 브라이스 하퍼(야구)		크리스티아누 호날두(축구)
조던 스피스(골프)		타이거 우즈(골프)
앤디 머레이(테니스)		로저 페더러(테니스)
언더독	마케팅 전략	스타플레이어

언더아머가 낳은 세계 최고 스포츠 스타 스테픈 커리.

츠 용품의 하이라이트라고 할 수 있는 농구화 컬렉션을 출시했다. 신발 시장에서도 언더아머의 철학은 단 한 가지. 기능성이다

나이키와 전혀 다른 전략 – 언더독 마케팅으로 공감 얻어

매출 규모가 커지면서 언더아머는 다른 스포츠 브랜드처럼 스타 마케팅을 시작했다. 1964년 설립한 나이키가 1985년 마이클 조던을 모델로 기용해 급성장한 것을 흉내낸 것이다. 다만 스타 마케팅에 접근하는 방식은 나이키, 아디다스 등 다른 브랜드와 달랐다.

정상급 선수와 거액의 계약을 체결하는 기존 방식이 아닌 '언더독(underdog · 승리 가능성이 적은 약자)' 전략을 썼다. 대중에 잘 알려지지 않았지만 성장 가능성 높은 선수를 발굴하고 지원했다. 나이키가 마이클 조던, 크리스티아누 호날두 등 당대 최고의 선수를 모델로 썼던 것

과 대조되는 행보다. 언더아머는 1등이 아닌 도전자의 열정을 내세우는 비주류 광고 전략으로 젊은 소비자 호응을 끌어냈다.

우선 2008년 메이저리그에 데뷔했던 클레이튼 커쇼. 지금은 야구를 좋아하는 사람이라면 누구나 다 아는 세계 최고의 투수다. 언더아머는 커쇼가 두각을 나타내기 전인 루키 시절부터 그를 후원했다. 언더아머가 낳은 또 하나의 세계 최고의 스타가 있다. 바로 미국프로농구(NBA) 골든 스테이트 워리어스의 스테픈 커리. 언더아머는 2013년 아직 큰 두각을 나타내지 않았던 커리와 연간 400만 달러 후원 계약을 체결했다. 원래 커리를 후원했던 나이키는 '스타성이 없다'고 판단해 그를 주요 관리 대상에 넣지 않았다. 반면 언더아머는 가까운 미래에 커리가 성공할 것이라 확신하고 적극 다가가 계약을 맺을 수 있었다. 현재 NBA는 조던 시기에 이어 제2의 전성기를 구가하고 있다. 커리 역할이 컸다. 커리가 신고 있는 언더아머 농구화는 요즘 스포츠 시장에서 가장 인기 있는 제품이다.

나이키와 아디다스는 잘 알려진 브랜드지만 '올드'한 느낌이 있다. 미국 내 젊은 사람들은 나이키나 아디다스를 할아버지 · 아버지 · 삼촌이 즐겨 입던 브랜드로 인식한다. 그러나 언더아머는 신선했다. 여기에 '안티 나이키' 마케팅으로 미국 내 젊은이 마음을 사로잡을 수 있었다.

〈출처: 매경이코노미, 제1890호, 2017년 1월〉

본장에서는 마케팅의 핵심전략(core strategy)이라고 할 수 있는 시장세분화(segmentation)와 표적시장 선택(targeting), 그리고 포지셔닝(positioning)에 대해 살펴보았다. 기업에게 있어서 핵심적인 전략 이슈는 표적시장을 선택하고, 포지셔닝하고, 성공적인 마케팅전략과 프로그램을 기획하는 데 도움을 줄 수 있는 적절한 세분화 기획 틀을 찾아내는 것이다.

세분화를 통해 기업은 다음과 같은 혜택들을 얻을 수 있다. ① 신제품 개발기회의 인식, ② 동질적인 고객집단을 만족시키기 위한 가장 효과적인 마케팅 프로그램의 기획, ③ 마케팅 자원의 전략적 배분을 개선하는 데 도움을 줌. 마케터는 세분화변수들을 소비재와 산업재시장과 관련된 네 개의 주요 범주들, 즉, 인구통계학적 세분화변수, 사람 및 기업관련 행동적 변수, 제품관련 행동적 변수, 그리고 고객욕구변수 등으로 나눈다.

경영자들이 표적시장을 선택하는 데 지침을 제공할 수 있는 가장 일반적인 전략들은 대량시장(mass-market), 틈새시장(niche-market), 그리고 성장시장(growth-market)전략으로 대별될 수 있다. 일단 기업이 어떤 세분시장에 진입할 것인지를 결정하고 나면 기업은 그 세분시장에서 자사의 제품을 어떠한 자리에 위치시킬 것인가의 문제(포지셔닝)에 대한 해결이 필요하다. 기업은 다양한 방법으로 제품을 포지셔닝할 수 있다. 즉, ① 특정한 제품속성에 따라 포지셔닝하는 방법, ② 소비자들이 추구하는 편익에 따라 포지셔닝하는 방법, ③ 제품 사용상황에 따라 포지셔닝하는 방법, ④ 특정 사용자 집단을 위한 상품으로서 포지셔닝하는 방법 등이 있다.

생각해 볼 문제

01 모든 시장이 다 시장세분화가 가능한가? 시장세분화 전략이 적합하지 않은 경우로는 어떠한 것이 있을지 생각해 보시오.

02 일단 시장을 세분화하였다면 표적시장을 선택해야 한다. 표적시장 선택을 위해 세분시장을 평가할 때 고려해야 할 요인들은 무엇이 있는지 생각해 보시오.

03 포지셔닝은 불변하는 것이 아니라 필요에 따라 마케터에 의해 변화되기도 한다. 주변에서 포지셔닝을 통해 성공한 제품들로는 어떠한 것들이 있는지 생각해 보시오.

· 김근배(2003), "포지셔닝과 재포지셔닝 전략의 평가를 위한 의사결정 지원 시스템," 마케팅연구, 제 18권, 제3호, pp. 73-92.

· 안희경·김자연·하영원(2014), "㈜ 빙그레의 요플레 마켓 리더십 강화 전략," Korea Business Review, 제18권, 제4호, pp. 131-158.

· 하영원·김진교(1994), "시장영역 변화에 따른 상대적 지각변화에 근거한 다속성 확산모형에 관한 연구," 마케팅연구, 제9권, 제1호, pp. 93-119.

· 하영원(2017), "한국형 소비자 의사결정 연구를 위한 서설," 경영학연구, 제46권, 제5호, pp. 1229-1246.

· Abell, Derek F. and John S. Hammond(1979), *Strategic Market Planning Problems and Analytical Approaches*, Englewood Cliffs, N.J.: Prentice Hall.

· Anderson, J. C., Narus, J. A., & Narayandas, D. (2009), *Business Market Management: Understanding, Creating, and Delivering Value*, Pearson Prentice Hall.

· Berry, Leonard L.(2006), *On Great Service: A Framework for Action*, New York: Free Press.

· Day, George S.(1986), *Analysis for Strategic Market Decisions*, St. Paul: West Publishing.

· Dugas, Christine(1997), "Credit Card Companies Tap into Lifestyles," *USA Today*, September 22, p. 5B.

· Galceran, Ignacio and Jon Berry(1995), "A New World of Consumers," *American Demographics*, March, pp. 26-33.

· Gilmore, James H. and Joseph Pine II(1997), "The Four Faces of Mass Customization," *Harvard Business Review*, January-February, pp. 91-101.

· Goss, Jon(1995), "We Know Who You Are and We Know Where You Live: The Instrumental Rationality of Geodemographics," *Economic Geography*, vol. 71, pp. 171-198.

· Hayes, Laurie(1994), "Using Computers to Divine Who Might Buy a Gas Grill," *The Wall Street Journal*, August 16, p. B1.

· Kim, H. C., & Kramer, T. (2015), "Do Materialists prefer the "Brand-as-Servant"? The Interactive Effect of Anthropomorphized Brand Roles and Materialism on Consumer Responses," *Journal of Consumer Research*, Vol. 42, pp. 284-299.

· Kotler, Philip, Hermawan Kartajaya, and Iwan Setiawan (2017), *Marketing 4.0: Moving from Traditional to Digital*, Hoboken, NJ: Wiley.

· Kotler, Philip and Kevin Lane Keller(2015), *Marketing Management*, 15th ed, Pearson.

· Lederer, C., & Hill, S. (2001), "See Your Brands through Your Customers' Eyes," *Harvard Business Review*, Vol. 79, pp. 125-133.

· Levitt, Theodore(1986), *The Marketing Imagination*, New York: Free Press.

· Myers, James H.(1996), *Segmentation and Positioning for Strategic Marketing Decisions*, Chicago: American Marketing Association.

· Parker-Pope, Tara(1997), "For Revlon, Skincare Is the New Frontier," *The Wall Street Journal*, April 9, p. B1.

· Pillack, Judamin(1997), "Kraft s Miracle Whip Targets Core Consumers with '97 Ado," *Advertising Age*, February 3, p. 12.

· Pine II, Joseph, Burt Victor, and Andrew C. Boyerton(1993), "Making Mass Customization Work," *Harvard Business Review*, September-October, pp. 108-109.
· Ralston, Julie(1995), "Chevy Targets Women," *Advertising Age*, August 7, p. 24.
· Rhea, Marte J., Barbara C. Garland, and John C. Crawford(1989), "International Market Segmentation: The U.S.-Japanese Markets," *Journal of International Consumer Marketing*, Vol. 2, pp. 75-90.
· Robinson, S. J., R. E. Hitchens, and D. P. Wade(1978), "The Directional Policy Matrix: Tool for Strategic Planning," *Long Range Planning*, Vol. 11, pp. 8-15.
· White, G. L. and S. Leung(2002), "Middle Market Shrinks as Americans Migrate toward the Higher End," *The Wall Street Journal*, March 29.
· Zeithaml, Valerie A, Mary Jo Bitner and Dwayne Gremler(2017), *Services Marketing*, 7th ed, McGraw-Hill Education

08

브랜드 자산의 구축과 관리

昔之善戰者, 先爲不可勝, 以待敵之可勝. 不可勝在己, 可勝在敵. 故曰: 勝可知, 而不可爲.
[석지선전자, 선위불가승, 이대적지가승, 불가능재기, 가승재적, 고왈: 승가지, 이불가위]

"옛부터 전쟁을 잘한다는 것은 먼저 적이 나를 이기지 못하게 만든 후에 적을 맞아서 이기는 것을 말한다. 적이 나를 이기지 못하게 하는 것은 나에게 달렸고, 내가 적을 이길 수 있는 것은 적에게 달렸다. 그렇기 때문에 승리는 예견할 수 있지만, 승리하게 할 수는 없다."

손자병법 군형편[軍形篇]

징기스칸이 유럽 원정을 떠났을 당시, 유럽의 부대들은 창을 쓰는 기사와 그를 뒤따르는 보병으로 구성되어 있었다. 기사들은 두꺼운 철갑옷을 입었기 때문에 백병전에는 유리하였지만, 동시에 기동력은 느릴 수밖에 없었다. 반면, 징기스칸의 군대는 모두가 기동성이 좋은 기병으로 구성되었다. 특히 말 위에서 활을 쏘는 기사술을 익히고 있었고, 그 화살은 기사들의 철갑옷을 뚫을 수 있을 정도로 위력이 있었다. 화살을 쏘고 다시 달아나는 몽고군의 기동작전에 끌려 다니던 유럽의 군대들은 단 8만에 지나지 않는 몽고기병에게 연전연패를 했다.

마케팅 현장에서는 경쟁사를 이기기 위한 다양한 방법이 시도된다. 그러나 그 모든 방법도 브랜드 파워를 당하기는 어렵다. 제품이나 다른 마케팅믹스들을 모방하는 것은 쉽다. 하지만 펩시가 아무리 노력을 해도 코카콜라를 압도할 수 없는 것처럼, 지속적인 고객관리를 통해 형성된 브랜드 가치는 경쟁에서 패배할 확률을 줄여줄 수 있다. 그러나 코카콜라도 뉴 코크와 같은 실패사례를 겪은 적이 있듯이 브랜드를 너무 믿어서도 안 될 것이다.

Leading CASE

활명수의 120년 브랜드 전략 120살 장수 비결은 '소통 마케팅'

스카치테이프, 호치키스, 포스트잇. 이 단어들의 공통점은 바로 상표가 보통명사로 굳어졌다는 점이다. 스카치테이프는 셀로판테이프, 호치키스는 스테이플러 등 원래 해당 제품을 부르는 보통명사가 있지만 이들 제품이 워낙 큰 인기를 끌면서 브랜드명이 보통명사의 자리를 대신했다.

브랜드가 고유명사화 된 경우는 국내에도 있다. 초코파이, 진로, 딱풀 등이 그것이다. 그중에서도 활명수는 부채표라는 상표와 함께 속이 더부룩하고 소화가 안 될 때 마시는 소화제의 대명사로 사용되고 있다. 동화약품이 판매하는 활명수는 올해로 출시 120주년이 된 스테디셀러 브랜드다. 1897년생으로 아스피린과 동갑이며, 한국에서 가장 오래된 '제1호 브랜드'다. 두 세기 전 만들어진 제품이지만 여전히 1년에 1억 병씩 팔린다. 동화약품이 활명수로 벌어들이는 매출만 1년에 540억 원에 달한다. 제품 인지도가 99.3%(출처: 갤럽 2015)에 이른다는 조사결과도 있으니 활명수라는 브랜드는 대한민국 사람이면 모르는 사람이 거의 없다고 볼 수 있다. 제품의 수명 주기가 날이 갈수록 짧아지는 시장 상황에서 활명수가 120년을 꾸준히 사랑받은 비결은 무엇일까.

시대를 앞서간 브랜드 관리

활명수는 대한제국 원년인 1897년 9월 세상에 나왔다. 왕정국가였던 당시 상황에서 궁중의 비방을 바탕으로 일반 대중을 위한 약을 만들어 출시 초기부터 소비자들의 높은 신뢰를 받았다. 요즘에도 재벌가나 연예인들이 사용하는 제품이라는 식의 광고를 많이 볼 수 있는데 당시에 왕족들의 비방을 활용해 만든 약에 대한 소비자들의 관심이 높았음은 어렵지 않게 짐작해 볼 수 있다.

활명수라는 네이밍 전략도 탁월했다. 활명수는 '목숨을 살리는 물'이라는 뜻이다. 활명수 출시 시점에 국운이 기울어 많은 국민은 끼니를 걱정했다. 당장 언제 무엇을 먹을 수 있을지 장담할 수 없으니 한 번 먹을 것이 생기면 폭식을 하는 것이 당연했다. 이처럼 불규칙한 식사로 배앓이가 잦지만 마땅한 치료제가 없어 급체와 토사곽란만으로도 목숨을 잃은 이가 많았다. 활명수는 당시 사람들에게 꼭 필요한 약이었고 그래서 '생명을

1940년대　1962년　1967년　1971년　1992년　2004년　2009년　현재

▶ 동화약품 활명수 변천사

활명수 X 카카오프렌즈 컬래버레이션
119주년 기념판(2016년 발매)

살리는 물'이라는 네이밍은 시대를 앞서 갔다는 평가를 받는다. 나아가 부채표와 활명수(생명을 살리는 물)라는 상표명은 좋은 브랜드 네임의 조건인 연관성(이름 자체가 제품이 가져다주는 이익과 특성을 잘 나타냄), 기억용이성, 독특성을 충족하고 있다.

브랜드 관리 전략도 흥미롭다. 1900년대 초반에는 브랜드라는 개념이 없었기 때문에 당연히 브랜드 도용에 대한 대책을 만들어야 한다는 생각을 하기 힘들었다. 그러나 활명수는 당시 브랜드 보호 측면에서 대단히 선구적인 선례를 남긴다. 동화약방은 활명수의 상징이라 할 수 있는 부채표를 1910년 8월 15일에 우리나라 최초로 상표 등록을 한다. 특허와 상표의 중요성을 발 빠르게 인식한 조치였다. 이어 같은 해 12월 16일에는 활명수도 상표 등록을 한다.

젊은 브랜드 이미지 구축을 위한
적극적인 컬래버레이션

120년 동안 '국민 소화제' 지위를 유지한 활명수의 최대 고민은 바로 '올드한 이미지'였다. 너무 오랜 기간 브랜드명이 유지된 까닭에 젊은 세대 사이에선 고전적인 제품 아니냐는 이미지가 있었던 것도 사실이다. 활명수가 젊은 브랜드 이미지 구축을 위해 선택한 장르는 '힙합'이다. 활명수는 8월 인기 힙합 프로그램 '쇼미더머니 6'와 협업에 나섰다. 브랜디드 콘텐츠 캠페인을 통해 활명수에 쇼미더머니의 트렌디한 스타일을 입힌다는 계산이다. 브랜디드 콘텐츠 캠페인이란 기업이 브랜드를 홍보하기 위해 콘텐츠 제작에 참여하는 것을 말한다. 실제 인기 가수 박재범과 공동 작업을 통해 발표한 '리본(Reborn)'이라는 곡의 뮤직비디오는 누적 조회수 800만 건을 넘기며 젊은층의 인기를 얻었다.

또한 동화약품은 지난해 10월에는 인기 캐릭터 '카카오 프렌즈'와 함께 '활명수 119주년 기념판'(450mL·4종)을 선보였다. 카카오 프렌즈 인기 캐릭터인 프로도, 라이언, 네오 등을 활용해 네 종류의 병 디자인을 선보였다. 병 전면에 카카오 프렌즈 캐릭터들이 활명수 탄생 119주년을 축하해주는 모습도 담았다.

기능적 편익에서 경험적 편익으로 브랜드 연상관리

전통적으로 의약품 업체들은 기능적 편익을 위주로 브랜드 자산을 관리했다. 하지만 경쟁자나 경쟁제품이 기능적 편익 측면에서 우월한 위치를 점하거나 중요 속성을 개선시키면 경쟁우위를 잃게 된다. 이에 반해 경험적 편익과 상징적 편익은 많은 시간과 노력, 비용이 소요 되지만 한번 소비자의 기억 속에 각인되면 장기적인 경쟁우위를 얻게 된다.

제품편익 측면에서 활명수는 기능적 편익에서 점차적으로 경험적 편익으로 브랜드 연상관리를 해 오고 있는 것으로 분석된다. 편익이란 소비자가 제품 혹은 서비스 속성에 부여하는 가치 혹은 의미를 말하는데 기능적, 경험적, 상징적 편익의 세 가지 유형으로 나눠볼 수 있다. 소화제의 경우 기능적 편익은 복통 해소가 될 것이며, 경험적 편익은 복용 과정에서의 심리상태나 즐거움 요소, 포장 및 사용의 특이성이라고 볼 수 있다. 상징적 편익은 제품구매를 통해 사회적으로 인정을 받으려는 자아와 자긍심을 보이고 싶어 하는 욕구를 말한다.

활명수는 복통 해소, 소화라는 기능적 편익을 넘어서 사용상의 즐거움, 사용자의 사회적 이미지 등을 부각시키는 활동을 최근 시도하고 있다. 젊은 층에게 인기가 있는 '쇼미더머니' 컬레버레이션 활동 등은 고통 해소,

다시 살아남 회복 같은 활명수의 브랜드 요소를 경험적, 상징적 편익으로 잘 대응시켰다. 나아가 동화약품이 2015년 출시한 미인활명수의 경우 사용자가 젊고 매력적인 여성이라는 사회적 자아를 얻고자 했다.

〈출처: 동아 비즈니스 리뷰, 제232호, 2017년 9월〉

CHAPTER 08
브랜드 자산의 구축과 관리

시티그룹(Citigroup)과 인터브랜드(Interbrand)의 조사에 따르면 브랜드 가치가 높은 기업들이 과거 10여 년 동안 주식시장에서 탁월한 성과를 나타냈다고 한다. 이제 브랜드는 현대 자본주의 경제에서 가장 보편적인 현상 중의 하나가 되었다. 거의 모든 기업들이 어떤 형태로든 브랜드를 가지게 되었다. 소비자들은 수많은 브랜드들을 대면하고 구매하고 소비해 왔으며, 그에 따라 브랜드에 대한 다양한 경험을 가지게 되었다. 참이슬, 빈폴, 그리고 에버랜드와 같은 각각의 브랜드는 저마다 기능성(functionality), 이미지(image), 그리고 경험(experience)을 소비자에게 제공한다.

브랜드는 오래전부터 시장에서 중요한 역할을 해왔는데, 소비자 욕구(needs)와 경쟁의 변화에 따라 브랜드가 제공하는 가치도 발전되어 왔다. 초기 산업시대에는 제품이 제공하는 품질과 가치의 차이가 매우 심했고, 이는 소비자들에게 상당한 위험을 안겨주었다. 이러한 시장에서, 맥도날드(McDonald's), 홀리데이 인(Holiday Inn), 토요타(Toyota)와 같은 브랜드는 제품으로부터 기대할 수 있는 일관된 수준의 품질과 가치를 나타내는 상징적인 역할을 했다.

소비자들의 생활방식이 점점 복잡해지고, 새로운 기술이 많은 새로운 시장을 만들어냄에 따라 소비자들이 고려해야 할 제품의 수는 폭발적으로 증가하고 있다. 브랜드는 소비자들로 하여금 품질에 대한 확신을 주고, 제품이나 서비스의 탐색과 비교에 소요되는 시간을 절약할 수 있도록 해주며, 더 나아가 소비자에게 보다 단순한 선택을 가능하게 한다.

소비자에게 지각된 브랜드의 힘은 곧 기업의 이윤으로 직결된다. 따라서 기

업은 브랜드 파워의 구축에 막대한 비용과 마케팅 노력을 투입하거나 비싼 값을 지불해서라도 자산가치가 높은 브랜드를 인수하려고 한다. 말보로(Marlboro) 담배로 유명한 다국적기업인 필립 모리스(Philip Morris)사는 식품회사인 크래프트 (Kraft)를 매입할 때 장부가격의 여섯 배가 넘는 129억 달러를 지불했다고 한다.

브랜드는 한 회사가 판매하는 제품의 이름 그 이상의 것이다. 어떤 브랜드는 강력한 브랜드 이미지를 가지고 상품가치가 보다 높은 것으로 느껴지는 반면, 다른 브랜드는 그렇지 않다. 예컨대 소비자들은 운동 후 갈증이 나면 게토레이를, 화장지가 필요할 때면 크리넥스를, 소주를 마시고 싶을 때는 참이슬을 자연스럽게 떠올린다. 이러한 성공적인 브랜드들은 각 제품범주를 대표하는 시장선도 브랜드들이다. 그렇다면 이들의 브랜드 파워는 어디에서 나오는 것일까? 시장선도 브랜드가 강력한 브랜드 파워를 갖는 이유는 무엇보다도 소비자들에게 브랜드와 관련하여 독특한 이미지와 연상 그리고 다양한 경험들을 떠올리게 하고 또한 강력하고도 호의적인 느낌을 불러일으키기 때문일 것이다.

본장에서는 먼저 브랜드 또는 브랜드 자산이 무엇인지 설명하고, 파워브랜드가 어떻게 창조되는지를 살펴본 다음, 세 가지 서로 다른 유형의 브랜드, 즉 기능적(functional) 브랜드, 이미지(image) 브랜드, 그리고 경험적(experiential) 브랜드의 효과적인 관리방법에 대하여 살펴볼 것이다. 그리고 우리는 브랜드 유형과 관련하여 세 가지 브랜드명 전략, 즉 기업(corporate) 브랜드명, 공동(family) 브랜드명, 개별제품(product) 브랜드명 전략에 대하여 살펴보고 마지막으로 브랜드 확장전략에 대하여 살펴보고자 한다.

· SECTION 01 · 브랜드란 무엇인가

제조업자는 제품을 생산하지만 소비자는 브랜드를 경험하고 구매한다. 제품은 경쟁사에 의해 모방되고 소비자 취향의 변화에 따라 진부해지지만 소비자의 마음속에 독특하고 강하게 지각된 성공적인 브랜드는 영원히 살아남는다. 그래서 차별화된 이미지를 가진 파워브랜드는 장기간에 걸쳐 경쟁사들의 공격을 이겨낼 수 있는 지속 가능한 경쟁우위를 제공한다. 그러므로 오늘날 많은 기업들이 브랜드를 귀중한 자산으로 인식하고 있으며, 기업들마다 파워브랜드를 구축하기 위해 심혈을 기울이고 있다.

가장 기본적인 수준에서 말하자면, 브랜드는 어떤 제품이나 서비스와 관련된 이름이나 어떤 상징 혹은 기호(mark)로서, 그것에 대해 구매자가 심리적인 의미를 부여하는 것이다. 어떤 제품이나 부여될 수 있는 관련된 의미의 조합은 수없이 많다. 예를 들어, 운동화를 생각해 보자. 아디다스(Adidas)는 독일 브랜드이며, 이것은 독일식 장인정신, 진정한 선수들, 혁신적 성능, 적극적인 참여, 진실됨, 유능함 등의 이미지를 가진다. 이와 반대로 나이키(Nike)는 미국 브랜드이며, 젊은 미국의 개척정신, 독립적, 도전적, 도발적, 스포츠와 건강관리와 관련된, 활기차고 남성적인, 그리고 승리의 기쁨과 연관된 이미지들을 떠올리게 한다.

다른 브랜드 역시 단순하지만 관련 이미지들을 가지고 있다. 월마트(Wal-Mart)는 매일 저가격(Everyday-Low-Price; EDLP)의 제품을 제공하는 세계적 할인 유통업체다. 다시다는 오랫동안 '고향의 맛'으로 생각되어 왔으며, 미국의 New York 시는 'I♥NY'라는 간명하면서도 임팩트있는 슬로건으로 기억되고 있다. 이와 같이 브랜드는 소비자의 머릿속에 있는 생각들, 혹은 관련된 기억들이 서로 연결된 연상망으로서 시각적으로 표현될 수 있다.

브랜드와 관련된 이미지들은 구매자들에게 매우 높은 가치를 의미할 수 있다. 아디다스와 나이키는 단순히 좋은 운동화를 만드는 것을 넘어 소수의 전문가만이 누릴 수 있는 특권을 많은 사람들이 공유할 수 있도록 하였다. 그래서 파워브랜드를 소유한 기업은 소비자들이 부여한 가치에 상응하는 충분한 대가를 즐기고 있다. 이렇듯 소비자가 브랜드에 부여하는 가치는 브랜드 자산(brand equity)이 된다. Keller 교수는 브랜드 자산을 어떤 제품이나 서비스가 브랜드를 가졌기 때문에 발생된 바람직한 마케팅 효과(예컨대, 높은 브랜드 애호도, 시장 점유율 또는 수익)로 정의하고, 브랜드 자산은 고객의 브랜드 인지도와 독특하고(unique), 강력하면서(strong), 긍정적(favorable)인 연상들을 기억 속에 갖고 있을 때 발생된다고 하였다.

기업의 가치는 곧 브랜드의 자산적 가치로 평가될 수 있는데, 브랜드 가치는 특정 기업이 보유한 자산과는 별개로 그 브랜드가 가진 가치이다. 많은 세계적인 브랜드의 가치는 그들 기업이 소유한 총자산의 절반 이상을 차지한다. 최근 들어 국내 기업들도 브랜드 파워의 중요성을 인지하고 브랜드 파워를 키우기 위해 많은 노력을 아끼지 않고 있다. 2017년에 발표된 인터브랜드의 조사에 따르면 한국 기업으로는 삼성전자가 6위인 가장 높은 순위에 올랐고, 현대자동차는 35위에 올랐다. 삼성의 성장에 대해 인터브랜드는 인간적이고 감성적인 브랜

표 8-1			세계적인 기업들의 브랜드 가치(단위: 백만 달러)		
브랜드	2017년 순위	2017년 브랜드 가치	2016년 순위	2016년 브랜드 가치	변화율 (%)
APPLE	1위	184,154	1위	17,8119	3
GOOGLE	2위	141,703	2위	13,3252	6
MICROSOFT	3위	79,999	4위	72,795	10
COCA COLA	4위	69,733	3위	73,102	-5
AMAZON	5위	64,796	8위	50,338	29
SAMSUNG	6위	56,249	7위	51,808	9
TOYOTA	7위	50,291	5위	53,580	-6
FACEBOOK	8위	48,188	15위	32,593	48
Mercedes-Benz	9위	47,829	9위	43,490	10
IBM	10위	46,829	6위	52,500	-11
GE	11위	44,208	10위	43,130	3
HYUNDAI	35위	13,193	35위	12,547	5
KIA	69위	6,681	69위	6,326	6

드가 되기 위한 노력이 일관성 있게 전 세계 소비자들에게 전달되는 점과 갤럭시 S8, 패밀리허브 냉장고 등의 신제품으로 소비자들에게 의미 있는 혁신을 지

| 그림 8-1 | 브랜드 자산의 형성과정 |

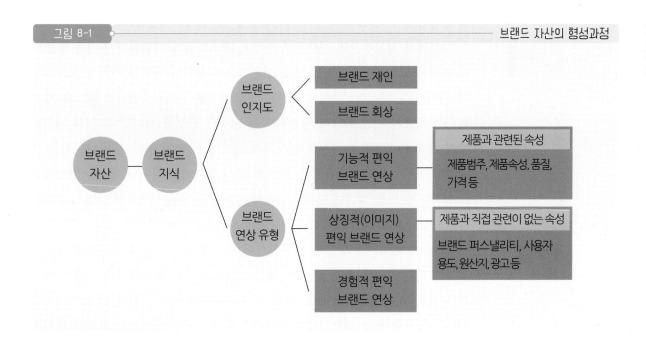

속한 점을 긍정적으로 평가했다 (<표 8-1> 참조).

　강력한 브랜드 자산을 구축하기 위해서는, 다양한 브랜드 연상들이 소비자들의 삶의 일부가 되어야만 한다. 소비자가 구매하고자 할 때 그 브랜드와 관련된 어떤 이미지도 떠오르지 않는다면, 그 브랜드는 아무것도 가지고 있지 않은 것이다. 궁극적으로 브랜드 자산의 구축은 구매자의 마음속에 브랜드를 인지시키고 다양한 연상을 각인시키는 것이다(<그림 8-1> 참조).

• SECTION 02 • 어떻게 브랜드를 개발하는가

　사람들은 흔히 브랜드 개발이 어떤 창의적인 광고를 통해서 원하는 일련의 관련 이미지들을 만들어내는 것이라고 잘못 생각하고 있다. 그러나 성공적인 브랜드 개발을 위해서는 명확한 브랜드 아이덴티티와 이를 일관성 있게 지지해 줄 수 있는 통합적 커뮤니케이션전략(제품, 가격, 유통경로, 광고 및 다양한 커뮤니케이션 활동 등)이 수반되어야 한다. 브랜드를 개발하고 발전시켜 나가는 과정을 좀 더 잘 이해하기 위해서 나이키의 사례를 살펴보는 것이 도움이 될 것이다.

　나이키의 성공은 설립 당시부터 명확하게 정립된 브랜드 아이덴티티와 이를 바탕으로 한 일관성 있는 마케팅활동을 통해 이루어졌다. 나이키는 각 스포츠 부문에서 최고수준인 선수들과 자신의 경기력을 극대화하고자 하는 일반인을 위해 좀 더 나은 육상화를 만들고자 하는 야심적인 목표를 가지고 시작되었다. 나이키는 정통 스포츠화와 피트니스 브랜드로서 포지셔닝하고 '최고의 경기력을 발휘하기 위한 최고의 제품'이라는 브랜드 컨셉을 지지할 수 있는 최고수준의 제품을 개발하여 시장의 선도자가 되고자 하였다. 이에 따라 나이키는 세계적인 명성을 지닌 운동선수들을 위해 실제 경기에서 뛰어난 기능을 발휘하는 스포츠화 및 의류 개발에 전력투구하여 시장을 선도하는 기술을 바탕으로 Nike Zoom Air, Air Max, Nike F.I.T. 등을 개발하였다.

　그러나 나이키는 탄탄한 디자인과 높은 품질 등의 기능적인 측면만을 브랜드 차별화의 기초로 삼지 않았다. 대신 나이키는 소비자들에 대해 그들이 알고 있는 핵심적인 이해를 토대로 브랜드를 발전시켜 나갔다. 대부분의 소비자들은 전문 운동선수가 아니다. 그렇지만 사람들은 최고의 경기력을 위해 묵묵히 자신의 목표를 향해 도전하고 지쳐 쓰러질 때까지 단련하는 스포츠정신에 공감한다. 마이클 조던, 라파엘 나달, 김연아 선수 등은 각 분야에서 세계최고의 선수가 되었고 그 최고의 자리를 지키기 위해 자신과의 투쟁에서 승리한 선수들이다. 이들의 스포츠 정신과 활동이 나이키가 추구하는 정신을 대변하고 있는 것이다.

기업의 성격은 그 기업의 브랜드를 창조하고 소비하는 사람들에 의해 드러나는데, 이러한 성격을 담아내는 수단으로서 광고를 비롯한 커뮤니케이션 활동은 매우 중요한 역할을 한다. 나이키의 초기 커뮤니케이션 활동은 브랜드 아이덴티티를 바탕으로 브랜드 인지도를 높이기 위한 노출 극대화에 집중되었다. 나이키는 1984년 광고 'I love L.A.' 편을 시작으로, 마이클 조던이 등장한 '누가 사람이 날 수 없다고 했는가?', 1988년에 시작한 'Just do it' 캠페인 등을 통해 소비자들의 눈을 사로잡았다. 또한 대학 농구단 후원, 기술자와 판매사원들을 브랜드 구축 프로그램으로 포함시킨 Ekins 프로그램, 다양한 트랙 및 필드선수 후원, NBA 농구단 등에 대한 광범위한 후원과 이벤트 개최, 그리고 다양하고 진기한 옥외 광고판 및 벽화 등의 일관성 있는 브랜드 창조 프로그램을 통해 수많은 PR 과 Publicity의 화제 거리를 만들어 냄으로써 브랜드 인지도를 제고하였다.

또한, 마이클 조던, 존 맥켄로, 타이거 우즈 등의 보증 프로그램을 통해 최고의 기능을 발휘하는 최고 품질의 스포츠화에 대한 연상과 사용자 이미지를 연계시킴으로써 독특하고 강력한 퍼스낼리티를 갖는 호의적인 브랜드 이미지를 창출하였다. 나이키는 스포츠화를 광고하는 것이 아니라 스포츠 자체를 광고함으로써 '스포츠=나이키'라는 연상을 지각시킬 수 있었고, 이는 곧 개별 스포츠 범주에서 나이키가 선도 브랜드가 되었음을 의미하였다. 더 나아가 'Revolution'과 'Just do it' 캠페인을 통해 소비자들로 하여금 나이키의 스포츠정신이 그들의 삶의 일부가 될 수 있도록 브랜드와의 관계를 구축하였다.

한편, 나이키는 1992년 시카고에 세계 처음으로 브랜드 선도 매장(Flagship Store)인 나이키 타운(Niketown)을 개장하면서부터 경험 브랜드로의 발전을 추진하였다. 나이키 타운은 고객들에게 나이키의 철학과 역사, 그리고 미래의 비전을 경험할 기회를 제공하고 있으며, 이를 통해 나이키 타운은 다른 모든 브랜드 노력들이 연결되는 중심축이 되고 있다.

나이키는 품질, 가격, 고객만족의 측면에서 뛰어난 제품을 만들어왔다. 그러나 이 사실만으로는 나이키의 성공을 모두 설명할 수 없다. "어떻게 브랜드를 개발하는가?"에 대한 대답은 매우 복잡하다. 브랜드 개발은 명확한 브랜드 아이덴티티를 토대로 '원하는 포지셔닝이 무엇인가'라는 비전에 따라 방향을 설정하고,

통합적 마케팅 커뮤니케이션(Integrated Marketing Communications; IMC)을 통해 구체화되어야 한다. 결국, 마케팅믹스 요소들의 상대적인 중요성은 기업이 창조하고자 하는 브랜드의 유형이 무엇인가에 따라 달라진다. 하지만 기업의 브랜드는 하나의 유형으로만 고착되기보다는 제품의 라이프 사이클에 따라 변화해 나갈 필요가 있다.

초기에 나이키는 스포츠화의 기능이나 그것이 제공하는 혜택과 관련된 연상을 창조하는 데 집중하였고, 최고의 기능을 발휘하는 최고 품질의 스포츠화로서의 연상을 갖는 강력한 기능적 브랜드를 구축하였다. 다음으로 나이키는 마이클 조던, 존 멕켄로, 타이거 우즈 등의 스포츠 스타가 출연하는 보증 프로그램과 광고캠페인을 통해 성과 지향성, 경쟁우위, 혁신성, 즐거움, 적극성, 그리고 최고 등과 같은 사용자 이미지, 즉 브랜드 개성을 갖는 강력한 이미지 브랜드를 개발하였다. 그러나 이러한 이미지 브랜드는 새로운 세대가 등장함에 따라 항상 진부화될 위험을 안고 있다. 1990년대부터 나이키는 경험적 브랜드로 재창조되기 시작했다. 나이키 타운의 경험은 나이키 브랜드의 관련 이미지가 지위나 운동경기에서의 탁월함에 기반한 브랜드 이미지를 넘어서도록 확장시켰다. 아래에서 우리는 이러한 세 가지 유형의 브랜드에 대해 고찰하고, 이들을 효율적으로 관리할 수 있는 방법들에 대하여 살펴보고자 한다.

• SECTION 03 • 브랜드 자산의 관리

1 브랜드 차별화 유형

브랜드는 진화한다! 우리는 앞에서 나이키의 브랜드 개발과정을 살펴보았다. 나이키는 초기 다양한 브랜드 노출을 통해 기능적 브랜드로 출발하여 이미지 브랜드를 거쳐 최근에는 경험적 브랜드로 진화하고 있다. 이는 곧 제품의 라이프 사이클 변화에 따라 마케팅믹스 요소 중 어떤 것을 중요시해야 할지에 대한 의미 있는 시사점을 제공한다.

<표 8-2>는 브랜드의 세 가지 차별화 유형 및 이의 관리를 위한 시사점들을 개략적으로 예시한 것이다. 기능적 브랜드는 소비자의 기능적 편익에 소구하는

MEMO

브랜드 유형	실 례	차별화의 기준	강조되는 마케팅믹스	소비자욕구와 관여도	경영상 해결과제
기능적 브랜드	미원, 애니콜, 마하3, 맥도날드, 델 컴퓨터	뛰어난 성능, 뛰어난 가격	제품, 가격 혹은 유통	생리적 욕구, 안정 욕구, 상대적 으로 낮은 관여도	경쟁력 우위 유지
이미지 브랜드	빈폴, 워터맨, 랄프로렌, 애플, 코카콜라	바람직한 이미지	커뮤니케이션 광고	사회적 및 명예욕구 등에 높은 관여도	브랜드 전통과 소비자욕구 변화 사이에서 균형 유지
경험적 브랜드	에버랜드, 나이키, 디즈니, 새턴, 버진 애틀 랜틱 항공	독특하고, 참여하는 경험	서비스 제공, 장소(유통)와 사람	자아실현 욕구, 다소 높은 수준의 관여도	서비스 제공 일관성, 소비자 기대의 증가

표 8-2 ──────────────── 브랜드 차별화 유형

것이다. 이미지 브랜드는 제품의 구매를 통해 사회적으로 인정받으려는 상징적 욕구에 소구하는 것으로 브랜드 가치는 많은 경우 소비자들이 다른 사람에게 그 것을 드러내 보이는 것으로부터 발생한다. 경험 브랜드는 소비자들의 브랜드 경 험에 소구하는 것으로, 브랜드 경험(소비)이 일어남과 동시에 그것을 경험(소비) 하는 사람들의 적극적인 참여로 발생한다.

일반적으로 많은 소비자들은 어떤 브랜드든지 세 가지 구분 중 하나에 속해 야 된다고 생각하지만 꼭 그렇지 않다. 브랜드나 제품군이 무엇이든 간에 그 제 품을 애용하는 사람들은 좀 더 감정적으로 제품에 깊이 빠져 있는 경우가 있고, 그 브랜드를 이미지나 경험적인 특성을 가진 것으로 평가할 수도 있다. 예를 들 어, 애니콜은 '얼마나 통화가 깨끗한가, 한국지형에 강하다'는 기능적 브랜드에 서 출발했다. 그러나 시간이 지남에 따라 '국민배우' 안성기를 통해 한국 대표 이 미지를 강조하는 이미지 브랜드를 거쳐, 애니콜 제품시연회, 체험관, 웹사이트 등을 통해 다양한 경험을 제공하는 브랜드로 발전했으며, 갤럭시로 브랜드 교체 를 시행한 이후 감성적인 어필로 소비자들에게 다가가고 있다.

2 기능적 브랜드

기능적 브랜드들은 제품구매를 통해 당면한 소비문제를 해결하고자 하는 기능적인 필요를 만족시키기 위해서 구매된다. 예를 들어 샴푸의 기능적 편익은 비듬을 제거하거나 머리의 때를 없애주거나 머리칼을 윤기 있게 만드는 것이다. 태평양의 비타민 헤어팩 샴푸는 머리칼에 영양을 공급하여 윤기 있게 만드는 데

효과적인 샴푸라는 기능적인 연상을 소비자의 마음속에 지각시킴으로써 성공하였다. 따라서 기능적 브랜드들은 구매자의 마음속에서 특정 제품군과 강하게 관련되어 있으며, 같은 제품군 내 다른 브랜드들과 많은 관련 이미지들을 공유하고 있다. 예를 들어, 게토레이는 운동전후 갈증해소와 거의 동의어가 되었다. 많은 기능적 브랜드들은 기초적인 욕구만족을 넘어서서, 뛰어난 성능이나 가격을 제공함으로써 유사한 기능을 제공하는 경쟁자들로부터 차별화된다.

1) 지각된 품질에 의한 차별화

지각된 품질이란 고객들이 자사 브랜드의 성능에 대해 갖고 있는 생각이다. 질레트(Gillette)는 기능적 브랜드의 대표적인 사례이다. 질레트는 젖은 면도를 위한 제품군, 그리고 그 제품군에 속하는 제품들의 기능과 강하게 연결되어 있다. 마하3(MACH3), 센서(Sensor), 아트라(Atra), 트랙II(TracII) 등의 기능적 브랜드는 출시되면서부터 이전 브랜드보다 뛰어난 성능을 가진 것으로 포지셔닝되었다. 소비자들은 질레트의 면도기에 대해 좀 더 일반적인 이미지들을 가질 수 있다. 예를 들어, 마하3은 남성적이고 미래지향적으로 보일 수 있지만, 가장 중요한 사실은 그것은 면도를 위한 기구라는 것이다. 질레트는 연구개발에 주력함으로써 면도기 제품범주에서 선도적인 입지를 차지했으며, 이를 유지해 나가고 있다.

많은 국내 치약 브랜드들은 각기 다른 제품속성과의 연상관계를 강조하는 기능적인 성격이 강한 브랜드들이다. 페리오 치약은 고객들에게 충치예방을 강하게 연상시키며, 죽염 치약은 잇몸강화에 도움이 되는, 그리고 클로즈업 치약은 입냄새 제거에 좋은 치약이라는 측면에서 다른 브랜드들과 차별화하기 위해 노력한다.

기능적인 브랜드는 기업 간(B2B) 거래시장에서도 찾아보기 쉬운데, IBM과 캐터필러(Caterpillar)가 좋은 사례이다. 두 브랜드 모두 뛰어난 고객서비스를 기초로 뛰어난 기능을 창조하여 훌륭한 브랜드를 만들었다. IBM이 시장에 진입했을 당시, RCA 등의 경쟁자들은 좀 더 크고, 빠른 컴퓨터를 만드는 데 주력하고 있었을 뿐만 아니라 IBM이 제공하는 성능을 능가하는 제품을 제공하고 있었다. 그러나 상대적으로 고객서비스는 무시되고 있었다. 예를 들면 기존 경쟁자들의 컴퓨터를 구입한 고객들은 고장이 난 컴퓨터를 수리하는 데 애를 먹어 불만이 대단했다. 이때 IBM은 뛰어난 고객서비스로 신속하고도 정확한 수리가 가능하도록 하여 소비자들에게 신뢰를 쌓게 되었다. 이러한 혜택이 지속되자 소비자들은 IBM이 판매하는 컴퓨터에 믿음을 가지게 되었다.

캐터필러 역시 IBM과 비슷한 전략으로 믿을 수 없을 만큼 충성도가 높은 집단을 만들었다. 고마츠(Komatsu)와 같은 기업들은 보다 나은 성능과 낮은 가격을 제공했지만, 캐터필러는 '캐터필러는 필요한 부품을 48시간 이내에 세계 어느 곳에든지 배달해 준다'는 브랜드 컨셉트를 모토로 제품 부속 공급방식에서 경쟁사가 따라올 수 없는 훌륭한 서비스를 제공했다. 중장비를 취급하는 기업들에게는 고장 없이 잘 작동하는 기계만큼 중요한 것은 없다. 즉 좋은 성능과 낮은 가격도 필요한 부품이 없다면 고철 덩어리에 불과하다. 캐터필러는 뛰어난 고객 서비스를 통해 고객의 생산성을 보장해 준 것이다. IBM과 캐터필러는 단순한 제품 이상의 '고객서비스'라는 혁신적인 방법으로 우월한 성능을 제공할 수 있다는 사실을 깨달음으로써 그들 브랜드를 발전시켰다.

2) 뛰어난 가격에 의한 차별화

기능적인 브랜드를 차별화시킬 수 있는 또 하나의 대안은 제품과 관련된 기본적인 기능들을 얼마나 경제적으로 제공할 수 있는가이다. 저렴한 가격의 제품을 공급하는 기능적 브랜드라는 위상을 유지하는 것은 곧 운영의 효율성이라는 가치창출 방식을 따르는 것을 의미한다.

월마트는 뛰어난 가격차별화를 선도하는 기능적 브랜드이다. 소비자들은 월마트하면 '매일 저가(everyday low price)' 혹은 '대형할인매장' 등을 떠올린다. 맥도날드 또한, 저렴한 가격에 제공되는 기능적인 브랜드이다. 소비자들은 '맥도날드' 하면 '패스트푸드' 혹은 '가격에 비해 높은 혜택' 등을 떠올린다. 맥도날드는 빠르고, 예측가능하며, 싸고 편리한 음식의 원천으로 알려져 있다. 맥도날드는 다른 패스트푸드점들 보다 일관된 품질로, 더 빠르게 소비자의 입맛을 만족시키기 위해 노력함으로써 경쟁에서 승리하고자 한다. 그러나 가격에 의한 차별화는 가격이나 기타 편리성 면에서 더 강한 경쟁자가 나타날 수 있다는 점에 유의할 필요가 있다. 인터넷을 통한 상품 판매 면에서 압도적인 경쟁우위를 보이고 있는 아마존(Amazon)은 2016년 홀푸드를 인수하는 등의 공격적인 전략으로 소매업계의 최강자인 월마트를 위협하고 있다. 기능적인 브랜드는 소비자들이 음식, 집, 건강, 혹은 안전 등과 같은 그들의 육체적인 필요와 관련된 가장 기본적인 목적들을 달성하게 함으로써 고객들과의 관계를 형성한다. 소비자들의 욕구, 사용 상황과 경제적 여건 등이 서로 다르기 때문에, 뛰어난 품질이나 저렴한 가격으로 차별화한 브랜드 모두 그 제품군 시장에서 성공할 수 있다. 일부 소비자들은 인터넷 검색과 카메라 기능을 갖추고 빼어난 디자인을 자랑하는 스마트폰을 좋아하는 반면, 어떤 소비자들은 다른 것에는 관심이 없고 통화만 잘 되는 저렴한 핸드폰을 좋아한다.

3) 기능적 브랜드 관리

기능적인 브랜드가 경쟁우위를 유지하기 위해서는 최상의 기능이나 최저가격을 공급할 수 있어야 한다. 그러므로, 기능적인 브랜드를 만들기 위해서는 뛰어난 성능을 위해 자원을 제품요소에 집중하거나, 저가격 실현을 위해 유통경로와 가격요소에 집중시켜야 한다. 광고의 역할은 브랜드와 제품군 사이의 관계를 강화시키고 그 브랜드가 경쟁 브랜드보다 뛰어나다는 기능적 메시지를 전달하는 역할을 한다. 이 경우 광고는 이미지 브랜드처럼 그 자체가 차별화의 기초가 되지는 않는다.

많은 경우, 제품성능을 개선한다는 것은 지금보다 나은 기능을 추가하게 됨을 의미한다. 이런 이유에서, 안철수연구소의 바이러스 퇴치용 백신은 V3Pro를 출시한 이후 V3Pro 97, V3Pro 98, V3Pro 2000, V3 Internet Security 8.0 등으로 다양한 기능을 추가하여 지속적으로 개선시켜 왔다. 반도체의 경우, 삼성에 의해서 끊임없이 품질이 개선되어 왔다. 삼성은 현재 6시그마 표준에 맞춘 놀랄 만큼 엄격한 품질관리로 제품을 생산하고 있다. 그러나 기술개발 속도에 따라 제품수명주기가 짧아지고 경쟁사들이 한 회사가 창조한 어떤 제품의 성능이나 가격상의 우위를 빠르게 모방하고 있기 때문에 차별점을 유지하는 것이 점점 더 어려워지고 있다. 최근에는 이러한 모방현상이 유통업체 브랜드(private label) 혹은 매장(store) 브랜드 형태로 나타나고 있다. 롯데쇼핑이 운영하는 할인점 롯데마트는 전국 27개 점포에서 유통업체 브랜드 '위드원(Withone)' 매장을 운영하고 있다. 2001년 처음 도입된 이 유통업체 브랜드는 제조업자 브랜드(national brand)와 비교해서 거의 비슷한 수준의 품질의 제품을 평균 50% 정도의 낮은 가격에 제공한다는 점 때문에 고객들로부터 높은 호응을 얻고 있다. 미국 슈퍼마켓시장에서 유통업체 브랜드들은 약 15% 정도의 점유율을 차지하고 있으며, 영국에서는 약 36%를 차지하고 있다. 영국의 경우 일부 제품시장에서는 소매상 브랜드인

Marks & Spencer가 매출의 80%를 차지하고 있다.

또 다른 전략대안으로 브랜드에 새로운 기능을 추가함으로써 제품혁신을 이루는 것이다. 즉 이전에 둘 혹은 그 이상의 제품군에서 제공되던 기능들을 통합함으로써 새로운 브랜드를 개발하는 것이다. 많은 신기술을 활용한 제품들, PDA폰 및 스마트폰(Smart Phone) 등과 같이 신기술을 활용한 제품들은 하나의 제품 안에 많은 기능들이 포함될수록 소비자들의 호응이 높다는 가정 아래 제품 기능을 확장한 것들이다. 이러한 전략은 삼성이 애니콜 핸드폰에 PDA를 결합해서 애니콜 PDA폰 브랜드로 출시한 것과 비슷한 접근방법이 될 것이다. 그러나 보다 중요한 문제는 삼성의 경우 애플의 아이폰과 같은 강력한 경쟁자가 나타났을 때 어떤 방법으로 이에 대처해야 할 것인가이다. 이미 시장에는 많은 스마트폰들이 경쟁하고 있지만, 스마트폰이 소비자들에게 더욱더 어필할 수 있는 방향을 찾아내는 것은 결코 쉽지 않다. 혁신적인 기술을 이용한 새로운 기능을 제품에 무조건 추가한다고 될 일이 아니다. 일부 소비자들은 자신들보다 더 똑똑한 핸드폰에 대해서 거부감이나 위협을 느끼고 겁을 내게 될지도 모른다는 위험이 존재한다. 아마도 그들은 보다 따뜻하면서 인간적인 핸드폰을 원할지도 모른다.

기능적 브랜드를 발전시키기 위한 또 다른 전략은 '새로운 제품군으로의 확장'이 될 것이다. 기능적 브랜드의 경우, 브랜드 확장은 비슷한 기능을 가진 제품군 혹은 좀 더 추상적인 차원에서 같은 필요나 기능과 연결된 제품군으로 확장되어야 함을 말한다. 이런 이유에서, 핸드폰은 모바일 커머스를 위한 단말기, 워크맨, 전자지불 기능을 갖는 신용카드, 게임 등의 기능을 모두 수행할 수 있는 제품으로 통합되는 추세로 나아가고 있다. 그러나 브랜드 확장이 기존의 핵심 이미지들과 상충되거나 상대적으로 덜 중요한 관련 이미지들에 기초하여 이루어졌을 경우에는 실패하기 쉽고, 이는 오히려 핵심 브랜드에 피해를 줄 수도 있다.

3 이미지 브랜드

이미지 브랜드는 주로 이미지를 투영시킴으로써 가치를 창출한다. 이들 브랜드가 경쟁자와 차별화되는 이유는 구매자들이 제품구매를 통해 사회적으로 자아 및 자긍심을 표현하려는 욕구를 충족시킬 수 있도록 그들 브랜드가 독특한 연상 이미지, 혹은 상징의 집합을 제공한다고 보기 때문이다. 이미지 브랜드는 제품이 상대적으로 차별화되지 않았거나, 포도주, 의료 및 컨설팅 서비스 등과 같이 품질을 평가하기 어렵거나, 혹은 자동차, 신발, 옷 등과 같이 소비과정에서

'한국형 저가숍'의 선구자 다이소 - "뭐든 다 있소" 불황기 가성비 전략 주효

백화점, 대형마트, 편의점, 복합쇼핑몰. 이들은 모두 해외에서 들여온, '검증된' 유통 플랫폼 모델이다. 해외에서 성공한 만큼 국내에서도 잘될 것이란 장밋빛 전망에 유수의 대기업들이 뛰어들었다. 하지만 '저가숍'은 달랐다. 다이소의 전신인 아성산업 설립 당시인 1990년대 초반, 국내에선 비관적 전망이 대세였다. 편의점 시장 초기 20여 개 업체가 난립하며 과열 경쟁을 벌일 때도 저가숍 시장에 뛰어든 대기업은 없었다. 다이소가 지금도 이렇다 할 경쟁 브랜드가 없는 이유다.

다이소가 지난해 거둔 매출은 1조 5,600억원. 같은 기간 카카오(1조 4,642억원)보다도 높다. 연평균 매출

성장률도 20%가 넘어 빠르면 내년 2조원 돌파가 예상된다. 목표로 했던 2020년보다 2년 앞당기는 셈이다. 다이소는 어떻게 모두가 안 된다던 저가숍 시장에서 살아남았을까. '필요한 것은 다 있소'(상품의 다양성), '원하는 가격에 다 있소'(가격 경쟁력), '어디든지 다 있소'(편리한 접근성) 등 다이소의 3가지 모토가 성공 비결로 꼽힌다.

필요한 것은 다 있소

다이소는 '다 있소'와 비슷한 이름처럼 온갖 생활용품을 판다. 주방·미용·인테리어·문구 등 총 20여 개 카테고리의 총 3만 2,000여 가지 상품을 취급한다. 편의점도 다이소처럼 생활용품을 팔지만 다양성과 가격 경쟁력에서 비교가 안 된다. 평균 140평인 다이소의 SKU(Stock Keeping Unit · 상품 가짓수)는 2만개에 달한다. '필요한 게 있으면 다이소에 가보라'는 말이 나

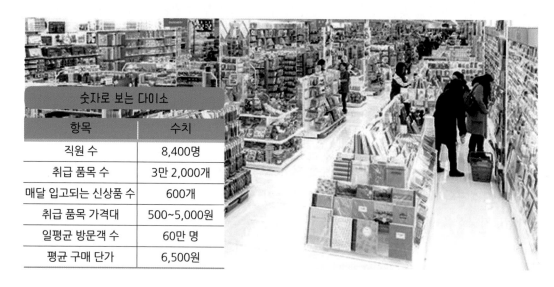

숫자로 보는 다이소	
항목	수치
직원 수	8,400명
취급 품목 수	3만 2,000개
매달 입고되는 신상품 수	600개
취급 품목 가격대	500~5,000원
일평균 방문객 수	60만 명
평균 구매 단가	6,500원

'다이소는 연평균 매출 성장률 20%를 기록하며 승승장구하고 있다. 사진은 다이소 매장 내부 모습. 〈사진 출처: 매경이코노미〉

쑥쑥 성장하는 다이소 매출(단위: 억원)

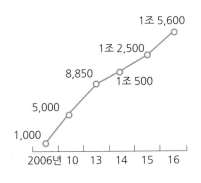

1조 5,600
1조 2,500
1조 500
8,850
5,000
1,000

2006년 10 13 14 15 16

매장 수도 지속 증가 (단위: 개)

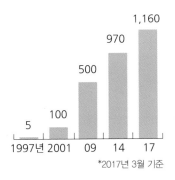

1,160
970
500
100
5

1997년 2001 09 14 17

*2017년 3월 기준

상품의 절반 이상은 1,000원 (단위: %)

가격대별
제품비율

18 기타
51 1,000원
31 2,000원

〈사진 출처: 매경이코노미〉

올 만하다.

다이소는 그저 싸게 납품할 수 있는 협력사를 찾아 제품을 공급받는 데 그치지 않고, 협력사에 제품의 업그레이드를 주문한다. 특히 다이소는 '싼 게 비지떡'이란 고정관념을 깨기 위해 제품 디자인에 많은 공을 들인다. 다이소는 제품의 70%만 포장하는 오픈형 디자인을 개발, 제품을 고객이 직접 만져보고 구입할 수 있게 했다. 저렴하면서도 품질이 좋은 덕분에 다이소는 고객 1회 방문 시 평균 5.5개 상품을 사간다. 객단가는 6,500원. 국내 편의점 객단가(약 5,000원)보다 30%나 높은 수치다.

원하는 가격에 다 있소

다이소의 매력은 뭐니 뭐니 해도 저렴한 가격. 제품이 싸면 500원, 비싸도 5,000원에 불과하다. 3만 2,000여 개 제품 전체의 51%(약 1만 6,000개)는 1,000원, 31%(약 1,000개)는 2,000원짜리다. 특히 면봉, 종이컵, 물병, 주방장갑 등 생활필수품 100여 개 상품은 10년 넘게 1,000원 가격을 고수하고 있다. '탕진잼(소소한 낭비를 통해 스트레스를 해소하는 소비 행태)'을 추구하는 젊은 층 사이에서 다이소가 인기를 얻은 배경이다.

다이소는 어떻게 이토록 싼 가격에 팔 수 있을까. 대량 주문하는 '규모의 경제'와 함께 스마트 물류 시스템이 꼽힌다. '다이소 허브센터'는 3만 2,000여 평 규모의 국내 최대 자동화 물류센터다. 상품 입고에서부터 출고까지 모든 과정이 전

자동으로 관리돼 하루 3만여종의 상품을 거의 무인(無人)으로 처리한다. 협력사 간 경쟁을 통한 원가 절감도 한몫했다.

어디든지 다 있소

1,160개. 올 3월 기준 다이소의 전국 점포 수다. 전국 백화점(약 100개), 대형마트(약 500개), 복합쇼핑몰(약 10개)을 다 합친 것보다도 2배가량 많다. 다이소 매장 증가세는 최근 더 가팔라졌다. 지난 6년간(2010~2016년) 연평균 매장 증가율이 20%에 이른다. 눈여겨볼 점은 다이소 매장 대부분이 직영점이란 것. 최근 가맹점 출점이 늘어 직영점 비율이 60%대로 낮아졌지만, 사업 초기에는 직영점이 90% 이상에 달했다.

사실 본사 입장에선 가맹점 위주로 출점하는 게 리스크를 낮추고 이익률을 높이는 길이다. 점포 투자, 인건비 등 본사의 재무 부담을 덜 수 있기 때문이다. 그러나 가맹점 체제는 가성비가 핵심인 다이소 전략에 맞지 않았다. 가성비를 높이려면 판매망을 확대해 규모의 경제 효과를 극대화해야 한다. 하지만 개인 점주는 본사보다 투자 여력이 적어 점포를 크게 내지 못한다. 또 가맹점의 상권을 보호해줘야 하는 프랜차이즈 특성상 출점 가능 상권도 제한된다. 사업 초기부터 가성비를 최우선으로 둔 박 회장의 경영철학이 재무 리스크나 낮은 이익률을 감수하며 직영점 위주 출점을 하게 한 것이다.

〈출처 : 매경이코노미 제1903호, 2017년 4월〉

사회적 가시성이 높은 제품군에서 만들어진다.

이러한 상황에서는 그 브랜드와 관련된 이미지가 그 제품을 다른 브랜드와 구별시키고, 혹은 다른 사람에게 자신이 어떤 집단에 속한다거나 혹은 어떤 성취를 이루었다는 것을 나타내는 '배지(badge)' 역할을 함으로써 가치를 부가한다. 또한 그 브랜드의 독특함과 유일함을 정의하고 구매자들로부터 높은 가치가 부여되는 상징을 창조하기도 한다. 종종 이미지 브랜드는 기능적 브랜드로부터 발전되기도 하는데, 이는 제품의 기능적인 측면을 좀 더 추상적으로 만들고, 그 기능들을 좀 더 감정적인 소비자 목적과 연결시킴으로써 가능하다.

많은 제품군 시장에서 경쟁의 심화로 인해 의미 있는 차별화가 불가능해지면서 이미지 브랜드의 중요성이 부각되었다. 예를 들어, 자동차와 핸드폰의 경우를 생각해 보자. 경쟁의 심화로 자동차와 핸드폰은 신뢰성, 지속성, 가격 그리고 모양까지도 비슷해졌다. 이러한 차별화의 부재는 가격하락을 불러왔고, 기업들은 이미지 혹은 이러한 브랜딩 접근방법이 할 수 있는 다양한 대안들로 관심의 초점을 옮겼다. 브랜드 이미지는 브랜드에 대한 지각 혹은 전반적 인상으로 정의되며, 이는 기억 속에 저장되어 있는 다양한 브랜드관련 연상들의 결합으로 형성된다. 강력하고, 호의적이며, 독특한 브랜드 연상은 특히 제품정보를 처리하려는 충분한 동기와 능력이 수반되는 고관여 제품에 대한 구매의사 결정시에 브랜드 자산의 구축에 중요한 역할을 한다. 이미지 브랜드는 이미지를 떠오르게 만드는 제품특성들을 추가함으로써, 혹은 구매자와의 정서적인 유대감을 형성함으로써, 혹은 어떤 제품을 특수한 유형의 사용자들과 관련지음으로써, 혹은 재치 있는 광고를 제작함으로써 가능하다.

1) 제품특성에 기초한 이미지 차별화

일부 브랜드는 독특한 제품기능을 이용하여 이미지를 창조한다. 이러한 전통적인 사례로는 마츠다 미아타(Mazda Miata) 스포츠카를 들 수 있다. 많은 구매자들에게, 영국 브랜드 MG 그리고 트라이엄프(Triumph)는 전형적인 스포츠카를 상징한다. 이러한 스포츠카의 디자인과 운전시 속도감, 그리고 배기가스가 배출될 때 나는 강렬한 소리는 구매자들의 기억 속에 '이상적인 스포츠카'라는 강한 이미지를 심어 주었다. 마츠다 미아타는 이러한 MG 혹은 트라이엄프 스포츠카와 관련된 이미지를 담아내기 위해 디자인되었다.

예를 들어, 영국 스포츠카의 소리를 재창조하기 위해 마츠다는 100개가 넘는 서로 다른 배기 시스템을 실험했다. 또한 운전할 때의 느낌을 재창조하기 위해서 미아타의 속도계는 MG/트라이엄프 스포츠카와 관련된 스피드 감각이 모방될 수 있도록 개량되었다. 전체적으로, 마츠다는 다양한 제품 디자인 의사결정을 통해서 전반적으로 영국 스포츠카의 이미지를 되살리려고 노력했다.

특성에 기반한 이미지 만들기의 또 다른 예는 부엌 가스오븐레인지 '바이킹(Viking)'이다. 그 당시 엄청난 경쟁으로 인해 고급 가스레인지는 다양한 가격에 쉽게 구입할 수 있었으며, 기능 역시 충분히 일관되고 믿을 수 있게 작동했다. 이런 측면에서는 바이킹 또한 크게 다르지 않았다. 바이킹 가스레인지는 스테인레스 스틸로 만들어졌고, 페인트를 칠한 면이 거의 없다. 그들 제품은 상업용과 같은 외형을 지녔으며, 많은 소비자들의 주머니 사정이 허용하는 범위를 넘는 매우 높은 가격대에서 팔리고 있었다. 그러나 바이킹은 큰 성공을 거두었다. 역설적이게도 바이킹을 비롯하여 다른 최상급 레인지를 구매한 사람들은 일반적으로 거의 요리를 하지 않는다. 레스토랑에서나 볼 수 있는 레인지가 소비자들을 끌어들이는 것은 이들 구매자들이 자신의 집을 방문하는 사람들에게 집주인이 정말 음식 맛을 아는 사람이라는 것을 바이킹 하나로 나타낼 수 있기 때문이다.

워터맨(Waterman) 만년필은 이미지 차별화의 또 다른 예이다. 소비자들은 단지 글씨가 잘 써진다는 이유만으로 400달러라는 가격을 지불하지는 않는다. 워터맨 만년필은 지위와 세련된 취향을 표현하는 수단이 된다. 그것은 다음 세대로 대를 이어 사용할 수 있는 유산으로까지 묘사된다. 더욱이 워터맨은 다양한 종류의 제품들을 선보임으로써 사용자들의 성격을 매우 세밀하면서도 세련된 방식으로 표현할 수 있도록 해준다. 그들은 광고에서 이렇게 말한다. "당신은 어떤 워터맨이신가요?" 워터맨 만년필은 단순한 고급 필기구가 아니다. 그것은 사용자의 취향과 멋을 상징하는 수단이다.

2) 사용자에 기초한 이미지 차별화

브랜드는 제품 사용자와 연계시킴으로써 이미지를 창조하기도 한다. 브랜드를 사용하는 사람들의 특징이 브랜드의 가치를 대변한다. 김혜자는 "고향의 맛 다시다", 고두심은 "청정원", 안성기는 "맥심커피"의 브랜드 가치를 대변한다.

나이키는 마이클 조던이 등장한 '누가 사람이 날 수 없다고 했는가' 캠페인의 성공 이후에 브랜드 이미지를 유지하기 위해 존 멕켄로, 타이거 우즈, 라파엘 나달, 김연아 선수와 같은 유명선수들을 광고에 등장시켰다. 그들은 나이키 브랜드를 '최고의 경기력을 발휘하는 최고의 제품'으로 정의해 주었으며 도전과 성취, 승리를 위한 불굴의 스포츠 정신 그리고 유일함 등의 브랜드 이미지를 창조했다.

나이키와 마찬가지로 조르지오 아르마니(Giorgio Armani)도 아르마니 브랜드를 인격화시키기 위해 유명 배우나 음악가들을 활용했다. 아르마니의 이미지가 세상에 널리 알려지기 시작한 것은 리차드 기어(Richard Gere)가 「아메리칸 지골로(American Gigolo)」라는 영화에서 아르마니 옷을 입고 출연한 것이 계기가 되었다. 한 평론가는 "이 영화는 한마디로 리차드 기어가 연기한 줄리안 케이(Julian Kaye)라는 인물이 모델로 등장한 두 시간짜리 패션쇼였다"라고 평하였다. 영화가 끝나고 제작진의 이름들이 모두 스크린에 올라오고 난 뒤, 조르지오 아르마니(Giorgio Armani)라는 짧지만 인상적인 한 문구가 스크린 위에 떠서 홀로 멈추어 있었다.

이 광고의 성공 이후 아르마니는 브랜드 이미지를 유지하기 위해 유명 인사들을 적극 활용했다. 워렌 비티, 로버트 드니로, 제레미 아이언스, 에릭 클랩튼, 톰 행크스, 멜 깁슨, 맷 데이먼, 리키 마틴 그리고 레오나르도 디카프리오 등이 모두 아르마니 브랜드를 입었고, 그들은 아르마니 브랜드를 '도시적인 멋스러움과 명성'으로 정의해 주었다. 아르마니 제품 대부분은 직접 만들어지지 않고 디자인에 따라 각기 다른 곳에서 제작되고 있다. 아르마니도 말하기를 "이제 중요한 것은 더 이상 패션 그 자체가 아니다. 오히려 패션의 이름이 중요하다. 제품은 2차적인 것이다."

애플 컴퓨터(Apple Computer)는 사용자의 이미지가 어떻게 브랜드 이미지를 만들 수 있는지에 대한 또 하나의 예를 제공한다. 애플은 새로운 운영체제(OS)를 장착한 '색다른' 컴퓨터를 시장에 내놓았다. 그리고 미국 주식회사로 상징되는 IBM에 도전했다. 운영체제부터 기능적으로 차별화되었지만, 애플은 인습을 타파하려는 신세대들의 컴퓨터로서 브랜드 이미지를 가지게 되었다. 그들은 열심히 일하기보다는 영리하게 일하고자 했고, 규정에 의해 움직이기보다는 나름대로 법칙을 창조해가면서 앞서 나가려고 하는 사람들이었다. 이러한 사상은 최근의 광고 "다르게 생각하라(Think Different)"에서 드러난다. 이것은 고전적인 IBM의 광고 "생각하라(Think)"와 매우 흥미로운 대조를 이룬다.

3) 광고를 통한 이미지 차별화

이미지 브랜드를 창조하는 고전적인 방법은 광고를 통해서이다. 흔히 이것은 제품기능이나 유명인 사용자 이미지에 의존하지 않고 생생하게 관련된 이미지들을 만들어낼 수 있는 방법이다.

펩시(Pepsi)는 광고를 통해 발전된 이미지 브랜드의 좋은 예이다. 코카콜라와 대치되는 브랜드로서 펩시는 처음에 낮은 가격, 경쟁자 모방전략으로 선도자의 시장점유율을 빼앗아 보려고 시도했다. "5센트로 두 배 더 많이"가 광고 슬로건이었고, 이는 같은 가격에 좀 더 많은 양을 제공하는 것에 초점을 맞춘 것이었다. 그러나 이러한 노력은 코카콜라의 주도적인 입지를 더욱 강화시키는 결과만 초래했다. 펩시는 뒤이어 "신세대의 선택(The Choice of a New Generation)"이라는 광고를 통해 젊은 소비자들을 위한 음료수라는 점을 강조했고, 좀 더 최근에는 "다음 세대(Generation Next)"라는 문안으로 광고했다. 젊은 구매자들과 연관된 이미지를 창조함으로써, 펩시는 코카콜라를 나이 든 소비자들의 음료수로 규정해버렸고, 이로써 경쟁우위를 차지하게 되었다.

이처럼 광고를 통해서 경쟁우위를 이룰 수도 있다. 그러나 광고를 통한 이미지 브랜드 창조에는 많은 비용이 수반된다. 새로운 소비자들이 시장에 진입할 때는 더 많은 광고비를 투입하여 새로운 구매자들을 교육해야 하고, 기존의 사용자들을 유지하기 위한 지속적인 관리도 동반되어야 하기 때문이다. 그러나 그 대가는 종종 더 높은 시장점유율로 이어진다.

4) 이미지 브랜드 관리

이미지 브랜드는 소비자와 정서적인 유대감을 형성할 때 성공한다. 이들 브랜드들은 더 큰 사회집단에 속하고자 하거나 다른 사람들로부터 존경을 받고 싶거나 혹은 특정한 이미지에 의해 자아를 정의하고 싶어하는 소비자들의 욕구를 만족시키려고 한다. 광고와 다른 형태의 의사소통수단들(홍보, 이벤트, 스폰서, 판촉)은 이미지 브랜드를 발전시키는 데 주도적인 역할을 한다. 왜냐하면 이러한 브랜드들의 가치는 제품의 기능보다는 그 제품을 사용하는 행동 자체가 어떤 의미를 가지는가에 대한 공유된 해석에서 나오기 때문이다.

Highlight 2

익스트림 스포츠 하면 레드불!
음료를 팔기보다
문화를 창출하다

1987년 디트리히 마테쉬츠(Dietrich Mateschitz)가 오스트리아에서 창업한 에너지 음료 회사 레드불은 1990년대 에너지 음료 시장의 급팽창과 맞물려 함께 성장했다. 주로 젊은이들이 클럽에서 격정적으로 에너지를 발산하기 위해 보드카 폭탄주를 만들 때 사용하면서 입소문을 타고 매출 규모가 비약적으로 늘었다.

하지만 문제가 있었다. 카페인과 타우린 성분 함량이 높은 음료에 대한 각국의 규제가 본격화됐기 때문이다. 일부 국가가 이처럼 전면적으로 판매를 막고 있다는 것도 기업 입장에선 리스크지만 정작 중요한 부분은 레드불이 청소년 유해 음료로 분류돼 있다는 점이다. 이와 같은 문제 때문에 레드불은 일반 매체에 집행하는 단순한 제품 광고의 한계를 일찌감치 직감했다.

'익스트림 스포츠' 후원으로
젊은 층에 쿨 이미지를 확립한 레드불

레드불이 대신 내놓은 전략은 익스트림 스포츠 대회 개최나 스타 선수의 인도스먼트(endorsement) 계약 등을 통해 새로운 스포츠 문화를 만들어 내는 일이었다. 단순한 에너지 음료 회사가 아닌 새로운 스포츠 문화를 창출하는 기업으로 인식되고자 했던 셈이다. 특히 극한 상황에서 도전을 통해 짜릿한 쾌감을 얻을 수 있는 익스트림 스포츠는 젊은 층이 좋아하는 종목이라는 점에서 레드불에는 더욱 매력적

이었다. 레드불은 절벽 다이빙, 비행기 레이스, 스노보딩 대회를 연거푸 개최해 대중들의 관심을 끌었다. 레드불이 익스트림 스포츠 문화를 만들어 내는 기업이라는 점을 혈기왕성한 젊은 층에게 어필하면서 청소년 유해 음료라는 기존 이미지는 조금씩 희석되기 시작했다.

오스트리아 출신 스카이다이버 펠릭스 바움가르트너가 레드불의 후원을 받고 지난 2010년 지상 39㎞ 상공에서 자유 낙하에 성공한 사건은 익스트림 스포츠를 활용한 레드불 마케팅 전략의 정점이었다. 레드불이 1년에 스포츠마케팅 비용으로 쏟아 붓는 예산의 약 10%에 해당하는 3,000만 달러를 들여 준비한 자유 낙하 이벤트는 유튜브 영상 조회 수만 4,000만 건에 달하는 등 전략적으로 큰 성공을 거뒀다.

레드불은 익스트림 스포츠뿐 아니라 직접 포뮬라 1(F1) 레이싱팀을 창단하는 등 글로벌 스포츠 마케팅의 큰손으로 자리매김했다. 하지만 에너지 음료 시장의 급성장에 발맞춰 좀 더 대중적인 콘텐츠가 필요해 짐에 따라, 전 세계에서 가장 보편적인 스포

오스트리아의 스카이다이버 펠릭스 바움가르트너가 2012년 10월 4일 레드불이 준비한 '우주 낙하' 이벤트를 위해 지상 3만 9,000m 상공에서 지구를 향해 뛰어 내릴 준비를 하고 있다.

츠 콘텐츠인 축구를 활용하기로 하고 스스로 축구 클럽을 만들었다. 모기업의 이름이 구단 명칭에 포함돼 있는 한국이나 일본 프로야구와 달리 북미나 유럽의 프로스포츠 구단은 기업의 이름을 노골적으로 활용하지 않았다. 하지만 레드불은 사실상 모기업 홍보수단으로 프로 축구 구단을 운영하고 있다.

이를 통해 에너지 음료 자체의 유해성 논란 때문에 꼬리표처럼 달고 다녔던 부정적 이미지를 해소하면서, 소비자들에게 레드불을 마시는 행위 자체가 '쿨' 하다는 이미지를 극대화하고 있다.

〈출처: 동아 비즈니스 리뷰, 제236호, 2017년 11월〉
〈사진 출처: 이코노미 조선 220호 2017년 10월호 참고_구글 검색〉

에너지 음료 매출액 순위

레드불	29억 5,900만
몬스터에너지	15억 2,000만
레드불(무설탕)	6억 9,700만
몬스터 제로 울트라	4억 8,100만
노스	4억 1,600만
자바몬스터	3억 9,000만
몬스터 리헤브	3억 1,600만
몬스터 에너지 로카브	3억 1,000만
록스타	2억 6,200만
몬스터 메가 에너지	2억 5,000만 달러

※ 2016년 미국시장 기준(자료: IRI)

이미지 브랜드를 관리하기 위해서는 상당한 시간과 자원이 필요하다. 이들 브랜드를 정의하는 이미지는 소비자의 마음속에서 창조되어야 한다. 코카콜라와 같이 전세계 모든 소비자들에게 의미 있고 가치 있는 이미지를 창조한 브랜드가 되기 위해서는 어렵고 끝없는 작업이 이어져야 한다. 이러한 브랜드들이 성공을 유지하기 위해서는 새로운 소비자들이 코카콜라가 제공하는 이미지를 접하고 받아들일 수 있도록 끊임없이 노력해야 한다.

만약 어떤 기업이 이러한 이미지를 만들고 유지하는 데 성공하면, 그 기업의 이미지 브랜드는 상당한 경쟁우위를 향유할 수 있다. 그 기업이 얻을 수 있는 가장 확실한 이점은 브랜드와 관련된 이미지들을 경쟁자가 모방하기가 어렵고, 많은 비용이 들며, 그것이 경쟁자에게도 경쟁적인 가치를 줄 수 있을지가 의심스럽다는 사실이다. 이미지 브랜드는 일단 확립되기만 하면, 구매자들이 가격을 덜 중요하게 생각하기 때문에 가격경쟁에 크게 영향을 받지 않는다.

확립된 이미지 브랜드에 핵심적인 위협요소는 이미 형성된 관련 이미지들이 지속적으로 소비자들을 끌어들일 수 있어야 한다는 사실이다. 마이클 조던은

농구계에서 은퇴했다. 그는 여전히 친숙하고 높은 명성을 가지고 있지만, 그가 코트를 떠난 시간이 점점 오래될수록 최고의 운동선수로서의 그의 시장가치는 점점 줄어들고 있다. 과시적인 소비, 예를 들어 400달러짜리 만년필, BMW 혹은 모피 코트는 호경기 때보다 불경기 때 덜 바람직한 것으로 받아들여진다. 더욱이 이러한 자신을 드러내는 제품들과 관련된 이미지들은 세대별로 그 반응이 제한적이다.

현대적인 시각을 가진 젊은 사람들에게는 토요타는 구식으로 보이기 때문에 거부될 수도 있다. 도요타는 북미지역의 베이비 붐 세대에게는 인기를 누렸지만 젊은 사람들에게는 도요타가 '부모세대의 자동차'로 인식되어 현재 고전을 하고 있다. 그 결과 젊은 자동차 구매자들은 좀 더 현대적인 대안으로 혼다(Honda)를 구매하거나 폭스바겐(Volkswagen)을 구매한다. 따라서 토요타의 해결과제는 믿을 수 있는 차인 동시에 젊은 구매자들의 삶과도 연결될 수 있도록 재포지셔닝하는 것이다.

이미지 브랜드에 있어서 효과적인 성장전략 중 하나는 브랜드 확장이다. 강한 이미지 브랜드는 그 브랜드가 표현하는 일반적인 이미지와 관련되는 어떤 제품으로도 확장이 가능하다. 예를 들어, 랄프 로렌(Ralph Lauren)은 옷에서 가구, 린넨 제품, 그리고 좀 더 최근에는 음식점으로 브랜드를 확장했다. 각각의 제품들은 랄프 로렌의 이미지를 강화한다. 물론 이미지 브랜드를 확장하는 것이 실패할 수도 있다. 크리스탈 펩시(Crystal Pepsi)와 같이 기존의 핵심 이미지와 대치되는 브랜드 확장은 반드시 실패한다.

인터넷은 이미지 브랜드가 소비자들로 하여금 높은 수준의 브랜드 친화성과 비슷한 생각을 가진 사람들과 친밀감을 느낄 수 있는 기회를 제공한다. 이러한 쌍방향의 상호작용의 기회는 브랜드에 대한 소비자의 선호를 깊이 있게 만들 수 있고, 경험적 브랜드로 이동시킬 수도 있다. 예를 들어, SK텔레콤의 고객들은 T World 사이트에 접속하여 질문하고, 의견을 공유하며, 제품을 구매하고, 어떻게 그들의 우상을 닮을 수 있을지에 대해 배울 수 있다.

<u>**4**</u>   경험적 브랜드

경험적 브랜드는 소비자가 그 브랜드와의 상호작용에서 무엇을 느끼는지에 대한 경험적 편익에 초점을 맞춘다. '체험 마케팅'을 제안한 번 슈미트(Bernd Schmitt)는 브랜드가 지배하는 세상에서는 상품이 더 이상 단순히 기능만을 모아 놓은 꾸러미가 아니라 고객에게 경험을 제공하는 수단이 되고 있다고 주장한다. 브랜드 경험은 소비의 시점에서 브랜드와 소비자에 의해서 동시에 창조되며, 독특하며 매우 개인적이다. 따라서 경험적 브랜드는 같은 사람에게도 때에 따라 다르게 경험될 수 있다. 예를 들어 샴푸의 경험적 편익은 사용 시 향기에 취하게 하거나 청결한 느낌을 갖도록 하는 것일 수 있다.

경험적 브랜드는 대개 유형의 제품을 포함하지만, 반드시 그럴 필요는 없다. 또한 어떤 제품이 경험적 브랜드의 일부일 경우에는 그 제품의 소유권이 소비자에게로 옮겨 가지 않을 수도 있다. 대신 제품, 환경, 그리고 서비스가 서로 합쳐져서 순간적이고 다양한 감각으로 지각될 수 있는 제품과의 만남을 창조해 낼 수 있다. 이러한 브랜드와의 만남은 반복될수록, 또한 고객과의 확장된 접촉을 가능하게 할수록 더 강력해진다. 따라서 경험적 브랜드를 창조하기 위해서는 '장소'와 '사람'의 요소가 특히 중요하다.

싱가포르 항공은 경험적 브랜드의 대표적인 사례라고 할 수 있다. 싱가포르 항공의 성공비결은 고객의 욕구에 대한 철저한 관심과 독특한 아이덴티티를 구축한 마케팅으로부터 찾아볼 수 있다. 싱가포르 문화를 나타내는 전통의상을 입고 승객 개개인에 대한 보살핌의 상징이 된 '싱가포르 걸'이라 불리는 승무원은 바로 이런 아이디어로 말미암아 탄생되었다. 싱가포르 걸은 판매촉진 이상의 의미를 가진다. 수년 동안 싱가포르 항공사는 승무원을 선발하고 훈련시키는 데 많은 투자를 했으며, 우수한 승무원들이 계속해서 근무할 수 있도록 업계 평균 이상의 봉급을 지급하고, 승진의 기회를 열어주었다. 고객의 욕구를 충족시키기 위해 이렇게 노력한 결과, 싱가포르 항공은 세계 10대 항공사이자 가장 수익성이 높은 항공사가 될 수 있었다. 1998년 싱가포르 항공은 더 높은 수준의 고객서비스를 채택하고 소비자의 경험에 한층 더 어필함으로써 큰 성과를 거둘 수 있었다.

싱가포르 항공은 747기종 중 최고급에 해당하는 보잉 747-400s에 가죽과 나무로 된 실내 인테리어, 붙박이 에어 매트리스, 깃털로 속을 채운 이불, 1등석에 준비된 미니 스위트, 지방시(Givenchy)가 디자인한 최고급 식기세트, 60개의 채널 선택권이 있는 넓은 개인용 비디오 스크린을 선보이며, 좀 더 격조 높은 서비스를 제공하기 시작했다. 기내 서비스는 한층 향상된 지상 서비스로 보완되었는데, 1등석 승객이 공항에 도착하면 우아한 리셉션 라운지까지 승객들을 개별적으로 에스코트해 모신다. 싱가포르 항공의 CEO는 "이러한 상품의 출시로 우리는 고객에게 항공여행에 대한 모든 경험을 제공합니다. 우리 고객들은 싱가포르 항공에게 최고의 서비스를 기대하고 있고, 고객들은 최고의 서비스를 받게 될 것입니다"라고 말하고 있다. 싱가포르 항공의 경험제공 전략은 웹사이트와 인쇄광고에 다음과 같이 표현되어 있다. "새로운 항공여행 경험에 날개를 달았습니다, 더욱더 좋아진 최고의 비행." 싱가포르 항공을 이용한 고객들은 자신들을 최고로 모시는 싱가포르 여승무원의 환대를 경험하고, 세상의 중심이 되는 기분을 느끼게 된다. 또한 기념품들은 제품 자체의 가치보다는 총체적인 경험의 기억들을 되살릴 수 있도록 제작된다.

Starbucks는 단순히 자바 향기를 구매하는 장소 이상의 의미를 지닌다. 스타벅스는 흥분된 하루 일과에서 약간의 휴식을 제공한다. 독특한 제조법에 의해 만들어진 깊은 맛의 커피를 마시면서, 고객은 신선한 커피의 풍부한 향기를 들이켜고 편안한 음악을 들을 수 있는 기회를 갖는다. 스타벅스에서의 경험을 나타내는 한 단어는 일관성이다. 좋은 경험을 일관되게 제공한다는 것은 소매 커피산업 분야에서는 달성하기 어려운 과제였다. 스타벅스가 일관되게 제공해온 높은 품질의 카페라떼는 섭씨 90도, 9바의 압력에서 18~23초 동안 추출된 2온스의 커피와 화씨 160도에서 데워진 10온스의 우유를 혼합해서 만들어진다. 이런 기준들은 놀라울 정도로 일관성을 유지하면서 독특한 개인적 경험을 만들어낸다.

1) 경험적 브랜드의 차별화를 위한 요소들

어떤 브랜드가 일관성을 제공하는 것은 중요하지만, 브랜드를 둘러싼 경험의 범위는 너무나 광범위하다. 경험은 느낌의 방향(긍정적, 부정적), 강도(약함, 강함), 그리고 참여자의 활동(수동적, 적극적)이라는 세 가지 차원을 가진다. 많은 경험적 브랜드와 관련된 느낌은 긍정적이다. 디즈니(Disney), 나이키, 스타벅스와 같은 브랜드들은 기분 좋은 긍정적 경험을 제공함으로써 경쟁에서 승리하고자 한다.

경험적 브랜드는 경험의 강도에서도 다르다. 스타벅스 카페에 머무는 것은 가볍고, 긍정적인 감정을 가져오고, 영화 'The Others'는 가벼운 공포심과 호기심을 가져오고, 서울랜드의 롤러코스터는 심장이 멈출 것 같은 경험을 만들어 낸다. 경험적 브랜드의 강도는 하나의 감각만 작용하는가 아니면 여러 개의 감각들이 동시에 작용하는가에 따라 달라지기도 한다. 마지막으로 경험적인 브랜드는 그 소비자가 수동적인 관찰자인가 아니면 적극적인 참여자인가의 차원에서도 달라진다. 영화, 콘서트, 연극은 상대적으로 수동적인 경험을 제공해 왔다. 그러나 이러한 오락의 형태들이 점점 소비자들의 참여를 증가시키고 있다. 관객이 연극의 결과를 바꾸도록 영향을 줄 수도 있고, 상업적인 목적의 이벤트에 참여할 수도 있다.

2002년 한일 월드컵은 그동안 있어 왔던 수많은 후원 및 광고사에서 비견될 수 없는 참여적이고 상호 교류적이면서 강하고 긍정적인 경험의 장을 제공하였다. '붉은 악마' 응원단을 배경으로 진행되었던 다양한 캠페인은 수많은 뉴스와 publicity를 창출하였고, 인터넷을 통해 지속적인 경험으로 확대 재생산되고 있다. 이러한 변화는 전통적인 커뮤니케이션 방식에 비해 기업의 비용을 줄여주었고 매출도 향상시켰다.

경험적인 브랜드는 자아표현을 넘어서 자신의 삶을 풍족하게 할 수 있는 경험과 목적에 집중하려는 소비자의 욕구와 관련되어 있다. 브랜드와 상호 작용하는 것은 어떤 목적을 위한 수단이 아니라 그 자체가 목적이 된다. 상황별 그리고 개인적인 차이는 소비자로 하여금 여러 가지 다른 종류의 경험적 브랜드들에 대한 친밀도에 영향을 줄 가능성을 높인다. 대부분의 소비자들은 긍정적인 경험을 원한다. 그러나 도전적이고 성취지향적인 사람들은 암벽등반이나 마라톤 등과 같이 일시적으로는 부정적이거나 극한 경험의 극복을 통해서 무언가를 정복했다는 느낌과 통제력을 얻고자 한다.

비슷한 예로, 가정과 직장에서의 책임감 때문에 제약을 받을 때는 강렬하고 활동적인 브랜드를 소비할 수 없게 된다. 스노보드를 타거나 디즈니 월드에 가는 대신, 소비자들은 좀 더 강도가 약한 경험, 예를 들면 영화를 보거나 백화점에서 쇼핑을 하거나 스타벅스에서 커피를 마시는 등의 행동으로 자신을 즐기려고 한다.

2) 기능적 혹은 이미지 브랜드를 경험적 브랜드로 바꾸기

빠른 경쟁적 모방에 의해서 제품의 기능에 기초한 브랜드 차별화가 점점 어려워짐에 따라 기업들은 그들의 브랜드가 좀 더 폭넓은 경험을 나타내도록 고안함으로써 표준화된 제품의 상태를 탈피하려고 한다.

'전기'라는 제품군을 생각해보자. 한 기업이 제공하는 전기의 양, 즉 킬로와

트는 다른 기업의 그것과 구별할 수 없다. 그 결과 이러한 산업에서는 차별화(그리고 가격 프리미엄을 덧붙일 수 있는 능력)가 불가능해 보일 수도 있다. 그러나 최근 등장한 그린마운틴 에너지 리소스(Green Mountain Energy Resource)는 경험적인 에너지 브랜드가 창조될 수 있으며, 소비자들 스스로 가격 프리미엄을 내고 구입할 수 있다는 것을 입증했다.

정부의 규제완화, 전기 에너지 생산이 가져오는 공해문제를 활용한 그린마운틴 브랜드는 소비자들에게 환경적으로 우월한 대안인 바람, 물, 그리고 태양을 통해서 만들어진 전기를 제공했다. 소비자들의 가정에 전달되는 전기 자체는 다른 전기와 다르지 않지만, 그린마운틴의 전기를 사용함으로써 소비자들은 전체 에너지 중 좀 더 많은 부분이 환경 친화적인 방법으로 생산되고 있음에 확신을 가지게 된다.

새로운 에너지 기업으로의 변신은 그린마운틴의 여러 가지 경험 중 하나에 불과하다. 그린마운틴은 "당신이 사용하는 전력에 대해 배우세요(know your power)"라는 무료 음악 페스티발을 후원했는데, 여기에는 환경에 관심이 많은 유명 음악가들이 초대되었다. 이러한 음악회에 참석함으로써 소비자들은 비슷한 부류의 사람들과 어울리면서 환경을 보호하는 데 도움을 줄 수 있는 방법에 대해서 배우게 된다. 더욱이 이 브랜드가 유익하며 소비자들의 생활과 연결된다는 것을 확인시키기 위해서 그린마운틴은 '환경점수'를 주었는데, 소비자들이 에너지를 절약할수록 점수가 높았다.

환경점수는 다른 환경 친화적인 활동에 참석함으로써 획득할 수도 있다. 예를 들어 출·퇴근 시 자전거를 이용하거나 정원에 야채를 심는 것 등이 포함된다. 해당 지역이 충분한 환경점수를 받으면, 그린마운틴은 재활용된 자재를 활용하여 지역 운동장을 만들어 준다. 그린마운틴이 전기를 공급한 주(초기에는 캘리포니아와 펜실베이니아)에서, 이 브랜드는 겉으로 보아서는 도저히 차별화할 수 없을 것 같은 표준화된 제품의 경우에도 우리의 상상력을 동원하면 충분히 차별화가 가능하다는 것을 입증해 주었다.

많은 이미지 브랜드들의 마케터들은 브랜드가 상징하는 경험 의도를 증가시키려고 노력한다. 나이키 타운(Niketown)은 나이키 브랜드의 관련 이미지가 단순히 운동경기에서의 탁월함에 기반한 브랜드 이미지를 넘어설 수 있도록 확장시키는 역할을 수행한다. 나이키 타운을 방문하는 것은 하나의 경험이다. 나이키 타운은 그 곳이 단순한 방문지가 아닌 소매점의 역할을 한다는 사실을 인정하기 때문에 입장료를 받지 않지만, 유명 선수의 초청행사 때는 입장료를 받을 수도 있을 것이다.

고급 초콜릿 브랜드인 리차트(Richart)는 넓은 매장과 밝은 조명 아래 유리 케이스 안에서 상품이 아름답게 빛나도록 제작된 보석상 같은 매장에서 판매되고 있다. 뿐만 아니라 초콜릿에 '콜렉션 97/98'과 같은 레이블을 붙이고 상류층을 위한 의상이나 보석 카탈로그를 연상시키는 아름다운 카탈로그를 통해서도 판매하고 있다. 포장 또한 우아하다. 초콜릿 상자는 금색과 은색의 돋움새김 문자가 새겨져 있는 흰색으로 광택이 난다. 거기에 붉은색의 리본으로 포장을 매듭 짓는다. 초콜릿은 아름다운 모양으로 제작되었고, 서로 다른 패턴과 색상으로 장식되어 있다. 고객의 특성에 따라 초콜릿을 특별한 상자에 넣어 판매할 수도 있다. 온도와 습도 계측기가 달린 보습이 되는 아치형 상자에 넣어 650달러에 판매하기도 한다. 리차트는 스스로를 디자인 회사라고 정의하고 있으며, 영국의 잡지 보그(Vogue)는 리차트 초콜릿을 '세상에서 가장 아름다운 초콜릿'이라고 명명했다. 리차트 초콜릿은 '최상의 시각적 즐거움'을 제공하는 경험 그 자체이다.

3) 경험적 브랜드의 관리

경험적 브랜드는 두 가지 과제를 해결하지 않으면 안 된다. 첫째는 앞의 싱가포르 항공의 예에서도 언급되었듯이 브랜드 경험을 일관되게 유지시키는 능력이다. 경험적 브랜드는 일반적으로 노동집약적이다. 사려 깊은 인력 채용, 업무에 관한 명확한 기준과 훈련, 그리고 적절한 보상 시스템이 없다면 고용자들은 일관된 브랜드 경험을 창조하기 위한 능력과 동기를 상실할 것이다. 결과적으로 성공한 경험적 브랜드를 가진 기업들은 그들의 시간 중 상당한 부분을 인력채용과 그들에 대한 교육에 쏟게 된다.

버진 애틀랜틱 항공사(Virgin Atlantic Airways)는 비행운송 서비스를 제공함에 있어 고객들이 단순히 비행기를 타는 것이 아니라 기억에 남을 만한 경험을 가질 수 있도록 만드는 데 힘을 쏟는다. 버진은 일등석 승객들에 대해 오토바이나 운전기사를 대동한 리무진을 이용하여 공항까지 태워준다. 뿐만 아니라 클럽하우스 라운지에서, 고객들은 미용실, 서재 그리고 오락실 등의 시설을 사용할 수 있고 음료와 스낵을 제공받을 수 있다. 기내에서의 경험은 더욱 놀라운데, 마사지나 영화 관람과 함께 나오는 높은 품질의 아이스크림은 훌륭한 서비스로 다가온다. 그리고 목적지에 도착한 버진의 승객들은 도착지 클럽하우스에서 사우나와 샤워를 통해 여독을 풀고 수영장이나 체력 단련실에서 시차에 적응하기 위한 운동을 할 수도 있다. 서비스 각 단계에서 버진의 직원들은 각 서비스 사항들이 매끄럽게 이루어지도록 약간의 재미나 연극적인 요소를 가미할 수도 있다. 따라서 버진의 경우에는 항공산업에서 경력을 쌓아가려는 사람보다는 외향적인 사람, 예를 들면 연기 지망생과 같은 사람들을 고용하는 추세이다.

경험적 브랜드 관리에 있어서 두 번째 해결과제는 같은 브랜드에 대한 소비자의 기대가 발생한다는 사실이다. 처음 이용하는 싱가포르 항공의 서비스와 세 번째 이용하는 싱가포르 항공의 서비스가 같은 느낌으로 다가올까? 이 문제를 다루기 위한 한 가지 전략은 경험을 지속적으로 확장시키고, 경험의 수준을 높이는 것이다. 그러나 이 전략이 가지는 위험은 경험과 함께 기대는 점점 높아지고, 이러한 기대수준을 맞추기가 점점 더 어려워진다는 사실이다. 만약 싱가포르 항공이 끊임없이 서비스의 수준을 높인다면 이렇게 만들어진 기대를 지속적으로 일관되게 그러면서도 수익을 내면서 유지할 수 있을까?

다른 전략적 대안은 기업이 같은 제품군 안에서 여러 개의 최대한 차별화된 경험적 브랜드를 만들어내는 것이다. 이 전략으로 성공한 Lettuce Entertain You Enterprise Inc.는 시카고에 30개 이상의 음식점을 가지고 있다. 이탈리아 식당에 가고 싶으면 레티스 벤 스쿠지(Lettuce Ben Scoozi)로, 중국 식당으로 가고 싶으면 레티스 몬 아미 가비(Lettuce Mon Ami Gabi)를 방문하면 된다. 또한 전통적인 음식점에서 낭만적인 저녁식사를 원한다면, 레티스 펌프 룸(Lettuce Pump Room)에 있는 댄스 플로어 옆 테이블을 예약하면 된다. 각각의 경우마다 내부장식, 메뉴, 그리고 종업원들이 특정 주제를 내포하기 때문에, 그 경험은 실제와 같고, 독특하며, 기억에 남는다.

경험적 브랜드는 공통된 표적고객들과 그들의 소비경험을 바탕으로 다른 브랜드 확장전략에서 성공할 수도 있다(예컨대, 디즈니의 경우 영화, 테마파크 그리고 비디오게임으로 브랜드를 확장했다). 그러나 경험적인 브랜드는 그들이 창조한 경험의 경계 바깥으로 나갈 수는 없다. 디즈니는 성인을 위한 테마나 너무도 직설적인 의상이 영화에 나왔을 때 디즈니 대신 다른 브랜드를 사용했다. 예를 들면 터치스톤 영화사(Touchstone Pictures)는 디즈니의 성인대상 브랜드이다.

경험적 브랜드는 인터넷을 활용함으로써 소비경험을 더욱 확장시키고 풍성하게 할 수 있다. 인터넷은 삼성 스마트폰 갤럭시의 사용자들에게 스마트폰의 사용경험을 더욱 풍부하게 하는 중요한 수단이 된다. 스마트폰 사용자들은 인터넷 커뮤니티를 통해 다양한 사용방법과 사용경험에 대해서 이야기하고, 쌍방향 게임에 참여하고, 의미 있는 프로그램을 교환한다. 이러한 열성적인 사용자들에게 인터넷은 브랜드를 그들의 삶과 연결시키는 중요한 수단이 된다.

안전은 기본, 감동 드라이빙 한국 타이어, 프리미엄 브랜드 도약 '세바퀴 전략'

브랜딩을 소비자에게 차별화된 의미를 부여하고 인식을 심어가는 과정이라고 정의한다고 보면 브랜딩의 본질을 기업의 입장이 아닌 소비자들의 관점에서 바라보는 것부터 시작된다. 한국타이어는 타이어라는 제품에 안전하고 감동적인 드라이빙이라는 고객의 관점을 접목해 '최상의 드라이빙 경험(experience) 제공'이라는 목표를 세우고 프리미엄 브랜드로 도약을 꿈꾸고 있다. 한국타이어는 소비자들에게 마케팅 캠페인과 다양한 활동을 통해 '최상의 드라이빙 경험'을 제공할 수 있는 '최첨단 기술력을 갖춘 프리미엄 브랜드'라는 메시지를 지속적으로 전달하고 있다. 한국타이어가 프리미엄 브랜드로 도약하기 위해 세운 다양한 전략을 살펴보자.

우선 한국타이어는 '드라이빙 이모션, 테크놀로지 인 모션(Driving Emotion, Technology in Motion)'이라는 브랜드 콘셉트에 맞게 하이테크와 프리미엄 브랜드 이미지를 반영한 로고를 제작하고 있다. 또한 '드라이빙 이모션'이라는 테마를 각종 캠페인과 모터스포츠 스폰서십에서도 캐치프레이즈로 내걸고 고객들에게 일관된 브랜드 이미지를 전달하고 있다.

최근 '타이어가 한계를 만날 때, 타이어의 성능은 시작된다'는 메시지로 펼치고 있는 '잇이즈(It is)' 캠페인 역시 자동차의 한계를 극복하는 타이어의 기능적인 프리미엄과 함께 핵심 가치인 '드라이빙 이모션'을 전달하기 위한 노력의 일환이다.

모터스포츠를 비롯한 글로벌 스포츠 마케팅을 확장해 온 것도 같은 맥락에서다. 한국타이어는 모터스포츠 활동을 더욱 확대해 전 세계적으로 선도하는 타이어 기업으로서의 프리미엄 브랜드 위상을 다져나가고 있다. 모터스포츠 대회는 브랜드 명성을 전 세계 자동차 팬들에게 알릴 수 있는 좋은 기회이기 때문에 브랜드 인지도를 높이기 위한 모터

스포츠 활동을 꾸준히 전개해 왔다. 2011년부터 세계 3대 투어링카 대회 중 독일 3대 명차 간 자존심 대결의 장으로 유명한 '독일 투어링카 마스터즈(DTM)'의 공식 타이어 공급 파트너로 참여하고 있다. 이와 함께 이탈리아 슈퍼스타즈, GT스프린트 등 대표적인 레이싱 대회에 타이어를 독점 공급하고, 전 세계 약 40개의 모터스포츠 대회에 공식 타이어를 공급하는 등 활발한 활동을 하고 있다.

또한 한국타이어는 2012년부터 유럽 클럽 대항전으로 각국 1부 리그 상위 팀이 출전하는 UEFA 유로파리그를 후원하고 있다. UEFA 유로파리그는 챔피언스리그와 함께 유럽 축구클럽 대항전의 양대 산맥으로 유럽은 물론 전 세계로 중계되는 만큼 한국타이어의 글로벌 프리미엄 브랜드 이미지 구축에 크게 도움이 되고 있다.

'드라이빙 이모션' 체험 고객과의 접점 확대

한국타이어는 더 많은 고객들이 '드라이빙 이모션'을 체험할 수 있게 해 그들의 감성을 자극하고 고객의 니즈를 폭넓게 확인하기 위해 다양한 채널로 고객과의 접점을 늘려가고 있다. 토털 드라이빙 케어 서비스를 제공하는 유통 네트워크 티스테이션 역시 현장의 소비자들에게 한국타이어가 목표로 하는 메시지를 전달하기 위해 기획됐다.

대한민국 대표 타이어 전문점인 티스테이션은 2004년 첫 매장을 개점한 이래 최상의 장비와 전문 인력을 갖춰 최고의 서비스로 전문화된 토털 서비스를 제공하고 있다. 특히 체계화된 사전 점검 체크리스트와 정비실명제로 믿고 맡길 수 있는 투명한 서비스인 '스마트케어'는 고객들에게 안전하고 감동적인 드라이빙 환경이 조성되는 현장

을 확인시켜 준다. 고객들은 안전한 드라이빙을 위한 타이어 점검은 물론 첨단 장비인 '3D 휠얼라인먼트'와 엔진 오일 체크, 헤드램프 점검 등 차량의 다른 부분까지 꼼꼼하게 점검할 수 있다.

또한 한국타이어는 점점 확대되고 있는 고성능 차량 시장에 맞춰 최상위 고객들에게 '드라이빙 이모션'의 메시지를 전하기 위해 '프리미엄 맞춤형 서비스'라는 차별화된 서비스 영역을 구축하기 시작했다. 2014년부터 운영 중인 럭스튜디오는 고객 중심의 디자인과 프리미엄 서비스를 체험할 수 있는 공간으로 마련됐다. 슈퍼카 이상의 휠사이즈와 타이어 규격이 큰 수입차에 대한 서비스를 제공할 수 있도록 전용 리프트와 최대 26인치 타이어를 장착할 수 있는 초고성능 타이어 전용 탈착기 및 차량 진단기 등의 전문 장비도 갖췄다. 한국타이어 관계자는 "전용 서비스에 대한 니즈가 있었던 소비자들에게 최상의 프리미엄 맞춤형 서비스를 제공하고 있다"며 "예약 방문 시스템 및 픽업 등 방문 시 대기시간을 최소화하는 차별화된 서비스도 도입해 좋은 반응을 얻고 있다"고 설명했다.

〈출처: 매일경제, 2016. 3. 4.〉

• SECTION 04 • 브랜드명 전략

브랜드를 개발할 때, 마케터는 최적의 브랜드명 전략을 결정해야 한다. 여기서 우리는 가장 널리 활용되는 세 가지 전략, 즉 기업 브랜드명(corporate branding), 공동 브랜드명(family branding), 그리고 개별제품 브랜드명(product branding) 전략에 대해서 검토하고자 한다. 각각의 브랜드명 전략은 세 가지 브랜드 차별화 유형의 관점에서 생각해 볼 수 있을 것이다(<표 8-3> 참조).

기업 브랜드명 전략은 모든 제품에 대해서 하나의 기업 브랜드를 사용한다. 예를 들어 오뚜기식품은 오뚜기 카레, 오뚜기 마요네즈, 오뚜기 케찹 등 모든 제품에 동일한 브랜드명을 부착하고 있다. 이러한 브랜드명 전략의 이점은 신제품 도입시 저렴한 마케팅비용으로 소비자들에게 브랜드명을 인식시킬 수 있다는 것이다. 이 전략은 경험적인 브랜드의 경우 특히 효과적인데, 그 이유는 경험적인 브랜드 자산은 제품 그 자체보다는 기업과 관련된 연상과 깊은 관계가 있기 때문이다.

리츠 칼튼(Ritz-Carlton)이나 앤더슨 컨설팅(Anderson Consulting)과 같은 이미지 브랜드 역시 기업 브랜딩 전략이 효과적일 수 있다. 여러 개의 제품들이 하나의 이름을 가진다는 것은 브랜드 이미지를 정의하고 강화시키는 데 도움을 줄 것이다.

빅(BIC)이나 GE와 같은 기능적인 브랜드도 기업 브랜딩 접근방법을 활용할 수 있다. 흔히 기업들은 기업 브랜드명 전략이 제공하는 효율성(즉, 광고비가 단 하나의 브랜드 이름만을 개발하는 데 집중될 수 있다) 때문에 이 방법을 사용하고자 한다. 그러나 이러한 효율성 또한 그 대가를 치러야 한다. 즉 같은 기업

표 8-3 브랜드 유형과 브랜딩 전략과의 관계

브랜드 유형	브랜딩 유형		
	기업 브랜딩	패밀리 브랜딩	제품 브랜딩
기능적 브랜드	빅(BIG), GE	질레트(마하3, 센서, 애트라)	타이드, 치어, 이라(P&G)
이미지 브랜드	랄프로렌, 앤더슨 컨설팅	GM(셰비, 올즈, 뷰익, 캐딜락), BMW(3, 5, 8 시리즈, Z-3, X5)	코크, 스프라이트(코카콜라)
경험적 브랜드	새턴, 스타벅스, 그린마운틴	레티스 엔터테인유(스쿠지, 벤파오, 몬아미가비, 펌프룸)	리츠 칼튼, 페어필드 인(메리어트)

브랜드에 속한 모든 제품들은 그 브랜드가 떠올리는 관련된 이미지들과 모두 공존할 수 있어야 한다.

대안으로서 다른 접근방법은 공동 브랜드명 전략이다. 공동 브랜드명 전략은 한 제품군 안에서 여러 개의 브랜드를 함께 사용한다. 기업 브랜드 혹은 우산 브랜드(umbrella brand)는 좀 더 구체적인 제품에 기초한 이름들과 합쳐진다.

예를 들어, 시어스(Sears) 백화점은 가족용 내구제품에는 Kenmore, 여성의류에는 Kerry Brook, 공구류에는 Craftsman이라는 브랜드명을 사용한다. GM은 셰비(Chevy), 올즈(Olds), 뷰익(Buick) 그리고 캐딜락(Cadillac)을 시장에 출시했는데, 각각의 브랜드는 나름대로 서로 다른 소비자 집단을 표적고객으로 설정하고 있었고, 독자적인 관련 이미지들을 가지고 있었지만, 모두 GM과 연관되어 있었다. 기업과 연관된다는 것은 제품 수준에서 새롭게 창출될 수 있는 의미의 범위를 제한시킬 수 있는데, 이것은 왜 새턴(Saturn)이 GM에서 추가적인 제품군 라인을 도입하지 않고 분리된 기업을 새로 만들었는지를 설명해 준다.

질레트도 공동 브랜드명 전략을 선택했는데, 오직 기능적인 제품라인에서만 이 전략을 활용했다. Lettuce Entertain You Enterprise Inc.사는 공동 브랜드명 전략을 일련의 경험적 브랜드에 대해 실시했다. 일반적으로, 공동 브랜드명 전략이 성공할 가능성이 가장 높은 경우는 뚜렷이 구분되는 고객집단, 혹은 뚜렷하게 구분되는 상황이 존재함으로써 여러 제품이 서로 연관성을 가짐으로써 상호 간의 시장을 잠식할 가능성이 거의 없을 때이다.

개별 브랜드명 전략은 모기업과 공통되는 관련성 없이 다양한 제품 브랜드를 마케팅하는 전략이다. LG생활건강은 세탁세제 제품에 대해 수퍼타이, 테크, 한입세제 등 다른 브랜드명을 사용한다. P&G도 세탁용 세제 제품라인의 마케팅에 있어서 개별 브랜드명 전략을 사용한다. 타이드(Tide), 치어(Cheer), 그리고 이라(Era)는 똑같은 회사에서 만들어졌지만, 이들 브랜드가 서로 관련되어 있다는 것을 아는 소비자는 거의 없다.

코카콜라는 스프라이트와 코크의 마케팅에도 비슷한 전략을 활용했고, 밀러 브루잉(Miller Brewing)사도 레드 독(Red Dog)과 밀러(Miller) 브랜드를 마케팅할 때 이 접근방법을 활용했다. 또한 경험적 브랜드도 제품 브랜딩으로써 마케팅될 수 있다. 리츠 칼튼(Ritz-Carlton)과 페어필드 인(Fairfield Inn)은 호텔 가격구분에 있어서 완전히 다른 가격대에 위치한 두 브랜드인데, 이 두 브랜드 모두가 메리어트사 소유라는 사실을 아는 사람은 거의 없다.

개별 브랜드명 전략은 기업이 서로 관련되기를 원하지 않는 소비자 세분시장을 고객으로 삼을 수 있다. 예를 들어, 일부 맥주 애호가들은 소규모 양조업자들과 관련된 이미지를 선호하고 대중적으로 알려진 밀러(Miller)나 버드(Bud)와 같은 맥주를 싫어할 수도 있다. 레드독(Red Dog)을 출시할 때, 밀러는 주력제품인 밀러 브랜드 제품을 통해 대중적인 시장을 유지시키면서 동시에 작은 양조업자에 의해서 만들어진 맥주의 이미지를 찾는 애호가들을 고객으로 유치할 방법을 찾았다.

개별 브랜드명 전략은 한 브랜드가 시장에서 실패하더라도 다른 브랜드에 미치는 영향이 거의 없다는 장점이 있다. 그러나 여러 개의 브랜드를 만들기 위해서는 자본력이 뒷받침되어야 한다. 개별제품 브랜드명 전략을 추구하는 P&G의 2017년 광고지출이 71억 달러로 세계 제1 위였다는 사실은 우연이 아니다.

• SECTION 05 • 브랜드 확장전략

마케터는 축적된 브랜드 자산을 기반으로 브랜드 확장전략을 활용할 수 있다. 브랜드 확장전략이란 기존의 브랜드명을 사용하여 전혀 다른 제품군으로 진출하는 전략이며, Ivory 비누에서 Ivory 샴푸로, NCR 현금등록기에서 NCR 복사기로의 진출 등을 브랜드 확장의 한 예로 들 수 있다.

1980년대 이후 많은 소비재를 생산 판매하는 회사들이 신제품 도입시 새로운 브랜드를 개발하기보다는 기존 브랜드를 활용해 새로운 시장에 진입하는 전략을 많이 사용하고 있는 것으로 밝혀졌다. 이와 같이 기존 브랜드를 이용하는 마케팅전략이 증가된 배경은 첫째, 시장성숙에 따른 경쟁의 격화로 인해 신제품 개발 및 도입비용이 갈수록 증가하고 있다는 사실이다.

최근 들어 신제품 개발비용, 매체비용, 판촉비용 및 유통망 확보비용이 급격하게 증가되어 미국의 경우 소비재회사들이 신규 브랜드를 도입하는 데 드는 비용이 최소한 5,000만 달러에서 1억 달러에 이르고 있는 것으로 밝혀졌다. 둘째, 신제품 도입의 실패율이 상당한 수준에 이른다는 점이다. 예를 들어, 소비재 포장용품의 경우 신제품 성공률이 40% 정도밖에 되지 않는다. 따라서 1980년대 많은 소비재 생산기업들이 시장에서 성공한 기존 브랜드명이 기업의 중요한 무형자산이기 때문에 이를 이용하는 투자전략을 채택하였고, 또한 기존 브랜드의 가치를 이용하기 위해 대기업들 간에 흡수·합병이 발생하였다.

브랜드 확장이 갖는 이점은 크게 3가지로 분류해 볼 수 있는데, 첫째, 소비자들은 기존의 브랜드명에 친숙하기 때문에 이 브랜드명을 이용한 신제품을 즉시 인지할 수 있다는 점이다. 따라서 기존 브랜드명의 이용은 신제품 도입에 따른 위험을 상당한 수준까지 감소시킬 수 있을 것이다. 둘째, 브랜드 확장에 의한 신제품 도입은 새로운 브랜드명을 사용한 신제품보다 마케팅비용을 절감할 수 있다. 중간상들은 매장단위당 매출액의 효율을 높이기 위해 새로운 브랜드명의 신제품보다 고객들에게 이미 친숙한 브랜드명을 사용한 신제품을 취급하는 것을 선호할 것이다. 따라서 브랜드 확장에 의한 신제품 도입은 중간상들의 확보에 필요한 유통비용을 절감시키며, 경쟁제품과 동일한 판매촉진비를 사용하고도 보다 높은 매출액 효과를 거둘 수 있게 한다. 셋째, 브랜드 확장을 이용한 신제품이 고객들로부터 호의적인 평가를 받게 되면, 이는 기존 브랜드명의 이미지를 보다 강화시켜 기존 브랜드의 매출액 증가에 도움을 줄 수 있다.

이처럼 브랜드 확장은 새로운 브랜드명을 사용한 신제품 도입보다 시장실패의 위험을 줄이고 마케팅비용을 절감시키는 등의 이점을 제공하지만 이와 함께 다음과 같은 단점을 가진다.

첫째, 지나친 브랜드 확장은 원래의 브랜드명이 가졌던 강한 브랜드 이미지를 약화시켜 기존 브랜드명에 대한 높은 애호도를 가진 소비자들의 불만을 야기할 수 있다. 둘째, 잘못된 브랜드 확장은 기존 브랜드명의 이미지 혹은 매출액에 상당히 부정적인 영향을 미친다. 가장 흔한 예는 기존 브랜드의 고품질 이미지가 새로운 품목의 저품질에 의해 손상되어 소비자에게 부정적인 반응을 유발하는 경우이다.

일반적으로 마케팅의 궁극적인 목표가 소비자의 욕구 충족에 있다면 성공적인 브랜드 확장전략을 수립하기 위해서 마케팅관리자는 브랜드 확장을 소비자들이 어떻게 평가하는지를 알아야 한다. 결국 소비자평가를 통해 왜 어떤 브랜드 확장은 성공하고, 또 어떤 브랜드 확장은 실패하는가에 대한 통찰력을 얻을 수 있다. 브랜드 확장이 성공하기 위해서는 다음과 같은 조건들이 충족되어야 한다.

첫째, 소비자가 브랜드 확장에 사용될 기존의 브랜드명에 대해 좋은 인상을 가지고 있어야 한다. 소비자는 어떤 브랜드를 보거나 듣게 되면 경쟁사와 차별화된 바람직한 연상을 떠올릴 수 있어야 한다. 즉, BMW하면 성능이, Volvo하면 안전성이 연상된다.

둘째, 소비자들이 떠올리는 기존 브랜드에 대한 긍정적 연상이 브랜드 확장에 그대로 연결되어야 한다. 브랜드 확장을 도입하는 마케터는 소비자들이 기존 브랜드에 대해 갖고 있는 긍정적 연상들만이 브랜드 확장에 이전될 것으로 가정하지만, 기존 브랜드에 대한 연상이 브랜드 확장에 부정적인 영향을 미칠 수도 있다. 소비자들은 샘표 하면 샘표 간장을 연상한다. 샘표는 제품다각화의 일환으로 오렌지주스 등 다른 음료제품으로 제품라인을 확대하였다. 그러나 간장과 강하게 연계되어 있는 샘표 브랜드를 음료제품에 사용하는 것은 음료제품에 부정적인 영향을 미쳐 시장에서 성공할 수 없었다.

셋째, 기존 브랜드에 대한 부정적 연상이 브랜드 확장으로 이전되지 않으며 또한 브랜드 확장이 이루어진 제품에 대해 형성된 부정적인 연상이 역으로 기존 브랜드에 영향을 미치지 않아야 한다. 그러나 앞에서 지적한 바와 같이 이러한 전제가 위반되는 경우가 흔히 발생됨을 명심해야 한다. 어떠한 경우에 이러한 가정이 충족되어 브랜드 확장이 성공을 거두는지를 알아본 결과 기존 브랜드명이 우수한 품질을 가진 것으로 지각되어야 할 뿐 아니라 기존 브랜드와 확장된 브랜드가 속한 제품군이 어느 정도 유사할 때 소비자들은 브랜드 확장에 대해 보다 호의적인 태도를 갖게 된다고 한다. 이에서 한 걸음 더 나아가 제품 개념을 공유할 수 있는 경우에도 성공 가능성이 높다(예컨대, 확장된 상표 'Rolex 가구'는 기존 Rolex 시계의 고급감을 활용할 수 있을 것임). 구찌(Gucci) 의류는 프리미엄 가격에 판매되는 최고급 디자이너 제품으로 소비자에게 인식되어 왔다. 따라서 구찌 브랜드의 남·여성 의류, 셔츠, 구두, 액세서리 제품으로의 확장은 소비자들에게 자연스럽게 받아들여져 기존의 구찌 브랜드에 대한 좋은 이미지가 확장된 제품에 쉽게 이전될 수 있을 것이다.

   소비자들의 생활방식이 점점 복잡해지고, 새로운 기술이 많은 새로운 시장을 만들어냄에 따라 소비자들이 고려해야 할 제품의 수는 폭발적으로 증가하고 있다. 브랜드는 소비자들로 하여금 품질에 대한 확신을 주고, 시간을 절약시켜 주며, 보다 단순한 선택을 가능하게 한다. 성공적인 브랜드 개발을 위해서는 명확한 브랜드 아이덴티티와 이를 일관성 있게 지지해 줄 수 있는 통합적 커뮤니케이션전략(제품, 가격, 유통경로, 광고 및 다양한 커뮤니케이션활동 등)이 수반되어야 한다. 브랜드 차별화 유형으로는 기능적 브랜드, 이미지 브랜드, 경험적 브랜드가 있다. 그러나 중요한 것은 브랜드가 하나의 유형으로 고착화되는 것이 아니라 변화할 수 있다는 것이다. 브랜드를 개발할 때, 마케터는 최적의 브랜드명 전략을 결정해야 한다. 앞에서 살펴본 세 가지 전략, 즉 기업 브랜드명(corporate branding), 공동 브랜드명(family branding), 그리고 개별제품 브랜드명(product branding) 전략에 대한 이해가 필요하다. 마케터는 축적된 브랜드 자산을 기반으로 브랜드 확장전략을 활용할 수 있다. 브랜드 확장전략이란 기존의 브랜드명을 사용하여 다른 제품군으로 진출하는 전략이며, 이 전략은 장점도 있지만 그에 따르는 위험성도 있음을 인식하고 있어야 한다.

생각해 볼 문제

01 브랜드 파워의 중요성을 기업과 소비자 입장에서 논하시오.

02 국내 대기업의 브랜드 가치가 많이 상승한 것은 사실이다. 그러나 외국의 초일류 기업들과 비교한다면 아직도 미흡한 부분이 있다고 할 수 있다. 일반적으로 한국 기업의 브랜드 파워가 상대적으로 약한 이유는 무엇이고 이를 극복하기 위한 방법으로 무엇이 있을 수 있는지 생각해 보시오.

03 최근 들어 많은 기업들이 브랜드 확장전략을 사용하고 있다. 이 전략이 갖는 장·단점을 설명하고, 어떠한 경우에 브랜드 확장전략이 적절한지 논하시오.

· 안광호 · 한상만 · 전성률(2013), 전략적 브랜드관리, 4판, 서울: 학현사
· 안희경 · 하영원(2001), "기업브랜드 스테레오타입에 일치하지 않는 정보가 스테레오타입의 변화에
    미치는 영향," 마케팅연구, 제16권, 제1호, pp. 109-134.
· 하영원 · 박경도, · 허원무(2008), "브랜드는 만드는 것이 아니라 가꾸는 것이다. 참이슬의 장수 브랜
    드 전략," Asia Marketing Journal, 제10권, 제3호, pp. 59-79.
· 하영원 · 전성률 · 김익태 · 김기수 · 홍성민(2003), "Brand Value-Up: 브랜드 진단 및 관리 모형 정립
    을 위한 시도," 한국마케팅저널, 제5권, 제4호, pp. 48-71.

· Aaker, David A. and Kevin Lane Keller(1990), "Consumer Evaluations of Brand Extensions," *Journal
    of Marketing*, January, pp. 27-41.
· Bellezza, S., & Keinan, A. (2014), "Brand tourists: How non–core users enhance the brand image by
    eliciting pride," *Journal of Consumer Research*, Vol. 41, pp. 397-417. (추가)
· Broniarczyk, Susan M. and Joseph W. Alba(1994), "Perspectives on Consumer Behavior toward
    Brands: The Importance of the Brand in Brand Extension," *Journal of Marketing Research*, Vol. 31,
    May, pp. 214-228.
· Court, D., Elzinga, D., Mulder, S., & Vetvik, O. J. (2009), "The consumer decision journey," *McKinsey
    Quarterly*, June.
· Dacin, Peter A. and Daniel C. Smith(1994), "The Effect of Brand Portfolio Characteristics on
    Consumer Evaluations of Brand Extensions," *Journal of Marketing Research*, Vol. 31, May, pp. 229-
    242.
· Fournier, Susan(1998), "Consumers and Their Brands: Developing Relationship Theory in Consumer
    Research," *Journal of Consumer Research*, Vol. 24, March, pp. 343-374.
· Gürhan-Canli, Zeynep and Durairaj Maheswaran(1998), "The Effects of Extensions on Brand Name
    Dilution and Enhancement," *Journal of Marketing Research*, Vol. 35, November, pp. 464-473.
· Keller, Kevin Lane(1993), "Conceptualizing, Measuring and Managing Customer-Based Brand
    Equity," *Journal of Marketing*, Vol. 57, pp. 1-22.
· Keller, Kevin Lane(2012), Strategic Brand Management, 4rd ed, Pearson/Prentice-Hall: New York.
· Park, Chan Su and V. Srinivasan(1994), "A Survey-Based Method for Measuring and Understanding
    Brand Equity and Its Extendibility," *Journal of Marketing Research*, Vol. 31, May, pp. 271-288.
· Ritson, M. (2009), "Should you launch a fighter brand?," *Harvard Business Review*, Vol 87, pp. 86-94.

PART

05

마케팅 실행전략

Chapter 09 IMC
Chapter 10 제품과 촉진전략
Chapter 11 가격과 유통관리

IMC

善用兵者 譬如率然. 率然者 常山之蛇也. 擊其首則尾至, 擊其尾則首至, 擊其中則首尾俱至.
[선용병자 비여솔연, 솔연자 상산지사야, 격기수칙미지, 격기미칙수지, 격기중칙수미구지.]

"작전을 잘하는 지휘관과 그 부대는 '솔연'이란 뱀에 비유할 수 있나니, 솔연이란 뱀은 상산(常山)에 사는 뱀이니라. 이 뱀은 머리를 치면 꼬리가 달려들고, 꼬리를 치면 머리로 맞서고, 몸통 가운데를 치면 머리와 꼬리가 힘을 합쳐 싸우느니라."

손자병법 구지편[九地]

솔연(率然)은 원래 매우 재빠르다는 뜻으로 전설 속에 등장하는 매우 거대한 뱀을 가리킨다. 전설에 따르면 이 뱀은 머리를 치면 꼬리가 달려들고 꼬리를 치면 머리가 달려들며, 한가운데를 치면 머리와 꼬리가 한꺼번에 달려들었다고 한다. 손무는 이것을 부대의 진법에 활용하여 '상산사진(常山蛇陳)'이라는 번개같이 빠른 전술과 매우 강력한 기동력과 전투력을 가진 부대를 창안해 내었다고 한다.

마케팅전략에서도 이 같은 솔연의 움직임이 요구된다. 마케팅전략의 각 부분들도 중요하지만 오늘날의 경쟁 환경은 더 이상 한두 가지 방법으로는 전략적 목적을 달성할 수 없도록 치열하고 복잡해졌기 때문이다. 그러므로 오늘날의 마케팅전략은 소비자를 공략하기 위하여 가지고 있는 모든 수단들의 효율적인 조합을 찾아내고 활용해야 한다. 하지만 광고, 판매촉진, PR, 인터넷 커뮤니티 등 다양한 마케팅수단을 활용함에 있어서 가장 중요한 것은 이 모든 수단들이 하나의 마케팅언어로서 명확하고 일관성이 있어야 한다는 것이다. 자칫 다양한 방법을 사용한다고 하여서 중심을 잃어서는 안 된다. 솔연은 각 부분을 이용하여 싸웠으되 언제나 한 몸이었음을 기억하라.

Leading CASE

볼펜으로 쌓아 올린 금자탑, 年 1억 자루가 팔리는 국민문구 "모나미"

1960년에 창립된 이후, 벌써 반세기 이상 국내 문구류를 평정하고 있는 모나미. 문구류를 떠올릴 때 가장 먼저 연상되는 대표 브랜드로서 국민 볼펜으로 유명한 '모나미 153' 볼펜은 하루에 15만 자루가 판매되고 있을 만큼 아직도 인기가 높다.

불어로 '나의 벗'이라는 의미를 가진 모나미는 일관되게 '친근함'을 무기로 국민들의 사랑을 받아온 브랜드다. 먼저 가격이 참 착하다. 모나미 볼펜이 출시되던 1963년 당시 서울 시내버스 요금이 15원이었고, 신문 한 부 값이 15원이라는 점을 고려하여 모나미 볼펜 한 자루의 가격을 15원으로 정했다. 국민들이 볼펜을 구매하는 데 부담감을 가지지 않도록 한 것이다. 당시 볼펜이 대중적으로 보급되지 않았던 시기이기 때문에 더욱 모나미 볼펜의 가격은 친근하게 다가왔다. 지금도 모나미 153 볼펜의 한 자루 가격은 300원이다.

문구산업은 대표적인 사양산업으로 여겨졌다. 저출산 때문에 학생이 감소하고 컴퓨터와 스마트폰이 보급되어 교육 및 사무환경이 디지털화되면서 수요층이 급감하고 있기 때문이다. 더욱이 대형마트들이 시중 제품의 절반가격으로 PB(자체브랜드) 문구상품을 내놓으면서 모나미의 시름은 더 깊어져 갔다. 이에 모나미는 시대변화를 감지하고 사양산업에서 살아남기 위해 진화

를 택했다. 바로 라이프스타일 브랜드로의 진화다.

우선 본래의 산업인 펜에 집중하면서 라이프스타일 분야로의 진출을 도모하고 있다. 주방 세제로 지워지는 식품저장 용기용 '키친마카(Kitchen Marker)'가 대표적이다. 냉장·냉동식품 저장용기 및 비닐 표기 용도로 개발된 키친마카는 유성마카의 성질을 가지고 있지만 주방 세제로 쉽게 지워져 다시 표기하는 데 편리하다. 또한, 화장품 브랜드 아리따움과 손잡고 네일 전용 컬러펜을 출시하기도 했다. 인형 눈을 칠하는 펜도 만들었는데, 이는 테디베어를 만드는 고객의 요구에 따른 것이다. 이외에도 현대자동차와 협력하여 '스킬라이트'라는 펜을 만들었는데, 이 펜은 자동차 도색 전 마지막으로 불량을 검사하는 데 사용된다고 한다. 물을 뿌리면 감쪽같이 지워지기 때문이다. 이처럼 모나미는 문구류를 넘어 우리 일상 속 곳곳에 모나미가 필요한 역할을 찾아내고 있다.

기존에는 딱 한 가지 모델로 몇백만 자루씩 생산하였다면, 이제 소비자의 다양한 필요와 요구에 초점을 맞추고 다품종 소량 생산방식으로 접근하고 있다. 다양한 수요층을 만들어 내고자 하는 것이다. 문구시장을 넘어 라이프스타일 전반을 아우르는 브랜드가 되는 것이 사양산업에서 모나미가 살아남는 방법이다.

〈출처: http://platum.kr/archives/89271〉

CHAPTER

09

IMC

소비자들은 하루에 몇 천개의 광고를 본다는 말이 항상 마케팅에서는 있었다. 과거에는 이러한 주장이 추측에 가까웠지만 이제는 자료들이 그 사실을 뒷받침해주고 있다(Johnson, 2014). 이 배경에는 홍보물 노출에 대한 측정발달도 있지만 디지털 매체의 등장으로 정보전달이 다양해지고 수월해지고 있다. 특히 사회적 네트워크(social network)까지 활용해야 하는 기업 입장에서 근대 커뮤니케이션 전략의 양상은 과거와 많은 차이를 나타내고 있다. 종전의 공중파 TV나 신문 같은 커뮤니케이션 매체들은 대중성을 지니고 있어 원가의 효율성이 부각됐지만 체험 마케팅, 사회미디어 혹은 이벤트 마케팅은 소비자들과의 결속(engagement) 강화가 더 평가의 잣대가 되고 있다. 기업은 경쟁사와 '커뮤니케이션 전쟁'을 치르고 있는 셈인데 그 전에는 적중률이 떨어지는 대포 같은 무기들만을 사용할 수밖에 없었는데 이제는 커뮤니케이션 '무기'의 선택이 크게 넓어졌다. 이 같은 커뮤니케이션의 개념을 IMC(Integrated Marketing Communication의 약자)라고 부르는데 기업은 다양한 '무기'를 이용하면서 일관된 전달을 해야 한다는 뜻을 가지고 있다.

Shimp(2010)는 IMC를 더 구체적으로 다음과 같이 정의하고 있다.

"IMC는 브랜드의 표적고객과 여타 대상에게 시간에 걸쳐 전달되는 다양한 마케팅 커뮤니케이션 수단(광고, 판촉, PR, 이벤트 등)을 수반하는 기획, 창작, 통합 및 실행과정이다."

Shimp의 정의에서 우선 확인할 수 있는 점은 IMC의 대상은 꼭 소비자에만 국한되어 있지 않다는 것이다. 우리는 IMC의 수단은 대중성을 갖는다고 간주하므로 IMC의 대상도 소비자만을 의미한다고 착각할 수 있다. 하지만 그들 외에도 기업 내부의 직원들을 비롯하여 기업과 직접적인 거래가 있는 유통업체, 투자자 또는 정부와 같은 이해관계자들이 IMC의 표적이 될 수 있다. 또한 더 나아가 기업이나 브랜드 평판에는 공중(public)도 간접적인 영향을 미칠 수 있기 때문에 기업은 사회책임(CSR: Corporate Social Responsibility)을 토대로 한 캠페인을 펼칠 수 있다.

이 정의의 또 다른 의미는 대상이 다양한 만큼 그 '무기' 즉 접촉수단도 다양해야 한다는 것이다. 즉 광고는 소비자들을 위해서 적절한 수단이 될 수 있었으나 다른 대상들은 CI(corporate identity), PR(public relations), IR(investor relations) 등과 같은 다른 매체의 사용이 불가피해진다. 예를 들어 투자자들을 위해서는 기업이 투자설명회를 개최하여 아주 전문적인 정보를 반드시 제공해야 한다. 같은 소비자 대상들에 대해서도 커뮤니케이션 믹스구성의 부문별 강약조절이 필요할 수 있다. 우리 브랜드를 지속적으로 애호한(loyal) 세그멘트에 대해서는 update된 정보와 관계 강화를 위한 인센티브가 전해져야 한다. 이에 반해 비사용자들에 대해서는 기본적 또는 차별적인 정보 또는 브랜드 전환을 위한 판촉의 사용이 고려될 수 있다.

이처럼 여러 커뮤니케이션 수단이 각 세부시장 또는 일시적 목표를 위하여 사용될 수 있으나 기업이 궁극적으로 간과해서는 안 되는 점은 모든 방법들이 어느 정도 어우러져야 한다는 것이다. 즉 IMC의 키워드는 "I" Integration이라는 말인데 커뮤니케이션의 통합성은 사람 얼굴과 비유될 수 있다. <그림 9-1>은 일산백병원 성형외과 이승철 교수가 각 국가별, 인종별 최고 미인들의 각 얼굴 부위들을 합성해서 만든 디지털 '합성 미인'의 시리즈 중 한국 미인의 사진이다. 이목구비를 하나하나 뜯어보면 흠 잡을 곳 없는 미인이기는 하지만, 실제 현실에서 볼 수 있는 미인들에 비해 훨씬 더 예쁘다고 말하기는 힘들다. 오히려 어색하게 보이기까지 하고, 보고 나서도 기억에 뚜렷이 남을 만큼 강한 인상을 주지는 못한다고 말할 수 있다. 그만큼 얼굴의 미는 각 부위의 아름다움보다는 그 전체적인 조화에서 비롯되기 때문이다.

| 그림 9-1 | IMC의 개념은 얼굴 그리기 |

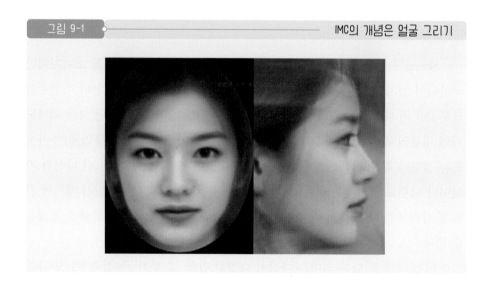

기업의 IMC 과제도 마찬가지라고 말할 수 있는데 '최고의 광고,' '최고의 판촉,' '최고의 홍보' 등을 사용한다고 최고의 IMC가 된다는 보장은 없을 것이다. 오히려 하나의 수단이 IMC에서 강조되는 상황에서는 다른 매체들이 보조 역할을 해야 할 수 있다. 이와 같은 '얼굴' 그리기 개념을 도입한 기업은 소비자들에게 어떠한 모습을 보여야 하는지, 어떤 '부위'가 부족하거나 더 강조를 해야 하는지, 그리고 때로는 어떻게 '변신'을 해야 하는지 고민을 할 수 있다.

• SECTION 02 • 소비자 반응의 계층과 IMC의 관계

소비자가 여러 반응의 계층(hierarchy of response)을 거쳐서 구매결정을 할 수 있다는 것은 기업입장에서 중요한 IMC 의미를 갖게 한다. 즉 소비자들은 여러 단계별로 정보를 수집하여 최종 의사결정을 내릴 수 있는데 IMC는 각 단계별로 맞는 정보가 제공되게끔 노력을 해야 한다. <그림 9-2>에는 소비자들의 일반적 의사결정과정이 나타나 있으며, 각 단계별 IMC의 과제가 무엇인지 나열되어 있다.

소비자들의 구매의사결정은 문제의식으로 시작하는데 이를 좌우하는 원동

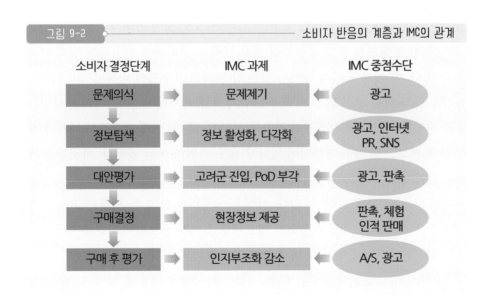

그림 9-2 ————————————————————— 소비자 반응의 계층과 IMC의 관계

소비자 결정단계	IMC 과제	IMC 중점수단
문제의식	문제제기	광고
정보탐색	정보 활성화, 다각화	광고, 인터넷 PR, SNS
대안평가	고려군 진입, PoD 부각	광고, 판촉
구매결정	현장정보 제공	판촉, 체험 인적 판매
구매 후 평가	인지부조화 감소	A/S, 광고

그림 9-3 ━━━━●━━━━ 세스코의 문제 의식유도 광고

음식을 먹다가
바퀴벌레 몇 마리가 나왔을 때
가장 기분이 나쁠까요?

해충을 신고하자
1588-1119

CESCO
세스코
www.cesco.co.kr

력은 소비자들의 동기 수준이다. 문제를 의식하지 않는 소비자는 추가 정보를 필요해하지 않으므로 기업입장에서는 소비자들이 문제를 겪고 있다는 인식을 광고와 같은 커뮤니케이션 수단을 통하여 심어줄 필요가 있다. <그림 9-3> 세스코의 광고는 방충이 중요하지 않다고 생각하는 소비자들에게 왜 그러한 서비스가 중요한지 사고의 전환을 강하게 유도하고 있다.

소비자의 탐색과정은 소비자가 문제를 해결하기 위해서 정보를 수집하는 단계를 말하는데 여기서의 IMC 과제는 정보를 풍부하고 다양하게 제공하는 것이다. 과거에는 대중매체로 이러한 관리가 원가상 효율적이지 못했으나 이제는 인터넷의 홈페이지가 보완적으로 이 역할을 수행하게 됐다. 기업이 정보의 원천(source)이 되는 경우 소비자들은 이를 덜 신뢰할 가능성이 높기 때문에 PR 또는 Facebook 같은 SNS(사회네트워크)를 통하여 정보를 전파하는 전략도 고려할 수 있다.

소비자들이 제품을 평가하는 단계가 핵심과정인데 일단 브랜드가 소비자가 고려하는 여러 대상, 즉 브랜드 고려군(consideration set)에 들어가는 것이 급선무이다. 특히 브랜드가 후발 브랜드인 경우 브랜드 고려군에 진입하는 것이 어려울 수 있다. 이 때문에 이미 들어가 있는 잘 알려진 브랜드에 비하여 소비자들의 관심을 끌기 위한 보다 많은 노력과 IMC 투자를 불사해야 한다. 이에 해당되는 좋은 사례가 스마트폰 시장인데 웬만한 시장에서는 브랜드 고려군이 애플과 삼성 두 브랜드으로 아주 제한되어 있다고 해도 과언이 아닐 것이다. 하지만 구체적인 국가에 따라 한국에서는 LG, 대만에서는 HTC, 중국에서는 샤오미 등이 추가되어 더 넓게 경쟁을 할 수 있다. 삼성은 애플과는 달리 타 브랜드 고려 경쟁사와 같은 Android O/S를 사용하고 있으므로 소비자가 브랜드 고려를 기종까지 구분하여 한다면 애플에 비해 더 치열한 경쟁을 하게 된다.

브랜드가 고려군에 들어간 다음 기업은 타사와의 싸움에 있어서 소비자들이 중시하는 각 기준에 좋은 평가를 받아야 한다. 특히 자사 제품/브랜드가 선택

되게끔 자사의 독보적인 차별화 포인트(Point of Difference)의 발굴이 중요한 과제이다. 그러한 기준은 기능적인 측면이 될 수 있지만 그러한 기준의 각 브랜드 평가가 대등하다면 감성적인 측면이 이용될 수 있다. 또한 광고로 차별화가 어려울 때에는 판촉이 사용될 수 있다. 이는 특히 신제품에서 제품을 시용(trial)하게 하여 직접적인 평가를 유도하는 데에 효과적일 수 있다. 앞서 언급된 스마트폰 시장에서는 샤오미 같은 '제3의 브랜드'들은 Android를 고수하는 소비자들에게 한 표적 경쟁자인 삼성에 대해 자국 혹은 인도와 같은 제3의 국가에서 가격, 서비스, 판촉 등의 메리트를 부각시킬 수 있다.

다음 단계인 실제 구매결정과 소비는 소비자가 여러 정보, 상징적 의미 또는 정황을 통합한 다음 이루어진다. 온라인 구매를 제외한 웬만한 구매결정과 소비의 '무대'는 현장이므로 IMC의 과제도 현장에서 최종 마무리를 잘 하는 것이다. 소비자의 반응 성격은 행동에 많이 치우쳐 있기 때문에 기업은 행동을 유도할 수 있는 IMC 수단들을 많이 활용해야 한다. 그 대표적인 수단들은 판촉, 점포 내 집행되는 체험 마케팅, 또한 인적 판매원들의 설득행위 등이다.

소비자들은 구매 후 평가단계에서 브랜드 선택에 대하여 만족을 느낄 수 있지만 반대급부로 인지부조화를 겪을 수 있다. 기업은 후자에 대해서 각별히 신경을 써야 하는데 그 이유는 그러한 생각이 자신의 반복구매는 물론 구전을 통하여 타인의 구매에까지 걸림돌이 될 수 있기 때문이다. 때문에 기업의 IMC 과제는 그러한 부조화를 줄이는 것인데 그 방법은 브랜드에 대한 확신을 갖게끔 철저한 A/S 또는 안심을 유도하는 광고 캠페인을 실시하는 것이다.

이처럼 소비자의 반응은 복잡하고 다양할 수 있고 각 단계별로 IMC의 과제가 시시각각 바뀌게 된다. 우리가 주목해야 하는 점은 각 단계별로 IMC의 과제를 해결할 수 있는 수단이 다를 수 있다는 것이다. 광고가 '만능'이라고 여기는 사람들이 있으나 사실 광고는 소비자들의 인식유발이 대두되는 상황에서 제일 효과가 크다. 반면 소비자들의 직접적 행동이 필요한 '구매결정' 같은 상황에서는 광고보다는 다른 수단의 훨씬 강한 효과를 발휘할 수 있다. 때문에 기업은 각 단계별로 어떠한 조합으로 IMC를 결성할 것인지 그 결정을 유연하게 해야 한다.

Highlight 1

CJ CGV의 '4DX'

지난 2011년, 국내 최대의 멀티플렉스 업체인 CJ CGV가 세계 최대 규모의 영화산업 박람회인 '시네마콘(CinemaCon) 2011'에서 '상영 부문 글로벌 업적상(Global Achievement in Exhibition Award)'을 받았다. 영화산업 상영 부문에서 괄목할 업적과 성과를 이룬 사업자에게 수여하는 상을 국내 업체가 처음으로 수상했다는 점도 눈길을 끌었지만 '슈렉' '쿵푸팬더' 제작자로 유명한 제프리 캐천버그가 앞장서 CJ CGV를 극찬하고 나서 더 큰 주목을 받았다. 전 세계 애니메이션 업계의 거장인 제프리 캐천버그는 대체 CGV의 어떤 점에 매료됐던 것일까. 바로 두 눈으로 '보는' 영화를 넘어 온몸으로 '체험'하는 영화 관람을 가능케 하는 실감(實感) 상영 시스템 '4DX'다. CJ 4DPLEX가 독자 개발한 4DX 시스템은 2017년 4월 말 기준, 한국을 포함해 전 세계 48개국 375개 영화관에 도입돼 운영 중이다.

4DX는 수십 년간 지속된 영화 관람 행위에서 벗어나는 일종의 '불연속적 혁신(discontinuous innovation)'이다. 불연속적 혁신이 확산되기 위해서는 고객인식과 행동을 변화시키기 위한 상당한 노력이 필요하다. CJ 4DPLEX는 이러한 점을 정확히 인식하고 확산 가능성을 높이기 위한 일련의 전술을 성공적으로 실행했다. 그중 하나가 바로 에버렛 로저스(Everett Rogers) 교수가 말한 '부분체험 가능성(divisibility)' 또는 '시용가능성(trialability)'의 제고, 즉 직접적인 체험을 통해 혁신의 가치를 알리는 것이다. CJ 4DPLEX는 2011년 말 LA에 'CGV 할리우드 4DX랩'을 열고 영화 관계자들이 4DX를 직접 체험할 수 있도록 했다. 해외 시장 진출에 있어서도 단 한 개가 될지언정 세계 곳곳에 적극적으로 상영관을 오픈하기 위해 노력했다. 이는 상영관 자체가 새로운 고객 경험을 제공하는 '체험관' 역할을 해줄 것으로 믿었기 때문이다. 영화와 같은 '체험재(experience goods)'의 경우 고객에게 직접 체험할 수 있는 기회를 제공하는 것은 무엇과도 바꿀 수 없는 효과적인 마케팅 수단이 된다.

〈출처: http://dbr.donga.com/article/view/1901/article_no/8099〉

• SECTION 03 • IMC 커뮤니케이션 수단

1 광고와 판촉

IMC의 무기로 사용될 수 있는 수단은 매우 다양한데 크게 전통적인 방식과 비교적 새로운 방식으로 구분될 수 있다. 전통적인 방식은 ATL(Above The Line) 수단이라고 하고 새로운 방식은 BTL(Below The Line) 수단이라고 칭한다.

1) 광 고

IMC에서 사용되는 ATL 수단은 대중 광고를 의미하는데 우리는 이미 위에서 소비자의 여러 반응을 일으키는 데에 광고가 얼마만큼 범용으로 사용될 수 있는지 알아봤다. ATL 광고방식은 흔히 '4대 매체'라고도 부르는 이는 구체적으로 공중파 TV, 신문, 잡지와 라디오를 의미한다. 이 네 가지의 ATL 매체들은 BTL에 비하여 표적시장을 대중(mass)적으로 접근할 수 있다는 공통된 장점을 가지고 있다. 하지만 ATL 전략 안에서 개별적으로 평가할 때에는 확연한 차이를 나타내고 있다. ATL 매체들은 표적을 ① 도달률: 동시적으로 접근할 수 있는 정도, ② 도달빈도: 반복적으로 접근할 수 있는 정도, ③ 선별성: 표적만을 효율적으로 접근할 수 있는 정도, 그리고 ④ Creativity: 매체에서 창의성의 표현력 등으로 상대 평가할 수 있다. <표 9-1>을 보면 공중파 TV와 신문은 둘 다 도달률과 도달빈도에 있어서 높은 점수를 받고 있는 반면, 잡지는 두 가지 측면에서 떨어지는 평가를 받고 있다. 도달률과 반비례하는 것이 평균비용인데 광고에서는 1,000명 단위로 비용을 측정한다. 그 측정치를 CPM(cost per thousand)라는 하는데 TV와 신문이 아주 낮은 편이고 거꾸로 잡지가 높은 CPM을 대게 나타낸다.

TV는 추가적으로 creativity 차원에서 점수가 높은데 신문은 이 점에서 제한

표 9-1				광고매체의 평가
	TV	Radio	신문	잡지
도달률	고	중	고	저
도달빈도	고	중	고	저
선별력	저	중	저	고
creativity	고	중	저	고

성을 보이고 있다. 잡지는 인쇄매체로써 신문과 같이 대게 분류되는데 네 가지 잣대에서 대도적인 특징을 가지고 있다. 즉 도달률과 도달빈도가 신문에 비하여 다 낮지만 선별력과 creativity는 상대적으로 높다. 라디오의 특징은 다른 매체에 비해서 '중간' 평가를 내릴 수 있고 이 때문에 다각적으로 균형 있는 매체효과가 필요할 때 사용될 수 있다. 이 표의 IMC 전략 용도는 크게 두 가지인데 하나는 주어진 IMC의 목표의 성격이 무엇이냐에 따라 거기에 맞는 ATL매체를 선택하는 것이다. 예컨대 우리가 새로운 브랜드를 출시하면서 넓은 층의 소비자들에게 제품의 존재를 알려야 하는 상황이라면 도달률과 도달빈도가 높은 TV나 신문의 사용이 바람직하다. 이는 표적고객이 넓고 신제품 초기에는 광고반복이 있어야만 소비자들이 브랜드를 기억할 수 있다는 이유 때문이다. 이에 반해 기존 틈새시장에 대해서 아주 창의적인 광고를 하려는 기업 입장에서는 제일 적합한 매체는 잡지일 것이다. 이 표의 또 다른 용도는 Multi-Media 전략을 수립하는 것인데 기업은 IMC의 통합성을 고려하여 주(main) 매체와 보조(sub) 매체를 잘 결성해야 한다. 신문과 잡지의 평가를 보면 두 가지가 워낙 다르기 때문에 그 조화가 좋을 수 있다. 이를테면 주된 매체전략은 신문으로 하되 창의성이 좀 더 필요한 부분에 대해서는 잡지가 보조매체로 활용될 수 있다.

2) 판 촉

BTL의 대표적 수단인 판촉(sales promotion)은 판매를 유도하기 위한 단기적인 유인이나 자극적인 수단이다. 광고가 표적소비자 전체를 대상으로 하는 데 반해 판촉은 최종 소비자는 물론 유통업자 각각의 고객 특성에 따라 차별화된 수단을 사용할 수 있다. 이러한 이유에서 판촉은 광고와 달리 '다재다능'한 성격을 지니고 있다고 표현한다. 즉 판촉은 다양한 상황에서 사용할 수 있는 다양성과 융통성을 지닌 것이다.

판촉과 광고의 주된 차이가 <표 9-2>에 정리되어 있다. 주요 목표고객 차원에서 광고는 브랜드를 애호하는 소비자 또는 브랜드를 아직 인식하지 못한 소비자를 겨냥할 수 있다. 그들에 대해서 얻고자 하는 단기적 효과는 브랜드에 관련된 정보를 제공하고 기억을 증가시키고 또는 소비자를 설득하려는 것이다. 장기적인 효과 측면에서 광고는 마케팅에서 중시되는 브랜드 애호도(loyalty)를 증가하고 기업이 원하는 이미지를 구축하고 더 나아가 호의적인 브랜드에 대한 태도를 형성시킬 수 있다. 이에 반해 판촉은 브랜드 전환자(switcher) 혹은 타사 브랜

표 9-2		광고와 판촉 비교
차 원	광 고	소비자판촉
주요 목표고객	브랜드 애호적 소비자 브랜드를 인식하지 못한 소비자	브랜드 전환자 경쟁브랜드에 애호적인 소비자
단기적 효과	브랜드관련 정보제공 브랜드관련 내용의 기억증가 소비자 설득	판매의 즉각적인 증가 소비자상점 방문의 증가 구매시점, 구매량의 증가
장기적 효과	브랜드 애호도의 증가 브랜드 이미지의 구축 호의적 브랜드 태도형성	브랜드 애호도의 감소 브랜드 자산가치 감소

드 애용자가 표적고객이 된다. 판촉의 장점은 단기적인 효과가 주목되는데 판매가 즉각적으로 증가할 수 있고 이의 일환으로 유통에서는 소비자들의 방문횟수가 늘고 또한 구매시점이 빨라지고 구매의 양이 증가된다. 판촉을 과다하게 사용했을 때 이에 따른 주의점은 장기적으로 브랜드의 애호도와 자산가치가 떨어질 수 있다는 것이다.

3) 광고와 판촉의 통합

IMC에는 광고와 판촉 외에도 다른 수단들이 사용될 수 있지만 여전히 광고와 판촉의 비중이 크므로 기업은 이 두 가지의 방식의 결합을 어떻게 해야 하는지 고민할 수 있다. 이와 같이 판촉과 광고에 국한한 IMC 개념을 SPAD(Sales Promotion Advertising)으로 칭할 수 있는데 그 관리는 다음과 같이 할 수 있다.

SPAD는 순수한 브랜드 광고, 순수하게 판촉을 알리는 광고, 그리고 브랜드 광고와 판촉이 복합된 광고를 모두 포괄하는 일종의 Micro IMC 개념이다. SPAD는 광고와 판촉의 성격을 동시에 지니고 있지만 각 구성의 비중이 차지하는 정도에 따라 그 효과는 달라질 수 있다. 이 때문에 기업은 사전에 SPAD를 통하여 얻고자 하는 소비자의 반응이 무엇인지 정확히 규명할 필요가 있다. 기업은 <표 9-3>을 참조하여 SPAD 내에서 광고와 판촉을 어떻게 배합할 것인지 결정할 수 있다.

<표 9-3>을 보면 크게 네 가지의 상황과 이에 적합한 SPAD 전략이 제시되고 있다. 각 상황은 표적대상과 그들로부터 얻고자 하는 반응으로 분류된 것이다.

첫째 유형은 '이미지 강화 전략'인데 자사 브랜드에 높은 애호도를 보이는 소비자를 대상으로 이들의 브랜드에 대한 이미지나 태도를 유지 또는 향상시키

Highlight 2

"SNS시대의 스토리텔링" 방탄소년단으로 본 글로벌 성공사례

전 세계에서 뜨거운 지지를 받고 있는 방탄소년단은 데뷔 때부터 청춘들의 성장 서사에 집중한 팀이다. 2013년 데뷔해 학교 3부작, 청춘 2부작 등 스토리텔링과 결합한 시리즈 앨범을 선보였던 방탄소년단은 자신들의 이야기를 풀어나가면서도 앨범 전체에 얽힌 스토리와 이미지 등을 예고하는 등 그야말로 '스토리' 기획에 공을 들여왔다.

동서양의 문화가 다른데 공통적으로 공감할 수 있었던 주된 정서는 비판의식에서 비롯됐다. 특히 젊은이들의 성장과 청춘, 그리고 비뚤어진 것에 대한 비판의식은 동서양을 막론하고 공감할 수 있는 주제였다. 2013년 데뷔해 학교 3부작, 청춘 2부작 등 스토리텔링과 결합한 연작 앨범을 선보였던 방탄소년단은 '청춘의 아픔'을 차례로 풀어냈다.

이러한 스토리텔링은 방탄소년단이 서구 팬들에 공감을 얻을 수 있었던 이유였다. 학교, 청춘 등 젊은이들이 공감할 수 있는 주제로 스토리텔링에 기반한 콘셉트 앨범은 또래 팬들의 호응을 얻을 수 있었던 원동력이기도 했다. 아이돌 콘텐츠의 중요성을 보여준 사례다. 결과적으로 데뷔 초기부터 꾸준히 SNS로 소통했고 전 세계 음악 트렌드를 발빠르게 캐치해 접근한 점은 주효했다. 앨범마다 열린 해석의 힌트를 심어둔 기획력의 승리이기도 하다.

결국 방탄소년단은 미국 빌보드의 메인차트인 '빌보드200'에 앨범 네 장째 올리는 기록을 세웠다. 장르 문화로만 인식되던 케이팝이 한차례 붐이 일었다가 다시 주춤한 상황에서 방탄소년단의 음악과

영상, 무대 등 다양한 콘텐츠로 빚어낸 차트 신기록은 케이팝 시장의 또 다른 가능성을 보여줬단 평가다. 탄탄한 콘텐츠에 유튜브 입소문을 통한 글로벌 팬덤의 화력에 더해진 결과였다.

그간 많은 가수들이 미국 현지에 머물며 빌보드 벽을 두드렸지만 방탄소년단은 프로모션 없이 이 같은 성과를 거뒀다. 지구 반대편의 팬들까지 사로잡을 수 있었던 이유는 오로지 탄탄하게 구성된 콘텐츠였다. 유튜브 등 SNS를 통한 입소문의 힘은 거대했다. 기존 케이팝 가수들과 접근법 자체가 달랐고 유튜브를 통해 관심은 전세계로 뻗었다.

한국어로만 구성된 앨범이 히트친 것도 큰 의미를 갖는다. '강남스타일' 신드롬을 이끈 싸이가 음악과 춤만으로 언어의 장벽을 허문 결과였다면, 이번 경우는 다르다. 발표하는 시리즈 앨범마다 유기적으로 연결된 뮤직비디오에는 각각 메시지를 담았다. 그리고 '청춘'과 '성장'을 주제로 한 스토리텔링을 풀어내며 팬들에 해석의 여지를 줬다. 무엇보다 음악과 콘텐츠에 대한 충분한 이해와 소통을 이끄는 힘이 있었기에 가능한 일이었다. 트렌디한 음악과 더불어, 데뷔 때부터의 SNS소통, 음악과 뮤직비디오 등 콘텐츠에 대한 공감이 일군 결과였다.

이미 시리즈 앨범이 가요계에서 자리잡은 가운데, 아이돌의 성장을 드러낼 수 있는 기획력은 이제 가장 중요한 능력으로 평가받는다. 그만큼 데뷔 때부터 치밀하게 계산된 전략은 현지화 전략 없이도 SNS시대에 큰 공감을 이끌어내기에 충분하다. 가요계 여러 가수들이 두드린 글로벌 시장에 방탄소년단이 또 다른 성공사례를 남겼다.

〈출처: http://sports.chosun.com/news/ntype.htm?id=2017022701002319800016475&servicedate=20170226〉

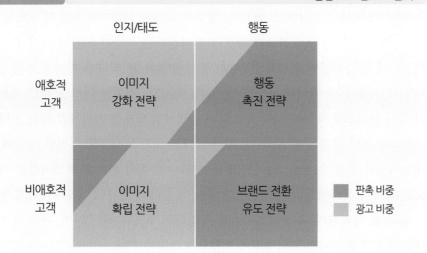

표 9-3 ● ─────────────────────────── 상황에 따른 SPAD전략

	인지/태도	행동
애호적 고객	이미지 강화 전략	행동 촉진 전략
비애호적 고객	이미지 확립 전략	브랜드 전환 유도 전략

판촉 비중
광고 비중

기 위한 목적으로 펼치는 IMC를 말한다. 일반적으로 이러한 상황에서는 브랜드를 광고하는 것이 바람직하고 판촉이 유발하는 단점들을 감안하여 그 사용을 최소화해야 한다. 다만 판촉의 형태는 매우 다양하기 때문에 IMC 구색 차원에서 브랜드 육성(brand building)에 도움이 될 수 있는 '품위 있는' 수단들은 소폭으로 사용될 수 있다. 특히 애호층에 대해서 고마움의 표시로 공연관람 티켓 같은 판촉물을 전달하여 브랜드 이미지와 태도를 한층 높일 수 있다.

둘째 유형은 행동촉진 전략인데 이는 자사의 브랜드 애호층에 대해서 그들의 구매행동을 더 강화시키는 목적을 가지고 있다. 특히 제품이 성숙기에 들어가 있을 때 브랜드를 애호하는 소비자들마저 브랜드에 대한 싫증을 느낄 수 있고 구색을 추구(variety seeking)할 수 있다. 이러한 소비자들은 브랜드에 대한 상당한 정보가 이미 있고 태도 또한 형성이 되어 있기 때문에 기업은 적극적인 광고를 할 필요가 없다. 그러나 기업은 브랜드 이미지와 태도 유지 차원에서 소폭의 상기 광고(reminder advertising) 집행을 이행할 수 있다. 이 전략의 목적을 달성하려면 판촉이 주도적인 역할을 해야 한다. 애호층의 구매량, 구매시점, 구매횟수 등을 변화시키기 위해 포장쿠폰, 경품, 단골사은품, 게임 등이 효과적일 수 있다.

셋째 유형은 이미지 확립 전략인데 여기서 대상이 자사보다 타사를 이용하는 소비자라는 것을 주목해야 한다. 또한 그들로부터 얻고자 하는 반응은 자사 브랜드에 대한 이미지와 태도 확립이다. 우리는 타사 소비자에 대해서 무조건 강한 판촉을 사용해야 한다는 고정관념이 있지만 이 전략에서도 SPAD의 비중은 판촉보다 오히려 광고 쪽에 더 많이 치우쳐 있어야 한다. 만약 광고보다 판촉을 더 하게 되면 자사 브랜드에 대한 평소의 부정적 이미지와 태도가 지속될 수 있다. 예를 들어 자사 브랜드가 품질이 떨어진다는 선입견을 가진 타사 브랜드 애용자에게 가격할인을 행하였을 때 '역시 품질이 안 되니까 가격으로 승부한다'는 인식을 본의 아니게 유도할 수 있다. SPAD의 취지는 타사 브랜드 애용자가 자사 브랜드를 새로운 시각으로 보고 긍정적인 태도를 가지게끔 하는 논박형(refutational)의 광고를 할 수 있다. 앞서 알아본 헤지스 광고도 그러한 성격의 캠페인이었다고 볼 수 있다. 이미지 확립 SPAD전략에서 판촉은 보조역할을 하게 되는데 특히 자사제품을 아직 사용해보지 못한 타사 브랜드 애용자들에게 견본(sample)을 체험하여 제품의 우수성을 직접확인 하게끔 해야 한다. 제품 품질에 대한 불신을 불식시키기 위해 품질보증도 보장해야 한다.

마지막 유형은 브랜드 전환유도 전략인데 이는 첫째 유형과 완전히 대조되는 경우이다. 즉 SPAD의 대상은 타사 브랜드 애용자이고 목표 반응도 구매인 만큼 SPAD의 취지는 그들의 단기적 판매를 올리는 것이 된다. 그 목적에 최적인 수단은 판촉이므로 SPAD의 비중도 역시 거의 다 판촉에 집중되어 있어야 할 것이다. 여기서의 광고역할은 판촉을 보조하는 것인데 기업이 판촉행사를 할 때 이를 TV, 신문 또는 인터넷 같은 대중적인 매체를 이용하여 그 사실을 알릴 수 있다. 위에서 알아본 SPAD 형태와는 달리 브랜드 전환유도 전략에서는 가장 매출효과가 강한 판촉수단이 사용될 수 있다. 이에 달하는 방식은 할인쿠폰, 가격할인, 입증, 프리미엄 등과 같은 판촉인데 기업은 다른 유형에서처럼 과다한 판촉에서 발생할 수 있는 부작용을 우려하지 않아도 된다.

2 PR 커뮤니케이션

2010년 가을 한국에서 치른 G20회의가 국가 홍보에 21조의 천문학적 효과를 가져왔다고 하는 전문가들의 평가가 있었다. 세계 경제계의 관심이 며칠 동안 한국으로 집중되면서 한국에 대한 많은 선입견들이 불식되고 여러 긍정적인 측면들이 부각됐다는 관측이다. 이처럼 국가 차원 또는 기업 차원에서 공중의 주목을 집중적으로 받는 대형 이벤트들은 광고효과로 환산할 수도 없을 만큼 이익이 될 수 있다.

홍보는 PR(public relations) 관리의 일환인데 광고관리와 다른 장점과 단점을 지니고 있다. 광고는 메시지의 주체가 일정 비용을 지불하고 다양한 매체를 통

자체 브랜드의 전문화를 통한 이마트 그룹의 성장

이마트가 마트 콘텐츠로 개발한 각종 전문점들이 인지도를 쌓으며 단독 브랜드로 성장하고 있다. 대표적인 사례로 이마트의 통합 가전 전문점 일렉트로마트가 있다. 디지털 가전과 오디오, 드론 등 일반 소비자부터 매니아까지 아우르는 다양한 상품을 망라한 일렉트로마트는 일명 '남성들의 놀이터'로 알려지며 소비자들의 관심을 끌었다. 일렉트로마트는 1~3호점까지 이마트나 신세계백화점 내에 '숍인숍' 형태로 매장을 열었으나 4호점인 판교점은 처음으로 신세계 계열사를 나와 단독 매장으로 독립했다. 지난해에는 스타필드 하남을 오픈하면서 리빙용품을 선보이는 라이프스타일 숍 '메종티시아'와 화장품 편집숍 '슈가컵'을 선보인 바 있다.

신세계 L&B가 만든 고급주류 전문점 '와인앤모어'와 신세계푸드에서 만든 수제맥주 전문점 '데블스도어'도 유통사가 만든 전문점의 성공적인 사례다. 2016년 서울 한남동에 1호점을 낸 와인앤모어는 성공적인 출발을 알리며 반년만인 지난해 말 청담동에 2호점 열었다. 2014년 처음으로 문을 연 데블스도어는 월평균 4만명 이상이 방문하고 있으며 지난 7일에는 누적 방문객이 100만 명을 돌파하는 성과를 거뒀다.

이마트 관계자는 "단순히 '마트 제품'이 아니라 하나의 브랜드로 고객들에게 인식되기 위해 스타 모델을 기용하거나 자체 소셜네트워크서비스(SNS) 채널을 운영하는 등 다양한 노력을 펼치고 있다"며 "전문점 브랜드가 성공할 경우 고객들이 마트를 찾도록 하는 킬러콘텐츠 역할을 하는 것은 물론 새로운 수익 모델의 가능성도 있다"고 설명했다.

〈출처: http://www.sedaily.com/NewsView/1OC2UX0VAL〉

해 소비자에게 메시지를 전달하는 '유료'의 성격을 띠고 있는 반면, PR은 광고처럼 실제 비용부담은 없는 대신에 각 언론의 매체관리자(media gatekeeper)들이 자사에 대하여 보도가 되게끔 '유도'하는 성격을 가지고 있기 때문에 소비자들은 제3자에 의해 메시지가 전달되는 PR을 더 신뢰하는 경향이 있다. 따라서 여론의 신뢰를 증진시키려는 상황에서 광고의 사용이 어려울 때 PR이 그 문제들을 해결할 수 있다.

PR의 근대적 정의는 500개가 넘는 것으로 집계되었는데 그 중 가장 간결한 정의는 Belch and Belch(2015)의 '공중과의 관계의 관리'이다. 이 정의의 핵심은 PR의 대상이 아주 다양하다는 것을 말해주고 있다. 특히 광고는 최종고객이 초점이 되고 이에 반해 PR은 최종고객을 비롯하여 언론, 회사의 임직원, 납품업자, 주주, 정부, 일반 공중 등등을 모두 대상으로 삼고 있다.

1) PR의 유형

Belch and Belch의 정의에서도 살펴보았듯이 PR의 핵심단어는 'R'인데 이는 'relations'의 약자로서 마케팅의 근원이 되는 '관계'를 강조하는 것이다. PR의 유형도 결국 누구와의 관계를 기업이 맺고 관리를 해야 하느냐에 비롯된다. PR의 여러 관계대상은 다음과 같다.

첫 번째 매체관계(media relations): 이는 매체와의 원활한 접촉관리를 의미한다. 여기서 대두되는 활동은 홍보이다. 매체관계는 PR 혹은 홍보담당자가 각 주요 매체사의 편집장이나 기자와 인맥을 형성하여 필요할 때 그 관계를 잘 이용하는 능력을 말한다.

두 번째 직원관계(employee relations): 이는 내부적으로 기업 사안을 임직원에게 알리고 호소하는 활동을 의미한다. 직원관계는 내부마케팅(internal marketing)의 일환으로 간주될 수 있다. 직원관계의 좋은 예가 기업의 상호 또는 브랜드 변경 시 그 신규 네임을 공모하는 경우이다. 그러한 공모는 직원들의 동기와 변경취지에 대한 이해가 증진될 뿐만 아니라 더러 좋은 이름의 발굴계기가 될 수 있다.

세 번째 재계관계(financial relations): 이는 재계에서 기업을 평가하는 여러 투자기관, 정부, 애널리스트, 재계언론에 대한 자료제공, 보도, IR(investor relations)활동 등을 의미한다. 기업의 재무상태를 대외적으로 적시에 정확히 알려야만 기업의 주식, 신용 등이 제대로 평가될 수 있다.

네 번째 기업관계(corporate relations): 이는 기업의 일반 이미지와 평판(reputation)에 대한 관리를 의미한다. 때문에 다른 관계보다는 기업의 장기적인 위상에 대한 관리를 뜻한다. 이 관계는 광고의 기능과 중복되므로 광고기획과 잘 통합되어야 한다. 특히 기업광고의 목적과 브랜드 광고의 목적이 상충되어서는 안 되므로 IMC 차원에서 PR과 마케팅부서의 협력이 중시된다. 기업 이미지와 평판을 높이는 차원에서 최근에 대두되는 활동이 사회 또는 'cause marketing'이다. 이는 특정 사회이슈를 중점으로 기업이 펼치는 캠페인을 말하고 좋은 예는 'The Body Shop'의 친환경주의 운동이다.

마지막은 정부관계(government relations): 이는 정부와의 원활한 관계형성 및 유지를 의미한다. 이 분야의 주요 일환은 '로비'(Lobby) 활동인데 정부를 상대로 하는 방위산업체뿐만 아니라 규제를 받는 모든 기업 입장에서는 정부와 좋은 관계를 합법적인 차원에서 맺고 유지하는 것이 바람직하다.

2) MPR

IMC 관점에서 마케팅과 PR을 일치시켜야 한다. 마케팅의 목표와 PR의 목표가 거의 동일할 때 그 두 가지를 결합한 MPR(marketing public relations)의 접근이 대두된다(Shimp, 2010). MPR은 최근 PR에서 제일 성장하고 있는 분야로 꼽히고 있다. 일반 PR과는 달리 MPR에서는 매출관련 목표가 더 정확히 명시되어 있다. MPR이 기업 주도하에 이루어지는 형태를 적극적(Proactive) MPR이라고 칭하고 이에 반해 위기와 같은 외부사건을 완화시키려 하는 형태를 대응적(Reactive) MPR이라고 부른다.

적극적 MPR의 수단에는 여러 방법들이 있지만 많이 이용되는 항목은 다음과 같다.

- 제품 발표(Product release): 신제품 발표는 제품의 속성과 효익, 기술적 스펙을 업계에 알리는 형태인데 이는 B2B뿐만 아니라 B2B 차원에서 효과적일 수 있다.
- 임원 발표(Executive Statement release): 이는 CEO를 비롯하여 기업의 최고 경영자들의 공식 발표 내용들이다. 제품 발표와는 달리는 임원 발표는 기업과 업계에 관련된 다양한 내용을 다룰 수 있다.
- 기사 특집(Featured Article): 이는 인쇄, 방송 혹은 인터넷 매체에서 기업에 대한 홍보 기사를 게재하는 형태를 말한다.

Reactive MPR의 수단에는 이용될 수 있는 항목은 다음과 같다.

- 위기관리(Crisis Management): 기업이 예상하지 못한 어려움을 겪었을 때 여론에 대한 즉각적 조사가 대두된다. 나빠진 여론이 확산되기 전에 빠른 대응이 요구될 수 있는데 Johnson & Johnson Tylenol의 과감한 리콜은 제품의 신뢰를 얻게 했다. 반면 Toyota, Volkswagen의 느리고 소극적인 리콜 행보는 제품에 대한 의구심을 증폭시켰다.

- 역 바이럴 마케팅(reverse viral marketing): 버즈 마케팅에서 알아봤듯이 인 터넷의 사용이 확산되면서 여론관리가 한편 더 어려워졌다. 기업은 위기 를 겪었을 때 인터넷을 '아군'으로 역이용할 수 있다. Ford Explorer SUV자 동차가 리콜을 대대적으로 실시하면서 200개가 넘는 인터넷 사이트를 이 용하여 리콜의 배경, 범위 또는 신청절차를 공개하여 리콜사건에 따른 여 파를 제한시켰다는 평가를 받았다.

- 유언비어(rumor & urban legend)에 대한 대처: 기업은 근거에 없는 각종 악 의의 유언비어 때문에 시달릴 수 있다. 미국에서 P&G 기업 로고 때문에 한동안 사이비 종교 추종자들이 운영한다는 소문이 있었다. 기업은 모든 소문을 반격할 필요는 없지만 기업 또는 제품에 관해 사실무근의 주장이 있다면 'Anti-rumor'를 이용하여 이를 무마시킬 필요가 있다.

3 버즈(Buzz) 마케팅

인터넷과 사회적 네트워크(Social Network)의 발달로 인하여 버즈 마케팅 이 IMC에서 중요한 수단으로 관심을 갖게 됐다. 버즈 마케팅은 입소문 마케팅 으로 통용되고 있는데 기업에서 비용도 아끼는 반면 커뮤니케이션의 효과를 증 대시킬 수 있는 전략으로 발돋움하고 있다. Rosen은 버즈를 "사람들 사이에서 특정 제품에 대하여 주고받는 모든 말의 합산"이라고 정의하였다(Rosen, 2009). Rosen의 정의에 따른 주된 마케팅 시사점은 세 가지이다. 첫째, 버즈는 다른 커

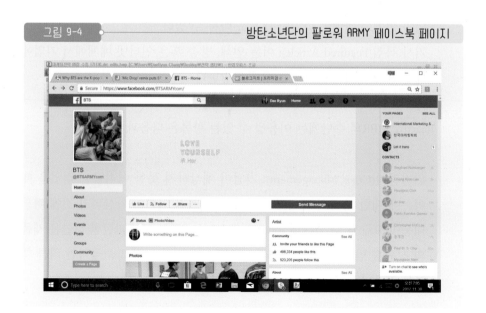

그림 9-4 　방탄소년단의 팔로워 ARMY 페이스북 페이지

뮤니케이션과 달리 사람이 주체이다. 광고는 흔히 B2C라고 표현하는데 버즈는 P2P(person to person)라고 표현해야 한다. 버즈의 밑바탕은 사람이기 때문에 사람들은 버즈를 신뢰하게 된다. 둘째, 버즈는 '모든 말'의 합산인 만큼 버즈는 크게 '좋은 말'만 있는 게 아니라 '나쁜 말'도 있다. 사람들은 사실 악소문에 대해 더 많은 관심을 갖는 경향이 있으므로 기업 입장에서는 과연 어떠한 소문이 있는지 확인 작업을 할 필요가 있고 이러한 소문이 확산되기 전에 빠른 대응을 해야 한다. 셋째, 버즈는 과거 구전과 대조되는 특징은 그 확산속도가 빠르다는 점이다. 구전은 서로 아는 사람들 사이에는 교환되는 말을 의미했지만 버즈는 인터넷 같은 매체를 통하여 모르는 사람들끼리도 많은 말이 오고 갈 수 있게 되었다. 때문에 디지털 미디어의 전파력을 이용한 버즈의 위력은 일반 구전보다 기하급수적으로 더 크다고 간주될 수 있다. 특히 개인들이 페이스북 같은 SNS에서 운영하는 테마 페이지에 팔로워들이 생기면서 버즈의 힘은 더욱 강화되었다. K-Pop 밴드로 세계적으로 돌풍을 일으킨 방탄소년단, BTS도 이와 같은 버즈의 힘을 얻었다. 방탄소년단은 다른 그룹에 비해 즐거운 주제, 노래 또는 율동만을 다루지 않고 사회적인 이슈까지도 포함시키고 있어 팬들의 공감대를 유발시키는 데 성공했다. 팔로워들은 이른바 자칭 ARMY(adorable representative MCs for youth의 약자)라는 단체를 만들어 twitter같은 SNS에서 소식에 대한 retweet를 3억번 하는 등, 인지도와 인기를 확산시키는 데 성공하였고 AMA 같은 큰 시상식 공연무대에 참여게끔 운동을 했다.

버즈 마케팅의 또 좋은 사례는 도브(Dove) 화장품의 '진정한 미'(Real Beauty)

| 그림 9-5 | 도브의 "Evolution" 바이럴 광고 |

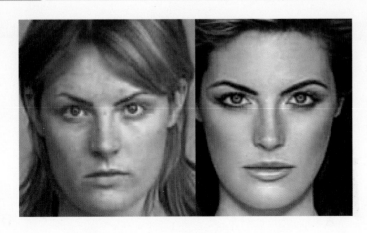

캠페인이다. 이 회사는 그릇되고 성형된 미의 개념을 타파하고 일반인들에게 '내면의 미' 개념을 전파하기 위하여 이 캠페인에 착안했다. 이 캠페인의 여러 IMC 수단 중 Youtube 같은 사회미디어를 이용한 "Evolution" 광고가 특히 세계인의 주목을 받았다. <그림 9-5>에서 볼 수 있듯이 이 광고의 내용은 평범한 여자가 '진한 화장'과 '포샵'으로 자신의 모습을 쉽게 바꿀 수 있어 '진정한 미'가 무엇인지 알 수 없다는 점을 주장한 것이다. 이 광고를 Youtube에서만 본 네티즌이 무려 1,200만명이 넘는다. Dove는 거의 매체비용의 투자 없이 세계사회에 반향을 일으켰고 브랜드에 대한 높은 인지와 긍정적인 태도를 형성시킬 수 있었다.

버즈 마케팅의 관리지침

버즈 마케팅에 관련된 주요 관리지침은 크게 5가지로 구분될 수 있다.

첫째, 버즈의 확산속도가 촉진되어야 한다. 버즈의 관리를 더 잘 설명하기 위하여 Rosen은 Hub와 Network의 개념을 소개하고 있다. 그 두 가지 개념은 <그림 9-6>에 나타나 있다. 이 그림을 보면 많은 사람들이 한 집단을 이루고 있다. 그 전체 집단을 이른바 네트워크라고 이해할 수 있다. 그 네트워크에서 중심적인 인물을 이른바 Hub라고 칭하고 있다. 우리가 마케팅에서 의견선도자라고 부르는 사람과 거의 대동소이한 인물이라고 간주할 수 있다.

<그림 9-6>을 보면 버즈의 확산속도 촉진방법이 더 쉽게 설명될 수 있다. 위의 네트워크 특징을 보면 마케터가 누구에게 정보를 먼저 심어줄 것이냐가 관건으로 떠오른다. 가령 소비자 A가 지목된다면 그는 소비자 C와 소비자 D에게 정보를 전달하는 데 다른 사람을 거쳐가야 한다는 번거로움이 있다. 이 문제는 Hub격의 소비자를 제외한 모든 소비자에게도 마찬가지로 지적될 수 있다. 이에

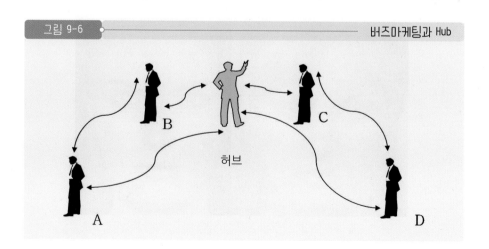

그림 9-6　　버즈마케팅과 Hub

B　　허브　　C

A　　D

반해 Hub 소비자가 제일 먼저 정보전달의 대상이 된다면 그 다음에는 나머지 네트워크 일원에게 그 정보는 빨리 또는 정확히 전달될 수 있다. 이처럼 버즈를 확산하는 데 있어서 첫 접촉상대의 선택이 매우 중요한 것이다. 결국 우리가 쉽게 접할 수 있는 네트워크의 일원보다는 입김이 강한 인물의 선택이 중시된다. 확산의 속도를 촉진할 수 있는 다른 방법은 전염성이 있는 이른바 바이럴 제품을 이용하는 것이다. 전염성이 있는 제품은 강한 감정을 유발하는 제품, 가시성이 높은 제품, 사용자 수에 따라 실용성이 증폭되는 제품, 그리고 호환성이 높은 제품 등이다. 강한 감정을 유발하는 영화나 책은 사람들이 오래 기억하고 남들에게 설명하게 된다. 가시성이 높은 제품들은 액세서리, mp3, 패션의류처럼 디자인이 눈에 띄는 제품들을 의미한다. 남에 눈에 들어오고 호응을 얻은 제품은 모방되기 쉽지만 보이지 않은 제품은 모방될 가능성이 떨어지게 된다. 테이크아웃 문화를 거의 창조한 스타벅스는 광고를 안 한다고 자부한다. 커피용기에 크게 그려진 '싸이렌' 심볼마크가 이 브랜드에 대한 관심을 끄는 광고 역할을 대신했다고 말할 수 있다.

바이럴 마케팅의 또 다른 예는 화장품 판매에서 사용되는 MGM(member get member) 판촉방법이다. MGM은 한 소비자가 다른 소비자를 동원했을 때 추가로 판촉을 얻게 되는 제도를 의미한다. 사용자 수에 따라 실용성이 증폭되는 효과를 네트워크 외부성(network externality)이라고 표현한다. 인터넷에서는 Facebook, 온라인 카페처럼 아는 사람들을 묶어주는 사이트가 주된 예라고 볼 수 있고 공동구매 사이트도 다른 좋은 예라고 볼 수 있다. 호환성이 없는 제품들은 그 자체가 확산의 걸림돌이 될 수 있다. 이러한 호환성은 꼭 기술적인 적합성만을 의미하는 것이 아니라 소비자들의 관습까지도 포괄하는 개념이다. 어느 제품이든 소비자의 '코드'와 잘 맞아야 그 제품에 대한 관심이 쏠릴 것이고 또한 남에게 그 관심이 전파될 것이다. 스타벅스 점포가 한국에서 빨리 확산할 수 있었던 이유 중 하나는 커피보다는 만남의 장소로서의 매력 때문이었다. 앞서 설명했던 바와 같이 다른 커피 전문점과는 달리 스타벅스는 집 또는 직장도 아닌 '제3의 장소'(third place) 개념을 표방하고 있고 고객들은 종업원의 간섭 없이 과거 다방처럼 담소를 나눌 수 있다는 것이 소비자에게 큰 매력으로 어필했던 것이다.

둘째, Hub의 확인과 철저한 관리가 중시된다. <그림 9-6>에서 볼 수 있듯이 Hub는 꼭 최전방에 나가 있는 인물이 아니므로 마케터들은 그들을 더 적극적으로 발굴해내야 한다. 인터넷 환경에서는 Hub의 확인이 다소 용이한 편인데 가장 쉬운 방법은 커뮤니티 사이트의 마스터, 홈피주인, 혹은 블로그 작성자들을 포석하는 것이다. 유명한 블로거들은 수만명의 독자를 자랑하고 있기 때문에 그들은 막강한 버즈의 힘을 누리고 있다. 특히, 맛집블로그를 운영하는 유명한 스타 블로거들은 마케터들에게 주요 관심대상이 되고 있다. 이러한 Hub의 정확한 확인방법은 온라인에서만 가능하지만 오프라인 상태에서는 소비자 데이터베이스(DB)를 가지고 CRM을 통하여 간접적인 Hub 확인을 시도할 수 있다. 많은 DB는 소비자의 개별자료만 기록되고 있지만 권유를 받거나 권유를 한 자료가 기록된다면 Hub의 확인이 더 용이해진다. Hub는 그 유형이 다양하다(Rosen, 2009). 인맥이 바탕이 되는 일반적인 네트워크 Hub를 비롯하여 연예인처럼 매체를 통하여 영향력을 미치는 거대한 Hub인 메가 Hub도 있다. 외국의 유명한 메가 Hub는 과거에는 토크쇼 호스트 Oprah Winfrey, 최근에는 Jimmy Kimmel, 그리고 축구스타 Cristiano Ronaldo 등이다. 그들의 한마디 한마디는 영화, 책, 요리방법, 정치적 이슈 등 다양한 제품의 수요 또는 관심을 급증시킬 수 있는 원동력이 된다. 전문 Hub는 특정 분야에 대해서 아주 깊이 있는 지식과 경험을 가지고 있는 사람을 뜻한다. 와인, 자동차, 오디오, 컴퓨터, 골프, 영화 등 이러한 분야에 대해서 전문 Hub는 많은 영향을 미치게 된다. 친교 Hub는 네트워크에서 가장 많은 사람들을 사귀고 있으며 사람들의 신뢰와 호의를 얻고 있는 일원을 말한다. 한국의 가수 이효리는 한국, 빅뱅의 G-Dragon이나 송혜교와 송중기 같은 스타들은 한국에서뿐만 아니라 아시아 전체에 영향을 미치는 메가허브가 되었다. 이들이 TV, 영화혹은 음악프로에 출연할 때 사용하는 물건이나 먹는 음식, 입는 옷들은 그들의 마니아들에게 상당한 영향력을 미치고 있다. 최근에 메가 Hub의 보다 발전된 개념으로 Influence Marketing이 유행하고 있다(Brown and Fiorella, 2013). Influence Marketing의 좋은 사례는 아디다스인데 그들이 스폰서하는 루이스 스와레즈 같은 선수들이 시시각각 instagram 같은 sns를 이용하여 팔로워들에게 행보를 알려 공감대를 유지시키고 있다. 뿐만 아니라 힙합 운동화 같은 제품들에 대한 패션을 주도하기 힙합 아티스트들을 라이프스타일 리더들로도 활용하고 있다.

　　허브를 확인하는 데 있어서 굉장히 중요한 사안이 그들에 대한 포상이다. 즉 허브는 양적 또는 질적 차원에서 그들의 선도역할에 대한 기업의 배려가 있어야만 허브와의 좋은 관계유지가 가능하다. 허브들은 일반적으로 조기수용자(early adopter)의 성격을 지니고 있으므로 이들에 대한 신제품에 대한 첫 사용 기회를 제공해야 한다. 예컨대 개봉을 앞둔 영화의 경우 허브들을 시사회에 초청하는 것이 매우 중요한 일이다. 이러한 시사회에 초대 받은 허브들은 그냥 영화만 가지고 흥이 나지는 않기 때문에 '꺼리'가 될 만한 이벤트가 추가적으로 마련되어야 한다. 이를테면 시사회에는 출연배우들이 가급적 등장하는 이유도 그들에 대한 관심이 고조됨에 따라 영화 버즈가 더 증폭될 가능성이 높기 때문이다. 허브들은 일반 네트워크 일원보다 전문성이 높은 편이지만 신제품에 대한 이해가 떨어질 수 있으므로 그들이 남들에게 정확한 정보전달이 되게끔 제품정보 그리고 전문가의 객관적인 제품평가 자료를 제공해야 한다. 허브 관리에 있어서 무엇보다 중요한 것은 그들의 신뢰를 잃어서는 안 된다는 점이다. 즉 기업은 확신이 없는 제품을 무작정 허브들을 이용하여 남에게 추천하게 하는 경우는 반드시 피해야 한다. 그러한 상황에서 허브들은 네트워크 일원의 신뢰를 잃게 되고 이로 말미암아 허브는 기업과의 관계를 끊게 된다.

셋째, 필요에 따라 기업은 적극적인 '씨앗 심기'(seeding) 전략을 펼쳐야 한다. '씨앗 심기'는 버즈를 대대적으로 출범시키는 행위를 뜻한다. 예컨대 단행본 책들은 판매에 앞서 언론에 배포가 되어서 좋은 평가를 받고 계속적으로 언론에서 언급이 되어야만 베스트셀러가 될 수 있다. 화장품은 샘플링을 통하여 소비자들이 직접 촉감을 확인할 수 있다. 일본 화장품 브랜드인 DHC는 통신과 인터넷만을 이용하여 한국시장에서 성공했다. 온라인 판매는 촉감 확인이 불가능하다는 제한점을 지니고 있는데 이를 극복하기 위하여 DHC는 타깃층이 많은 신촌 같은 지역에서 대대적인 샘플제공을 실시하였다. 또한 인터넷에서도 샘플을 요청하는 소비자에게 무료로 제품을 보내줬다. 씨앗 심기의 주요 역점은 소비자의 제품 체험인데 제품의 용량이 크다면 잠재 사용자들이 제품채택을 꺼려할 수 있다. 때문에 작은 샘플들이 배포되어서 제품에 대한 직접적인 사용을 유도해야 한다. 이처럼 샘플은 일종의 '미니 체험'의 매개체라고 간주할 수 있다.

넷째, 광고는 일반적으로 버즈 전략에서는 금물이다. 버즈의 주체는 사람이라고 위에서 알아보았는데 이에 반해 광고의 주체는 기업이다. 이처럼 광고와 버즈의 근원적 주체가 다르기 때문에 소비자들이 받아들이는 효과도 다를 수밖에 없다. 버즈는 신뢰가 바탕이 된다면 광고는 그 바탕이 바로 불신일 수 있다. 때문에 버즈 전략을 펼치는 상황에서는 광고는 상당한 악영향을 미칠 수 있다. 이러한 이유 때문에 버즈 마케팅을 지향하는 스타벅스, 바디샵 같은 기업은 철저하게 광고의 사용을 기피하고 있다. 하지만 버즈 또는 여타 커뮤니케이션이 해결하지 못하는 부분에 대해서는 광고가 기여할 수 있다. 이를테면 영화의 흥행은 결국 입소문이 좌우하게 되지만 초기에 허브들마저 영화를 모를 때에는 영화의 존재는 광고나 예고편을 통하여 세계에 알릴 수 있다. 많은 신규 인터넷 사이트도 공중파 광고를 통하여 사이트 URL를 알려서 방문객을 유치하게 된다.

Highlight 4

'국민 SNS 캐릭터' 카카오프렌즈 온·오프라인 경계 넘는 진화 꿈꾸다

KAKAO FRIENDS

서비스에서 제품으로의 브랜드 익스텐션 가운데 카카오프렌즈의 예는 디즈니 만화와는 차이가 있는 매우 독특한 성공사례다. 예컨대 디즈니랜드와 롯데월드라는 위락 서비스를 기반으로 한 캐릭터 상품은 서비스를 서포트하는 입장으로 존재할 뿐 제품 자체의 경쟁력을 갖고 독립적으로 제품화하고 놀이동산의 울타리를 벗어난 일반 오프라인 매장을 통해 판매되는 일은 드물다. 카카오프렌즈는 카카오톡과의 독립을 위해 구조적으로 따로 분리됐고 여러 가지 차별화를 시도하고 있다. 서비스 충성도를 강화하고 좋은 질의 제품과 감성을 자극하는 제품을 개발하다보면 제품이 서비스를 돕는, 즉 역충성도를 높이는 효과를 낳을 수도 있다.

자고나면 새로운 브랜드들이 생성되는 치열한 경쟁 사회에서 이미 확고한 브랜드 인지도를 자랑하는 온라인 모(母)브랜드를 활용한 온라인 또는 오프라인 제품의 개발은 이미 1990년대부터 시도돼 왔다. 이러한 기법들이 점점 인기를 얻으면서 구글, 아마존, 페이스북 같은 혁신 기업들도 관련 사업을 전개했다. 예컨대 중국에서 가장 인기 있는 인스턴트 메시징 컴퓨터 프로그램인 '텐센트QQ'는 온라인상에서 교육 도메인을 설립하기 위해 애쓰는 한편 오프라인 마켓에 'QQ라면'을 내놨다. 구글은 2006년과 2008년에 각각 구글 껌과 구글 무선 마우스를 선보였다. 즉 온라인 기반의 브랜드가 온라인과 오프라인 양방향으로 브랜드를 확장하는 전략은 최근까지도 활발하게 펼쳐지고 있다.

카카오톡도 카카오프렌즈를 통해 이러한 전략을 시도했다. 카카오의 캐릭터들은 어린이들부터 70대 노인들까지 세대를 초월해 모든 연령층에서 사랑받는 명실상부한 국민 캐릭터들이다. 이러한 국민 캐릭터들을 카카오톡이라는 온라인 공간에서뿐만 아니라 오프라인 매장에서도 만날 수 있다는 것은 카카오톡을 사용하는 고객들에게 즐거운 경험임에 틀림없다.

카카오톡의 인기 이모티콘들을 소재로 오프라인에서 캐릭터 사업을 전개하는 것은 고객들뿐만 아니라 카카오 입장에서도 이미 온라인에서 확인된 엄청난 브랜드 충성도를 오프라인에서 활용한다는 측면에서 리스크가 적은 매력적인 사업일 수밖에 없다. 기본적으로 동일한 사업 모델을 가지고 있는 라인프렌즈뿐만 아니라 미키마우스, 헬로키티, 도라에몽, 뽀로로 등 만화영화의 인기 캐릭터를 소재로 한 오프라인 사업의 성공에서 이미 확인했듯 카카오프렌즈의 초반 사업 성공은 온라인에서의 카카오 캐릭터들의 폭발적 인기를 감안할 때 어느 정도 예견된 것이다.

그러나 사실 서비스에서 제품으로의 브랜드 익스텐션(확장) 사례 가운데 카카오프렌즈의 예는 디즈니 캐릭터 만화와 똑같은 케이스로 볼 수는 없다. 예컨대 디즈니 캐릭터 상품은 만화나 캐릭터에 근거한 서비스로의 확장이다. 롯데월드와 같은 놀이동산도 마찬가지다. 이러한 곳에서 파생된 제품(캐릭터 상품)은 위락 서비스를 서포트하는 입장으로 존재할 뿐 제품 자체의 경쟁력을 갖고 독립적으로 제품화하고, 놀이동산의 울타리를 벗어난 일반 오프라인 매장을 통해 판매되는 경우는 드물다. 간간히 피부 관리를 위한 스파 서비스 공간에서 사용하는 제품들이 일반 매장에서도 구입 가능한 화장품으로 출시되는 사례가 있었으나 이 역시 원래 이미 제품으로 개발된 제품에 브랜드를 달고 판매 영역을 확장했을 뿐이다. 이러한 관점에서 볼 때 서비스의 인기, 즉 '후광효과'를 근거로 하긴 했으나 이제는 독자적인 상품으로 일반 소비자 공략에 나선 카카오프렌즈의 '서비스 투 프로덕트' 전략은 흔히 찾기 어려운 성공 사례라 할 수 있다.

카카오프렌즈는 정보 통신 관련 사업에 적용되는 '서비스 디맨션'에 있어 서비스 산업의 가장 중요한 요소인 무형성(intangibility)이 유형성(tangibility)을 갖는 과정에서 사용자들이 갖고 있는 심리적 애착도(emotional attachment)가 유독 크게 작용함으로써 성공할 수 있었다. 매일, 자주 사용하는 카카오톡이란 온라인 서비스를 통해 경험한 캐릭터에 대한 감정이입(empathy)과 신뢰도(reliability)가 제품 구매로 잘 이전됐기 때문이다.

〈출처: http://dbr.donga.com/article/view/1901/article_no/7931〉

일반적으로 많은 업체들이 유명 연예인의 인지도를 이용하여 브랜드를 소비자에게 알리려는 경향이 있지만, 버즈 광고에는 유명 연예인이 모델이 되는 경우보다는 일반인이 모델로 이용되는 이른바 'testimonial' 광고가 더 효과적일 수 있다. 그 이유는 겹치기 출연을 많이 하는 배우보다는 우리가 현실에서 접할 수 있는 동료 같은 모델에 대해서 친근감을 더 느낄 수 있기 때문이다. 그러한 관점에서 무명 대학생들이 대거 출연한 '화이트' 생리대 광고가 여배우가 출연한 광고보다 시청자의 동일시하는 반응을 더 유발한다고 할 수 있다.

4 ⬤ 체험 마케팅

1) 체험 마케팅의 등장배경

체험 마케팅은 체험경제(experience economy)의 개념에서 비롯되었는데 체험경제는 1998년에 Pine과 Gillmore(1998)이라는 두 사람의 논문에 의하여 많이 알려졌다. 체험경제의 의미를 알아본다면 Pine과 Gillmore는 체험경제를 하나의 경제개념의 전환으로 간주하고 있다. 그들은 1차 경제의 초점은 재화(commodities), 2차 경제는 제품(goods) 그리고 3차 경제는 서비스에 역점을 두었

그림 9-7 BMW의 '쾌락' 중점 광고

You know you're not the first.

다고 주장하며 이에 반해 4차 경제는 체험에 역점을 두고 있다고 말한다. 이러한 경제의 진화에 따른 판매자와 구매자간 거래의 성격도 달라지고 있는데 체험경제의 과제는 그 전 단계에서 각각 추출, 생산 그리고 배달된 제품과 서비스를 다 통합하여 기억에 남는 이벤트를 연출(staging)하는 것이다.

체험의 중요성은 미국 컬럼비아대학의 Bernd Schmitt 교수에 의해 마케팅 차원에서 한층 더 강조되었으며, 그 응용방법이 체계화되었다(Schmitt, 1999). 그는 우선 체험 마케팅의 필요성을 차별화 차원에서 설명하는데 Pine과 Gillmore의 주장처럼 제품이나 서비스 중심으로 속성과 효익(features and benefits)을 강조한 마케팅은 거의 업자나 브랜드마다 대동소이한 편이어서 소비자 관점에서는 구분이 되지 않고 있다고 비판한다. 때문에 소비자에게 감동을 줄 수 있는 방법은 제품과 서비스의 소비에 따르는 체험이 되어야 한다고 말하고 있다.

체험 마케팅의 좋은 성공사례가 BMW 자동차의 소비자 커뮤니케이션 전략이다. 프리미엄 자동차의 기능은 점차 흡사해지고 있으므로 제품속성에 의한 자동차 차별화는 어려울 수밖에 없다. 때문에 소비자와의 접점이 더 치밀해져야 하고 줄 수 있는 감동이 더 강해야 한다. 그러한 측면에서 BMW는 피상적이고 대중적인 접근을 지양하고 소비자들의 총체적인 체험에 마케팅 역점을 두고 있다. BMW의 모토인 "Sheer Driving Pleasure"이 이러한 마케팅 철학을 반증하고 있는데 이는 '진정한 운전의 쾌락'으로 번역할 수 있다. 즉 이 브랜드를 사용함에 따라 얻을 수 있는 성능만을 강조하는 것이 아니라 그 차를 운전하는 데에서 느끼는 쾌락적인 부분이 오히려 더 부각되고 있다. 기존고객과 잠재고객들은 다양한 체험을 통하여 그 즐거움을 느껴볼 수 있다. 과거에 '체험의 수단' 하면 그 뜻은 단순히 시승만을 의미했지만 시승 외에 쇼룸 밖의 홀로그램, 인터넷으로 BMW 자동차들이 주인공으로 등장하는 단편 영화(BMW Film), 또한 사옥 방문 등을 통하여 BMW에 관한 다양하지만 유관된 접촉이 가능하다. 미국 단편영화에는 Clive Owen과 Madonna 같은 톱스타가 출연하고 Guy Ritchie, 홍콩의 오우삼, 왕가위 같은 유명한 감독들이 영화를 연출하였고 한편 한국의 단편영화들은

| 표 9-4 | | | | | | 체험 분석 틀(experiential grid) | |

ExPros / SEMs	커뮤니케이션	아이덴티티	제품의 외형	공동 브랜딩	공간적 환경	웹사이트	인적 요소
감각							
감성							
인지							
행동							
관계							

김기덕, 김성수, 차은택 감독들이 지휘봉을 맡아 화제가 됐다.

Schmitt는 체험 마케팅을 크게 두 개의 체계적 틀로 분류하여 그 응용방법을 설명하고 있다. 하나는 소비자를 상대할 수 있는 여러 접점을 집합한 것이고 또 다른 틀은 소비자가 취하는 여러 반응들인데 그는 전자를 체험 도구(Experience Providers: ExPro)라고 표현하고, 후자는 전략적 체험토대, 즉 SEM(strategic experience modules)이라고 칭하였다. <표 9-4>에서 볼 수 있듯이 기업은 그 두 가지의 틀을 하나의 표에 합쳐서 고려할 수 있다. 우선 체험 매개체를 알아본다면 이는 최근 마케팅에서 많이 강조되고 있는 통합적 마케팅 커뮤니케이션(integrated marketing communication), 즉 IMC와 매우 흡사한 개념이다. 기업은 소비자를 다양한 접점에서 관리를 잘 해야 한다. 기업은 과거에는 소비자를 광고와 같은 대중적인 매개체로 관리했겠지만 체험경제에서는 보다 친밀하고 개인화된 접점 방식이 대두된다. 특히 마케팅에서 많이 운운되는 이른바 '최후의 순간(moment of truth)'은 대개 현장에서 발생하므로 광고 같은 수단에 대해서는 소비자들이 거리감을 많이 느낄 수밖에 없다. 게다가 요즘 인터넷, 스마트폰 그리고 SNS 같은 뉴미디어가 등장하면서 종전 매체로 소비자를 접할 수 있는 기회가 점점 줄고 있다. 때문에 기업은 소비자가 있는 공간으로 같이 이동해야만 한다.

SEM은 소비자들로부터 기업이 얻고자 하는 여러 반응을 의미하는데 이는 소비자의 아주 본능적인 감각부터 시작하여 궁극적으로 소비자들의 집단적인 행동까지 포괄하고 있다.

소비자 반응의 첫 번째는 감각이다. 소비자들의 5감각(sense)을 부각한 마케팅의 필요성이 국내기업의 공감을 얻고 있다. 종전의 마케팅은 시각과 청각을 의존했다면 최근 마케팅은 나머지 감각인 후각, 미각 그리고 촉각을 강화하고 있다. 앞의 두 감각은 대중매체로만 전달이 가능하지만 뒤의 세 감각은 현장에서 추가적으로 부여될 수 있다. 감각 마케팅은 본능에 가까운 소비자의 반응이라고 이해될 수 있다. 따라서 소비자의 감각적인 반응을 유도하려는 마케팅은 기본적이며 미학적인 요소와 상징에 대해서 충실해야 한다. 예컨대 특정한 색상 혹은 디자인에 대해서 소비자들은 오랫동안 무의식적으로 훈련된 반응이 있으므로 이러한 반응은 좋게 나타날 수도 있지만 반대급부로 나쁘게 나타날 수도 있기 때문에 이러한 점들이 제품 형태와 색상 그리고 포장 또는 브랜드 심볼에 반영될 수 있다. 앞에서 언급한 스타벅스가 바로 '제3의 장소' 개념을 외부에서 고용한 Wright Massey를 통하여 빈틈없이 연출했다.

소비자 반응의 두 번째 단계는 감성인데, 이 틀에서 칭하는 '느낌(feel)'은 소비자의 감성적인 반응을 의미한다. 경제학과 마케팅 일각에서 소비자들이 마치 컴퓨터처럼 의사결정을 이성으로 정보처리만을 하는 존재로 간주돼 왔다면, 감성 마케팅은 소비자들의 우측 뇌로 인한 직관적이며 상상력을 바탕으로 하는 소비자들의 행동을 설명한다. 소비자들은 모든 상황에서 특정한 기분(mood)과 감정(emotion)을 느끼게 되는데 이러한 감성들이 직간접적으로 의사결정에 영향을 미칠 수 있다. 이를테면 기분이 나쁜 날에는 만사가 다 나쁘게 느껴질 수 있는 것이고 이러한 소비자들을 상대로 하는 마케팅은 어려울 수밖에 없다. 여기서도 역시 스타벅스의 예가 적합한데 앞서 언급한 재즈 음악은 소비자들의 무드를 조성하는 데 일조하고 있다. 스타벅스는 재즈와의 연상을 강하게 갖기 위하여 폭넓은 co-marketing을 하고 있는데 한 예로 몇 년 전 한국을 처음으로 방문한 노라 존스(Norah Jones)의 후원과 홍보도 스타벅스가 대대적으로 맡아 하였다.

세 번째 소비자 반응은 '인지(think)'인데 위의 '느낌' 반응과 대조되고 소비자들의 좌측 뇌를 바탕으로 한 이성적이며 정보 중심의 소비자 행동을 의미한다. 대중매체가 중심이 된 마케팅은 일반적으로 바로 이러한 성격을 띠고 있는데 여기서도 다양한 세부 유형의 '생각' 접근방식이 가능하다. 광고 전략에서 논하듯이 소비자가 생각을 깊이 하는 상황에서는 직접적이며 아주 논리적인 접근방식이 바람직하지만 거꾸로 생각을 피상적으로 하는 상황에서는 간접적이며 더러 아주 색다른 발상을 심어주는 것이 나을 수 있다. 예컨대 한국에서 유명한 에이스 침대 광고는 '침대는 가구가 아니고 과학이다'라는 카피로 발상 전환을 유도하였고 이로 인하여 캠페인 표적이 아닌 초등학생들에게도 전달되어 '가구가 아닌 것은?' 질문에 '침대'를 답하게 하는 재미있는 해프닝도 일으켰다.

네 번째 단계는 '행동(act)'인데 이는 소비자가 생각과 느낌을 종합하여 이에 대한 반응을 어떻게 처리하느냐를 알아보는 것이다. 소비자들은 좋은 생각과 느낌을 가지고도 이에 일치한 행동을 취하지 못하는 경우가 종종 있다. 그 이유는 사람이 의도를 행동으로 옮기는 데에 많은 노력이 필요하기 때문이다. 이에 반해 사람은 어떠한 상황에서는 뚜렷한 생각이나 느낌 없이도 충동적으로 구매 같은 행동을 취할 수 있다. 이처럼 마케팅에서 소비자의 행동을 유발하는 것은 또 다른 하나의 과제로 인식되어야 한다. 인터넷의 최대 장점 중 하나는 다른 매체에 비하여 구매 같은 행동의 연결이 용이하다는 것인데 탐색하는 제품의 정보는 물론 신용카드로 예매 혹은 구매 그리고 배달이 다 쉽게 연결이 된다. 현장에서의 마케팅도 역시 점원으로 인하여 망설이는 고객에게 보완적인 정보제공 혹은 설득을 이용하여 구매의 문턱으로 소비자를 끌어 올릴 수 있다. 최근 소매계통에서 많이 이용되고 있는 Flagship Store 혹은 Experience Center 형태는 바로 소비자들의 목적행동을 유발하는 데 역점을 두고 있다. 한국의 젊은 층으로부터 사랑을 받고 있는 Abercrombie & Fitch(약칭 A&F) 의류 브랜드는 Young & Sexy의 체험 포지셔닝을 광고에서는 물론 그들의 뉴욕시 Flagship Store에서 유감없이 발휘하였다. 그 점포 밖에 서 있는 건장한 안내원들은 마치 나이트클럽의 기도 같은 포스를 취하고 있고 점포 안의 인테리어 조명이나 실내음악 역시 나이트클럽 같은 분위기를 풍기고 있다. 또한 매대에서 계산업무를 임하고 있는 점원들도 광고에서 나온 듯한 Young & Sexy의 인물 '스펙'들을 다 갖추고 있고 속옷 차림으로 고객들을 대하고 있어 브랜드의 컨셉이 일치하게 구현이 되고 있다.

소비자 반응의 마지막 단계인 '관계(relate)'는 집단적 반응을 말한다. 즉 소비자는 대개 한 사회의 일원으로서 다른 사람과 상호작용을 하는데 소비자는 다른 사람의 영향을 받기도 하고 거꾸로 다른 사람에 영향을 주기도 한다. 소비자는 가족과 친척을 비롯 각종 단체와 준거집단에 소속하고 있으므로 동양사회처럼 집단을 중시하는 환경에서는 개별 반응보다 여럿이서 취하는 행동이 더 중요할 수 있다. 게다가 이러한 커뮤니티 개념은 인터넷에서 더욱더 활성화되고 있는데 싸이월드 같은 사이트는 이러한 집단적 행동을 잘 제품화하여 수익창출에 성공했다. 인터넷의 또 다른 '관계' 사례는 amazon.com 같은 서점 사이트들이다. 여기서 독자들의 독후감들이 저서마다 제공되고 있는데 전문가 평가보다 동료의 평가를 일반인은 더 동일시하게 된다. 집단반응은 다단계 판매에서 제일 쉽게 나타나는데 점포 없이도 여러 인맥이 이용되는 다단계 판매는 한국과 같은 동양사회에서 더욱 효과가 높다.

체험 마케팅은 두 가지 축인 체험도구(ExPro)와 전략적 체험 토대(SEMs)를 합쳐서 분석할 수 있는 틀이 아래 그림에 정리되어 있다. 이 표의 핵심 과제는 크게 두 가지인데 하나는 특정 마케팅 상황에서 강조되어야 할 SEMs가 무엇인지 확인하는 것이고 또 다른 과제는 지목된 소비자 반응을 유발할 수 있는 최적의 ExPro가 무엇인지 결정하는 것이다. 마케팅의 상황은 매우 다양하므로 모든 상황에서 소비자의 모든 반응이 꼭 유발되어야 하는 것은 아니다. 특히 신제품이 아니고 소비자가 익숙한 성숙기에 접어 든 제품의 마케팅은 부족한 부분에 대해서만 집중 공략할 수 있는 마케팅이 대두될 것이다. 예를 들어 장수하는 소비재는 소비자들이 진부하다고 느낄 수 있는 염려가 항상 있으므로 몇 년마다 포장과 디자인을 단장할 필요가 있는데 이러한 결정은 위에서 알아본 것처럼 시대 '감각'에 맞게 행해져야 한다.

이에 반해 진정한 신제품을 출시하는 마케팅은 총체적인 체험 마케팅을 기획해야 한다. 좋은 예가 새로운 자동차 모델을 런칭하는 경우인데 여기서는 소비자의 호기심을 불러일으키는 '티저' 광고를 비롯해서 다른 자동차와의 차별적 인지를 유도하기 위한 대대적인 광고 캠페인, 각 대리점에서는 좋은 감각, 느낌과 행동을 위한 시승, 때로는 사회적 또는 상황적 이미지 메이킹을 조성하기 위하여 영화에서 PPL로 등장시킬 수 있을 만큼 신차 마케팅은 다양하고 보완적인 접점에 의한 체험마케팅을 해야 한다. 신차 마케팅에서 볼 수 있듯이 각 소비자 반응유발에는 적합한 체험도구가 무엇인지 설정돼야 한다. 가령 과거처럼 모든 반응에 대해서 기업이 대중매체만을 의존한다면 '인지'와 같은 일부 목표달성은 가능하겠지만 다른 '행동'이나 '감각' 반응을 유도하는 데에는 역부족일 수밖에 없을 것이다.

고객체험 관리, 즉 CEM(Customer Experience Management)이란 Schmitt(2003)가 개발한 전략적 분석 및 실행을 위한 틀이다. 이 틀에는 다음과 같은 5개의 단계가 있다.

1. 표적 고객의 체험세계의 분석
2. 체험 플랫폼/포지셔닝의 구축
3. 브랜드 체험의 설계
4. 고객과의 접점의 체계화
5. 지속적 체험을 위한 기획

첫 단계는 앞에서 언급한 소비자의 체험세계를 분석하는 것으로 포괄적인 분석방법을 사용한다. 즉 소비자의 체험세계란 다양한 면을 이해해야 하는 것

| 표 9-5 | 자동차 고객체험 분석 |

계 층	분석사항
사회문화적 맥락	생활과 운전의 역학관계
사용과 소비 상황	운전의 형식
제품 카테고리 체험	특정 유형의 효용
제품/서비스 체험	특정 브랜드의 효용성

이므로 하나 혹은 제한된 분석방법이나 자료만으로는 '세계'라기보다 소비자의 지엽적인 일면만을 보는 착오를 범할 수 있다. 따라서 타당하고 신뢰적인 트렌드 파악을 하려면 기업은 다양한 정량적 그리고 정성적인 자료원천과 분석방법을 이용해야 한다. 기존 마케팅 분석방법은 설문조사에 많이 의존하고 있는데 이러한 접근방식은 제품에 대한 초점이 너무 강하여 제품범위 밖에 있는 트렌드를 파악하는 데 한계가 있다. 게다가 설문조사는 통계처리가 용이한 응답만을 유도하므로 소비자에 대한 보다 심층적인 이해가 어려워진다. 따라서 이러한 한계를 극복하려면 광범위한 분석틀이 요구되는데, Schmitt의 이른바 '계층적(layered)' 접근방식이 이러한 틀이라고 볼 수 있다. 이 접근방식에서는 제품체험의 범위를 포괄하는 상위의 사회문화적 맥락(socio-cultural context), 사용과 소비 상황(usage and consumption situation) 그리고 제품 카테고리 체험(product-category experience)의 분석이 선행적으로 이루어져야 한다. 이제는 소비자 여정차원에서도 어느 단계에 어떠한 체험이 중시되는지 자료 분석이 가능해지고 있다(Lemon and Verheof, 2016).

자동차의 예를 통하여 계층적 접근을 생각해 볼 수 있다. 자동차라는 제품은 특히 경제가 발달된 나라에서는 개개인의 생활 또는 일과와 밀접한 관계를 갖게 됐다. 자동차는 운송수단으로서 우리에게 많은 편익을 주고 있지만 소비자들은 자동차를 통하여 그 이상의 효용을 얻게 된다. 우선 사회문화적 맥락에서 자동차는 사회계층을 구분하고 역할을 한다. 특히 고급 자동차의 경우를 본다면 그 사용자는 상당한 재력을 갖춰야 구매를 할 수 있기 때문에 고급 자동차의 보유는 하나의 사회계급을 상징하게 된다. 또한 자동차 사용자의 라이프스타일에 따라 자동차의 용도와 사용빈도가 좌우하게 된다. 출퇴근이 가까운 사람 또는 주중에는 대중교통수단을 쓰는 사람에게는 자동차의 비중이 작아질 수 있지만 직업의 성격상 하루 종일 운전하는 사람 또는 취미상 운전을 좋아하는 사람에게는 자동차가 떼놓을 수 없는 '친구' 같은 존재가 될 수 있다. 개개인간 다른 자동차의 이 같은 소비형식은 자동차의 성능을 비롯하여 속성에 대한 중요도를 다르게 평가하게 한다. 한국 사람들도 이제 다양한 레저문화를 즐기는 데 스키 같은 겨울 레저를 좋아하는 운전자에게는 겨울의 기후조건에서의 자동차 성능이 중시되고 골프를 즐기는 사람에게는 자동차 트렁크에 몇 개의 골프가방이 들어갈 수 있는지 관심사가 될 수 있다. 즉 이처럼 체험 마케팅은 제품 위주의 소비자 분석보다는 소비자의 삶 속에서 제품분석을 유도하게 한다. 이러한 분석의 계층을 자동차 유형으로 연결시키면 세단형, 스포츠카형, 쿠페형, SUV, CUV, EV(전기자동차)형 등등으로 다양한 분류가 가능해진다.

고객체험 관리의 둘째 단계는 소비자 체험 플랫폼의 구축이다. 플랫폼이란 마케팅에서 자주 쓰이는 용어로 장기적인 캠페인을 펼치기 위한 하나의 개념적 기반이라고 이해할 수 있다. 플랫폼이 탄탄한 캠페인은 지속적으로 '보이지 않는 손'이 존재하므로 사후 마케팅 프로그램들의 방향이 더 분명할 뿐만 아니라 회사는 어느 정도의 일관성을 유지하게 된다. 이에 반해 플랫폼이 없는 마케팅은 좌충우돌하는 면모를 보이게 되기 때문에 일관성 없는 모습으로 인하여 소비자들은 브랜드에 대하여 혼동을 갖게 된다. 체험 플랫폼은 제품 포지셔닝과 유사하면서도 더 포괄적인 개념이라고 간주할 수 있다. 즉 포지셔닝이 특정 브랜드에 대하여 위상을 정립하는 수단이라면 체험 플랫폼은 그 브랜드에 관련된 일련의 소비자 체험을 연계할 수 있는 하나의 체험 포지셔닝이라고 말할 수 있다. 이 때문에 회사는 제품뿐만 아니라 바람직한 여러 체험반응을 유도할 수 있는 다양한 체험수단(experience providers: Expros)에 대하여 체험 플랫폼을 통합적인(integrative) 포지셔닝 테마로 사용할 수 있다. 운동화시장에서 잘 알려진 경쟁사인 나이키(Nike)와 푸마(Puma)는 대조적인 체험 플랫폼을 이용하고 있다. 나이키는 '운동성과(superior athletic performance)'에 역점을 두고 있어 운동선수들의 전문적인 요구사항에 대해 밀착도가 높은 마케팅을 펼치고 있다. 반면 푸마는 운동, 라이프스타일, 열정(passion)의 융합'을 체험 플랫폼으로 삼고 있다. 푸마는 운동을 잘하는 사람이기보다는 좋아하고 즐기는 사람들이 일상 속에서 쉽고 친숙하게 이용하게 되는 브랜드이미지를 추구하고 있기 때문에, 운동성과보다 미학적인 부분에 더 비중을 두고 있고, 이를 위해 Jill Sander와 같은 전문적 디자이너의 지원을 받고 있다. 이처럼 대조적인 두 회사의 플랫폼은 광고 전략에서 쉽게 감지될 수 있다.

고객체험 관리의 셋째 단계는 브랜드 체험의 설계이다. 앞에서 설명한 체험 플랫폼이 확고히 구축되면 이를 토대로 브랜드에 관련된 여러 유형과 무형적 요소들이 연결되어야 한다. 많은 경우 브랜드 마케팅에 있어서 마케팅전략과 마케팅 집행(execution)은 분리되어 있다. 이를테면 특정한 제품에 대한 마케팅 컨셉이 개발되면 제품명, 포장 그리고 광고 등을 통해 소비자들에게 전달되는데 근래 마케팅 분야에 종사하는 여러 계통의 전문가들의 등장으로 인해 이러한 집행은 이들에게 위탁한 상황에서 구현될 수 있다. 물론 이러한 구도에 따른 많은 장점이 있으나 우려될 수 있는 것은 원래 컨셉이 집행단계에서 희석 혹은 왜곡될 수 있다는 점이다. 이 때문에 브랜드 체험 설계에서 '빈틈없는 통합(seamless integration)'이 중요하다. 이를 위해서는 브랜드 관리자와 여러 브랜드 집행자간에 지속적이며 밀접한 커뮤니케이션이 요구된다. 브랜드 체험 설계에 대두되는 주요 관리는 제품 체험의 설계, 분위기, 이른바 '더 룩 앤드 필(the look and feel)'의 설계 그리고 체험 커뮤니케이션의 설계 등이다. 제품 체험의 설계에서는 기능적인 속성과 혜택뿐만 아니라 제품의 특징으로부터 유발되는 소비자의 포괄적인 반응을 분석해야 한다. 종전에는 가전제품이나 자동차들은 기능 위주의 마케팅이 중요했지만 최근과 같이 차별화가 쉽지 않은 상황에서는 감성 그리고 미학적인 차별화가 대두된다. 분위기의 설계는 제품의 외형적인 측면을 의미하며, 브랜드, 로고체, 포장 디자인, 점포 인테리어, 웹사이트 등이 전체적으로 일관된 분위기를 가져야 한다. 최근 미국시장에서는 과일주스시장이 특화되고 있는데 성장하는 여러 브랜드들은 독특한 브랜드와 이에 걸맞은 포장, 성분 그리고 내용 설명문을 이용하여 일관된 모습을 소비자에게 제공하고 있다.

고객체험 관리의 넷째 단계는 고객접점(interface)의 체계화이다. 서비스 마케팅에서 강조하듯이 접점은 마케팅에서 이른바 'The Moment of Truth(결정적 순간)'이므로 고객체험 차원에서 중요한 비중을 갖는다. 회사는 소비자와의 다양한 접점을 지니게 되므로 체험 플랫폼에 일치하는 현장경험(encounter)이 될 수 있게끔 노력을 기울여야 한다. 유통업계에서는 온라인 오프라인을 잇는 O2O 서비스를 통해 고객과의 점접을 확대하고 있다. 현대백화점은 온라인몰 '더 현대 닷컴'을 통해 온라인에서 구매한 유명 브랜드 디저트 제품을 오프라인 매장에서 원하는 날짜에 찾을 수 있는 '디저트 스토어픽' 서비스를 진행하고 있다. 유명 브랜드 디저트 제품의 경우 구매를 하려면 20분 이상 줄서는 번거로움이 발생하는데 O2O 서비스를 통해 고객이 기다릴 필요 없이 더 편리하게 제품을 구매할 수 있도록 개선한 것이다. 또한 현대백화점은 업계 최초로 인공지능 통역 기술을 적용한 '쇼핑봇'을 운영하며 외국에서 방문한 고객들의 편의까지 챙기고 있다. 기술이 발달하면서 소비자와의 접점이 더 다양해지고 있다. 신문들은 인터넷 기술이 등장하면서 큰 위기를 맞이하게 되었는데 많은 신문 구독자는 인터넷으로 뉴스를 읽고 있어 구독률이 떨어진 신문이 많다. 하지만 신문사들이 고객의 체험세계를 잘 파악한다면 생존전략 또는 성장전략을 구상할 수 있다. 최근 많은 신문사들이 인터넷의 기술을 적극적으로 도입하여 인터넷 뉴스와 영상뉴스를 앞장서 무료로 제공하고 있다. 대신 오래된 기사는 유료화하고 있고 회원제를 이용하여서 이메일로 특종 서비스를 마련하고 있다. 더 나아가 신문사들은 전자서점의 경우처럼 다양한 콘텐츠를 스마트폰 사용자들을 위해서 제공하고 있다.

고객체험 관리의 다섯째 단계는 지속적 혁신을 위한 기획이다. 기업은 고객과의 관계를 장기적으로 유지해야 하므로 이를 위하여 부분적 혹은 대대적인 혁신을 추구할 수 있다. 여기서 말하는 혁신이란 고객체험 차원에서 플랫폼을 강화하는 여러 가지 방법을 의미한다. 특히 이러한 혁신은 고객자산의 주요 유형으로 알아본 고객유지 자산에 상당한 효과를 부여할 수 있으며, 고객에게 제품의 존재이유를 강화할 수 있다. 즉 시간이 흐르면서 제품에 대한 열의가 떨어지고 경쟁제품의 위협도 강해지겠지만 회사의 끊임없는 노력을 통하여 제품의 의미(relevance)를 유지할 수 있다.

5 이벤트와 스포츠 후원(Event and sports sponsorship)

IMC의 여러 BTL 매체 중 체험 마케팅의 비중이 커지면서 현장에서 소비자들을 접하고 감동시킬 수 있는 방법들이 중요해지고 있다. 이러한 수단들을 이벤트 후원이라고 부르는데 특히 스포츠에서 많이 활용되고 있다. 스포츠는 대중성이 강한 아주 오래된 매체라고 생각할 수 있다. 특히 올림픽이나 월드컵 같은 대형 이벤트는 전세계인의 관심을 끄는 힘을 가지고 있다. 때문에 이러한 이벤트를 후원하는 기업들은 그 청중에게 다가설 수 있는 기회를 얻게 된다. 2017년에 이벤트와 스포츠에 후원으로 투자된 금액은 628억 달러가 넘었고 불경기와 같은 여러 악재가 있음에도 불구하고 그 규모는 성장하고 있다(statista.com, 2017).

스포츠 후원전략에 관해 기업이 고려할 수 있는 요소는 다음과 같다.

1) 이미지 일치성

기업은 사람들이 많이 보고 또는 비용이 저렴하다고 해서 이벤트를 무조건 후원하는 것은 바람직하지 않다. 우선 이벤트를 주로 보는 청중의 특징이 반드시 고려되어야 한다. 예컨대 미국 프로여자대회들, 즉 LPGA 시합이 한국에서는 다양한 층에게 어필하지만 미국에서는 극소수에게만 인기를 끌고 있다. 이와 맞물려 있는 것이 이벤트의 이미지인데 기업이 고급 이미지를 표방하면서 대중 스포츠를 후원하는 전략이 역시 맞지 않는다.

2) 스폰서의 확인

커뮤니케이션의 기본목표는 주요 후원사를 청중에게 정확히 주지시키는 것이다. 하지만 경쟁사들은 이를 방해하기 위하여 잠복 마케팅(Ambush Marketing)을 펼치게 된다. 잘 알려진 예로 2002월드컵 당시 KTF가 공식 후원 회사였음에도 불구하고 SK가 더 공격적이고 인상적인 마케팅을 행함에 따라 공식후원사는 후자였다고 오인한 소비자들이 많았다. 이와 같은 오인의 여지가 후원 전략에 있기 때문에 기업들은 후원의 효과를 강화하기 위하여 타 IMC들 토대로 후원 활성화(sponsorship activation)방법들을 구사해야 한다. 한 예로 삼성전자는 영국축구리그 EPL의 Chelsea 구단을 후원하면서 초기에는 여러 광고에서도 이 사실을 알렸고 심지어 한 광고에서는 당시 감독이었던 Mourinho를 배우로 이용했다.

3) 경제적 타당성

후원의 지불조건이 천정부지로 인상되고 있는데 올림픽의 최고급(T.O.P. the official partner) 공식후원사의 12개의 경우 그 금액이 다 합쳐 무려 9억 달러에 달했다. 위에서 말한 후원 활성화를 위하여 2~3배의 추가비용이 대두된다는 점을 감안하면 이벤트 후원에 따르는 경제적 부담은 천문학적 수준이지만 그 만큼의 마케팅효과가 있는지 광고 같은 다른 매체에 비하여 그 증명이 쉽지 않다.

6 CSR과 대의명분(Cause-related) 마케팅

많은 기업들이 시장에서 차별적 경쟁우위를 가지기 위해서 다양한 IMC를 만들어내고 마케팅과정에서 사용하고 있다. 그 가운데서도 기업의 사회적 책임 활동(Corporate Social Responsibility 이하 CSR)은 많은 기업들에게 훌륭한 IMC의 수단으로 각광을 받고 있다. CSR 활동에 대한 수많은 정의들이 있지만 "사회 전체의 복지와 조직의 이익 모두를 발전시키고 주장하기 위해 행동하는 경영상의 책임"이라고 말로 정의할 수 있다(Davis and Blomstrom, 1975: 6).

노동, 환경과 반부패 분야 등에서의 기업전략을 글로벌 콤팩트의 10대원

칙과 결합시켜 나갈 수 있도록 하는 틀을 제공하고 있는 단체인 유엔 글로벌 컴 팩트의 보고에 따르면 130여 개국의 9,000개가 넘는 회사들과 4,000개 이상의 단체에서 그들의 활동에 동참하고 있다고 한다. 대한민국에서도 2017년 기록 에 의하면 246개의 회사와 단체들이 그들의 활동에 참여하고 있다고 한다(www. unglobalcompact.org). 그만큼 전세계적으로 CSR 활동은 기업들의 입장에서 큰 화 두가 되고 있는 활동이다. 마케팅의 대가인 필립코틀러는 그의 책에서 CSR 활동 은 기업시장의 새로운 '게임의 룰'이 되었다고 서술하고 있다. 그만큼 기업의 사 회적 책임활동은 '하면 좋은 일'이 아닌 기업의 마케팅에 있어서 하나의 '필수적 인 요소'가 되어가고 있다(Kotler and Lee, 2004).

이러한 CSR 활동의 증가는 많은 소비자들이 조금의 이득을 포기하더라도 더 상위의 가치를 추구하는 소비활동을 하려는 성향으로 옮겨가고 있는 것과 맥 락을 같이 한다. 기업이 사회적으로 책임있는 활동을 한다고 여겨질 경우에 소 비자들 역시 그 활동이 그 기업의 특성을 대변하는 것이라고 여기게 된다. 그리 고 이는 CSR 활동을 하는 기업에 대한 더 높은 금액의 지불의사, 더 많은 구매의 사, 지각된 품질의 향상 등 다양한 긍정적인 반응을 가져오게 된다.

맥도날드의 재정지원이 필요한 가족들을 돕는 로널드맥도날드 하우스 자선 재단, 자유의 여신상 복구에 카드 사용금액의 일정 부분을 기부하는 AMEX 신 용카드의 캠페인, 신제품 판매를 통해 빈곤퇴치를 위한 글로벌 캠페인에 참여한 아이스크림업체 벤앤제리의 캠페인 등은 세계적으로 성공한 CSR 활동의 대표 적인 사례이다. 국내의 대표적인 사례로는 유한 킴벌리의 '우리 강산 푸르게 푸 르게' 캠페인을 들 수 있다. 유한 킴벌리는 1984년 숲 가꾸기 캠페인을 시작으로 다양한 환경관련 CSR 활동을 통해서 기업 이미지와 브랜드 인지도에 있어서 큰 효과를 가져왔다(Chang and Schmitt, 2009).

언제까지나 기업의 가장 기본적인 목표는 이윤창출에 있으므로 기업의 CSR 활동은 자선 활동이 아닌 투자의 관점에 바라보아야 한다. 아무리 좋은 CSR 활동이라도 적절한 마케팅과 융합되지 못한다면 위선적인 행위로 비쳐질 수도 있다. 따라서 기업의 입장에서는 전략적인 IMC 마케팅으로 사회의 복지와 기업 의 이윤이라는 두 마리 토끼를 잡을 수 있는 CSR 활동이 이루어지도록 해야 할 것이다.

기업들이 CSR마케팅을 많이 강조하면서 이의 구체적인 일환으로 대의명분 마케팅(cause marketing)이 IMC의 한 수단으로 사용되고 있다. 대의라는 것은 사 회가 겪고 있는 특정한 이슈를 뜻하고 있는데 이는 AIDS 같은 불치병이라든지 혹은 소외계층을 흔히 의미한다. 대의명분 마케팅은 그러한 이슈들의 해결을 위해서 기업이 소비자들에게 문제를 주도적으로 알리고 참여를 호소하는 캠페인을 하는 경우를 말한다.

한국에서 여러 대의명분 마케팅 사례를 찾아 볼 수 있는데, 뉴욕 코스메틱 브랜드 키엘은 '우리가 들을게' 캠페인을 통하여 캠페인 영상이 공유되거나 특정 제품이 판매될 때마다 1,000원씩 한국자폐인사랑협회에 기부하여 자폐아를 위한 미술 교육을 도왔다. 비슷한 취지에서 (주)현대백화점도 33년 간 'FGI 사랑의 자선대바자회'를 꾸준히 진행하며 모은 기금으로 4,700여 명의 교육 지원 및 의료수술을 도왔다.

대의명분 마케팅에 따른 효과는 여러 가지가 있는데 PR 차원에서 기업이나 브랜드에 대한 긍정적인 여론과 이미지를 조성할 수 있다. 특히 사회에 대해 상업적인 목표만 있다는 연상을 불식시킬 수 있다. 이는 외국 회사의 경우 더 유효적절할 수 있다. 추가적으로 판매증진에 도움이 될 수 있는데 대의에 참여하는 소비자층이 더 늘어날 수 있기 때문이다. 외국의 유명한 사례는 Body Shop인데 이 화장품 회사는 철저하게 환경보호운동에 준하는 제품만을 판매했고 그 대의명분에 기부를 많이 했다. 그러한 정신을 공유한 소비자들은 역시 Body Shop을 더 인식하고 구매 시 선호하게 됐다. 하지만 이러한 장점에 불구하고 대의명분 마케팅에 따른 가장 큰 단점은 소비자들이 기업 사회운동에 대한 '진정성'을 의심할 수 있다는 것이다. 즉 소비자들은 대의명분 마케팅이 기업의 또 다른 '상술'로 악용되고 있다고 지각할 수 있다는 우려이다. 이러한 의구심을 무마시키기 위해서 한 기업만의 특정 대의명분을 '독점'하면 안 되고 여러 기업이 함께 그 해결을 위해서 운동을 해야 한다.

기업이 대의명분 마케팅을 할 때 고려해야 하는 제일 중요한 점은 위에서 제기한 진정성 측면에서 이에 걸맞은 대의명분을 잘 선택해야 한다. 특히 기업의 사업, 제품, 이미지 등을 고려하여 기업이 대의명분을 맞춰야 소비자들은 그 기업의 참여 '명분'을 잘 이해할 수 있다. 그러한 맥락에서 유한 킴벌리의 '우리 강산 푸르게 푸르게'는 매우 높은 적절성(congruence)을 나타내고 있다. 여기서 말하는 적절성은 단순히 업종과 같은 대의명분을 뜻하는 것이 아니고 정서차원에서도 연결성이 있어야 한다는 의미이다(Lee et al, 2016). 예를 들어 중독성이 있는 업종에서 중독예방을 호소하는 것은 한편으로 적절하다고 간주될 수 있으나 정서차원에서는 저의에 대한 의심이 유발되어 반감을 일으킬 수 있다.

　　인터넷, 이동전화 등의 발달은 기업이 더 이상 소비자를 광고와 같은 대중적인 매개체로 관리하는 것이 불가능하게 만들었다. 보다 친밀하고 개인화된 접점방식이 요구되는 상황 속에서, IMC(Integrated Marketing Communication)에 대한 기업들의 관심이 높아지고 있다. 커뮤니케이션의 일치성과 보완성을 강조하는 IMC의 커뮤니케이션 수단에는 브랜드, 포장, 체험 마케팅, PR, 스포츠 마케팅 등이 있는데 주어진 상황에 따라 IMC의 구성이 달라져야 하는 것이다.

생각해 볼 문제

01 IMC와 광고의 공통점과 차이점을 논하시오.

02 전략적 토대(SEMs)와 체험도구(ExPros)의 개념을 특정브랜드에 접목시켜 수립해 보시오.

03 버즈마케팅에서 hub의 개념을 설명하고 그들이 왜 중요한지 설명해 보시오.

참고 문헌

· 김상훈·이방실, (2017). "체험하는 영화인데 재미까지 넘친대 '4DX' 특별한 전략, 세계를 관통했다." 동아비즈니스리뷰 217호 2017년 1월 Issue2.

· 김현진·이상화·박정근. (2017) "국민 SNS 캐릭터 카카오프렌즈 온·오프라인 경계넘는 진화 꿈꾸다." 동아비즈니스리뷰 224호 2017년 5월 Issue1.

· 박영웅 (2017), "SNS시대의 스토리텔링" BTS로 본 글로벌 성공사례. 스포츠조선 Retrieved from http://sports.chosun.com/news/ntype.htm?id=20170227010023198001 6475&serviceda te=20170226

· 박윤선 (2017), "정용진의 '전문점 승부수' 多 통했다." 서울경제 Retrieved from http://www.sedaily. com/NewsView/1OC2UX0VAL

· 이성길 (2017), "장수 브랜드의 성공 비결 #2 _ 그들이 롱런할 수 있었던 네 가지 이유." *Platum Retrieved* from http://platum.kr/archives/89271

· Belch, George, & Michael Belch (2015), "*Advertising and Promotion*," McGraw Hill.

· Brown, Danny and Sam Fiorella (2013), "*Influence Marketing*," Que Publishing.

· Chang, Dae Ryun, & Bernd Schmitt (2009), "*Yuhan-Kimberly: Keep Korea Green,*" Columbia CaseWorks.

· Clark, M., Clark, M., Black, H. G., Black, H. G., Judson, K., & Judson, K (2017), "Brand community integration and satisfaction with social media sites: a comparative study," *Journal of Research in Interactive Marketing*, 11(1), 39-55.

· Davis, K., & R. L. Blomstrom, R.L. (1975), "*Business and Society: Environment and Responsibility,*" McGraw-Hill.d

· Johnson, Sheree(2014), "New Research Sheds Light on Daily Ad Exposures," SJ Insights, https://sjinsights.net/2014/09/29/new-research-sheds-light-on-daily-ad-exposures.

· Kotler, P., & Nancy Lee (2004), "Corporate Social Responsibility: Doing the Most Good for Your Company and Your Cause," Wiley.

· Lamberton, C., & Stephen, A. T. (2016), "A thematic exploration of digital, social media, and mobile marketing: research evolution" from 2000 to 2015 and an agenda for future inquiry. *Journal of Marketing*, 80(6), 146-172.

· Lee, Chungyeol, Dae Ryun Chang, Nayeon Kim, & Hosun Lee (2016), "Study on the Interaction between Corporate Reputation and Negativity Framing on Consumer Evaluation of Corporate Social Responsibility," *Asia Marketing Journal*. 17 (4).

· Lemon, Katherine and Peter C. Verhoef (2016), "Understanding Customer Experience Throughout the Customer Journey," *Journal of Marketing*, (80).

· Nath, P., & Bell, M. (2016), "A study of the structural integration of the marketing and PR functions in the C-suite," *Journal of Marketing Communications,* 22(6), 626-652.

· Pereira, J. R., e Sousa, C. V., Shigaki, H. B., & Rezende, L. B. O (2017), Social Marketing: induction or volunteerism?. *Revista Brasileira de Estratégia*, 10(2), 329.

· Pine, Joseph B. III and James H. Gilmore (1998). "Welcome to the Experience Economy" *Harvard Business Review*, July~August.

· Schmitt, Bernd H (1999), "Experiential Marketing," *Free Press*.

· Schmitt, Bernd H (2003), "Customer Experience Management," *Wiley.*

· Shimp, Terry (2010), "Advertising Promotion and Other Aspects of Integrated Marketing Communications," 7th edition. *Cengage.*

· Statista (2017) Retrieved from www.statista.com/statistics/196864/global-sponsorship-spending-since-2007

· Tollin, K., & Christensen, L. B (2017), ""Sustainability Marketing Commitment: Empirical Insights About its Drivers at the Corporate and Functional Level of Marketing," *Journal of Business Ethics*, 1-21.

· Toon, M. A., Morgan, R. E., Lindgreen, A., Vanhamme, J., & Hingley, M. K (2016), "Processes and integration in the interaction of purchasing and marketing: Considering synergy and symbiosis," *Industrial Marketing Management*, 52, 74-81.

10

제품과 촉진전략

兵者, 詭道也. 故能而示之不能, 用而示之不用, 近而示之遠, 遠而示之近. 攻其不備, 出其不意. 此兵家之勝, 不可先傳也.
[병자, 궤도야. 고능이시지불능, 용이시지불용, 근이시지원, 원이시지근. 공기불비, 출기불의. 차병가지승, 불가선전야.]

"전쟁이란 속임수이다. 아군의 전력을 보이지 않고, 아군의 움직임을 드러내지 않으며, 가까이 있으면 멀리 있는 것처럼, 멀리 있으면 가까이 있는 것처럼 보이게 하는 것이다. 그러면서 적이 방비하지 못한 곳을 공격하고, 적이 뜻하지 않은 때에 공격한다. 이것이 전쟁에 능한 자가 이기는 방법이며, 미리 적에게 알려져서는 안 된다."

손자병법 시계편[始計篇]

제1차 세계대전 당시 독일은 MG-42라는 기관총과 참호전을 바탕으로 전쟁 초기 승기를 잡을 수 있었다. 참호전을 무력화시켜 전세를 역전하는 방법을 탐구하던 영국의 스윈튼은 트랙터 위에 화포를 설치해 적을 공격하는 전차를 고안하게 되었고, 해군장관 처칠의 지원을 받아 세계 최초의 전차 MARK-1을 개발하게 된다. 이 전차는 1916년 9월에 실전 배치되었는데, 속도가 느려서 주요 거점까지는 열차로 운반을 해야 했다. 이동중 신무기 MARK-1이 노출되는 것을 숨기기 위해 물을 싣고 가는 물탱크로 위장하였다. 그러나 전장에 도착한 MARK-1은 참호에 숨어 있던 독일군을 무력화시켜 승리의 주역이 되었다.

마케팅전략에 대한 의사결정들은 마케팅믹스를 통해 구체화된다. 마케팅믹스는 경쟁사의 강점을 무력화시킬 수 있으면서 경쟁사가 쉽게 모방할 수 없는 것들로 구성되어야 한다(攻其不備, 出其不意). 동시에 경쟁사가 자사의 마케팅믹스를 미리 알고 무력화시키거나 모방할 수 없도록 하는 것(不可先傳也)도 중요하다. 신제품의 개발과정에 보안유지를 하는 것도 이런 맥락에서 이해할 수 있을 것이다.

Leading CASE

한국야쿠르트 콜드브루 제품 개발 전략
- 야쿠르트 아줌마, 앱을 만났을 때, 콜드브루 열풍에 불을 지폈다

한국인의 커피 사랑이 대단하다. 어느새 커피는 주식인 밥보다 더 많이 먹는 식품이 됐다. 커피가 점점 대중화되면서 차별화된 커피 수요가 늘고 있다. 최근 인기를 얻고 있는 '콜드브루' 커피는 원두의 품질과 신선도가 매우 중요한 커피로, 보다 특별한 커피를 찾는 이들의 입맛을 사로잡고 있다. 한국에서는 '더치 커피'라는 말로 잘 알려져 있다. 더치 커피라는 명칭은 네덜란드풍(Dutch)의 커피라 하여 붙여진 일본식 명칭이고, 영어로는 '차가운 물에 우려낸다'는 뜻으로 '콜드브루(Cold Brew)'라고 한다.

콜드브루는 원두를 찬물에 침전시켜 오랜 시간 우려내 만들어진다. 저온 추출 방식으로 한 방울씩 뽑아내기 때문에 커피 한 잔을 만드는 데 몇 시간이 걸린다. 콜드브루는 고급 커피로 원두의 맛과 풍미가 뛰어나지만 짧은 유통기한과 생산이 까다롭다는 점 때문에 일부 고급 커피 전문점에서만 판매됐다.

그런데 한국야쿠르트가 올 3월 콜드브루 제품을 내놓았다. '건강한 맛'을 전달하는 기치 아래 유산균이 든 건강 음료를 주로 내놓던 한국야쿠르트에서 내놓은 첫 커피 음료다. 하루 평균 매출은 2억여 원, 월 매출은 40~50억 원 수준에 이른다. 콜드브루의 이러한 성공요인들은 여러 마케팅 요소들이 제대로 믹스돼 각 요인 간 시너지가 창출된 덕분에 좋은 결과를 낸 결과이다.

'건강한' 커피를 만들자

커피시장의 후발주자로 한국야쿠르트는 신선한 커피라는 새로운 개념을 도입했다. 경쟁사들이 '더 맛있는 커피' 혹은 '더 싼 커피' 등 품질과 가격으로 경쟁을 할 때 한국야쿠르트는 커피에 도입하기 어려운 '신선'이라는 개념을 더한 새로운 커피를 출시한 것이다.

콜드브루는 로스팅한 뒤 14일 안에 먹어야 맛이 가장

뛰어나다. 보통 14일이 지나면 풍미가 떨어지고 조금씩 산패가 진행된다. 이처럼 길지 않은 유통기한이 콜드브루의 대량 생산을 어렵게 하는 요인이었다. 다른 기업에게는 장애물이 될 요소가 한국야쿠르트에는 기회였다. 건강을 표방하는 기업으로 첨가제가 전혀 안 들어간 커피를 만들고, 유통기한 자체가 짧아진 음료는 야쿠르트 아줌마를 통해 관리하는 것이 가능했다.

한국야쿠르트는 신선한 맛을 위해 유통기한을 10일로 더 짧게 했다. 제품에는 파란 스티커를 붙여 로스팅 일자를 표시하고 '풍미가 깊어지는 로스팅 후 4∼10일' 이라고 적었다. 소비자들은 스티커를 통해 원두가 언제 로스팅됐으며, 언제까지 먹으면 되는지를 바로 확인할 수 있도록 했다. 유통기한 등이 제품 뒷면이나 하단에 작은 글씨로 표시된 것과는 달리 신선한 커피를 마실 수 있다는 점을 강조했다. 또한 커피의 제1원칙은 '신선'이라고 강조한 세계적인 바리스타, 찰스 바빈스키와 손을 잡고, 제품 콘셉트부터 원료 선정, 개발 과정까지 모든 단계에서 협업했다.

한국야쿠르트의 힘, 야쿠르트 아줌마

한국야쿠르트는 1969년 창업 때부터 고객 대면 판매 방식을 고수하고 있다. 판매자와 구매자의 정서적 교감을 통한 직접 소통 때문이다. 단순히 제품을 사고파는 관계가 아니라 얼굴을 마주하며 대화를 나누는 인간적인 관계까지 갖게 된다.

한국야쿠르트에서 콜드브루를 대량 생산하겠다고 했을 때 가장 힘이 됐던 것도 바로 야쿠르트 아줌마들이었다. 회사 측은 "야쿠르트 아줌마들이 없었다면 유통기한이 짧고 관리가 중요한 제품을 내놓기 어려웠을 것"이라고 강조했다.

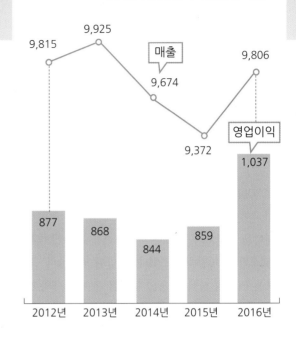

한국야쿠르트 실적 추이(단위: 억원)

마트나 편의점에서는 매대에 제품을 깔아놓고 고객이 선택해주기를 기다린다. 고객들의 반응이 좋아 제때 팔리면 다행이지만 그렇지 못하면 바로 교체된다. 이렇다 보니 일반적인 유통채널에서는 유통기한이 상대적으로 긴 제품을 선호한다. 하지만 한국야쿠르트는 이런 고민을 할 필요가 없었다. 야쿠르트 아줌마들이 유통기한에 맞춰 제품을 판매한다. 판매량을 어느 정도 예측해 미리 주문하기 때문에 콜드브루가 버려질 가능성도 적다. 따라서 제품의 재고 관리 측면에서도 효율성을 기할 수 있다.

콜드브루가 인기를 얻으면서 주목받은 것 중 하나가 바로 '한국야쿠르트 앱'이다. 2012년 선보인 것으로, 현재 위치에서 가까이 있는 야쿠르트 아줌마를 찾을 수 있도록 해준다. 콜드브루 출시 이후 앱 다운로드 수가 4배 이상 늘었다. 야쿠르트 아줌마에게 오는 전화도 많아졌다. 콜드브루 1∼2개 주문할 수 있느냐에 대한 내용이 가장 많다.

또한 콜드브루는 제품의 주요 소비자인 2030 젊은 세대와의 소통을 위해 한국야쿠르트 제품으로는 최초로 오프라인 팝업스토어를 만들었다. 현대백화점 판교점 내 조성된 '콜드브루 팝업스토어'를 통해 다양한 레시피를 전달하고 고객의 반응도 직접 확인하려는 목적이다.

2030을 잡아라

한국야쿠르트는 타깃을 대상으로 철저히 전략적인 마케팅을 구사했다. 광고는 바빈스키를 전면에 내세우고 로스팅 후 10일을 강조했다. '10일만 허락했다' '처음 맛보는 커피의 신선함' 등의 문구를 통해 자사의 강점을 부각했다. 제품 출시 후 바빈스키는 직접 한국을 방문해 다양한 이벤트를 열기도 했다. 우선 3월 총 3회에 걸쳐 재능기부형 토크콘서트를 진행했다. 바리스타학과 학생, 커피 관련 파워블로거와 함께 진행했다. 바빈스키는 KBS 예능 프로그램 '해피투게더' '언니들의 슬램덩크' 등에도 출연하며 커피를 알렸다. 이외에 청춘페스티벌의 연사로 참여하는 등 다양한 행사를 통해 소비자와 만났다.

주요 타깃층인 2030세대와 접촉을 늘리기 위해 온라인을 적극 활용했다. 홈페이지와 페이스북, 블로그 등에 유용한 정보를 올렸다. 단순히 광고 이미지나 모델 이미지, 혹은 콜드브루에 대한 내용만 넣는 것이 아니라 건강 지식, 혹은 콜드브루를 이용한 레서피 등 고객들이 실제로 참여하고 따라할 수 있는 콘텐츠를 공유했다. 한국야쿠르트는 앞으로도 고객과 더 자주 만날 수 있도록 다양한 활동을 진행할 예정이다.

〈출처: 동아 비즈니스 리뷰, 제204호, 2016년. 7월〉
〈사진 출처: 구글 검색 & 이투데이 기사: 2017년 6월 26일 자〉

CHAPTER

10

제품과 촉진전략

• SECTION 01 • 포지셔닝과 마케팅믹스

모든 마케팅전략은 STP(Segmentation, Targeting, Positioning)를 통해서 만들어진다. 기업들은 이러한 전략적 과정을 통해 시장 내에서 서로 다른 욕구(needs)와 집단들을 발견하려 한다. 특히 포지셔닝(positioning)은 그러한 집단 중에서 목표집단이 된 표적시장(target market)에 대해 차별화된 재화나 서비스 또는 이미지(image)를 제공할 수 있도록 한다. 만약 기업이 이러한 차별화된 실체의 제공을 소홀히 하게 된다면 시장은 매우 혼란스럽게 될 것이다. 반면에 기업이 이러한 포지셔닝 작업을 매우 신중히 그리고 훌륭하게 수행한다면, 기업이 마케팅계획(marketing planning)을 수행해 나감에 있어 매우 원활한 진행을 기대할 수 있게 될 것이다.

Al Ries and Jack Trout(1972)가 고객의 마음에 자리 잡기 위한 광고나 촉진 노력의 중요성을 설명하기 위해 도입한 포지셔닝(positioning)이란 용어는 말 그대로 '시장 내 고객들의 마음에 위치 잡기'란 의미를 갖는다. 시장에서 기업의 포지셔닝 전략은 시장세분화를 기초로 정해진 표적시장 내 고객들의 마음에 시장분석, 고객분석, 경쟁분석 등을 기초로 하여 얻은 전략적 위치를 계획한다는 의미를 갖는다.

특히, 이러한 포지셔닝을 가능하게 하는 마케팅믹스의 차원은 크게 네 가지가 있다. 제품(product), 촉진(promotion), 가격(price), 유통(place) 등이 그 네 가지이다. 이 중에서 제품과 촉진의 경우는 그 연관성이 높다고 볼 수 있으며, 가격과 유통의 경우 역시 서로 연관성이 높다고 볼 수 있다. 물론, 네 가지 중에서 어떤 것도 별개의 차원으로 독립적으로 수행될 수 있는 것은 아니다. 다만, 본 장에서는 이러한 마케팅믹스가 포지셔닝을 위한 기업전략 수행의 기초가 된다는 관점에서 제품과 촉진을 중심으로 한 전략적 이해를 시도하고자 한다.

이러한 기업의 마케팅믹스 전략을 완벽하게 수행하기 위해서는 무엇보다도 마케팅 커뮤니케이션에 관한 고려가 중요하다. 이러한 마케팅 커뮤니케이션은 기업이 설정한 마케팅 목표를 실현하는 데 있어 핵심적인 의사결정 요소이다. 기업은 마케팅 목표를 실현하기 위해 기업이 통제할 수 있는 마케팅 수단인 마케팅믹스를 사용하게 되는데, 마케팅믹스 구성 차원들은 커뮤니케이션을 통해 완성된다고 볼 수 있으며, 특히, 1990년대 이후 기업의 마케팅활동은 커뮤니케이션에 더 큰 중요성을 부여하고 있다.

최근 마케팅 커뮤니케이션 상의 특징은 이러한 기업활동의 중심에 과거와는 달리 브랜드가 자리잡고 있고, 이를 널리 알리고 잘 육성하여 기업의 수익이나 마케팅활동의 효과성(effectiveness)과 나아가서 기업 전체의 효율성(efficiency)을 증진시키고자 노력하는 점이라고 할 수 있다. 학문적인 마케팅 연구자들 그리고 기업의 마케팅 실무자들뿐만 아니라 소비자들조차도 잘 알려지고 소비자의 사랑을 받는 브랜드가 기업에게 눈에 보이지 않는 엄청난 자산(equity)으로서의 가치를 제공한다는 것을 알고 있으며, 우리는 주위에서 그러한 사례들을 적지 않게 볼 수 있다. 이것은 소비자들이 유명 브랜드가 일관된 성능을 보장하며, 특정 제품의 구매가 자기들이 기대하는 편익을 충족시켜 줄 것으로 확신하기 때문에 그 브랜드를 구매 및 소유하고 싶어 한다는 점으로부터 시작된다.

따라서 기업의 마케팅믹스 전략은 최근의 관심사인 브랜드 자산(brand equity)을 구축하고 강화시키는 데 그 초점이 맞추어져야 하며, 이를 위해서는 잘

짜여진 마케팅믹스 전략과 이를 수행하는 커뮤니케이션 전략의 융화에서 시작하는 것이 기본이다. 이러한 전략적 계획과 수행을 위해서는 포지셔닝에 대한 이해와 각 마케팅믹스 요소(본장에서는 제품과 촉진 중심)를 살펴볼 필요가 있다. 포지셔닝은 마케팅전략의 수립에 있어서 마케팅믹스의 이전 과정으로 매우 중요하며 마케팅믹스의 모든 차원은 이러한 포지셔닝의 성공적인 수행을 위한 도구로서 그 중요성이 인정될 수 있다.

기업은 포지셔닝과 관련된 전략에서 얼마나 많은 차별점을 그들의 표적고객에게 전달할지를 명확히 해야 한다. 대부분의 기업들은 시장에서 그들의 브랜드를 소비자에게 알리기 위해 하나의 명확하고 중심적인 편익(one central benefit)을 정하여 이를 전달한다. 대체로 이러한 단일 편익 포지셔닝(single-benefit positioning)은 성공적이기는 하지만 모든 브랜드들에게 이러한 단일 편익 포지셔닝이 최고의 방법이 될 수 있는 것은 아니다. 오히려 Volvo 자동차의 시도와 같이 가장 안전하고 가장 오래 사용할 수 있다(the safest & most durable)는 이중 편익 포지셔닝이 소비자들에게 더욱 강력하게 다가갈 수 있는 포지셔닝이 될 수도 있을 것이다. 뿐만 아니라 기업들은 다중 편익 포지셔닝(multi-benefit positioning)에 대해서도 시장 경쟁상황과 관련하여 주의 깊게 고려해야 한다. 여러 고려요소가 존재하고 있지만 이러한 포지셔닝 컨셉트의 수를 정함에 있어 아래와 같은 실수를 범하지 않도록 주의해야 한다.

1 애매한 포지셔닝(Underpositioning)

애매한 포지셔닝은 대상이 되는 브랜드에 대해 소비자들이 애매한 생각들을 가지고 있어 명확한 브랜드 컨셉이 전달되지 않은 상태를 말한다. 이 경우 소비자들은 해당 제품에 대해 별로 떠올리는 연상을 가지고 있지 않은 경우가 흔하다. 소비자들에게 이처럼 포지션이 모호하게 전달된 브랜드는 해당 브랜드의 시장진입 후에 그 브랜드가 소비자들의 마음속에 일정한 위치를 차지하는 것이 거의 불가능한 경우를 종종 경험하게 된다.

2 과잉 포지셔닝(Overpositioning)

과잉 포지셔닝은 대상이 되는 브랜드의 컨셉 전달이 매우 좁은 의미로 이루어져서 소비자들이 전달된 컨셉을 이해함에 있어 다른 어떤 융통성도 허용하지 않는 상태를 말한다. 예를 들면, Tiffany의 보석가격이 약 600만 원 이상부터 시작된다고 전달되었는데, 이것이 매우 강하게 형성되어 소비자들이 이러한 가격 이하는 생각을 할 수가 없다고 한다면 약 130만 원 정도의 Tiffany 보석에 대해서는 소비자들이 받아들이려 하지 않을 것이다.

3 혼란스러운 포지셔닝(Confused positioning)

혼란스러운 포지셔닝은 대상이 되는 브랜드의 전달 컨셉을 매우 자주 바꾸거나 너무 많은 컨셉들을 한꺼번에 전달하려 하는 경우 소비자들이 그 브랜드에 대해 혼란스러운 이미지를 가지게 되는 것을 말한다. 예를 들면, LG전자의 휴대폰 단말기인 G8(G시리즈) 의 경우 현재의 브랜드를 사용하기까지 프리웨이, 싸이언, 옵티머스 등 브랜드명을 자주 교체하고 여러 포지셔닝 컨셉트들을 사용해 왔다. 그에 반해 삼성휴대폰은 초기 브랜드인 애니콜 때부터 브랜드명을 자주 바꾸지 않았으며, 비교적 단순하고 명쾌한 포지셔닝으로 승부해 왔기 때문에 2017년 현재 삼성전자의 휴대폰 단말기인 '갤럭시 S8'은 시장에서 상대적으로 높은 브랜드 평가를 받고 있다.

4 의심스러운 포지셔닝(Doubtful positioning)

의심스러운 포지셔닝은 대상 브랜드와 관련하여 제품이나 서비스의 특징, 제조 및 운영능력, 그리고 가격 등에 대해 기업이 전달하는 포지셔닝 컨셉이 믿음이 가지 않는 상태를 말한다. 예를 들면, 인터넷에서 생겨난 '하프 몰'(half mall)에서는 모든 제품이 시중가의 절반 가격으로 거래되는 것이 특징이라고 소개되었을 때 뚜렷한 검증 없이는 소비자들의 신뢰도가 매우 낮게 형성되는데, 이것은 포지셔닝 실패의 또 하나의 원인이 될 수 있다.

• SECTION 02 • 포지셔닝과 범주적 차별화

최근의 연구에 의하면 상품이 가지고 있는 속성을 통해서 차별화 하는 경우 수량적 속성(예컨대, 자동차의 연비; km/ℓ)으로 자사제품을 차별화하여 포지셔닝하는 것보다는 범주적 속성을 통한 차별화가 더 효과적일 수 있는 것으로 밝혀졌다(Ha, Park, and Ahn 2009). 삼성전자의 LED TV의 경우 미국시장에서의 포지셔닝 전략을 "화질이 개선된 LCD TV"로 가져가지 않고 LED TV가 LCD TV와는 범주가 다른 TV로 소비자들에게 소개함으로써 커다란 성공을 거두었다. 이 같은 사례에서 보듯이 마케터들은 자사의 상품이 소비자들에게 혁신적인 것으로 받아들여지기를 원한다면, 단순히 자사상품의 점진적인 개선에 역점을 두는 수량적 속성 중심의 포지셔닝보다는 완전히 질적으로 다른 제품이라는 것을 소비자들에게 어필하는 범주적 차별화(categorical differentiation)가 중요한 전략 개념으로 활용될 수 있을 것이다.

• SECTION 03 • 제　품 Product

제품의 경우는 물리적인 형체를 갖는 경우가 대부분이며 최근에 와서는 이러한 제품 포지셔닝과 물리적인 형체를 확인하기 힘든 서비스의 포지셔닝을 구별하고자 하는 노력이 존재한다. 본서에서는 이러한 구분을 통해 마케팅믹스 중에서 제품과 관련한 포지셔닝을 이해하고자 한다. 다시 말하면, 포지셔닝은 그 대상을 기준으로 볼 때, 서비스 포지셔닝과 제품 포지셔닝으로 구분된다. 전통적으로 제품의 포지셔닝에 대해서는 많은 연구가 진행되었고 그 성과의 많은 부분이 서비스 포지셔닝에 관한 의사결정에 도움을 주고 있는 것도 사실이다. 그러나, 서비스는 그 자체로 제품과 구별되는 여러 특징들을 보유하고 있기 때문에 소비자의 평가도 그에 따라 상이하게 이루어지고 있다는 것이 일반적 견해다. 아래에서는 이러한 기준에 근거하여 제품 포지셔닝과 서비스 포지셔닝을 마케팅믹스라는 관점의 제품 포지셔닝에서 살펴본다.

1 제품 포지셔닝(Product positioning)

물리적 제품을 차별화할 수 있는 잠재 가능성은 매우 다양하다고 할 수 있다. 이러한 제품 포지셔닝은 아래의 몇 가지 요인을 고려함으로써 가능하다.

1) 형태(Form)

대부분의 제품은 형태에 의해서 차별화된다. 여기서 형태라 함은 크기(size), 모양(shape), 그리고 물리적 구조(physical structure) 등과 같이 제품 자체가 가진 물리적 특징들을 의미한다. 현재 소비자들이 접하고 있는 대부분의 제품들이 이러한 물리적 특징인 색깔, 크기, 모양, 구조적 특징 등에 의해서 다른 기업의 제품들과 구분하려 하고 있다. 특히, 최근에는 이러한 형태를 브랜드와 매우 강하게 연결하여 브랜드의 연상에 형태가 직접적으로 영향을 주도록 하는 기업들도 있다.

2) 속성(Features)

모든 제품들은 그 기본적인 기능들과 연관해서 제공되는 다양한 속성들을 가지고 있다. 즉, 제품이 가지고 있는 핵심적인 기능을 담고 있는 제품 속성을 통해 이러한 포지셔닝이 가능하다는 것이다. 특히 이러한 제품속성의 추가나 감소는 소비자의 입장에서는 제품에 대한 가치로 느껴질 것이며, 기업 입장에서는 하나하나가 비용으로 고려될 것이다. 따라서, 속성에 대한 고려는 이러한 소비자 입장과 기업 입장의 고려가 잘 융화되어 있어야 한다.

3) 품질(Performance quality)

대부분의 제품들은 소비자들에 의해 낮음(low), 평균(average), 높음(high), 매우 높음(superior) 등과 같이 네 가지 측정 수준에서 품질이 평가될 수 있다. 따라서 제품품질 측면의 포지셔닝에 있어서는 이러한 제품의 성과인 품질이 소비자들에게 어떻게 받아들여질 것인가가 중요하므로, 제품의 객관적인 품질(objective quality)과 소비자에 의해서 지각된 품질(perceived quality) 사이의 차이(gap)를 줄이는 전략이 필요할 것이다. 즉, 품질과 관련해서 기업의 입장과 소비자의 입장 차이를 최대한 좁혀 주는 포지셔닝이 기업이 원하는 수익을 창출하는 데 긍정적인 영향을 미치는 것이 될 것이다.

4) 내구성(Durability)

제품의 사용가능 기간이 일반적인 조건하에서 소비자가 기대하는 수명만큼 길 것인가 하는 점을 잘 전달해야 한다. 특히 제품과 관련한 전달에서는 이러한 내구성에 대한 고려가 소비자의 기대일치 또는 불일치와 관련한 포지셔닝 성공/실패와 관련해서 중요한 요인이다.

5) 신뢰성(Reliability)

소비자들은 일반적으로 더 큰 신뢰가 가는 제품에 대해 더 높은 프리미엄(premium)을 부여한다. 특히 이러한 소비자들이 지각한 신뢰성은 제품에 대해 행사하는 구매에 대해 강한 확신(confidence)과도 연관되어 있다. 즉, 신뢰가 높은 제품에 대해서는 소비자들이 구매에 대한 성공에 있어 강한 확신을 가지게 된다는 것이다.

6) 수리가능성(Repairability)

소비자들은 제품의 쉬운 수리를 선호한다. 즉, 제품의 사용이나 보존에서 실패를 경험하게 되었을 경우 이에 수반하는 제품 수리에 대한 고려를 예상하여 제품에 대한 본인의 생각을 형성하기도 한다. 따라서 제품의 수리가능성과 관련된 편리성이 보장되어야 한다는 것 역시 매우 중요한 고려 요인이다.

7) 스타일(Style)

스타일은 제품에 대해 소비자들이 가지는 외모와 느낌으로 표현할 수 있을 것이다. 객관적인 외형뿐만 아니라 여기에 부여되는 소비자의 느낌이 제품에 대해 형성되는 하나의 차별점이 될 수 있다는 것이다. 소비자들은 어쩌면 아주 특이한 외형에서 받게 되는 특이한 느낌에 근거하여 추가적인 가격 프리미엄에 둔감해질 수도 있을 것이다.

8) 디자인(Design)

아주 빠르게 변화해 가는 시장상황에서 가격이나 기술은 어쩌면 차별점으로서는 충분하지 않을 수도 있다. 특히 제품 포지셔닝의 차별점에 있어서 디자인은 통합적이면서도 강한 힘을 가진 요인이라고 할 수 있다. 디자인은 제품의 속성들을 총망라한 집합체라고 볼 수도 있으며, 따라서 이러한 디자인은 시장에서 경쟁의 핵심적인 요인이 될 수 있다.

LG의 또 다른 도전 'SIGNATURE'
- 프리미엄 브랜드로 가전시장의 렉서스 꿈꿔

미국 시장에서 시장점유율 1위로 승승장구하던 일본 도요타자동차는 1980년대 들어 큰 고민에 빠졌다. 미국인들에게 '도요타=싸구려 차'라는 이미지가 굳어지면서 프리미엄 시장으로의 진출이 쉽지 않았던 것이다. 이에 도요타는 프리미엄 시장 진입을 목표로 별도의 브랜드 론칭하여 미국 프리미엄 소비자를 공략했다. 이 과정에서 지금의 '렉서스(LEXUS)'가 탄생했고 미국 시장에서 돌풍을 일으키며 도요타의 이미지를 업그레이드 했다.

LG전자는 글로벌 시장에서 톱5에 드는 가전업체다. TV의 경우 삼성전자에 이어 글로벌 시장점유율 2위이고 냉장고와 세탁기에서는 1위를 다툰다. 이런 LG도 고민이 있다. 초프리미엄 시장을 공략하고 싶은데 현재의 LG 브랜드만으로는 쉽지 않기 때문이다. 조성진 LG전자 홈앤어플라이언스(H&A) 사업본부장(사장)은 "LG 브랜드가 대중적인 이미지로 굳혀진 상황에서 초프리미엄 시장에 들어가기 위해서는 별도 브랜드가 필요하다는 판단"이라며 "2년 전부터 차근차근 준비한 작품"이라고 설명했다.

프리미엄 시장은 성장세도 높다. 글로벌 가전 시장 규모는 생활가전(냉장고 세탁기 에어컨 오븐 등)이 약 250조원, TV가 약 100조원이다. 이 가운데 상위 5%가 초프리미엄 시장이고, 이 분야는 일반 시장 대비 성장률

이 약 3배에 달한다. 특히 경기 불황 등에도 견조한 성장을 유지하는 것이 특징이다.

LG 시그니처는 LG전자 내 프리미엄 브랜드 경쟁력을 강화하고 이러한 이미지가 LG 전 제품으로 확산되는 역할도 할 것으로 기대된다. 현대자동차가 별도의 '제네시스(GENESIS)' 브랜드를 론칭한 것도 이러한 낙수효과를 통해 질적·양적 성장을 도모하겠다는 것이다.

LG전자는 이달 초 미국 라스베이거스에서 열린 세계 최대 가전 전시회인 'CES 2016'에서 LG 시그니처 브랜드와 제품을 공개했다. 이들 제품의 특징은 제품의 본질에 가장 가깝게 다가갔다는 점이다. LG 시그니처 올레드 TV는 본질적 요소인 화면에 철저하게 집중했다. 올레드 화면 이외의 부수적인 요소들이 보이지 않도록 얇은 베젤(TV 테두리)을 적용했다. 두께 2.57㎜의 얇은 올레드 패널 뒤에 투명한 강화유리를 적용해 고급스러운 느낌을 더했다.

LG 시그니처 세탁기는 상단의 12㎏ 드럼세탁기와 하단의 2㎏ 미니워시를 결합한 제품이다. 강화유리 재질의 도어와 터치 방식을 적용한 7인치 원형 디스플레이 조작부, 내구성이 뛰어나면서 고급스러운 느낌의 법랑 소재 등을 적용해 기존 세탁기 디자

CES 2016에 마련된 LG전자 TV존

인과는 눈에 띄게 차별화했다.

LG 시그니처 냉장고는 '냉장고 속 미니 냉장고'로 불리는 신개념 수납 공간인 '매직스페이스'를 투명하게 제작했다. LG 스마트폰의 '노크온' 기능을 접목해 매직스페이스를 두 번 두드리면 냉장고 내부 조명이 켜지면서 투명한 창을 통해 내부에 무엇이 있는지 보여준다.

LG다움의 디자인을 시그니처에 녹였습니다

노창호 LG전자 디자인경영센터장은 "오래 써도 빛나는 제품, 사용하기 편리한 제품이 LG다움의 디자인"이라며 "내구성과 사용성에 주안점을 뒀다"고 설명했다. 그는 이어 "TV를 볼 때 화면 이외에 다른 부수적인 것이 보이지 않아야 몰입할 수 있고 냉장고도 내부를 손쉽게 볼 수 있으면 사용이 더 편리할 것"이라며 "제품의 본질적인 기능에 더 접근하려는 것이 시그니처 디자인의 기본"이라고

덧붙였다.

시그니처 제품의 색상은 블랙과 화이트가 주종이다. 노 센터장은 "트렌드를 그때그때 반영하는 제품이 아니라 트렌드와 무관하게 오래 써도 질리지 않는 제품을 만들려고 했다"며 "블랙과 화이트, 메탈 소재가 바로 그것"이라고 설명했다

또한 시그니처 디자인에는 다양한 제품에서 얻은 아이디어가 집약되기도 했다. 노 센터장은 "자동차회사인 포드가 트렁크에 발을 갖다 대면 문이 열리는 제품을 선보였는데 여기서 힌트를 얻어 발로 문이 열리는 시그니처 냉장고를 기획했다"며 "단순히 좋은 기능을 넣기보다는 고객들이 쉽게 사용할 수 있는 기능을 넣는 것에 주력했다"고 강조했다.

〈출처: 매일경제, 2016. 01. 22.〉
〈사진출처 : 매일 경제 기사 & 구글 검색〉

2 서비스 포지셔닝

물리적인 제품을 통해 독특한 포지셔닝을 가지기 어려운 경우에는, 차별화된 부가적 서비스의 제공을 통해 성공적인 포지셔닝의 확립이 가능할 수 있을 것이다. 특히 이러한 서비스의 제공은 물리적 제품의 차별적 포지셔닝에 대한 지원(support)의 성격을 가진 것일 수도 있으나, 독립적으로 서비스 자체에 대한 포지셔닝인 경우도 종종 볼 수 있다. 아래에서는 서비스 포지셔닝을 위한 고려요인들을 살펴본다.

1) 쉬운 주문(Ordering ease)

제품의 주문이 얼마나 쉽게 이루어질 수 있는가에 대한 고려이다. 백화점 웹사이트에 접속하여 그날의 장볼 거리들을 쉽게 주문할 수 있도록 하여 방 안에서도 하루하루 찬거리에 대한 쇼핑이 쉽게 이루어질 수 있도록 인터넷 시스템을 구비한다면 이는 소비자들에게 매우 매력적인 주문시스템이 될 것이다.

2) 배달(Delivery)

소비자들에게 주문된 제품이 얼마나 빠르게 그리고 안전하게 배달되는가 하는 것은 소비자 입장에서나 기업 입장에서 매우 중요한 고려요인이다. 이러한 배달에 대한 체계적인 고려가 없다면 소비자들은 아무리 제품이 좋다 하더라도 해당 제품 또는 브랜드에 대해 적잖은 실망을 가지게 될 것은 자명하다.

3) 사용설명(Customer training)

구매된 제품에 대한 사용설명과 관련해서 매우 구체적이면서도 지극히 효과적으로 그리고 효율적으로 제품을 사용할 수 있도록 소비자들을 교육하는 것은 또 다른 중요한 서비스 요인이다. 제품 자체에 내포된 편익을 소비자들이 몰라서 사용하지 못하게 된다면 의도했던 차별적 포지셔닝이 실패할 수도 있기 때문이다.

4) 소비자 자문(Customer consulting)

소비자에 대한 제품 자문은 판매자가 구매자에게 전달하고자 하는 자료, 정보시스템, 그리고 충고 등과 같은 서비스이다. 소비자들에게 미리 제품에 대한 자문을 실시하기도 하고 요청에 의해 실시하기도 하지만 이러한 자문에 의해서 소비자들에게 대상 브랜드나 기업의 차별적 포지셔닝을 가능하게 만들 수도 있다.

5) 유지와 보수(Maintenance and repair)

소비자들이 구매한 제품의 사용이 최상의 상태에서 늘 이루어질 수 있도록 유지와 보수에 대한 빠른 제공이 중요한 고려요인이다. 이는 제품에서 유발될 수 있는 제품 실패를 빠르게 관리함으로써 시도되었던 제품의 차별적 포지셔닝을 지원하는 요인이 될 것이다.

• SECTION 04 • 촉　진 Promotion

　　대부분의 마케팅 노력들이 최종사용자를 표적으로 하며, 일반적으로 대규모 광고와 함께 쿠폰, 환불, 견본품 및 경품 등의 소비자 판촉 프로그램을 통해 소비자가 점포를 방문에서 자사의 브랜드를 찾도록 유도하는 것이 목표이다. 사용자들은 소비자 내지 기업이 될 수 있다. 풀 전략(pull strategy)에 의한 촉진은 개인에 의해 사용되는 제품, 특히 지역의 슈퍼마켓과 잡화점에서 판매되는 제품에 집중되어 있다.

　　오늘날, 소비자 판매촉진이 보다 중요해지는 이유들 중 하나는 디지털 경제로의 급속한 변화에 따른 소비자들의 매체습관 변화 때문이다. 케이블 TV와 VCR을 통해, 사람들은 한 가지 프로그램도 제대로 시청하지 않는 경우가 늘고 있다. 제조업자들은 더욱 개인화되고, 이동하는 표적소비자들에게 도달하기 위해 전통적인 대중매체 광고와 함께 인터넷, 모바일 메시지 및 전자쿠폰 등 새로운 방법으로의 전환을 모색하고 있다.

1　소비자 촉진의 목적

　　기업은 소비자 판촉을 도입할 때 이를 통해 성취하고자 하는 것을 결정하고 광고, 직접마케팅, 인적판매 등의 다른 촉진활동과의 상호작용을 고려해야 한다. 모든 판촉도구들이 동일한 목적을 달성하기 위해 사용되는 것은 아니므로, 마케터는 상황분석 결과를 토대로 구체적 역할을 결정해야 할 것이다. 대부분의 소비자 판매촉진 프로그램의 기본 목적이 자사 브랜드에 대한 구매를 유도하는 것이지만, 마케터는 다음과 같은 여러 가지 구체적 목적으로 소비자 판촉 프로그램을 도입한다.

　　첫째, 신제품에 대한 시용(trial)과 반복구매를 유도하기 위해 소비자 판촉도구들을 사용한다. 매년 90% 이상의 신제품이 도입 첫 해에 시장에서 사라진다. 광고만으로는 소비자의 시용을 유발하기 어렵기 때문에 구매시점 광고물, 무료 샘플, 쿠폰제공 등과 같은 소비자 판촉도구들은 시용을 촉진하는 데 효과적일 수 있다. 신제품이 성공적으로 시장에 진입하기 위해서는 반복 구매를 유도할 수 있어야 한다. 기업은 시용 후 반복구매가 이루어질 수 있도록 무료 샘플에 쿠폰이나 포인트 누적 프로그램 등의 촉진 인센티브를 함께 포함시킬 수 있다. 예를 들어 미국의 소비재 회사인 Lever Brothers는 Lever 2000이라는 비누를 출시할 때, 소비자들에게 배포한 수백만 개의 무료샘플 속에 75센트짜리 쿠폰을 동봉함으로써 시용과 반복구매를 동시에 유도하였다.

둘째, 기존 브랜드의 소비율을 증가시키기 위해 소비자 판촉을 사용할 수 있다. 성숙기 시장에서 판매촉진은 매출을 늘리거나 기존의 시장점유율을 유지하는 데 있어서 효과적이다. 기존 브랜드의 소비를 증가시키는 하나의 방법은 새로운 용도를 개발하는 것이다. 다양한 사용법을 보여주는 인포머셜(infomercial)이나 데모 키트를 제공함으로써 효과적으로 활용할 수 있다.

소비를 증가시키는 또 하나의 방법은 제품 범주의 비사용자나 경쟁 브랜드 사용자를 유인하는 것이다. 이를 위해서는 쿠폰, 프리미엄 제공, 보너스 팩, 가격 할인 등의 다양한 도구들을 활용할 수 있다. 경쟁 브랜드 사용자의 브랜드 전환을 유도하기 위해 펩시(Pepsi)는 시장선도 브랜드인 코카콜라와 맛을 비교하는 펩시 챌린지 촉진 캠페인(blind taste test)을 도입하였다. 펩시 챌린지 촉진 캠페인은 통합된 촉진 프로그램의 일환으로 전국 및 지역광고, 쿠폰 배포, 다양한 중간상 지원 등을 함께 사용하였다. 캠페인은 수년간 지속되었으며 펩시가 미국 내 슈퍼마켓 판매에서 코카콜라를 추월하여 시장선도 브랜드가 되는 데 결정적 역할을 하였다.

셋째, 판매촉진기법들은 기존 고객을 계속 유지하는 데 효과적으로 활용될 수 있다. 예컨대, 가격 할인, 쿠폰, 보너스 팩 등의 제공은 기존 소비자의 대량구매를 유도하여 경쟁 브랜드들의 촉진에 의한 브랜드 전환 가능성을 줄일 수 있을 것이다.

넷째, 경연이나 경품(sweepstakes) 등과 같은 판매촉진도구들을 활용함으로써 광고에 대한 주의를 기울이게 하거나 광고 메시지와 제품에 대한 소비자 관여도를 제고시킬 수 있다.

2 소비자 촉진의 유형

일반적인 소비자 판매촉진으로는 구매시점물(point of purchase[POP] materials), 쿠폰, 전자쿠폰과 편의카드, 할인 촉진, 환불, 리베이트, 프리미엄, 견본, 조합 제공, 경연, 그리고 경품 등이 있다. 성공적인 마케팅 커뮤니케이션 프로그램의 핵심은 이러한 몇 가지 기법들을 매체광고, 제품 publicity, 직접 마케팅과 효과적으로 통합시키는 것이다.

1) 구매시점물(Point of purchase materials)

구매시점물은 점포 내에서 거래량을 확보하고 제품을 전시 및 광고하며 충동구매를 촉진시키기 위해 고안된 수많은 진열물과 유사광고 고안물들이다. POP는 광고의 다른 형태와 함께 사용될 때 가장 효과적이다. 1994년 갤럽 여론조사에서, 대량 판매점 쇼핑객들의 56%와 식료품점 쇼핑객들의 62%가 구매시점물을 주목했다고 대답했다.

오늘날 소비자들은 쇼핑의 66%를 점포에서 결정하고, 53%는 비계획적 구매를 하기 때문에 POP는 종종 구매를 자극하는 주된 요인이 될 수 있다. POP물은 또한 창문 진열, 카운터 진열, 제품을 담아 놓기 위한 플로어와 벽 공간, 장식 리본, 그리고 포스터를 포함한다. 가끔, 제품의 운송상자도 일종의 진열도구로서 가시성을 높이도록 고안된다. 완벽한 정보센터는 심지어 인쇄물, 견본, 제품 사진, 혹은 키오스크의 쌍방향 컴퓨터까지 제공할 수 있다.

소매업의 셀프서비스 추세는 POP물의 중요성을 증가시키고 있다. 자신들을 도울 수 있는 판매원들의 수가 줄어들고 그들이 가지고 있는 제품 지식도 줄어들게 되면서, 고객들은 스스로 구매의사결정을 내려야 할 필요가 커지고 있다. 눈길을 끌 수 있고, 정보 제시적인 성격이 강한 진열은 소비자들에게 필요한 것을 제공할 수 있다. 심지어 직원이 배치된 점포에서도 진열자료들은 부가적인 판매정보를 제공하고 다른 경쟁사들에 비해 제품을 부각시킬 수 있다.

POP 전시물의 확산으로 인해 소매업자들은 그들의 점포들을 보다 차별화시킬 수 있게 되었다. 대부분의 소매상들은 점포 분위기와 조화롭게 혼합될 수 있는 잘 고안되고 눈길을 끄는 POP 전시물들을 원한다. POP에 대한 강조는 쇼핑카트 광고, "말하는" 패키지, 점내 냉장고 문이 열릴 때 작동되는 음료수 징글, 그리고 신발 스타일에서부터 바닥재까지 모든 것을 선택할 수 있는 쌍방향 컴퓨터를 포함하는 다양한 새로운 접근법들이 생겨나고 있다. 그 밖에도 디지털 기술로 만들어진 홀마크 카드(Hallmark Card)의 터치 스크린 그리팅즈(Touch Screen Greetings)라든지, 원하는 카드 위에 고객의 개인적 메시지를 인쇄할 수 있도록 고안된 쌍방향 키오스크 등이 POP 전시물로 새로이 출현하였다.

한편 캐릭터에 대한 소비자들의 관심이 높아지면서 많은 업종에서는 캐릭터를 구매시점물로 사용하거나 상품에 동봉함으로써 고객들을 유인하고 있다. 특히 어린이를 겨냥하는 업종은 캐릭터가 좋은 유인수단이 될 수 있다. 예를 들어 맥도날드는 어린이용 해피밀 세트주문시 '미녀와 야수'의 캐릭터의 일부를 선택적으로 제공하고, 추가적인 구매를 통해 전체 세트를 완성하도록 고무함으로써 어린이 소비자의 인기를 끌고 있다. 그리고 세계적으로 선풍적인 인기를 끌었던 '포켓 몬스터'의 피카츄 같은 캐릭터를 동봉한 제과 브랜드도 선풍을 일으켰던 적이 있다.

2) 쿠폰(Coupon)

쿠폰은 특정 품목의 가격할인을 위해 소매점에 제시하는 공인된 가치를 가진 증서이다. 쿠폰을 소지한 소비자는 특정 상품 구매시 그 쿠폰의 내용에 따라 할인 혜택을 받을 수 있다. 쿠폰은 인터넷 사이트, 핸드폰, 신문이나 잡지, 호별 방문, 포장, 점포, 그리고 직접 우편을 통해 배포된다. 대부분은 FSIs(freestanding inserts)라 불리는 다양한 색상으로 미리 인쇄된 신문광고를 통해 소비자에게 전달된다. FSIs는 일반적인 신문이나 잡지 쿠폰보다 더 높은 상환율(redemption rate)을 가지고 있으며 포장 내부나 위에 붙은 쿠폰이 가장 높은 상환율을 가진다.

한편 최신기술의 전자쿠폰(electronic coupons)은 쇼핑객들에게 할인을 제공한다는 점에서 종이쿠폰과 같으나, 그 배포방법은 전혀 다르다. 구매시점에서의 쌍방향 터치스크린 비디오는 즉각 인쇄되는 할인권, 리베이트, 신규 브랜드 사용을 위한 제공물 등을 출력해준다. 전자쿠폰은 전국 슈퍼마켓에서 급속도로 확산되고 있지만, 여전히 매년 배포되는 총쿠폰량에 비해 낮은 비율을 차지하고 있다.

미국의 경우 많은 마케터들이 전자쿠폰 분야의 두 선도자인 Catalina Marketing과 Advanced Promotion Technologies에 의해 운영되는 테스트에 참여하고 있다. Catalina의 시스템은 8,000개 이상의 슈퍼마켓에 설치되어 있고, 이 범주에서의 최근 성장은 매년 50%를 초과하고 있다. 전자쿠폰은 소매업자에게 종이쿠폰을 이용할 수 없는 소비자에 관한 정보에 접근하도록 해준다. 많은 슈퍼마켓 체인들은 현재 계산대에서 즉각적인 할인을 받을 수 있는 자격을 부여하는 소비자 편의카드를 발급하고 있다. 소비자들이 카드를 사용할 때, 그들의 구매기록은 데이터베이스로 이동되어 다양한 라이프스타일 집단으로 분류된다. 카드는 소비자들이 종이쿠폰을 오려내는 번거로움을 피할 수 있도록 하였고 소매업자들이 고객의 구매행동을 더 잘 이해할 수 있도록 해주었다. 비슷한 시스템이 유럽에서는 멀티 포인트(Multipoints)라는 것으로 사용되고 있다. 멀티 포인트는 고객들이 점포를 방문하거나 TV광고를 보는 대가로 점수를 적립시키는 쌍방향 시스템이다. 점수는 특정 점포에서 다양한 제품에 대한 포상과 가격 할인으로 변제될 수 있다. 프랑스에서 두 번째로 큰 레스토랑 체인인 Quick Burger는 멀티 포인트 시스템을 도입함으로써 상당한 양의 매출액 증가를 경험하였다.

Highlight 2

소비자들 공격마케팅에 늘 피곤… 외치지 말고 속삭이듯 들려줘라

모바일 인터넷의 확산은 몇 가지 측면에서 가장 이 상적인 1대1 마케팅, 특히 맞춤형 광고를 구현할 수 있 는 환경을 제공하게 됐다. 모바일 인터넷은 우선 유선 인터넷과 비교할 때 사용자 식별과 상황 파악에 훨씬 유리하다. 누가, 어떤 상황과 어떤 맥락에 있는지를 기 술적으로 파악하기가 쉽다는 얘기다. '소비자 구매여 정'의 단계 어디에 있는지를 파악할 수 있고 이를 활용 한 '적재적소' 광고로 구매 전환을 이끌어낼 수 있다는 것이다.

모바일 인터넷이 가져온 변화

모바일 인터넷은 유선 인터넷에 비해 '사용자 식별' 및 '상황 파악' 측면에서 훨씬 더 타깃 마케팅에 적합 한 환경을 제공한다. 먼저 '사용자 식별'이다. 모든 모 바일 인터넷을 사용하는 매체는 IMEI라는 고유식별번 호를 갖고 있고 이를 기반으로 Apple의 AppStore와 Google의 PlayStore는 기기별 고유식별자인 UDID, AdID 를 제공하고 있다. 따라서 별도의 로그인 없이도 서비 스 제공자는 해당 서비스에 접속하는 사용자를 구별할 수 있고 같은 사용자가 어떤 기기로, 얼마나 자주, 어

떤 네트워크를 통해 서비스에 접속했는가를 파악할 수 있다. 이런 제도적인 사용자 식별은 모든 종류의 타깃 마케팅 활동을 구조적으로 수월하게 해준다.

다음으로는 '상황 파악'이다. 고정된 위치에서 사용 하는 유선 인터넷과는 달리 상시 휴대하며 모든 장소 에서 이용하는 모바일 인터넷은 사용자가 특정 시점에 어느 장소에 있는가를 파악하고 그 상황에 적합한 타 깃 마케팅 활동을 가능하게 한다. 예를 들어 같은 사용 자도 평일 점심 안암동에서 찾는 식당의 종류 및 가격 대는 주말에 서래마을에서 찾는 식당과는 확연히 차이 가 날 수 있는데 모바일 인터넷은 별도의 정보 요청 없 이 사용자의 상황을 자동으로 파악해 그에 적합한 상 품, 가격, 판매점, 판촉물을 제시할 수 있는 구조적인 이점을 갖고 있다. 빅뱅의 탑이 광고를 하고 있는 SK 플래닛의 '시럽' 서비스를 보면 사용자의 기본 특성에 시간 및 위치 정보가 반영된 쿠폰을 받을 수 있다는 혜 택을 부각시키고 있다.

따라서 모바일 인터넷은 특정 상품에 관심을 갖고 구매를 염두에 두고 정보를 찾고 있는 소비자를 대상 으로 타깃 마케팅을 전개하기에 효과적이다. 이때 중 요한 게 '소비자 구매 여정'이라는 개념이다. '소비자 구매 여정'에서 '적극적 비교 단계'로 소개된 소비자 정 보 검색 단계는 '초기 고려' 단계와 '충성도 루프' 단계 에 비교해 낮지 않은 구매 비율을 나타내는데, 이 단계 는 전통적인 오프라인 매체를 사 용하는 소비자는 접근이 어렵기 때문에 인터넷, 특히 모바일 인 터넷을 활용한 타깃 마케팅 활 동의 필요성이 부각된다. 소비 자가 고려하는 제품 숫자를 보 게 되면 전통적인 '마케팅 깔때기

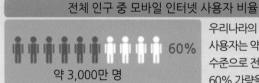

그림 1 2016년 닐슨 미디어 리포트: 사람들의 미디어 활용 행태

전체 인구 중 모바일 인터넷 사용자 비율

60%
약 3,000만 명

우리나라의 모바일 인터넷 사용자는 약 3,000만 명 수준으로 전체 인구의 60% 가량을 차지

(marketing funnel)' 접근법에서는 소비자는 본인이 알고 있는 제품 중 호감을 갖고 선호하는 순서로 그 숫자를 줄여 나간 다고 설명했으나 '소비자 구매 여정'에서 언급된 자동차, PC, 화장품, 통신사업자, 자동차 보험의 경우에는 고려하는 상품 의 숫자가 '적극적 비교' 단계에 진입해 오히려 늘어난 것을 볼 수 있다. 예를 들어, 자동차의 경우 '초기 고려' 단계에서 4 가지 차량을 고려하다가 '적극적 비교' 단계에서 두 가지 차 량을 추가해 최종 구매결정을 내리기도 한다. 특히 시장점유 율이 낮은 사업자의 경우 소비자들이 익숙한 제품을 먼저 고 려하는 성향이 있기 때문에 자사 제품이 '초기 고려' 단계에 진입하는 것이 상대적으로 어렵다. 따라서 '적극적 비교' 단

계에서 타깃 마케팅 활동을 통해 자사 제품을 '고려군'에 집 어 넣는 것이 마케팅 활동의 성패를 가름하게 된다.

타깃 마케팅은 소비자가 의도를 보인 경우 타깃하는 방법, 예를 들어 검색에서 사용한 열쇳말과 관련 있는 검색 광고, 관심을 보였던 상품에 대한 광고를 쫓아다니며 보여주는 리 타깃 광고, 특별히 의도나 관심을 보이지 않은 소비자 중 공 통 관심사를 가질 가능성이 높은 소비자를 타깃하는 방법으 로 나누어볼 수 있다. 즉 소통 빈도, 총 시간을 기반으로 해 사 용자 간 관계 강도와 관심사를 측정해 타깃하는 것이다. (예, 자주 사용하는 태그, 좋아요를 누른 팬 페이지, 자주 방문하는 장소 등) 중심으로 타깃 광고를 노출시키는 페이스북 광고)

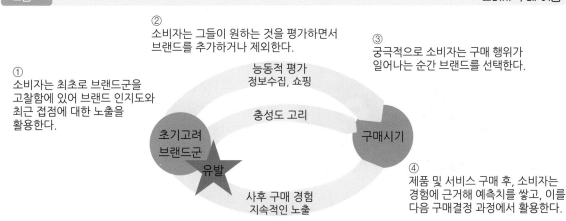

그림 2 ━━━━━━━━━━━━━━━━━━━━━━━━━━━━━━ **소비자 구매 여정**

② 소비자는 그들이 원하는 것을 평가하면서 브랜드를 추가하거나 제외한다.

③ 궁극적으로 소비자는 구매 행위가 일어나는 순간 브랜드를 선택한다.

① 소비자는 최초로 브랜드군을 고찰함에 있어 브랜드 인지도와 최근 접점에 대한 노출을 활용한다.

능동적 평가
정보수집, 쇼핑

충성도 고리

초기고려 브랜드군

구매시기

유발

사후 구매 경험
지속적인 노출

④ 제품 및 서비스 구매 후, 소비자는 경험에 근거해 예측치를 쌓고, 이를 다음 구매결정 과정에서 활용한다.

	구매비중(%)			평균 브랜드 수	
	초기 고려	능동적 평가	충성도 고리	초기 고려 브랜드	능동적 고려 후 추가된 브랜드
자동차	63	30	7	3.8	2.2
PC	49	24	27	1.7	1.0
스킨케어	38	37	24	1.5	1.8
통신사업	38	20	42	1.5	0.9
자동차 보험	13	9	78	3.2	1.4

출처: 동아 비즈니스 리뷰

그림 3 ────────── 유튜브 'Syrup 시럽' 채널

그림 4 ────────── Nike Running Club, Nike traning Club

효과적 모바일 광고 실행 사례

일반적인 CRM 시스템은 주로 고객의 기본 정보와 (생일, 성별, 가족 관계 등) 구매 정보를 바탕으로 특성을 파악하고 이를 활용해 개별화된 판촉 등 표적 마케팅 활동을 진행하게 되는데 이런 기본 정보사항과 구매 정보만으로 고객 특성 파악을 하는 것은 생각보다 쉽지 않다. 특히 구매 빈도가 낮은 산업군에 있어서는 활용할 수 있는 고객 정보량도 절대적으로 부족하기 때문에 모바일 웹, 앱을 통한 고객과의 연대 강화와 특성 정보 활용은 필수적이다. 예를 들어 나이키의 경우 Nike Run과 같은 디바이스를 통해 고객과 소통하며 동시에 고객 특성(대표적으로 표적 마케팅에 필수적인 위치 정보)을 파악해 이를 기반으로 한 표적 마케팅 활동에 활용했고(현재는 Nike Running Club으로 이름을 바꾸어 서비스 제공) 최근에는 젊은 여성 고객을 대상으로 하는 Nike Training Club 앱을 통해 사용자의 폭도 넓히고 휴대전화 기종, 주 사용 네트워크, 사용 앱 버전 등과 같은 모바일 사용 특징 외에 주로 소통하는 지인, 주로 방문하는 지역 위치를 포함한 보다 다양한 고객 정보를 확보해 활용한다.

저관여 상품의 경우 소비자의 구매 관심 여부 확인이 어렵기 때문에 표적 광고보다는 모바일 앱을 활용해 자사 상품 관련 정보보다는 표적 고객이 관심을 많이 갖고 있는 콘텐츠를 제공하며 지속적인 소통과 이를 통한 반복적인 브랜드 노출을 강화하는 방법이 필요하다. 일본 조지아커피의 경우 커피 관련 정보를 제공하기보다 주요 고객인 블루칼라 소비자를 대상으로 연예인 관련 화보, 동영상, 뒷담화 등 최신 정보를 제공하는 모바일 앱을 통해 반복적인 브랜드 노출과 고객 연대를 동시에 진행하고 있다. 니베아 브라질의 경우 해수욕장에서 미아 발생 염려를 줄여주기 위해 어린이를 둔 부모들에게 블루투스 칩을 탑재한 팔찌를 무료로 제공하고 (잡지에 광고 형태로) 이를 모바일 앱과 연동해 지속적으로 사용함으로써 자연스럽게 브랜드에 반복 노출을 유도하는 방향으로 모바일 앱을 사용하고 있다.

소비자 입장에서는 항시 마케팅 활동에 노출되다 보면 피곤함을 느끼게 된다. 너무 상업적인 내용에만 노출돼 지치고 피곤한 소비자의 마음을 어루만져 관심을 이끌어낼 수 있는 모바일 마케팅으로의 진화가 필요한 시점이다.

〈출처: 동아 비즈니스 리뷰, 제213호, 2016년. 11월〉

3) 할인 촉진, 환불, 그리고 리베이트

할인 촉진(cents-off promotions)은 할인 패키지, 1센트 할인, 무료 제공, 그리고 박스탑(boxtop) 환불의 형태로 제공되는 제품가격상의 단기할인이다. 어떤 패키지는 계산대에서 점원이 떼어 내도록 되어 있는 특별할인 스티커가 부착되어 있다. 어떤 기업들은 제품의 미래구매에 사용할 수 있도록 현금이나 쿠폰의 형태로 환불을 제공한다. 환불을 받기 위해서 소비자들은 3개의 박스 탑 같은 구매증거를 제시해야 한다.

리베이트(rebates)는 자동차에서부터 가전기기까지 좀 더 큰 품목들에 대한 현금 환불이다. 리베이트는 쿠폰과 같은 기능을 하지만, 구매시 구매하는 상점에서 가격할인을 해주는 쿠폰과는 달리 고객이 상품을 구매했다는 증서나 서류를 생산업체에 보내면 생산업체가 우편이나 다른 수단을 통하여 상품가격의 일부를 반환하여 주는 것을 의미한다.

4) 프리미엄과 보너스 팩

프리미엄(premium)은 소비자들이 광고된 제품을 구매하도록 장려하기 위해 무료 혹은 할인가격으로 제공되는 품목이다. 프리미엄은 리베이트와 동일한 방법으로 구매행동에 영향을 미치지만 실제 필요하지 않은 제품을 소비자들이 구매하게끔 하는 데 더 효과적인 경향이 있다. 프리미엄은 제품의 이미지를 개선하고, 호의를 획득하고, 고객기반을 확장시키고, 또한 빠른 판매를 일으키고자 할 때 유용한 도구이다.

프리미엄은 반드시 강력한 소구와 가치를 가져야 하며, 유용하거나 특별해야 한다. 그것은 제품의 포장 내(in-pack premium), 포장 위(on-pack premium)에 포함될 수도 있으며, 구매증거(박스탑 또는 라벨)를 받는 대로 무료 혹은 적은 금액을 받고 배달될 수도 있고, 구매와 동시에 주어질 수도 있다. 화장품 회사들은 백화점 촉진행사시에 스카프, 지갑, 그리고 화장품 견본품들을 무료 혹은 낮은 가격으로 제공한다.

구매된 화장품 견본들은 자기정산 프리미엄(self-liquidating premium)의 예인데, 이는 판매자들이 어떤 이윤도 남기지 않는 손익분기점에 해당하는 가격을 소비자들에게 제시하는 것을 말한다. 변형 형태로는 같은 상점을 자주 방문하는 고객들에게 매주 주어지는 연속 프리미엄이 있다. 고객들은 다른 품목을 구매하는 비용을 최소화하면서 세트를 완성시키기 위해 매주 접시나 책을 받는다.

보너스 팩(bonus packs)은 보다 큰 용기에 제품을 담거나 덤으로 더 많은 개수를 패키지 속에 포함시킴으로써 정상가격으로 더 많은 양의 제품을 제공하는 것을 말한다. 보너스 팩은 다음과 같은 이점을 가진다. 첫째, 보너스 팩은 쿠폰이나 리베이트를 사용하는 데 있어서의 번거로움 없이 소비자들에게 즉각적으로 제품단위당 가격인하를 통해 추가적인 가치를 제공한다. 보너스 팩은 소비자에게 추가적 제품가치를 명확히 인지시킬 수 있으므로 구매시점시 소비자의 구매의사결정에 강한 영향을 미칠 수 있다. 둘째, 보너스 팩은 경쟁사의 촉진이나 새로운 브랜드 도입에 대처하는 데 효과적인 수단이다. 보너스 팩은 기존 사용자에게 많은 용량의 제품을 구매하도록 함으로써 경쟁사의 판촉노력에 반응할 가능성을 사전에 차단시킬 수 있다. 보너스 팩은 소매업자로부터 보다 많은 양의 주문과 유리한 진열공간 확보 등을 기대할 수 있으므로 소매업자와의 관계가 우호적일 때 특히 효과적일 수 있다.

5) 견본품과 복합 제공물

무료 샘플링(free sampling)은 모든 판매촉진 중에서 가장 많은 비용이 든다. 그것은 또한 신제품 도입 시 가장 효과적인 방법 중의 하나인데, 이는 소비자들이 습관적인 사용을 하도록 전환하기를 바라면서 무료 시용을 제공하기 때문이다. 샘플 제공은 광고에 의해 지지되어야 하며, 작은 크기로 이용할 수 있고 빈번하게 구매되는 제품들을 위해 많이 활용된다. 샘플의 성공은 주로 제품의 장점 유무에 달려 있다. 만약 그 제품들이 마케터의 약속에 부응한다면, 이는 소비자로부터 엄청난 신뢰를 얻을 수 있으며, 비사용자를 애호고객으로 곧바로 바꿔놓을 수도 있다.

샘플은 우편, 호별 방문, 쿠폰 광고, 혹은 상점에서의 직접 배포에 의해 소비자들에게 전달될 수 있다. 그것들은 무료 혹은 적은 비용으로 제공되는 것이 보통이다. 때때로 견본품은 관련 품목과 함께 배포되기도 하지만, 이는 다른 제품을 구매한 사람들로 배포를 국한시킨다. 봉지 샘플(poly-bagging)은 일간지나 월간잡지와 함께 플라스틱 백에 넣어 전달된다. 이는 표적화된 독자에게만 샘플이 배포되는 것을 가능하게 하고, 잡지 등의 발행물은 그들의 구독자들에게 별도의 비용 지불 없이 부가가치를 제공할 수 있다.

상점 내 샘플(in-store sampling) 제공은 매우 인기가 있다. 대부분의 점내 견본 프로그램은 쿠폰 캠페인과 연계된다. 제품의 성격에 따라 샘플은 푸시 전략이나 풀 전략 모두를 위해서 사용될 수 있다. 때때로 복합제공품(combination offers)은 특별가격으로 기존 제품을 구매할 때 신제품을 묶어 제공하는 것이다. 식품과 의약품 담당 마케터들은 면도기와 면도날 묶음 혹은 치약과 칫솔 같은 복합제공품을 할인된 가격으로 제공하기도 한다. 최상의 결과를 얻기 위해서는 반드시 품목들 간에 관련성이 있어야 한다.

6) 경연과 경품

경연(contest)은 참가자들의 능력에 근거하여 포상을 하는 것이고, 경품(sweepstakes)은 참가자들의 이름을 단순히 추첨하여 포상을 한다. 게임(game)은 경품의 운이라는 요소를 가지고 있기는 하지만 오랜 시간에 걸쳐 시행된다(예를 들어, 점포 방문을 촉진하기 위해 고안된 빙고유형의 게임). 게임이 가지는 마케팅 이점은 고객들이 게임을 계속하기 위해서는 점포를 반복 방문해야 한다는 것이다.

경연과 경품은 소비자를 참여시킴으로써 제품의 소비를 촉진한다. 이러한 장치들은 수백만의 참여자들을 유도한다. 보통 경연 참가자들은 박스탑이나 라벨과 같은 구매 증거물을 보내야 한다. 보다 비싼 제품들의 경우에는 소비자가 참여 용지를 받기 위해 반드시 그 점포를 방문해야 하는 경우도 있다. 참여를 장려하기 위해 후원자는 가능한 한 경연을 단순하게 만들어야 한다. 또한 경연과 관련된 포상구조와 규칙이 소비자들에게 명확하게 고지되어야 한다.

경품과 게임은 현재 경연보다 더 인기를 끌고 있는데, 그 이유는 참여하기 쉽고 시간이 덜 소요되기 때문이다. 경품은 광고주의 세심한 기획을 필요로 한다. 경연과 경품을 성공시키기 위해서는 촉진 및 광고를 해야 하며, 이는 경비가 많이 들 수도 있다. 그리고 판매촉진은 거래업자의 지원을 필요로 한다. 거래업자의 협력을 보장받기 위해 많은 경연과 경품들은 참가자들에게 제품의 지방 판매업자의 이름을 기억하도록 질문한다. 경연은 또한 판매를 잘한 유통업자를 대상으로 시행될 수도 있다.

7) 연계 촉진

연계 촉진(tie-in promotions)이란 둘 이상의 브랜드나 둘 이상의 기업들이 그들의 소비자에 대한 판매력을 강화하기 위하여 서로의 기업이나 브랜드를 공유하여 사용할 수 있는 쿠폰, 환불 등의 판촉수단을 공동으로 사용하는 것을 말한다.

8) 이벤트 후원

후원은 기업이 특정 이벤트에 소요되는 비용을 지원하는 형태의 소비자 지향 판촉수단으로서 최근에 활용빈도가 대폭 증가하고 있다. 마케터들이 이벤트 후원을 활용하는 것은 기업명이나 브랜드에 대한 소비자 인지도를 증대시킬 수 있기 때문이다. 기업은 제품특성이나 이미지에 맞는 적절한 이벤트를 선정하여 이를 후원함으로써 표적시장으로부터 가시성을 높일 수 있다. 후원은 통합적 마케팅 커뮤니케이션 프로그램의 한 구성요소로서 다른 촉진활동들과 연계하여 효과적으로 사용될 수 있는 이점을 가진다.

9) 계속 주문 프로그램 및 회원제 카드

계속 주문 프로그램의 의도는 기업에 기여도가 높은 애호고객에 대해 보상을 하는 지속적인 유인책을 제공함으로써 특정 브랜드를 계속 사용하도록 하는 데 있다. SK 그룹의 OK Cashbag Program이나 대한 항공의 SKYPASS 프로그램과 같은 단골 고객을 위한 프로그램은 소비자들로 하여금 혜택 및 보상을 받기 위해 제품 및 서비스를 계속해서 구매하도록 유인함으로써 전환장벽을 구축한다. 전형적으로 구매수준이 높을수록 혜택도 커진다.

1950년대와 1960년대에 인기 있는 계속주문 프로그램의 유형은 거래 스탬프였지만, 오늘날은 단골고객을 위한 회원제 카드가 일반화되고 있다. 항공사, 통신회사나 은행의 MVP 또는 VIP 우대 프로그램 등은 전형적인 계속 주문 프로그램의 모델이다. 은행은 누적된 고객기여도를 평가하여 MVP 전용 창구나 상담실, 이자율 우대, 무료여행권, 투자 상담 및 세미나 초대 등을 포함하는 다양한 보상을 제공한다.

계속주문 프로그램은 소비자들이 브랜드간의 실제 차이를 지각하기 어려운 매우 경쟁적인 상황에 적합하다. 예를 들어, 공동 계속주문 프로그램의 경우, American Airlines사는 자사의 우수 단골고객 탑승자 구성원을 위한 프리미엄으로서 College Savings Bank의 College Sure Certificate of Deposit (CD)를 제공하였다. 자녀들의 대학교육을 위한 부모들의 저축을 돕기 위해 고안된 CD는 은행의 표준 CD(4%)보다 높은 수익률을 보장하였다.

가격할인, 경연과 경품, 프리미엄, 견본품 및 계속주문 프로그램들은 보다 큰 효과를 얻기 위해 결합될 수도 있다. 정보기술의 발달로 고객 데이터베이스의 구축과 이의 활용이 용이해짐에 따라 다양한 촉진수단들을 통합해서 제공하는 회원제 카드에 의한 우대 프로그램이 촉진수단으로 폭발적으로 증가하고 있다. 회원제 카드는 고객별 맞춤 촉진도구의 개발, 기존 고객에 대한 유지 프로그램 수행 및 고객 데이터베이스 구축을 통한 고객관계관리를 위한 다양한 마케팅 커뮤니케이션 활동의 통합 툴로서 각광받고 있다. SK그룹의 경우 리더스 클럽, SK 엔크린, T World 회원 등을 대상으로 OK CASHBAG 평생 혜택이라는 프로그램을 운영하고 있다. 고객들은 이 카드를 다양한 가맹 점포에서 사용함으로써 포인트를 축적하여 현금 및 상품을 제공받거나 고객별로 맞춤화된 다양한 촉진 프로그램을 제공받는다.

3 유통촉진의 유형

유통촉진은 기본적으로 제조업자가 유통업체를 대상으로 하는 푸시 정책의 일환이다. 푸시 전략은 소비자들에게 실제로 보이지 않지만, 성공적인 푸시 전략은 제품들이 더 많은 진열공간 혹은 판매원들의 부가적인 관심과 열의를 얻는 것을 의미한다. 일반적으로 제조업체들은 그 회사제품을 성공적으로 출시하고 브랜드를 구축하기 위해 소비자 판촉을 실시하는데, 이를 위해서는 유통촉진을 병행하는 것이 효율적이다. 소비자 촉진과 마찬가지로 유통업자를 표적으로 하는 촉진 프로그램은 잘 정의되고 측정 가능한 목표를 토대로 수립되어야 한다.

오늘날 브랜드간의 경쟁이 매우 치열하기 때문에 소매점에서 보다 좋은 위치에 자사제품이 진열되도록 하는 것은 매우 어려운 일이다. 기업은 유통촉진을 통해 자사제품을 위하여 소비자들의 눈에 잘 띄는 위치에 자리 잡을 수 있게 하고, 보다 넓은 진열공간을 확보하며, 판매원에게 판매동기를 부여하도록 하고, 유통업자의 재고수준을 높이도록 하며, 유통업자들에게 제조업체와 제품에 대한 흥미를 갖도록 함으로써 유통업자의 제조업체에 대한 애호도를 높이고 상호관계를 강화할 수 있다.

유통촉진을 위해서는 전시공간 수수료(slotting allowance), 중간상 할인(trade deals), 전시수수료(display allowance), 환매수당(buyback allowance), 광고 보조금(advertising allowance), 협력광고(cooperative advertising), 판매상 인센티브와 경연(contest), 푸시 머니(push money; PM), 그리고 기업마케팅 설명회(company conventions and dealer meeting), 판매원 훈련프로그램 등을 사용한다.

1) 중간상 할인

가장 흔히 사용되는 판촉수단의 하나이다. 제조업자들은 자사제품에 대한 유통업자들의 구매, 촉진, 진열을 촉진하기 위해 단기 할인이나 혹은 다른 비용 할인을 제공한다. 소매상들에게 제공되는 가격할인 수단에는 구매 할인, 판촉 지원금, 신제품 진열 지원금 등이 있다. 그러나 과도한 중간상 할인은 브랜드 애호도를 위협하는데, 이는 고객들에게 할인 중인 브랜드만 구매하게끔 조장하기 때문이다. 더구나, 유통할인을 광범위하게 사용하는 마케터들은 만약 그들이 촉진정책을 축소한다면, 진열공간을 잃어버리고 이후에는 시장점유율을 잃게 되는 악순환에 빠지게 될 수도 있다.

게다가 몇몇 소매업자들은 선매(forward buying)나 전매(diverting)에 참여함으로써 유통할인을 남용한다. 선매를 통해 소매업자는 할인할 때 제품을 많이 사들이고 정상가격으로 팔릴 때는 보다 적은 양을 구매한다. 전매는 한 지역에서 많은 양의 품목을 구매하기 위해 촉진할인을 사용한 후 할인이 제공되지 않은 지역에 싸게 구매한 제품의 일부분을 운송하는 것을 말한다.

2) 전시수수료

점점 더 많은 점포들이 제조업자들에게 전시수수료(display allowance) 비용을 부과한다. 이는 점포 내에 취급하고 있는 상품을 효과적으로 전시하여 고객의 구매를 유발하기 위한 공간을 마련하고 설치하기 위한 요금이다. 점포 내 진열에는 소매업자에게 제공되는 특정 제품을 더 많이 팔기 위해 이미 만들어져 있고 전문적으로 고안된 카운터 진열대, 점내 진열대, 선반 사인(sign)물 그리고 특별 선반이 포함된다. 전시공간 수수료를 피하기 위한 노력으로, 몇몇 마케터들은 전략상의 중요한 변화를 감행하기도 한다. 예를 들어, H. J. Heinze는 가장 큰 성장 잠재력이 있다고 생각되는 제품 영역에 소비자에 직접 호소하는 프로그램들(주로 직접우편과 PR)에 판촉활동의 초점을 이동시킴으로써 전시공간 수수료와 쿠폰에 대한 지출을 감소시킬 수 있었다.

3) 환매수당

신제품을 출시할 때, 제조업자들은 때때로 팔리지 않은 오래된 제품을 위해 소매업자에게 환매수당(buyback allowance)을 제공한다. 소매업자들이 그들의 제품계열을 받아들이도록 설득하기 위해 몇몇 제조업자들은 심지어 경쟁사들의 남은 재고에 대한 환매수당을 제공하기도 한다.

4) 광고보조금과 협력광고

제조업자들은 종종 총구매량에 대한 비율이나 고정요금으로서 소매업자에게 광고보조금(advertising allowance)을 제공한다. 광고보조금은 산업재보다 소비재의 경우에 더 일반적이다. 주로 대기업들에 의해 제공되지만, 몇몇 작은 기업들도 높은 거래량을 가진 고객들에게 이를 제공한다. 또한 협력광고(cooperative advertising)를 통해, 전국 제조업자들은 그들의 유통지역에서 제품이나 로고를 광고하기 위해 거래업자들에게 변제를 해준다. 제조업자들은 보통 거래업자의 매출률에 근거해서 그들의 광고비용의 50~100%를 지불한다. 예를 들어, 미국의 가전업체인 Whirlpool사는 그들의 거래처에 자료를 제공하여 지역광고, 홍보, 그리고 점포 진열 등에 이용할 수 있게 한다. Whirlpool사는 거래처가 실시한 협동광고에 대해 광고비의 50%까지 지원하여 준다. 특별 공동거래는 새로운 제품을 출시하고, 특정 계열을 광고하고 혹은 경쟁업자들과 싸우기 위해 사용된다.

광고보조금과 달리 공동광고 프로그램은 전형적으로 거래업자에게 송장과 광고증거물(신문에서 뜯어낸 부분이나 라디오, TV 방송국의 광고집행 증거)을 요구한다. 많은 제조업자들은 또한 그들의 거래업자들에게 광고, 고품질의 사진, 라디오 광고 견본 등 준비된 광고물을 제공한다. 어떤 광고주들은 그 제품들의 이미지를 통제하기 위해 공동 광고비용을 지불하는 권한으로 거래업자들에게 이러한 광고물을 사용할 것을 요구한다.

협력광고는 다양한 상황하에서 사용될 수 있는데, 특히 제조업체들이 푸시 전략을 채택하여 제품의 마케팅을 유통업자에게 많이 의존하고 있는 경우에 협력광고는 중요한 촉진수단이 된다. 제조업체가 시행하는 소비자 광고와 협력광고는 상호보완적 역할을 한다. 소비자 광고는 소비자들의 자사 브랜드 인지도 및 제품 속성에 대한 지식수준을 높이며, 실제 구매상황이 발생했을 때 소비자가 자사 브랜드를 고려 브랜드군에 포함시키는 것을 목표로 한다. 반면에 협력광고는 자사 브랜드가 어느 점포에서 취급되며 얼마의 가격에 판매되고 있는지에 대한 정보를 제공하는 보조적인 역할을 한다.

5) 판매상 경연과 인센티브

제조업자들은 판매상과 판매원의 적극적인 판매노력을 유도하기 위해 판매 경연이나 특별 인센티브 프로그램을 활용할 수 있다. 경연과 인센티브 프로그램은 판매목표를 달성하는 대상자들에게 해외여행이나 값비싼 경품을 제공한다.

6) 푸시 머니

소매점의 판매원들은 종종 특정 제품의 판매를 푸시(push)하도록 장려된다. 그러한 유인 중 하나가 푸시머니(push money) 혹은 스핍(spiffs)이라는 것이다. 예를 들어, 신발 판매원은 구두약이나 다른 수당을 제안할 수 있는데, 각각의 품목이 팔리면 판매원은 25~50센트의 스핍을 받는다.

7) 기업마케팅 설명회

대다수의 주요 제조업자들은 신제품을 출시하고 판매촉진 프로그램을 알리고 혹은 새로운 광고 캠페인을 보여주기 위해 기업마케팅 설명회(company conventions and dealer meeting)를 개최한다. 그들은 또한 판매와 서비스 교육을 위한 미팅을 할 수도 있다. 설명회는 제조업자들에게 역동적인 판매촉진의 도구가 될 수 있다.

8) 판매원 훈련 프로그램

제조업체는 자사의 제품에 대한 원활한 판매를 위해 판매원들에 대한 교육 프로그램을 활용할 수 있다. 화장품, 내구재, 보석 등과 같이 제품지식을 갖춘 판매원의 도움을 필요로 하는 제조업체의 경우 자사의 담당자를 이용하여 직접 교육훈련을 실시하거나, CD 등을 통해 판매원들에게 필요한 제품정보, 용도에 대한 실연, 그리고 판매기법 등을 설명할 수 있다.

• SECTION 05 • 촉진을 이용한 전략

일반적으로 마케팅의 궁극적인 목표가 소비자의 욕구 충족에 있다면 성공적인 판매촉진 전략을 수립하기 위해서 마케팅 관리자는 판매촉진 활동에 대해 소비자들이 어떻게 평가하는지를 알아야 한다. 고객은 다양한 이유를 바탕으로 각기 다른 방식으로 행동한다. 따라서 기업은 관찰되는 고객의 행위를 바탕으로 고객을 분류하고 각 고객집단별로 설정된 판촉목표를 달성하는 데 효과적인 판매촉진 프로그램을 개발하는 것이 판매촉진 전략의 핵심요소가 된다. McAlister(2014)는 소비자를 구매행위에 따라 다음과 같은 5가지 유형으로 분류하고 그에 적절한 판매촉진 대응전략을 제시하였다.

1. 자사 브랜드 애호고객(Current loyal users)에 대한 애호도 제고전략

자사제품에 애호도가 높은 소비자들은 지속적으로 해당 브랜드를 구입하는 특징을 보인다. 따라서 기본적으로 현재의 촉진정책에 대한 변화보다는 기존의 고객 애호도를 더 강화시키는 촉진 프로그램을 통해 기존 제품의 사용을 증가시키거나 다른 제품의 사용으로 확장시키는 목적으로 판매촉진을 설계하여야 한다.

브랜드 애호집단에 속한 사람들도 다시 세 가지 유형의 그룹으로 나눌 수 있다. 첫째, 습관적 구매자이다. 습관적 구매자는 해당 제품의 특정 속성 때문에 지속적으로 구입하거나 단순히 구입의 용이성 등으로 인해 습관이나 타성에 젖어 계속 구입하기도 한다. 예를 들어 스타벅스의 카페 모카를 지속적으로 마시는 사람은 '특이한 맛' 때문일 수 있고 어떤 사람은 스타벅스의 하우스 브랜드인 원두의 '가격'이 싸기 때문에 지속적으로 구매하기도 한다. 따라서 이렇게 한 브랜드에 대하여 강화된 구매행동을 보이는 소비자에 대해서는 현재의 구매행동을 강화시키고 경쟁사로의 이탈을 방지하기 위해 지속적인 촉진 프로그램(보너스 팩, 경품권, 특별패키지, 프리미엄)을 통해 계속적인 구입을 유도하여야 한다. 둘째, 사용량이 증가되고 있는 구매자이다. 이러한 소비자에게는 구매시기를 변화시켜 주거나 보너스 팩, 특별패키지, POP 등 추가적인 촉진 프로그램을 통해 제품의 추가사용을 지속적으로 권장하여야 한다. 셋째, 교차구매 고객집단이다.

이들에게는 관련된 상품의 교차판매(cross selling)가 가능하므로 리베이트나 프리미엄 등의 교차판매 프로그램이 필요하다.

2   경쟁 브랜드 애호고객에 대한 브랜드전환 유도전략

경쟁 브랜드에 대해 높은 애호도를 가진 소비자 집단은 특정 상품 카테고리에서 경쟁사의 상품을 지속적으로 구입하는 소비자들이다. 이들에게 자사제품을 구입하도록 유도하기 위해서는 확실히 설득될 만한 제품품질이 동반되어야만 한다. 즉, 단기적으로 판매촉진을 통해 자사의 제품을 구매하도록 브랜드 전환을 유도할 수는 있겠지만, 품질이 우수하지 않으면 단발적인 성과에 그치고 말 것이며, 소비자들은 다시 경쟁사의 제품을 재구매하게 될 것이다.

경쟁사 브랜드에 애호도를 가진 소비자 집단은 크게 세 가지로 나누어진다. 첫째, 강한 애호도를 가진 집단이다. 이들은 경쟁사의 제품이 다른 브랜드보다 비싸더라도 시장에서 최고의 제품이라 믿고 계속적으로 구입하는 소비자들이다. 따라서 이들은 해당 경쟁사 이외의 다른 기업이 벌이는 판매촉진 활동에 대한 저항력이 매우 강한 집단이므로 샘플링 등의 강화 프로그램을 통해 자사제품에 대한 접촉도를 증대시킴으로써 시용구매를 유도해야 한다. 둘째, 가치구매자들이다. 이들은 시장에서 최고의 제품은 아니더라도 비용에 비해 가장 유용성이 뛰어나다고 생각되는 경쟁사의 제품에 충실한 집단이다. 따라서 이들은 강한 애호도의 소비자 집단만큼 판매촉진에 대해 저항적이지는 않기 때문에 새로운 자사 브랜드에 대해 관심을 끌고 인지도를 높일 수 있는 촉진 프로그램이 필요하다. 즉 샘플링을 이용하여 제품에 대한 접촉도를 높이고 그 후에는 가치가 높은 쿠폰이나 매력적인 경품, 특별패키지 등으로 가격대비 가치를 높여주는 것이 필요하다. 셋째, 습관성 구매자이다. 이들은 타성에 의해 지속적으로 한 가지 제품을 구입하는 사람들인데 거의가 시간적 압박 때문에 습관적 구매경향을 보인다. 따라서 고객의 흥미를 유발하는 촉진 프로그램을 전개하여야 하며, 가치가 높은 쿠폰이나 프리미엄, 때로는 가격 프로그램 등으로 고객의 관심을 지속적으로 유발하는 것이 필요하다.

3   브랜드 전환자들(Switchers)에 대한 전략

브랜드 전환자들은 다양한 이유 때문에 특정 상품 카테고리 내에서 여러 브랜드들을 번갈아가며 구매하는 사람들이다. 이들의 브랜드 전환행동에는 복합적인 이유가 내재하고 있으며 판매촉진의 효과가 가장 크게 나타나는 집단이다.

이들이 브랜드를 선호하는 이유는 크게 네 가지로 나누어진다. 첫째, 구입 가능성(availability)을 중요하게 생각하는 집단이다. 즉, 이들은 상품을 구매하는 방식에 있어 언제나 크게 벗어나지 않는 것을 선호하기 때문에 브랜드를 전환하곤 한다. 예를 들어 평소 상품을 구매하는 점포에 사용하던 브랜드가 없을 경우, 다른 점포에 가지 않고 그 점포에 있는 다른 브랜드를 구입하는 사람들이 이에 해당한다. 따라서 이들을 자사고객으로 유지하기 위해서는 유통업체를 대상으로 촉진을 함으로써 유통업체가 적극적으로 자사의 제품을 취급하고 판매하도록 동기를 부여해 주어야 한다. 또한 점포 내 촉진 프로그램이 중요한 역할을 하므로 할인이나 보너스 팩 등의 활용을 통해 지속적인 점포 내 촉진관리가 요구된다. 둘째, 가치추구 집단이다. 이들은 쇼핑단계에서 가격과 제품가치간의 상대적 크기를 비교하여 가장 가치가 큰 제품을 구입하는 사람들이다. 따라서 이들에게는 쿠폰이나 리베이트, 할인, 보너스 팩 등의 제공을 통해 가격대비 가치가 우수한 것으로 지각되는 촉진 프로그램을 실시해야 하며, 포인트 모으기나 특별 패키지 등 지속적인 프로그램 관리가 필요하다. 셋째, 특별 행사 선호자들이다. 이들은 가끔 다른 구매욕구를 채우거나 특별 행사를 이용하기 위하여 카테고리 내에서 다른 제품을 구입하곤 한다. 따라서 개별적 욕구를 충족시켜 주기 위한 특별한 이벤트나 촉진 프로그램을 전개하여야 한다. 넷째, 다양성 추구자들이다. 이들은 다양한 제품 카테고리를 선호할 뿐 아니라 동일한 카테고리 내에서도 다양한 브랜드를 선호하는 집단이다. 따라서 누구보다도 경쟁사의 판매촉진에 쉽게 영향을 받는 집단이므로 특정 시점에서 자사 브랜드를 구매할 만한 동기를 부여해주는 것이 중요하며 가격촉진이나 흥미를 유발할 수 있는 판촉 프로그램을 제공해야 한다. 즉 쿠폰이나 할인, 경연, 프리미엄 등이 효과적이다. 이러한 유형의 고객들에게는 연속 모으기 등의 지속적인 프로그램이나 샘플링 등은 비효율적일 수 있는데, 왜냐하면 이들은 특별촉진이 끝나고 나면 더 이상 그 제품을 구매하지 않기 때문이다.

⊶4⊷ 가격에 민감한 소비자(Price Buyers)에 대한 전략

가격에 민감한 소비자들은 제품 구입을 결정하는 기준이 가격이기 때문에 가격이 저렴하면 지속적으로 구입하는 경향을 보이며, 이들의 대부분이 다량 소비자층에 해당된다. 따라서 이들에게는 다른 무엇보다도 가격촉진 프로그램이 적당하다. 즉, 할인, 반환, 쿠폰 등을 지속적으로 활용하는 것이 중요하며, 보너스 팩이나 특별패키지 등의 부수적인 제품(extra product)의 제공도 효과적이다.

5 비사용자에 대한 판매 촉진전략

제품 카테고리 내의 어떤 브랜드도 사용하지 않으며, 이들은 기본적으로 판매촉진에 대해 저항감을 가지고 있다. 따라서 비사용자들이 카테고리 내의 제품을 사용할 수 있도록 촉진하기 위해서는 기존에 가지고 있는 부정적 태도를 변화시켜야 한다. 판매촉진보다는 광고, PR 또는 publicity 프로그램이 부정적 태도를 바꾸는 데 보다 효과적이다.

비사용자가 되는 이유는 제품가치의 부족 또는 욕구의 부족 때문이다. 가치의 부족이란 가격에 비해 가치가 높은 것으로 지각하지 않기 때문에 제품을 구매하지 않는 경우이거나 과거에 카테고리 내의 특정 제품을 구매하였다가 크게 실망한 경우이다. 따라서 이들에게는 접촉기회를 부여하기 위하여 샘플링을 제공한다거나 경품, 특별패키지, 프리미엄 등의 매력적인 판매촉진을 통해 제품가치를 부가하는 것이 중요하다. 욕구의 부족으로 비사용자가 되는 경우는 해당 제품 카테고리에 대해서 특별한 필요성을 느끼지 못하거나 어떤 종류의 판매촉진에도 영향을 받지 않는 고객들이다. 따라서 이들에게는 샘플링을 통해 해당제품을 사용해 볼 기회를 제공해 주거나 선물용으로 판매촉진함으로써 수요를 창출할 수 있다.

6 유통판매 촉진전략

유통판매 촉진전략은 그 종류가 다양하지만 모두가 상당한 비용을 요구한다. 따라서 유통판매 촉진이 어떠한 상황하에서 보다 효과적인가를 판단하는 것이 필요하다. 이러한 판단을 내리는 데 있어서 두 가지 측면을 고려할 수 있다. 하나는 고객들의 판촉에 대한 탄력성이고, 다른 하나는 재고 유지비이다. 각각의 측면을 높은 경우와 낮은 경우로 구분한다면 네 개의 셀이 만들어진다.

우선 판촉탄력성과 재고유지비 모두가 높은 경우에는 유통판매 촉진을 수행하는 것이 바람직하다. 그 이유는 유통업체의 재고유지비가 높기 때문에 판촉기간 이후의 물량까지 앞당겨 구매할 가능성이 낮은 반면 판촉탄력성이 높으므로 고객에게 이익을 이전할 동기를 가지고 있기 때문이다. 반면 판촉탄력성과 재고유지비가 모두 작은 경우는 유통판매 촉진이 적합하지 않은 경우이다.

그 이유는 유통업체의 재고유지비가 낮기 때문에 앞당겨 구매하게 되는 반면 탄력성이 낮으므로 고객에게 이익을 이전할 동기가 없기 때문이다. 따라서 이러한 경우는 판촉의 이익을 유통업체가 독점할 뿐 제조업자의 매출에는 도움이 되지 못하게 된다.

재고유지비는 높으면서 판촉탄력성이 낮은 경우에는 제조업체와 유통업체 모두가 판촉의 필요성을 느끼지 못하게 될 것이다. 반면 재고유지비가 낮으면서 판촉탄력성이 높은 경우 유통업체에서는 판촉을 요구할 동기가 있지만, 제조업체에서는 판촉으로부터 얻는 이익을 기대하기가 어려운 상황으로 두 당사자들 간에 갈등이 발생할 가능성이 생겨나게 된다. 여기서 제품관리자는 본인의 제품이 어떠한 상황에 해당되는가를 판단하고 이에 따라 유통판매 촉진이 전체 마케팅 노력에서 얼마만한 비중을 차지하는 것이 바람직한지를 결정해야 할 것이다.

모든 마케팅전략은 STP(Segmentation, Targeting, Positioning)를 통해서 만들어진다. 기업들은 이러한 전략적 과정을 통해 시장 내에서 서로 다른 욕구(needs)를 가진 집단들을 발견하려 한다. 특히 포지셔닝은 그러한 집단 중에서 목표집단이 된 표적시장(target market)에 대해 차별화된 재화나 서비스 또는 차별화된 이미지를 제공할 수 있도록 한다. 만약 기업들이 이러한 차별화된 실체의 제공을 소홀히 하게 된다면 시장은 혼란스러워질 수밖에 없다. 반면에 기업이 이러한 포지셔닝 작업을 매우 신중히 그리고 훌륭하게 수행함으로써 차별화(differentiation)나 마케팅 계획(marketing planning)을 원활하게 실천에 옮길 수 있다.

이러한 포지셔닝을 가능하게 하는 마케팅믹스의 차원은 크게 네 가지가 있다. 이를 4P's라고도 하는데 제품(product), 촉진(promotion), 가격(price), 유통(place)이 그것이다. 이 중에서 제품과 촉진의 경우는 그 연관성이 높다고 볼 수 있으며, 가격과 유통의 경우 역시 서로 연관성이 높다고 볼 수 있다. 물론, 네 가지 중 어떤 하나도 시장에서 별개의 차원으로 독립적으로 수행될 수 있는 성질의 것은 아니다. 본장에서는 이러한 마케팅믹스가 포지셔닝을 위한 기업전략 수행의 기초가 된다는 관점에서 제품과 촉진을 중심으로 한 전략적 이해를 시도하였다.

01 최근 소개되고 있는 각종 매체의 광고를 대상으로 귀하에게 가장 인상깊게 남아 있는 하나의 광고를 선택하여 본 장에서 언급하고 있는 여러 가지 마케팅믹스 전략과 어떻게 상호 연관되어 있는지 설명해 보시오.

02 경기 변동(즉, 호경기/불경기)에 따라 기업의 마케팅믹스 전략은 어떻게 변화해야 한다고 생각하는지 토의해 보시오.

03 제품 차별화를 통한 포지셔닝 전략과 서비스 차별화를 통한 포지셔닝 전략을 비교해 보고 이 두 가지 전략은 어떤 면에서 어떻게 다른지 기술해 보시오.

04 브랜드 애호도(brand loyalty)에 따른 시장 세분화 전략은 어떤 경우에 특히 유효한 전략이 될 수 있겠는가? 또한 브랜드 애호도에 따라 촉진 전략의 내용을 달리한다면 구체적으로 어떻게 달라질 수 있는지에 대해 생각해 보시오.

참고 문헌

· 박흥수 · 하영원 · 우정(2005), 신제품마케팅, 박영사.
· 장대련 · 한민희(2006), 광고론, 제2판, 학현사.
· 하영원 · 안희경 · 박용완 · 김경미(2004), "부정적 언론보도가 기업에 대한 소비자의 태도에 미치는 영향," 경영학연구, 제33권, 제1호, pp. 241-272.
· 하영원 · 이동훈(2004), "속성의 정렬성과 가치 관련성이 후발브랜드 차별화에 미치는 영향," 경영학연구, 제33권, 제2호, pp. 601-630.
· 하영원 · 허정(2006), "혁신적 컨버전스 제품의 범주화에 있어 비분석적 제품정보 제시의 역할," 마케팅연구, 제21권, 제3호, pp. 81-99.

· Belch, George E. and Michael A. Belch(2017), *Advertising and Promotion: An Integrated Marketing Communications Perspective*, 11th ed.(Chicago: Irwin), McGraw-Hill Education.
· Court, D., Elzinga, D., Mulder, S., & Vetvik, O. J. (2009), "The consumer decision journey," June, *McKinsey Quarterly*.
· Ha, Young-Won, Sehoon Park, and Hee-Kyung Ahn(2009), "The Influence of Categorical Attributes on Choice Context Effects," *Journal of Consumer Research*, Vol. 36, October, pp. 463-477.
· Im, Subin, Cheryl Nakata, Heungsoo Park, and Young-Won Ha(2003), "Determinants of Korean and Japanese New Product Performance: An Interrelational and Process View," *Journal of International Marketing*, Vol. 11, No. 4, pp. 81-112.
· McAlister(2014), *A Theory of Consumer Promotions: Managerial Implications*, Nabu Press.
· Urban, Glen L. and John R. Hauser(2004), *Design and Marketing of New Products*, Pearson Custom Pub.

11

가격과 유통관리

途有所不由, 軍有所不擊, 城有所不攻, 地有所不爭, 君命有所不受.
[도유소불유 군유소불격 성유소불공 지유소부쟁 군명유소불수]

"가서는 안 되는 길이 있고, 싸워서는 안 되는 적이 있으며, 공격하여서는 안 되는 성이
있고, 다투어서는 안 되는 땅이 있고, 받아들이지 않아야 할 군주의 명령이 있다."

손자병법 사변편[四變篇]

길[途]: 공격로로 사용해서는 안 되는 길 ⇒ 경쟁자의 확고한 유통채널
적[軍]: 공격해서는 안 되는 적군 ⇒ 현재 자사의 역량으로 경쟁하기 어려운 경쟁자
성[城]: 공략해서는 안 되는 성 ⇒ 경쟁사가 확고하게 점유하고 있는 고객 집단
땅[地]: 빼앗아서는 안 되는 땅 ⇒ 쇠퇴기에 있거나 규모가 작은 시장

손자병법의 사변편에는 가지 말아야 할 길, 싸우지 말아야 할 적, 취하지 말아야 할 성과 땅에
대해서 언급하고 있다. 이는 경쟁을 함에 있어서 불리하지 않은 방식(길)을 취하여야 하며, 상
대하지 말아야 할 경쟁사, 공략하지 말아야 할 경쟁사의 충성고객이나 시장성이 없는 시장을
피하라는 가르침을 준다. 특히 제일 앞에 있는 '가지 말아야 할 길'은 채널 전략에 시사하는
바가 크다.
손자병법에서의 길은 마케팅에서는 제품과 서비스가 유통되는 채널에 비유될 수 있다. 만일
채널에 대한 명확한 이해가 부족하면, 특히 그 채널이 경쟁사가 확고하게 점유하고 있는 채널
이라면, 판매과정에서 경쟁사에 뒤처지는 것은 물론, 그 채널에서 제품과 서비스를 판매하기
조차도 어려울 수 있다. 국내 화장품시장을 예로 살펴보자.
설화수는 가장 성공한 한방 화장품 브랜드 중의 하나이다. 설화수의 성공은 서구적인 이미지
를 가지고 있던 기존 경쟁 브랜드[軍]와는 달리 한방 화장품이라는 시장을 개척함으로써, 포
화된 시장[地]에서 경쟁사의 고객[城]을 유치하는 기존의 경쟁방식을 따르지 않은 마케팅전략
을 펼친 데에 있다. 즉 설화수는 고풍스러운 한방 화장품의 이미지에 걸맞은 커뮤니케이션전
략과 함께, 백화점과 방문판매를 주요 유통채널[途]로 삼음으로써 최고의 브랜드 이미지를 구
축할 수 있었다. 2009년에는 단일 브랜드로 5천억 원 이상의 매출을 올린 데 이어, 지속적인
해외진출로 2015년 매출 1조 원을 향해 순항하고 있다. 설화수의 성공을 본 경쟁사인 LG생
활건강도 고가 브랜드인 '오휘', '숨'에 같은 채널전략을 펼침으로써, 고가 브랜드가 백화점과
방문판매로, 저가 브랜드가 전문점 중심으로 유통되는 업계 트렌드로 이어졌다. 물론 이러한
트렌드에 적절하게 대응하지 못한 기존의 중견 화장품기업들은 시장을 내어주게 되었다.
만일 이들 중견기업들이 아모레퍼시픽과 LG생활건강의 전략에 대응하기 위해서 방문판매 중
심이던 채널을 바꾸었거나, 채널에 맞도록 제품을 고급화하였다면 시장의 구도는 지금과는
다른 모습이었을 것이다.

Leading CASE

"버려지던 것에 새 기회 있더라. 참치 갈빗살 메뉴로 뜬 마구로마트"

도쿄 외곽에 위치한 미즈노야베이커리는 '하시코 벤또'라는 케이크를 판매한다. 직사각형 통에 담아 휘핑크림과 각종 과일로 토핑을 한 이 케이크의 가격은 500엔. 스타벅스가 460엔에 판매하는 조각 케이크와 가격은 비슷한데 양은 훨씬 많고 맛도 좋으니 손님들에게 인기일 수밖에 없다. 신선한 재료를 아낌없이 사용하면서도 가격을 낮춘 비밀은 생크림 아래에 숨어 있다. 롤케이크를 만들 때 버려지는 가장자리 부분을 도시락에 담아 케이크 베이스로 삼았다. 그 위에 생크림을 뿌리고 제철 과일을 올려 새로운 케이크를 만든 것이다. 그래서 이름도 '가장자리 도시락'을 뜻하는 '하시코 벤또'다.

이처럼 버려지는 부위를 활용해 새로운 요리를 만들면 손님은 저렴한 가격으로 요리를 맛볼 수 있고, 가게는 낭비를 줄여 이윤을 극대화할 수 있다. 원재료의 단가가 높은 제품일수록 버리는 부위를 최소화한다면 효과는 더 커진다. 한 마리에 2,000만 원을 호가하는 참치가 대표적이다. '마구로마트'는 버려지는 부위의 효용을 극대화해 새로운 기회를 만들어낸 참치 전문점이다.

마구로마트는 골목길 안쪽 외진 곳에 위치해 있고, 심지어 점심장사 없이 저녁에만 영업을 한다. 예약하지 않으면 자리 잡기도 쉽지 않다. 찾기도 힘들고 예약도 어려운 참치 전문점에 사람들이 몰리는 이유는 무엇일까? 바로 테이블에 놓인 숟가락이 그 비결이다.

육류는 뼈에 붙은 고기 자체가 하나의 요리다. 뼈에 붙어 있는 살점이 다른 부위보다 더 맛있으며, 조리 과정에서 뼈의 풍미가 고기에 배기 때문이다. 하지만 육류와 달리 참치의 나카오치(등뼈에 붙은 갈빗살)는 그 자체로는 상품성이 떨어진다. 기름지고 고소해 맛은 좋지만 손질이 힘들고, 손질을 해도 깔끔하지 않아 사시미로 사용하기도 어렵다. 그래서 보통 다른 요리의 부재료로 사용된다. 갈빗살을 갈아 덮밥으로 만든 마구로동(참치덮밥)이나 초밥으로 만든 네기토로(군함말이초밥)가 대표적인 예다.

마구로마트에서는 이 부위를 다른 방법으로 살려냈다. 고객들에게 길이 40㎝의 참치 갈빗대를 통째로 제공해 손님들이 숟가락으로 갈빗대의 사이사이를 긁어 먹게 만든 것이다. 갈빗살을 손질할 인건비가 들지 않기 때문에 가격도 2,000엔으로 비교적 저렴하다. 이 메뉴는 가게의 시그니처 메뉴가 돼 최소 하루 전에 예약하지 않으면 먹고 싶어도 먹을 수 없는 효자 상품으로 등극했다. 물론 갈빗살과 숟가락이 전부는 아니다. 이 시그니처 메뉴의 히트 뒤에는 마구로마트의 다양한 노력이 조화를 이루고 있다.

마구로마트가 있는 나카노는 도쿄 끝자락에 자리하고 있다. 임대료를 낮춰 합리적인 가격으로 신선한 참치를 제공하기 위해 시내에서 떨어진 곳에, 그것도 골목 안쪽에 터를 잡았다. 시내나 산지에 있으면 모객이 용이할 수는 있지만 고정비용이 증가하는 탓에 참치 가격을 높이거나 참치 등급을 낮춰야 하기 때문이다.

또한 보통의 참치 전문점과는 달리 원재료비를 낮추기 위해 한 마리를 통째로 구매하지 않고 필요한 부위만 골라서 구매한다. 참치를 통으로 구매할 경우 다양

한 부위의 요리가 가능하고, '참치 해체 쇼'를 보여줄 수 있는 장점이 있다. 하지만 팔지 못하는 부위가 생겨 비효율이 발생하는 문제를 감수해야 한다. 그래서 마구로마트는 필요한 부위만을 골라서 구매한다. 임대료를 절감했을 뿐만 아니라 원재료비까지도 낮췄기에 고객에게 합리적인 가격에 참치를 제공할 수 있었다.

임대료가 낮다는 것은 접근성이 떨어진다는 뜻이고, 이는 고객을 모으기가 어렵다는 문제로 이어진다. 대신 마구로마트는 이곳이 아니면 경험할 수 없는 '참치를 먹는 새로운 방법'을 제시함으로써 고객이 찾아오게 했다.

가게에 들어서면 제일 먼저 눈에 띄는 것이 코스요리처럼 보이는 순서도다. 시그니처 메뉴를 하나의 '시그니처 코스'로 만들어 매장의 콘셉트를 강화한 것이다. 손님들은 우선 기본 메뉴인 등살, 목살, 뱃살로 구성된 참치 모둠을 맛본다. 모둠을 먹고 나면 손님들은 약속이라도 한 것처럼 순서도를 보고 시그니처 메뉴인 참치 갈빗살을 주문한다. 보통의 참치 매장에서는 기본 메뉴에서 매출이 주로 나오지만 마구로마트에서는 추가 메뉴인 시그니처 메뉴가 매출에서 차지하는 역할이 크다. 남는 부위에서의 매출을 올리기에 더욱 남는 장사다.

마구로마트는 여러 장치를 통해 고객들이 가게를 스스로 알리도록 유도했다. 비주얼이 압도적인 시그니처 메뉴는 그 자체로 SNS의 '단골 사진'이 됐고, 벽면에 커다랗게 그려진 참치 해체도는 정보를 제공하는 수단이자 가게를 대표하는 이미지로 공유됐다. 또한 시그니처 코스의 마지막 순서로 매장 곳곳에 있는 참치 모양의 모자를 쓰고 사진을 찍을 것을 제안하기도 한다. 고객들은 마법에 걸린 듯 가게 직원들이 권유하는 대로 참치 모자를 쓰고 사진을 찍는다.

그 결과 SNS에서 마구로마트로 해시태그를 걸면 즐거워하는 고객들의 모습과 시그니처 메뉴의 사진을 쉽게 발견할 수 있다. 고객들이 스스로 올린 진정성 있는 콘텐츠이다 보니 확산 속도가 빠르고 범위도 넓다.

마구로마트도 버려지는 것들에서 기회를 찾았다. 버려지는 참치 부위인 갈빗살을 활용해 누구도 시도하지 않은 방식으로 시그니처 메뉴와 코스를 만들었다. '버려진' 공간과 부위를 '바라던' 공간과 부위로 재탄생시킨 마구로마트는 이런 발상의 전환을 통해 넘쳐나는 참치 전문점 속에서 인기를 얻게 됐다.

〈출처: 동아비즈니스리뷰 2017. 09〉

**가격과
유통관리**

마케팅전략에 있어서 기업의 가격과 유통관리는 기업의 사활을 좌우하는 중요한 관리들이다. 그 두 가지의 관리는 한편 다른 근간을 가지고 있기에 각각 다른 성격의 경영이 필요하겠지만 때로는 도입사례에서 볼 수 있듯이 주요 마케팅 목적을 달성하기 위해 두 부문이 통합적으로 운영될 수 있다. 본 장에서 근대 가격과 유통 마케팅전략에 대두되는 주된 사항을 알아본다.

·SECTION 01· 가　격

1　가격의 개념

가격은 기업의 이윤을 직접적으로 좌우하기 때문에 이에 대한 체계적인 관리가 중요시된다. 가격은 쉽게 말해서 특정한 제품을 구매할 때 구매자가 지불해야 하는 금액이라고 정의할 수 있다. 가격의 관리는 지불하는 방법과 이에 대한 지불자의 인식이 다양하다는 점에서 많은 어려움이 따른다. 예를 들어 어떤 소비자가 새 자동차를 구매할 때 일시불 금액 몇 천만 원이다. 하지만 같은 차를 리스 혹은 할부로 구매할 때에는 월간 부담이 몇 백만 원으로 떨어지게 된다. 여기서의 몇 백만 원은 일시불 여유가 없는 소비자 입장에서는 더 싸다고 느껴지겠지만 사실상 이자율을 따질 때에는 더 비싼 금액일 수 있다. 기업 입장에서도 일시불 가격책정은 장점과 단점이 있는데 그 장점은 한 거래에서 발생하는 매출이 더 많다는 것이지만 단점은 고객의 부담이 더 큰 관계로 구매가 불이행될 수 있다는 것이다. 뿐만 아니라 기업의 관리비용 측면에서 일시불 거래가 장점과 단점이 있는데 일시불보다 할부 혹은 리스의 행정이 더 복잡한 관계로 더 많은 비용이 발생될 수 있다. 여기에 추가로 경쟁 자동차 판매회사가 가격을 어떻게 책정하느냐가 당사 가격책정 방법의 위력을 약화 혹은 강화시킬 수 있다.

이 단순한 예에서 볼 수 있듯이 가격관리에는 여러 가지의 요소가 복합적으로 영향을 미치게 되는데 기업은 최적의 의사결정을 하기 위하여 그 여러 사항을 고려해야 한다. 특히 가격관리를 이해하는 데에는 경제학뿐만 아니라 심리학 또는 사회학적 개념들이 유용할 수 있다. 때문에 가격관리는 과학적인 성격도 띠는 동시에 예술적인 면모도 가지고 있고 이를 담당하는 경영자도 다양한 능력을 겸비해야 한다.

2 가격의 통합적 관리

가격의 경제학적인 측면은 기업의 이윤추구를 강조하고 있는데 이 때문에 가격의 최대화보다는 수익성의 최대화가 책정하는 가격의 주안점이 되어야한다.

<그림 11-1>을 보면 수익성의 증대화와 가격의 역학관계를 살펴볼 수 있다. 이 그림을 보면 가격관리 더 나아가 수익성관리에 있어서 통합적 마케팅이 왜 중요한지 쉽게 알 수 있다. 결국 수익성의 관리는 4P의 관리라고 해도 과언이 아닌 것이다.

수익성의 증대를 위해 단순히 제품의 가격을 원가 이상으로 책정만 하면 된다고 생각할 수 있다. 하지만 이러한 사고의 맹점은 소비자의 반응은 원가와 무관하다는 것이고 또한 소비자가 지각하는 제품의 가치 수준은 다른 마케팅변수들이 좌우한다는 것이다. 그러므로 기업은 반드시 통합적 가격관리를 꾀해야한다.

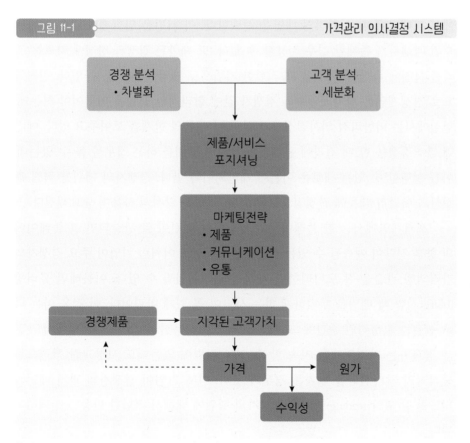

그림 11-1 가격관리 의사결정 시스템

출처: Robert J. Dolan and Hermann Simon(1996), Power Pricing, p. 9.

통합적 가격관리를 추구할 때 다음과 같은 변수들간 관계를 고려할 수 있다.

1) 경쟁 분석

우리는 경제학에서 수요곡선과 가격 탄력성 개념을 배운다. 두 가지에 지대한 영향을 미치는 변수가 경쟁의 강도이다. 경쟁이 심할 때 수요곡선의 기울기는 낮아지고 이 때문에 탄력성은 높아진다. 이에 반해 경쟁이 적을 때에는 수요곡선의 기울기는 높아지고 이에 따라 탄력성은 낮아진다. 특정 시장이 여러 진입의 장벽으로 보호되면 독점에 가까운 가격을 주도할 수 있는 힘이 생긴다. 반면 시장이 개방되면 가격을 책정할 수 있는 운신의 폭이 좁아지게 된다. 그러한 제약을 극복하기 위해 기업은 차별화(differentiation)전략을 펼치게 되는데 이에 따른 효과는 결국 가격의 주도권과 경쟁으로부터 독립성을 되찾는 것이다.

경쟁은 가격관리에서 거의 통제할 수 없는 가장 어려운 대목이다. 물론 경쟁은 자사의 모든 마케팅변수에 많은 영향을 미치지만 그 중에서도 가격에 미치는 영향이 가장 크다. 경쟁행위를 어느 정도 확률적으로 예측할 수 있다는 전제에서 기대값에 따른 최적의 대안을 선택한다. 이 기법은 입찰제와 같은 제한된 수의 경쟁자가 존재할 경우 적용할 수 있다. 또 제한된 경쟁과 경쟁에 따르는 결과를 사전에 측정할 수 있을 때 적합한 기법으로 게임이론을 들 수 있다. 원칙적으로 경쟁게임은 장기적일수록 경쟁자 간에 합리적인 균형을 이루어야 하는데, 현실에서는 비합리적 의사결정자가 많아 이 이론의 한계를 보여주고 있다. 예컨대 가격경쟁을 할 때 결과에 관계없이 감정적 행위를 하는 경우를 볼 수 있는데, 이를 설명할 수 있는 새로운 이론이 개발되어야 한다. 경쟁자의 행위를 직접 측정하기 어렵기 때문에 간접적으로 추측할 수 있는 단서의 사용이 중요해진다.

포커게임에서는 한 플레이어의 베팅하는 패턴이 잘 관찰되면 그 플레이어의 향후 전략이 예측될 수 있는데 가격관리에서도 이처럼 기업이 주요 경쟁자의 가격책정 관습을 잘 모니터하면 가격경쟁이 쉬워질 수 있다. 이를테면 블러핑(bluffing)할 때 베팅을 무리하게 하는 사람이 꼭 있게 마련이다. 이 점을 아는 다른 선수는 결정적인 순간에 그 사실을 역으로 사용할 수 있다. 마케팅에서도 일부 경쟁자는 가격경쟁을 지속 할 수 있는 능력이 없는데도 시장교란 작전으로 공격적인 저가전략을 펼치는 경우가 있다. 이때 기업이 경쟁자의 과거 패턴과 의도를 잘 파악(reading)할수록 경쟁자의 행위에 대해서 적합한 반응을 선택하게 된다.

그림 11-2 ● ─────────────── 경쟁자 가격에 대한 대응 의사결정 프레임워크

MEMO

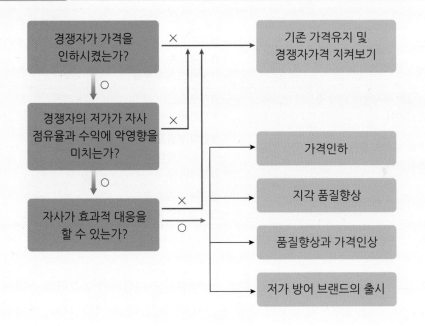

도입 사례와 같은 상황에서 기업은 Kotler와 Keller(2016)가 제시하는 다음 <그림 11-2>의 틀을 이용하여 경쟁자의 가격인하 전략을 맞대응해야 하는지 결정할 수 있다.

빨간 ×로 표시된 상황분석에서는 가격경쟁을 하지 않는 것이 낫다. 반면 '파란색'으로 그려진 경우에는 자사가 더 적극적으로 대응해야 상황들이다. 여기서 주목할 수 있는 것은 기업의 대응이 다양할 수 있다는 것이다. 즉 경쟁의 가격인하를 똑같은 가격인하로만 대응할 필요가 없다. 그만큼 기업의 목표와 여러 역량에 비추어 경쟁하는 방식의 선택이 가능할 수 있다.

또한 경쟁자 가격전략을 파악하는 데에 산업분석이 유용할 수 있다.

<표 11-1>은 여러 업종을 관찰한 연구에서 제시된 산업구조에 따른 경쟁자의 가격반응 성향이다.

우리는 여러 요인에 따라 경쟁자의 반응이 어떻게 달라지는지 살펴볼 수 있고 이는 한국의 유사한 업종에 종사하는 기업들도 가격관리에 참조될 수 있다. 예를 들어 고정비용이 이미 지출된 과정 상황에서는 각 사가 점유율을 지키기 위해 변동비 위주의 경쟁을 한다. 그 반면에 유지비가 저렴한 산업에서는 가격이 하락하더라도 호황이 돌아올 때까지 버틸 수 있다. 바꿔 말한다면 유지비가 높은 석유화학과 같은 업종에서는 가격을 빨리 낮춰 재고비용을 줄여야 한

표 11-1	경쟁자 성향을 측정할 수 있는 산업 분석	
주요 결과	**주요 요인**	**해당 업종**
고도의 고용비율에 의해 점유율 확장전략에 대한 경쟁의 반응이 즉각적이다.	• 원가구조 • 경쟁자의 수 • 경쟁자 크기의 분포	• 철강 • 알루미늄 • 석탄
저렴한 유지비에 의해 경쟁의 반응이 둔감하다	• 원가구조 • 유지비용	• 라온 • 항공사
고도 성장의 근원적 수요에 따라 반응이 둔감하다.	• 산업의 성장률 • 제품의 차별화 • 경쟁자의 수	• 담배 • 오토바이
대기업은 가격경쟁을 기피한다.	• 경쟁자 크기의 분포 • 원가 성격의 다양성	• 농사기구 • 전자기구

출처: Robert J. Dolan, Models of Competition in Review of Marketing, Enis and Roering, eds., AMA, 1981.

다. 그리고 장사가 잘 되는 상황에서는 상대방의 가격전략이 심각하게 느껴지지 않는다. 또한 경쟁사의 규모에 따라 반응이 달라지는데, 대기업일수록 가격인하를 기피한다고 볼 수 있다. 그 이유는 행동의 신축성이 없기 때문이다. 우선 대기업의 가격 책정과 조정은 쉽게 드러나기 때문에 타사의 반응을 유발시키고 또한 고객들의 민감한 반응을 일으킨다. 그러나 틈새시장을 전문하는 작은 기업들은 대기업들에 비하여 경쟁에서 상대적으로 가격을 책정할 수 있는 운신의 폭이 매우 넓을 수 있다.

2) 고객 분석

가격의 심리적인 부분은 고객분석에서 찾아 볼 수 있다. 시장의 최종가격은 공급의 수준뿐만 아니라 수요에 따라 형성되는 것인데 경제학에서 주장하는 것과는 달리 소비자들은 획일적인 '합리'에 의하여 구매결정을 하지 않는다. 극단적인 예로 소비자들간 소득이 다를 때 구매력이 적은 소비자는 저렴한 가격의 제품을 희망할 수 있고 구매력이 높은 소비자는 오히려 비싼 가격의 제품을 선호할 수 있다. 특히 가격과 제품이 기능적인 효익 외에 심리적인 가치를 충족시킬 때 가격은 '비경제적인' 소비자 반응을 일으킬 수 있다. 마케팅에서 오랫동안 연구를 해온 가격–품질 추론(price-quality inference)의 이론도 바로 이에 따른 한 현상인데 특히 품질을 입증할 수 없는 상황에서는 일부 소비자는 가격이라는 단서로 품질을 평가하게 된다. 그 외에도 남들의 시선을 의식하는 자리에서 가격은 사람들의 허영심을 부추길 수 있다(Amaldoss and Jain, 2005). 소비자 심리에 의하여 나타나는 다른 현상은 소비자들이 개별적으로 기준을 사용한다는 것인데 이를 '준거가격'(reference price)이라고 칭한다. 준거가격은 마지막 가격, 경쟁사 가격, 기대되는 미래가격, 통상적인 할인가격 등 다양할 수 있는데 소비자들은 절대가격을 준거가격에 비교하여 가격의 적절성을 평가하게 된다. 이 같은 고객심리에 따라 발생하는 다양한 반응을 고려하여 기업은 시장세분화를 통하여 어떠한 가격적인 측면이 작용하는지 파악할 필요가 있다.

고객의 또 중요한 분류는 소비자(B2C: Business to Consumer)와 기업(B2B: Business to Business) 시장의 구분이다. B2B 시장은 가격전략에 있어서 B2C 시장과 여러 차이를 나타내고 있는데(장대련, 2009) 그 주된 원인은 B2B 고객이 기업인 관계로 그 책임이 분산되어 있기 때문이다. B2B 구매를 담당하는 기업 내부조직을 구매센터(buying center)라고 칭하는데 여기에는 가담하는 구성원은 구매부서뿐만 아니라 기술부서, 생산부서, 회계부서, 마케팅부서의 조직원까지 포괄할 수 있다. 때문에 B2B 마케팅의 성격을 하는 회사들은 다양한 표적에 대해서 다양한 '가치' 확립을 해야 한다. 구매부서는 단기 가격에 대해서 관심을 갖지만 생산부서는 제품을 사용하는 데에 발생하는 부가가치와 소요되는 비용 또는 생산성에 더 주목이 간다. 반면 회계부서는 장기적으로 회사가 부담해야 하는 총체적인 비용이 관건이 되고 마케팅 부서는 구매에 일반적으로 관련이 없지만 전략상 최종 사용자에 대해서 원가 경쟁력을 갖춰야 할 때 의사결정에 참여한다. 이처럼 B2B 마케팅을 하는 기업은 부서별로 각계 다른 가격 이슈가 대두된다는 점을 염두에 둘 필요가 있다. 또한 보다 정확한 B2B 가격책정을 하려면 B2B2C(Business to Business to Consumer)의 개념을 도입하여 최종 고객에게 부가할 수 있는 가치를 확대시킬 수 있는 노력을 꾀해야 한다.

3) 제품/서비스의 포지셔닝

기업은 경쟁사 분석을 토대로 제품 혹은 서비스의 포지셔닝을 결정하게 되는데 이는 가격책정에 핵심 기반이 될 수 있다. 포지셔닝에는 여러 가지의 차원이 사용될 수 있지만 가격측면에서 큰 부류가 프리미엄(premium)과 경제성(economy)계통의 포지셔닝이 고려될 수 있다. 프리미엄 포지셔닝을 추구하는 브랜드(<그림 11-3>에서는 A)는 높은 가격을 책정해야 하는데 이 전략에서는 위에서 알아본 심리적 혹은 사회적 욕구가 많이 중시되기 때문이다. 거꾸로 경제성 포지셔닝을 추구하는 브랜드(<그림 11-3>에서는 B, C, D)는 반드시 낮은 가

"으뜸50안경, 가격 거품 빼고 시장판도 바꾸나"

국내 최저가 정책을 내세우는 '으뜸50안경'이 주목받고 있다. '대한민국 최저가 판매'라는 타이틀로 합리적인 가격을 제시하고 있기 때문이다. 높은 마진율로 알려진 안경업계에서 으뜸50안경이 착한 가격, 착한 안경원으로 입소문을 타게 된 이유다.

으뜸50안경은 2014년 서울 신림1호점을 론칭한 이후 빠른 속도로 가맹점을 확대해 나가며 전국 체인망 구축을 목표로 하고 있다. 안경과 콘택트렌즈는 물론 해외 고급 브랜드 선글라스, 고급 패션 안경테 등 고가의 아이템도 저렴하게 구매할 수 있다.

기존 안경원과 차별화된 가격은 공장 직거래와 대량 구매를 통해서 해결했다. 특히 안경원이 2층, 3층에 위치해 있어 비싼 권리금과 임대료 부담을 없앤 것도 한몫했다. 모든 비용을 판매 가격을 낮추는 데 집중한 결과다. 실제로 안경렌즈의 경우, 초고굴절 비구면 압축렌즈의 평균 소비자가가 8만원인데 이곳에선 2만 8,000원에 공식 판매 중이다.

사업 초기에는 유학을 준비하는 학생들에게 필수 코스로 들르는 안경원으로 인기를 끌었다. 해외 직구보다 합리적인 가격으로 유명세를 타기 시작한 것이다. 지금은 안경원 소자본 창업을 희망하는 예비 창업자들에게도 큰 호응을 얻고 있다고 회사 측은 설명했다.

으뜸50안경은 본사 마진보다는 가맹점 매출 상승을 우선으로 하며 가맹점과의 상생을 추구한다. 이벤트 등으로 발생하는 추가 수익을 가맹점 이익으로 전환하는 선순환 구조를 구축했다. 최저가에도 불구하고 가맹점과 본사 모두가 윈윈하는 프랜차이즈 브랜드로 거듭나기 위해서다.

최근에는 개인 맞춤 스포츠 수경 '리버티'의 단독 입점을 결정했으며, 대한민국 토종 안경렌즈인 씨월드 광학과 전략적 제휴를 체결하기도 했다. 전 직원 연봉 상향 평준화, 보상 프로그램 등을 통해 직원들이 고객 중심 서비스 마인드를 갖게 함으로써 소비자 만족도도 크게 높이고 있다.

회사 관계자는 "소비자 눈높이에 맞춘 현실적이고 합리적인 가격으로 좋은 반응을 얻고 있다"면서 "가맹점 및 고객과의 상생을 최우선으로 하는 것은 물론 앞으로 더 좋은 상품을 보다 더 저렴한 가격에 제공하도록 노력할 것"이라고 말했다.

〈출처: 조선비즈 2017. 10. 11〉

그림 11-3 ○──────────────────── 가격과 품질의 포지셔닝   **MEMO**

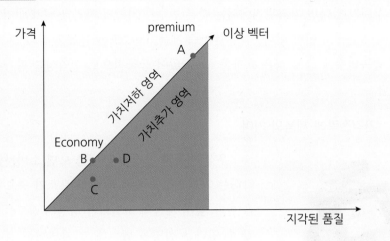

격을 책정하게 된다. 좋은 예가 할인소매계통에서 EDLP(Everyday Low Price) 개념인데 Walmart나 E-Mart는 소비자들을 위해 최고의 할인가격을 선포한 것이기 때문에 굳이 이 사실을 더 이상 홍보할 필요가 없다. 위의 마케팅 하이라이트에 설명되고 있는 Tata Nano도 마찬가지로 경제성 포지셔닝을 취하고 있다. 다만 경제성 포지셔닝을 사용하는 기업이 주의해야 할 점은 가격이 낮다고 해서 품질이 떨어진다는 해석을 유도하면 안 된다는 것이다. 즉 품질은 좋거나 웬만한 상황에서 가격도 싸다라는 생각을 심어줘야 한다. <그림 11-3>을 보면 브랜드 C는 브랜드 B에 비하여 같은 품질을 유지하면서 가격절감의 이점을 제공한다. 또한 브랜드 D는 브랜드 B에 비하여 같은 가격을 책정하고 있지만 소비자들이 보다 높은 품질을 지각하고 있으므로 더 높은 가치의 평가를 받게 된다. 이처럼 기업은 포지셔닝을 가격의 잣대 하나로만 하는 것도 보다 다른 변수들, 특히 제품과 합쳐서 경쟁사와의 차별화를 이루어야 한다. Tata Nano는 자국 시장인 인도에서 마저 아직 판매가 더 비싼 현대자동차와 같은 외국 브랜드에 비하여 부진한 것도 결국 Nano에 대한 평가가 가격뿐만 아니라 품질차원에서 이루어지고 있기 때문이다. 바꿔서 말한다면 그 차가 다른 경쟁 브랜드에 비하여 확연히 가치 저하 영역에 놓여 있다는 해석이다.

4) 마케팅전략

위에서 강조했듯이 가격관리는 다른 마케팅 믹스 변수와의 조화가 필수적이다. 이는 본 교재 제9장에서 설명하는 IMC의 개념과 거의 대동소이한 것인데 차이가 있다면 가격관리에서는 다른 변수가 지각된 가치와 원가에 미치는 영향에 초점을 두어야 한다는 것이다. 즉 제품, IMC 또한 유통은 각각 그 두 가지의 종속변수에 크고 작은 효과를 줄 수 있어 궁극적으로 수익성을 판가름할 수 있다.

가격전략에 제품의 기여

우선 제품과 가격의 관계를 보면 소비자들이 지각하는 가치형성에 제품의 여러 요소가 중요한 역할을 한다. 앞서 제품의 차별화가 경쟁의 강도를 약화시킬 수 있다는 설명을 했는데 그 차별화는 결국 제품의 특징에서 비롯되는 것이다. 제품의 품질, 브랜드, 포장, 확장된 서비스 등등은 다 차별화 더 나아가 높은 가격의 책정에 일조할 수 있다. 향수의 가격전략을 생각해보자. 향수에 들어가는 내용물은 99.99% 이상 물이라고 간주할 수 있는데 그 나머지 0.01%의 '향'과 제품의 브랜드와 포장 같은 요소가 어우러져 비싼 가치와 가격이 형성되는 것이다. 아무리 향이 좋아도 그 향이 만약 무명의 브랜드와 플라스틱같은 포장에 담아져 있다면 분명 소비자가 지각하는 그 향수의 가치는 분명히 떨어질 것이다.

제품이 이처럼 가치에 기여하는 측면이 있지만 우리가 간과해서는 안 되는 점은 원가를 높이거나 떨어뜨릴 수 있다는 것이다. 향수의 경우를 보면 높은 가치의 인식을 소비자들에게 지각시키려면 좋은 소재의 용기를 이용하여야 하는데 이에 따른 비용상승이 불가피해진다. 하지만 제품전략에 따라 원가는 절감될 수도 있는데, 특히 경제성 가격 포지셔닝을 위해서 포장재료, 품질수준 또는 제품 속성과 사양 등등이 원가를 낮출 수 있다.

가격전략에 커뮤니케이션의 기여

커뮤니케이션은 소비자들의 생각을 조성하는 변수이므로 제품에 대한 가치를 조절할 수 있는 힘을 가지고 있다. 구매결정에서 가격이 차지하는 비중을 감소시키려면 다른 요소를 부각시켜야 하는 반면, 가격이 제일 중요한 소구점일 경우 가격을 구매조건으로 영업이나 광고에서 직접 언급할 필요가 있다. 커뮤니케이션 믹스 중에서 특히 판매촉진은 제일 가격에 가까운 성격을 가지고 있다.

판촉의 주요 수단인 정기할인과 비정기 할인, 쿠폰, 그리고 리베이트 등은 가격의 고정적 성격보다는 일시적인 가격측면을 부각시킨다. 따라서 가격과 판촉의 사용은 평범한 가격의 감소보다는 몇 가지 이점을 제공한다.

첫째, 판촉은 일시적이므로 정상가격을 유지시킨다. 둘째, 판촉은 커뮤니케이션수단으로 간주되기 때문에 경쟁사들에게 덜 위협적이고 반발을 감소시킨다. 셋째, 정상가격이 제시되어 있는 경우 할인의 정확한 폭을 고객들에게 알려준다. 넷째, 정상가격이 유지되기 때문에 가격 감소에 따른 품질의 저하라는 지각현상을 회피한다.

커뮤니케이션 사용에서도 역시 가치 지각뿐만 아니라 마케팅 원가에 가산되는 정도를 계산해야 한다. IMC의 여러 수단들의 비용 성격이 판이하게 다른데 광고(특히 TV나 신문) 비용은 일반적으로 고정적 성격을 지니고 있고, 판촉은 변동비용의 성격을 지니고 있다. 광고를 많이 계획한 캠페인은 가격의 신축성을 감안했을 때 부정적인 평가를 받게 된다.

예를 들어 연간 5억 원의 신문광고를 예산한 라면회사의 경우 변동비가 단위당 500원일 때, 평균가격을 1,000원으로 책정했다면 손익분기점은 100만 개로 보아야 한다. 다시 말해서 최소한 100만 개를 팔아야 변동비와 광고비를 커버할 수 있다. 그러나 1,000원에 장사가 안 되어 900원으로 가격을 책정하면 손익분기점은 25% 증가한 125만 개로 늘어난다. 그 반면 광고보다 판촉을 통해 커뮤니케이션을 할 경우, 고정비용이 들지 않기 때문에 시장의 반응에 따라 1,000원에서 500원까지 준가격의 할인(예를 들어 구매단위에 따른 할인)을 제공할 수 있고, 손익분기점에 대한 압박감이 상대적으로 줄어들게 된다. 물론 여기에서는 다른 고정비용과 광고와 판촉의 정확한 판매효과를 무시하고 있다.

그러나 여기에서 말하고자 하는 쟁점은 커뮤니케이션 수단의 원가 성격에 따라 가격신축성이 달라진다는 것이다. 따라서 기업의 목표와 상황에 따라 이러한 점을 고려할 필요가 있다. 자금이 제한되고 가격에 대한 반응이 불확실한 기업체일수록, 광고전략은 위험한 선택이 될 가능성이 있다. 광고의 커뮤니케이션 효과와 판촉의 변동비 성격을 복합적으로 지니는 것이 직접 마케팅(direct marketing: DM)이다. 직접 마케팅을 효과적으로 활용하는 기업체는 커뮤니케이션뿐만 아니라 가격에서 상당한 신축성을 얻을 수 있다.

가격전략에 유통의 기여

가격과 유통의 관계도 역시 가치부여의 효과와 원가의 효과 측면에서 분석할 필요가 있다. 가치부여 효과는 아래 유통 파트에서 더 자세히 설명되겠지만 유통의 개념이 소비자들에게 여러 편익을 제공하는 것이다. 그러한 편익이 소비자들에게 많이 부여될수록 확장된 제품에 대해 지불하려는 가격이 당연히 올라가게 된다. 백화점과 할인마트의 차이를 생각해보면 소비자들이 백화점에서 제품을 구매할 때 고급 인테리어를 비롯하여 도심에 위치한 장소의 이점 외에 다양한 서비스를 받을 수 있다. 그들이 비슷한 제품을 할인마트에서 더 싸게 구매할 수는 있지만 백화점에 비하여 받는 편익은 확연히 떨어진다. 거꾸로 가격은 유통전략의 근간이 될 수 있는데 특히 프리미엄 가격 포지셔닝을 꾀하는 브랜드는 이에 걸맞은 유통전략을 취해야 한다. 특히 전문점의 성격을 갖출 필요가 있는데 점포가 많지 않아도 되지만 이미지에 맞는 입지(location)를 선정해야 하고 역시 인테리어도 고가 이미지를 반영해야 한다.

원가 측면에서 우리는 고정관념으로 중간상인들이 많이 개입할수록 마진이 가산되기 때문에 소비자들이 부담해야 하는 최종가격이 비싸진다고 생각한다. 하지만 유통비용을 좌우하는 관건은 중간상이 이 수행하는 기능의 전문성과 그들의 능률이다. 중간상이 유통기능을 제조업체보다 더 전문적으로 또는 더 효율적으로 수행할 수 있다면 유통비용은 떨어질 수 있다. 간단한 예가 운송비용인데, 이는 소규모 메이커가 직접 하는 경우보다 대규모의 중간상이 여러 제조업체들을 위하여 대행할 때 원가가 작을 수 있다. 따라서 기업은 유통 차원에서 가격전략을 수립할 때 유통의 가치 증대 측면과 원가상승 효과를 종합적으로 평가하여 최적의 수익성을 이룰 수 있는 대안을 선택해야 한다.

5) 원가전략

가격전략의 주된 관심사는 수익성의 증진이므로 이를 위해 가격책정과 더불어 원가전략과 관리가 중요해질 수밖에 없다. 때문에 원가관리는 생산부서나 회계부서에서만 전담할 사항이 아니라, 마케팅부서도 적극적으로 가담해야 하는 것이다. 그만큼 마케팅 목적을 위해 기업이 취할 수 있는 가격 운신의 폭은 결국 원가에서 비롯되는 것이다. <그림 11-4>는 기업이 관리할 수 있는 여러 원가요인을 보여주고 있다(장대련, 2009).

기업은 고정관념적으로 제일 중요한 원가는 단기 생산의 원가라고 생각한다. 국내 업체들의 종래의 경쟁력도 바로 집중된 생산규모에 따른 경제였다. 그러나 국내 임금과 물가의 인상은 이러한 단기 생산원가의 경쟁력을 크게 떨어

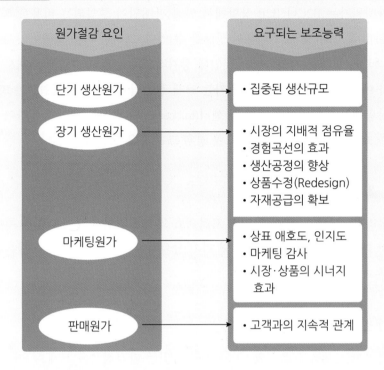

그림 11-4　　　　　　　　　　　　　　　　　　　　원가절감 요인 및 보조 능력

원가절감 요인

요구되는 보조능력

단기 생산원가 → • 집중된 생산규모

장기 생산원가 →
• 시장의 지배적 점유율
• 경험곡선의 효과
• 생산공정의 향상
• 상품수정(Redesign)
• 자재공급의 확보

마케팅원가 →
• 상표 애호도, 인지도
• 마케팅 감사
• 시장·상품의 시너지
  효과

판매원가 →
• 고객과의 지속적 관계

뜨렸다. 항상 눈앞에 보이는 것만 고려하면 문제의 핵심을 등한시할 수 있다. 따라서 역설적인 말처럼 들리겠지만 국내 업체들이 돈을 아끼기 위해서는 돈을 더 써야 할 형편이다. 다시 말해 장기적으로 원가를 줄이려면 원가의 요인 및 보조능력을 위해서 많은 설비투자가 필요하다는 것이다. 공장의 자동화를 비롯해 생산공정의 향상, 상품설계에 대한 수정, 좀 더 효율적인 자재공급 시스템 등은 단기적으로 원가를 상승시키지만 궁극적으로는 원가절감 효과를 가져온다.

마케팅 원가는 여러 마케팅의 활동을 하는 데 있어서 소요되는 비용을 의미한다. 위에서 알아봤듯이 가격전략에 제품, 커뮤니케이션과 유통이 소비자들의 가치 인식을 높일 수 있지만 그 경제적인 대가는 마케팅 원가를 상승시킨다는 것이다. 특히 유통과 커뮤니케이션비용은 상당한 비중을 차지할 수 있다. 때문에 기업은 항상 각 마케팅활동에 따른 원가 대비 효익의 비율(cost benefit ratio) 계산을 고려해야 한다. 마케팅 활동도 장기적으로 그 '생산성'이 높아져 원가가 절감될 수 있는데, 특히 소비자의 애호도, 브랜드 자산 등이 높아지면 기업은 큰 노력 없이도 효과적인 마케팅을 할 수 있다. 따라서 기업은 그러한 발판구축을 위한 투자를 할 필요가 있다. 마케팅비용을 줄이기 위해 기업은 정기적으로 마케팅비용의 감사(audit)를 행할 필요가 있다.

판매원가는 B2C나 B2B 상황에서 인적 판매원이 투입되는 비용을 의미하는데 특히 후자의 경우 그 비용이 상당할 수 있다. 그러한 비용을 줄이기 위해서는 고객과의 관계를 지속화하는 것인데 장기적으로 고객이 기업에 대해서 강한 만족과 애호도를 갖는다면 판매원가는 크게 절감될 수 있다. 판매업무는 B2C나 B2B 상황에서 인터넷이나 전화 콜 센터(call center)와 같은 인프라를 통하여 자동화(sales automation)될 수 있는데 그럴 경우 그 비용은 절감될 수 있다.

3 특수 가격전략

우리가 지금까지 알아본 일반 고려요소 외에도 기업은 보다 다양한 특수 가격책정 과제를 직면할 수 있는데 몇 가지 상황하에서 기업이 꾀할 수 있는 전략은 다음과 같다.

1) 신제품 가격책정

기업이 신제품을 출시할 때 고려할 수 있는 가격정책은 크게 두 가지라고 말할 수 있다. 하나는 초기에 최대한으로 높은 가격을 책정하는 전략 이른바 스키밍(skimming)전략이고 다른 것은 초기에 최대한으로 낮은 가격을 책정하는 침투(penetration)전략이다. <표 11-2>를 보면 두 가지 전략의 결정은 시장조건이 유도한다는 것을 알 수 있다. 즉 초기 고가정책은 그렇게 높은 가격이 품질과 이미지에 걸맞을 때 가능한 것이고 또한 원가의 성격상 규모의 경제가 떨어지므로 저가의 타당성이 낮아진다. 가격책정의 아주 중요한 고려사항은 경쟁의 심화 정도인데 초기 고가정책을 꾀하는 선발업체는 타사의 진입이 특허 같은 장치로 막혀 있을 때 더욱 빛을 보게 된다. 이에 반해 초기 저가정책은 시장의 조건이 대체로 반대일 때 대두되는데 특히 후발 경쟁업체들의 시장진입이 용이할 때 기업은 저가정책과 압도적인 원가우위를 나타낸다면 그 두 가지가 기정사실의 진입장

표 11-2	신제품 초기 가격책정을 위한 상황적 분석표		
조건 전략	품질과 이미지	규모의 경제	시장진입의 장벽
초기 고가정책	고	저	고
초기 저가정책	저	고	저

그림 11-5　　　　　　　　　　　　　경험곡선과 가격책정 전략　　　　　　　MEMO

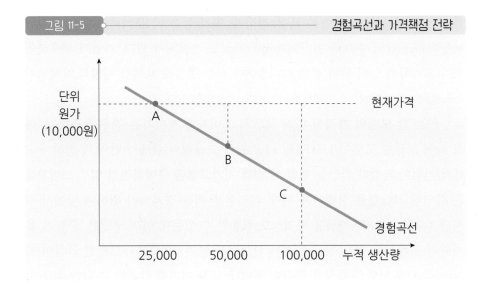

벽 역할을 할 수 있다.

　　저가정책의 기반이 되는 원가는 생산량이 누적되면 급격하게 떨어질 수 있는데 이 현상을 경험곡선(experience curve)이라고 부른다. <그림 11-5>에 있는 가상의 예를 통하여 경험곡선의 전략적 취지를 이해할 수 있는데 C사가 A사나 B사에 비하여 먼저 100,000의 생산량을 누적하면서 단위당 훨씬 저렴한 4만원 원가의 고지에 달성하게 된다. 그럴 경우 C사는 여러 가격 책정 전략 대안을 선택할 수 있는데 가격을 6만원에 책정하면 C사는 넉넉한 운영이익을 낼 수 있지만 A사는 전혀 경쟁할 수 없는 위기에 도달하게 된다. C사가 5만원에 가깝게 가격을 책정하면 A사의 지속 가능성도 완전히 없어지고 B사도 강한 압박을 받기 시작한다. 즉 원가우위의 보유에 따라 C사 가격책정은 물론 경쟁사의 존속을 좌우할 수 있는 힘이 주어진다. 이러한 경험곡선은 반도체처럼 막대한 투자가 요구되는 장치산업에서 볼 수 있는데 '부익부빈익빈'효과가 왜 일어나고 왜 경쟁이 Last Man Standing 성격을 갖게 하는지 잘 설명을 한다.

2) 제품라인 책정

　　기업은 많은 경우 하나의 제품만을 판매하는 게 아니라 여러 유사제품, 즉 제품라인(product line)을 판매하게 된다. 좋은 예가 자동차인데 쏘나타를 판매하는 현대자동차는 그 안에 엔진크기와 같은 기본 사양으로 차별화된 여러 모델을 제공하고 있고 그 모델간 가격차이가 상당할 수 있다. 기업이 각 모델의 가격을 책정할 때 위에서 알아본 고객, 경쟁자, 원가 등을 다 분석해야 하는데 이와 더불어 모델간의 수요와 원가역학(dynamics)도 분석해야 한다. 기업이 제품라인 의 수요역학에 있어 특히 심혈을 기울여야 하는 현상은 모델간 시장의 자체잠식 (cannibalization)이다.

이는 한 모델의 가격이 다른 모델의 소비자를 뺏어가는 경우를 뜻한다. 예를 들어 고급형 모델이 1,000만원 더 비싼데 고급형의 판매가 만약 '부진하다'고 해서 기업이 과감한 할인을 행할 때 원래 저가모델을 구매하려던 일부 소비자들은 할인된 고급형을 선택하게 된다. 이러한 문제를 경계하기 위하여 앞에서 제시한 <그림 11-3>의 개념을 여기서도 적용할 수 있는데 여러 모델간 '균형'을 유지하기 위해서는 어느 정도 일치한 가치선상을 지켜야 한다. 그러한 균형이 깨지는 것은 한 모델의 가치가 상승할 때이다. 물론 여기서 간과할 수 없는 점은 한 모델의 가격책정에 경쟁사 가격의 강한 압박을 미칠 수 있다는 점인데 경쟁사가격을 대응할 때에도 이에 따른 그 '득'과 자체잠식에 따른 그 '실'을 계산해야 한다. 이러한 잠식을 완화시키기 위해 기업은 소비자가 모델간 가격을 너무 쉽게 비교할 수 없게끔 해야 하는데 이를 위해 가격할인 대신 리베이트 또는 지불조건 완화 또는 서브 브랜드 차별화전략 등을 사용할 수 있다. 또한 대형마트의 경우 판매되는 상품의 묶음단위를 7, 13등으로 조정하거나, 180ml 표준용기인 제품에 230ml 제품을 투입하는 것과 같이 고객이 머리 속에서 단위 원가를 쉽게 계산할 수 없게 만들어 비교를 힘들게 하기도 한다.

제품라인에서 우리는 공유의 원가(shared cost)개념을 고려해야 한다. 위에서 원가의 유형이 얼마나 다양한지 알아봤는데 제품라인이 넓을수록 그 원가는 절감할 수 있다. 그 대표적인 원가가 유통비용인데 한 제품만을 유통하는 회사와 여러 제품을 배급하는 회사의 물류비용은 확연히 다르다. 공유의 원가가 높은 상황에서 기업이 제품별로 비용을 계산하는 것은 위험할 수 있는데, 특히 채산이 맞지 않는다고 제품을 철회시킬 때 다른 제품원가에 미치는 악영향이 없는지 기업은 각별한 주의를 기울여야 한다.

3) 가격입찰전략

B2B 마케팅의 가격전략 중 큰 프로젝트에서 볼 수 있는 방법이 경쟁입찰이다. 이 방법의 개념은 간단하지만 집행상 여러 가지 고려가 필요하다. 입찰은 공개입찰과 비공개입찰이 있는데, 전자는 참여하는 업체의 가격이 공개되는 것을

말하며, 후자는 익명으로 처리되는 경우를 말한다. 우선 판매기업의 입장에서 경쟁입찰은 두 가지 목적 간의 싸움이라 할 수 있다. 하나는 성공확률인데, 당연히 가격이 낮을수록 높아진다. 다른 목적은 이익의 증대인데, 이는 반대로 가격이 높아야 이익증대가 가능하다. 이와 같이 성공확률과 이익증대는 서로 반대로 움직이므로 가격전략에 모순적인 지침을 내리게 된다. 이 모순을 해소하는 방법이 바로 기대값(expected value)의 개념이다. 기대값이란 이익의 확률적인 값을 말한다. 예컨대 절대이익이 1억 원이라 했을 때 그 달성확률이 1/2이라면 그 기대 값은 5천만 원이 된다. 경쟁입찰전략에는 이와 같은 기대값모형이 사용되고 있다. 문제는 성공확률의 측정인데 오랜 경험을 가진 회사일수록 정성과 정량적인 분석이 가능해진다. 또한 경쟁입찰에 들어갈 때 다음과 같은 전략을 고려해야 한다(Paranka, 1971).

① **가동률**: 입찰하는 기업 입장에서 공장의 가동률은 원가를 좌우하는 변수가 된다. 대개 가동률이 높을수록 추가 입찰에 참여할 수 있는 여유가 없어지고 또한 비용이 높아진다. 반면 가동률이 낮을 경우 추가입찰에 물량이나 가격 측면에서 더 공격적으로 임할 수 있다. 원가계산을 할 때 가동률이 낮은 회사는 고정비용을 제외해서 변동비용 위주로 입찰을 할 수 있다.

② **미래입찰과 판매기회**: 입찰은 한시적인 것이 아니고 여러 차례 주어질 수 있다. 따라서 실패하는 회사는 다음 입찰에 채택이 될 수도 있고, 반면 낙찰된 회사도 떨어질 수 있는 것이다. 그리고 낙찰된 회사도 사후에 추가 판매의 기회가 자동적으로 주어질 수 있다.

③ **경쟁**: 경쟁입찰에서는 상대가 누구냐 하는 점이 중요하게 고려되어야 한다. 경쟁회사의 입찰 담당자는 그의 전력을 통해 자신의 특정한 스타일을 시사할 수 있다. 이를테면 항상 원가보다 적정마진을 추가하는 경쟁자가 있는가 하면 적자냐 흑자냐 막론하고 낙찰만을 중시하는 경쟁자도 있다.

④ **납기조건**: 입찰마다 납기의 조건이 다양하다. 납기조건이 까다로울 경우 생산자의 비용은 상승될 수 있고 흑자가 적자로 바뀔 수 있기 때문에 기업은 납기의 전반적인 스펙이 무엇인지 정확히 파악해야 한다.

• SECTION 02 • 유통전략

1 유통의 개념

우리는 소비자 입장에서 과거에 비하여 아주 편한 세상에서 살고 있다. 그 주된 이유는 옛날에 비하여 유통경로가 다양하고 전문화되었기 때문이다. 이 점은 영화 '집으로'에서 잘 표현됐는데 그 영화의 주인공(유승호) 소년은 도시에서 살다가 어느 날 산골짝 시골에서 몇 달을 할머니와 지내게 된다. 그러면서 그는 생활에서 너무나 많은 불편을 새삼스럽게 느끼게 된다. 소년은 할머니에게 '치킨'이 먹고 싶다고 계속 조르고, 결국 할머니는 손자의 투정을 달래기 위해 먼 시장에 가서 살아 있는 닭 한 마리를 집에 들고와 잡아주는데 소년은 그것 역시 '치킨'이 아니라고 걷어찬다.

우리는 근대 삶에서 갑자기 유통 중간상이 없어지면 이 영화의 주인공과 마찬가지로 매우 불편한 세상을 살아야 할 것이다. 유통의 정의는 '마케팅의 보조화(facilitation)'라고 쉽게 정리할 수 있는데 여기서 보조의 대상은 소비자뿐만 아니라 제조업자도 포함된다. 그러한 면에서 유통은 마케팅의 가장 근간을 이루는

영화 집으로

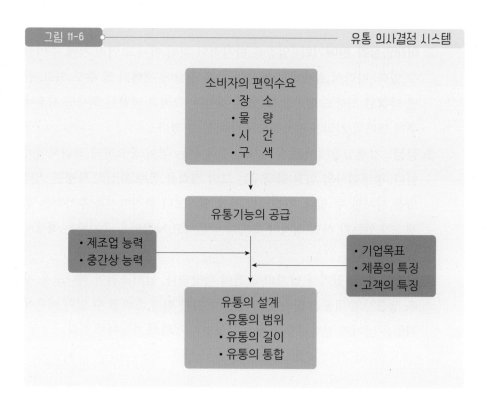

그림 11-6 · 유통 의사결정 시스템

소비자의 편익수요
• 장　소
• 물　량
• 시　간
• 구　색

유통기능의 공급

• 제조업 능력
• 중간상 능력

• 기업목표
• 제품의 특징
• 고객의 특징

유통의 설계
• 유통의 범위
• 유통의 길이
• 유통의 통합

'대형마트 성장 정체 속 이마트만 나홀로 성장 자체 상표 제품, 창고형 할인점 등 혁신 주효'

신세계그룹은 지난해 10대 그룹(자산 기준)에 처음으로 진입하는 성과를 거뒀다. 올해 신세계그룹은 신개념 쇼핑테마파크 '스타필드 하남'을 중장기 성장동력으로 육성하고, 자체 상표 제품(PL · Private Label) 개발과 물류 투자 등을 통해 이마트의 경쟁력을 높인다는 방침이다. 신세계백화점은 지역 랜드마크 육성 전략을 통해 업계 2위 자리를 굳건히 다질 계획이다.

신세계그룹이 10대 그룹에 진입할 수 있었던 기반은 이마트다. 이마트는 그룹 전체 매출의 70%를 차지한다. 이마트의 성공은 다른 계열사의 실적 개선으로 이어진다. 신세계푸드가 지난해 매출 1조원을 돌파할 수 있었던 것도 이마트 자체 상표 제품인 '피코크' 등을 생산한 덕분이다.

창고형 매장 트레이더스 연매출 1조원 돌파

이마트는 지난해 대형마트 3사 중 유일하게 성장했다. 이마트의 지난해 매출(연결 기준)은 전년 대비 8.3% 증가한 14조 7,779억원, 영업이익은 8.6% 증가한 5,469억원을 기록했다. 이러한 실적은 수년간 출점 · 영업 규제, 온라인 쇼핑 성장 등으로 인해 대형마트들의 성장세가 둔화되는 가운데 이룬 성과여서 더욱 주목받고 있다. 서용구 숙명여대 경영학부 교수는 "이마트는 동종 업체 중 가장 혁신적"이라며 "트레이더스 · 일렉트로마트 · 피코크 · 노브랜드 등 각종 혁신이 본격적으로 빛을 발하고 있다는 점에서 향후 지속적인 성장이 예상된다"고 말했다.

이마트의 실적개선에 가장 큰 힘을 보탠 것은 '한국식 창고형 할인점'인 트레이더스다. 트레이더스 매출은 지난해 3분기에만 전년 동기 대비 17% 성장한 데 이어 10월에는 24.7%나 증가했다. 지난해 이마트 일반 점포의 매출 신장률이 2015년 대비 2.8%였지만 트레이더스는 25.4% 성장했다. 트레이더스는 출범 6년 만인 지난해 연 매출 1조원을 돌파했다. 아직 전체 매출규모는 이마트가 크지만 성장가능성을 보면 트레이더스가 더 높다. 트레이더스는 신선식품군 집중, 한국인 입맛에 맞는 가공 · 즉석식품 판매, 이마트보다 저렴한 가격을 무기로 코스트코와 차별화한 것이 주효했다는 평가다. 또 코스트코와 달리 회원제로 운영하지 않아 연회비가 없고 다양한 카드로 결제가 가능하다는 점도 장점이다.

이마트는 올해 트레이더스 매장 3곳을 추가로 오픈하면서 지난해 실적 호재를 이어간다는 방침이다. 반면 이마트 일반 매장은 추가로 오픈하지 않는다. 지난 연말을 기준으로 이마트는 147개, 트레이더스 매장은 11개다.

이마트 실적 증가 요인으로 피코크·노브랜드 등 차별화된 자체 상표 제품도 꼽힌다. 2013년 340억원이었던 피코크 매출은 지난해 1,900억원을 기록했다. 노브랜드도 지난해 회사 목표의 2배가량의 매출(1,900억원)을 올렸다. 주영훈 유진투자증권 연구원은 "점포수 확대보다 피코크·일렉트로마트 등을 통해 고객을 확보한 것이 실적 개선으로 이어졌다"고 설명했다.

2013년 약 39조원이었던 국내 대형마트 시장 규모는 지난해 40조원으로 3년 전과 비교해 2.6% 성장하는 데 그쳤다. 대형마트의 성장세가 주춤해지면서 경쟁은 더욱 치열해졌다. 이마트는 이를 돌파하기 위해 자체 상표 제품을 선보였지만 성과가 없었다. 결국 기존 PL 상품 사업을 접고 처음부터 다시 시작했다. 담당 직원들이 세계 여러 PL 업체들을 직접 찾아다니며 차별화 요소를 찾았다. 그렇게 해서 찾은 차별화 포인트가 바로 '품질'이었다. 당시만 해도 국내 유통업계에서는 '싼 가격'을 경쟁력으로 내세웠다. 하지만 세계 시장에선 품질이 좋으면 가격이 비싸도 통하는 제품이 많았다. 이마트는 식품 전용 PL 상품을 기획하며 오로지 품질에 초점을 맞췄다. 공작새란 뜻의 '피코크'란 브랜드도 만들었다. 원래 피코크는 1970~1980년대 신세계백화점의 자체 브랜드 의류상품이었다. 2000년대 초반 신세계백화점에서 사라진 피코크는 2013년 이마트에서 식품 브랜드로 재탄생했다.

피코크·노브랜드가 이마트 성공 이끌어

특히 정용진 부회장이 피코크 재탄생에 심혈을 기울였다. 정 부회장은 수시로 피코크 신제품을 직접 먹으면서 품질을 높이는 데 신경을 썼다. 정 부회장은 물론 일반 임직원이 참가한 내부 품평회를 통과해야 제품화가 진행될 정도로 피코크 제품 출시과정은 까다롭게 진행됐다. 2013년 약 200여 종으로 출발한 피코크 제품은 지난해

말 1,000종으로 늘었다. 제품 종류도 한식뿐만 아니라 중식·이탈리안·프렌치 등 다양화됐다. 출시 첫해 340억원을 기록했던 피코크 매출은 2014년 750억원, 2015년 1,340억원으로 급격히 늘었다. 지난해 매출은 1,900억원으로 전년 대비 40% 이상 성장했다. 3년 만에 매출이 5배 증가한 것이다.

피코크가 성공할 수 있었던 것은 브랜드 출시 때부터 가격보다 품질과 맛에 초점을 맞췄기 때문이다. 피코크는 외부의 유명 맛집과 협업을 통해 제품을 내놓는다. 피코크 초마짬뽕, 피코크 남원추어탕, 피코크 부안 뽕잎 바지락죽 등이 대표적이다. 자체적으로 제품을 개발하기도 한다. 신세계그룹 내 조선호텔 등 특급호텔의 셰프 6명이 서울 성수동 본점 '비밀연구소'에서 레시피를 개발하고 있다.

피코크 제품은 신제품 기획부터 출시까지 속도가 빠르다. 관련 업무를 담당하는 직원이 100명이 되지 않을 정도로 조직이 작아 복잡한 의사결정 과정을 거치지 않기 때문이다. 이마트는 제품 기획·개발·디자인 등만 담당하고 생산은 전문업체에 맡긴 것도 성공요인으로 꼽힌다.

이마트가 2015년 내놓은 또 다른 자체 브랜드가 바로 '노브랜드'다. 물티슈, 감자칩 등 최저 가격으로 승부하는 제품군이다. 핵심 기능만 넣고 나머지 부가 기능은 모두 뺐으며 광고나 마케팅도 일절 배제했다. 하지만 노브랜드 제품은 소비자 입소문만으로 큰 홍보 효과를 거뒀다. 2015년 9개에 불과했던 노브랜드 제품은 지난해 말 900여개로 늘었다. 매출도 출시 첫해인 2015년 234억원에서 지난해 1,900여 억원으로 증가했다.

이러한 PL 제품의 성공 뒤에는 정용진 부회장이 있다. 정 부회장은 피코크 신제품이 나오면 가장 먼저 자신의 SNS를 통해 소개했다. 10만명에 가까운 정 부회장 팔로어는 '피코크 홍보대사' 역할을 자처했다.

이마트는 올해 16조 1,500억원의 매출을 올린다는 것을 목표로 잡았다. 사업별로는 할인점이 지난해보다 4.8% 증가한 11조 8,800억원, 이마트몰과 트레이더스가 각각 25.2%, 24.3%씩 성장해 각각 1조 500억원, 1조 4,860억원의 매출을 달성한다는 계획이다. 유통업계에서 연간 목표실적을 공개하는 것은 이례적인 일이다. 그만큼 마트 사업은 자신 있다는 얘기다. 이지영 NH투자증권 연구원은 "이마트는 올해도 신사업의 고성장과 기존사업의 시장지배력 강화로 높은 성장을 이어갈 것"이라고 분석했다.

'쇼핑 테마파크' 스타필드 하남

정용진 부회장이 야심 차게 추진한 스타필드 하남도 가파르게 성장하고 있다. 스타필드 하남은 쇼핑·문화·레저·위락·관광 시설을 한 데 모은 체류형 공간이다. 축구장 70개에 달하는 연면적 46만㎡(약 13만 9,000평)에서 총 750여 개 매장을 갖췄다.

지난해 9월 오픈 이후 140일 만에 누적방문 고객수 1,000만명을 돌파했다. 일평균 방문객수는 7만 1,000명 정도로, 연간 2,600만명 이상이 스타필드 하남을 방문할 것으로 추정된다. 연간 방문객 2,600만명은 테마파크 '도쿄 디즈니랜드(연간 방문객 1,600만명)'보다도 1,000만명 이상 많은 수준이다.

스타필드 하남이 이렇게 대박을 터뜨릴 수 있었던 것은 '쇼핑 테마파크'라는 콘셉트에 맞게 쇼핑, 먹거리, 엔터테인먼트, 스포츠, 힐링 등을 한 공간에서 모두 경험할 수 있는 체험형 쇼핑공간으로 꾸몄기 때문이다. 또 스타필드 하남은 백화점, 창고형 할인매장, 차별화된 전문점, 명품

브랜드 등 지금까지 경험해보지 못한 새롭고 다양한 콘텐츠를 시도하는 데도 역점을 뒀다. 이곳에는 스포테인먼트 공간 '스포츠 몬스터', 신개념 아쿠아컬처 공간 '아쿠아필드'를 비롯해 체험형 식품전문관 'PK마켓', 장난감 전문점 '토이킹덤', 베이비 전문점 '마리스 베이비 서클' 등 다양한 전문관들이 자리 잡고 있다.

신세계그룹은 올해 스타필드 2호점인 '스타필드 고양'을 오픈할 계획이다. 스타필드 고양은 연면적 36만 4,400㎡(지하 2층~지상 6층), 용지 면적 10만㎡(2만 7,500평) 규모로 스타필드 하남에 버금갈 것으로 보인다.

신세계는 최근 약점으로 꼽히는 편의점 사업 확장에도 대대적으로 나섰다. 1인 가구 증가 등으로 편의점이 호황을 누릴 수 있다는 판단에서다. 편의점 사업을 그룹 신성장 동력으로 선정한 정용진 부회장이 적극적인 투자를 주문한 것으로 알려졌다. 이마트가 최근 1년간 위드미에 투입한 자금은 750억원에 달한다. 2013년 12월 위드미를 인수한 후 2015년 11월까지 2년 동안 투자한 금액(230억원)의 세 배 규모다.

정 부회장은 위드미 인수 직후인 2014년 초 '2023 비전'을 발표했다. '10년간 31조원 투자, 17만명 고용, 2023년 매출 88조원 달성'이 그것이다. 당시 정 부회장이 핵심 사업 중 하나로 꼽은 게 편의점 사업이다.

특히 정 부회장은 위드미가 '차별화된 상품 및 서비스를 갖춘 미래형 편의점'이라는 점을 부각시키고 있다. 일반 점포보다 차별화된 매장을 선보이며 틈새시장 공략에 나선 것이다. 지난해 9월 스타필드 하남에 처음 도입돼 고객들 호응을 얻었던 밥 짓는 편의점을 확대하고, 셀프

토스트와 국가별 원두커피를 맛볼 수 있는 공간도 별도로 운영하기로 했다.

위드미는 노브랜드 감자칩, 피코크 컵밥 등 다양한 이마트 인기 PL 상품 판매에도 나섰다. 최근에는 클래식 청음 장비를 갖춘 예술의전당점을 오픈하는 등 젊은층 고객을 잡기 위한 노력도 기울이고 있다. 위드미는 최근 공격적으로 점포수를 늘리며 4위 미니스톱을 맹추격하고 있다. 2014년 501곳이었던 위드미 점포수는 지난해 1,765곳으로 늘었다.

경쟁 백화점에 비해 점포수가 적은 신세계백화점은 각 점포를 지역 랜드마크로 육성하는 전략을 지속적으로 추진한다. 지난해 6개의 대형 프로젝트를 통해 점포를 13개까지 늘렸으며, 전국 점포별 매출 상위 10개 중 4개를 차지할 정도로 경쟁력을 확보했다.

〈출처: 이코노미 조선 2017. 5. 8〉

개념이라고 말할 수 있다. 유통의 존재는 제조업자와 최종 사용자를 연결시키는 역할을 하므로 그들이 없는 세상에서는 마케팅 자체가 불가능해지거나 저하될 수 있다.

유통전략은 <그림 11-6>을 통하여 접근할 수 있다. 이 그림에서 강조되는 점은 유통전략에 '수요와 공급'의 원칙이 대두된다는 것이다. 즉 유통의 최종 설계는 시장에서 소비자들이 무엇을 원하는지 파악이 되어야 하고 이를 어떻게 하면 효율적으로 충족시킬 수 있는지 최적의 경로가 결정이 되어야 한다.

2 유통의 수요조사

소비자는 제품을 구매하고 소비하는 데 있어서 여러 가지의 추가 편익 (convenience)을 희망할 수 있는데 이는 확장제품(augmented product)의 일환이라고 간주할 수 있다. 유통에 관련된 확장제품은 크게 네 가지로 분류할 수 있다. 첫째는 물량의 편익인데 이는 소비자들이 적당한 수량으로 구매하기를 원한다는 뜻이다. 영화 '집으로'의 경우를 보면 닭 한 마리가 한 예라고 볼 수 있는데 과거에는 이처럼 음식물의 단위가 불편했다. 옛날에는 항상 닭을 통째로 사야만 하는 것과 달리 이제는 유통 중간상의 등장으로 우리는 '반 마리' 혹은 더 작은 특정 부위별로 닭을 구매할 수 있게 됐다. B2B 마케팅 차원에서는 구매자가 큰 단위를 원할 수 있으므로 물량조절은 꼭 작은 단위만을 의미하는 것은 아니다. 제조업자들은 대량 혹은 소량 생산에만 전념하여도 다양한 소비자들의 취향은 유통 중간상이 맞춰줄 수 있다.

또 다른 소비자의 편익은 장소의 편익인데 '집으로'에서 할머니는 시장까지 가야만 하는 어려움을 겪게 되는데 이와 달리 웬만한 대도시에서는 많은 제품의 배달이 가능하다. 한국의 소비자는 다른 선진국에 비해서도 배달문화를 즐기는 편이다. 우선 식당에서 '철가방'으로 음식 배달이 가능할 뿐만 아니라 슈퍼마켓, 백화점 또는 할인마트에서 구매한 무거운 생필품도 다 빠른 시간에 배달이 된다. 게다가 인터넷이 발달되면서 각종 쇼핑몰에서 구매한 제품들도 택배와 퀵서비스를 통해서 집으로 우송이 쉽게 된다. 이 같은 Home Shopping은 결국 중간상들이 존재하기 때문에 실현이 되는 것이다. 배달이 그전에 안 됐던 식당들도 이제는 '배달의 민족' 같은 서비스를 통하여 대리배달이 가능해짐에 따라 한국 소비자들의 장소의 편익은 더욱 증가하였다.

소비자들의 또 다른 편익은 시간인데 이는 소비자들이 편한 시간에 구매와 소비를 원한다는 개념이다. 좋은 예가 편의점의 사용인데 과거에는 우리가 제한된 영업시간에 맞춰서 각종 제품을 구매했으나 편의점들은 24시간 운영됨에 따라 시간의 구애 받지 않고 그 점포들을 이용할 수 있다. 편의점의 대명사인 7~11의 명칭도 미국의 일반 영업시간인 9~5, 즉 오전 9시에서 오후 5시까지의 기간을 오전 7시와 오후 11시로 확대한 점을 브랜드화한 것이다. 이처럼 시간이 소비자들이 요구하는 차별화 변수가 될수록 유통의 영업시간은 확대될 수밖에 없다.

유통에 있어서 소비자들이 요구할 수 있는 추가적 편익은 구색(assortment)이다. 이는 상황에 따라 소비자들이 한 제품만을 구매하려는 것보다 동시에 여러 제품을 원할 수 있다는 주장이다. 주부들이 생필품을 구매할 때 당일 식단에 필요한 야채, 고기, 음료 등 다양한 제품류를 찾을 수 있다. 슈퍼마켓 또는 백화점에서는 한 장소에서 이러한 제품들을 판매하기 때문에 소비자들은 여러 곳을 다녀야 하는 불편 없이 한꺼번에 필요한 물품을 구매를 할 수 있다. 이 같은 개념을 'one stop shopping'이라고 칭한다. 최근 할인마트의 성격이 더 복합화되는 것도 바로 소비자들의 이 같은 욕구에 기인한 것이라고 해석될 수 있다.

3 유통기능의 공급

유통계통에서 대표적 명언이 있다면 이는 바로 '유통의 중간상은 없앨 수 있지만 그가 수행하는 기능은 없앨 수 없다'이다. 그 뜻은 유통의 길이가 짧아져도 유통이 수행하는 기능은 결국 달라질 수 없다는 것이다. 그만큼 유통에 대한 소비자의 편익수요가 확인되면 그들과의 거래를 성사시키기 위하여 그 편익충족을 위한 기능이 제공되어야 한다. 그 기능수행의 부담은 제조업자, 각종 유통 중간상 또는 더러 소비자가 맡을 수 있다.

유통업무에 관련된 기능은 매우 다양할 수 있는데 주된 항목은 <그림 11-7>에서 볼 수 있다.

위에서 알아본 소비자들의 편익들을 충족시키는 데에 특히 물적 소유는 유통전략에서 핵심 역할을 한다. 소비자들이 원하는 물량의 수준이 작아질 때 유통은 단위분할(break bulk)을 여러 단계별로 해야 한다. 소비자들이 단거리에서 구매를 원할 때에는 많은 점포가 요구되고 각 점포는 적절한 재고관리를 해야 한다. 시간의 개념도 역시 물적 소유에 영향을 미치게 되는데 빠른 배달을 위해 빠른 운송수단이 사용될 수 있다. 소비자들이 원하는 구색도 커지면 다양한 제품의 물적 공급이 불가피해진다.

이처럼 물적 소유가 유통의 근원적 기능을 하고 있으나 나머지 기능도 '마케팅의 보조화' 개념에 일조한다. 나머지 기능 중 여러 가지의 항목들이 폭넓은 의미의 '금융' 성격을 띠고 있는데 제조업뿐만 도소매업자들이 어음거래 또는 할부거래를 통하여 소비자들은 물론 유통 참여기관의 시간적 지불부담을 완화시킨다. 때문에 이러한 취지와 맞물려 있는 것이 위험부담 공유, 소유권 이전, 지불

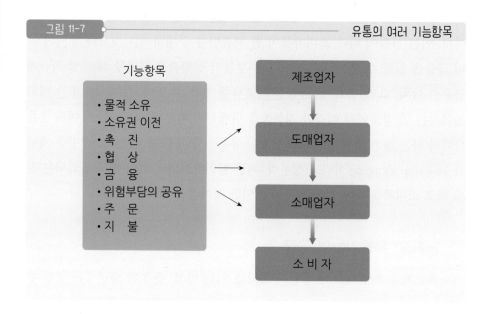

그림 11-7 ──────────● 유통의 여러 기능항목

기능항목

- 물적 소유
- 소유권 이전
- 촉　　진
- 협　　상
- 금　　융
- 위험부담의 공유
- 주　　문
- 지　　불

제조업자 → 도매업자 → 소매업자 → 소 비 자

등이다. 커뮤니케이션은 정보전달의 역할을 말하는데 제조업자가 광고를 통하여 시장을 이끄는 전략(pull)도 가능하되 이는 제품의 특별하고 메이커의 재력이 충분할 때 타당하다. 때문에 그러한 조건이 성립되지 않았을 때 더 현장 중심의 소비자 설득 이른바 밀기(push) 전략이 더 효과적일 수 있다. 이처럼 조건에 따라 중간상 특히 소매업이 커뮤니케이션의 '총대'를 매는 것이 바람직할 수 있다.

4 기업과 중간상의 능력 평가

소비자 편익수요에 따라 전체적인 기능의 항목과 수준이 결정되면 그 업무를 대체적으로 수행할 공급처가 정해져야 한다. 우리가 흔히 '직영'과 '대리점'이라는 용어들을 사용하는데 전자는 제조업이 직접(direct) 운영하는 구조인 반면 후자는 제조업이 간접적(indirect)으로 중간상이 기능을 수행하는 구조를 의미하는 것이다. 직접경로는 다음과 같은 마케팅 조건에서 타당하다: ① 통제력이 중요할 때, ② 시장이 클 때, ③ 중간상의 능력이 부진할 때. 반면 거꾸로 간접경로는 다음 조건에서 바람직하다: ① 중간상의 자율권이 중시될 때, ② 시장이 작거나 위험할 때, ③ 중간상의 능력이 다각적으로 우수할 때.

유통의 통제력은 경로설정뿐만 아니라 마케팅 전체의 관리에 있어서 중요한 사항이 될 수 있다. 무엇보다 그 주된 이유는 제품, 가격 또는 커뮤니케이션의 집행수준이 중간상에 의해 저하될 수 있기 때문이다. 그러한 위험이 있을 때 간접유통보다는 제조업이 직접적으로 유통에 참여하여 계획된 다각적 마케팅의

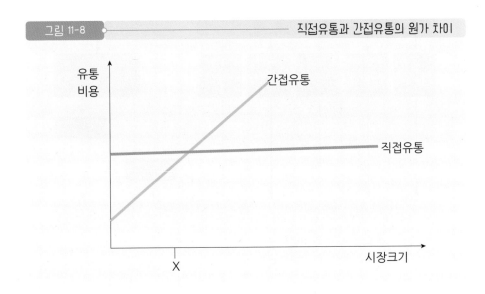

그림 11-8 ────────────── 직접유통과 간접유통의 원가 차이

수준을 유지할 수 있다. 시장의 크기가 중요한 고려사항인데 그 이유는 <그림 11-8>로 쉽게 이해할 수 있다.

이 그림을 보면 시장의 크기가 유통의 비용을 좌우한다는 것을 알 수 있는데 작은 시장의 경우를 살펴보면 직접유통에 따른 초기비용이 너무 크다는 점을 확인할 수 있다. 이에 반해 시장이 웬만큼 클 때에는 그 초기비용의 부담이 상대적으로 작아짐에 따라 직접유통의 채산성이 성립될 수 있다. 이처럼 직접유통과 간접유통의 적절성은 시장의 조건 특히 시장의 크기에 따라 판가름될 수 있는 것이다.

유통 중간상의 선택은 제조업의 능력뿐만 아니라 중간상의 능력도 필히 평가를 해야 한다. 이는 국내시장뿐만 아니라 해외시장을 진입할 때 반드시 선행되어야 한다. 중간상인들은 이 위에서 기능을 거의 다 수행하는 유형이 있고 반대로 일부 기능만을 전문적으로 수행하는 유형이 있다. 전자의 유형을 완전기능(full function) 중간상, 후자는 제한기능(limited function) 중간상이라고 칭한다. 기업이 작거나 또는 해외시장처럼 그 시장에 대한 발판이 전혀 없을 때 완전기능 중간상의 동원이 적합하다. 하지만 기업이 크면서 자체적으로 유통능력이 높을 때에는 부족한 유통기능에 대해서 제한기능 중간상을 사용하면 비용도 아끼고

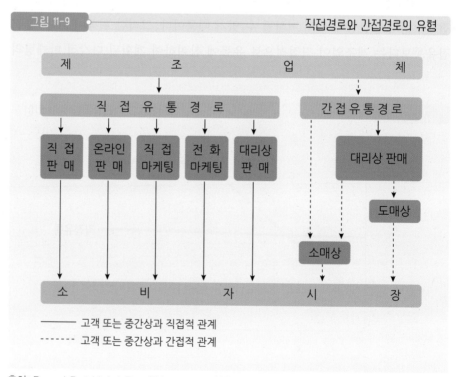

그림 11-9 직접경로와 간접경로의 유형

출처: Roger J. Best, Market-Based Management, 2009.

유통체제가 강화될 수 있다. <그림 11-9>를 보면 직접 경로와 간접경로전략 안에도 각각 다양한 세부경로가 있다는 것을 확인할 수 있다. 따라서 직접 혹은 간접유통경로를 주요 전략으로 선택한 다음에도 보다 구체적인 상황분석을 한 다음에 고객을 접근하는 방식을 결정해야 한다.

기업은 때로는 직접경로와 간접경로를 동시에 사용하는 유통전략을 펼칠 수 있는데 이를 혼합경로 시스템이라 한다. <그림 11-9>에서 볼 수 있듯이 혼합경로 시스템에서는 기업이 일부 표적시장의 고객과 직접거래를 하고 있지만 다른 고객들은 중간상을 통하여 거래를 하고 있다. 이러한 형태는 특히 B2B시장에서 흔히 볼 수 있는데 직접거래는 대량구매를 하는 고객과 할 수 있고 간접거래는 소량구매 또는 해외에 거주하는 고객과 하게 된다. 결국 거래의 직접성을 결정하는 변수는 경제성이라고 이해할 수 있다. 이와 같은 전략을 사용하는 기업이 주의해야 할 점은 간접유통을 전담하는 중간상이 같은 대량구매 고객을 넘볼 수 있다는 것이다. 특히 중간상의 책임영역이 지역적으로 할당됐을 때 직거래를 하려는 제조업체의 방침이 그들 관할영역의 침해(속어: 월담)로 간주될 수 있고 유통갈등을 유발할 수 있다. 이러한 유통불화를 완화하려면 처음부터 고객의 규모별로 유통구조를 규명해야 한다. 또한 직거래를 하는 경우에도 지역 중간상의 부분적인 기능 지원을 받으면 그들의 동기는 부여될 수 있어 다른 간접유통도 활성화되는 효과를 가질 수 있다.

5 내부와 외부조건

유통전략은 기업의 여러 내부조건에 따라 그 구체적인 특징이 좌우하게 된다. 이 중 제일 우선시되는 것은 기업의 마케팅 목표인데 특히 기업이 기대하는 시장의 크기와 성장속도 또한 전체 유통의 마케팅활동을 장악하려는 의지가 유통전략에 중요한 지침이 된다. 기업은 여러 목표의 우선순위를 잘 가려야 하는데 예를 들어 기업이 시장을 크게 또는 빨리 키우려면 넓은 유통망을 활용해야 하는데 이럴 경우 마케팅의 통제력은 떨어진다는 것을 각오해야 한다.

예를 들어 대표적인 커피전문 체인인 스타벅스의 경우 우리나라의 모든 매장은 직영체제이다. 1999년에 1호 매장을 오픈한 뒤, 2016년에 1,000개 가 넘는 매장을 운영하고 있다. 스타벅스의 직영 방침은 스타벅스 커피 및 서비스의 엄격한 품질관리를 위해서이며, 단기적인 수익구조에 연연하지 않음으로써 직원들의 헌신을 끌어내고 있다.

삼성전자도 해외 시장에서 빠른 진출을 위해 최초에는 무차별적으로 방대하고 가격수준이 다양한 점포를 이용하였으나 확고한 브랜드 위상의 확립 또는 철저한 유통관리를 위해 직영유통 또는 엄선된 유통망만을 이용하고 있다.

내부조건의 다른 측면은 제품의 특징인데 제품이 복잡하고, 수명이 짧고, 부가가치가 높을수록 유통은 짧아지게 된다. 이미 부분적으로 고객의 특징이 왜 유통전략 수립에 중요한지 알아봤는데 고객의 크기, 고객의 밀집도 그리고 고객의 제품관여도(involvement) 등이 유통구조를 설계하는 데에 고려되어야 한다. 소비자들의 제품관여도가 높을 때 기업의 유통전략은 비교적 쉬워지는데 그 이유는 소비자들이 적극적으로 제품을 탐색하기 때문이다. 반대급부로 소비자들의 관여도 낮을 때에는 그들의 관심을 끌기 위해서 앞서 살펴본 유통의 여러 편익이 제공되어야 한다.

6　유통의 설계

기업은 여러 차원에서 유통경로를 설계할 수 있지만 기본적으로 정해야 하는 사항은 유통의 범위(coverage), 유통의 길이(length) 또는 유통의 통합(integration)이다. 유통의 범위 개념은 기업이 얼만큼 제품을 폭넓게 제공할 것이냐를 의미한다. 이를 결정하는 것은 바로 위에서 알아본 내부와 외부 조건들이다. 시장이 분산되어 있고 소비자들의 관여도가 낮고 기업이 시장을 빨리 키우려고 할 때에 시장의 범위가 커지게 된다. 반대로 시장이 집중되어 있고 소비자들의 관여도가 높고 기업이 심사숙고 시장을 접근하려고 할 때에는 유통의 범위가 작아진다. 전자의 구도를 집약적 유통(intensive distribution)전략, 후자의 구도는 전속적 유통(exclusive distribution)전략이라고 부른다. 집약적 유통으로 배급되는 대표적인 제품의 예는 편의품인데 이러한 제품들은 유통의 '적재, 적소, 적량, 적시' 등의 편익제공 때문에 구매가 이루어진다. 전속적 유통으로 배급되는 좋은 예로써 수입 고급 승용차인 람보르기니는 한국에 매장이 단 하나밖에 안 된다. 이 자동차의 수요는 가격이 몇 억 원대가 넘는 관계로 매우 한정되어 있고 또한 잠재 소비자들의 관여도가 워낙 높기 때문에 관심이 있는 구매자라면 스스로 매장을 찾아갈 것이다. 집약적 유통과 전속적 유통 사이에는 있는 선별적 유통(selective distribution)전략은 외부와 내부조건이 중간적일 때 고려될 수 있다.

유통의 길이는 제조업에서 시작하여 최종 소비자까지 제품이 거쳐가는 유통단계의 수를 말한다. 유통의 길이는 유통의 범위와 한편 맞물려 있는데 유통의 범위가 넓어질수록 유통의 길이는 더 길어지게 된다. 특히 물류차원에서 시장이 분산되어 있고 소비자들이 근접한 장소에서 소량으로 구매하는 것을 원할 때에 도매와 여러 형태의 소매가 동원이 되어야 한다. 그러한 물류적인 고려 외에도 유통길이를 좌우하는 것은 위에서 알아본 기능의 분권화인데 제조업 혹은 도매업이 효율적으로 특정 기능을 수행할 수 없을 때 그러한 공백을 다른 중간상이 대행해야 한다. 한국에서도 임금이 인상됨에 따라 콜 센터 같은 후선 업무(back office)를 제조업체가 직접 하는 것은 채산성이 맞지 않을 수 있다. 때문에 이러한 기능만 전문하는 중간상이 여러 제조업체를 대신하여 그 업무를 수행할 경우 소비자도 돕고 유통비용도 저렴해지는 'win-win' 결과가 가능하다. 한편 유통의 길이는 인터넷의 발달로 인하여 짧아지는데 그 현상을 유통단축(disintermediation)이라고 한다. 최근 O2O(online-to-offline), 즉 온라인이 결합된 오프라인 유통이 많이 발달되면서 유통의 효율성 패러다임이 바뀌고 있다. 오프라인 유통설계에 치우쳐 있는 업종들은 온라인 유통의 위협을 반드시 경계해야 하고 필요에 따라 오프와 온라인의 보완점을 최대화할 수 있는 혼합형 경로를 구축해야 한다. 또한 소비자들이 하나의 경로가 아니라 복수 경로(multichannel)를 점점 활용하고 있기 때문에 표적 고객들의 정확한 분석을 통하여 기업도 이에 맞는 복수경로의 유통전략의 제공이 불가피해진다(Venkatesan, Kumar and Ravishanker, 2007).

유통의 통합은 여러 경로의 운영에서 필요한 조정(coordination)과 위의 마케팅 하이라이트에서 볼 수 있는 유사한 갈등(conflict) 문제를 해소시킬 수 있는 체제를 의미한다. 유통의 조정은 여러 수직적 마케팅 계열화 시스템(VMS: vertical marketing system)으로 구현할 수 있는데 여기에는 공식적인 방법과 비공식적인 방법들이 있다. 전자는 경로를 기업소유방식(corporate VMS)과 계약방식(contractual VMS)이 있고, 후자는 관리방식(administered VMS)이 있다. 기업소유방식은 한국처럼 시장이 비교적 집중되어 있고 자본조달이 원활한 상황에서 가능하겠지만 해외의 시장과 같은 분산되고 자본조달이 어려운 상황에서는 계약 혹은 관리 VMS가 불가피하게 사용되어야 한다. 관리 VMS는 다른 방식과 달리 법적 조정장치가 없기 때문에 다른 유통가담 기관들의 도덕적 해이(moral hazard)가 발생할 수 있다는 점을 경계해야 한다. 좋은 예가 PB(private brand)의 경우인데 제조업체들은 대형마트의 자체 브랜드 개발로 인하여 협상력이 떨어졌는데 마트의 입장뿐만 아니라 전체 VMS 차원에서 그 득과 실이 잘 평가되어야 한다.

만남의 장소·휴식 공간 등 활용… 사람 끌어들이는 집객 효과 커

음반·생활소품 등 함께 파는 백화점 내 서점도 갈수록 늘어… 20~30대 젊은 고객에 인기

15일 서울 강남구 삼성동 스타필드코엑스몰 내 중심부인 센트럴플라자. 복층으로 연결된 2,800㎡ (약 847평) 대규모 공간이 가벽으로 덮인 채 공사가 한창이다. 이곳에는 독서와 휴식, 문화 체험이 가능한 도서관 '오픈 라이브러리(가칭)'가 이달 말 문을 연다. 책 판매는 전혀 하지 않고 무료로 이용할 수 있는 '열린 도서관'이다.

13m 높이 대형 서가 3개에 5만여 권 책과, 해외 잡지를 비롯한 400여 종 최신 잡지가 진열된다. 아이패드를 통해 책을 볼 수 있는 최신 전자책 (e-book) 시스템도 들어선다. 다양한 책상들과 휴

식을 겸할 수 있는 편안한 의자들이 배치될 예정이며, 간접조명을 활용해 부잣집 서재 같은 분위기가 나도록 꾸민다. 신세계는 이 공간을 꾸미기 위해 총 40억원을 투자했다.

쇼핑몰 한가운데 대규모 도서관

쇼핑몰 중심에 대형 서점이 아닌 자체 도서관이 대규모로 들어서는 건 국내뿐 아니라 외국에서도 이례적인 일이다. 현대자동차그룹이 인근 한국전력 부지를 3.3㎡당 4억 4,000만원에 구입한 것을 고려하면, 이 도서관 공간은 그야말로 '금싸라기 땅'이다. 신세계 관계자는 "매년 유지비로 5억원이 들어가기 때문에 수익성을 생각한다면 할 수 없는 일"이라고 말했다.

그럼에도 신세계가 이 같은 실험을 한 건 도서관이 사람을 끌어들이는 '집객(集客) 효과'가 있다고 봤기 때문이다. 모델로 삼은 건 일본 다케오(武雄)시 '다케오 시립도서관'. 다케오시는 인구가 5만밖에 되지 않지만, 열린 도서관 콘셉트로 2013년 리뉴얼한 후 연간 100만명 관광객이 방문하는 명소가 됐다. 임영록 신세계 프라퍼티 대표는 "코엑스몰이 2000년대 초 연평균 5,000만명이 찾는 랜드마크였던 명성을 되찾기 위해 가장 시급한 과제는 집객이라고 생각했다"며 "사람들이 약속을 잡고 만날 때, 쇼핑 중간에 쉴 때, 가족 단위 방문객이 아이들을 풀어 놓기에도 최적의 공간이 도서관이라고 생각했다"고 말했다.

이에 앞서 2015년 8월 문을 연 현대백화점 판교점은 어린이용 도서관인 '현대어린이책미술관'을 개관해 집객 효과를 톡톡히 보고 있다. 연면적 2736㎡ 규모에 5,000권 그림책을 진열했다. 현대

백화점 관계자는 "판교점이 교외 광역형 백화점이다 보니 원거리 손님들까지 끌어모을 수 있는 강력한 집객 요소가 필요했다"며 "어린이 도서관은 가족 단위 고객을, 서점은 전 연령층 손님을 끌어당기는 효과가 있다"고 말했다. 실제로, 교보문고 판교점은 다른 매장과 달리 고객층이 10대 15%, 20~30대 35%, 30~40대 30%, 50대 이상 20% 등 전 연령대에 고르게 분포된 것으로 나타났다.

라이프 스타일 판매로 확대된 서점

최근 서점들이 책뿐 아니라 음반, 생활 소품, 꽃 등 라이프 스타일 제품들을 많이 판매하는 것도 서점이 쇼핑센터 내 대세로 자리 잡은 이유 중 하나다. 특히 라이프 스타일 쇼핑은 최근 가장 강세를 보이는 쇼핑 트렌드다.

롯데백화점은 올해 3월 세종시에 문을 연 생활용품 관련 미니 백화점 '엘큐브'에 독서와 휴식이 가능하고 다양한 인테리어 장식들로 꾸며진 라이프 스타일형 서점을 열었다. 이상민 롯데백화점 가구·홈패션 판매 담당자는 "최근 서점은 책뿐만 아니라 음반, 소품 등 생활용품을 많이 판매하고, 이로 인해 20~30대 젊은 고객들을 백화점으로 유입하는 데 큰 역할을 하고 있다"며 "대형 서점이 일반적인 패션 브랜드와 비교해 매출이 높지는 않지만 젊은 고객들을 백화점으로 유인하는 차원에서 장기적인 효과가 있다고 판단하고 있다"고 말했다.

현대백화점 역시 현대시티아울렛 동대문점 등 9개점에 서점이 입점해 있다. 현대백화점 관계자는 "최근에는 서점이 카페뿐 아니라 꽃집, 음반, 생활용품 등 문화를 체험하는 공간으로 진화하면서 라이프 스타일을 중시하는 최근 트렌드와도 가장 잘 맞는다"고 말했다.

〈출처: 조선비즈 2017.05.16〉

7 물적 유통의 개념과 통합비용

물류관리(물적 유통: physical distribution)는 이미 몇 차례 언급했지만 유통에 있어서 기업이 갖춰야 하는 제일 중요한 능력이다. 물류관리는 운송, 재고, 주문처리 등과 같은 다양한 활동을 포괄하고 있다. 물류전략을 수립하는 데에는 여러 개념이 도움을 줄 수 있지만 그 가운데 핵심은 통합비용(total cost)의 원칙(Djafar 외, 2015)이다.

통합비용의 개념은 쉽게 말해서 물류에 대두되는 여러 가지의 비용을 최소화해야 한다는 뜻이다. 문제는 여기에서 말하는 비용은 측정이 용이한 비용을 비롯해 측정이 어려운 추상적인 비용까지도 포함한다는 것이다. 예를 들어 재고가 떨어지면 고객이 제품을 구매하지 못하고 불만을 갖게 된다. 기업이 소비자 불만을 비용으로 측정하기는 쉽지 않지만 그 결과는 분명히 문제가 되어 결국

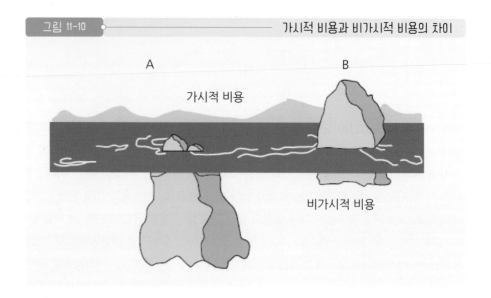

그림 11-10 가시적 비용과 비가시적 비용의 차이

하나의 비용으로 간주될 수 있다. 왜냐하면 불만이 있는 소비자는 다음 구매기회에 다른 브랜드를 결정할 가능성이 높아 기업은 판매손실을 겪게 된다.

이러한 통합비용을 측정하기 위해서는 다양한 방법이 사용되어야 한다. 여기에서 특히 주의해야 할 점은 측정이 용이한 비용에 대해서만 측정하려는 관리자들의 관습이다. 이에 따른 우려는 지협적인 평가가 될 수 있다는 것이다. 이것은 빙산의 일각으로 비유될 수 있다.

<그림 11-10>에서 보듯, 눈에 보이는 비용은 빙산의 가시화된 부분이다. 이 그림에서는 상황 A가 상황 B에 비해 가시적인 비용이 현저하게 저렴하다. 그러나 보이지 않는 비용, 즉 비가시적인 비용은 그 반대이다. 상황 A가 상황 B에 비해 훨씬 높은 비가시적인 비용을 나타내고 있으므로, 상황 B는 비록 가시적인 비용은 높지만 통합적인 비용을 평가하였을 때 더 저렴한 상황임을 나타내고 있다. 그러면 여기에서 말하는 가시적 비용이란 어떤 것인가?

측정이 용이한 물류비용은 재고비용, 인건비, 운반비, 창고비 물류투자에 대한 융자이자 등이다.

이러한 비용은 회계자료에서도 어느 정도 측정이 가능한 항목들이다. 반면 비가시적 비용은 회계적으로 측정이 어려운 고객의 대기시간, 고객의 불만, 재고부족으로 인한 판매의 기회상실, 생산성의 저하 등과 같은 사항들이다. 비가시적인 비용은 대개는 가시적 비용과 반대되는 관계를 갖기 때문에 가시적 비용을 줄였을 때 올라가게 된다. 따라서 통합비용의 최적화는 이 두 가지 비용을 합산하여 절충되는 부분을 찾는 것이다. 이것은 <그림 11-11>에 나타나 있다. 가장

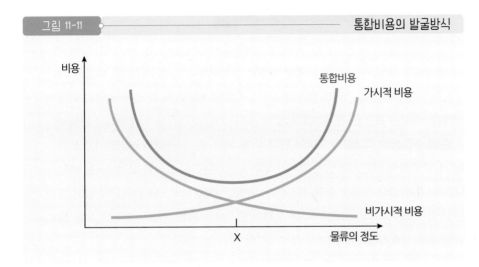

그림 11-11 통합비용의 발굴방식

잘 알려진 예시는 재고의 관리이다. 재고가 적을수록 가시적인 재고의 비용은 떨어지겠지만, 재고가 부족하면 이에 따른 판매의 상실, 반복구매의 상실, 소비자 불만 등 여러 가지 비가시적 비용이 오르게 된다.

<그림 11-11>을 보면 가시적 비용이 물류의 정도에 따라 떨어지는 것을 볼 수 있다. 여기서 재고비용을 다루고 있기 때문에 물류의 정도는 재고량이라고 생각할 수 있는데 재고를 적게 유지하면 가시적 비용도 작아진다. 하지만 문제는 소비자 불만과 같은 비용은 오히려 증가하게 된다. 기업은 최적의 물류활동을 하려면 통합비용의 개념을 적용하여 두 가지 비용이 합산된 최저지점(여기서 X)을 물적 또는 질적으로 찾아 내야 한다.

기업의 이윤을 결정하는 가장 큰 두 가지 요인은 매출과 원가이다. 단순화시켜보면, 매출은 가격과 판매량의 곱이라고 할 수 있고, 가격의 변동에 따라 판매량도 달라지므로, 결국 기업의 이윤에 직접적으로 영향을 미치는 요인은 가격이라고 할 수 있다. 기업의 이윤을 최대화하기 위해서는 가격결정의 기준이 수익성의 최대화가 되어야 한다. 이를 위해서는 마케팅의 산업분석을 포함한 철저한 경쟁분석과, 고객의 마음속에 있는 준거가격과, 시장세분화를 고려한 고객분석을 바탕으로 제품의 포지셔닝과 차별화 전략을 수립해야 한다. 기업이 제품/서비스를 판매함에 있어 고객에게 제시하는 가치가 바로 가격이므로, 가격은 고객이 인지하는 제품, 커뮤니케이션, 유통 등 마케팅전략의 4P 모두와 상호작용하게 된다.

기업과 소비자, 즉 수요와 공급이 만나게 되는 접점을 시장이라고 정의할 때, 제조사와 소비자를 연결해주는 기능을 담당하는 것이 바로 유통이다. 소비자에게 시간, 장소, 물량, 구색 등의 편익을 제공해주는 것이 유통전략의 핵심이며, 이 기능을 효율적으로 제공하여, 제품과 서비스의 가치를 최대화하여야 한다. 이를 위해서는 제조사와, 유통중간상의 능력을 분석하고, 기업의 마케팅 목표에 근간을 두고, 유통의 범위, 길이, 그리고 통합의 정도를 결정해야 한다.

생각해 볼 문제

최근 제품이나, 음식, 각종 서비스를 반값에 제공한다는 소셜네트워크 쇼핑이 인기를 모으고 있다. 이런 대폭적인 할인가 제공을 광고비로 보는 시각이 있는 반면, 오히려 제품이나 서비스의 가치를 떨어뜨린다고 보는 시각도 있다. 특히 이 시장이 과열됨에 따라 제품과 서비스의 질이 떨어지는 사례들이 속출하면서, 시장 전체가 레드오션화될 우려까지 제기되고 있다. 제품이나 서비스를 제공하는 기업의 입장에서, 소셜네트워크 쇼핑을 통한 프로모션이 어떤 장단점을 가지고 있는지, 장기적으로 긍정적 효과를 볼 수 있는지 논의해 보자.

참고 문헌

· 장대련 (2009), "B2B Marketing", 북넷
· 장시형 (2017, May 18), "대형마트 성장 정체 속 이마트만 나홀로 성장 자체 상표 제품, 창고형 할인점 등 혁신 주효." 이코노미 조선, Retrieved from http://www.economychosun.com/special/special_view_past.php?boardName=C05&t_num=11657&myscrap=&img_ho=199
· 이동진 (2017), "버려지던 것에 새 기회 있더라. 참치 갈빗살 메뉴로 뜬 마구로마트." 동아비즈니스리뷰, 223(2), Retrieved from http://dbr.donga.com/article/view/1202/article_no/8291
· 이진석 (2016), "합리적인 가격대의 고급형 세단' 파괴적 틈새시장 찾은 SM6의 승전보!" 동아비즈니스리뷰, 223(2), Retrieved from http://dbr.donga.com/article/view/1203/article_no/7890
· 이혜운 (2017, May 16), "금싸라기 땅에⋯ 쇼핑몰 '무료 도서관' 반갑네." 조선비즈. Retrieved from http://biz.chosun.com/site/data/html_dir/2017/05/15/2017051502909.html
· 오유신 (2017, October 11), [2017 프랜차이즈] "으뜸50안경, 가격 거품 빼고 시장판도 바꾸나." 조선비즈. Retrieved from http://biz.chosun.com/site/data/html_dir/2017/10/11/2017101101140.html

· Amaldoss, Wilfred and Sanjay Jain(2005), "Pricing of Conspicuous Goods: A Competitive Analysis of Social Effects," *Journal of Marketing Research*, 42.
· Best, Roger J.(2009), "*Market-Based Management: Strategies for Growing Customer Value and Profitability*," Upper Saddle River, NJ: Pearson.
· Djafar, Wihdat Yousef Amer and Sang-Heon Lee(2015), "Models and Optimisation Techniques on Long Distribution Network: A Review," *Procedia Manufacturing*, 2.
· Dolan, Robert J.(1981), "Models of Competition," in *Review of Marketing*, Enis and Roering, eds., AMA.
· Dolan, Robert J. and Hermann Simon(1996), "Power Pricing," New York, NY: The Free Press.
· Fifield, Paul(2008), "*Marketing Strategy Master Class*," Butterworth-Heinemann.
· Jain, Subhash C. and George T. Haley(2009), "*Strategic Marketing*," Cengage.
· Lambrecht, Anja and Catherine Tucker(2012), "Paying with Money or Effort: Pricing when Consumers Anticipate," *Journal of Marketing Research* 49.
· Kotler, Philip and Kevin Lane Keller(2016), "*Marketing Management*," Upper Saddle River, NJ: Pearson.
· Paranka, Stephen(1971), "*Competitive Bidding Strategy: A Procedure of Pre-Bidding Analysis*," Business Horizons.
· Venkatesan, Rajkumar, V. Kumar and Nalini Ravishanker(2007), "Multichannel Shopping: Causes and Consequences," *Journal of Marketing* 71.

PART

06

역동적인
경쟁환경에서의 전략

Chapter 12 선발 및 후발주자의 마케팅전략
Chapter 13 공격 및 대응전략

12

선발 및
후발주자의
마케팅전략

軍爭之難者, 以迂爲直, 以患爲利. 故迂其途, 而誘之以利, 后人發, 先人至. 此知迂直之計者也.
[군쟁지난자. 이우위직, 이환위리. 고우기도, 이유지이리, 후인발, 선인지, 차지우직지계자야.]

"군사를 움직이는데 어려운 것은 돌아가면서 질러가는 것이고, 불리한 상황을 이롭게 만드는 것이다. 돌아가는 듯 보여 적을 속이고, 원하는 바를 취하며, 늦게 출발하고, 먼저 도착하라. 이를 아는 것이 우직지계이다."

손자병법 군쟁편[軍爭篇]

우직지계[迂直之計]: 현재 상황에서는 돌아가는[迂] 것처럼 보이지만, 장기적으로는 오히려 전략적으로 유용[直]하게 이끌어 갈 수 있는 계책

스티븐 코비는 「성공하는 사람의 7가지 습관」이라는 책을 통해서 성공한 사람들을 분석하고 그들이 가진 공통점 중에서 우리가 배워야 할 것들을 7가지로 추려서 이야기하였다. 그 7가지 습관 중에서 가장 앞에 'Be proactive', 즉 주도적인 삶을 살라는 것을 제시하였다. 주도적인 것의 반대 개념은 반응적(reactive)인 것이다. 주도적인 것은 주변환경을 고려해서 자신의 의지대로 환경을 변화시켜 가면서, 계획성 있게 자신의 목표를 이룩해 나갈 수 있게 된다. 그러나 반응적이 된다면 환경에 순응하기만 하고, 자신의 계획과는 무관하게 삶이 진행되게 된다. 스콧 니어링 역시 "생각하는 대로 살지 않으면, 사는 대로 생각하게 된다"는 말을 하였다.

후발주자로 늦게 시장에 진입한 기업, 시장에서의 브랜드 구축 실패한 기업, 고객관계 구축에 실패한 기업의 CEO와 만나서 이야기를 하다보면 "그 때 그것을 했어야 하는데…" 하는 탄식을 많이 듣는다. 특히 그중 상당수는 당시에는 이런저런 이유를 들어 새로운 브랜드 전략, 고객관계 구축을 거부하였다가 지금에 와서 후회하는 경우들이다. 기업환경이 급격하게 변하고 있지만, 아직도 과거의 성공방식이 오늘날에도 유효하다는 구태의연한 생각을 가지는 마케팅 관리자들이 많이 있다. 그러나 가만히 기다리고 있으면 주도적인 기업도 반응적인 기업이 될 수 있다.

Leading CASE

'추격자'에서 '선도자'로… '갤럭시S' 시리즈 역사

'1·2·3·4·5·6·7·8…' 삼성 '갤럭시S8'의 티저 광고 영상은 '도'부터 장음계를 차례대로 들려주면서 '완성이자 새로운 시작'이라는 문구로 마무리된다.

29일(현지시간) 미국과 영국에서 8번째 버전 '갤럭시S8'을 선보이는 삼성 '갤럭시S' 시리즈는 초기 스마트폰 시장의 '추격자' 위치에서 시작해 '선도자'로 자리매김하며 한국 스마트폰의 세계화를 이끌었다. 매 버전 혁신적인 기능을 선보이면서 시장을 개척, 이제는 타 제조사들이 참조하는 브랜드가 됐다.

애플이 '아이폰'으로 휴대폰뿐만 아니라 정보통신기술(ICT) 시장을 휘젓고 있는 동안 삼성전자(005930)는 아직 '피처폰'에서 완벽히 벗어나지 못했다. '옴니아' 시리즈로 대항했지만 아이폰으로 높아진 눈높이를 충족시킬 수 없었다.

2010년 절치부심 끝에 내놓은 '갤럭시S' 1세대 제품은 당시로서는 최고 스펙인 500만 화소 후면카메라와 아몰레드 디스플레이 등을 탑재하면서 폭발적인 반응을 이끌었다. 출시 7개월 만에 삼성전자 최초로 1,000만대를 판매하며 스마트폰 시장에서 삼성 브랜드를 알렸다.

2011년 '갤럭시S2'는 카메라 화소를 800만으로 늘리고 1.2Ghz 듀얼코어 애플리케이션 프로세서 등 당시로서 최고 사양 부품을 탑재, 4,000만대가 넘는 판매고를 올렸다. 국내에서도 아이폰을 먼저 사용한 '얼리어답터' 외에 대다수 고객들의 첫 스마트폰이 바로 갤럭시S2였을 정도로 스마트폰 대중화에 기여했다.

이 즈음 삼성은 애플과 특허 소송전을 치고받았다.

갤럭시S 시리즈의 역사

2010년 S　　2011년 S2　　2011년 S3

2016년 S7엣지　　2015년 S6엣지　　2014년 S5　　2013년 S4

양사의 격렬한 다툼은 애플 일변도의 스마트폰 시장에서 '애플 대 삼성'의 양강 구도가 형성됐다는 점을 역설적으로 보여주기도 했다.

2012년 '갤럭시S3'는 최초로 플라스틱이 아닌 세라믹 소재를 적용했고, 휴먼 인터페이스를 도입해 소프트웨어(SW)의 완성도에 방점을 찍었다. 2013년 '갤럭시S4'는 모서리를 원형으로 처리한 디자인으로 7,000만대 넘게 팔려나가며 역대 시리즈 최다 판매기록을 경신했다.

2014년 '갤럭시S5'는 1,600만 화소 카메라, 2,800mAh 용량 배터리 및 방수·방진 등 고스펙으로 무장했지만 디자인에서 혹평을 받으며 4,500만대 판매에 그쳤다. 삼성전자 모바일 사업은 그해 어닝 쇼크를 기록하며 주춤했다.

2015년 선보인 '갤럭시S6'는 메탈과 글래스 소재로 디자인을 혁신, 전작의 실패를 만회했다. 특히 시리즈 최초로 측면이 굴곡진 '엣지' 디스플레이를 채택하며 타사의 추종을 불허하는 기능과 디자인을 구현했다.

2016년 '갤럭시S7'은 엣지 디스플레이를 대중화하고 현존 최고 수준의 'IP68' 등급의 방수·방진 기능을 탑재하며 다시 존재감을 과시했다. 특히 '갤럭시노트7'의 공백으로 1년 넘게 주력 제품으로 판매되면서 지난해 위기의 삼성 모바일 사업을 책임졌다.

지난주 애플은 신제품 발표 시즌이 아닌데도 이례적으로 빨간 원색의 '아이폰7 레드 에디션'을 공개했다. 애플은 "에이즈 퇴치를 위한 기념 스마트폰"이라고 홍보했지만 업계에서는 갤럭시S8 출시를 앞두고 견제하기 위한 포석이라고 해석하고 있다.

〈출처 이데일리, 2017.3.29.〉

CHAPTER **12**

• SECTION 01 • 경쟁전략의 의미와 필요성

선발 및 후발주자의 마케팅전략

기업이 제품이나 서비스를 개발하고 이를 시장에서 성공시키는 일은 극심한 경쟁에 따른 채산성 악화를 피하고 분출하는 고객들의 다양한 욕구에 적극적으로 응대함으로써 지속적인 경쟁우위를 확보하기 위한 중요한 과제 중의 하나이다. 예를 들어 3M과 같은 기업은 '최근 4년간 개발한 신제품에서 연간 매출의 30%를 달성한다'는 것을 목표로 삼을 정도로 신제품 개발을 중요하게 생각하고 있으며, 우리나라의 경우에도 하이트진로, 롯데주류 등의 기업들이 수입맥주와의 경쟁을 위해 각각 새로운 개념의 신제품을 내놓는 추세이다. 특히, 하이트진로의 '필라이트'와 롯데주류의 '피츠 슈퍼클리어'는 우수한 품질력에도 기존 맥주 대비 40% 이상 저렴한 가성비가 소비자의 주목을 이끌었고, 점차 입소문을 타며 빠르게 판매량을 늘려가는 등 위축되었던 국산 맥주 수요의 반전을 이어가고 있다.

그러나 신제품 개발과 출시는 소비재시장과 산업재시장을 통틀어 평균 40%에 달하는 높은 실패 위험을 안고 있다(Iacobucci, 2001). 이렇듯 신제품이 시장에서 성공하고 실패하는 데는 많은 요인이 있을 수 있다. 기업이 이들을 정확하게 파악하여 성공할 수 있는 조건들을 갖추어 나가고, 실패요인들을 피하기 위해서 노력하는 일은 경쟁적 신제품전략을 개발하는 데 매우 중요한 초석이라 하겠다.

경쟁적 신제품전략의 핵심은 고객의 지식, 경쟁패턴 그리고 기술상의 경쟁우위의 확보에 있다. 이때 경쟁우위는 고객이 원하는 것을 경쟁자보다 더 많이, 더 빨리 그리고 더 싸게 제공함으로써 고객을 만족시키는 것으로부터 시작된다. 즉, 경쟁우위는 고객에 의해 주도(customer-driven)된다. 그러나 시장환경이 빠르게 변화함에 따라 소비자들은 새로운 제품에 대한 지식의 부족을 경험하게 된다. 따라서 소비자들은 그들의 경험이나 관찰을 통해 원하는 것에 대한 정보를 탐색하고, 기업은 브랜드의 경쟁전략을 통해 소비자들에게 적절한 경험을 제공한다. 소비자들은 이러한 경험을 통해서 브랜드를 지각하고, 선호를 구성하며, 적절한 선택규칙을 학습하게 된다. 그러므로 기업의 경쟁전략은 소비자의 지식을 결정하는 데 맞춰져야 하고 소비자의 지식을 어떻게 구성하느냐 하는 것이 경쟁의 핵심적 법칙이 되어야 할 것이다. 이는 구매자들 스스로가 자신이 원하는 것을 알고 있기 때문에 기업은 고객의 욕구와 필요를 파악하여 제공하기만 하면 된다는 전통적인 경쟁전략의 개념들과 달리 기업이 경쟁적 전략을 통해 고객의 학습을 결정하고 이를 통해 시장을 주도할 수 있다는 것을 의미한다.

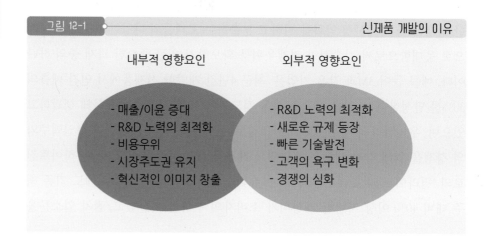

그림 12-1　　　　　　　　　　　　　　　　　　　　　신제품 개발의 이유

내부적 영향요인　　　　　　　　외부적 영향요인

- 매출/이윤 증대
- R&D 노력의 최적화
- 비용우위
- 시장주도권 유지
- 혁신적인 이미지 창출

- R&D 노력의 최적화
- 새로운 규제 등장
- 빠른 기술발전
- 고객의 욕구 변화
- 경쟁의 심화

이렇듯 기업은 시장을 선도(market driving)하는 경쟁적 신제품전략을 통해 고객의 지각상에 자사의 브랜드에 유리한 게임의 법칙을 정립하고 이를 통해 경쟁우위를 창출하게 된다. 예컨대 칠성사이다, 하이트, 그리고 TTL 등은 모두 새로운 방식으로 가치를 창출한 브랜드들이다(하영원·서찬주, 1999). 따라서 경쟁적 신제품전략은 구매자들이 무엇을 원하는지 학습(learning)하는 것을 도와줄 수 있도록 설계되어야 한다.

본장은 경쟁적 신제품전략이 구매자의 학습과정에서 중요한 역할을 하게 되는 두 가지 경우를 중심으로 설명하고자 한다. 그 첫 번째는 시장에 처음 출시되는 개척 브랜드(pioneering brand)의 경우이고, 다른 하나는 성숙기 시장에서 기존 브랜드와 차별화를 통해 진입하는 후발 브랜드(late mover)의 경우이다.

• SECTION 02 • 선발기업의 경쟁전략

신제품이 성공하기 위해서는 적절한 시기에 적절한 마케팅 계획을 통해 적절한 시장에 출시되어야 한다. 또한 장기적으로 유지될 수 있는 전략적인 경쟁우위를 창출해내는 것이 매우 중요하다. 시장을 선도하는 경쟁적 신제품 전략은 시장개척 기업이 어떻게 지속적인 경쟁우위를 창출할 수 있는지를 설명해 준다. 브랜드들이 시장에 차례로 진입함에 따라 소비자들은 브랜드에 대해서 학습한다. 그러나 시장에 처음 진입한 개척 브랜드는 후발 브랜드들에 비해 소비자들에게 독특하게 지각되고, 전체 제품군에 대한 가치개념을 정의하고 선택과정에 영향을 미칠 수 있다.

시장을 먼저 개척한 브랜드는 많은 경우 그 뒤에 진입하는 브랜드들보다 인지도, 유통, 포지셔닝 등의 여러 가지 면에서 이점을 갖게 된다(Urban, Carter, Gaskin & Mucha, 1986). 예컨대 우리나라의 소주시장에서 하이트진로는 수십 년 동안 많은 후발진입자들이 있었음에도 불구하고 2016년 전국적인 시장점유율 면에서 1위를

그림 12-2 ──● 2016년 소주 제조사별 판매실적(단위: %)

제조사	판매실적
하이트진로	49.53
롯데주류	16.44
무학	14.31
금복주	8.05
보해양조	3.70
맥키스컴퍼니	3.60
대선주조	1.96
한라산	1.27
충북소주	1.15

누적판매고(판매대수)

쏘나타(현대차)	아반떼(현대차)	K5(기아차)	제네시스(현대차)
10조 8,222억	7조 3,892억	5조 9,329억	4조 4,821억
(50만 4,450대)	(51만 6,723대)	(31만 5,890대)	(10만 3,834대)

고수하고 있으며, 내구재들 중에서도 현대자동차의 쏘나타 시리즈는 우리나라 중형차시장의 최초 진입자는 아니지만, 1985년에 시장점유율 1위 자리를 차지한 이래로 2016년까지 오랫동안 계속해서 우리나라에서 가장 많이 팔리는 중형차로서의 명성을 지켜왔다.

미국의 경우에도 1923년에 시장에서 1위 자리를 차지한 이래로 계속해서 그 자리를 유지하고 있는 아이보리(Ivory) 비누를 비롯해서 60년 이상 껌 시장에서 지배적인 위치를 차지하고 있는 리글리(Wrigley's) 껌 등이 시장개척자로서의 이점(pioneering advantage)을 누리고 있는 대표적인 사례라고 할 수 있다(Carpenter & Nakamoto, 1989). 일반적으로 시장을 개척하는 데 성공한 브랜드들은 그 시장에서 진입장벽을 형성함으로써 장기간에 걸쳐 높은 시장점유율과 함께 많은 이윤을 향유하게 된다(Robinson, 1998; Robinson & Fornell, 1985).

이렇게 시장에 성공적으로 진입하고 지속적 경쟁우위를 확보하기 위해서는 개척시장의 특성을 이해하고 개척기업이 갖고 있는 전략적 우위요소를 충분히 활용할 필요가 있다.

■■ 1 ■■ 개척시장의 특성 및 전략적 목표

시장개척 기업은 소비자들의 제품에 대한 지식이 부족하고, 기술이 불확실하며, 경쟁패턴이 유동적인 시장환경에 직면하게 된다. 따라서 개척자의 핵심적인 목표는 ① 소비자들에게 지각된 위험과 불확실성을 감소시킬 수 있도록 그 제품의 중요한 측면에 대해서 가르침으로써 브랜드 인지를 확립하는 것이고, ② 새로운 가치개념을 정립하고 그것을 좋아하도록 선호가 구성되는 것을 돕고 발전시켜가는 것이며, ③ 개척 브랜드를 선택할 수 있는 논리를 개발할 수 있도록 소비자가 자신의 지각상 호의적인 경쟁패턴을 만들어 나가는 것을 도와줄 수 있어야 한다.

소비자가 상품을 구매하기 위해서는 학습이 필요하다. 성공적인 개척자들은 구매자들을 학습시키고, 그 결과 학습의 지속적인 영향이 시장에 작용한다. 예컨대, 지프(Jeep), 리바이스(Levi's), 코카콜라 등과 같은 개척 브랜드들은 소비자들에게 독특하게 지각되고, 쉽게 기억되며, 그 제품군의 전형으로 지각된다.

더욱이 개척자는 흔히 소비자들이 중요시하는 가치개념을 확립하는데, 그러한 가치개념은 수십 년 동안 지속되기도 한다. 예를 들면 리바이스는 '오래 입을 수 있어야 하고, 질기며, 시간이 지나도 모양이 변하지 않아야 한다'는 청바지에 대한 가치를 확립했다. 이 개념은 100년이 넘도록 청바지 제품군을 정의해 오고 있다.

2 개척기업의 경쟁우위요소

일반적으로 시장개척자는 후발진입자들보다 더 많은 위험과 실패를 감수해야 하지만, 성공한 시장개척자가 얻는 우위는 매우 크다. 시장개척자가 새로운 제품시장에 먼저 진입함으로써 얻게 되는 경쟁우위는 제품수명주기의 성장기와 성숙기에 걸쳐 지속되며, 그 결과 높은 시장점유율과 수익률을 계속 유지하는 것으로 알려져 있다. 이러한 개척자우위는 개척기업이 신제품에 대한 특허권과 같은 기술상의 혁신이나 전략상의 혁신을 획득한 경우에 특히 지속적 경쟁우위의 원천이 될 수 있다.

Robinson and Fornell(1985)은 개척자우위(pioneering advantage)에 대한 연구에서 시장점유율의 차이가 후발진입자가 넘기 어려운 상당한 장벽을 형성한다는 것을 보여주었다. Urban, Carter, Gaskin and Mucha(1986)는 시장진입 순서가 점유율에 미치는 영향에 대한 연구에서 두 번째 진입자는 개척자의 시장점유율의 75%, 세 번째 진입자는 개척자의 60%, 그리고 마지막으로 여섯 번째 진입자는 개척자의 절반에도 이르지 못하는 상대적 점유율을 가지고 있는 것으로 보고

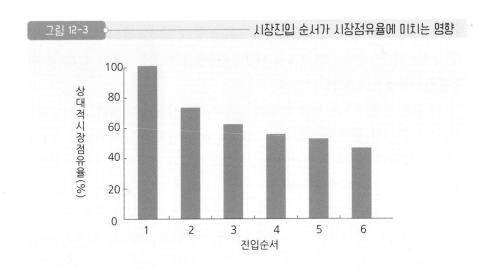

그림 12-3 ──── 시장진입 순서가 시장점유율에 미치는 영향

표 12-1		개척 브랜드의 시장위상
브 랜 드	1923년	1983년
리글리 껌	1	1
아이보리 비누	1	1
켈로그 콘프레이크	1	3
코카콜라	1	1
켐벨수프	1	1
콜게이트 치약	1	2

하고 있다(<그림 12-3> 참조).

시장을 개척함으로써 창조되는 우위는 놀랍도록 지속적일 수 있다. 이것은 리글리 껌의 경우에서 잘 드러나는데, 이 브랜드는 경쟁자들의 저가격 공격, 혁신, 새로운 진입자, 그리고 변화되는 소비자 취향에도 불구하고, 1923년 이후 60년이 지나도록 시장을 주도해오고 있다. 이처럼 1920년대 시장을 주도했던 많은 브랜드들이 아직도 시장점유율 1위를 지키고 있다(<표 12-1> 참조).

Robinson(1988)은 성숙기 산업재에 대한 연구에서 각 제품범주에서의 성공적인 개척기업은 제품성숙기에 들어선 후에도 평균 29%의 높은 시장점유율을 유지하고 있는데, 이는 조기추격자의 평균 21%와 후기진입자의 평균 15% 시장점유율과 비교한다면 상당한 차이를 보인다는 것을 알 수 있다. 개척기업의 경쟁우위에 대한 이러한 결과는 450개 기업들의 3,000개의 전략적 사업단위들(Strategic Business Units; SBU's)로부터 수집된 정보로부터 분석된 PIMS(Profit Impact of Marketing Strategies) 연구결과에 의해서도 지지된다. 가령, 각 제품시장(산업)에서 선도적 시장점유율을 가진 SBU들 중에서 70% 정도가 그 제품시장(산업)에서 개척자들인 반면 선도적 시장점유율을 갖지 못한 SBU들 중 40%만이 각 제품 시장에서 개척자인 것으로 나타났다.

이 같은 시장개척의 이점에 대한 설명으로는 시장개척 브랜드가 시장에서 유리한 위치를 선점할 수 있다는 점(Lane, 1980), 후발진입 브랜드의 품질에 대해 소비자들이 지각하는 위험이나 시장개척 상품과 관련하여 사용자가 습득한 브랜드관련 특유의 기술(brand-specific user skills)에 의해 발생되는 브랜드 전환비용(Schmalensee, 1987; Stigerr & Becker, 1977), 새로운 상품 군에서의 전형성(prototypicality) 획득에 따르는 소비자들의 선호형성(Carpenter & Nakamoto, 1989) 등이 제시되었다.

1) 매력적인 세분시장과 경쟁적 포지션의 선점

시장개척자는 가장 규모가 큰 세분시장의 고객들이 매우 중요하게 생각하는 제품속성을 갖춘 제품을 먼저 개발하거나 자사 브랜드에 유리하도록 특정 제품속성의 중요성을 강조하는 마케팅 커뮤니케이션 전략을 경쟁자들의 시장진입 전에 도입할 수 있다. 따라서 시장개척자는 고객들이 경쟁 브랜드들을 평가하는 데 있어 비교기준(standard of reference)이 된다. 예를 들어, 치약시장에서 대부분의 소비자들이 미백효과와 충치예방을 주요한 선택기준으로 고려한다고 가정해보자. 시장개척 브랜드는 미백효과와 충치예방을 모두 충족시키는 제품의 개발 및 커뮤니케이션 전략을 통해 시장 내 대다수의 고객을 표적으로 하는 포지션을 선택할 것이다. 만약 시장개척자가 가장 규모가 큰 고객집단이 중요하게 생각하는 브랜드 선택기준을 충족시키는 데 성공한다면, 고객들은 경쟁 브랜드들을 평가하는 데 있어 시장개척자를 비교기준으로 삼을 것이다.

이러한 상황에서 유사한 제품특성을 가진 모방제품으로 뒤늦게 시장에 진입한 후발기업들은 이미 개척기업에 익숙한 고객들에게 자사 브랜드가 더 우수함을 설득하기가 쉽지 않을 것이다. 즉, 후발기업은 개척기업이 선점한 가장 큰 규모의 세분시장(mass-market segment)에서 경쟁하기 위해서는 개척기업보다 성능이 우수한 제품을 개발하지 않으면 안 된다.

만약 시장규모가 가장 큰 세분시장에서 제품차별화가 어렵다면 후발기업은 개척기업과 멀리 떨어진 곳에 포지셔닝하는 틈새시장 전략(niche strategy)을 선택하는 것이 보다 매력적일 것이다. 예를 들어, 치약시장에서 후발기업들은 미백효과와 충치예방을 모두 충족시켜야 하는 대규모 세분시장보다는 미백효과 또는 충치예방을 더 중요하게 생각하는 소규모 틈새시장을 선택하는 것이 보다 효과적이다. 후발기업의 틈새시장 전략은 개척기업과의 직접적인 경쟁을 피하고, 후발기업 및 개척기업 모두가 높은 제품가격을 유지할 수 있다는 측면에서 매력적인 전략대안이다.

2) 전환비용(switching cost)

개척 브랜드에 익숙한 고객들은 경쟁 브랜드들이 출현하더라도 브랜드의 전환을 꺼린다. 최근에는 많은 기업들이 고객들의 전환비용을 높이기 위한 일환으로 캐쉬백 서비스나 마일리지 서비스 등을 적극적으로 사용하고 있다. 이에 따라 전환비용은 소비자의 심리적 측면뿐만 아니라 재무적인 측면에서도 중요하게 고려되고 있다. 이러한 현상은 공급업자를 전환함으로써 발생되는 비용이 높은 산업재에 있어 특히 두드러진다. 공급선의 전환은 기자재 및 부품의 전환, 종업원 재교육, 과거보다 못한 제품품질이나 고객서비스의 발생가능성 등을 수반할 수 있다. 따라서 고객들은 개척기업과 계속 거래함으로써 이러한 전환비용의 발생을 피하고자 할 것이다.

3) 상품군의 전형성(prototypicality) 획득에 따르는 소비자들의 선호 형성

새로운 상품군에서 소비자는 개척자가 제공하는 경쟁적 신제품 전략에 따라 브랜드를 경험하고 학습한다. 먼저, 소비자들은 개척자의 전략에 의해 브랜드에 대한 인지를 처음 형성하고 발전시킨다. 개척자는 시장에 처음 등장한 브랜드로서, 그 제품군의 가치를 정의하기 때문에 가치의 본질을 정의하게 된다. 소비자들은 후발경쟁자들이 진입할 때까지 개척 브랜드를 사용하게 되고, 개척 브랜드를 가장 이상적인 제품으로 선호하게 되며, 다른 제품을 평가하는 기준으로 삼는다. 경쟁 브랜드에 비해 개척 브랜드는 더 독특하고 생생하게 기억되고, 이상적으로 지각됨으로써 그 제품군의 전형성을 획득하게 되며, 그 제품군 내의 모든 브랜드를 평가하는 중추적인 역할을 하게 된다. 예를 들어 탄산음료를 구매하고자 할 때, 우리는 일반적으로 코카콜라와 비교한다. 이렇듯, 비교과정은 학습에 많은 영향을 받는다. 또한 개척자는 우리의 인지와 선호에 영향을 주듯이 우리의 선택전략에도 영향을 준다. 예를 들어, 만약 개척자가 가치개념을 형성했는데, 그 가치개념에서 가격을 중요하게 고려하지 않는다면, 그 제품군 시장 내에서 소비자의 가격민감도는 낮아질 것이다. 개척자는 가치개념을 정의하고 이에 대한 소비자 선호의 구성이나 진화과정에 영향을 미침으로써 소비자들이 후발진입자들을 평가하는 과정을 결정해 버릴 수도 있다.

바셀린 석유 젤리(Vaseline petroleum jelly)의 도입은 이러한 우위를 잘 설명해 준다. 바셀린 브랜드는 1880년에 도입되었고, 다른 어떤 경쟁제품도 '따라올 수 없는 순수함'을 가진 치료약으로 광고되었다. 이것은 많은 구매자의 시각에서 석유 젤리 제품군을 반투명의 매우 순수한 젤(gel)로 정의하게 했다. 바셀린이라는 브랜드를 통해서 석유 젤리를 접한 구매자들은 반투명의 매우 순수한 젤은 효과적인 치료제임을 배웠고, 이로 인해 석유 젤리의 효과성은 반투명함과 순수함에 있다고 추론했다.

그 당시, 검은 콜타르(coal tar) 추출물로 만들어진 다른 상처 치료제는 바셀린의 순수함과 반투명성 모두를 가지고 있지 못했다. 바셀린은 계속적인 시용과 광고를 통해 구매자들에게 더 우월한 것으로 지각되었다. 이렇듯, 반투명성은 불투명한 것에 비해서 더 선호되었고 브랜드 평가에서 더 중요하게 고려되었다. 바셀린은 제품군의 대표자로서 전형성을 획득하였기 때문에 모든 후발 브랜드들에 대한 평가시 비교의 기준이 되었고, 후발 브랜드들은 단순히 바셀린이 아니라는 이유로 소비자들에 의해 무언가 부족하다고 지각되었다.

4) 시장에서의 게임규칙(rule of the game)의 결정

개척기업이 제품품질, 가격, 유통경로, 품질보증, 판매 후 서비스, 촉진 등의 마케팅믹스 변수들에 대해 내린 결정은 후발기업이 따라야 할 업계의 표준이 될 가능성이 높다. 개척기업이 매우 높은 수준의 표준을 설정한다면, 이러한 게임규칙을 따를 수 있는 표준을 갖추지 못한 후발기업의 시장진입을 어렵게 할 것이다.

5) 유통상의 우위

개척기업은 신제품 판매를 위한 다양한 유통경로 대안들 중에서 최적대안을 선택 설계할 수 있다. 특히 산업재시장에 있어 개척기업은 최적의 유통업자들을 선택하여 최선의 유통망을 먼저 구축할 수 있으며, 이는 후발기업들의 진입장벽이 된다. 유통업자들은 취급하는 제품들이 기술적으로 복잡하고, 많은 제품재고 및 여유 부품재고를 유지해야 하는 경우 시장에서 이미 성공한 개척기업 이외의 차선의 기업들이 만든 제품을 취급하는 것을 꺼리는 경우가 많다. 한편 비내구 소비재시장에서는 개척기업이 선점한 유통경로를 지속적으로 유지하는 것이 어렵기 때문에 유통망을 통해 후발경쟁기업의 시장진입을 저지하는 것이 쉽지 않다. 하지만 개척기업은 개척 브랜드에 대한 소비자의 높은 충성도로 인해 소매점으로부터 더 많은 진열공간을 확보할 수 있다. 또한 첫 번째 진출한 브랜드가 성공한 후 제품계열을 재빨리 확장하여 더 넓은 진열공간을 점유함으로써 후발기업의 시장진입을 어렵게 할 수도 있다. 스피커 브랜드 중에서 가장 많은 특허 기술을 보유하고 있는 것으로 알려진 BOSE사는 장시간 사용에 따른 음

Highlight 1

스크린골프도 영원한 1등은 없다.

골프와 IT가 만난 자리에 문화가 탄생했다. 스크린골프장에서 끼니를 해결하고 커피숍처럼 대화를 나누기도 한다. 우리사회에 깊숙이 들어온 스크린골프. 성장가도를 달리게 된 배경과 그 이면에 숨어 있는 아픔은 무엇이 있는지 알아봤다.

스크린골프시장의 절대강자 골프존을 추격하는 후발업체들의 엔진소리가 우렁차다. 마음골프와 지스윙, SG그룹 등이 스크린골프사업 진출을 선언하고 가속페달을 밟은 것. 지난 2012년 90%가 넘었던 골프존의 시장점유율은 올해 70%대로 떨어졌다. 골프존을 따라잡으려는 후발업체 간 경쟁도 치열하다. 스크린골프 열기가 여전히 뜨거운 가운데 시장쟁탈을 위한 업체들의 본격적인 레이싱이 시작됐다.

스크린골프사업 '재시동'

스크린골프의 시초는 1990년대 초 미국, 독일, 일본 등에서 시뮬레이션기술을 적용한 제품으로 전해진다. 초창기 골프 시뮬레이션시스템들은 골프클럽제조사 등이 자사 제품을 사용했을 때의 비거리 및 탄도를 분석하기 위한 연구용으로 개발됐다.

국내에도 1990년대에 들어서면서 스크린골프가 도입된 것으로 알려졌다. 지난 1990년 5월 서울 잠실에 문을 연 삼전골프아카데미에 스크린골프장이 마련됐다. 물론 시스템 측면에서는 현재보다 뒤떨어졌다. 대형화면에 보이는 골프코스를 향해 골프공을 치면 낙하지점과 함께 나머지 거리를 알 수 있는 수준에 불과했다.

이후 몇몇 스크린골프업체가 나타났지만 기술력 부족으로 무너지는 경우가 잦았다. 1990년대 초반 국내에는 스크린골프 장비를 생산하는 업체가 없었다. 외국에서 비싼 제품을 수입할 수밖에 없었고 고장 시 부품수급, 사후관리 등의 문제가 끊이지 않았다. 급기야 스크린골프는 시장에서 외면받는 사업으로 낙인찍혔다.

한동안 꺼졌던 스크린골프의 시동이 다시 걸린 건 1990년대 후반이다. IT기술이 발달하면서 전기·전자·3D그래픽 구현기술 등 골프 시뮬레이션 시스템에 필요한 요소가 갖춰지기 시작했다. 골프 유저에게 외면받았던 스크린골프가 안정적으로 뿌리내리기 시작한 것은 지난 2000년부터다.

시장의 절대강자 '골프존'

골프존이 등장하면서 국내 골프인구는 급속도로 증가했다. 골프존은 지난 2000년 11월 대전 대덕단지 카이스트의 창업보육센터에서 'IT와 골프를 접목한다'는 아이디어로 출발했다.

초기에는 다른 스크린골프업체와 비슷하게 경쟁했다. 하지만 꾸준한 시스템 업그레이드로 센서의 정확성을 높이면서 골프팬의 관심을 받기 시작했다. 또 골프존은 커뮤니티를 통해 매달 전국 단위의 온라인골프대회를 개최하는 마케팅전략을 펼치며 직장인과 동호회의 인기를 독차지했다.

지난 2012년 골프존은 90%가 넘는 시장점유율을 기록하며 독보적인 1위로 질주했다. 골프존이 시장점유율을 확대할 수 있었던 가장 큰 이유는 소프트웨어적인 재미요소 때문이다. 초기에는 홀컵을 실제보다 크게 만들어 스코어가 좋게 나오는 것에 초점을 맞췄다. 이는 골프입문자의 진입장벽을 낮

쳐 대중화를 이끄는 계기가
됐다.

대중 사이에서 스크린골프
가 점차 자리를 잡자 큰 사이
즈의 홀컵을 버렸다. 실제 골프장을 찾아 360도 사진촬영
을 하고 레이저장비로 지형을 스캔해 CC의 현실감을 높
였다. 또 '3DS max' 프로그램을 통해 그린 미니맵을 구
현하고 나스모 스윙모션, 홀인원이벤트, 풍선이벤트 등도
개발했다.

이후에도 연구개발(R&D) 투자는 계속됐다. 적외선·고
속카메라 기반 첨단 센싱기술, 실제 골프코스와 같은 시
각적 효과를 구현하는 3D그래픽기술, 동작인식기술 등을
활용해 고객만족도를 끊임없이 높였다. 골프존은 지난해
매출 4,300억원, 영업이익 1,060억원을 달성했다.

골프존 추격하는 후발업체들

스크린골프시장을 독점하던 골프존의 질주는 계속될
까. 후발업체들의 추격이 예사롭지 않다. 먼저 지난 2012
년 설립된 마음골프가 눈에 띈다. 마음골프는 3년 만에
900여 곳에 3,000대 이상의 스크린골프장비를 판매하며
업계 2위에 올라섰다. 스크린골프브랜드 '티업비전'으로
올해 시장점유율 11%를 넘겼다.

마음골프는 NHN 출신 개발진의 참여로 시스템 개발이
이뤄졌다. 그 결과물로 온라인게임 개발 노하우에 스크린
골프 플랫폼을 접목한 시스템을 내놨다. 티오프에는 국내
스크린골프 최초로 캐디시스템이 도입됐다. 네트워크기
능도 적용돼 전국 이용자 간의 실시간 대전이 가능하다.
마음골프는 스크린골프시장의 포화 우려 속에서 시장점
유율 1위인 골프존 장비의 교체수요를 파고들며 판매량
을 서서히 늘리고 있다.

설립 당시부터 골프존의 강력한 대항마로 주목받았던
지스윙도 점차 자리 잡는 분위기다. 지난 8월 지스윙은 1
년 만에 300개 매장, 850대의 기기를 판매하며 괄목할
만한 성장을 거뒀다. 골프존의 독점구조에서 후발업체가
빠르게 성장했다는 점은 의미가 있다.

지스윙은 기존 스크린골프와 달리 구질과 거리감 등을
필드와 가깝게 구현했다. 시장에서도 지스윙은 실제와 흡
사한 거리감과 드로우, 페이드, 탁월한 구질 등 차별화된
강점을 지녔다는 평가를 받는다. 무엇보다 게임업체인 스
마일게이트의 계열사로 편입된 지스윙은 모기업의 든든
한 지원과 함께 글로벌네트워크를 구축하며 비즈니스역
량을 한층 더 강화하고 있다.

생활정보지 〈가로수〉가 모태인 SG그룹도 지난 4월 자
체 개발한 스크린골프브랜드 '더 스크린 SG골프' 1호 직
영점을 경기도 성남시 판교에 열고 본격적인 영업에 들어
갔다. SG그룹은 지난해 골프시뮬레이션업체를 인수하는
등 1년 동안 스크린골프시장 진출을 준비했다.

SG그룹의 신규시장진출은 그동안 시장을 독점해온 골
프존과 경쟁할 수 있는 충분한 자금력을 갖춘 신규플레이
어의 등장을 의미한다. 그동안 자금력이 충분치 않아 사
실상 골프존과의 경쟁구도를 형성하지 못했던 업체가 많
았다. SG그룹은 활발한 인수합병(M&A)을 통해 상장사
SG세계물산을 비롯한 29개 계열사를 거느리고 있다. 그
룹 전체 연 매출이 1조원을 넘는다.

스크린골프시장 규모는 현재 2조 5,000억원에 달한다.
스크린골프 열풍이 뜨거운 가운데 후발업체들의 질주가 기
존 골프존의 독점구도를 뒤흔들 수 있을지 관심이 쏠린다.

〈출처: 경제 주간지 머니S, 2015. 11. 11.〉

질 저하가 중요한 고려사항임을 인식하고 이를 통해 시장의 게임 규칙을 설정하고자 하였다.

6) 규모의 경제와 경험곡선효과의 조기실현

시장개척 브랜드는 후발진입 브랜드들보다 더 큰 누적생산(판매)량과 생산 경험을 조기에 얻음으로써 경쟁자들에 비해 상대적으로 낮은 단위당 제품원가를 실현할 수 있는 이점이 있다. 이러한 원가 우위는 제품이 기술적으로 복잡하고 높은 개발비용이 요구되거나 또는 제품수명주기가 짧아 도입기와 성장기 초기에 급속한 판매증가가 이루어지는 상황에서 특히 두드러지게 나타난다.

개척기업은 시장의 선점을 계속 유지하기 위해 다양한 방법으로 이러한 원가 우위를 활용한다. 예컨대, 개척 브랜드는 제품가격을 낮춰 후발 브랜드의 시장진입을 저지할 수 있다. 후발기업은 개척기업의 가격인하로 인해 손익분기를 실현하기 위해 제품생산량을 더 확대하지 않으면 안 되는 어려움에 직면한다. 더구나 개척 브랜드는 원가인하에 따라 발생된 여유자금을 광고비의 증액, 영업사원 고용의 확대, 지속적인 제품개선이나 제품계열 확장 등과 같은 추가적인 마케팅 노력에 투입함으로써 시장침투를 더 가속화할 수 있을 것이다.

7) 희소자원과 주요 공급업자의 선점

개척기업은 공급업자들과의 거래에서 더 유리한 위치에서 협상할 수 있다. 개척기업이 이미 주요 공급업자들을 선점하고 있기 때문에 원자재나 부품의 공급부족에 당면한 후발기업들은 기대한 만큼의 빠른 성장을 할 수 없거나 이들을 구매하기 위해 프리미엄 가격을 지불해야 하는 상황에 직면할 수 있다.

3 ⟩ 시장 개척기업의 마케팅전략

1) 개척기업의 핵심성공요인

시장개척 브랜드가 R&D와 마케팅전략 등에서의 혁신능력을 보유하고 있는지의 여부는 개척기업의 시장성공 여부는 물론 시장진입 시기를 결정할 때에도 큰 영향을 미친다. 경쟁우위를 계속 유지하는 데 필요한 능력들을 갖추지 못한 기업들은 경쟁자들이 먼저 시장에 진출하기를 기다린 후 후발기업으로 시장에 진입하는 경향이 있다.

개척기업은 ① 강력한 특허권 보호, 자산가치가 높은 기술의 보유, 높은 초기투자비 등으로 인해 경쟁제품의 시장진입을 일정기간 억제할 수 있거나, ② 후발기업의 진입에도 불구하고 개척기업으로서의 우위를 계속 유지할 수 있을 만큼 충분한 규모, 자원, 그리고 능력을 가진 경우에만 지배적 시장점유율과 높은 수익성을 장기간 유지할 수 있다.

맥도날드(McDonald's)는 소규모의 단일 햄버거 레스토랑으로 출발하였지만, 프랜차이즈 시스템을 이용하여 최소의 자본투자로 가맹점수를 급속하게 확대할 수 있었다. 맥도날드는 가맹점수의 급속한 확대, 엄격한 품질 및 원가관리, 그리고 저가격 등에 의한 경험곡선효과의 조기실현, 높은 광고비지출, 아침식사 고객을 위한 Egg McMuffin과 건강지향의 성인을 위한 샐러드 등과 같은 각 세분시장을 겨냥한 제품계열의 확대 등을 바탕으로 시장점유율을 유지하였다. 최근에는 여러 패스트푸드 브랜드가 새로 시장에 뛰어들면서 경쟁이 더욱 치열해지고 있다. 맥도날드는 기존 커피 전문점의 고객층을 끌어오기 위해 '맥카페'를 새롭게 단장해 내놓으면서 커피가격을 낮추었고, 전국 390여 개 매장 가운데 350개 매장을 24시간 운영함과 동시에 지속적으로 배달서비스를 늘려가고 있다. 맥도날드의 전략은 뒤늦게 저녁 끼니를 때우는 경우가 많은 현실을 반영하고, 간단한 음식으로 저녁을 해결하려는 1인 가구 고객을 겨냥한 것으로 해석할 수 있다. 업계 1위 자리를 고수하기 위해 다양한 시도를 이어온 맥도날드는 패스트푸드 업계 즉석햄버거 시장에서 2위 경쟁기업인 버거킹(Burger King)의 시장점유율보다 두 배 이상 높은 40%의 지배적 시장점유율을 유지할 수 있었다.

제품범주에 상관없이 시장에서 성공한 개척기업들은 다음과 같은 마케팅전략을 통해 도입기에 확보된 지배적인 시장위치를 성장기까지 계속 유지하는 것으로 나타났다.

① 진입 초기에 대규모의 자원투입: 성공한 개척기업은 전국시장을 상대로 대량 마케팅전략을 수행할 수 있을 만큼의 충분한 자원을 구비하고 있다. 따라서 경쟁사들의 도전이 이루어지기 전에 생산량의 급속한 확대에 따른 경험곡선효과로 원가우위를 실현할 수 있다.

② 넓은 제품계열: 성공한 개척기업은 재빨리 각 세분시장의 욕구에 맞도록 초기제품을 수정하거나 제품계열을 확장한다. 이러한 제품전략은 후발기업의 제품차별화를 어렵게 한다.

③ 고품질의 제품: 성공적인 개척기업은 초기부터 고품질의 잘 설계된 제품을 시장에 내놓음으로써 후발기업들이 차별적 우위를 추구할 여지를 사전에 봉쇄한다. 우수한 엔지니어링, 철저한 제품테스트와 시장테스트, 완벽한 품질관리 등은 개척기업이 성공을 계속 유지하는 데 중요한 결정요인들이다.

④ 높은 촉진비 비율: 성공한 개척기업은 매출액에서 광고비와 판매촉진비가 차지하는 비중이 비교적 높다. 시장 진출 시 초기의 높은 촉진비는 브랜드 인지도와 본원적 수요를 높이는 데 매우 효과적이며, 판매량 증가와 단위당 원가의 하락에도 기여한다. 경쟁자들의 시장진입 후에는 개척기업이 수행해 온 적극적 촉진노력은 개척기업의 브랜드에 대한 선택적 수요를 창출하고 브랜드 애호도를 높이는 데 기여하게 된다.

2) 개척기업의 경쟁적 신제품전략 대안 및 목표

시장개척 기업이 선택한 경쟁전략의 성공여부는 크게 ① 그 기업이 진출한 제품시장에서의 고객수요의 특징 및 잠재적 경쟁정도, ② 효과적 마케팅 프로그램을 설계 실행할 수 있는 능력에 의해 결정된다. 시장개척 기업은 시장상황과 추구하는 목표에 따라 대중시장 침략전략(mass-market penetration), 틈새시장 침투전략(niche penetration), 그리고 초기 고가격전략(skimming and early withdrawal) 등의 세 가지 마케팅전략 대안들 가운데 하나를 선택할 수 있다(<표 12-2> 참조).

대중시장 침투전략

대중시장 침투전략의 장기목표는 투자수익률(ROI)의 극대화이다. 그러나 이러한 장기목표를 달성하기 위해서는 새로운 제품시장에서 성장기 동안 선도적 시장점유율을 획득 유지하고 경쟁사들이 진입하기 전에 시장을 선점하는 중기목표가 실현되어야 할 것이다. 대중시장 침투전략의 단기목표는 신제품 수용고객의 수를 가능한 빠른 시간 내에 최대화하는 것이다.

대중시장 침투전략을 추구하는 개척기업이 지배적인 시장점유율과 높은 수익성을 지속적으로 유지하기 위해서는 이 전략을 수행하고 유지할 수 있는 능력을 갖추어야 한다. 따라서 대중시장 침투전략을 선택한 개척기업의 핵심적 마케팅 과업은 경쟁 브랜드들이 시장에 진입하기 전에 가능한 한 많은 잠재고객들의 제품구매를 유도하기 위해 단위당 제품원가를 낮추고 확보된 초기고객들의 브랜드 애호도를 구축하는 것이다.

표 12-2 시장개척 기업의 마케팅전략 대안

MEMO

	마케팅전략 대안		
	대중시장 침투전략	틈새시장 침투전략	초기 고가격전략
단기 목표	• 전체시장에서 시험구매자와 정규구매자의 수 극대화: 잠재매출액과 점유율 구축을 위한 적극적 투자	• 표적시장 내에서 시험구매자와 정규구매자의 수익극대화: 선택된 틈새시장에서 높은 판매량과 점유율 확보를 위한 제한적 투자	• 제한된 투자로 가능한 한 많은 정규구매자를 확보함: 제품개발 및 출시비용을 가능한 빨리 회수하기 위해 고마진을 유지함
중기 목표	• 시장선점 추구: 경쟁자의 시장진입으로 단기적으로는 마진을 희생해서라도 선도적 시장점유율 유지	• 단기적으로 마진율을 희생하더라도 표적세분시장에서 선도적 시장지위 유지	• ROI의 극대화: 경쟁의 기회로 마진율의 감소가 발생하면 시장철수까지도 고려함
장기 목표	• ROI의 극대화	• ROI의 극대화	• 시장철수
시장 특성	• 대규모 잠재수요 • 동질적 고객집단 • 단기간 내의 제품 확산과정	• 대규모 잠재수요 • 다양한 세분시장 • 단기간 내의 제품 확산과정	• 한정된 잠재수요 • 장기간에 걸친 확산과정 • 가격에 탄력적인 수요
제품 특성	• 특허가 확보된 혹은 모방이 어려운 제품기술 • 제한된 (원료)공급원 • 복잡한 생산공정	• 특허의 보호가 어려운 제품기술 • 복수의 공급원 • 비교적 단순한 생산공정	• 특허의 보호가 어려운 제품기술 • 복수의 공급원 • 비교적 단순한 생산공정
경쟁 특성	• 소수의 잠재경쟁자 • 제한된 자원과 능력을 가진 잠재경쟁자들	• 복수의 잠재경쟁자 • 충분한 자원과 능력을 가진 일부 잠재경쟁자가 존재함	• 복수의 잠재경쟁자 • 충분한 자원과 능력을 가진 일부 잠재경쟁자가 존재함
기업 특성	• 강력한 제품 엔지니어링 기술 • 강력한 마케팅 기술과 자원 • 수요의 급속한 증가 전에 생산설비를 확보할 수 있는 충분한 재무적·인적 자원	• 한정된 엔지니어링 기술과 자원 • 제한된 마케팅 기술과 자원 • 수요의 확대 전에 생산설비를 구비하기 어려울 정도의 불충분한 재무적·인적 자원	• 강력한 기초 R&D 및 신제품 개발기술 • 우수한 판매 및 촉진기술 • 수요의 확대 전에 생산설비를 구비하기 어려울 정도의 불충분한 재무적·인적 자원

<표 12-2>에서 볼 수 있듯이 이와 같은 마케팅 과업은 시장이 대규모의 동질적인 고객들로 구성되고 확산과정이 단기간 내에 이루어질 때 실현하기가 상대적으로 쉬워진다. 잠재고객들의 욕구와 선호가 서로 유사하다면, 기업은 높은 시장점유율을 확보하기 위해 많은 제품수정이나 라인확장 제품을 서둘러 도입할 필요가 없을 것이다. 또한 고객들이 신제품을 신속하게 수용한다면, 시장개척 기업은 경쟁사들의 시장진입 전에 대규모의 충성고객들을 미리 확보할 수 있다.

대중시장 침투전략은 진입장벽이 높아 경쟁기업들의 진입을 지체하게 만들 경우에 매우 효과적이다. 이러한 시장진입장벽은 시장개척 기업이 보유한 특허에 의한 기술보호, 핵심원료 혹은 부품 공급원의 제한, 상당한 기간 동안의 개발노력과 높은 투자비가 요구되는 복잡한 생산 공정 등을 포함한 다양한 요인들에서 비롯된다. 또한 대중시장 침투전략은 미래의 경쟁상황이 치열해지지 않을 것으로 예상될 경우에도 바람직한 대안이다. 이와 같은 경쟁상황은 소수의 기업만이 제품시장에서의 경쟁에 필요한 핵심역량을 가지거나 대부분의 잠재경쟁자들이 대규모 생산설비로 시장에 진입할 만큼 충분한 자원을 보유하고 있지 않을 때 발생된다.

대중시장 침투전략의 성공적인 실행을 위해서 시장개척 기업은 몇 가지 핵심역량을 갖추고 있어야 하는데, 높은 수요가 형성되기 전에 충분한 생산능력을 갖추기 위한 재무자원 및 조직력의 보유, 제품 엔지니어링과 마케팅 기술의 구비 등이 그 예이다. 그러나 잠재고객의 신제품 수용과정이 완만히 이루어져 초기 시장성장이 지체되는 상황에서는 제한된 자원을 보유한 소규모 기업들도 대중시장 침투전략을 채택하여 성공을 거둘 수 있다. 즉 완만한 시장성장은 잠재적 경쟁기업들로 하여금 미래 시장성장의 불확실성으로 인해 시장진입을 지체하게 만들 것이며 이 시간 동안 소규모의 개척기업은 생산능력을 확대하는 데 있어 시간적 여유를 가질 수 있는 것이다.

틈새시장 침투전략

틈새시장 침투전략의 단기, 중기, 장기목표는 대체로 대중시장 침투전략과 별 차이가 없다. 이들 간의 기본적 차이는 틈새시장 침투전략을 추구하는 개척기업은 전체시장을 상대로 제한된 자원을 분산시키기보다는 특정 표적세분시장에 마케팅 노력을 집중하여 이들 시장에서 선도적 점유율을 획득·유지한다는 점이다.

새로운 제품시장이 급속한 성장을 보이더라도, 제한된 자원의 중소기업은 대중시장 침투전략 이외의 마케팅전략을 선택함으로써 성공적인 개척기업이 될 수 있다. 이러한 시장상황에서 규모가 작은 기업은 틈새시장 침투전략(niche penetration strategy)을 마케팅전략 대안으로 고려해 볼 수 있다. 틈새시장 침투전략은 전체시장에서 선도적 시장점유율을 확보 유지하기보다는 특정 세분시장에 마케팅 노력을 집중하여 그 세분시장 내에서 선도적인 시장점유율을 확보하는 것이다. 틈새시장 침투전략은 규모가 작은 시장개척 기업이 한정된 자원으로 최대의 수익을 실현하고 규모가 큰 경쟁자들과의 직접적인 경쟁을 피하는 데 도움이 된다. <표 12-2>에서 볼 수 있듯이, 틈새시장 전략은 새로운 제품시장이 빠른 성장을 보일 것으로 기대되거나 제품시장 내의 각 세분시장이 원하는 제품편익들이 다양한 경우에 효과적인 전략대안이다. 이러한 전략은 대규모 잠재경쟁사들의 시장진출에 있어 진입장벽이 높지 않고 시장개척 기업이 조기진입에 따른 선점효과를 계속 유지

라면 시장에서 백색국물 틈새시장을 노린 꼬꼬면, 나가사끼 짬뽕

할 만큼의 충분한 자원과 능력을 구비하지 못한 시장조건에서 특히 매력적이다. 신라면을 필두로 한 농심의 '빨간 국물 라면'이 주류를 이루는 라면시장에서, '하얀 국물 라면'이라는 틈새시장을 공략한 팔도의 꼬꼬면, 삼양의 나가사키 짬뽕과 같은 제품은 전체시장에서 시장점유율을 확보하기 보다는 특정 세분시장에 집중한 성공적인 예시라고 할 수 있다.

시장상황에 따라 대중시장침투 전략을 채택하기로 계획을 세웠으나 틈새시장 침투전략으로 전환하는 개척기업들도 있을 수 있다. 이러한 전략적 전환은 시장의 성장속도가 예상보다 빠르거나 전체시장이 기대보다 더 다양한 소비자 집단으로 구성되어 있는 경우에 발생된다. 이러한 상황에 직면할 경우, 제한된 자원의 시장개척 기업은 소수의 세분시장들을 선정하여 이 시장 내에서 선도적 지위를 구축할 수 있을 것이다.

초기 고가격전략

초기 고가격전략(skimming strategy)을 선택한 개척기업은 시장상황에 따라 시장에서의 철수까지도 예상하므로 이 전략은 장기목표를 갖지 않는다. 그러므로 초기 고가격전략은 경쟁자의 시장진입 전에 수익률을 극대화하는 중기적 목표를 갖는다. 경쟁의 증가로 인해 점차 이익률이 하락하게 되면, 초기 고가격전략을 추구하는 개척기업은 흔히 타 기업에게 기존제품에 대한 라이선스를 공여하거나 차세대 신제품을 출시하거나 또는 새로운 시장이나 새로운 제품범주에 진출하기도 한다. 그러므로 이러한 전략의 단기목표는 개발비용의 빠른 회수와 높은 이익의 실현을 위해 고마진을 유지하면서 가능한 한 많은 판매량을 올릴 수 있도록 하는 것이다.

시장개척 기업은 새로운 제품시장에서 선도적 지위를 계속 유지할 만큼 충분한 자원을 보유하고 있다고 하더라도 대중시장 전략을 선택하지 않을 수 있

다. 많은 후발기업들이 뒤이어 시장에 진출하면 경쟁은 불가피하며 이에 따라 가격과 마진이 급격히 인하될 것으로 판단한 일부 개척기업들은 시장에서의 조기철수까지를 고려하면서 초기 고가격전략(skimming strategy)을 선택할 수 있다. 즉 초기 고가격전략은 제품가격을 비싸게 책정하고 광고와 촉진에 대한 지출을 제한함으로써 단위당 이익의 극대화와 제품개발비의 조기회수를 실현하고자 하는 전략이다.

이와 동시에 초기 고가격전략을 추구하는 기업은 기존 기술을 이용하여 새로운 용도의 제품을 계속 개발하거나 보다 발전된 차세대 기술을 개발하는 노력도 수행한다. 후발기업들이 시장에 진입하여 마진이 하락하면, 시장개척 기업은 신기술을 이용한 신제품을 시판하여 기존의 자사제품을 스스로 잠식하거나 새로운 세분시장으로 진출함으로써 후발기업들의 위협에 대응하는 것이다. 3M은 초기 고가격전략을 채택하여 성공한 대표적 기업이다. 3M은 새로운 제품시장에 첫 번째로 진출하여 높은 제품가격과 마진으로 평균 5년 정도 그 시장을 지배하는 전략을 채택한다. 3M이 처음으로 진출한 많은 제품시장들은 1,000만 달러에서 5,000만 달러 정도로 규모가 크지 않은 경우가 많다. 후발기업들이 시장에 진입하면 3M은 차세대의 새로운 기술을 가진 신제품을 내놓거나 기존 기술을 이용하여 새로운 용도의 제품을 개발한다.

초기 고가격전략은 중소기업 혹은 대기업 모두에 의해 사용될 수 있다. 그러나 R&D와 제품개발에서 탁월한 능력을 갖추어 후발기업들이 진입한 후에도 계속해서 신제품이나 새로운 용도의 제품을 개발할 수 있는 기업만이 이러한 전략을 채택하여 성공을 거둘 수 있다. 초기 고가격전략을 추구하는 많은 기업들은 제품시장에서 비교적 단기간 동안만 머물러 있으려는 계획을 가질 수 있기 때문에, 이 전략은 ① 제품시장의 진입장벽이 낮고, ② 제품의 확산속도가 빠르며, ③ 개척기업이 선도적인 점유율을 장기간 방어할 만큼 충분한 자원이나 능력을 구비하지 못한 경우에 적절하다.

• SECTION 03 • 후발기업의 경쟁전략
competitive strategies for late entry

최근 들어 학자들은 시장개척 브랜드가 가지는 이점을 극복하고 후발진입자(late mover)가 시장개척 브랜드를 매출 면에서 앞지른 사례들에 많은 관심을 가지고 있다(Shankar, Carpenter & Krishnamurthi, 1998; Golder & Tellis, 1993; Lilien & Yoon, 1990).

대동강 페일 에일을 예로 들면, 집에서 가볍게 맥주 한 잔을 즐기는 '라이트 음주 문화'가 확산하면서 수제 맥주의 수요가 늘어났고, 대동강 페일 에일은 오렌지와 청포도·자몽의 풍미를 더해 무겁지 않은 페일 에일로 소비자의 많은 사랑을 받았다.

미국 맥주 생산량에서 수제맥주가 차지하는 비중도 커지고 있다. 2008년만 해도 4%에 불과하던 수제맥주 비중은 지난해 8%로 크게 늘어났다. 이는 수제맥주의 소비가 그만큼 늘어났다는 의미다. 실제로 2014년 수제맥주의 시장점유율은 현재 11%까지 확대됐다. 이를 통해 기존 라거 맥주시장이 수제 맥주시장이 각광받기 시작하며 강남·강서 맥주, 달서 맥주, 해운대 맥주 등 지역이름을 딴 수제 맥주 제품군이 후발주자로 지속해서 확대되었다.

이렇게 후발기업이 시장에 성공적으로 진입함으로써 지속적인 경쟁우위를 확보하기 위해서는 성숙기 시장의 특성을 이해하고 후발기업이 갖고 있는 전략적 우위요소를 충분히 활용할 필요가 있다.

1 성숙기시장의 특성

산업수명주기상 성숙기는 고객들의 풍부한 상품경험으로 상품지식이 높고, 기술이 안정적이며, 소수의 시장 선도기업들이 시장을 지배함으로써 기존 시장점유율의 변동이 별로 일어나지 않고 기존의 가격이 유지되는 안정기로 설명된다.

그러나 성숙기의 특징에 대한 이러한 설명은 시장현상을 너무 단순화하여 보는 경향이 있으며, 이는 정형화된 전략수립이 이루어지거나, 기업에 위협이 될 마케팅 현상이 발생할 가능성을 무시하는 결과를 낳을 수 있다. 성숙기 시장을 자세히 관찰 분석하면 다음과 같이 매우 동태적(dynamic)인 양상을 발견할 수 있다.

첫째, 기업 간 브랜드력, 마케팅 프로그램, 표적고객집단의 차이에 따라 각 브랜드의 성숙시점이 달라질 수 있다는 점이다.

둘째, 성숙기에 들어서 다양한 마케팅 기회와 위협의 대두가 시장의 안정성을 저해할 수 있다. 소비자욕구 또는 선호의 변화, 대체재의 출현, 원자재비용의 상승, 정부규제의 변화, 저원가 외국제품의 시장진입, 인수·합병 등은 기존 기업들의 경쟁적 포지션을 위협할 수 있을 뿐 아니라 경우에 따라서는 산업 전체가 갑작스러운 쇠퇴기에 접어들 수도 있다.

성숙기시장에서는 후발기업이라고 하더라도 이러한 마케팅 현상의 변화를 포착하고 적절한 경쟁적 신제품전략을 통해 새로운 성장기회를 확보할 수 있다. 예컨대, 제품 개선(한국 지형에 강한 애니콜의 개발), 공정기술의 개선(150m 천연암반수로 만든 비열처리 맥주 하이트), 대체재 가격의 상승, 환경 변화(페놀사건 이후 폐수처리시설 설치의 강화) 등은 성숙기시장에서 매출과 이익을 급격히 증가시킬 수 있는 기회를 제공한다.

학습의 관점에서 살펴보면 성숙기시장을 주도하고자 하는 브랜드는 다음 세 가지 경우의 학습에 대해 관리할 필요가 있다. 첫째는 제품의 진화가 발생할 때이다. 시장이 확립된 이후 시간이 지남에 따라 경쟁자들도 새롭게 진입하게 되고, 기술도 진보하며, 이에 따라 제품도 진화하게 된다. 이러한 진화의 과정에서 구매자들은 비록 느린 속도이지만 학습을 필요로 한다. 예컨대 자동차회사는 매년 새로운 모델들을 출시할 때마다 재포지셔닝을 위한 소비자 학습을 시도한다.

둘째는 가치의 혁신이 발생할 때이다. 한 기업이 기존 제품들의 한계를 뛰어넘는 혁신적인 제품이나 혁신적인 전략을 통해 제품의 가치를 재정의하는 경우가 있다. 예컨대 핸드폰의 발명에 의해 이동전화시장은 경쟁전략이나 소비자 학습에 많은 변화를 가져왔다. 가치혁신이 일반적으로 기술적 발전에 의해서만 추동되는 듯하지만, 전략적인 혁신 또한 가치혁신의 핵심적인 원천이 될 수 있다. 일상적인 제품이라 할 수 있는 커피에 전문성을 불어넣은 스타벅스가 좋은 예가 될 수 있을 것이다.

셋째는 구매자가 시장에 새로 진입할 때이다. 이 경우는 소비자 학습의 사례 중에서 가장 눈에 띄지 않는 경우이다. 우리는 기술과 경쟁패턴이 안정화된 성숙기시장에서는 학습이 존재하지 않을 것이라고 생각하기 쉽다. 그러나 이처럼 변치 않는 시장상황에도 불구하고, 구매자들은 계속적으로 학습한다. 예컨대, 세탁용 세제나 아이스크림의 경우, 수년 동안 제품 편익은 변하지 않았고 기술적인 혁신도 없었을 뿐만 아니라 두 제품군 모두에서 거의 모든 소비자들이 주요 브랜드들과 친숙하다. 그러나 새로운 구매자들이 시장 속으로 매일 새롭게 진입한다.

2 후발기업의 경쟁우위요소

기업은 경쟁사들이 먼저 시장에 진출함으로써 어쩔 수 없이 후발기업이 되는 경우가 많다. 그러나 기업이 제품시장에 첫 번째 진출할 능력을 가지고 있더라도 경쟁 브랜드들이 제품시장에 먼저 진출하도록 함으로써 얻는 이점도 있다. 즉, 개척기업으로 하여금 초기의 위험을 부담하도록 한 후 후발기업들은 개척기업의 단점과 마케팅전략에서의 실수를 관찰하는 것이다.

IBM은 최고의 기술력을 보유한 컴퓨터회사로 알려져 있지만 일반적으로 경쟁사들보다 시장에 먼저 진입하지는 않는 것으로 유명하다. IBM은 Apple이나 Tandy가 PC 시장에서 상당한 판매량을 거둔 후에야 그 시장에 진출하였다. 그러나 후발진입 기업인 IBM은 경쟁제품보다 우수한 성능을 제공하도록 제품설계를 향상시켰다. 또한 집중적 광고 및 판매촉진 노력을 지원할 수 있는 엄청난 자금력을 보유하고, 신뢰성과 고객서비스에서 매우 좋은 평판을 확보하고 있었다. 그 결과 IBM은 1980년대 초 후발진입 기업임에도 불구하고 진입 후 짧은 기간 내에 PC 시장의 선도기업이 되었다.

후발진입자가 시장개척자를 앞지르는 방법을 비교적 구체적으로 제시한 연구로는 Shanka et al.(1998)의 연구를 들 수 있다. 그들은 후발진입자가 시장개척자 자신의 게임(pioneer's own game)에서 이기거나, 제품 또는 전략상의 혁신에 의해 시장개척자를 능가할 수 있다고 주장하였다. Shankar et al.(1998)는 시장개척자 자신의 게임에서 후발진입자가 이길 수 있는 방법으로서 ① 시장에서 간과되어 왔지만 시장개척자보다 우월한 제품 포지션을 발견하거나, ② 저가전략에 의해 시장개척자를 압도하거나, ③ 광고나 유통면에서 시장개척자보다 더 많은 예산을 투입함으로써 후발진입자가 시장개척자를 매출 면에서 앞지르는 방법 등을 들고 있다. 이에 비해 후발진입자가 혁신을 통해 시장개척자를 앞지르는 경우는 후발진입자가 제품이나 전략상의 혁신에 의해 제품범주를 재정의하는 것을 말한다. 이렇게 함으로써 후발진입자는 시장개척자보다 더 큰 잠재시장과 더 높은 반복구매율을 갖게 되면서 시장개척자보다 더 빠른 속도로 성장하며, 동시에 시장개척자의 확산속도를 늦추고 마케팅 비용의 효과를 감소시킨다.

1962년에 출범한 Wal-Mart가 미국 유통시장에서 유통시스템의 혁신을 통한 다양성 있는 상품구색의 확보와 '언제나 저가(Everyday Low Price; EDLP)' 전략을 구사하여 선두주자였던 K-Mart를 앞지른 사례를 예로 들 수 있을 것이다.

자사 브랜드를 경쟁 브랜드들보다 늦게 시장에 진입시킴으로써 얻는 이점들은 다음과 같다.

1) 시장 개척기업보다 우월한 포지셔닝 구축 가능

개척기업이 가장 규모가 큰 세분시장(mass-market segment)의 고객이 중요하게 생각하는 구매기준이 무엇인지에 대해 잘못 판단하거나 이질적인 둘 이상의 세분시장을 동시에 만족시키려고 한다면, 후발기업은 보다 정확한 제품 포지셔닝을 통해 개척기업을 공략할 수 있다. 후발기업은 각 세분시장에 맞는 제품을 제공함으로써 시장개척 기업을 성공적으로 추월할 수 있을 것이다.

예를 들면, 블랙베리는 물리적 쿼티 키보드를 적용한 스마트폰으로서 선두주자로 진입하며, '기업용 스마트폰'을 타깃으로 설정하고 그에 맞는 서비스를 제공하였다. 컴퓨터 자판의 QWERTY를 그대로 따온 블랙베리의 쿼티 자판은 블랙베리 제품군의 트레이드마크로 자리잡으며 초기 스마트폰 시장에서 긍정적인 성과를 만들어 냈다. 그러나 2007년, 애플의 CEO 스티브잡스는 쿼티 키보드를 배제한 정전식 터치스크린을 포함한 혁신적인 제품을 발표하였다. 아이폰은 독자적인 OS와 인터페이스, 우월한 메모리 및 빠른 인터넷 속도 등을 바탕으로 사용자 편의성을 극대화하였다. 이러한 우월한 컨셉을 바탕으로 아이폰은 강력한 선두기업이었던 블랙베리를 누르고 스마트폰 시장을 잠식할 수 있었다.

2) 제품상의 혁신

개척기업이 기술적으로 미비하거나 제품설계상의 결함이 있다면, 후발기업은 이러한 약점을 개선하여 시장에 진출할 수 있다. 개척기업이 기술적으로 만족스러운 경우에도, 후발기업은 제품(특성)의 강화(product enhancement)를 통해 경쟁우위를 확보할 수 있을 것이다. 예를 들어, Compaq은 IBM 제품보다 처리속도가 빠르고 휴대가 용이한 기종을 개발하여 PC 시장에서 높은 점유율을 획득하였다. 기존의 먹는 관절염 치료제 일색이던 국내시장에서 최초로 개발된 붙이는 관절염 치료제 케토톱은 새로운 가치를 제공함으로써 제품군의 새로운 표준이 되었다.

3) 마케팅전략상의 혁신

개척기업이 신제품 도입을 위한 마케팅활동에서 실수를 범한다면 후발기업은 이를 이용할 수 있다. 즉 후발기업은 개척기업이 마케팅 프로그램을 실행하는 과정에서 발생되는 실수를 기회로 활용할 수 있는 것이다. 가령, 개척기업은 충분한 유통망을 확보하지 못하거나, 도입기 동안 광고비를 너무 적게 책정하거나, 또는 비효과적인 광고소구로 인해 제품편익을 표적고객에게 적절히 전달하지 못할 수 있다. 후발기업은 마케팅전략의 실행과정에서 개척기업이 저지르는 실수들을 세밀히 관찰하여 이를 극복하는 마케팅 프로그램을 설계함으로써 개척기업과 성공적으로 경쟁할 수 있을 것이다.

하이트는 소비자들이 물에 대한 관심이 고조되는 시점에서 '지하 150m의 100% 천연암반수로 만든 깨끗한 맥주'라는 마케팅 컨셉에 입각한 전략상의 혁신을 시도하였고, 이러한 성공적인 차별화를 통해서 시장의 선도기업이 될 수 있었다.

4) 최신기술을 활용하는 능력

급속한 기술진보가 이루어지는 산업에서 후발기업은 보다 우수한 차세대 기술을 이용한 제품을 개발함으로써 개척기업을 추월할 수 있다. 초기 기술개발에 전력투구를 한 개척기업은 이에 대한 집착으로 기술진보에 재빨리 적응하는 것이 쉽지 않을 수 있다. 가령, VCR시장에서 소비자들이 개척기업인 Sony의 베타방식의 VCR보다 VHS방식의 VCR을 보다 선호함에 따라 Sony는 VHS방식의 VCR을 생산한 후발경쟁기업들에게 경쟁우위를 넘겨주어야 했다.

5) 개척기업의 자원에서의 취약성을 이용

개척기업이 시장을 확대하기 위해 충분한 생산설비를 갖추거나 적극적인 마케팅 프로그램을 계획 실행할 만큼의 자원을 확보하고 있지 못하다면, 후발기업은 개척기업의 이러한 한계를 적극적으로 공략할 수 있다. 가령, Minnetonka라는 회사는 1970년대에 시작한 기업으로 건강 및 미용제품 분야에서 액체비누인 Softsoap와 플러그 억제치약인 Cheque-Up 등과 같은 개척 브랜드들을 보유한 소비용품 제조회사였다. 그러나 Procter & Gamble과 Colgate-Palmolive 같은 대기업들이 경쟁 브랜드를 출시하면서 Minnetonka보다 훨씬 많은 광고 및 판매촉진 예산을 투입함에 따라 해당 시장에서 선도적 지위를 계속 유지할 수 없게 되었다.

Highlight 2

'혁신의 아이콘' 전기차 업체 테슬라 14년 된 후발기업이 미국 車 1위(시가총액)로 부상

'전기차의 애플' '바퀴 달린 스마트폰'
'혁신의 아이콘'….

미국 전기차 업체 테슬라에 붙는 화려한 수식어다. 설립된 지 불과 14년밖에 안 된 신생 기업 테슬라가 글로벌 완성차 업계에 파란을 일으키고 있다. 114년 역사의 포드자동차뿐 아니라 미국 최대 자동차 기업인 GM 시가총액까지 제칠 정도다. 지난 4월 3일 미국 뉴욕 증시에서 테슬라 시가총액은 487억 달러(약 54조 4,500억 원)로 포드(456억 달러)를 훌쩍 뛰어넘었다.

테슬라 탄생은 2003년으로 거슬러 올라간다. 엘론 머스크가 미국 캘리포니아 팰로앨토에서 "가솔린 자동차를 뛰어넘는 전기차를 만들어보겠다"며 야심 차게 설립했다. '테슬라'라는 사명은 '비운의 천재과학자'로 불리는 니콜라 테슬라의 이름에서 따왔다. 니콜라 테슬라는 또 다른 천재 에디슨과 동시대를 살면서 전기를 연구해온 인물. 교류 발전기와 송배전 시스템을 개발하는 등 뛰어난 업적을 이뤘음에도 에디슨에 비해 시장 주목을 끌지 못했다. 교류 발전기가 전기차를 만드는 데 중요한 역할을 해왔다는 점에서 테슬라를 차용했다.

대학 시절 엘론 머스크는 갈수록 늘어나는 온실가스와 지구 환경의 미래에 대해 자주 고민해 왔다. 친환경 자동차의 대표 격인 전기차 개발에 뛰어든 배경이다. 각종 동력장치는 물론이고 자율주행 소프트웨어, 발전 충전시설 등 전기차의 모든 걸 다룬다는 뜻에서 '모터스'를 회사명에서 뺐다. 자동차 생산 기업의 한계

를 뛰어넘겠다는 의미다.

테슬라가 전기차 사업에 야심 차게 뛰어들 때만 해도 업계에선 "몇 년 버티기 힘들 것"이란 비아냥이 많았다. 신생 업체인 데다 기술력이 부족해 기존 업계 벽을 넘지 못할 거란 시각이 지배적이었다. 하지만 테슬라는 우여곡절 끝에 2008년 첫 모델을 선보였다.

최초 모델명은 '로드스터'. 리튬이온 배터리를 장착해 한 번 충전으로 394㎞를 주행하고, 3.7초 만에 시속 100㎞까지 가속하는 스포츠카 형태의 전기차였다. 순간 가속 능력에서 로드스터를 능가하는 차량은 포르쉐 911 터보, 람보르기니, 페라리 등 손에 꼽힐 정도다. 전기차면서도 웬만한 스포츠카 못지않은 탁월한 성능을 갖춘 셈이다. 이름도 알려지지 않은 신생 자동차 업체가 로드스터 같은 '괴물차'를 내놓자 완성차 업계는 '도대체 어떤 회사냐'며 관심을 보였다. 로드스터는 억대 가격에도 소비자로부터 폭발적인 인기를 끌었다. 덕분에 엘론 머스크는 토요타, 파나소닉 등 글로벌 기업 투자를 받았고 2010년 6월 테슬라를 나스닥에 상장했다. 여세를 몰아 2012년에는 고급 전기차 세단 '모델S'까지 선보이며 포드, GM과 어깨를 나란히 하는 글로벌 전기차 업체로 자리매김했다.

테슬라가 짧은 시간에 급성장한 비결은?
첫째, 역발상 전략 덕분이다.

대다수 완성차 업체들은 중저가 보급형 차량을 만든 뒤 차츰 고급차 시장을 공략한다. 하지만 머스크는 달랐다. 저가 보급형 모델 대신 고가 스포츠카부터 출시해 피라미드의 맨 위, 즉 상류층을 공략했다. 럭셔리카에서나 볼 수 있었던 고급차 사양, 디자인을 전기차에도 얼마든지 적용할 수 있다는 걸 보여줬다. '한 번 충전해 최대한 많이 가려면 전기차는 무조건 작아야

한다'는 선입견도 깼다. GM 볼트, BMW i3처럼 작은 '시티카 (city car)'가 아닌 '드림카(dream car)' 전략을 내세운 셈이다.

최고급 스포츠카를 지향한 로드스터는 미국에서 10만 9,000달러의 고가로 책정됐지만 예약판매를 시작하자 폭발적인 인기를 끌었다. 레오나르도 디카프리오, 브래드 피트, 조지 클루니 등 할리우드 스타와 세계적인 부호들이 잇따라 구입 의사를 밝혔다. 영화배우 레오나르도 디카프리오가 자신이 타던 토요타 프리우스를 버리고 테슬라 전기차를 구매한 건 유명한 일화다. 2인승 오픈카로 물 흐르듯 떨어지는 유선형 디자인과 도로 바닥에 딱 붙어 달리는 듯한 낮은 차체 덕분에 단순한 친환경 자동차가 아닌 '프리미엄 자동차'로 인기를 끌었다.

덕분에 테슬라를 보유한 미국 부유층들은 '프리미엄 친환경 차량을 탄다'는 일종의 자부심을 갖게 됐다. 아무리 값비싼 고급차를 타고 다녀도 테슬라가 아니면 친환경 이미지와는 동떨어진다는 인식을 심어줬다. 머스크는 "친환경적으로 보이고 싶어 하는 부유층의 지적인 심리를 간파하고 그들의 지적 우월감을 충족시켜주려 했던 게 성공 요인"이라고 밝히기도 했다. 머스크는 모두가 꿈꾸는 고급 스포츠카를 먼저 만든 다음 대중적인 차종으로 시장을 점차 확대하는 전략을 펼쳤다. 고급 스포츠카 로드스터를 선보여 프리미엄 자동차 이미지를 구축한 후 차츰 세단, SUV, 대중차 라인업을 내놓기로 마음먹었다.

둘째, 차별화된 기술이다.

로드스터에 이어 등장한 '모델S'는 테슬라가 100% 모든 부품을 자체 개발, 조립한 차량이다. 로드스터를 생산할 때만 해도 기술력이 부족했지만 이후 R&D(연구개발) 강화에 매진해온 덕분이다. 수많은 특허를 취득했고 특허기술의 70% 이상을 배터리 개발에 쏟아부었다. 테슬라 전기차에 쓰인 리튬이온 배터리는 폭발 위험이 있다는 우려가 많았지만 테슬라는 배터리 과열 방지 특허만 40건 넘게 받아 이런 우려를 불식했다.

모델S는 BMW 5시리즈, 벤츠 E클래스에 대항하는 5인승 프리미엄 세단이다. 2,500대만 한정 생산한 로드스터와 달리 전기차를 대량 생산하겠다는 머스크의 의지를 드러낸 차량이다. 7,000개에 달하는 리튬이온 전지를 차체 하부의 알루미늄 섀시 속에 배치했는데 무게가 나가긴 했지만 휠베이스 사이에 낮게 배치한 덕분에 주행 안정성이 뛰어났다. 머스크가 "차체 무게를 줄이기 위해 우주개발업체 스페이스X의 로켓 설계 기술을 도입했다"고 자신할 정도였다.

테슬라 연구팀은 모델S 주행 성능을 높이기 위해 차체 경량화, 공력 성능 향상에 중점을 두고 개발에 나섰다. 컴퓨터 시뮬레이션과 풍동 실험(터널 모양의 구멍 안에서 인공적으로 기류를 일으켜 진행하는 실험)을 반복한 끝에 차체의 공기항력계수를 전 세계 전기차 중 최저 수준으로 낮출 수 있었다. 참고로 공기항력계수가 낮을수록 공기저항이 적다. 고강도 동으로 강화한 경량 알루미늄을 사용해 차체 무게를 줄였고, 새롭게 개발한 파워트레인을 좌우 뒷바퀴 사이에 배치했다.

셋째, 리스크를 피하지 않고 과감히 부딪치는 전략을 택했다.

전기차는 가솔린, 경유 차량에 주유할 때와 비교해 충전 시간이 훨씬 길다. 때문에 완성차 업계에선 전기차 보급이 더딜 거란 전망이 많았지만 테슬라는 이를 과감히 극복해냈다. 테슬라는 전기차 출시와 함께 30분만 충전해도 300㎞가량 주행이 가능한 '고속충전 기능'을 도입했다. 캘리포니아, 보스턴, 워싱턴 D.C. 등 미국 전역에만 '슈퍼차저(전용 급속충전기)'를 600개 이상 설치했다. 국내에선 서울 강남구 삼성동 그랜드인터컨티넨탈호텔 지하 4층에 슈퍼차저 5기를 설치했다. 슈퍼차저를 이용할 경우 단 30분 충전으로 최대 270㎞까지 주행이 가능하다(모델S 90D 기준). 심지어 충전 편의성을 높이기 위해 가정용 콘센트로도 충전할 수 있게 했다. 급하게 배터리를 충전해야 할 경우 '배터리 교체'도 가능하다. '일단 차만 팔고 보자'는 인식에서 벗어나 차량 생산과 동시에 충전의 불편함도 없앤 것이다.

넷째, 판매 방식의 혁신이다. 테슬라 판매 방식은 'NO 딜러' 'ONLY 온라인'으로 요약된다.

테슬라는 딜러 등 중간 판매자를 거치지 않고 온라인으로 주문을 받아 고객에게 차를 인도한다. 미국뿐 아니라 전 세계 어느 나라도 마찬가지다. 마치 온라인에서 스마트폰이나 가전제품을 사듯 모델, 색상, 인테리어 디자인을 골라 구매하는 방식이다.

소비자는 별도 전시장을 찾지 않아도 온라인 홈페이지를 통해 사전계약을 하고 다양한 신차 소식을 받아볼 수 있다. 전시장에서도 차량 구매가 가능하지만 이때도 종이 계약서 없이 태블릿PC, 컴퓨터로만 계약이 이뤄진다. 친환경 브랜드답게 종이를 이용한 카탈로그도 전혀 만들지 않는다. 허례허식을 없애고 브랜드 가치와 경험을 전달하는 데 집중하기 위해서다. 오프라인 판매, 딜러사 체제를 고집하는 기존 완성차 업체와는 철저히 다른 방식이다. 테슬라가 이런 방식을 고집하는 건 전시장 비용이나 영업사원 인건비 등을 줄여 제품 가격을 낮추기 위해서다.

테슬라의 미래

글로벌 전기차 시장은 테슬라 등장 이전과 이후로 나뉜다는 말이 있다. 그만큼 전기차 시장에서 테슬라 영향력이 막강한 셈이다. 하지만 실상 테슬라가 출시한 모델은 몇 개 안 된다. 지금까지 로드스터, 모델S(세단), 모델X(SUV) 등 세 가지 차량만 출시했다. 지난해 테슬라 판매량도 불과 7만 6,000여 대에 그쳤다. 아직까지 실적도 초라하다. 지난해 테슬라 매출은 70억 달러(약 7조 8,200억원) 수준. 그러나 한 해 동안 낸 적자만 무려 6억 7,500만 달러에 달한다. 창사 이후 단 한 번도 연간 기준으로 흑자를 낸 적이 없다. 증권가에선 테슬라가 올해도 9만 5,000달러가량 적자를 낼 것으로 내다본다.

테슬라에 시가총액을 추월당한 포드와 비교하면 차이가 더욱 두드러진다. 포드는 지난해 1,520억 달러, 우리 돈으로 무려 170조원 매출에 45억 9,600만 달러 순이익을 올렸다. 테슬라 매출이 포드의 20분의 1도 채 안 되는 셈이다. IT매체 비즈니스인사이더는 "적자 기업 테슬라 시가총액이 연간 수백만 대 차량을 생산하는 포드를 넘어선다는 것은 난센스"라고 꼬집기도 했다.

그럼에도 테슬라 가치가 급등한 건 그만큼 전망이 밝기 때문이다. 여전히 적자에 시달리지만 글로벌 기업 투자가 줄을 잇고 있다. 지난 3월 중국 최대 인터넷 기업인 텐센트가 테슬라 지분 5%를 인수하면서 17억 8,000만 달러(약 2조원)를 투자해 자금 사정이 넉넉해졌다.

전기차 판매량도 급증하는 모습이다. 올 1분기 모델S, 모델X 등 판매량이 2만 5,000여 대로 지난해 같은 기간보다 70%가량 증가했다. 덕분에 1분기 매출만 27억 달러에 달했다. 신규 모델에 대한 시장 기대도 어느 때보다 크다. 보급형 전기차 '모델3'가 오는 7월 출시를 앞두면서 대기수요가 급증하는 분위기다. 모델3 가격은 3만 5,000달러(약 3,900만 원) 수준으로 기존 모델 대비 가격 경쟁력이 높다는 평가다. 미국에선 7,500달러가량 세금 감면 혜택도 주어진다. 뉴욕타임스는 "모델3는 테슬라 앞에 놓인 가장 큰 장애물인 전기차 대중화 문제를 해결해줄 수 있다. 모델3 출시 이후 테슬라는 내년까지 50만대 전기차를 판매할 것으로 자신한다"고 분석

했다. 머스크는 2020년 100만대 전기차를 생산한다는 거창한 목표까지 세웠다. 아담 조나스 모건스탠리 애널리스트는 "테슬라는 '트릴리온달러(1조 달러 이상)'의 또 다른 시장을 창출할 수 있는 잠재력을 갖췄다"고 평가하기도 했다.

〈출처: 매일경제, 2017.06.19.〉

더구나 1987년에는 Colgate-Palmolive에서 Minnetonka의 액체비누 부문을 인수하기에 이르렀다.

3   후발기업의 마케팅전략 대안

후발기업이 시장개척 브랜드를 앞지르기 위한 대안으로는 어떤 것이 있을까? Shanka et al.(1998)는 후발진입자가 시장개척자를 앞지르는 구체적인 방법으로 첫째, 후발진입자가 시장개척자 자신의 게임(pioneer's own game)에서 이기거나, 둘째, 제품 또는 전략상의 혁신에 의해 시장개척자를 능가할 수 있다고 주장하였다.

결국, 후발진입 브랜드가 선도 브랜드를 앞지르기 위해서는 기존의 제품군(범주)에서 선도 브랜드를 앞지르고 전형성을 획득하거나, 혁신을 통해 소비자들이 사용할 수 있는 새로운 평가기준을 제시하여 새로운 범주나 하위범주를 창출하여 그 안에서 전형성을 획득하여야 할 것이다.

이상에서 살펴본 후발진입 브랜드의 혁신의 문제와 전형성 획득과정은 소비자 학습(정보처리)의 관점에서 보면 모두 범주화(categorization)와 밀접한 관련이 있다. 소비자들이 사용하는 범주는 게토레이의 예에서 볼 수 있듯이 갈증해소 음료라는 목적지향적인 임시범주일 수도 있으며(Barsalou, 1985), 게보린의 경우처럼 진통제라는 보통 범주일 수도 있다. 그러므로, 후발진입 브랜드가 선발 브랜드를 앞지르고 전형성을 획득하기 위해서는 다음의 세 가지 측면에서 경쟁적 신제품 전략을 고려해 볼 수 있을 것이다.

첫째, 현재의 선호와 경쟁패턴에 대응하는 신제품을 출시함으로써 시장선도자를 바꾸는 것이다. 이때 마케터는 차별화(differentiation), 정면도전(challenger), 시장침투(penetration) 전략 대안들 중에서 선택할 수 있다.

예컨대, 가장 확실한 하나의 방법은 차별화를 통해서 최소한 한 세분시장에서만이라도 확립된 선도자를 앞지르는 것이다. 수십 년 동안 펩시콜라는 더 많은 콜라를 더 낮은 가격에 제공하면서 모방전략으로 코카콜라와 경쟁해 왔지만 대부분의 경우 전략은 실패했다.

결국, 펩시는 코카콜라가 지배하고 있는 시장에서 콜라제품의 핵심속성에 대해서 코카콜라에게 도전하였다. 이러한 시도의 목적은 맛의 측면에서 펩시가 우월하다는 것을 코카콜라의 충성고객들에게 알리고, 구매자의 재학습과정을 통해서 펩시콜라가 코카콜라를 대신하여 콜라의 표준이 되도록 하려는 것이었다. 펩시는 젊은 소비자들을 표적으로 삼았다. 젊은 소비자들은 코카콜라에 더 높은 충성도를 보이는 나이 든 소비자들보다 선호가 덜 형성되어 있었기 때문이다. 이런 이유에서, '새로운 세대의 선택'(Choice of a New Generation)이라는 슬로건이 탄생했고 펩시는 적어도 젊은 구매자들 사이에서는 표준으로 자리 잡을 수 있게 되었다.

둘째, 고객이 추구하는 편익들의 조합이나 핵심편익을 변화시킬 수 있도록 신제품을 출시함으로써 제품표준을 변화시키는 것이다. 마케터는 재위치화(reposition/differentiation), 대응시장 세분화(counter-segmentation), 혁신적 세분화(innovative segmentation) 등의 대안들을 통해 선도자에게 불리하도록 제품의 표준을 변화시키는 전략을 활용할 수 있다. AT&T는 장거리 전화서비스 시장에서 질 좋은 서비스를 통해 독점적인 지위를 유지해 왔다. 여기에 대응해 후발기업인 MCI는 저가정책이라는 혁신적인 대응시장 세분화를 사용하여 장거리 전화가 제공하는 가치의 본질을 변화시키려 했다. 그들은 산업규제를 풀도록 정부와 싸웠고 가격 측면에서 늘 혁신적이었으며, 'MCI Friends and Family' 등의 서비스를 제공했다.

이러한 MCI의 노력과 더불어 뒤이어 시장에 진입한 Sprint의 노력으로 가격은 하락했고, 소비자의 선택에 있어서 '가격'이 더 중요한 요인으로 지각되었다. 이에 AT&T는 경쟁에 대응하기 위해 가격을 내리는 한편 게임의 본질을 변화시키기 위해서 노력했다. 즉 여러 개의 서비스를 하나로 합친 '일괄 서비스(bundling service)'를 제공함으로써 가치의 표준을 AT&T 중심으로 다시 세우기 위해 노력하고 있다.

닌텐도, 혁신의 상징에서 개혁 대상으로

2014년 2월 19일 오후 7시 도쿄(東京) 아키하바라(秋葉原)의 전자제품 양판점 요도바시 아키바의 6층 비디오게임 매장. 사람들이 북적였다. 그런데 코너마다 사람들 반응이 극과 극이었다. 매장 왼편의 소니 플레이스테이션 코너에는 머리를 노랗게 염색한 10대부터 정장을 차려입은 50대 직장인까지 모여 게임 기기를 구경하거나 매장 내에 설치된 레이싱 게임을 즐기고 있었다. 반면 반대편 닌텐도 코너는 사람 하나 없이 한산했다.

2014년 1월 17일 게임업체 닌텐도(任天堂)의 오사카 시내의 실적 발표회장. 3월 결산 실적 예상치를 발표하는 이와타 사토루(岩田聰·55) 사장의 얼굴이 크게 굳어졌다. 이미 2년 연속 적자를 기록하긴 했지만, 작년까지만 해도 이와타 사장은 부활을 자신했다. 그간의 부진은 2004년 'DS'와 2006년 '위(Wii)' 이후 새로운 주력 게임기가 나오지 않았기 때문이었다는 것. 작년 초부터 본격 판매에 들어간 차세대 게임기 '위유(Wii U)'가 잘 팔리면 실적은 단번에 좋아질 것이라며 '2013년 1,000억엔 흑자 반전'을 약속해 왔다. 그러나 이날 그는 "350억엔 영업 적자가 예상된다"고 발표했다. 3년 연속 적자라는 것보다 더 충격적인 것은, 닌텐도가 6년 만에 내놓은 회심의 역작이 실패로 돌아갔다는 것이다. 위유는 작년 한 해 280만대 팔리는 데 그쳐 회사가 예상한 900만대에 크게 못 미쳤다. 지금까지 휴대용 게임기 'DS'가 1억 5,000만대, 가정용 게임기 '위'가 1억대 팔린 것을 감안하면 대실패라고 할

수 있다. 매출은 어떨까? 2008년 1조 8,300억엔(약 19조원)을 달성했지만, 올 3월까지의 1년 매출은 그 3분의 1에도 못 미칠 전망이다. 2009년 이명박 전 대통령이 "왜 한국은 이런 게임기를 못 만드냐"며 혁신의 상징으로 칭송했던 일본 게임업체 닌텐도가 불과 몇 년 만에 벼랑 끝에 선 것이다. 과연 닌텐도의 무엇이 문제였을까? 그 실패 원인을 세 가지로 분석해 본다.

첫째, '게임기'라는 틀에 갇혀 '모바일'을 놓치다

닌텐도는 스스로를 '게임기를 만드는 회사'라고 정의했다. 전 세계에 게임기를 2억대 이상 팔았던 회사이기에 그렇게 생각하는 것도 당연했다. 닌텐도의 게임기 개발 역량은 2006년 말 시판된 '위(Wii)'에서 최고조에 달했다.

그러나 닌텐도는 그렇게 생각함으로써 자신의 역량을 너무 좁게 가뒀다. 닌텐도가 스스로를 '게임기를 잘 만드는 회사'가 아니라 '게임을 잘 만드는 회사'라고 생각했다면, 급격히 확장하는 모바일 시장에 진출하는 등 더 많은 기회를 얻을 수 있었을 것이다. 그러나 닌텐도는 지금까지 모바일 게임을 단 하나도 내놓지 않았다. 지난달 기자와 애널리스트를 대상으로 한 경영 방침 설명회에서 "앞으로 모바일 게임을 내놓을 계획이 없느냐"는 질문이 쏟아지는 것도 당연했다. 이와타 사장은 그런 계획이 없다고 다시 한 번 부인했다.

하지만 지난 5년간 외부 환경은 급변했다. 글로벌 컨설팅회사인 PwC에 따르면 전 세계 모바일 게임 시장 규모는 지난 5년간 2배가 늘어 작년에 10조원에 달했고, 2017년에는 14조원까지 커질 것으로 예상된다. 특히 일본의 경우엔 2008년 전체 게

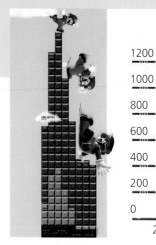

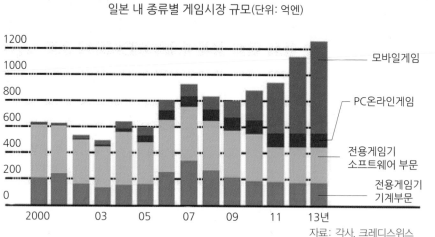

일본 내 종류별 게임시장 규모(단위: 억엔)

모바일게임

PC온라인게임

전용게임기
소프트웨어 부문

전용게임기
기계부문

자료: 각사, 크레디스위스

임시장의 10%에 불과했던 모바일 비중이 작년에는 전체의 절반을 넘어섰다.

닌텐도가 모바일 역량이 없는 것은 결코 아니다. 만일 닌텐도가 모바일 시장에 진출한다면, 게임기 시장의 경쟁자인 X박스의 MS(마이크로소프트)나 플레이스테이션의 소니보다 훨씬 유리한 입장에 있다. X박스나 플레이스테이션은 고성능을 원하는 하드코어 유저 시장을 표적으로 하는 반면, 닌텐도는 잠시 가볍게 즐기는 대중 유저에 집중하는 회사였고, 이는 모바일 게임이 지향하는 바와 정확히 일치하기 때문이다. 다시 말해 닌텐도의 단순명쾌한 게임들은 소니 플레이스테이션이나 MS X박스 진영의 중후장대한 게임보다 훨씬 모바일 환경에 어울린다. 닌텐도가 '앵그리버드'나 '클래시오브클랜' '퍼즐앤드래곤' 같은 게임을 만들지 못할 법은 없다.

그렇다면 왜 하지 않을까? 기득권 때문이라고 설명할 수 있다. 위와 DS를 합쳐 게임기를 2억대 이상 판매한 닌텐도가 게임기라는 플랫폼을 무시하기란 말처럼 쉬운 일은 아닐 것이다. 컴퓨터 이용자가 MS 오피스 프로그램을 최신 버전으로 업그레이드하듯이 이미 닌텐도 게임기를 산 고객들은 새 버전의 게임기가 나오는 대로 사곤 했다. 이처럼 누구의 간섭도 없는 독점적인 판매 플랫폼이 있는데, 왜 남들이 구축한 스마트폰 세계에 수많은 공급자 중 하나로 끼어들어야 하나?

게임기 신화를 이끌던 닌텐도 주역들은 그럴 의지가

없었다. 게임기로 계속 신화를 창조할 수 있다고 믿었기 때문이다. 닌텐도는 2012년 말 내놓은 위유를 통해 위와 DS의 명성을 이어갈 것으로 기대했다. 이에 대해 딜로이트컨설팅 김경준 대표는 "닌텐도가 디바이스(Device·기기) 경쟁을 하겠다는 생각 자체를 버려야 한다. 하드웨어를 버려야 산다"고 말했다. 지금이라도 반드시 모바일로 가야 한다는 충고다. 그는 "닌텐도가 지금까지 전 세계에 2억대의 게임기를 보급했다고 해도, 삼성이나 애플이 1년에 파는 스마트폰 숫자만 5억대에 달해 이미 상대가 안된다"고 말했다.

닌텐도가 모바일에 뛰어들 수 없는 이유는 다른 사정이 있긴 하다. 만약 닌텐도 게임기에서만 즐길 수 있는 '슈퍼마리오'를 스마트폰용으로 제공하는 순간, 기존에 깔아놓은 2억대의 게임기는 무용지물이 되고, 앞으로의 게임기 판매도 끝나버릴 수 있다. 결국 게임기라는 자산이 오히려 덫이 되는 딜레마에 빠진 것이다.

물론 반론도 있다. 게임 전문지인 게임라이프 창업자 크리스 콜러는 와이어드지 기고를 통해 "모바일로 가는 것은 닌텐도가 남들과 다른 게임으로 더 넓은 계층에 즐거움을 제공해 성공해 온 방식과 맞지 않는다"며 "경쟁자와는 전혀 다른 차원의 재미를 주는 방법을 찾아야 한다"고 말했다.

둘째, 닌텐도만의 컬러를 잃다

물론 모바일이 전가의 보도는 아니다. 게임기 시장에서 닌텐도와 경쟁하는 소니의 플레이스테이션이나 마이크로소프트의 X박스는 여전히 건재하다. 매출이 줄어들지 않고 있다. 그렇다면 닌텐도의 또 무엇이 문제였을까? 위유라는 게임기 자체의 매력이 반감됐다는 것이다. 기존 제품인 위와 확실히 차별화되는 제품이 아니었기에 위 고객들이 굳이 신형인 위유를 새로 사야 할 필요를 느끼지 못했다. 이렇게 된 이유 중 하나는 플레이스테이션과 X박스와의 경쟁에서 이기려는 데 집착하다가 본연의 컬러를 잃어버린 것이다.

'슈퍼마리오'와 '젤다의 전설'로 대변되는 닌텐도 게임의 특징은 누구가 즐길 수 있는 가벼운 게임이라는 점이다. 그것을 담는 그릇이 휴대용 게임기 DS와 가정용 게임기 위였다. 그런데 차세대 게임기인 위유에서 방향이 바뀌기 시작한다. 자신들만의 강점인 단순성을 버리고, 화려한 그래픽과 복잡한 스토리를 자랑하는 플레이스테이션이나 X박스의 아류로 가는 길을 택한 것이다.

그러나 그렇게 방향 전환을 한 것치고는 제품의 수준이 미치지 못했다. 성능이 향상됐다고는 하지만, 라이벌인 플레이스테이션4나 X박스원에 비해 수준이 떨어졌다. 닌텐도가 비장의 무기로 선보인 태블릿PC 형태의 조작장치인 '게임 패드'도 호응을 얻지 못했다. 고성능 스마트폰과 태블릿PC에 익숙한 신세대들에겐 이 물건이 구식처럼 느껴졌다.

KAIST 경영대학원 김영걸 교수는 "닌텐도의 강점인 '일반인들이 가볍게 즐길 수 있는' 게임이 스마트폰에서 대부분 구현되면서 충성 고객이 이탈하자 경쟁사의 게임기 시장으로 침투하겠다는 전략"이라고 해석하면서 "지금까지 수성을 잘하던 쪽이 갑자기 블루오션을 찾겠다고 뛰쳐나갔다가 모든 것을 잃어버린 격"이라고 말했다. 닌텐도가 모바일로 진출하든 게임기를 계속하든 변하지 말아야 할 것이 있다. 그것은 닌텐도만이 줄 수 있는 즐거움을 줘야 한다는 것이다. 그 점에 실패한 것은 닌텐도에 더 쓰라릴지 모른다.

셋째, '내가 다 만든다'의 한계

2012년 여름 닌텐도 본사 연구소. 그해 연말 출시를 목표로 막바지 개발 중이던 차세대 게임기 위유에서 게임이 잘 돌아가지 않는 문제가 터져, 사내 개발자들이 총동원돼 해결에 나섰다. 결국 해결은 됐지만, 문제 해결에 게임 개발 인력까지 전부 동원되는 바람에 게임기 시판과 동시에 나와야 할 주력 게임 소프트웨어 발매가 줄줄이 늦어지는 결과를 초래했다.

이 때문에 2012년 말 위유 발표 이후 닌텐도가 위유에 장착해 쓸 수 있는 대표 게임(플래그십 게임)으로 내놓은 것은 3개에 불과했다. 과거 위를 출시한 뒤 8개를 낸 것보다 훨씬 적었다. 초기 판매가 게임기의 성공 여부를 가르는 열쇠임을 감안할 때, 위유가 발매 직후의 중요한 시기에 신작 게임 부족으로 사용자들의 관심을 끌지 못한 것은 치명적이었다.

이런 일이 발생한 근본 이유는 닌텐도가 새 게임기를 내놓으면서도 주력 게임을 전부 내부에서 개발했기 때문이었다. 이는 'NIH(Not Invented Here) 신드롬'으로 설명된다. '내가 만든 게 아니야', 즉 자신들이 만들지 않은 것은 인정하지 않는다는 뜻이다.

외부 자원을 적극 활용하는 '오픈 이노베이션'을 외면한 닌텐도의 문제는 게임이 날개 돋친 듯 팔릴 때는 겉으로 드러나지 않았다. 그러나 그 열매에 안주함으로써 외부 게임업체의 참여를 통해 동반 성장하는 생태계를 만들지 못했다. 반면 라이벌들은 외부 개발사와의 관계 구축을 중시해 왔다. 소니 플레이스테이션을 대표하는 언차티드(Uncharted)나 MS의 X박스를 대표하는 헤일로(Halo) 같은 게임이 모두 외부 개발사와 협업을 통해 만들어졌다. 작년 말에 등장한 플레이스테이션과 X박스의 차세대 게임기가 인기를 끌고 있는 것도 이런 외부 개발사들을 끌어모아 매력적인 게임을 한꺼번에 출시했기 때문이다. 창

업투자사 CL인베스트의 백승재 IT투자기획팀장은 "닌텐도가 수익 모델 자체를 하드웨어에 고착시키고, 소프트웨어로 먹고사는 생태계를 만들지 못한 것이 결정적인 패인"이라고 말했다.

〈출처: 이코노미조선, 2014. 04. 01〉

셋째, 고객이 추구하는 편익과 기존의 경쟁패턴을 바꿀 수 있도록 혁신적 신제품을 출시하여 새로운 표준을 확립하는 것이다. 마케터는 제품혁신(product innovation), 세분시장 혁신(segment innovation), 그리고 편익 혁신(benefit innovation) 등의 대안들을 통해 가장 극적이면서 때로는 위험할 수도 있는 새로운 기준을 정의하는 것이다. 예를 들면, Gillette(질레트)는 제품혁신을 통해 면도기시장에서 강력한 위상을 차지했을 뿐만 아니라 시장선도자였던 Star를 비롯한 다른 후발진입자들을 따라잡을 수 있었다. 혁신은 첨단기술 시장뿐만 아니라 낮은 기술집약적 시장에서도 핵심적인 역할을 한다. 세탁용 세제시장은 Dreft 브랜드에 의해 개척되었지만 Tide에 의해 주도되었으며, Eveready는 건전지 시장에서 선도자였던 Bright Star를 추월했다.

이러한 모든 경우에서, 후발진입자들은 비교의 기준점이 되었던 선도자를 대체하고 새로운 표준을 확립할 수 있었다. Gillette는 자사가 확립한 표준을 스스로 공격하고, 그 표준을 새로운 질레트 제품으로 대체하기도 했다. 새롭게 등장한 시장의 표준으로서 Gillette, Tide, 그리고 이들과 비슷한 브랜드들은 기존의 선도자들이 누리던 이점을 누릴 수 있게 되었다. 이미 언급하였듯이, 전략적인 혁신은 가치를 새롭게 정의하는 매우 강력한 수단이다.

경쟁적 신제품전략의 핵심은 고객의 지식, 경쟁 패턴 그리고 기술상의 경쟁우위의 확보에 있다. 이때 경쟁우위는 고객이 원하는 것을 경쟁자보다 더 많이, 더 빨리, 그리고 더 싸게 제공함으로써 고객을 만족시키는 것으로부터 시작된다. 즉, 경쟁우위는 고객에 의해 추동(customer-driven)된다.

그러나 시장환경이 빠르게 변화함에 따라 소비자들은 새로운 제품에 대한 지식이 부족하게 된다. 따라서 소비자들은 그들의 경험이나 관찰을 통해 원하는 것에 대한 정보를 탐색하고, 기업은 브랜드의 경쟁전략을 통해 소비자들에게 적절한 경험을 제공한다. 소비자들은 이러한 경험을 통해서 브랜드에 대해서 지각(perception)하고, 선호(preference)를 구성하며, 적절한 선택규칙(choice)을 학습하게 된다. 그러므로 기업의 경쟁전략은 소비자의 지식(perception, preference, choice)을 결정하는 데 맞춰져야 하고 소비자의 지식을 어떻게 구성하느냐 하는 것이 경쟁의 핵심적 내용이 되어야 할 것이다.

이렇듯 기업은 시장을 선도(market driving)하는 경쟁적 신제품전략을 통해 고객의 지각 상에 자사의 브랜드에 유리한 게임의 법칙을 정립하고 이를 통해 경쟁우위를 창출하여야 한다.

또한 신제품이 성공하기 위해서는 적절한 시기에 적절한 마케팅 계획을 통해 적절한 시장에 출시되어야 한다. 이 경우, 장기적으로 유지될 수 있는 전략적인 경쟁우위를 창출해 내는 것이 매우 중요하다.

생각해 볼 문제

01 소비자 학습의 측면에서 시장을 주도하는(market driving) 전략의 필요성을 설명해 보시오.

02 시장개척 기업일 경우 전형성을 얻어 여러 가지 이점을 가지는 경우가 많다. 하지만 전형성이 높은 제품이 항상 이점을 가지는 것은 아닐 것이다. 전형성이 높은 제품의 경우 어떠한 상황에서 단점이 있겠는지 생각해 보시오.

03 시장이나 제품의 종류에 따라 시장 진입시기가 성공에 중요한 역할을 할 수 있을 것이다. 각각 어떠한 제품 혹은 시장일 경우에 선발 혹은 후발진입이 유리하겠는지 생각해 보시오.

· 경제 주간지 머니S, "스크린골프도 영원한 1등은 없다," 2015. 11. 11.
· 매일경제, "혁신의 아이콘 전기차 업체 테슬라 14년 된 후발기업이 미국 車 1위(시가총액)로 부상," 2017.06.19.
· 이데일리, "'추격자'에서 '선도자'로…'갤럭시S' 시리즈 역사," 2017.3.29.
· 이코노미조선, "닌텐도, 혁신의 상징에서 개혁 대상으로," 2014. 04. 01.
· 하영원 · 서찬주(1999), "후발진입상표가 시장개척상표를 앞지르는 데 있어서 광고의 역할에 관한 탐색적 연구," 광고학연구, Vol. 10, No. 2, pp. 9-38.
· Carpenter, G. S. and K. Nakamoto(1989), "Consumer Preference Formation and Pioneering Advantage," *Journal of Marketing Research*, Vol. 26, pp. 285-298.
· Golder, P. and G. Tellis(1993), "Pioneering Advantage: Marketing Logic or Marketing Legend," *Journal of Marketing Research*, Vol. 30, pp. 158-170.
· Grant, R. M. (2016). "Contemporary Strategy Analysis," John Wiley & Sons.
· Robinson, W. T.(1988), "Sources of Market Pioneer Advantages: The Case of Industrial Goods Industries," *Journal of Marketing Research*, Vol. 25, pp. 87-94.
· Robinson, W. T. and C. Fornell(1985), "Sources of Market Pioneer Advantage in Consumer Goods Industries," *Journal of Marketing Research*, Vol. 22, pp. 305-317.
· Shankar, V., G. S. Carpenter, and L. Krishnamurthi(1998), "Late Mover Advantage: How Innovative Late Entrants Outsell Pioneers," *Journal of Marketing Research,* Vol. 35, pp. 54-70.
· Slater, S. F., & Narver, J. C. (1994). Does competitive environment moderate the market orientation-performance relationship?. *The Journal of Marketing*, 46-55.

공격 및 대응전략

故用兵之法, 十則圍之, 五則攻之, 倍則戰之, 敵則能分之, 少則能守之, 不若則能避之.
[고용병지법, 십즉위지, 오즉공지, 배즉전지, 적즉능분지, 소즉능수지, 불약즉능피지.]

"전쟁을 하는 방법은, 적군보다 10배의 병력이면 포위하고, 5배의 병력이면 쉰 째공
격하고, 2배의 병력이면 적과 맞서 싸우고, 적과 전력이 비슷하면 적을 분리하여
차례로 공격하고, 적보다 적은 병력이면 방어하고, 승산이 없으면 피한다."

손자병법 모공편[謀攻篇]

초기 휴대전화는 가격이 비싸 비즈니스가 많은 30, 40대에 고객이 편중되었다. 따라서 이
동통신의 서비스와 단말기는 주로 기능성에 초점을 두었기 때문에 디자인이 화려하지 않
았다. 그러나 삼성의 Anycall이 유럽에 진출할 시기에는 상황이 바뀌고 있었다. 유럽의 휴
대전화가 대중화되면서 10, 20대 학생들이 휴대전화를 구입하기 시작했다. 이에 삼성은
젊은층의 감성을 자극할 수 있는 디자인을 찾게 되었고, 그 결과 '듀얼 폴더'를 설계하여
유럽에 수출, 성공을 거두었다. 기존에 기능성 위주로 편중된 휴대전화시장에 '패션'세분시
장을 만든 것이다.
만약 Nokia나 Motorola가 점하고 있던 기능성 위주의 시장에 도전장을 내밀었다면, 아직
유럽에 기반이 취약했던 Anycall은 성공을 거둘 수 없었을 것이다. 비록 손자는 전쟁을 예
를 들어 전력의 우열에 따른 대응방식을 이야기했지만, 이것은 마케팅에도 시사하는 바가
크다. 압도적으로 시장을 장악하고 있는 기존 경쟁사들과 출혈경쟁을 하기보다는 새로운
세분시장을 만들고 그 시장을 장악하는 효과적인 마케팅전략 수행이 가능함을 지적하고
있는 것이다.

Leading CASE

나를 더 완벽하게 만들어주는 경쟁 상대

널 죽이고 싶지 않아. 네가 없으면 난 어떡하라고? 돌아가서 바보 같은 놈들을 다시 상대하라고? 안돼, 안돼, 그건 아니야. 넌 나를 완벽하게 만들어.

— 영화 〈다크 나이트〉 中
자신을 취조하는 배트맨을 향한 조커의 대사

시장경제 체제에서 피할 수 없는 것이 바로 경쟁이다. 요즘의 시장은 글로벌 경제의 도래에 따른 시장개방의 가속화로 인해 '무한경쟁체제'라고 말 할 수 있을 정도로 생존을 위해 점점 더 치열한 모습을 보이고 있다. 경쟁이란 결국 '승자'와 '패자'를 만들어 낼 수밖에 없는 구조이기에 소비자는 승자의 손을 들어 주고 패자는 시장에서 도태되기 마련이다. 하지만 시장의 지속적인 발전을 위해서는 단 한번의 실패로 시장에서 퇴출되어 버리는 현상은 막아야 할 것이다. 그리고 무엇보다 승자를 위해서라도 경쟁자가 있는 상태는 계속 유지되어야 한다. 결국 경쟁 할 수 있는 상대가 있다는 것은

승자 스스로도 발전하기 위해 끊임없이 노력할 수 있는 계기를 만들어주기 때문이다.

두 콜라 회사의 100년 전쟁

전세계 사람들이 매일 8억 3,400만병을 소비한다는 콜라 시장은 세계적으로 가장 치열한 경쟁을 벌이고 있는 코카콜라와 펩시콜라가 1위의 자리를 놓고 다투고 있다. 이러한 경쟁 속에서도 코카콜라는 세계 브랜드 가치 순위 1위 기업(약 700억 달러)이라는 업적을 굳건하게 지켜가며 2인자 펩시의 도전을 언제나 담담히 받아들이고 있는 상황이다.

코카콜라의 트레이드마크는 바로 1915년에 출시를 시작한 한 손으로 잡을 수 있는 독특한 디자인의 병이다. 흔히들 이 코카콜라 병이 비키니를 입은 여성의 허리에서 모티브를 얻었다고 많이 알고 있지만, 사실 여자의 주름치마에서 힌트를 얻었다고 한다. 하지만 사실과 상관없이 미국 남성들은 코카콜라의 병을 주름치마가 아닌 비키니 입은 여자의 허리로 받아들였고, 여성의 허리를 한 손에 잡고 마신다는 남성들의 욕망은 코카콜라 병 디자인의 최대 강점이 되었다.

펩시콜라는 이를 극복하기 위해 소비자의 행동패턴을 관찰했다. 그 결과 소비자는 평상시에 유명 브랜드를 선호하지만, 돈을 지불해야 하는 순간에는 저렴한 브랜드를 선택한다는 사실을 발견한다. 이에 따라 펩시는 소비자들의 평소 태도가 아닌 구매 순간에 승부를 걸기로 하고, 같은 가격에 두 배의 양을 제공하는 음료

수 병을 새로 제작하여 판매하기 시작했다. 그 결과 평상시에는 코카콜라를 선호하지만 구매의 순간에는 펩시를 선택하는 사람의 수가 증가했다. 하지만 코카콜라는 펩시처럼 쉽게 양을 늘릴 수가 없었다. 음료수 병의 양을 두 배로 늘리자 비키니를 입은 여자의 허리가 뚱뚱하게 변하고, 결국 병 디자인이 가지고 있는 장점이 사라져 버렸기 때문이다.

승리와 도전이라는 시각 차이

나이키와 아디다스는 명실공히 세계 스포츠용품 시장을 놓고 경쟁하고 있는 라이벌 기업이다. 131억 달러에 달하는 브랜드 가치를 지니고 있는 나이키는 스포츠용품 시장의 1인자로서 아디다스와 끝없는 경쟁을 하고 있다. 같은 시장에 있다고 하지만 두 브랜드는 서로 추구하고 있는 이념에서 차이를 보인다. 그리스 신화 속 승리의 여신 니케(Nike)에서 이름을 따온 나이키는 이름처럼 타인과의 경쟁을 통한 승리를 그 무엇보다도 중요한 가치로 여기고 있다. 그에 비해 아디다스는 승리보다는 도전에 초점을 맞춘 브랜드 아이덴티티를 내세운다.

1990년대 초반 독일에서 나이키가 후원하는 마라톤 대회가 열렸다. 참가 선수들 중 상위권의 선수들은 대부분 나이키의 스폰서를 받는 선수였고, 이는 독일에서 시작된 브랜드인 아디다스에게는 자신들의 안방을 나이키에게 고스란히 내주는 형국이었다. 하지만 나이키와 같은 대규모의 스폰서가 불가능한 아디다스는 이 난관을 타개하기 위해 색다른 접근법을 시도한다. 마라톤의 본질을 타인과의 경쟁이 아닌 자신과의 경쟁이라는 점에서 볼 수 있도록 새롭게 해석을 한 것이다. 이에 따라 아디다스는 마라톤 참가 선수 중 고희(古稀)가 지난 최고령의 노인 선수를 스폰서했고, "마라톤은 타인과의 싸움이 아닌 자신과의 싸움이다"라는 메시지를 통해 소비자와 소통했다. 결국 노인 마라토너는 5시간이 넘는 기록으로 결승선을 통과했지만 많은 사람들은 자신과의 싸움에서 승리한 노장 선수와 그를 후원한 아디다스를 지지했다.

경쟁시장에 있어서 선점의 효과는 상당히 크다. 그리고 한번 자리매김된 순위는 쉽게 변동되지 않는다. 하지만 동시에 우리가 간과하지 말아야 할 점은 세상에 영원한 1위는 없다는 것이다. 고인 물은 썩기 마련이고, 경쟁자의 도전 없이 장기간을 독점으로 1위를 지켜온 기업은 결국 동물원에 갇힌 호랑이처럼 정글에서 살아남는 법을 잊어버리게 된다. 그렇게 된다면 도전자에게도 기회가 생기는 일이니 나쁠 것은 없겠지만 시장에서 소비자가 원하는 것은 챔피언과 도전자의 정정당당한 경쟁을 통한 승부지, 자기 관리에 실패한 일인자가 스스로 자멸하여 어부지리로 1위가 바뀌는 모습은 아니다. 지독한 악당 조커가 없다면 배트맨은 정의의 수호자라기보다는 법 위에 군림하는 자경단의 모습으로 보일지도 모를 일이다.

〈출처: 리더피아, 2011년 6월〉

시장의 매력도가 높으면 높을수록 시장의 경쟁강도는 증가한다. 높은 매력도를 가진 시장은 대개 높은 이익률과 성장률을 가지고 있으므로 처음 시장에 진입한 선도기업이 있다 할지라도 독점적 지위를 누리지 못한다면 그 매력도 때문에 후발주자들에 의해 끊임없이 도전을 받기 마련이고, 이에 따라 경쟁하는 기업들이 증가하기 때문이다. 이러한 상황에서 후발주자에게는 선도기업을 효율적이고 효과적으로 공격할 수 있는 전략이, 선도기업에게는 후발주자의 공격에 적절히 대응할 수 있는 전략이 절실할 것이다. 또한, 반대로 시장에서 우위를 점하고 있는 기업이라 할지라도 더 좋은 위치를 확보하기 위하여 경쟁기업을 공격할 수 있는 전략을 모색할 수 있으며, 경쟁기업은 이에 따른 대응전략이 필요할 것이다. 따라서, 독점적인 몇몇 특별한 상황을 제외하고는 역동적으로 변화하는 시장환경에 있어서 경쟁기업들의 움직임에 대처할 수 있도록 적합한 전략을 구사할 수 있는 능력이 매우 중요시된다고 할 수 있다. 본장에서는 경쟁기업을 무력화시키면서 자사의 영역을 넓힐 수 있는 공격전략에 대하여 알아보고 이러한 공격전략에 대하여 적절히 대처할 수 있는 대응전략이 어떤 과정을 통해 수립되는지 알아보기로 한다.

• SECTION 01 • 공격전략 Offensive strategy

1 공격전략의 틀(Offensive strategy framework)

마오쩌둥(毛澤東, 1893~1976)은 중국에 공산당 정권을 설립한 혁명가로서 혹은 문화혁명(文化革命)을 주도한 정치가로서 매우 잘 알려져 있지만, 전략가로서도 매우 유명하다. 마오쩌둥이 공산당의 지도자로서 장개석이 이끄는 국민당의 군대와 전쟁을 벌이고 있을 당시 비정규군인 공산당의 군대는 정규군인 국민당의 군대에 비하여 무기나 보급 등 군사력에 있어서 열세에 있었다. 마오쩌둥은 이러한 상황에서는 국민당과 전면전을 펼치기에는 무리라고 판단하고 비정규군에 적합한 전략을 모색하였다.

먼저, 공산당의 세력하에 있는 마을을 근거지로 하여 소수의 게릴라 부대를 편성하고 빠른 기동성을 발휘하여 적에게 타격을 입힌 뒤 철수하는 전략을 구사

그림 13-1 공격전략의 진화

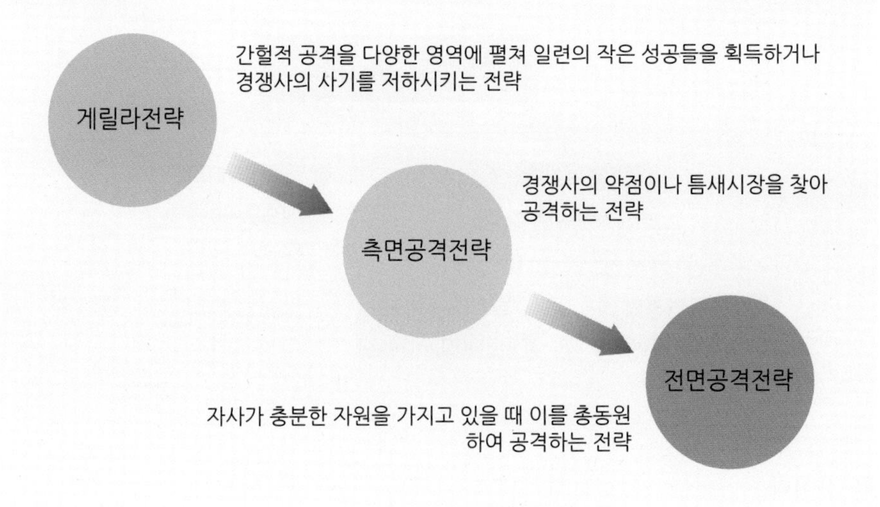

게릴라전략

간헐적 공격을 다양한 영역에 펼쳐 일련의 작은 성공들을 획득하거나 경쟁사의 사기를 저하시키는 전략

측면공격전략

경쟁사의 약점이나 틈새시장을 찾아 공격하는 전략

전면공격전략

자사가 충분한 자원을 가지고 있을 때 이를 총동원 하여 공격하는 전략

출처: Skellon, N.(1999), Corporate Combat, Nicholas Brealey Publishing.

하도록 하였다. 또한 부패한 국민당 정부의 관할하에 있는 마을을 공산당의 세력으로 편입시키고 철저히 자기 편으로 만들어 보급로와 공산당을 선전할 수 있는 교두보로 삼았다. 이렇게 하여 어느 정도 세력이 확장되고 군사력이 확보되면 정규군을 편성하여 고립된 적군의 기지를 공격하거나 보급로와 지휘계통을 차단함으로써 국민당의 군대를 각개격파하였다. 마오쩌둥은 이러한 방법으로 공산당보다 월등한 군사력을 가지고 있던 국민당의 군대에 맞설 수 있었으며 결국에는 국민당과의 전면전을 통하여 중국 본토에 공산당 정권을 수립할 수 있었다. 마오쩌둥이 취했던 전략의 사례에서 볼 수 있었던 것과 마찬가지로 현대의 기업에 있어서도 자사의 역량과 경쟁환경에 따라 적절한 전략을 구사하는 것이 매우 중요하다고 할 수 있다.

공격전략이란 우리가 흔히 생각하는 것처럼 단지 경쟁사를 정면으로 공격하는 것이 능사가 아니라 때에 따라서는 소규모의 공격을 간헐적으로 퍼부음으로써 경쟁사를 지치게 만들 수도 있고, 적의 약한 부분에 공격을 가함으로써 경쟁사를 공격할 수 있는 교두보를 마련할 수도 있다. 공격전략을 구사하는 데 있어서 또 한 가지 중요하게 생각해야 할 점은 마오쩌둥이 그랬듯이 공격전략은 어느 한 전략에만 머물러 그것만을 지속적으로 실행하는 것이 아니라 상황의 변화에 따라 진화·발전해야 한다는 것이다. 만약 열세에 놓여 있던 기업이 경쟁사의 약한 부분을 지속적으로 공격하여 균열을 만들어 내면서 전면전을 할 수 있는 충분한 역량을 쌓았다면 그 기업의 전략은 향후 전면공격으로 변화할 수 있

그림 13-2

공격전략의 종류

을 것이다.

그렇다면 과연 기업들이 취할 수 있는 공격전략에는 어떤 것들이 있는지 그 종류에 대해 먼저 알아보기로 하자.

실제 전쟁에 있어서 공격전략은 크게 직접 군대를 동원하여 상대방의 군대와 싸우는 전략과 상대방의 보급로나 지휘계통 등을 차단함으로써 자원의 원활한 공급을 방해하고 향후 군사적 움직임을 무력화시키거나 사기를 저하시키는 전략으로 나누어 볼 수 있다. 기업의 전략도 이와 마찬가지로 자사가 가진 자산과 역량을 동원하여 경쟁사의 마케팅전략과 경쟁하는 공격(Attack)전략과 경쟁사의 자원을 획득하거나 역량을 무력화시켜 경쟁사의 경쟁력을 약화시키는 게릴라(Guerilla)전략으로 나누어진다. 그리고 공격전략은 다시 공격하는 규모와 공격의도에 따라 다시 전면공격(Frontal Attack)전략과 측면공격(Flanking Attack)전략으로 각각 나누어진다. 이러한 전략들은 앞서 말한 바와 같이 그 목적과 시기, 상황에 따라 적절히 구사되어야 하며, 하나의 전략에 머무르지 말고 환경의 변화에 따라 기민하게 바뀔 수 있어야 한다. 이 전략들이 어떤 상황에서 어떠한 목적으로 사용될 수 있는지, 사례를 통해 자세히 알아보도록 하자.

2 게릴라(Guerilla)전략

故用兵之法, 十則圍之, 五則攻之, 倍則分之, 敵則能戰之, 少則能逃之, 不若則能避之.
故小敵之堅, 大敵之擒也.

> "전쟁을 하는 방법은, 적군보다 10배의 병력이면 포위하고, 5배의 병력이면 공격하고, 2배의 병력이면 적을 분리시킨 후 차례로 공격하고, 맞먹는 병력이면 최선을 다하여 싸우고, 적보다 적은 병력이면 도망치고, 승산이 없으면 피한다. 그러므로 소수의 병력으로 무리하게 싸우면, 강대한 적의 포로가 될 따름이다."

　손자의 말에서 볼 수 있는 것처럼 경쟁사에 비하여 자원과 역량에 있어서 열세에 있는 기업이 처음부터 전면전을 벌인다는 것은 매우 무모한 전략이라고 할 수 있다. 앞서 말했던 것처럼 공격전략은 자사가 처해 있는 상황을 면밀히 분석한 후 그 형편에 따라 알맞은 전략을 실행해야 하며 단계적으로 발전시켜 나갈 수 있어야 한다. 따라서, 자사가 경쟁사에 비하여 열세에 놓여 있을 때에는 무모한 전면전을 벌이기보다는 게릴라 전략을 사용하는 것이 합당할 것이다. 게릴라전략은 자사가 경쟁사에 비하여 열세에 있을 때뿐만 아니라 다양한 상황에서 사용할 수 있는 전략이지만 적은 자원으로써 효과적인 결과를 얻을 수 있기 때문에 주로 자사가 가지고 있는 자산과 역량을 투입하여 경쟁사와 싸우기에는 너무 부족할 때 사용한다. 게릴라전략의 단계에서는 경쟁사를 완전히 굴복시키거나 파괴하는 것이 아니라 소규모의 간헐적 공격을 다양한 영역에 펼쳐 일련의 작은 성공들을 획득하거나 경쟁사가 차지하고 있는 시장이나 자원의 일부분을 차지하거나 경쟁사가 귀찮게 느낄 정도로 만들어 사기를 떨어뜨리거나 싸움을 그만 할 것을 제안할 때까지 지속적으로 치고 빠지는 전략이다. 게릴라 전략은 다음과 같이 크게 두 가지 목적으로 나누어 생각해 볼 수 있다.

　첫 번째는, 경쟁사와 직접 싸우기보다 경쟁사가 쉽게 전략을 실행에 옮길 수 없도록 경쟁사의 자원 사용을 방해하는 것이다. 공격하는 기업은 이를 위해 경쟁사가 사용하는 자원을 자사의 것으로 만들거나 최소한 경쟁사가 사용하지 못하도록 교란하는 방안을 강구해야 하며, 결과적으로 경쟁사가 지쳐서 양보와 타협의 손길을 내밀 수 있도록 해야 한다. 이 전략은 경쟁사의 인적자원 전략에 대한 대응, 경쟁사가 보유한 유통채널의 획득, 경쟁사의 부당행위에 대한 법률적 대응 등 우회적인 모든 합법적 공격수단들을 포함한다. 대개 공격하는 기업들은 이러한 소규모의 공격을 지속적으로 수행해야 하기 때문에 경쟁사의 전략에 혼란이 생기거나 해당 제품군에서 철수하는 등 가시적인 효과가 나타날 때까지 인내할 수 있는 끈기가 요구되며, 마지막에는 결실을 맺을 수 있도록 과감하고 강력하게 경쟁사를 물리칠 수 있는 자산과 역량을 구축해 나가야 한다.

파이어폭스에도 밀린 익스플로러… MS 제국의 몰락

한때 전 세계 인터넷 접속용 소프트웨어(웹브라우저) 시장을 평정했던 마이크로소프트(MS)가 몰락하고 있다.

윈도 운영체제(OS) 사용자가 압도적으로 많았던 국내에서도 구글의 '크롬'에 1위 자리를 내주면서 MS의 시대가 저물고 있다.

18일 아일랜드 웹 분석 업체 스탯카운터에 따르면 전 세계 컴퓨터(PC) 웹브라우저 시장에서 MS의 '인터넷 익스플로러'(IE)와 '엣지'의 합산 점유율이 지난달 처음으로 모질라 '파이어폭스'에 추월 당하며 3위로 추락했다. MS 웹브라우저의 점유율은 지난 3월 15.8%에서 4월 15.5%로 0.3%포인트 줄었는데, 같은 기간 파이어폭스의 점유율은 15.7%에서

15.6%로 '단 1%포인트만 감소하며 순위가 바뀐 것. 1위는 60.5%의 압도적 점유율을 기록한 구글 크롬이었다.

MS 웹브라우저의 하락세는 국내에서 더욱 두드러진다. 지난달 IE와 엣지는 국내 PC 웹브라우저 점유율이 45.9%에 그쳐, 46.1%를 차지한 구글 크롬에 1위를 내줬다. 지난해 12월만 해도 MS 웹브라우저의 점유율은 62.5%로 크롬(32.5%)의 두 배에 가까웠다. 크롬은 불과 4개월 만에 역전 드라마를 연출한 셈이다. 국내 시장에서 MS의 이 같은 추락은 상징성이 크다. 우리나라는 윈도 OS를 사용하는 삼성전자와 LG전자 컴퓨터의 판매 비중이 외국에 비해 압도적으로 높다. 이에 따라 세계적으로는 이미 2012년 크롬이 선두를 차지했지만 국내에서는 MS의 웹브라우저가 아성을 지켜왔다.

올 들어 MS의 영향력이 급격히 떨어진 데는 MS가 1월부터 IE에 대한 기술 지원을 중단하고 새 웹브라우저인 엣지 이용을 강권한 것이 결정적 영향

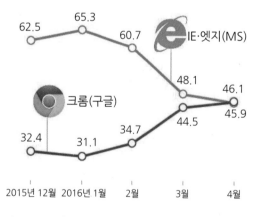

국내 PC 웹브라우저 점유율 추이(단위: %)

자료: 스탯카운티

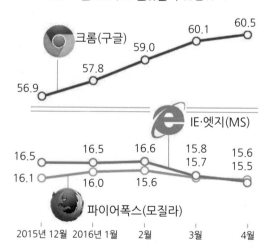

세계 PC 웹브라우저 점유율 추이(단위: %)

을 미친 것으로 분석된다. 윈도 이용자들이 그동안 사용해 온 IE를 더 이상 쓸 수 없게 되면서 아예 크롬으로 갈아타기 시작한 것이다. 안드로이드 OS 스마트폰에 기본 탑재된 크롬이 스마트폰에서 열어본 웹페이지를 즐겨찾기에 추가하면 PC에서도 그대로 볼 수 있는 연계 기능을 갖고 있는 것도 한몫했다. 이를 활용하기 위해 PC에서도 크롬을 내려 받아 사용하는 이가 크게 증가했다는 게 업계 설명이다.

MS 웹브라우저의 추락은 시대의 흐름을 좇아가지 못한 IT 업체의 몰락을 단적으로 보여준다. IE는 1990년대 윈도가 설치된 PC에 기본 탑재된 덕에 빠르게 확산, 단숨에 웹브라우저의 절대 강자로 등극했다. 2000년대에 들어서는 전체 웹브라우저 시장에서 점유율이 96%까지 뛰며 독점 체제를 굳혔다. 그러나 스마트폰 등장에 발 빠르게 대응하지 못하면서 위기를 맞았다. MS는 현재 모바일 웹브라우저 시장에서 구글의 크롬과 애플의 사파리 등에 밀려 점유율이 2%도 안 된다.

위기 극복을 위해 MS는 지난해 '윈도10'을 출시하며 IE 대신 엣지를 선보이는 승부수를 띄웠다. 엣지는 모바일 환경에 최적화돼 크롬처럼 PC와 스마트폰, 태블릿PC 등에서 연계 가능한 것이 특징이다. 그러나 새 웹브라우저로 예전의 명성을 되찾고자 한 전략은 너무 늦었고 결과적으로 추락을 더 재촉했다. 업계 관계자는 "PC 시장에서의 압도적 영향력에 취해 모바일 대응이 늦은 것이 패인"이라며 "이미 스마트폰 OS 시장을 평정한 구글 크롬의 상승세가 계속될 것"이라고 말했다.

〈출처: 한국일보, 2016. 05. 19〉

게릴라 전략의 두 번째 목적은 경쟁사를 자사가 원하는 전쟁터로 끌어들이는 것이다. 이 전략을 사용할 때 대개 경쟁사는 자사보다 규모가 크기 때문에 공격하는 기업을 무시하며 쉽게 전쟁터로 나오지 않을 수 있다. 게릴라 전략은 이렇게 경쟁사가 자사의 공격전략에 대응하고자 하는 의지가 없어 자사의 빠른 전략실행이 불가능할 때 사용한다. 게릴라전략을 사용하는 기업은 경쟁사에 대하여 간헐적인 공격을 가함으로써 경쟁사의 주의를 끌어 본격적인 공격전략을 수행하기 위한 유인전략으로 사용할 수 있다. 게릴라 전략은 경쟁사의 취약한 곳을 먼저 공격하여 경쟁사의 시장이나 자원을 조금씩 점진적으로 획득해 나감으로써 그 목적을 달성하거나 경쟁사를 자사가 원하는 전쟁터로 끌어들일 수 있다.

Highlight 2

반즈앤노블 vs. 아마존

1873년에 개점하여 100년이 넘는 역사를 자랑하는 반즈앤노블(Barnes & Noble, www.barnesandnoble.com)은 미국의 거의 모든 주에 1,000개에 가까운 매장을 가지고 있는 서점 체인이다. 직원수만 3만여 명이며 5만여 종의 서적과 그 관련된 제품들을 취급하고 있는 오프라인 서점의 최강자였다. 그러나 1990년대 중반 이후 인터넷의 사용자가 증가하면서 많은 사람들이 인터넷을 비즈니스의 도구로 인식하게 되었고 Jeff Bezos 또한 이러한 기회를 놓치지 않고 아마존(Amazon, www.amazon.com)이라는 온라인 쇼핑몰을 시작하였다. 아마존이 1994년 처음 사업을 시작했을 때 취급했던 아이템은 서적으로서 다른 사업 아이템들에 비해서 표준화가 잘 된 것이었기 때문에 직접 물건을 보고 살 수 없는 인터넷 쇼핑몰의 특성에 잘 부합하였던 것이다. 한창 인터넷 비즈니스가 성장을 하였던 1999년 아마존의 매출 성장률은 841%에 달할 만큼 그 성장세는 폭발적이었으며 이미 온라인 서점 분야에서는 선두의 위치를 확고히 하고 있었다.

아마존은 크게 두 가지 측면에서 오프라인 서점과 비교될 수 있었다. 먼저 아마존은 공간의 제약이 없는 인터넷 공간에 있기 때문에 진열에 대한 비용이 들지 않았을 뿐만 아니라, 오프라인 공간보다 많은 종류의 서적을 진열할 수 있었기 때문에 도서시장에서의 틈새들에 쉽게 침투할 수 있었다. 또한 우수한 CRM 시스템을 갖출 수 있었다. 한 고객이 실수로 같은 책을 두 번 주문할 뻔한 것을 아마존이 미리 알려주었다는 입소문이 돌면서 온라인 서점의 문제로 지적되었던 고객불만족이 상당히 극복되면서 아마존은 크게 성장할 수 있었다.

반즈앤노블은 이러한 아마존의 행보에 대해 관망하는 자세였지만, 인터넷 비즈니스가 크게 성장함에 따라 온라인 서점에 대한 필요성을 절실히 느끼고 아마존의 후발주자로서 bn.com이라는 온라인 서점을 만들게 되었다. 반즈앤노블이 아마존을 추격하기 위해 고려했던 여러 가지 전략 중 대표적인 것이 바로 아마존에 서적을 공급하고 있던 인그램(Ingram, www.ingrambookgroup.com)을 인수하는 것이었다. 반즈앤노블이 미국에서 가장 큰 서적 중개회사인 인그램을 인수하는 것은 책을 효율적으로 공급하고 물류비용을 줄일 수 있다는 표면적인 이유도 있겠지만, 한편으로는 아마존이 취급하는 상당량의 서적을 공급하고 있는 공급망을 차단함으로써 아마존의 경쟁력을 약화시키는 고도의 전략이라고 평가할 수도 있다.

이듬해에 반즈앤노블은 불공정 경쟁을 우려한 미국내 서적 판매상들과 저작가협회의 반발을 의식하여 아마존에 서적을 공급하고 있던 인그램의 인수 계획을 포기했다.

결과적으로 반스앤노블은 아마존에게 온라인 서점에서 밀리고 전자책과 스마트패드 사업도 부진해 위기를 맞았다. 2010년대 까지 업계 2위였다가 파

산·청산 절차를 거쳐 역사의 뒤안길로 사라진 보더스의 전철을 밟을 수도 있다는 관측도 나온다.

반스앤노블은 21일 최근 분기 실적을 집계한 결과 8700만 달러(약 975억원) 순손실을 냈다고 뉴욕증시(NYSE)에 공시했다. 또 반스앤노블의 오프라인 서점 매입을 검토했던 레너드 리지오 이사회 의장이 최근 이를 포기했다는 사실도 같은 날 밝혔다.

리지오 의장이 오프라인 서점을 회사에서 사들여 회사를 오프라인 부문과 온라인·디지털콘텐츠 부문으로 분사하려던 계획은 무산됐다. 리지오 의장은 반스앤노블 창립자다.

이런 악재 탓에 반스앤노블의 주가는 이날 장중 16%나 떨어졌다. 반스앤노블 부진은 일시적인 현상이 아니라 서점업계의 구조적 변화가 원인이어서 쉽게 실적이 호전되기는 어려울 것으로 보인다.

〈출처: 한국경제, 1999. 06. 04/Etnews.com, 2013. 08. 21〉

게릴라 전략을 구사할 때 기업들이 반드시 고려해야 할 점은 다음과 같다. 먼저, 경쟁사의 약점이나 방어가 약한 곳을 공격하는 것이다. 아무리 강한 기업이라 할지라도 약점은 있게 마련이며, 경쟁사가 생각하지 못한 영역에 충분히 성장 가능성이 있는 시장이 존재할 수도 있는 것이다. 따라서, 공격하는 기업의 사고는 항상 열려 있어야 하며, 고정관념을 버리고 항상 새로운 영역에 대한 탐색을 늦추지 않아야 한다. 또한, 이러한 곳에 기습적으로 이루어지는 공격은 그 성격이나 방향을 경쟁사가 예측할 수 없으므로 방어하는 기업의 사기를 떨어뜨릴 수 있다. 이 외에 올바른 판단 위에 추진된 공격은 그 공세를 늦추지 말고 지속적인 추진력을 가지고 이루어져야 하며 이미 성숙단계에 이르러 그 대응전략이 비교적 강하게 나타날 가능성이 있는 시장보다는 성장단계에 있어서 시장 내에 모든 기업들이 시장영역을 넓혀 나가기 위해 힘을 쓰는 단계의 시장에 적합할 것이다.

3 측면공격(Flanking attack)전략

故形人而我無形, 則我專而敵分; 我專爲一, 敵分爲十, 是以十攻其一也.
進而不可御者, 沖其虛也; 退而不可追者, 速而不可及也.

> "적을 드러나게 하고 나는 드러내지 않으면, 아군은 필요한 대비를 향하여 집결되고 적은 골고루 대비하기 위하여 분산된다. 아군은 집결되어 하나가 되고, 적은 분산되어 열로 나누어지면, 이는 열로써 적의 하나를 공격하는 셈이다. 진격할 때 막아내지 못하는 것은, 그 허를 찔렸기 때문이요, 철수할 때 추격하지 못하는 것은, 신속함이 미치지 못하는 까닭이다."

시장 내에서 우월한 지위를 가지고 있는 기업들은 안정된 기반을 바탕으로 하고 있다. 후발주자나 상대적으로 열세인 기업의 입장에 있어서는 어느 정도 자산과 역량이 갖추어져 있다 하더라도 정면공격으로 이러한 기업들과 경쟁을 하기에 무리가 뒤따른다. 따라서, 이러한 경우에는 상대적으로 경쟁사가 소홀하게 생각하는 시장을 대상으로 하는 틈새(niche) 마케팅전략이 적절하다고 할 수 있겠다. 이 전략을 사용하는 기업들에게 있어서는 자사의 작은 규모가 가지는 이점, 즉 유연성과 기민함을 이용하여 경쟁사가 간과하고 있는 경쟁사의 약점이나 틈새시장(niche market)을 찾아내는 것이 중요하다. 따라서, 측면공격전략을 추구하는 기업이 찾아야 할 전략적 목표물은 시장선도자가 제품이나 서비스를 제공하고 있지만 소비자의 욕구를 제대로 충족시키지 못하는 시장 혹은 소비자의 욕구를 충족시킬 수 있는 제품과 서비스가 아예 존재하고 있지 않은 시장이 될 것이다.

측면공격전략을 사용할 때 주의해야 할 점은 경쟁사가 대응전략을 펼치기 전에 시장 내에서 확실한 기반을 닦아 놓아야 한다는 것이다. 공략의 대상이 되는 틈새시장은 향후 시장성장을 고려하여 선택하여야 하고 자사의 역량이 잘 활용될 수 있는 시장이어야 할 것이다. 이 전략은 주로 자사보다 큰 규모의 경쟁사를 상대로 하기 때문에 경쟁사가 잃어버린 시장을 되찾기 위해 혹은 간과했던 매력적인 시장을 빼앗기 위해 자산과 역량을 투입한다면 이에 대한 자사의 전략선택은 매우 제한되기 때문이다. 따라서, 매력적인 틈새시장을 발견했을 때 뛰어들 수 있는 기민함뿐만 아니라 경쟁사의 대응전략을 예상하고 미리 대비하는 능력도 중요하다. 이를 위해서는 자사가 가지고 있는 가용자원뿐만 아니라 경쟁사의 규모나 능력에 대해 정확히 판단함으로써 측면공격전략을 사용했을 때 예상되는 경쟁사의 반응을 미리 평가해보는 것이 필요하다. 이러한 평가 없이 무턱대고 공격을 감행했다가 경쟁사의 반응이 예상 외로 빠르거나 압도적일 경우에는 전략적 목표를 달성하지 못한 채 오히려 더 큰 타격을 입을 수 있기 때문이다.

이를 잘 이용한 사례로 온라인 영화 대여 업체 넷플릭스 예로 들 수 있다.

넷플릭스는 이러한 측면공격을 전략적으로 잘 활용한 기업이다. 미국 최대 온라인 영화 대여 및 스트리밍 서비스 업체인 넷플릭스는 지난 수십년간 업계 1위였던 블록버스터를 시장에서 몰아내고 시장을 장악하는 데 성공했다. 전문 영화 대여 매장 중심의 사업 모델이 이끌던 영화 대여 산업 환경에서 온라인을 통해 영화 대여 및 DVD 배송해 주는 차별화된 서비스 경쟁력을 확보한 것이 넷플릭스가 다윗과 골리앗의 싸움에서 승리할 수 있었던 원동력이었다.

경쟁업체 블록버스터가 오프라인 매장에 집중한 반면, 넷플릭스는 온라인 영화 대여 시장에서 높은 브랜드 인지도 확보를 바탕으로 시장 상황과 기술 변화를 채택 및 적용해 사업 모델 개발을 지속적으로 추진했다. 그 과정에는 외부 개발자들로부터의 도움을 적극적으로 활용한 사례가 있었다. 예를 들어, 서비스 가입자들이 과연 어떤 영화를 좋아할지를 이전까지 축적된 데이터를 바탕으로 추측해서 추천하는 '시네 매치' 시스템 구축을 위해 개선율 10%를 목표로 하여 영화 추천 시스템 알고리즘 개선 관련 대회를 개최하였다. 그 결과 넷플릭스의 추천 시스템은 상당히 정교해졌고, 평점 데이터에 매달릴 필요 없이 스트리밍 서비스에서 고객 행동을 통해 그들이 어떤 영화를 선호하는지 파악하게 되었다.

블록버스터와의 경쟁에서 거둔 승리는 넷플릭스가 이전에 확보하기 어려웠던 컨텐츠들을 하나 둘 씩 확보할 수 있는 교두보가 되었고, 유선방송사 및 컨텐츠 유통업체들과의 경쟁으로 이어졌다. 그러나 컨텐츠 기업들의 견제가 '넷플릭스'라는 큰 흐름을 되돌릴 수는 없었다. 고객들은 편리하고 유용한 넷플릭스 서비스로부터 돌아올 생각을 하지 않았다. 넷플릭스는 나아가 '하우스 오브 카드' 등 자체 컨텐츠를 제작하기 시작했고, 컨텐츠 제작과 유통 채널 모두를 손에 쥐게 되었다.

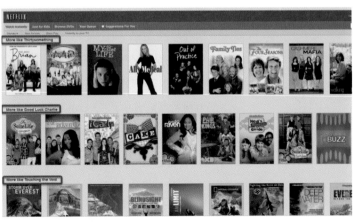

경쟁사의 약점을 이용한 사례로 애플의 아이폰(iPhone)을 들 수가 있다. 아이폰은 아이팟, 휴대전화, 모바일 인터넷이라는 세 가지 주요 기능을 가진 휴대폰으로, 2007년 6월 29일, 미국 AT&T 대리점과 애플 매장에서 판매가 시작되었다. 아이폰은 기존의 휴대폰, 피쳐폰들이 주류를 이루고 있던 휴대폰시장에 큰 반향을 일으키며, 기존 피쳐폰 시장에서 강자였던 Nokia, 삼성, Motorola와 같은 업체들을 제치고 스마트폰 시장의 최강자로 나섰다. 이 아이폰의 장점은 어플리케이션의 설치와 실행이 편리하고 어플리케이션의 안정성과 속도가 빠르다는 점 등인데, 이러한 장점은 기존에 윈도우 모바일을 탑재한 스마트폰과 차별화되는 점이다. 이전까지 대표적인 스마트폰의 운영체제였던 윈도우 모바일을 탑재한 스마트폰들은 윈도우처럼 프로그램들의 설치도 복잡했고, 실행 역시 시작버튼을 클릭한 후 관련 폴더나 경로를 찾아야 하는 등 어려운 점이 많았으며, 실행 속도도 빠르지 않았다.

하지만 애플은 모든 작업을 아이콘 위주로 배치하여 어플리케이션 설치도 앱스토어(Appstore)에서 몇 번의 터치만으로 다운로드, 결제, 설치가 쉽게 이루어지도록 하였다. 또한 어플리케이션의 실행도 폴더나 경로를 찾아 클릭할 필요 없이 아이콘만 클릭하면 실행되도록 하여, 초보자도 쉽게 사용할 수 있게 하여, 소비자의 편의를 도모하였다. 또한 앱스토어를 통해 누구나 어플리케이션을 제작, 판매할 수 있는 기반을 조성하여, 아이폰의 기능 확장이 소비자들의 자발적인 생산과 소비로 일어나도록 유도하였다. 자발적인 생산과 소비의 영역은 특정 분야에 국한되지 않았기 때문에 사진, 날씨, 지도, 금융, 게임, 메신저 등 다양한 분야에 걸쳐 어플리케이션이 개발 및 소비될 수 있었고, 이러한 아이폰의 영향력은 휴대폰에 대한 기존의 개념을 크게 변화시켰다.

아이폰의 이러한 성공은 아이맥(iMac), 아이팟(iPod)과 같은 성공적인 "i"브랜드의 성공의 연장선에 있다고 할 수 있다. 이러한 성공을 바탕으로 애플은 아이패드와 같은 태블릿 PC 시장에도 새로운 전기를 가져올 수 있었다. 또한 이러한 반복적인 성공은 애플이 다음에 출시할 제품에 대한 고객들의 기대수준을 높여, 언제든지 히트상품을 만들어 낼 수 있는 토대를 제공해 주었다. 최근에는 증강현실(AR)기능을 구사할 수 있는 어플리케이션 지원과 함께, 얼굴 인식 시스템 '페이스ID', 트루뎁스 카메라 등의 혁신을 담은 아이폰X를 출시하였다. 아이폰X의 출시는 단순히 신제품 특수뿐만 아니라 차기 모델에도 파급효과를 일으키는 슈퍼 사이클을 일으킬 수 있다는 분석이 이어지고 있다.

4 전면공격(Frontal attack)전략

앞에서 소개한 게릴라전략과 측면공격전략으로 경쟁사의 전열이 흐트러지고 자사의 자산과 역량이 경쟁사와 전면전을 벌이기에 충분하다고 판단되면 경쟁사가 가지고 있는 시장을 획득하여 시장점유율이나 고객점유율을 증대시키거나 일정 목표의 매출을 달성하기 위하여 경쟁사와 직접 경쟁할 수 있는 단계에 돌입할 수 있다. 전면공격전략은 시장점유율 혹은 매출의 측면에서 승리하기 위한 목적을 가지고 있기 때문에 이 목적을 달성하기 위해 전략을 수립하기에 앞서 자사가 경쟁사와 싸울 수 있는 충분한 능력을 가지고 있는가에 대한 정확한 판단이 요구된다. 이 전략은 주로 자사의 자산과 역량이 경쟁사에 비하여 월등하거나 큰 차이가 없을 때 이를 최대한 활용하여 경쟁사를 공격하는 전략이다. Skellon(1999)은 전면공격 전략이 시장선도 기업을 추격하는 강력한 2위 혹은 3위 기업들에게 매우 현실적인 전략대안이라고 말하고 있으며, 이 기업들은 다음과 같은 요소들 중 하나 이상을 보유하고 있어야 한다.

- 자산과 역량에 있어서 경쟁사에 대비한 양적/질적 우세
- 뛰어난 마케팅 도구와 이의 전술적 활용능력
- 상대방의 역공에 대한 뛰어난 방어능력

경쟁사가 보유한 자산과 역량이 자사와 동등한 수준이라면 많은 경우 자사의 전면공격은 경쟁사로부터 비슷한 형태의 방어전략을 펼치게끔 만들기 때문에, 공격하는 기업이나 방어하는 기업 모두에게 자사가 보유하고 있는 자산과 역량의 소모가 매우 심하다. 따라서, 만약 전면전이 실패할 경우 그 타격이 앞의 두 전략보다 치명적일 수 있으므로, 전면전을 계획할 때에는 자사가 가진 자원이 경쟁사에 비하여 뛰어난지 면밀히 비교해야 하며 이를 적절히 활용할 수 있는 마케팅 역량을 보유하고 있는지도 신중히 검토해야 한다. 그리고, 전면공격전략은 상대방이 공격하면 자신도 그에 맞는 대응전략을 구사하는 'Tit for Tat(눈에는 눈, 이에는 이)'의 형태가 반복될 수 있으므로 이러한 전쟁에서 승리하기까지 지속적으로 자사의 자산과 역량을 투입할 수 있는 힘과 인내력이 요구된다. 따라서, 이 기간 동안 경쟁사의 전략에 대한 정보를 습득하고 이를 바탕으로 하여 자사 제품의 성능을 개선하거나 생산공정상의 효율성을 달성하여 경쟁우위를 획득하는 것이 전면공격전략의 비용과 시간을 단축하는 데 필수적이라고 할

수 있다.

만약, 자사가 경쟁사보다 압도적인 자산과 역량을 보유한다고 판단되었을 때에는 전면공격전략에서 가장 강력하다고 할 수 있는 포위공격(Encircle-ment)을 취하는 것이 적절하다. 포위공격은 자사가 보유한 풍부한 자원을 이용하여 여러 방면에서 대대적으로 공격함으로써 경쟁사가 어느 한쪽에 집중하여 대응전략을 구사할 수 없도록 경쟁사의 자원을 분산시켜야 한다. 이때에는 경쟁사가 어떤 한 방향에 집중하여 대응할 수 있을 만큼 충분한 시간을 주지 않기 위하여 기민하게 전략을 구사해야 한다. 만약 포위가 단기간 내에 완벽하게 이루어지지 않으면 경쟁사가 대처할 수 있는 시간을 주게 되므로 포위가 약한 제품이나 시장으로 돌파구를 찾게 되므로 포위공격의 효과는 반감되고 만다. 이를 위해서 공격하는 기업은 다양한 제품 라인업을 갖추고, 경쟁사보다 우위에 있는 자산과 역량을 통하여 고객들에게 더 많은 혜택을 제공할 수 있어야 한다. 이러한 경우 포위공격을 당하는 기업의 입장에서는 기존 시장의 방어수준을 높이거나 혹은 한곳에 역량을 집중하여 포위를 뚫는 두 가지의 선택대안을 가지게 되는데 대개의 경우 자신이 가지고 있던 선도적 위치를 잃고 싶지않은 욕심에 오히려 기존 시장에서 점유율을 잃게되는 함정에 빠질 수 있다.

소셜 커머스 업체 쿠팡은 이러한 포위공격을 전략적으로 잘 활용한 기업이다.

우리나라의 인터넷 쇼핑몰은 오픈마켓(판매자가 쇼핑몰 사이트에 입점하여 판매하는 방식)인 지마켓의 등장을 즈음하여 폭발적인 성장을 하게 되었다. 최근 8년간만 보아도 약 4배 가까운 성장을 하면서, 백화점 매출액(21.3조)과 맞먹는 20.9조의 시장으로 성장하게 되었다. 오픈마켓은 다양한 제품을 비교할 수 있는 장점이 있지만, 같은 혹은 유사한 제품이 복수의 판매자들에게 판매되고 있기 때문에 일일이 가격과 사양을 비교해야 하는 불편함도 있다. 또한 너무 많은 상품이 범람하는 나머지, 새롭고 참신한 제품이 소비자들에게 선택되기 어려울 수 있다는 문제점을 가지고 있다. 이러한 단점을 파고 든 것이 바로 쿠팡과 같은 소셜 커머스이다.

소셜 커머스는 일종의 공동구매와도 같은 형태이다. 많은 사람들이 매일 하나씩 정가의 50%대로 제시되는 상품을 공동으로 신청하여 싼 값에 구매할 수 있게 만들어주는 새로운 구매방식을 서비스화한 것이다. 2010년 5월에 설립된 쿠팡은 티몬, 위메프의 뒤를 이은 후발주자였다. 티몬이 가진 시장의 인지도와 기술적 측면에서의 이점으로 손꼽히는 E-Commerce 경쟁력에 대항하여 스마트폰 보급 활성화에 발 맞춰 모바일 쇼핑 시장을 중점적으로 공략하였다. 모바일에 집중하면서 지속적 투자와 최적화된 서비스 개발을 이행했고, 그 결과 모바일 상거래 선두 위치를 공고히 할 수 있었다.

쿠팡의 고속 성장은 고객 중심에서 시작되었다. 다른 소셜 커머스 업체들과 차별화된 쿠팡만의 경쟁력으로 손꼽히는 대표적인 예시는 바로 '쿠팡맨'이다. 기존의 택배기사들과 달리 쿠팡맨은 고객에게 더욱 친화적인 것으로 알려졌다. "OO고객님~ 미소를 듬뿍 짓고 달려갈 쿠팡맨 OO입니다. 주문하신 로켓배송 상품 배송 예정입니다"라는 문자 메시지를 고객에게 직접 보내 만족감을 높이기도 했다. 실제로 다양한 인터넷 커뮤니티 상에서 쿠팡맨에 관련된 긍정적인 후기를 어렵지 않게 찾아볼 수 있다.

또한 온라인, 오프라인의 문제로 대두되는 배송 및 환불 그리고 보상에 대하여 철저한 관리를 추구하고 있다. 배송의 경우 상품 주문 후 2일 이내 배송보장을 위한 전담 조직을 운영하고, 반품 및 환불의 경우 회수 전문 택배를 통해 고객 불편을 해소하고 있다. 그 결과 지난 2016년 NCSI 소셜 커머스 부문에서 1위에 선정되며 고객 충성도, 고객 유지율, 인지 품질 등에서 우수한 평가를 획득하였다. 최근에는 'SSG'를 앞세워 최저가 정책을 선언한 이마트 등 오프라인 유통업계의 공세가 강화됨에 따라 쿠팡은 모바일 경쟁력을 다시 한 번 확인하고 고객충성도를 점검하며 견제를 한 발 피해가고 있다.

• SECTION 02 • 대응전략 Reaction strategy

아이패드가 처음 출시되었을 때에, 삼성전자는 애플의 영향력이 미치지 않는 새로운 시장을 개척하는 데 주력할 수 있다. 기존에 태블릿 PC에 확고한 입지가 없는 이상 굳이 삼성전자가 태블릿 PC시장에 새로운 제품을 출시하여 애플과 경쟁할 필요가 없기 때문이다. 그럼에도 불구하고, 삼성전자가 늦게 나마 갤럭시 탭으로 태블릿 PC시장에 도전장을 내민 이유는 소비자들의 소비 트렌드가

Highlight 3

기다렸던 아이폰X 조기 등판… 갤노트8·V30와 사활 건 '빅매치'

애플의 아이폰 10주년 기념작인 아이폰X(텐)이 오는 24일 한국 시장에 출시된다. 당초 예상보다 빠른 출시 일정이다. 지난 3일 국내 시장에 선보인 아이폰8이 부진한 성적을 내고 있어 아이폰X의 출시 일정을 앞당겼다는 분석이 나온다. 아이폰X이 국내 시장에 상륙하면 프리미엄폰 시장을 놓고 삼성전자 갤럭시노트8, LG전자 V30 등과 치열한 경쟁을 벌일 것으로 예상된다.

고가 논란 아이폰X 국내 상륙

국내 이동통신사들은 17일부터 아이폰X 예약판매를 시작하고 24일 정식 출시할 예정이다. 아이폰X의 국내 출시일은 미국 일본 중국 등 1차 출시국보다 20일가량 늦다. 하지만 전작 아이폰7 출시 때와 비교하면 일정이 상당히 앞당겨졌다. 아이폰7은 지난해 9월 16일 1차 출시국에서 선보인 뒤 한국에서는 한 달 이상 늦은 10월 21일에 출시했다.

당초 시장에서는 아이폰X의 부품 공급 문제 등

으로 국내 출시는 연말께나 가능할 것이란 전망이 우세했다. 3차원(3D) 얼굴 인식 기능을 하는 '트루뎁스(TrueDepth)' 센서와 OLED(유기발광다이오드) 디스플레이 등 부품 수급에 차질을 빚고 있다는 분석이 나왔기 때문이다. 전자업계 관계자는 "애플이 아이폰X의 부품 수급 문제를 어느 정도 해소한 것으로 보인다"며 "한국뿐만 아니라 13개국에서 추가로 제품을 선보인다"고 말했다.

아이폰X은 5.8인치 OLED 디스플레이를 적용했고, 듀얼 카메라를 장착했다. 사용자의 얼굴 표정을 감지해 3D 이모티콘으로 만들어주는 '애니모지' 기능도 새롭게 담았다. 역대 아이폰 가운데 처음으로 물리적 홈 버튼이 사라진 것도 특징이다. 색상은 실버와 그레이 두 가지다.

아이폰X은 지나치게 값이 비싸다는 논란을 빚고 있어 흥행 여부가 주목된다. 아이폰X의 국내 가격은 '공기계(약정 없이 쓸 수 있는 자급제 휴대폰)' 기준으로 64기가바이트(GB) 모델이 142만원, 256GB 모델은 163만원이다. 통신사를 통해 출시하는 제품은 공기계보다 다소 저렴한 135~155만원 안팎에 책정될 전망이다.

아이폰X의 국내 출고가는 미국 일본 등지에 비해 크게 비싸다. 이들 지역에선 111~128만원 수준

에 가격이 책정됐다. 세금이 붙는 것을 감안하더라도 한국이 20만~30만원 더 비싸다. 온라인 시장조사업체인 두잇서베이가 전국 10~50대 남녀 2,546명을 대상으로 설문조사한 결과, 아이폰X 구매를 망설이는 가장 큰 요인으로 51.4%(1311명)가 '가격'이라고 답했다.

갤노트8·V30, 신규 색상 출시

삼성전자 갤럭시노트8은 지난 1일 국내 판매량 100만 대를 넘어서며 인기를 이어가고 있다. 100만 대 판매 돌파는 지난 9월 15일 국내 시장에 출시된 이후 48일 만에 이룬 성과다. 올 상반기 출시된 갤럭시S8(40일)보다 8일 늦었지만 갤럭시S7(75일)보다는 27일, 갤럭시S6(74일)보다는 26일 빠른 성적이다.

갤럭시노트8은 출시 이후 줄곧 국내 스마트폰 판매량 1위를 달리고 있다. 시장조사업체 아틀라스리서치에 따르면 갤럭시노트8은 출시 첫주인 9월 셋째주부터 10월 넷째주까지 6주 연속 1위를 기록했다.

삼성전자는 갤럭시노트8 판매량을 확대하기 위해 지난 3일 새로운 색상인 '메이플 골드' 모델을 추가로 선보였다. 이로써 갤럭시노트8은 미드나잇 블랙, 딥씨 블루, 오키드 그레이 등을 포함해 총 네 가지 색상을 갖추게 됐다.

삼성전자 관계자는 "메이플 골드는 부드럽고 은은한 골드 색상에 영롱한 빛으로 깊이감을 담아냈다"고 설명했다. 갤럭시노트8 메이플 골드는 64GB 메모리가 탑재됐으며 가격은 기존 출시된 제품과 동일한 109만 4,500원이다.

LG전자는 V30의 소프트웨어를 지속적으로 업그레이드하며 판매량 확대를 꾀하고 있다. V30 사용자를 대상으로 구글의 최신 모바일 운영체제(OS) '안드로이드 8.0'(오레오)을 미리 써보고 의견을 낼 수 있는 프로그램도 이달 초 선보였다. LG전자는 사용자들이 오레오에 관한 의견을 올리면 다음달 이뤄지는 공식 OS 업그레이드에 이를 반영할 계획이다.

구글의 최신 모바일 OS인 오레오는 소프트웨어를 최적화해 구동 속도가 개선됐고, 앱을 사용하지 않을 때는 전력을 최소화해 배터리 소모를 줄인다. 동영상을 보다가 다른 앱을 실행해도 작은 화면으로 영상을 계속 볼 수 있게 하는 등 다양한 편의 기능을 담았다. LG전자 관계자는 "지난달 새로운 색상인 라벤더 바이올렛 모델도 추가로 선보였다"며 "로맨틱한 색상으로 출시 전부터 관심을 끌었던 모델"이라고 말했다.

〈출처: 한국경제, 2017. 11. 13〉

데스크탑에서 휴대가 가능한 노트북이나 태블릿 PC로 넘어가고 있기 때문에, 그 시장 가능성을 간과할 수 없기 때문이었다. 물론 삼성전자는 경쟁자인 애플의 압도적인 지위를 인지하고 있었기 때문에, 우회적으로 7인치 태블릿 PC를 출시하게 된 것이다.

즉, 신규 진입자가 강력한 가격정책을 써서 시장진입을 시도할 때, 가격으로 대응하는 경우가 일반적인 것이다. 하지만 경쟁자의 공격에 기업이 정면으로 대응할 경우 종종 장기전의 양상을 띠는 경우가 있고, 시장에서의 전쟁을 더 가속화시키는 경우도 있다. 반대로 상대방과 다른 마케팅 수단을 이용하여 오히려 더 효과적으로 대응할 수 있는 경우도 많이 존재한다.

이렇게 대응전략에 있어서도 다양한 전략의 선택을 하여야 한다. 본절에서는 경쟁자에게 공격받는 기업이 취할 수 있는 다양한 대응전략에 대해서 알아보도록 한다.

1 대응전략의 틀(Reaction strategy framework)

전쟁에서 공격만이 성공적인 전략인 것은 아니다. 자기가 가지고 있는 것을 제대로 지켜내기만 해도 전략적으로 큰 의미를 지닌다. 여기서 자기의 것을 지켜낸다는 말은 바로 경쟁자의 공격에 대한 자사의 대응을 말하며, 그것은 공격에 대한 방어나 역공격 등과 같은 모습으로 혹은 공격에 대한 순응의 모습으로 다양하게 나타난다.

그렇다면, 우리가 본절에서 학습하게 될 대응전략은 어떠한 틀을 가지고 있는지에 대해서 살펴보도록 하자.

대응전략은 <그림 13-3>에서와 같은 틀을 가지고 있는데, 대응하는 기업이 얼마나 경쟁자의 공격에 대해 적극적으로 대응하는가를 나타내는 대응성향에 따라 경쟁자의 공격을 포기, 수용 또는 보복하는 전략을 택하게 되고, 이러한 대응전략은 그 크기와 속도, 영역의 범위에 따라 그 성격을 각각 달리하게 된다. 또한, 대응전략은 대응의 수단으로서 가격전략이나 제품전략, 광고 및 판촉전략이

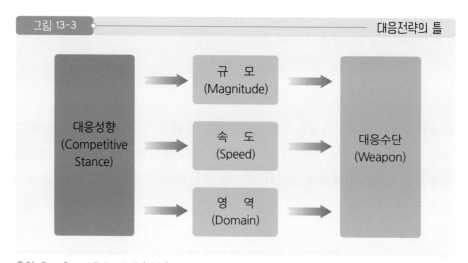

그림 13-3   대응전략의 틀

규 모 (Magnitude)

대응성향 (Competitive Stance)

속 도 (Speed)

대응수단 (Weapon)

영 역 (Domain)

출처: Day, G. and Reibstein, D.(1997), Wharton on Dynamic Competitive Advantage.

나 유통전략을 이용하게 된다. 보다 자세한 내용은 아래에 이어지는 각 영역에서 설명하기로 한다.

2 대응성향(Competitive stance)

위에서 우리는 마케팅전략에 있어서의 대응전략의 틀에 대해서 살펴보았다. 우선 대응전략의 틀에 있어서 공격적인 경쟁자에 대한 대응성향에 대해서 살펴보도록 하자. 첫 번째로 경쟁사의 공격에 대해서 대응해야 할지의 여부를 결정해야 할 것이다. 또한, 보다 강하게 대응할 것인지 아니면 여유를 두고 대응할 것인지도 결정해야 할 중요한 문제가 될 것이다. 이들 대응의 자세는 추세를 방관적으로 바라보는 무반응전략, 경쟁자의 진입을 인정하는 수용전략, 경쟁자의 시장진입에 따라 기존 시장에서 철수하는 포기전략, 그리고 경쟁자의 공격에 대해 적극적으로 대응하는 보복전략으로 나뉠 수 있다. 따라서 대응자는 공격자의 성향이나 시장환경에 따라 적절히 대응전략들을 선택해야 한다.

1) 무반응(Ignore)전략

경쟁자의 공격적인 마케팅전략에 대한 무반응 전략은 기업이 경쟁기업의 도전에 대해서 어떠한 행동도 하지 않는 것이다. 이것은 경쟁자가 의도하는 바를 상쇄시키는 효과를 가진다.

경쟁자의 공격에 대한 무반응은 때때로 일단 지켜보면서 시장의 반응을 살펴본 후에 대응전략을 결정하겠다는 Wait & See 전략의 의도로서 해석될 수 있다.

무반응전략의 예로서 매일유업의 저온살균 주스 썬업 100(Sunup 100)을 들 수 있다. 2015년 6월, 매일유업은 저온살균 주스인 썬업 100을 리뉴얼하여 새로 출시함으로써 기존 주스들이 고온살균으로 비타민 C를 파괴한다는 것을 이슈화

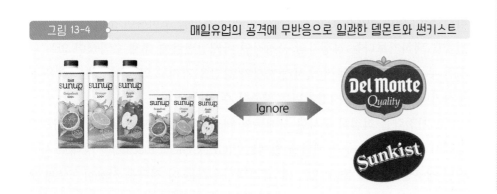

그림 13-4 ▶ 매일유업의 공격에 무반응으로 일관한 델몬트와 썬키스트

하고, 동시에 합리적인 가격 그리고 건강을 추구하는 브랜드 이미지를 강화하고 자 하였다. 하지만, 기존 시장에서 지배적인 사업자였던 델몬트(Delmont)와 썬키 스트(Sunkist)는 섣부른 대응이 오히려 저온살균 주스시장의 확대로 이어지는 것을 걱정하여 대응을 자제하였다. 이와 같이, 델몬트와 썬키스트가 시종일관 매일 유업의 공격적 전략에 대하여 무반응(Ignore)한 자세를 취함으로써 매일유업의 저온살균 주스시장 형성을 위한 노력은 실패로 끝나게 된다.

2) 수용(Accommodation)전략

수용전략은 경쟁자와의 마케팅 전쟁에서 오는 자원의 고갈을 방지하고, 상실되는 비용과 시간의 기회비용을 줄이고자 평화롭게 공존할 수 있는 길을 모색하는 전략이다.

이러한 화해의 자세를 취하는 것은 주로 제품이 도입기와 성장기에 많이 나타나는데, 이들 제품들은 시장점유율을 높이는 데 주력하여 전략적으로 경쟁을 피하거나 아직 경제적으로 수익성이 높지 않은 시점에서 과도한 경쟁으로 인한 수익구조의 악화를 회피하기 위함이다.

3) 포기(Abandon)전략

몇몇 기업들은 경쟁의 압박을 견디지 못하고, 애초에 공격해 오는 경쟁자들을 회피해버린다. 이들은 과감하게 자신이 참여하고 있는 시장에서 발을 빼서 다른 시장의 세분시장으로 옮겨가거나 아예 제품 자체를 없애버리는 극단적인 전략을 취하기도 한다. 이 전략을 사용할 때 기업들은 대부분 자사가 경쟁하는 시장이 경쟁강도가 커짐에 따라 투입되는 자원에 비하여 더 이상 이익을 창출할수 없을 만큼 매력적이지 못하며, 그만큼 경쟁자의 규모가 거대하여 자사 전체 혹은 특정 사업부, 제품군의 존립에 매우 위협적이라는 것을 인식하고 있다. 따라서, 굳이 매력적이지 못한 시장에서 마케팅 자원을 소비하여 무리한 시장유지 전략을 택하기보다는 경쟁자의 공격적인 마케팅전략에 대해 수익성이 없는 일정한 부분을 포기함으로써 오히려 자사가 강점을 가지고 있는 시장에 역량을 집중하거나, 혹은 새로운 시장기회를 창출할 수 있다.

포기전략을 적절히 구사한 사례로서 웨스팅하우스(Westinghouse)가 가전시 장에서 월풀(Whirpool)과 제너럴 일렉트릭(GE, General Electric)을 상대로 사용 했던 경우를 생각해 볼 수 있는데, 웨스팅하우스는 이 전략을 사용함으로써 오

그림 13-5 ● 월풀 및 GE와의 경쟁을 위해 부분적으로 시장을 포기한 웨스팅하우스

히려 해당 사업부에서 더 좋은 수익구조를 가지게 된 성공적인 사례로 손꼽힌다. 월풀과 GE는 종합가전 메이커로서 그 공세가 만만치 않았다. 따라서 웨스팅하우스는 이러한 공격에 대해 어떻게 대응해야 할지에 대한 의사결정을 해야 했는데 이에 대한 웨스팅하우스의 결정은 같이 맞대응을 하기보다는 자사에게 큰 이익이 없거나 역량이 부족한 제품군을 철수하는 것이었다. 이에 자사가 가지고 있던 제품의 라인업을 40개에서 30개로 축소하고 어느 정도 역량이 구축되어 살아남을 수 있는 시장들에 초점을 맞추어 나갔다. 즉, 웨스팅하우스에 있어서 월풀과 GE는 자사와 경쟁하기에 우월한 마케팅 자원을 가지고 있었기 때문에 그들과의 경쟁은 불필요한 소모전이 될 뿐만 아니라 자사의 생존에 위협적인 요소로 인식되었던 것이다. 결국, 웨스팅하우스는 이러한 포기 전략 때문에 매출이 15%나 감소하게 되었지만, 수익은 오히려 증가하는 효과를 거둘 수 있었다.

4) 보복(Retaliation)전략

보복 전략은 시장을 공략해 오는 적극적인 경쟁자에 대해서 정면으로 대응하는 방법이다. 마케팅 자원이 풍부하고, 시장에서 우세한 위치를 차지하고 있는 기업은 굳이 경쟁자의 도전에 대해서 회피할 필요를 느끼지 못하고 경쟁자의 공격에 대해 철저하게 응징할 동기를 가지게 된다. 이 경우 경쟁자는 보통 강력한 보복으로 인하여 심한 출혈을 경험하게 되거나, 마케팅적으로 의미 있는 자원을 보유한 당사자와 경쟁하는 시장에서 두 당사자간의 치열한 전쟁으로 인하여 양쪽 다 치명적인 상처를 입는 경우도 있다.

이러한 보복전략은 상당한 자원이 소모되기는 하나, 성공하는 경우 제3의 경쟁자가 섣부른 도전을 삼가게 되고 승리한 기업은 시장에서의 확고한 위치를 차지할 수 있는 기회를 잡을 수 있다.

3 대응행동(Reaction)

일단 경쟁자의 공격에 대해 대응을 하기로 결정을 하면, 기업은 대응행동에 대한 전략을 수립해야 한다. 대응행동이란 공격해 오는 경쟁자에 대해서 어떻게 행동하는가를 결정하는 요소들로 구성된다. 경쟁자의 공격에 대해 얼마만큼의 규모로 대응할지, 또 얼마나 빠른 속도로 대응할지, 경쟁의 장소를 어디로 할지, 마지막으로 어떤 공격수단으로 대응할 것인지를 결정해야 할 것이다. 즉, 대응행동에 관련하여 그 대응의 규모와 속도, 영역, 공격수단을 결정하는 과제가 있다.

1) 규모(Magnitude)

기업이 어떤 시장에서 경쟁자의 공격에 대응하려고 한다면 여기서 기업의 경영자는 어떤 규모로 그것에 대응할 것인지를 결정해야 한다. 이러한 대응의 규모는 경쟁자가 공격해 오는 것과 비슷한 수준으로 대응(Match the competitor's move)할 것인지 아니면, 경쟁자가 공격해 오는 수준보다 훨씬 강하게 대응 (Outdo the Competitor's Move)할 것인지를 결정하는 두 가지 전략으로 나뉠 수 있다. 경쟁자의 공격수준보다 더 강하게 대응하는 것은 일반적으로 자사가 보유하고 있는 자원이 경쟁사보다 월등하게 앞서 있거나 시장에서 선도적 위치를 차지하고 있어 그 영향력이 막대할 것이라고 예측될 때, 혹은 경쟁사의 반응으로 인한 자사의 손실이 상대적으로 작을 것이라고 예측될 때 사용한다. 경쟁사의 공격보다 강한 수준의 대응은 자사에게 많은 자원의 소모가 요구되므로 경쟁사의 반응이 강해질수록 자사의 손실 또한 커질 수 있기 때문에 매우 신중하게 결정되어야 할 전략이다. 따라서, 경쟁사가 자사의 대응에 대해 조직적인 움직임을 보일 수 없을 때, 즉 경쟁사가 본격적인 공격전략을 구사하기 전단계라고 판단될 때 매우 효과적인 전략이라고 할 수 있다.

소니(Sony)는 PlayStation의 성공에 힘입어 2000년 3월 4일, 128비트의 CPU로 빠른 처리속도와 DVD 기능을 탑재한 PlayStation2를 출시하여 게임기 시장에서 선풍적인 인기를 모았다. 특히, PlayStation2는 발매 이후 지속적으로 게임 공급자를 늘려나가 3,000개가 넘는 게임 타이틀을 보유하며, 닌텐도나 세가와 같은 경쟁자를 누르고 게임 시장을 석권했다. Windows와 MS-Office 등 소프트웨어의 최강자인 마이크로소프트는 이러한 게임시장에서 무한한 가능성과 성장력을 보았으며 오랜 개발기간을 거쳐 2001년 11월 X-Box를 출시하게 된다. 마이크로소프트의 X-Box는 제품면에서 PlayStation2를 훨씬 능가하는 사양을 가지고 있었

그림 13-6 ●————————— 소니의 PlayStation vs. 마이크로소프트의 X-Box

다. 펜티엄 733MHz의 CPU에 64MB의 RAM을 탑재하였으며, 특히 10GB 용량의 하드디스크와 100Mbps의 이더넷(Ethernet) 포트를 내장하여, 거의 PC 수준에 가까운 성능을 갖춤으로써 차세대 게임기의 면모를 갖추고 있었던 것이다. 이러한 X-Box의 등장에 대해 소니는 먼저 PlayStation2의 가격을 299달러에서 199달러로 인하하여 소비자들이 느끼고 있는 가격부담을 큰 폭으로 감소시켜 잠재수요를 자사로 끌어당겼으며, 제품면에서도 다양한 옵션장치를 추가함으로써 마이크로소프트의 시장진입에 대응하였다. 이와 같이, 소니는 마이크로소프트의 시장진입에 대해서 높은 수준의 대응을 통하여 경쟁자의 시장에서의 성공기회를 감소시키는 전략을 펼쳤다.

공격수준과 비슷한 수준의 대응은 공격하는 기업으로부터 자사가 차지하고 있는 시장에서의 위치를 방어하고자 할 때 사용한다. 즉, 공격을 시도하는 경쟁자로 하여금 자사가 차지하고 있는 시장의 침투를 더 이상 용납하지 않겠다는 의지를 깨닫게 해주는 것이 매우 중요하다. 이러한 수준의 대응은 경쟁자에게 그 다음의 공격에서도 선도기업으로부터 적어도 비슷한 수준의 대응을 부를 것이라는 것을 알게 되므로 일반적으로 경쟁자는 더 이상의 공격에 대해 회의를 느낄 수 있다. 만약, 공격하는 기업이 다시 비슷한 수준으로 공격하게 된다면, 공격과 방어가 장기적으로 교환될 가능성이 있으므로 대응하는 기업에게는 충분한 자원과 이를 지속할 수 있는 인내와 끈기가 요구된다.

KT와 SK텔레콤은 이동통신 시장의 주도권 경쟁을 하면서 계속적으로 동등한 수준의 마케팅활동을 펴고 있는 국내의 대표적인 기업들이다. 이들 기업은 계속적인 마케팅활동을 주고받으면서 딱히 어느 한쪽이 우월한 마케팅전략을 내세우지 않고 있다. 각각의 당사자들은 경쟁자가 내세우는 마케팅 공격에 적절한 만큼의 자원을 이용하여 대응하는 데 그치고 있다.

미국 경제 주간지 「비즈니스 위크」지에 KTF(현 KT의 이동통신부문)가 세계

100대 IT기업 선정에서 4위를 차지하고 "KTF가 세계 1위의 이동통신 기업으로 선정되었습니다"라는 광고를 내보낸 것에 대해 SK텔레콤은 그 기사에 대해 눈속임이나 억지라는 반박광고를 내보냈다. 광고를 통한 두 기업간의 전쟁은 여기서 끝나지 않았다. KTF가 2001년 정보통신서비스 품질평가협의회가 주관하는 품질평가에서 자사의 서비스가 높은 점수를 받았다고 광고를 하자 SK텔레콤은 즉시 한국능률협회 평가결과 이동통신 분야에서 고객만족 기업 1위로 선정되었다는 내용의 광고를 실시하였다. 또한, 2002년 KTF가 2002년 한일월드컵의 공식후원사로 선정되자 SK텔레콤은 국가대표 응원단인 '붉은 악마'를 공식후원하였다.

두 기업은 광고뿐만 아니라 통신 상품이나 기타 서비스에 있어서도 경쟁사의 전략에 대응하는 상품과 서비스를 출시함으로써 서로 비슷한 수준의 공격과 대응을 한 좋은 사례를 보여주고 있다. 2008년에는 KT가 SHOW라는 이름으로 3G의 전국적인 서비스를 실시하자 SK텔레콤도 즉각 3G의 전국적인 서비스를 실시한 바 있으며, 2010년에는 SK텔레콤이 HSDPA를 통한 3G의 무제한 사용을 가능하게 하자 KT는 와이파이(wi-fi)망을 확충하기도 하였다. 4세대 롱텀에볼루션(4G LTE) 기술을 놓고 속도경쟁을 벌이던 2013년에는 SK텔레콤보다 LTE 서비스를 한 발 늦게 시작한 KT가 공개시연회를 제안하며 기술 우월성을 증명하려는 시도를 이어갔다.

2) 속도(Speed)

경쟁자가 공격전략을 시도할 때 그에 대해 얼마나 빠른 속도로 대응할 것인가라는 반응의 속도 또한 중요하게 고려되어야 할 요소이다. 경쟁사의 공격시점으로부터 대응하는 데 걸리는 기간에 따라 즉각적인 대응과 지연대응으로 나누어 볼 수 있다.

즉각적 대응은 보통 경쟁자의 공격이 시작되고 6개월 이내에 이루어지는 대응행동이다. 경쟁사가 자사의 시장에 대한 침투가 매우 적극적이며 상당히 공격성을 띤다고 판단될 때에는 대응자의 입장에서는 그에 대한 대응이 즉각적일 수밖에 없게 된다. 또한, 경쟁사가 대량의 자원으로 공격을 시도한다면, 초기에 적절한 대응전략을 세우지 못할 경우 자사의 시장을 효과적으로 방어할 수 있는 시점을 놓치게 될 수도 있다. 특히, 자사가 전략적으로 매우 중요하게 생각하는 시장이나 표적고객에게 미치는 영향력이 큰 공격이라고 판단될 때에는 빠른 시간 내에 대처할 필요가 있다.

대응을 지연하는 것은 많은 경우에 있어서 시장에서 우세를 차지하고 있는 기업에 의해 사용되며 공격받는 시장이 자사에게 상대적으로 덜 중요하다고 판단되거나 공격의 강도가 그리 크지 않다고 판단될 때 즉각적인 반응을 보이지 않고 지켜보는 전략적 자세다. 이때에는 공격에 대하여 반응하는 기간이 6개월을 초과하는 경우가 많다.

기업들을 대상으로 경쟁사의 신제품 출시에 대해 소요되는 반응기간을 조사한 Browman과 Gatifnon(1995)의 연구에 따르면, 조사 대상 기업의 22.3%는 경쟁사의 신제품 출시 후 6개월 이내에 대응행동을 보였다고 한다. 그리고 30%의 기업들은 6개월에서 1년 사이에 대응행동을 하였고, 47.7%의 기업들은 대응행동을 보이는 데 1년 이상의 시간이 소요되었다고 조사되었다. 즉, 많은 기업들이 즉각적인 행동을 하기보다는 경쟁사의 공격전략을 면밀히 분석하여 이에 대해 적절히 대응할 수 있는 전략을 수립하는 데 많은 시간을 투자하고 있음을 알 수 있다.

건강, 그리고 웰빙에 대한 소비자들의 관심이 꾸준히 증가함에 따라 음료수 시장의 추세는 단순한 갈증해소 차원에서 벗어나 인체생리에도 영향을 미치는 특수한 기능성을 가진 음료수에 대한 수요가 증가하였다. 이에 따라 코카콜라(Coca Cola)와 같은 대기업과 기타 중소업체들이 앞다투어 시장경쟁에 뛰어들었다. Snapple은 이러한 시장추세를 정확히 읽고 음료수 시장에서 독보적인 지위를 차지하고 있던 코카콜라에 대항하여 여러 가지 맛과 기능을 가진 건강음료를 출시하며 로서 차별화 된 포지셔닝을 시도하였다. 그러나, 코카콜라는 이 세분시장의 성장성이나 크기에 대해 의구심을 가지고 즉각적인 대응을 자제하며 Snapple이 시장을 형성해가는 과정을 지켜보고 있었다. 이러한 코카콜라의 대응전략은 이미 여러 영역의 음료수 시장에서 선도적 위치를 가지고 있던 입장에서 볼 때, Snapple이라는 작은 기업이 뛰어든 새로운 하부시장은 코카콜라를 위협할 정도의 잠재적 가치를 가지고 있지 않다고 판단했기 때문일 수도 있다. 하지만, 음료수 시장에서 Snapple이 공략하고 있던 세분시장이 급격하게 성장하기 시작하자 시장에 뛰어들 만한 충분한 매력을 느낀 코카콜라도 관망하는 자세에서 벗어나 Snapple의 제품에 대응하기 위한 Fruitopia를 출시하였다.

3) 영역(Domain)

어디서 싸울 것인가? 영역은 곧, 전쟁터를 뜻하며 마케팅에 있어서 의미를 지니는 영역은 제품 시장이라고 할 수 있다.

대응하는 기업들은 보통 같은 영역에서 싸울 것인지, 아니면 전혀 다른 영역에서 싸울 것인지, 혹은 중립적인 영역에서 싸울 것인지 결정하여야 한다.

보통 가장 흔한 방법은 같은 시장 내에서 경쟁자의 공격에 대응하는 것이다. 앞에서 든 예처럼 필라델피아 시장에서 US Air가 Nations Air를 상대로 싸우게 되는 것을 말한다. US Air는 이미 많은 비용과 시간을 투자한 이 시장에서 싸우는 것이 방어에도 쉽고, 특히 이 시장을 잃을 경우 생길 엄청난 비용을 절약하는 데 유리할 것이다.

또 다른 효과적인 대응전략은 시장을 옮겨서 경쟁사의 공격에 역공세를 펴는 것이다. US Air의 경우 경쟁자인 Nations Air에게 매우 중요한 시장에 새로운 진입자로 들어가는 것이다. 예를 들어, US Air가 Nations Air에게 제일 중요한 플로리다 노선에 취항함으로써 경쟁의 영역을 옮겨 가는 전략을 생각해 볼 수 있다.

마지막으로, 방어기업은 전혀 새로운 중립적인 시장으로 옮겨가는 전략을 선택할 수 있다. 새로운 경쟁자가 너무도 많은 자원과 역량을 갖추고 아주 공격적인 전략을 펼칠 때 이러한 전략을 선택할 수 있다.

바코(Barco)는 1934년 벨기에에서 설립되어 비디오 프로젝션 시장에서 선도적 위치를 차지하고 있던 회사였다. 그러나, 막강한 자원과 역량을 가진 전자업계의 최강자 소니가 이 시장에 진출하자 자신의 고유 영역이었던 이 시장을 과감하게 버리고 비디오 프로젝션에서 데이터 프로젝션 시장으로 한 발짝 물러났다. 하지만, 뒤이어 바코가 떠난 비디오 프로젝션 시장을 석권한 소니는 다시 바

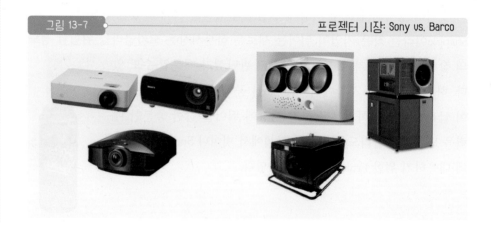

그림 13-7 프로젝터 시장: Sony vs. Barco

코가 집중하고 있던 데이터 프로젝션 시장으로 진출하기 시작했다. 이에 바코는 다시 시장에서 발을 빼고 그래픽 프로젝션 시장으로 눈을 돌려 소니라는 강력한 경쟁사와의 싸움을 회피하며 영역을 계속적으로 바꾸어 나갔다.

4 대응수단(Weapon)

마지막으로 우리가 대응전략과 관련하여 고려해야 할 것은 마케팅믹스에 있어서 어떤 요소들을 활용할 것인가의 문제이다. 경쟁자의 공격에 대한 대응수단으로 마케팅믹스 전략 중에서 우리가 사용할 수 있는 것은 무엇일까?

경쟁자들이 다양한 수단을 동원해서 우리를 공격하려 할 때, 우리가 그들의 공격을 막아내기 위해서는 시장에서 가장 효과적인 수단을 사용해야 할 것이다.

기업들은 광고, 유통망, 경쟁력 있는 가격정책, 촉진전략, 신제품의 개발과 제품에 대한 포지셔닝 등의 다양한 수단으로 경쟁자의 공격에 대응할 수 있다.

그러면 이러한 마케팅믹스의 요소들 중 어떠한 것이 가장 효과적인 것일까? 이러한 질문에 대한 답은 시장뿐만 아니라 대응하는 기업의 능력에 따라 달라질 것이다.

상황에 따라 공격기업이 가지는 마케팅믹스 요소와는 다른 요소로써 대응하는 경우가 있는데, 이렇게 하면 공격기업이 대응전략이라는 것을 깨닫지도 못하게 할 수 있는 장점을 가진다. 또한, 대응기업은 한 가지에 제한된 요소가 아니라 복수의 마케팅믹스 요소들을 조합하여 대응전략을 펼 수도 있다. 따라서 대응수단을 결정하는 데 있어서 마케팅믹스의 각 요소들을 적절히 배합하는 능력이 아주 중요하다.

• SECTION 03 • 억제전략 Deterrence strategy

지금까지 우리는 경쟁사의 공격에 대한 대응전략을 알아보았지만, 상대방이 공격하고자 하는 의지가 생길 수 없도록 억제하는 것이 최선의 공격과 방어라고 할 수 있다. 즉, 자사의 어떠한 마케팅 자원을 낭비하지 않고도 자사가 추구하는 전략적 목표를 달성하는 것이 자사에게 있어 최상의 전략인 것이다. 이것이 바로 억제전략(Deterrence Strategy)이며, 경쟁사의 공격전략을 사전에 무력화시키거나 그 이전에 자사를 공격하거나 자사의 공격행동에 방어하고자 하는 의도를 좌절시키는 전략이다. 이는 강력한 대응수단을 가지고 있다는 이유만으로도 경쟁사의 행동을 억제함으로써 피를 흘리지 않는, 즉 시간과 자원의 낭비가 없이 성공적으로 경쟁사를 구속할 수 있는 가장 강력한 수단이라고 할 수 있다.

모든 기업의 행동은 나름대로 경쟁자에게 어떠한 시그널링(signaling)을 보내고 있다고 볼 수 있는데, 이러한 시그널링은 경쟁사의 행동을 견제할 수 있는 전략으로 이용될 수 있다. 시그널링은 크게 직접적인 마케팅믹스 전략과 프리어나운스먼트(pre-announcement)와 같은 발표형식으로 나뉘는데, 일반적으로 직접적인 마케팅믹스 전략은 높은 비용을 수반하며 그 실행속도가 느리고 되돌리기가 힘들며 그 신용도가 높게 나타난다는 특징이 있는 반면, 발표형식의 경우 비용이 많이 들지 않고, 실행속도가 빠르며 번복하기가 쉽다는 특징이 있다.

매리어트 호텔(Marriott Hotel)의 경우 실제 준공에 들어가기 오래전부터 필라델피아에 새로운 컨벤션 호텔(Convention Hotel)을 건립할 것이라고 발표해 왔는데, 이러한 매리어트 호텔의 발표는 과도한 출혈을 꺼리는 경쟁사에 대해 어떤 분명한 장벽으로 작용함으로써 시장에서의 경쟁을 감소시키는 좋은 예를 보여준다. 하지만, 사우스웨스트 항공사(Southwest Airline)의 예는 그와 반대의 모습을 보여준다. 사우스웨스트 항공사가 시카고 시장에 진입하려고 발표했을 때, 그 자체만으로 경쟁 항공사들에게는 사우스웨스트 항공이 몇 개의 주에 걸쳐 운항을 하는 소규모 항공사가 아닌 미국 전역에 취항하는 대형 항공사가 되려 한

그림 13-8 ● 성공적인 시그널링 전략의 매리어트 호텔과 반대의 결과를 가져온 사우스웨슬 항공

다는 의도로 받아들여져 경쟁 항공사들의 집중적인 공격을 받았다. 이 두 사례에서 볼 수 있듯이 시그널링은 적절히 사용한다면 경쟁사와 큰 충돌없이 자사의 전략적 목표를 달성할 수 있지만, 잘못된 시그널링은 경쟁사의 호전적인 태도를 불러일으킬 수 있으므로 자사가 처해 있는 상황을 잘 파악하여 사용되어야 하며, 시그널링이 가지고 있는 내용의 모호함 때문에 그 해석이 다양하게 나타날 수 있으므로 시그널링의 내용은 쉽게 해석될 수 있도록 명확하게 하는 편이 좋다.

1 억제전략의 수단

그러면, 대응전략에 있어서 효과적으로 사용될 수 있는 수단들을 크게 가격전략, 신제품 사전 발표, 유통망 전략, 다중시장선점 전략 등 네 가지 측면에서 알아보자.

1) 가격전략

침투가격 정책을 통하여 기존 기업들은 시장의 구매자들을 확보함으로써 신규 진입자들의 시장을 최대한으로 줄이는 억제전략을 펼칠 수 있다.

기존의 기업들은 그동안 쌓아온 경험을 통하여 제품의 단위당 원가를 줄일 수 있는데 이렇게 줄어든 원가를 통하여 낮은 수준의 시장가격을 형성하여 경쟁자의 신규진입을 저지시킬 수 있다.

신규 진입자가 시장에 들어올 때 정보의 양이 적은 소규모 회사들은 주로 기존 기업들의 가격 표준을 따른다는 것에 기반하여 제한된 가격정책을 사용할 경우 신규 진입자들은 미래에 대한 수익성에 대해 불안감을 느껴 시장진입을 포기하게 될 것 이다.

앞서 살펴보았던 소니의 사례는 가격인하를 통해 마이크로소프트의 X-Box가 성공적으로 진입하지 못하도록 억제하고 타 경쟁사들의 추격을 허용하지 않은 좋은 사례라고 할 수 있다. X-Box가 64비트급의 새로운 콘솔 게임기로서 시장에 진입할 당시 많은 사람들이 그 결과에 매우 흥미를 가지고 있었는데, 이는 과거 마이크로소프트가 새로운 시장에 진입할 때 사용하는 전략들이 공격적일 뿐만 아니라 소니가 과거에 사용했던 전략 또한 매우 공격적이었기 때문이다. 결과적으로 X-Box는 소니가 가지고 있던 PlayStation2의 아성을 무너뜨릴 수 없었는데, 이러한 결과를 가져오게 된 원인으로는 앞에서 열거한 소니의 다양한 전략에서 찾을 수 있지만 소니가 사용했던 가격전략이 매우 중요한 역할을 했다고 볼 수 있다. 소니의 가격전략은 경쟁사의 제품이 출시되기 직전에 가격을 인하하여, 경쟁사가 시장에 진입하더라도 미미한 성과를 거두게 하는 것이 목적이었다.

실제로, 소니는 이미 기존의 경쟁사인 닌텐도(Nintendo)에 비하여 가격우위를 가지고 있었지만 마이크로소프트의 X-Box 출시를 전후하여, X-Box 가격의 절반 수준으로 가격을 인하함으로써 PlayStation2와 X-Box에 대해 가격차이를 현격하게 느끼게 하였다. 이러한 소니의 가격전략은 그동안 X-Box의 출시를 기다리고 있던 수요를 PlayStation2로 선회시키는 효과를 가져왔고, 그 결과 X-Box는 시장진입 이후 예상했던 것만큼 폭발적인 성공을 거둘 수 없었다. 2001년 X-Box의 시장진입 이후 마이크로소프트가 PlayStation2의 가격에 대응할수록 미 증시에서 마이크로소프트의 주가가 하락하는 흥미로운 결과가 나타났으며, 새턴(Saturn) 계열의 콘솔 게임기로 유명했던 세가(Sega)도 자사의 새로운 64비트 게임기인 드림캐스트(Dreamcast)의 시장 출시를 전면 연기하고 사업철수를 검토할 정도로 소니의 가격전략은 매우 강력한 억제효과를 발휘하였다.

2) 신제품 사전 발표(Preannouncement of new product)

만약 신규 진입자가 기존 제품을 모방하여 시장에 침투하려 한다면 기존 기업은 더 나은 제품을 발표하여 이를 저지할 수 있다. 주로 이전에 구입된 제품이나 소프트웨어의 신제품에 이용할 수 있는 전략으로 신제품 도입에 대해 유통채널의 멤버에게 알리는 목적도 포함된다.

애플은 자사의 신제품을 소개하며 이를 통해 소비자들의 기대를 극대화함과 동시에 신제품을 홍보하기 위해 주기적으로 자사 신제품 발표를 한다. 새로운 제품 혹은 기존 제품을 획기적으로 개선한 제품이 출시될 때에, 개발완료단계나 심지어 개발 전 단계에 사전 발표를 함으로써 시장에 난무하는 추측과 소문들을 뒤집는 전략을 취하고 있다. 이러한 전략은 iPod, iPhone, Macbook, iTV와 같은 애플의 모든 제품에 적용된다.

예를 들어, McBook Air가 처음 출시될 때에는 서류 봉투에서 이를 꺼내어 보임으로써 제품이 얼마나 얇은지를 강조하기도 하였다. 이처럼 스티브 잡스가 단독으로 발표하는 신제품 발표회는 발표되는 제품은 물론 그 방식까지도 사람들의 관심을 끌고 있다. 그렇다면, 이러한 신제품 발표는 어떠한 효과를 가질까?

스티브 잡스의 뒤를 이어 2011년부터 애플을 이끌어 오고 있는 CEO 팀 쿡 역시 매년 신제품 발표회를 개최하며 '더 많은 사람을 아이폰 생태계로'라는 슬

로건을 제시하였다. 정기적으로 개최되는 애플의 신제품 발표회에는 애플의 충성도 높은 소비자, 기자, IT업계 종사자 등의 많은 사람들로부터 관심을 끈다. 2017년 신제품 발표회에서는 아이폰X의 가격 999달러가 많은 사람에게 부담스러운 가격이 된 것은 아닌지에 관한 쟁점에 대해 '손에 넣을 수 있는 기술을 감안하면 가치있는 가격'이라는 설명과 함께 최근 발표한 제품들을 소개했다. 이러한 신제품 발표를 통해 소개되는 제품과 서비스들은 잠재적 경쟁자들의 모방 혹은 진입의지를 방지하고 소비자들의 높은 기대를 불러일으키는 역할을 성공적으로 수행하였다. 또한 제품출시 발표에 맞춰 차세대 소프트웨어에 대해 사전 발표(preannouncement)하는 것은 유통채널 멤버와 소비자들에 대한 홍보와 더불어 직접 소비자들의 의견을 듣는 참여의 장으로서의 역할을 하기도 한다.

3) 유통망 전략

기존 사업자는 유통망을 조절할 수 있다는 큰 이점을 가지고 있다. 기존 사업자들과 유통의 참여자들은 다양한 관계를 형성하며 서로 단단하게 연결되어 있는데 신규 진입자들은 이들의 연결고리를 깨야만 시장에 진입할 수가 있다. 기존의 사업자들은 이러한 강한 연결고리를 만들기 위해 유통채널 멤버에게 다양한 품질관리 활동과 부가서비스를 제공하는데, 이것은 곧 경쟁자의 시장진입을 막기 위한 강력한 진입장벽의 기초가 될 수 있다.

스타벅스는 시애틀의 작은 커피숍으로부터 시작하여 현재 전세계에 23,000개가 넘는 매장을 운영하고 있는 글로벌 기업이다. 스타벅스가 이렇게 세계적인 기업으로 성장할 수 있었던 원인 중 하나는 유통망을 들 수 있는데, 스타벅스는 새로운 지역으로 매장을 확장할 때 입지선정에 매우 세심한 배려를 하여 고객들이 쉽고 편리하게 스타벅스를 접할 수 있게 하고, 다양한 유통경로를 개발함으로써 경쟁사들이 자사의 유통경로로 쉽게 침투하지 못하게 하고 있다. 시애틀에 기반을 둔 호라이즌 항공사(Horizon Airlines)에 이미 커피를 공급하고 있던

스타벅스는 1996년 유나이티드 항공사 (United Airlines)에 커피를 공급함으로써 2,000만 여 명의 잠재고객을 확보할 수 있었다. 또한, 세계 최대의 서점체인인 반즈앤노블(Barnes & Noble)이 서점 내 소파를 비치하고, 책을 읽는 공간을 제공하는 등 기존의 서점과는 차별화된 전략을 사용하고 있는 점을 스타벅스 커피의 문화적 경험과 연관지을 수 있다고 판단

하여, 반즈앤노블(Barnes & Noble)과의 제휴를 통해 서점 내에 스타벅스 매장을 운영하고 있다. 이 외에도 공항, 터미널, 영화관 등 소비자들이 쉽게 찾을 수 있는 접점을 유통망으로 확보하여 경쟁사에게 강한 진입장벽을 형성하고 있다.

4) 다중시장선점 전략

새로운 시장에 들어가기 위해서는 많은 초기 비용이 들어가게 되고, 이러한 점에서 기존의 기업이 경쟁자보다 훨씬 유리하다. 새로운 경쟁자가 시장에 진입하려고 할 때, 기존의 기업은 자신의 시장 중에서 잠재적으로 경쟁자에게 잠식당할 우려가 높은 시장에 대해서 강력한 제재를 가하여 경쟁자의 진입을 저지할 수 있다.

농심은 자사의 주력 상품인 라면 시장에서 다양한 상품라인을 구축하여 경쟁사들의 진입을 저지해왔다. 농심은 시장지배 상품인 신라면을 앞세워 강력한 브랜드 파워를 구축하고, 경쟁사들이 신라면 이외의 틈새시장을 공략하는 것을 저지하기 위해, 너구리, 무파마, 오징어 짬뽕, 감자면 등을 시장에 출시하였다. 이들 브랜드들 각각의 시장점유율은 그렇게 높지 않지만, 라면 시장의 1위 브랜드인 신라면을 경쟁사로부터 보호하기 위한 역할을 충분히 수행할 수 있었고, 소비자들과의 접점인 매장 진열(display)에서도 다양한 농심 제품군을 형성하여 경쟁사보다 좋은 위치를 선점할 수 있었다.

2 억제전략의 성공요인

이러한 억제전략의 성공을 위해서는 무엇보다도 경쟁사에게 자신의 평판을 강하게 인지시켜야 한다. 그렇게 하기 위해서는 경쟁자가 쉽게 자신의 강점을 인지하도록 하려는 노력이 필요하다. 자신의 강점을 상대방에게 효과적으로 전달하는 노력에는 다음과 같은 요인들을 들 수 있다. 첫째, 가격조건이다. 높은 진입장벽을 형성함으로써 시장에 진입하려는 잠재적 경쟁사에게 시장진입에 따른 비용을 높게 인식시키거나 규모의 경제(economies of scale)나 범위의 경제(economies of scope), 경험곡선효과(experience curve effect)를 통해 낮은 원가를 유지함으로써 시장에 진입하여도 큰 수익을 얻을 수 없음을 각인시킬 수 있다. 둘째, 수요와 관련된 요인이다. 수요와 관련된 요인에 가장 대표적인 것으로는 소비자들의 인식상에 높은 전환비용을 형성하는 것을 들 수 있다. 소비자들이 자사 제품으로부터 타사 제품으로 전환하여 구매하고자 할 때 높은 전환비용이 필요하다고 인식한다면 경쟁사들의 진입의지가 약화될 수 있을 것이다. 세 번째는 일관성 있는 대응전략의 패턴에 있다. 과거 경쟁상황에서 자사가 효과적으로 대응했던 사례와 그에 따른 시장에서의 평판, 경쟁사가 쉽게 대응할 수 없는 다양한 경쟁전략들을 보유하고 있을 경우 경쟁사는 쉽게 진입할 수 없다. 마지막은 시장 외적 요인으로서 법적 환경을 들 수 있다. 시장보호를 위한 규제라든가 법안, 신규 진입에 필요한 법적 충족요건 등은 새로운 기업이 시장에 쉽게 진입할 수 없는 장벽을 만든다. 그러나 법적 환경은 한 기업이 단독으로 변화시키기 힘든 부분이므로 전략적인 운용에 있어서 그 중요성은 다소 떨어질 수 있다.

지금까지 다양한 억제전략과 이에 필요한 성공요인들을 살펴보았지만, 억제전략은 단순히 방어적인 측면에 머무를 수 있기 때문에 시장을 주도하기 위해서는 다소 소극적인 자세를 견지할 수밖에 없다. 따라서, '공격이 최선의 방어'라는 속설이 있듯이, 계속적인 시장의 확대와 성장을 위해서는 경쟁사의 공격에 대응하는 수준에서 공격전략으로 전환하는 것이 더욱 효과적이라고 할 수 있다.

공격전략과 대응전략은 자사가 처해 있는 상황에 따라 다양하게 구사되어야 한다.

공격전략은 자사가 가진 자산과 역량을 동원하여 경쟁사의 마케팅전략과 경쟁하는 공격 (Attack)전략과 경쟁사의 자원을 획득하거나 역량을 무력화시켜 경쟁사의 경쟁력을 약화시키는 게릴라(Guerilla)전략으로 나누어지며, 공격전략은 다시 공격하는 규모와 공격의도에 따라 다시 전면공격(Head to Head Attack)전략과 측면공격(Flanking Attack)전략으로 각각 나누어진다. 게릴라전략은 주로 자사가 경쟁사에 비하여 자원과 역량에 있어서 열세에 있을 경우 사용되며, 경쟁사의 자원 사용을 방해하거나 경쟁사를 자사가 원하는 전쟁영역으로 끌어들이기 위해 사용된다. 측면공격은 경쟁사의 약점이나 틈새시장을 찾아 공격하는 것이며, 전면공격전략은 자사가 경쟁사와 경쟁하기에 충분한 자원과 역량이 있다고 판단되었을 때 이를 총동원하는 전략이다. 각 전략은 상황에 따라 진화·발전할 수 있어야 한다.

대응전략은 자사의 대응성향에 따라 경쟁자의 공격을 포기, 수용 또는 보복하는 전략을 택하게 되고, 이러한 대응전략은 그 크기와 속도, 영역의 범위에 따라 그 성격을 각각 달리하게 된다. 크기 측면에서는 상대방보다 더 강하게 혹은 비슷한 수준으로 대응할 수 있으며, 속도 측면에서는 즉각적으로 혹은 지연하여 대응할 수 있다. 영역의 측면에서는 공격받은 영역에서 대응을 하거나 중립적인 영역을 설정하여 대응할 수도 있다. 또한, 대응전략은 대응의 수단으로서 가격전략이나 제품전략, 광고 및 판촉전략이나 유통전략 등을 적절히 이용할 수 있다.

억제전략이란 경쟁사의 공격전략을 사전에 무력화시키거나 그 이전에 자사를 공격하거나 자사의 공격행동에 방어하고자 하는 의도를 좌절시키는 전략으로, 자사 마케팅 자원의 낭비를 최소화시키면서 자사가 추구하는 전략적 목표를 달성할 수 있는 전략이다. 효과적인 억제전략으로는 가격, 신제품, 유통, 다중시장선점 등을 활용하는 것을 들 수 있으며, 특히 상황에 따라 그에 맞는 전략을 선택하는 것이 매우 중요하다.

생각해 볼 문제

01 공격전략을 단계적으로 사용하여 성공한 기업사례에 대해 생각해 보시오.

02 경쟁사의 공격에 대하여 효과적으로 대응한 기업의 사례에 대해 생각해 보시오.

03 억제전략의 성공요인들이 적절히 반영된 기업 성공사례에는 어떤 것이 있는지 생각해 보시오.

참고 문헌

- 이혁수, "후발기업의 마케팅전략," 「LG경제연구원 주간경제」, 527호, 1999. 7. 14.
- 전자신문 Etnews, "미국 최대 서점 반스앤노블, 아마존 때문에 휘청," 2013.08.21.
- 한국경제, "기다렸던 아이폰X 조기 등판⋯갤노트8·V30와 사활 건 빅매치," 2017.11.13
- 한국경제, "[전자상거래] 비즈니스 혁신: 타깃 마케팅 '인터넷 서점,'" 1998. 11. 19.
- 한국경제, "인그램북 인수포기, 미국 반스앤노블," 1999. 6. 4.
- 한국경제, "[음료/빙과] 음료광고: '마음의 갈증' 해소, 98광고 타깃," 1998. 5. 8.
- 한국경제, "[광고파일] 롯데칠성음료, 콜라와 비교 시리즈 2탄 내놔," 1998. 7. 28.
- 한국일보, "파이어폭스에도 밀린 익스플로러.. MS 제국의 몰락," 2016.05.19
- 한국일보, "칠성사이다 광고가 변했다," 2000. 1. 22.
- 홍성태(1999), 「보이지 않는 뿌리」, 박영사.

- Cacciolatti, L., & Lee, S. H. (2016), "Revisiting the relationship between marketing capabilities and firm performance: The moderating role of market orientation, marketing strategy and organisational power," *Journal of Business Research*, 69(12), 5597-5610.
- Chen, T., Tribbitt, M. A., Yang, Y., & Li, X. (2017), "Does rivals' innovation matter? A competitive dynamics perspective on firms' product strategy," *Journal of Business Research*, 76, 1-7.
- Day, G. and D. Reibstein(1997), *Wharton on Dynamic Competitive Advantage*, John Wiley & Sons, Inc.
- Gatignon, H., E. Anderson, and K. Helsen(1995), "Competitive Reactions to Market Entry: Explaining Internet Entry," Processing of the European Marketing Academy Conference, Paris, May.
- Ghemawat P(2017), Strategy and the Business Landscape. Createspace Independent Publishing Platform.
- Gruca, T. S. and D. Sudharshan(1995), "A Framework for Entry Deterrence Strategy: The Competitive Environment, Choices, and Consequences," *Journal of Marketing*, Vol. 59.
- Johnson, G., Whittington, R., & Scholes, K. (2011). Exploring Corporate Strategy, Financial Times/ Prentice Hall.
- Kim, W. C., & Mauborgne, R. (2015). Blue ocean strategy: how to create uncontested market space and make the competition irrelevant. Boston, MA: Harvard Business School Press.
- MacMillan, I. and M. L. McCaffery(1982), "Strategy for Low Entry Barriers," *Journal of Business Strategy*, Vol. 2, No. 3, Spring, pp. 115-119.
- MacMillan, I., M. L. McCaffery, and G. Van Wijk(1985), "Competitor's Response to Easily Imitated New Products: Exploring Commercial Banking Product Introductions," *Strategic Management Journal*, Vol. 6, pp. 75-86.
- Kotler, P. and R. Singh(1980), "Marketing Warfare in the 1980's," *Journal of Business Strategies*, Fall, pp. 67-81.
- Heil, Oliver P. and Narton A. Weitz(1985), "Marketing Signals and Competitive Activity: An Exploratory Study," working paper, The Wharton School.
- Scherer, Frederic M.(1980), Industrial Market Structure and Economic Performance, Boston, M.A.: Houghton Mifflin Company.
- Skellon, N.(2000), Corporate Combat: The art of market warfare on the business battlefield. London, UK: Nicholas Brealey Pub.

PART

07

마케팅전략의
최근 이슈

Chapter 14 고객관계관리를 위한 마케팅전략
Chapter 15 디지털 시대의 마케팅전략

14

고객관계관리를 위한 마케팅전략

相守數年, 以爭一日之勝. 而愛爵祿百金, 不知敵之情者, 不仁之至也, 非人之將也, 非主之佐也, 非勝之主也.
[상수수년, 이쟁일일지승. 이애작록백금, 부지적지정자, 불인지지야, 비인지장야, 비주지좌야, 비승지주야.]

"서로 경계하고 수년 간 대치를 하더라도, 승리는 단 하루의 전투로 결정이 난다. 작위, 봉록, 금전을 아낀 나머지 상대의 정보를 파악하지 못하는 것은 어질지 못한 것이며, 장군으로 삼을 만한 사람도, 임금을 보좌할 사람으로도 적절치 못하며, 승리의 주역도 되지 못한다."

손자병법 용간편[用間篇]

임진왜란 기간중 일본의 2차 침략을 정유재란이라고 따로 부른다. 정유재란에 앞서 왜군은 조선 수군의 수장인 이순신을 제거하기 위해서 요시다라는 간첩을 통해서 계략을 꾸민다. 요시다는 이순신이 동인과 친하다는 점을 악용하여, 서인 관리들에게 왜군이 울산으로 상륙한다는 거짓을 알렸다. 이순신은 적의 계략임을 간파하고 출동을 거부했으나, 서인 관리들은 이순신이 출동하지 않음을 문책하여 백의종군하게 하고, 원균을 삼도수군통제사에 앉힌다. 그러나 원균이 이끈 수군은 칠천량 해전에서 패하여 전멸하다시피 하였다. 일본은 조선의 붕당정치가 전쟁중에도 그치지 않음을 이용하여, 조선 수군을 무력화시켰다. 반대로 조선 수군은 치밀한 준비에도 불구하고 이를 지휘할 수 있는 지휘관을 스스로 제거함으로써 화를 자초한 격이 되었다.

마케팅전략에 있어, 기업이 소비자와 시장, 경쟁자에 대한 정보수집이 단기간에 어떤 가시적인 성과를 주지 않는다. 오히려 체계적으로 정보를 수집하는 데에는 많은 시간과 비용이 들며, 이 때문에 당장 성과를 올리지 못하는 정보수집 활동을 축소시키자는 내부의 의견이 표출되기도 한다. 그러나 손자도 이야기하듯이 전쟁의 승패는 단 하루 만에 결정날 수도 있다. 정보수집은 바로 '하루의 전투'를 대비하는 활동이다. 정보수집의 목적은 바로 그 하루를 위해 최고의 상태를 유지하는 것이다.

Leading CASE

사랑 고백을 준비하는 자세? 'CRM'

"난 네가 기뻐하는 일이라면 뭐든지 할 수 있어… 난 네가 좋아하는 일이라면 뭐든지 할 수 있어"

전설의 만화원작 영화 <공포의 외인구단>의 OST인 가수 정수라의 노래 '난 너에게' 가사 중 일부다. 사랑하는 이가 기뻐할 수 있는 일을 위해서라면 무슨 일이든 기쁘게 감당하겠다는 애절한 마음이 담긴 노랫말이다. 무슨 뜬금없는 사랑노래냐, 기자가 외롭구나 생각할 수 있겠지만 사랑노래야 말로 오늘 소개하려는 CRM 마케팅의 의도를 가장 잘 설명하는 개념이다.

고객이 진정 원하는 것은 무엇인가

사랑에 빠진 이가 상대방의 마음을 얻기 위해, 고백 성공의 확률을 높이기 위해 '무엇이든' 할 준비를 하는 것처럼 기업은 고객의 마음을 얻기 위해 노력한다. 이 것을 마케팅(Marketing)이라고 하는데, 여기에서 CRM은 더 관계 중심적이고 고객 개인별로 세분화된 연구를 하는 방법론이다.

CRM(Customer Relationship Management Marketing)은 기업들이 자사의 상품이나 서비스를 이용하는 고객들과 관련된 자료를 분석해 고객이 원하는 바를 정확하게 짚어내기 위한 노력이다. 일련의 과정에서 가장 중요한 것이 바로 빅 데이터(Big-Data)의 분석이다. 과거의 오랜 기간 동안

난 네가 기뻐하는 일이라면 뭐든지 해.

수많은 제품들을 소비해 온 고객들의 행동 유형은 일종의 데이터로 축적되고 이는 소비자 개인의 취향을 대변하는 지표로 활용될 수 있다.

CRM에서 데이터가 기업들에게 중요하게 활용되는 첫 번째 이유는 생산이나 마케팅에 소요되는 비용을 효율적으로 운영할 수 있기 때문이다. 소비자들의 선호 정도를 파악해 생산 비용의 규모를 사전에 산정해 낭비를 줄일 수 있다. 또는 광고나 마케팅의 정확한 목표 설정으로 효과를 극대화할 수 있다.

두 번째 이유는 장기 고객의 확보다. CRM을 통해 소비자가 원하는 모든 편의에 최적화되도록 기획된 서비스에서 고객들은 벗어나기 쉽지 않다. 이는 소비자들이 전환 비용(Switching cost, 소비자가 현재 이용하고 있는 재화나 서비스를 다른 업체의 것으로 변경할 때에 소요되는 시간이나 추가적 재화)을 감소시키기 위한 경제적 선택이다.

마케팅의 미분(米粉)학

CRM을 다르게 표현하는 것들로는 개인화(Personalization) 전략, 맞춤형(Customization) 마케팅, 1대1(One-to-One)마케팅, 바늘(Needle) 마케팅 등이 있다. 이들은 공통적으로 마케팅에서 대응해야 하는, 더 이상 세분화할 수 없는 가장 작은 단위인 개인 고객을 대상으로 하기에 매우 미시적인 관점을 추구한다. 대량으로 누적된 데이

이현세 만화 <공포의 외인구단> 중 주인공 '까치'의 대사. 출처= 학산문화사

개별 고객의 소비 성향에 맞춘 T멤버십 혜택.
출처= SK텔레콤

터를 분석해 개인 단위로 결과를 도출해야 하기 때문에 수학적으로 매우 복잡한 처리 과정을 거친다.

CRM 성공 사례

아마존의 고객 구분 전략 '콜레버레이티브 필터링(Collaborative filtering)'은 구매 고객의 성별, 나이, 재산 정도, 직업 등 구매와 관련된 모든 기준을 바탕으로 어떤 환경의 고객이 '어떤 물건에 관심을 많이 가지고 있는지' 또는 '어떤 물건을 많이 사는지', '현재의 트렌드가 고객에게 맞는지'를 분석한 결과를 바탕으로 해당 고객에게 맞는 '판매전략'을 세우는 대표적인 CRM 적용사례.

국내에도 CRM의 적용으로 가시적 성과를 거둔 성공 사례들은 많다. SK텔레콤은 경쟁업체들보다 앞서 고객들의 데이터베이스를 마케팅에 적용시킨 업체다. 이는 통신 상품의 구성, 브랜드 이미지, 대(對) 고객 커뮤니케이션, 이벤트 등에 고객 데이터를 적용시키며 국내 통신업계에서 오랜 기간 동안 선두 입지를 굳혀왔다. 10~20대 젊은 고객들을 타깃으로 한 SK텔레콤의 브랜드 전략 'TTL'은 이후 통신업체들뿐만 아니라 다양한 소비재 마케팅영역에 영향을 미쳤다. TTL은 현재의 SK텔레콤 고객 맞춤형 서비스 T멤버십의 모태가 되기도 한다.

또 하나의 성공 사례는 아모레퍼시픽의 CRM 전략이다. 아모레퍼시픽은 고객이 구매 단계에서 나타나는 패턴을 분석해 50여 개 행동 지표를 끌어낸 후 1,500개의 변수를 만들어 분석했다. 그 결과 몇 가지 유의미한 패턴을 발견했다. 예를 들면, 마일리지의 90%를 소진한 고객은 휴면 고객이 될 확률이 일반 고객보다 3.5배 높다는 것이다. 이에 아모레퍼시픽은 이들의 이탈을 방지하기 위해 고객들의 성향에 맞는 서비스를 제안하기 시작했다. 아모레퍼시픽은 고객 빅데이터 처리를 위해 IBM의 DW어플라이언스 네티자(Netezza)를 적용했고 이는 아모레퍼시픽이 국내 화장품 업계에서 독보적인 입지를 차지하는 데 많은 기여를 했다.

경기 침체로 인한 불가피한 선택 → 전략적 적용

마케팅 업계에서는 기업 운영에서 CRM의 의미가 점점 더 커질 것으로 보고 있다. 이는 현재의 장기적 경기 침체와도 무관하지 않다는 의견이 있다. 경영 컨설팅 업체 메타밸류 이상종 대표는 "경기 침체로 인해 기업들이 신규시장 개척을 통한 고객 확보보다는 기존 고객의 이탈을 줄이는 데 주안점을 두고 있는 것이 최근 CRM이 각광받는 이유 중 하나"라며 "그러나 앞으로 CRM은 점점 다양해지는 소비자 수요, 혹은 기호들을 만족시키기 위한 전략적 방안으로 검토되는 일이 많아질 것"이라고 말했다.

이 대표는 덧붙여 "다만, CRM의 원소스가 되는 빅데이터 관리, 데이터의 신뢰성 확보 문제, 개인 신상정보와 보안의 문제 등은 지금보다 더 개선될 필요성이 있다"고 전했다.

〈출처: 이코노믹리뷰, 2017. 4. 27.〉

고객관계
관리를 위한
마케팅전략

기업은 고객과 어떻게 상호작용하고 있는가? 그들은 고객을 어떻게 이해하고 있는가? 고객은 무엇을 원하고 있는가? 이 외에도 기업은 고객과 관련한 수많은 질문들에 직면하고 있다. 미국마케팅협회(American Marketing Association: AMA)에서는 1990년대 이후의 경영 패러다임(paradigm)을 '고객 패러다임'이라고 정의하고 있다. 이러한 고객중심의 경영을 위한 통합적인 해결책으로 제시되고 있는 한 관리방법을 통칭하여 고객관계관리(Customer Relationship Management: CRM)라고 하며 본장에서는 이것을 체계적으로 이해하는 것에서부터 시작하여 고객관계관리의 기업전략을 위한 모델까지를 살펴보도록 한다.

• SECTION 01 • 고객관계관리의 이해

고객이 핵심이 되고 있는 현대 기업경영은 고객을 보다 잘 관리하는 것이 경쟁에서 우위를 지속적으로 유지하는 한 요인으로 중요시되고 있다. 즉, 고객의 유지와 창출을 위한 관계관리의 우월성이 경쟁력의 우월성으로 연결되고 있다는 것이다. 본 절에서는 이러한 고객관계관리에 대한 전반적인 이해를 돕기 위한 내용을 살펴본다.

1 고객관계관리의 등장

현대기업에 있어서 가장 중요한 것이 무엇인가를 생각해 본다면 당연히 '고객(customers)'을 떠올리게 된다. 특히 고객 중에서도 기업에 이익을 준다고 판단되는 고객은 우량고객이거나 단골고객에 한정될 것이다. 이것은 고객 중에서 기여도로 보아 상위 20% 정도가 80%의 매출을 점한다는 '20:80'의 법칙(일명 파레토의 법칙)에 잘 나타나 있다. 하지만 기업은 이러한 고객뿐만 아니라 모든 고객을 다양한 방법으로 관리할 필요가 있으며 이는 기업에게 매우 중요하다. 즉, 기업에 중요한 소위 상층고객들뿐만 아니라 잠재고객, 그리고 기타의 고객들을 관리한다는 것은 경쟁이 치열한 현대 경영환경에서 기업의 사활과 직결될 수 있는 중요한 사안이며 이미 잠재고객을 포함한 모든 고객들은 일정 수준 이상의 관리를 받기 원한다고 할 수 있다.

고객의 요구가 비교적 단조로웠던 과거와는 달리 요즘 고객들의 요구는 거의 모든 산업에서 까다로워졌으며 제품을 통한 차별화뿐만 아니라 고객관리에 의한 차별화 역시 그 중요성을 더해 가고 있다. 고객들은 더 이상 기업의 일방적인 제공물에 만족하지 않으며, 점점 더 복잡하고도 다양한 요구를 하고 있다. 그들은 다른 이들과는 다른 자신만의 관계가 회사와 형성되기를 바라며 뭔가 특별히 관리되고 있음을 확인하고 싶어 한다. 많은 경우 고객들은 회사와 1:1의 관계가 형성되기를 바라고 있는 것이다.

그러나 디지털 시대로 일컬어지고 있는 현대의 많은 기업들이 글로벌화를 지향하면서 규모가 커지게 되고 과거보다 더 많은 고객들을 대상으로 마케팅 활동을 하게 되면서 고객 한명 한명에 적절한 관계를 형성하고 이를 관리한다는 것은 매우 어렵고 거의 불가능한 일인 것으로 보인다. 그러나 급격한 정보기술환경의 변화는 기업에게 불가능해 보였던 고객관계관리를 위한 고객 세분화를 가능하게 했고, 기업들은 고객과의 1:1 관계 형성을 가정한 대고객 커뮤니케이션을 활용하는 마케팅활동을 시도하고 있다. 이런 것들을 가능하게 해준 것이 기술과 마케팅활동이 통합된 해결책(solution)으로서의 '고객관계관리'(CRM)라고 할 수 있다.

2 고객관계관리의 정의

고객관계관리에 대한 정의는 매우 다양하며 아직도 그 정의가 명확히 내려지고 있지는 않다. 심지어 고객관계관리라는 개념이 처음 시작된 미국에서도 학자들 간에 이에 대한 일치된 정의가 없는 실정이며, 관점에 따라 여러 가지로 정의내리고 있는 실정이다. 그러나 고객관계관리의 다양한 정의에도 불구하고 고객관계관리의 핵심이 무엇인가에 대해서는 어느 정도 견해가 일치하고 있다. 이에 대해 살펴보면 다음과 같다.

가트너 그룹(Gartner Group)에서는 고객관계관리를 "신규고객 획득, 기존고객 유지 및 고객 수익성 증대를 위하여, 지속적인 커뮤니케이션을 통해 고객행동을 이해하고, 이를 바탕으로 고객에게 영향을 주기 위한 광범위한 접근"으로 정의하고 있다. 이러한 정의를 다시 음미해 보면, 고객관계관리는 우선 크게

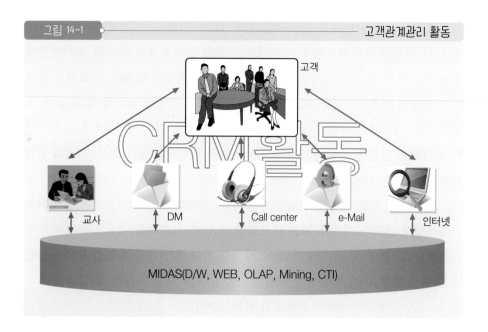

그림 14-1   고객관계관리 활동

고객

교사   DM   Call center   e-Mail   인터넷

MIDAS(D/W, WEB, OLAP, Mining, CTI)

2가지 단계로 구분할 수 있다. 고객에 대한 학습단계와 학습된 기반을 갖고 고객에 대해 대응하는 단계이다. 이와 같은 2가지 단계가 계속적으로 반복되면서 고객행동을 이해하고, 영향을 주고, 이에 따라 고객 수익성 증대, 기존고객 유지, 신규고객 획득이 가능해진다는 의미이다. 즉, 고객관계관리를 위하여 고객을 학습하고 학습된 기반을 갖고 대응을 하며 고객에 대응된 결과는 다시 학습에 중요한 정보로 활용되는 학습과 대응의 반복과정으로 고객관계관리를 이해할 수 있다.

여기서 한 가지 주의할 것은 고객관계관리에 대한 정의가 정의를 내리는 사람이 기업의 경영활동에서 어떠한 업무를 담당하느냐에 따라 다를 수 있다는 점이다. 예를 들면, 영업을 담당하는 사람은 영업전략으로, 홍보를 담당하는 사람은 체계적인 데이터베이스 마케팅으로, 그리고 정보기술을 담당하는 사람은 기업의 업무영역을 체계화시킨 통합된 프로세스로 이해한다.

<그림 14-1>에서 볼 수 있는 것과 같이 고객관계관리는 다양한 고객관리 필수요소들을 고객중심으로 통합하고 정리 고객활동을 개선하여 장기적인 관계를 구축하고 기업의 경영성과를 개선하기 위한 총체적인 대고객 마케팅 커뮤니케이션이라고 할 수 있다. 또한, CRM이라는 용어는 주로 고객관계관리(customer relationship management)로 이해되지만, 고객관계 마케팅(customer relationship marketing)으로 이해되기도 한다. 본서에서는 CRM을 전자인 고객관계관리(customer relationship management)로 보고 있다.

3 고객관계관리의 목적

고객관계관리의 목적은 매우 간단하다고 할 수 있다. 즉, 다양한 고객관리 장치(tool)들을 통해 고객과의 관계를 매우 장기적으로 발전시켜 가자는 것이다. 특히, 이러한 장기적인 고객과의 관계유지를 통해서 고객이 기업에 기여하는 수익을 극대화시키려는 노력이다. 앞서 언급된 것과 같이 이러한 고객관계관리를 성공적으로 수행하기 위해서는 기업은 이에 적합한 시스템을 필요로 한다. 이러한 고객관계관리 시스템의 목적을 구체적으로 살펴보면 다음과 같다.

고객관계관리 시스템은 고객중심의 업무방식 변환을 위해 고객에 대한 개념을 전환하고, 환경변화의 지속적인 반영을 위해 고객, 상품, 시장의 변화에 대응하며, 새로운 개념의 마케팅전략의 실천을 위해 고객과 관련된 마케팅의 과학적 기법 습득과 실행을 강화해야 한다. 고객관계관리는 이러한 시스템 목표를 가지고 이탈고객의 발생원인 파악, 상품의 연계 판매기회 마련, 채널의 효율화, 영업성과 극대화, 가망고객 추출방안, 거래정보 심층 분석, 영업력 및 생산성 향상, 기존 리포트 대체 등을 실현해야 한다.

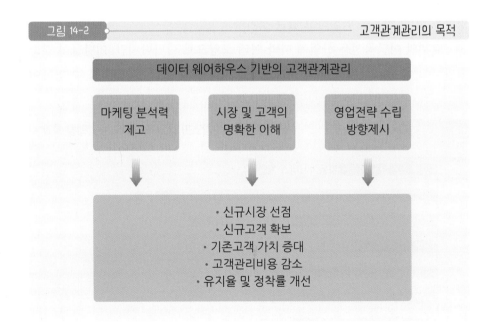

그림 14-2 　고객관계관리의 목적

데이터 웨어하우스 기반의 고객관계관리

| 마케팅 분석력 제고 | 시장 및 고객의 명확한 이해 | 영업전략 수립 방향제시 |

- 신규시장 선점
- 신규고객 확보
- 기존고객 가치 증대
- 고객관리비용 감소
- 유지율 및 정착률 개선

• SECTION 02 • 고객관계관리의 기반

1 고객의 이해

고객관계관리는 기업이 고객의 유형에 따라 다른 관계를 형성하고 이를 통해 점차적으로 기업의 관점에서 보다 나은 고객(우량고객)으로 유도하며, 나아가서는 새로운 고객의 유치에 있어서도 이를 반영하여 고객이 기업에 좀 더 많은 이익을 가져다줄 수 있도록 하기 위한 것이다. 따라서 기업은 고객관계관리를 위해서 고객에 대해 새롭게 정리해 볼 필요가 있다. 즉, 고객관계관리를 위해서는 막연한 고객의 이해로 출발해서는 안 된다는 것이며 명확한 고객에 대한 정의와 이해가 고객관계관리의 성패에 결정적인 영향을 미칠 수 있다는 것이다.

신규고객의 확보보다 기존고객의 유지가 기업에 보다 많은 이익을 가져다준다는 가설은 이미 널리 받아들여지고 있다. 특히 신규고객의 획득에 드는 비용은 기존고객의 유지에 드는 비용보다 5배가량 높다는 구체적인 주장들도 있다. 즉, 고객에 대한 올바른 구분과 이해가 기업의 경제적인 이익에 직접적으로 영향을 줄 수 있음을 역설하고 있는 것이다.

고객의 이탈곡선은 산업에 따라 여러 모양으로 나타나지만, 이탈률이 감소되면 수익이 증가하는 것은 일반적인 현상이다. <그림 14-3>에서 볼 수 있듯이

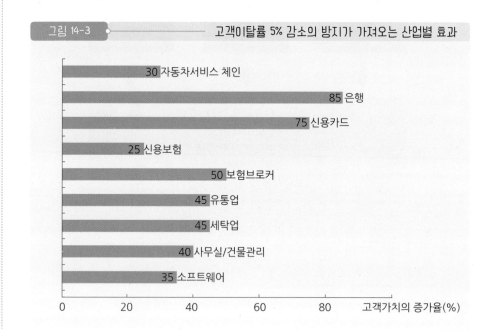

그림 14-3 ● 고객이탈률 5% 감소의 방지가 가져오는 산업별 효과

은행업의 경우 고객이 5% 이탈하는 것을 방지하는 경우 수익증대 효과가 85%로 가장 높은 것으로 나타나고 있다. 또한 다른 산업군에서도 5%의 고객이탈을 막을 경우 고객가치의 증가율이 상당히 높게 나타나고 있다. 따라서 기업으로서는 고객유지의 가치가 매우 높다는 것이 확실하다.

따라서 '우리의 고객은 누구인가?'라는 질문은 중요하며, 한 번쯤은 기업들이 반드시 스스로 질문해 볼 필요가 있는 물음이다. 이 물음은 고객을 어떻게 이해하고 구분하고 관리할 것인가에 대한 종합적인 답변을 요구하고 있는 것일 수 있다. 따라서 기업은 잠재고객은 물론이려니와 우량고객과 일반고객 등 기업이 이미 구분한 다양한 고객층에 대해 많은 생각을 하지 않을 수 없을 것이다.

흔히들 사용하고 있는 고객(customer)이라는 단어는 어원이 'custom'에서 비롯되었다. 이 말은 '어떤 물건이나 대상을 습관화하는 것 혹은 습관적으로 행하는 것'이라고 사전에 정의되어 있다. 이를 통해 고객(customer)에 대한 사전적인 의미를 이해해 본다면 특정 기업의 물건(물리적인 제품 및 서비스 등)을 습관적으로 이용해 주는 것이라고 할 수 있다. 따라서 고객을 알고 분류하기 위해서는 구매횟수, 이용실적, 그리고 회사 기여도 등에 대한 정확한 분석이 이루어져야 한다.

따라서 고객을 명확히 이해하기 위해서는 그 고객이 일정기간 동안 해당 제품(서비스)에 대한 반복구매를 어느 정도 하고 있으며 기업에 수익을 어느 정도 가져다주는가에 대한 구체적인 분석이 있어야 한다. 이러한 분석을 통해 기업이 항상 주의할 필요가 있는 것은 모든 고객이 똑같지 않다는 점이다. 즉, 고객에 대한 새로운 이해의 근간은 모든 고객이 기업에게 있어서 동일한 가치를 가지고 있는 것이 아니며 이를 바탕으로 고객관계관리의 기초인 고객을 새롭게 이해해야 한다는 것이다. 따라서 고객을 보다 세분화하여 구체적인 1:1 관계의 기반을 마련해야 한다.

2 고객과 브랜드 애호도

기업에게 고객의 중요성은 두말 할 필요가 없다. 더구나 이러한 고객의 중요성은 갈수록 더 부각되고 있다. 특히 새로운 고객의 유치보다는 이미 관계를 맺은 고객의 유지가 더욱 중요하다는 것은 앞서 살펴본 <그림 14-3>에서 잘 나타나고 있다. 고객의 중요성은 고객이 기업에 주는 브랜드 애호도(brand loyalty)로 나타나고 있으며, 점점 더 브랜드 애호도의 의미가 부각되고 있다고 할 수 있

야구 후발주자 KT위즈, CRM 도입으로 관중 수 늘려

지난 2013년 KT위즈가 새로운 프로야구팀으로 창단했다. 국내 다른 스포츠에 비해 프로야구가 대중들에게 많은 관심을 받고 있는 것은 분명한 사실이다. 하지만 신생 프로 야구팀이 관중을 모으는 것이 쉬운 일은 아니다. 이미 기존 야구팬들은 대부분 응원하는 팀이 정해져 있기 때문에 오히려 불리할 수도 있다.

하지만 KT위즈는 지난해 총 관중수 68만명을 기록하면서 아직 다른 구단에 비해 많지는 않지만 꾸준하게 증가추세를 보이고 있다. 올해는 지난해보다 7% 늘어난 73만명을 목표로 잡고 있다. 후발주자로 다소 불리한 부분이 있음에도 KT위즈가 관중수를 늘릴 수 있었던 데에는 빅데이터 분석이 숨어 있었다. KT위즈는 글로벌 데이터분석기업 SAS의 빅데이터 분석에 기반한 고객밀착형 고객관계관리(CRM)시스템을 적용했다.

야구장을 찾는 관중의 연령대나 성별은 어떻게 되는지, 어느 요일에 관중수가 가장 많은지 등의 일차원적인 CRM은 그동안 많이 진행되었다. 하지만 야구장 고객이 언제 어떤 경기를 선호하는지, 경기 시작 몇 분 전에 경기장에 입장을 하는지 등의 구체적인 행동에 대해서는 알지 못했다. 하지만 IT가 발달하면서 멤버십 서비스를 통해 보다 자세한 고객의 데이터 수집이 가능해지고 고객의 선호도도 정확하게 알 수 있게 되었다.

이에 KT위즈도 'KT위즈 멤버십 시스템'을 구축해 회원 데이터를 관리했다. 가입자의 성별, 연령대 등 단순한 데이터 분석은 멤버십 시스템으로 가능했지만 보다 한 단계 더 나아가 가입자들의 행동 패턴을 분석하고 마케팅 활동에 따른 효과를 분석했다.

특히 △회원 가입 시점의 인구 통계학적 분석 △티켓 구매 시점의 외부 요인 관계 분석 △경기장 방문 시점의 고객 평균 인입 분석 △멤버십 회원의 프로모션 반응 △경기장 참석 현황 등을 분석했다. 이를 통해 티켓 구매시기의 변화, 입장 시간, 선호 좌석 등 가입자들의 행동패턴을 알 수 있었으며, 구단에서 실행하는 마케팅 활동의 실행률, 가입자들의 접속률, 성공률 등을 파악할 수 있었다.

이러한 분석으로 KT위즈는 회원에 대한 혜택을 보다 전략적으로 제공할 수 있었다. 관중이 적은 시기에 적절하게 혜택을 제공해 전체적인 관중 수를 늘리는 방법이다. 주말 대비 관중수가 60% 정도인 주중 방문을 높이기 위해 적절한 수준에서 주중 무료 티켓을 제공하거나 비성수기인 8월과 9월에 회원 혜택을 사용하지 않은 회원에게 방문을 유동하는 등의 방식을 활용했다.

마케팅 캠페인도 데이터 분석 결과를 기반으로 진행했다. KT위즈는 마케팅 캠페인을 실행한 후 KT위즈 멤버십 시스템을 통해 마케팅 실행률, 회원들의 마케팅 접촉률, 실제 티켓 사용 여부 등을 세분화해서 결과값을 분석했다. 사용률이 낮은 경우 2차 캠페인을 통해 사용을 독려하고 그래도 사용률에

KT위즈는 지난 4일 롯데와의 홈경기부터 총 9회의 '위즈맘 페스티벌' 진행했다.

큰 변화가 없을 경우에는 캠페인을 중단하기도 했다.

데이터분석을 통한 CRM은 단순히 마케팅 캠페인에만 활용되지는 않는다. 매 경기마다 관중수를 보다 정확하게 예측할 수도 있게 된다. 이전에는 KT위즈는 매 경기마다 경호원을 100여 명을 투입했지만 관중 수와 관중이 몰리는 좌석 위치도 예측이 가능해지면서 효율적으로 인력을 배치하거나, 또 특정 경기의 관중 증가율을 예측이 가능해지면 MLB 처럼 티켓 가격도 탄력적으로 운영이 가능해졌다.

데이터 분석을 통한 KT위즈의 마케팅은 업계에서 인정도 받았다. 지난해 한국프로스포츠협회는 프로스포츠 홍보마케팅 우수사례 시상식을 열고 KT위즈를 대상으로 선정했다. 데이터가 많이 확보 될수록 데이터 기반으로 예측력은 높아진다. KT위즈에 솔루션을 제공하는 SAS는 내년쯤이면 예측 기반의 마케팅과 서비스 기획이 보다 정확해지고 효율성을 높일 수 있을 것으로 전망했다.

〈출처: 이데일리, 2017. 05. 06.〉

다. 브랜드 애호도는 지속적인 관계를 기본으로 하고 있으며 이러한 긴 관계를 통해 서로 이익을 누릴 수 있다는 것이다.

기업과 고객 사이의 브랜드 애호도가 의미하는 것이 무엇인가에 대한 이해는 중요하다. 애호도는 일반적으로 '다른 기업의 적극적인 마케팅활동에도 불구하고 고객이 사용하고 있는 현 제품 또는 서비스를 지속적으로 그리고 일관성 있게 반복구매하거나 구매하려는 의지의 정도'로 이해되고 있다. 우리는 소비자 자신이 사용하고 있는 제품을 주변의 권고에도 불구하고 바꾸지 않는다거나 자신의 친구들에게 권하는 등의 행위 등을 통해 소비자의 브랜드 애호도를 확인할 수가 있다.

이러한 애호도를 위해서는 고객만족이 당연히 선행되어야 한다. 고객이 만족을 경험해야 브랜드 애호도가 생긴다는 것인데, 어느 정도의 고객만족이 고객의 애호도를 이끌어 낼 수 있는지는 명확하지 않다. 더구나, 어중간한 고객만족은 애호도에 도움이 되지 않을 수도 있다. 따라서 기업은 고객만족 수준을 충분하게 달성해야 하며 이렇게 충분히 달성된 고객만족은 고객으로 하여금 높은 브랜드 애호도를 갖도록 유도할 수 있다.

미국마케팅협회(American Management Association)에서는 1990년대 이후의 경영 패러다임을 '고객 패러다임'이라고 정의하고 있다. Aaker(1991)는 고객만족 경영과 브랜드애호도 제고를 위해 다음의 다섯 가지 방법을 제시하였다. 첫째, 고객과의 좋은 관계를 유지하기 위해 고객을 존경하면서 고객을 올바르게 대우하여야 하며, 둘째, 고객과의 접촉기회를 가지면서 고객이 무엇을 원하는지 파악할 수 있도록 고객과 밀착해야 하고, 셋째, 고객의 만족도와 불만족을 측정하여 경영활동에 반영하고, 넷째, 전환비용을 창출하며, 다섯째, 예기치 않았던 무엇인가를 제공하여야 한다는 것이다.

이러한 브랜드 애호도는 기업의 새로운 도전에 대한 고객들의 반응을 예측할 수 있게 해줄 뿐만 아니라 높은 브랜드 애호도는 시장을 선점하고 경쟁자의 공격으로부터 주거래 고객과 기타의 잠재고객을 지키는 강력한 무기가 되고 있다. 한마디로 브랜드 애호도는 기업의 이익과 직접 관계되는 중요한 지표로서 애호도를 높이는 것이 바로 기업의 핵심과제임을 의미한다고 할 수 있을 것이다.

또한, 앞서 언급된 것과 같이 높은 고객의 브랜드 애호도를 위해서는 기존고객의 목소리를 듣고 그들의 불만을 즉각 해결하여야 한다. 고객들의 불만을 해결하려고 노력하다 보면 애호도를 높일 수 있을 뿐만 아니라 새로운 사업기회도 확보할 수 있다. 일단 불만이 있다는 것은 기업의 대고객 커뮤니케이션 등의 마케팅활동에서 비롯되는 서비스 품질 등에 관심이 있다는 단적인 증거이므로 불만을 만족으로 바꾸어 주면 애호도가 한층 강화(reinforce)될 수 있다. 즉 애호도는 근본적으로 신규고객을 늘리는 데 초점이 있는 것이 아니고 기존고객의 심리적 애호도를 강화해 이를 전 고객, 전 제품으로 확산시킨다는 개념으로 이해되어야 한다.

기존의 고객을 장기적으로 유지하면 할수록 더 많은 이익이 돌아온다는 것은 다시 말하지 않아도 될 만큼 강조되었다. 또한 기존고객에 대한 마케팅활동은 목표가 명확하므로 불특정다수를 지향하는 신규고객의 개척에 비해 비용면과 마케팅활동면 등 여러 가지 측면에서 훨씬 더 효과적이라는 것 또한 많이 알려진 사실이다. 결국 기존고객을 존중하고 배려하는 것이 기업에 실제로 더 많은 이익을 가져다줄 것이라는 것 또한 당연하다고 할 수 있다. 따라서 기존고객을 최대한 존중하여 브랜드 애호도를 유지하거나 한 단계 더 높은 수준으로 끌어올리는 것이 기업의 이득을 위해서 필요할 것이다.

• SECTION 03 • 고객관계관리의 확장

일반적으로 사용되고 있는 고객관계관리는 e-CRM을 통해서 이루어지고 있다. 현재 경영환경의 급격한 변화 중의 하나인 정보기술(information technology: IT)의 진보는 고객관계관리의 새로운 장을 열고 있는데 그것이 e-CRM이다. 그러나 이러한 e-CRM의 개념은 정확히 이해할 필요가 있으며 이를 위해서는 기존의 고객관계관리와의 비교를 통해 기업에 이익이 되는 전략적 차원을 이해가 전제되어야 한다. 따라서 여기서는 이러한 e-CRM을 전통적인 고객관계관리와 비교하여 기업의 전략을 위해 어떠한 방향으로 다루어 나가야 하는지를 살펴보도록 한다.

1 고객관계관리와 e-CRM

디지털 시대의 도래에 따른 마케팅의 새로운 환경변화 중 한 가지는 인터넷의 급속한 보급이다. 즉, 고객과 기업의 접점이 물리적 만남에 의한 것만이 아니라 가상공간을 통한 만남을 통해서도 이루어지고 있다는 것이다. 이러한 환경의 변화는 기존의 고객관계관리에도 상당한 변화를 요구하고 있다. 가상 공간상에서의 고객관계관리에 대한 이해가 필요한 것이다. 일반적으로 이해되고 있는 e-CRM은 '상품, 서비스, 그리고 콘텐츠를 온라인상의 고객접촉 수단(인터넷, 이메일, 이동통신, PDA, 전자카탈로그 등)을 활용하여 수시 또는 즉시로 쌓이는 기업 내 외부의 고객관련 정보를 통합하고 가공 재정리 분류하여 이것을 전략적으로 분석함으로써 고객과의 관계개선을 통해 고객만족도를 향상시키고 고정고객화를 통해 고객의 브랜드애호도를 증진시켜 궁극적으로는 수익구조를 개선하는 경영관리활동 내지는 솔루션 운용활동'이다.

이러한 e-CRM에 대한 개념을 자세히 살펴보면 기존의 고객관계관리와 전혀 다른 별개의 것이 아니라는 것을 알 수가 있다. 다만 새로운 대고객 마케팅 커뮤니케이션 채널이 추가되어서 생겨난 확장된 개념으로 보면 된다. 그러나 이러한 새로운 채널의 추가로 인해 과거에는 생각하지 못했던 많은 고객관계관리의 구체적인 방법들이 출현한 것은 사실이다. 따라서 전통적인 고객관계관리와 e-CRM의 차이점과 공통점을 살펴봄으로써 고객의 브랜드 애호도를 극대화하기 위한 두 고객관계관리 방법의 시너지를 얻을 수 있을 것이다.

고객관계관리와 e-CRM은 고객접촉 경로에서 그 차이를 볼 수가 있다. e-CRM은 고객접촉이 이메일, 인터넷, 이동통신, 전자카탈로그, 디지털 TV 방식의 온라인 환경에서 이루어진다는 것이다. 반면에 고객관계관리의 고객접촉은 앞의 e-CRM의 접촉영역을 포함하여 전화, 팩스, 도·소매업자, 지역점 또는 체인점 등 온라인뿐만 아니라 오프라인까지도 그 접촉의 환경이 확장된다는 것이다. 따라서 엄밀히 말하면 e-CRM의 고객접점 경로가 고객관계관리의 고객접점 경로에 포함된다고 볼 수가 있으며 앞서 언급된 것과 같이 새로운 환경에 의한 대고객 커뮤니케이션의 채널이 추가되어 나타난 개념이라고 할 수 있다.

또한 고객관계관리와 e-CRM은 그 활용목적에서도 다른 점을 찾을 수 있다. e-CRM은 실시간 다채널 동시의 커뮤니케이션 수단을 중시하고 있다. 그러나 고객관계관리는 전통적인 오프라인 경로 중심으로 고객관계 개선을 통한 경영 효율성과 수익구조 개선을 중시하고 있다. 따라서 e-CRM은 실시간이라는 장점을 통해 대고객 관계관리를 할 수가 있다는 것이 큰 특징이라고 할 수 있다. 또한 이러한 고객관리는 상호 빠른 정보의 교환을 통해 고객과 기업이 서로 만족할 수 있는 관계를 형성하는 데 중요한 역할을 수행하게 된다.

반면에 고객관계관리와 e-CRM의 공통점은 고객과의 접점을 매우 중시하고 철저하게 원투원 마케팅(one-to-one marketing)을 활용하고 이익창출 가능성이 높은 애호도 고객을 존중하고 있다는 것이다. 즉, 원투원 마케팅과 데이터베이스 마케팅의 활용을 기초로 고객정보를 통합하고 우량고객화를 통해 고객의 기업 이익에의 높은 기여를 장기적이고도 지속적으로 실현함에 의의를 두고 있다.

고객관계관리와 e-CRM의 관계에 있어 분명히 해야 할 것은 두 관리방법이 고객과의 접촉경로가 다를 뿐, 고객과의 관계를 중시하고, 고객을 유치하고 관계를 유지하고 강화시켜 수익성을 극대화시키고자 하는 목적은 동일하다는 것이다. 그 이유는 고객관계관리와 e-CRM의 핵심인 고객이 동일하기 때문이다. 따라서 고객관계관리와 e-CRM을 별개로 보아서는 안 되며, 다음에서는 두 관리방법의 통합을 통해 보다 발전된 형태의 고객관계관리를 살펴보도록 한다.

2 고객관계관리의 통합

앞서 살펴본 바와 같이 고객관계관리와 e-CRM의 기본 구성요소는 비슷한 점이 많다. 단지 유일한 차이는 고객과의 접촉경로가 다르다는 것이다. 물론 온라인을 통한 고객접촉은 과거에는 실현하지 못했던 고객관계를 가능하게 하고

"사려다 만 제품은 뭘까"… 고객의 숨은 욕구도 분석
- 아마존의 스마트 SCM 전략 성공 비결

amazon 아마존은 세계 최대 전자상거래 업체다. 1995년 설립 당시 10억 원에도 미치지 못했던 매출은 2016년 150조 원 규모로 성장했다. 시가총액은 유통업계의 공룡인 월마트의 2배를 넘어 500조 원 규모를 웃돈다.

아마존은 4차 산업혁명 시대를 맞아 디지털 기술을 활용해 공급망관리(SCM)의 혁신을 이룬 대표 사례다. 소위 '스마트 SCM' 전략을 성공적으로 구현해 온 모범 기업이라 할 수 있다. 이는 계산대 없는 식료품 매장 아마존 고(Amazon Go)를 비롯해 인공지능(AI) 음성인식 스피커인 에코(Echo), '원클릭' 배송 주문 시스템인 대시(Dash) 버튼 등의 사례를 통해 잘 드러난다

아마존 대시(Amazon Dash)

아마존은 2015년 와이파이 기능을 탑재한 대시 버튼을 출시했다. 인터넷이나 모바일에 별도로 로그인할 필요 없이 버튼만 누르면 특정 제품의 주문부터 결제, 배송에 이르는 모든 프로세스가 한 번에 자동으로 이뤄진다. 보통 4.99달러에 판매되는 대시 버튼은 주로 세제, 휴지, 기저귀 등 반복 구매가 이뤄지는 생활용품 주문에 활용되고 있다. 특정 브랜드, 특정 품목을 지정해 자동으로 주문하기 때문에 생활용품 제조업체의 경우 일단 대시 버튼이 소비자 가정에 설치되면 경쟁 제품으로의 이탈을 막을 수 있다.

하지만 대시 버튼은 단순히 제품 판매를 공고히 한다는 측면 외에 소비자에 대한 상세한 정보를 얻을 수 있는 수단이라는 측면에서 더 큰 의미를 갖는다. 지금까지 고객 수요 예측에 필요한 데이터는 대개 제품이 매장이나 인터넷을 통해 주문·결제되는 시점을 기준으로 수집돼 왔다. 하지만 엄밀하게 말해 이 시점은 소비자의 실제 소비 패턴과는 괴리가 있다. 반면 대시 버튼을 통하면 고객 소비 패턴을 실제 수요 패턴과 동기화할 수 있다. 보다 정교한 수요 예측을 위한 정보를 확보할 수 있다는 뜻이다.

아마존 대시 버튼을 통한 예측 배송

아마존은 2013년 예측 배송에 관한 특허를 취득한 바 있다. 예측 배송이란 말 그대로 고객이 제품을 주문하기 전에 미리 제품을 준비해 고객과 가장 가까운 물류센터에 입고시키는 것이다. 이 특허에 따르면 고객이 주문할 것으로 예상되는 제품을 고객 인근 물류센터나 트럭에 적재된 상태로 대기시켜놓고 있다가 고객이 주문하는 순간 빠른 시간 내에 고객에게 제품을 인도한다.

이러한 예측 배송이 이뤄지기 위해서는 고객의 수요에 대한 예측 및 분석 능력과 함께 이를 사전에 감지할 수 있는 데이터 확보가 필수적이다. 아마존은 대시 버튼을 도입하기 전부터 사실상 예측 배송에 필요한 간접 데이터(구매 이력 데이터 등)를 충분히 확보하고 있었다. 여기에 보다 직접적으로 특정 상품의 실제 소비 패턴을 정확히 알려주는 대시 버튼의 데이터가 더해진다면 예측 배송의 정확도는 더욱 향상될 수 있다.

예측 배송이 구현될 경우 소비자 입장에선 구매

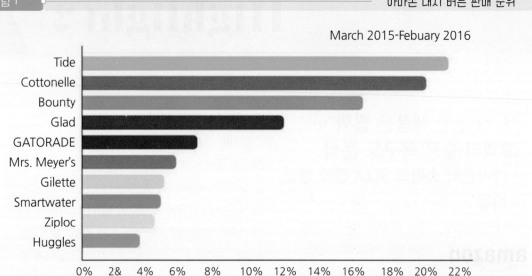

출처: Slice Inteligence(2016)

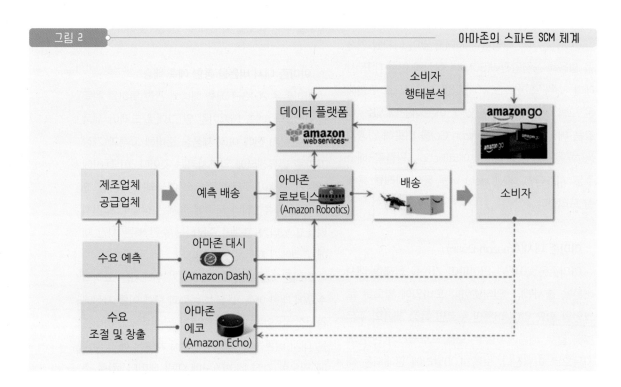

프로세스 자체를 알고리즘에 아웃 소싱하는 것과 다름없다. 당연히 이로 인한 쇼핑 편의성은 배가 된다. 한편 아마존 입장에서는 필요한 재고 규모의 정확한 추산이 가능해져 창고 운영의 최적화는 물론 배송에 따른 비용 절감을 도모할 수 있게 된다. 세분화된 데이터를 기반으로 정기적으로 소비되는 제품의 패턴을 인지할 경우, '인지 후 대응'방식이 '예측 후 실행' 방식으로 전환돼 기존 SCM의 패러다임이 송두리째 바뀌게 될 것이다.

아마존 고 통해 소비자 행태 빅데이터 분석

아직까지 시범 매장을 운영하는 수준에 불과하기는 하지만 아마존 고는 고객의 상세한 니즈를 파악할 수 있는 빅데이터 수집의 접점으로 활용될 수 있다. 이에 적용된 핵심 기술은 영상처리, 센서 융합, 딥러닝(자가학습) 등 첨단 기술이다. 아마존 고의 기술 메커니즘은 고객이 매장에 들어가는 순간, 스캔한 QR코드를 통해 고객의 신원을 확인한다. 고객이 제품 구매를 위해 특정 매대로 이동하게 되면 발걸음 소리에 반응한 마이크가 주변이 카메라를 반응시켜 고객의 손을 추적하기 시작한다. 그리고 고객이 제품을 집어 들면 카메라가 촬영된 제품 이미지 분석을 통해 그 제품의 종류와 브랜드 등을 1차로 판별한다. 곧 이어 그 제품을 보관하던 매대의 무게 센서와 압력 센서가 줄어든 무게와 압력이 변화된 지점을 파악해 제품에 대한 추가 정보를 수집한다. 여기에 해당 소비자의 구매 이력 데이터를 통해 산출한 신뢰도 점수를 기반으로 제품의 종류와 가격을 최종적으로 확정해 가상의 쇼핑 카트에 담는다. 고객은 계산을 위해 별도로 줄을 설 필요 없이 사고 싶은 물건을 집어 들고 곧바로 매장을 빠져나오면 된다.

아마존은 지금까지 온라인상에서의 소비자 행동은 어느 정도 추적해 왔다. 하지만 오프라인 매장에서의 소비 행동과 관련한 이력 정보를 수집하는 것은 불가능했다. 아마존 고는 기존 무선주파수인식(RFID)로는 절대 확인할 수 없는 고객 데이터를 수집하기 위해 카메라와 센서 기술을 도입했다. RFID 기술은 일종의 '스냅샷' 사진처럼 특정 시점에 국한한 데이터만 보여준다. 반면 카메라나 센서 기술은 '동영상'처럼 고객의 이동 궤적을 추적할 수 있는 역동적인 데이터를 제공해 준다. 소비자가 매장에서 집었다가 다시 내려놓는 제품이 무엇인지에 대한 정보까지도 파악할 수 있다는 뜻이다. 아마존 고는 소비자 행태에 대한 빅데이터 분석의 접점이 될 수 있다. 즉, '100만 명의 고객 데이터보다 고객 한 사람의 100만 가지 데이터를 더 중시'하는 아마존의 빅데이터 분석 전략의 핵심이 될 것이다.

〈출처: 동아 비즈니스 리뷰, 제235호, 2017년 10월〉

있으며 그 활용의 범위 역시 보다 확대되고 있다. 그러나 고객관계관리와 e-CRM은 별개로 운용될 수가 없으며 기업의 이윤 극대화를 달성하기 위한 운용에 있어서 통합될 필요가 있다. 고객관계관리와 e-CRM 중에서 보다 상위의 개념은 고객관계관리라고 할 수 있다. 고객관계관리는 e-CRM을 포함하고 있는 포괄적 의미로 이해되어야 할 것이다.

• SECTION 04 • 고객관계관리의 실행과 모델

고객관계관리(CRM)는 e-CRM이 포함된 포괄적 의미로서 사용될 것이며, 본 절에서는 이러한 고객관계관리가 고객관계의 조율에 의해 어떻게 실행될 수 있는지를 이해하고 나아가서 통합적 고객관계관리로서의 전략적 모델을 실행단계별로 알아보자.

1 고객관계관리의 실행

기업은 고객과 어떠한 형태로든 관계를 맺게 되고 이러한 관계가 기업의 이익에 직접적으로 영향을 준다. 고객이 기업과의 관계에 대해 실망을 하게 되면 자신의 구매 포기뿐만 아니라 주변의 다른 이들에게도 구매를 포기하도록 종용하게 된다. 따라서 기업은 다양한 고객과의 관계를 적절한 수준에서 일관되게 관리를 해야 한다. 이를 위해서는 고객과의 첫 관계에서부터 장기적인 고객으로의 발전까지 지속적인 노력을 기울여야 하며 이런 관계의 발전은 관계의 형성에서부터 관계유지 그리고 관계강화에 이르는 긴 과정을 거쳐야 한다.

1) 관계 형성

기업은 대개 시장점유율(market share)을 중요시한다. 그러나 시장점유율이 높다고 해서 반드시 기업의 수익성이 좋아진다는 보장은 없다. 물론 시장점유율이 1위가 됨으로 인해 누릴 수 있는 몇 가지 장점들이 있기는 하지만 이를 위해 맹목적으로 고객의 확보를 위한 무차별적인 경영활동을 전개하는 것은 위험하다. 따라서 최초 고객의 선정에 보다 많은 노력을 기울여야 하며 이러한 표적고객들과의 첫 관계 형성을 중요시하여야 한다. 즉, 처음부터 수익성이 높은 신규고객을 많이 창출할 수 있도록 하여야 한다는 것이다.

이러한 관계의 형성을 위해서는 잠재고객의 정보를 잘 활용하는 것이 중요하다. 그러기 위해서는 잠재고객의 범위를 명확히 하고 정보를 구체적으로 활용하여 잠재고객에 대한 마케팅 커뮤니케이션에 심혈을 기울여 보다 가치 있는 고객을 신규고객으로 유치하도록 하여야 한다. 따라서 처음부터 고객의 특성을 잘 분석하여 점차 우량고객으로 발전하여 기업에 이익을 증대시켜 줄 고객들을 찾아내어야 한다. 이렇게 우량고객의 특성을 갖추고 있는 고객들에게는 보다 밀접한 관계를 형성해야 한다. 특히, 우량고객은 다른 우량고객을 스스로 끌어들이는 장점이 있다. 앞서 살펴본 바와 같이 5%의 고객감소를 방지하는 경우 수익만 증대되는 것이 아니라 고객의 수도 늘어나며 전반적인 평가도 동반 상승하게 된다. 따라서 최초의 우량고객 특성을 구분해내는 것과 고객들과 처음 맺는 관계가 기업에게 매우 중요하다.

따라서 기업은 기업에 맞는 고객의 분류를 형상화하고 이를 통해 고객관계 형성의 일관된 전략을 유지해야 한다. 특히, 첫 단추를 잘못 꿰면 틀어진 옷맵시가 되는 것과 같이 최초의 고객분류를 통한 첫 관계의 형성이 매우 중요하다. 한번 잘못 형성된 고객과의 관계는 돌이킬 수 없는 관계로 발전하기가 쉽기 때문이다. 또한 고객 구전의 신뢰성은 매우 높아 자칫 다른 잠재고객마저 잃어버릴 수 있게 된다. 따라서 기업은 고객과의 관계 형성을 매우 중시해야 한다.

2) 관계 유지

신규고객 한 명의 유치에 드는 비용은 평균적으로 기존고객 한 명을 유지하는 데 드는 비용의 5배나 된다고 한다. 그러나 기존고객이 신규고객보다 기업에 더 많은 이익을 가져다주는 것이 일반적이다. 물론 잘 선정되어 유치된 신규고객은 장기적으로 기업에 많은 이익을 가져다주기도 하지만 기존고객의 유지를 통해서도 신규고객이 창출되는 경우가 종종 있으며, 이것이 기업에게는 훨씬 더 큰 이익을 가져다줄 수 있다. 따라서 기업은 신규고객의 유치를 기업의 자력에 의해서만 이루려고 하지 말고 우량고객들과의 관계를 잘 형성하고 유지하여 고객이 고객을 만드는 선순환의 고리를 만들도록 해야 한다.

뿐만 아니라 기업은 고객의 이탈을 방지하기 위한 노력을 해야 하며 기업에 이익이 되는 고객과 그렇지 않은 고객의 선별에 많은 노력을 기울여야 한다. 또한 이러한 활동들을 통해 고객관계 유지를 일관성 있게 해 나가야 한다. 고객의 이탈은 전략적으로 묵인되는 경우도 있기는 하지만, 대체적으로 고객의 이탈은 기업에 좋지 않은 신호이기 때문에 이를 방지하기 위한 예방활동을 해야 한다. 이러한 예방활동을 포함하는 전반적인 관계 형성과 유지에 대한 전략은 다음 절에서 살펴보자.

이러한 고객의 이탈을 예방할 수 있는 한 가지 활동으로는 고객의 불평에 늘 귀를 기울이는 것이다. 누구나 말을 잘 들어주는 친구에게 더 호감을 느끼는 것과 같이 기업이 고객의 불평에 귀를 기울이는 것만으로도 고객과의 관계 유지에 있어서 큰 성공을 거둘 수 있다. 따라서 기업은 고객의 불평을 수렴하고 늘 경청할 수 있는 경로를 만들어놓아야 한다. 또한 이러한 고객 불평의 수렴과 해결을 위한 노력이 어떻게 진행되고 있는지에 대한 피드백(feedback) 역시 간과해서는 안 된다.

3) 관계 강화와 관계 끊기

고객과의 관계가 길어지면 길어질수록 고객은 기업에 더 큰 이익을 가져다준다. 물론 관계 초기에는 고객의 유지에 드는 비용이 다소 커 때로는 손실에서 출발을 하기도 한다. 하지만 우량고객의 특성을 정확히 알고 이들과의 관계 유지를 위한 노력을 중요시하는 경우에는 <그림 14-4>에서 볼 수 있듯이 장기적으로 고객이 기업에 기여하는 가치는 증대된다. 또한 이러한 고객들은 고객들 스스로가 기업에 또 다른 우량고객을 유치해 준다는 점에서 기업에 매우 중요한 요소가 될 수 있다. 즉, 기존 고객과의 관계 강화가 가져다주는 고객가치의 증대는 단순하게 기업이익의 증대를 의미할 뿐만 아니라, 자사의 시장점유율에도 영향을 미치게 된다.

그러나 항상 고객관계가 유지되고 강화되어야만 하는 것은 아니다. 때로는 고객의 요구나 불평이 옳지 않을 수가 있다. 특히 고객 중에는 불량고객이 섞여 있기 때문에 이들과의 관계를 명확히 하는 것이 중요하다. 따라서 기업은 불량고객과의 관계를 끊어야 한다. 이는 기업이 요구하는 기준에 맞게 고객의 구분과 관리가 필요하다는 것 이외에도 많은 것을 시사하고 있다고 할 수 있다. 한때 '모든 손님은 왕이다'라는 생각이 유행했었다. 그러나 과연 그런가에 대한 의문

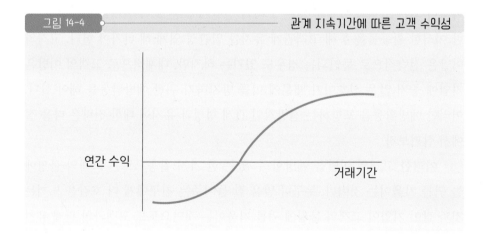

그림 14-4 ● 관계 지속기간에 따른 고객 수익성

연간 수익

거래기간

은 당연한 의문이라고 할 수 있으며, 이것은 기업의 고객관계관리에 많은 시사점을 가진다.

　고객관계관리를 실시하고 있는 기업은 관계를 형성, 유지 및 강화시켜야 할 고객과 관계를 맺지 않아야 할 고객들의 명확한 구분을 정확하게 이해할 필요가 있다. 따라서 고객이 늘 기업에 이익이 되는 존재가 되는 것이 아니라 때로는 손실을 초래할 수 있는 존재가 될 수 있음을 알고, 이러한 고객들을 선별해낼 수 있어야 한다. 따라서 이러한 고객과의 관계는 처음부터 형성되지 않도록 하는 것이 고객관계관리에 있어서 또 다른 중요한 고려요소이다.

2　고객관계관리의 모델

　고객관계관리는 e-CRM을 포함한 통합적인 전략모델을 통해 성공할 수 있다. 따라서 고객관계관리를 위해 두 관계관리가 충분히 시너지를 일으킬 수 있

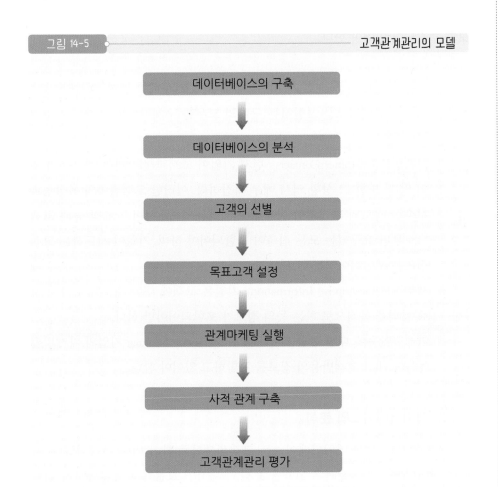

그림 14-5　고객관계관리의 모델

는 모델을 수립하고 이에 따른 단계적 실행을 할 필요가 있다. 이러한 고객관계관리는 고객행동의 데이터베이스(database) 구축, 데이터베이스의 분석, 주어진 분석에 의한 표적고객에 대한 결정, 표적고객 설정을 위한 장치들(tools), 표적고객과의 관계 형성을 어떻게 할 것인지의 해결, 사적 관계 구축, 고객관계관리 프로그램의 성공을 측정하기 위한 매트릭스의 수립 등의 7단계로 나누어 살펴볼 수 있다. <그림 14-5>는 이러한 7단계의 흐름을 나타내고 있다.

1) 고객 데이터베이스의 구축

고객관계관리의 완전한 해결책을 위해서는 고객정보 파일이나 데이터베이스(database)의 구성이 첫 단계이다. 이것은 고객관계관리 활동의 가장 기초가 되는 것이다. 이러한 고객정보는 대고객 서비스나 기타의 활동을 통해 이미 양질의 자료로 수집되어야 한다. 이러한 양질의 자료를 위해서는 거래기록, 고객접촉, 세부적인 기타 정보, 그리고 마케팅활동에 대한 반응 등에 대한 구체적인 정보가 수집되어 있어야 한다.

① 거래기록(Transactions): 거래기록에 대한 정보는 배달 날짜, 지불된 가격, 기타의 판매정보를 포함하는 구매의 모두를 구체적으로 포함하고 있어야만 한다.

② 고객접촉(Customer Contacts): 현재 기업이 고객과 접촉하는 경로는 무수히 많다. 또한 그 상황 역시 매우 복잡하다. 이러한 고객접촉의 복잡성과 무수한 경로의 파악뿐만 아니라 여기에는 주문, 서비스 요청 등의 고객으로부터 요구되는 모든 접촉이 포함되어야 하며, 기업이 시도하는 고객접촉은 포함되어서는 안 된다.

③ 세부정보(Descriptive Information): 기업은 고객에 대한 세분화와 다른 자료 분석을 목적으로 하는 등의 정보가 포함되어야만 한다.

④ 마케팅활동에 대한 반응(Response to Marketing Stimuli): 기업의 마케팅활동들에 대한 고객반응의 정보를 포함하고 있어야 한다.

2) 데이터베이스의 분석

전통적으로 고객 데이터베이스는 고객세분화를 하기 위해 분석되었다. 따라서 데이터베이스의 분석은 고객을 보다 구체적인 그룹으로 세분화하기 위해

행해지는 것이 보통이다. 이를 위해 다양한 통계기법들이 고객들을 비슷한 행동 유형의 그룹으로 묶게 되고 이러한 정보는 고객에게 제공되는 상품정보나 직접적인 마케팅활동의 기초자료가 된다. 또한 이러한 고객 세분화는 다양한 마케팅활동에 활용되며 데이터베이스의 분석에 기초하여 이루어진 제반활동들은 고객들이 기업과 1:1 관계를 형성하고 있다고 이해하게 만든다.

이러한 고객 데이터베이스 분석은 고객의 새로운 가치 관점인 고객생애가치(customer lifetime value)를 증대시킬 수 있도록 이루어져야 한다. 이것은 고객의 분석을 통해 일생에 걸쳐 기업과의 관계를 유지시켜 나가면서 기업의 관점에서 본 가치를 증대시켜 나갈 수 있는 고객을 찾아낸다는 개념이라고 할 수 있다. 따라서 고객 데이터베이스의 분석을 통해 고객을 바르게 이해하고 구분하는 것은 고객관계관리의 필수적인 기초 단계라 할 수 있다.

3) 고객의 선별

고객정보의 데이터베이스 구축과 분석이 이루어지면 어떤 고객들이 기업의 마케팅 프로그램에 부합할 수 있는지 찾아내야 한다. 이 단계에서는 분석된 고객의 고객생애가치를 감안하여 얼마나 많은 이익을 가져다줄 수 있는지를 고려해야 한다. 이 단계에서 기업은 잠재고객들 중에서 기업에 도움이 되는 우량고객과 전혀 도움이 되지 않는 불량고객으로 구분할 필요가 있다. 따라서 기업이 표적고객으로 선정할 수 있는 기준을 마련하여 이 단계에서 최종 표적고객의 선정을 위해 도움이 되는 고객들을 선별해 낼 필요가 있는 것이다. 이러한 활동은 표적고객 선정의 실패를 방지하기 위한 필수적인 조건이다.

특히 기업에 이익을 가져다주는 것은 전체 고객이 아니라 약 20% 정도라는 80:20 법칙에서 알 수 있듯이 기업에서 해당 고객 전체를 고려할 필요는 없다. 외국의 경우는 이러한 법칙을 엄격히 적용하는 경우가 흔하다. 예컨대, AT&T사는 장거리 전화(long-distance call)에 있어서 고객의 수익성에 기초하여 고객 서비스 수준을 차별화하였다. 수익성이 높으면 상담원과 직접 통화를 통한 개별 서비스를 받을 수가 있으나 낮은 경우는 ARS와 같은 서비스를 받게 된다. 또한, Federal Express사는 일정 물동량이 안 되는 지역의 배달비용을 고가격지역으로 구분하고 탁송료를 대폭 올렸다. 그러나 이러한 고객선별의 과정에서 신중하게 고려해야 하는 것은 선정되지 않은 고객들의 관리 역시 중요하다는 점이다. 관계를 끊음에 있어서 신중하지 않으면 부정적 구전이 발생하게 되어 도리어 기업에 손실이 될 수 있기 때문이다. 따라서 선정되지 않은 잠재고객들에 대한 기업 홍보 역시 중요한 과제로 남게 된다.

고객생애가치(Customer Lifetime Value)

이 개념은 데이터베이스의 기초 자료나 고객의 정보는 기업의 미래 수익성과 현재 수익성의 차원에서 분석되어야만 한다는 것에서 비롯되었다. 즉 기업에 있어서 고객의 가치는 과거와 현재의 가치뿐만 아니라 미래의 가치도 반영하여 지속적인 관계에서 비롯되는 모든 가치를 고려해야 한다는 것이다. 따라서 고객과의 관계 형성을 통해 고객의 일생 동안 구매의 총합을 고려해야 한다는 개념이다. 기업의 이익이 고객에게 할당될 수 있을 때 마케팅 관리자는 해당 고객들을 표적고객으로 결정하게 된다. 여기서 결정된 고객들이 이미 기업에 발생시켜 준 이익은 그 고객에게 기업이 들인 비용을 초과하여 달성되는 모든 구매 제품(또는 서비스)의 이익들의 합계이다. 기업이 고객에 들인 비용에는 제반 마케팅활동 비용이 포함된다. 또한 고객생애가치는 이미 발생된 고객의 가치뿐만 아니라 한 고객이 기업과의 관계를 일생 동안 유지하는 경우 얼마나 큰 가치를 가지게 되는가 하는 것이다. 최초 고객관계 형성에 드는 비용이 많이 들고 있으나 장기적인 고객과의 관계에서는 결국 기업에 많은 이익을 가져다주는 것이 우량고객이기 때문에 기업은 이러한 고객생애가치를 고려해야만 한다.

이러한 고객생애가치는 또한 아래와 같은 마케팅활동을 통해 추가적인 이익을 고객으로부터 획득할 수 있도록 해 준다.
- 교차판매(cross-selling)에 의해 고객이 구매하는 제품의 수를 증가시킴
- 더 높은 가격 또는 업 셀링(up-selling)에 의해 고객이 지불하는 가격을 증가시킴
- 제품의 한계비용을 감소시킴
- 고객 유치비용을 감소시킴

---

4) 표적고객 설정

표적고객의 설정은 선정된 고객 중에서 기업에 이익을 가져다줄 것으로 기대되는 잠재적인 우량고객을 선정하는 것이므로 매우 중요한 단계이다. 특히 목표고객의 선정에 있어서 고객생애가치(customer lifetime value)를 감안해야 한다. 즉, 표적고객의 설정을 위해 고려되어야 하는 새로운 핵심 요소는 바로 고객생애가치의 정확한 예측과 이를 반영하는 표적고객의 선정인 것이다. 따라서 기업

은 고객생애가치(customer lifetime value)를 지속적으로 고려하여 이를 극대화할 수 있는 표적고객의 선정에 노력을 기울여야 한다.

5) 관계마케팅 실행

앞서 언급된 모든 단계를 성공적으로 달성하였을 경우 기업은 가능한 모든 채널을 통해 고객과의 관계를 형성하여야 한다. 이를 위해서 기업은 다양한 마케팅 채널들을 통해 고객과의 일대일(one-to-one) 마케팅을 실현해야 하는데 이때 온라인 역시 상당히 중요한 고객관계관리의 실행장치가 되는 것이다. 아래는 이러한 고객관계관리의 실행 방안들이다.

고객맞춤화(Customization)

표적고객의 선정을 통해 고객관계관리는 대고객 마케팅활동에 있어서 1:1 관계를 형성하고 있음을 고객에게 주지시킬 필요가 있다. 따라서 고객이 원하는 상품, 가격 등의 정보를 늘 주시하고 제공하여야 한다. 이미 고객의 요구가 매우 다양해져 있는 상태이므로 기업은 고객들의 욕구를 충족시키는 것뿐만 아니라 한명 한명의 고객욕구도 충족시킬 수 있도록 노력해야 한다. 이를 위해서는 식별된 고객을 통해 차별화된 상호작용을 지속적으로 하여야 한다.

커뮤니케이션(Communication)

고객관계관리는 고객과의 쌍방향 관계를 중시하고 있다. 따라서 고객과 기업은 수시로 서로의 정보를 주고받는다. 이를 통해 기업과 고객의 관계는 더욱 가까워지게 되고 고객의 기업에 대한 기여는 증가하게 된다. 따라서 기업은 고객의 의견을 언제나 수렴할 수 있는 창을 열어 놓아야 한다. 즉, 고객이 기업에 주는 신호는 빠뜨리는 것이 없도록 해야 한다는 것이다. 이러한 대고객 커뮤니케이션의 수용과 상호작용은 기업과 고객의 신뢰성을 더욱 공고히 해 주게 되고 고객의 애호도는 증가하게 되는 것이다.

e-채널 활용

고객관계관리는 e-CRM을 포함하고 있다고 하였다. 따라서 다양한 고객접점을 온라인에서도 최대한 활용할 수 있도록 하여야 한다. 다만 무차별적인 e-채널의 활용은 오히려 고객으로부터 거부감을 불러올 수 있으므로 그 활용에 있어서는 신중할 필요가 있다. 이러한 e-채널의 올바른 활용을 위해서는 통합된 상호

Highlight 3

똑똑하고 젊어진 '백화점 카드' 빅데이터 쇼핑 혁신 '신세계 신한카드'

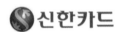

2015년 통계청에서 발표한 국내 소매유통시장 규모는 369조원에 이른다. 이 중 백화점 매출은 연간 30조원이다. 백화점 업계는 소비심리가 크게 위축된 와중에도 대형화·복합화 전략으로 활로를 모색하고 있다. 이 같은 상황에서 신세계백화점은 최근 국내 1위 카드사인 신한카드와 손잡고 제휴카드를 내놨는데 한 달 만에 가입자가 10만명을 돌파했다.

이런 성공의 배경에는 신한카드의 빅데이터 역량 및 국내 금융업과 유통업을 선도하는 두 기업 간 제휴가 있었다.

빅데이터 분석으로 탄생

카드업계에서 백화점 제휴카드 시장은 더 이상 성장이 어렵다는 인식이 강했다. 이미 너무 많은 카드가 나와 있었고 이들 사이의 경쟁도 치열했다. 하지만 신한카드는 지난해 10월 신세계백화점과 제휴를 맺고 이후 약 6개월 동안 상품 개발 과정에서 신한카드의 빅데이터 역량을 활용해 백화점 이용 고객의 소비 패턴을 체계적으로 분석했다.

신세계 신한카드의 가장 큰 특징은 소비자들의 니즈를 예측해 서비스에 탑재했다는 점이다. 신한카드를 이용하는 신세계백화점 고객의 사용 데이터를 분석한 것이다. 이를 통해 백화점 멤버십카드의 장점을 누리면서 신한카드 혜택도 동시에 누리고 싶은 고객들을 공략했다. 신세계 신한카드는 기본적으로 신세계백화점 멤버십 서비스의 혜택을 누릴 수 있다. 백화점 이용실적에 따라 5% 할인쿠폰이 매달 제공된다. 또한 백화점, 이마트, 신세계·이마트몰에서 사용 금액에 따라 신세계 포인트가 적립된다.

여기에 카드 종류에 따라 신한카드가 제공하는 혜택이 적용된다. 기본형의 경우 카드 전월 실적에 따라 신세계백화점 사용 금액의 5%가 결제일에 할인된다. 또한 신세계백화점에 입점한 영화관에서 토·일요일에 1만원 이상 결제 시 일정 금액을 할인해주는 서비스를 월 2회 이용할 수 있게 했다. 이는 고객 데이터를 분석한 결과 백화점에서 쇼핑을 하고 영화를 보는 경우도 많다는 데서 착안했다.

항공마일리지 적립형 카드인 '신세계 신한카드 스카이패스'와 '신세계 신한카드 아시아나클럽'은 백화점 거래도 많으면서 해외여행에 대한 수요가 높은 고소득층을 겨냥했다. 백화점 멤버십은 유지한 채 항공마일리지 적립에 혜택을 집중시켰다. 기본적인 마일리지 적립에 더하여 신세계백화점 사용액을 마일리지로 적립해주도록 했다. 신세계면세점과 해외 매출에 대해 각각 5% 할인과 캐시백을 제공하는 것도 고객들의 사용 패턴을 분석한 결과다.

이같이 맞춤형으로 만들어진 혜택은 고객의 긍정적인 반응으로 돌아왔다. 출시 한 달여 만에 가입 10만명을 돌파한 것이다. 가입 고객 중 44%가 20·30대인 것으로 나타나 50대 이상 중년 고객들이 주로 사용하던 백화점 카드에 젊은 고객들을 끌어오는 효과까지 냈다. 신한카드 측은 "경쟁이 치열한 기존 백화점 제휴카드 시장도 빅데이터를 기반으로 고객을 재정의하고, 세분화하면 충분히 경쟁력이 있다는 것을 입증했다는 점에서 큰 의미가 있다"고 설명했다. 기존 백화점 제휴카드 서비스가 단순한 포인트 적립이나 쿠폰 마케팅에 의존했던 것에서 과감히 탈피해 고객군 별로 세 종류의 카드 상품을 내놔 VIP층부터 대중 고객까지 전 고객층을 흡수한 것도 성공 요인 중 하나라고 신한카드는 분석했다.

신한카드는 이번 신세계 신한카드를 개발하는 과정에서 자사의 신세계백화점 이용 고객의 빅데이터 분석 등을 통해 고객에게 최고 수준의 혜택을 제공할 수 있도록 서비스를 구성했으며, 특히 고객들의 빅데이터가 축적되면 더욱 세밀한 맞춤 서비스를 제공할 수 있을 것으로 기대하고 있다.

실속파 고객 정조준
6개월 간 빅데이터 분석
소비패턴 맞춤형 혜택

'어머님카드' 탈피
가입자 44%가 2030
백화점카드 새 장 열어

'新·新모델' 뜬다
신한카드·신세계 협력
온오프라인 넘나들며
실시간 모바일 마케팅

〈출처: 매일경제, 2017. 5. 12.〉

작용 채널의 구축에 있어서 일관성이 있어야 하며, 셀프 서비스와 사람이 개입하는 상호작용 사이의 균형이 있어야 한다. 또한 적합한 기술이 있어야 하며, 고객기대의 측정과 반영이 있어야 하며, 마지막으로 고객의 지속적인 돌보기가 필요하다.

또한 e-채널의 활용은 고객과 기업의 직접적인 접촉과 대화가 실시간으로 이루어질 수 있도록 하는 다양한 접점들을 가능하게 한다. 따라서 기업은 이러한 e-채널의 활용을 통한 e-CRM의 실행을 최대한 활용할 수 있도록 대화, 직접 우편 발송, 고객 스스로 학습의 장 제공 등의 활동들에 대한 피드백 등을 구축하여야 한다.

콜 센터(Call center)

고객관계관리에 있어서 콜센터는 매우 중요한 역할을 수행하고 있다. 특히 콜센터는 대부분의 고객들이 직접 접하게 되고 가장 많이 이용하는 채널이다. 따라서 콜센터는 고객접점의 중요한 차원에서 많은 준비와 이행이 필요하다. 즉, 콜센터에서 접하게 되는 고객의 해당 기업에 대한 느낌 또는 서비스 만족도가 고객관계관리의 성공 여부를 결정지을 수 있다고 해도 과언이 아니다. 뿐만 아니라 이러한 콜센터는 다양한 마케팅 기회를 추가적으로 제공하기 때문에 고객으로부터 교차판매, 업셀링, 서비스 지원, 부대서비스 제공, 판촉효과 실험, 그리고 시장조사 등과 같은 추가적인 이익이나 고객정보의 수집을 창출할 수 있는 경로가 된다. 따라서 기업은 콜센터의 직원들에 대한 교육과 다양한 고객요구들을 수용할 수 있는 발전된 콜센터의 운용을 도모해야 한다.

직접 마케팅(Direct marketing)

고객에 대한 정보가 다양한 경로들을 통해 수집되고 관리됨에 따라 기업은 보다 발전된 형태의 고객 서비스를 실시하고 이를 통해 고객생애가치의 증대를 추구해야 한다. 즉, 온라인에서 이루어지는 많은 대고객 마케팅활동뿐만 아니라 물리적인 제품이나 서비스의 전달을 위한 직접 마케팅 역시 중요하다. 넘쳐나고 있는 온라인 고객관계는 식상할 수 있는 수준에 달해 있으므로 창의적인 직접 마케팅은 온라인과 오프라인의 시너지를 가져올 수 있는 좋은 방안이 될 것이다.

통합적 관리

앞서 제시되고 있는 방안들은 단독의 방안으로 독립적으로 실행되기보다는 다른 방안들과 서로 부합하며 고객관계관리의 시너지를 발생시킬 수 있다. 따라서 기업의 현실에 맞게 여러 방안들을 합하여 실행할 필요가 있는 것이다. 기업은 이러한 방안들 간의 적합성을 잘 검증하여 고객관계관리의 성공을 추구하여야 할 것이다.

6) 사적 관계 구축

고객관계관리는 고객관계 구축을 위한 활동과 마케팅 커뮤니케이션의 효과적인 목표선정(targeting)을 위한 고객자료의 분석, 그리고 정보의 데이터베이스화에 기초해 있다. 이런 것들을 바탕으로 이루어진 고객관계관리는 기업으로 하여금 많은 활동들을 할 수 있도록 만들어 주고, 고객과의 관계를 유지하고 강화하는 데 중요한 역할을 수행하게 된다. 그리고 기업과 고객의 관계가 시간적으로 길어질수록 기업은 고객과 사적인 관계를 구축할 수 있게 된다. 이러한 사적 관계의 구축은 기업에게 고객으로부터의 깊은 신뢰관계 형성, 긍정적 구전 효과, 고수익 창출 등의 많은 장점을 가져다준다. 기업은 이러한 사적 관계 형성을 위해 그 이전 단계의 이행을 충실히 해야 한다.

7) 고객관계관리의 평가

기업의 고객관계관리가 성공했는지 아니면 실패했는지를 평가하는 것은 쉬운 일이 아니다. 고객관계관리와 관련된 활동들은 교차판매나 업 셀링의 경우처럼 직접적인 수익 측정이 가능한 것들도 있으나 대체적으로 해당 활동이 기업의 유지 및 발전에 있어서 어디서부터 어디까지 영향을 주었다는 식의 명확한 해답을 얻기란 쉽지 않을 것이다. 그러나 여전히 기업이 중요시하는 수익률, 시장점유율, 그리고 한계수익률 등은 주요 평가의 잣대가 된다. 즉, 고객관계관리의 시행 후 이러한 기업의 성과가 어떻게 변동하는지를 평가해 볼 수 있을 것이다. 그러나 기업의 성과에 영향을 미칠 수 있는 경영활동은 무수히 많으며 그 속에서 고객관계관리의 기업성과에 대한 순효과만을 찾아낸다는 것은 불가능한 일일지도 모른다. 그러나 원활한 고객관계관리를 위해서 기업은 고객관계관리의 효과를 측정할 수 있는 방법을 찾아내야만 할 것이며, 고객과의 관계를 지속적으로 발전시켜 나가 이러한 활동을 통해 기업이익을 극대화시켜야 할 것이다.

본 절에서는 고객관계관리의 피드백에 관한 내용이 고객관계관리 전략의 한 부분으로 들어가 있지는 않지만 그렇다고 해서 피드백을 간과하고자 하는 것은 아니다. 본 절에서의 고객관계관리 모델은 고객관계관리를 위한 전체적인 과정의 흐름을 보여주는 것에 그 의의를 두고 있기 때문이다. 따라서 고객관계를 지속적으로 유지 발전시키기 위해서는 이러한 고객관계의 흐름을 감지할 수 있는 피드백을 통해 지속적으로 관리시스템을 수정 보완하는 노력이 필요하다.

기업은 고객과 어떻게 상호작용하고 있는가? 그들은 고객을 어떻게 이해하고 있는가? 고객은 무엇을 원하고 있는가? 이 외에도 기업은 고객과 관련한 수많은 질문들에 직면하고 있다.

고객의 요구가 비교적 단조로웠던 과거와는 달리 현재 고객들의 요구는 거의 모든 산업에서 까다로워졌으며 제품이나 서비스를 통한 차별화뿐만 아니라 고객관리에 의한 차별화 역시 그 중요성을 더해가고 있다. 고객들은 더 이상 기업의 일방적인 제공물에 만족하지 않으며, 점점 더 복잡하고도 다양한 요구를 하고 있다. 그들은 다른 이들과는 차별화된 자신만의 관계가 회사와 형성되기를 바라며 뭔가 특별히 관리되고 있음을 확인하고 싶어 하고 있다. 많은 경우, 고객들은 회사와의 관계 형성에 있어서 1:1의 관계가 형성되기를 바라고 있는 것이다.

그러나 디지털 시대로 일컬어지고 있는 현대의 많은 기업들이 글로벌화를 지향하면서 규모가 커지게 되고 과거보다 더 많은 고객들을 대상으로 마케팅활동을 벌이게 되었다. 또한 급격한 정보기술환경의 변화는 기업들에게 과거에는 불가능해 보였던 고객관계관리를 위한 미시적인 고객세분화를 가능하게 했고 그에 따라 기업들은 1:1 관계 형성을 가정한 대고객 커뮤니케이션을 이용한 마케팅 활동을 활발하게 시도하고 있다. 이러한 고객중심의 경영을 위한 통합적인 해결책으로 제시되고 있는 관리방법을 통칭하여 고객관계관리(CRM: Customer Relationship Management)라고 하며 본장에서는 이를 체계적으로 이해하는 것에서부터 시작하여 기업전략을 위한 고객관계관리 모델의 개요까지 살펴보았다.

01 고객관계관리(CRM) 전략을 기업이 장기적으로 사용한다고 할 때, 기업의 입장에서 고려할 수 있는 긍정적인 결과와 부정적인 결과에는 어떤 것들이 있을 수 있는지 생각해 보시오.

02 고객관계관리 전략은 모든 제품군에 적합하다고 하기는 어렵다. 그렇다면 다양한 제품군들을 조사해보고 고객관계관리 전략을 적용하기에 매우 적합하다고 생각하는 것들과 그렇지 않다고 생각하는 것들을 구분하여 보시오.

03 고객관계관리 전략을 실행에 옮긴 다음, 그 성과를 평가하기 위해서는 어떠한 방법을 사용하는 것이 좋을지 생각해 보시오.

참고 문헌

· 이민훈 · 하영원(2010), "만족도와 재구매 간 관계에 있어서 상황적 영향의 조절효과에 관한 연구," Asia Marketing Journal, 제11권, 제4호, pp. 95-119.
· 하영원 · 윤은주(2007), "구매시기와 사용시기간의 시간적 간격이 구매의도에 미치는 효과," 마케팅 연구, 제22권, 제4호, pp. 141-155.

· Arvidsson, A., & Caliandro, A. (2016), "Brand public," *Journal of Consumer Research*, Vol. 42(February), pp. 727-748.
· Bellezza, S., & Keinan, A. (2014), "Brand tourists: How non–core users enhance the brand image by eliciting pride," *Journal of Consumer Research*, Vol. 41(August), pp. 397-417. (추가)
· Fader, Peter S., Bruce G. S. Hardie, and Ka Lok Lee(2005), "RFM and CLV: Using Iso-Value Curves for Customer Base Analysis," *Journal of Marketing Research*, Vol. 62(November), pp. 415-30.
· Haenlein, Michael, Andreas M. Kaplan, and Detlef Schoder(2006), "Valuing the Real OIption of Abandoning Unprofitable Customers When Calculating Customer Lifetime Value," *Journal of Marketing*, Vol. 70(July), pp. 5-20.
· Ho, Teck-Hua, Young-Hoon Park, and Yong-Pin Zhou(2006), "Incorporating Satisfaction into Customer Value Analysis: Optimal Investment in Lifetime Value," *Marketing Science*, Vol. 25(May-June), pp. 260-77.
· Reinartz, Werner, Manfred Kraft, and Wayne D. Hoyer(2004), "The Customer Relationship Management Process: Its Measurement and Impact on Performance," *Journal of Marketing Research*, Vol. 61(August), pp. 293-305.

15

디지털 시대의 마케팅전략

行火必有因, 煙火必素具. 發火有時, 起火有日. 時者, 天之燥也. 日者, 月在, 壁,翼,
軫也. 凡此四宿者, 風起之日也..
[행화필유인, 연화필소구. 발화유시, 기화유일. 시자, 천지조야. 일자, 월재, 벽, 익, 진야. 범
차사숙자, 풍기지일야.]

"화공을 하기 위해서는 몇 가지 조건이 필요하다. 불을 지르기 위해서는 반드시 불
을 지를 수 있는 도구를 마련해야 한다. 불이 잘 붙는 시기가 있고, 불이 잘 일어나
는 날은 따로 있다. 불이 잘 붙는 시기란 날씨가 건조한 때이다. 불이 잘 일어나는
날은 달이 뜨거나 벽, 익, 진의 별자리가 보이는 날이다. 그런 날의 밤에는 바람이
일어 불이 일어나기 쉽다."

손자병법 화공법[火攻法]

식목일은 나무를 심는 날이지만, 동시에 전국적으로 가장 많은 산불이 일어나는 날이기도
하다. 이유는 간단하다. 식목일을 전후로 날씨가 건조해져서 수풀들은 불이 붙기 쉬워진
상태인데, 여기에 사람들이 무심코 담배꽁초를 버리고, 봄바람이 불어드니 삽시간에 산불
로 이어지는 일이 허다하다. 마른 수풀, 바람, 불씨의 조건이 가장 잘 갖추어지는 날이 식
목일이기 때문이다.

히트 상품의 확산을 식목일 산불처럼 하면 어떨까? 상품(불씨)의 확산을 위해서 초기 수용
자(early adopter, 마른 수풀)에게 적절한 입소문(Word of Mouth, 바람)을 만들어 낸다면 히
트 상품을 만들기 보다 쉬워지지 않을까? 입소문을 통한 히트상품 발생의 좋은 예로 '1천
만 영화'들을 들 수 있다. 특히 가장 최근에 1천만 명을 돌파한 영화 '신과 함께'의 경우, 그
보다 먼저 개봉한 '강철비'에 비해 활발한 네티즌의 참여와 높은 평점을 보여주고 있다. 사
람들에게서 얼마나 화제거리가 되고 있느냐(화제성)와 주변 사람들이 얼마나 경험했느냐
(가시성)를 보여주는 인터넷 게시판 등에서의 입소문은 비슷한 시기에 비슷한 제작비를 들
여 제작된 두 영화의 명암을 갈라놓게 되었다. 사람들의 입소문의 힘이 더욱더 강력해진다
면, 초기 입소문 조성에 실패한 영화는 개봉 1주 만에 내려갈 수도 있을 것이다. 반대로 초
기에 강력한 입소문을 만들어낸 영화가 또다시 생겨난다면, '신과 함께'보다 더 큰 흥행을
일으키는 영화가 나타날 수도 있을 것이다.

Leading CASE

첨단기술 접목 활발… 무인차가 소비자 대신 쇼핑 고객도 모르는 욕구 찾아내는 맞춤형 쇼핑 증가

디지털 기술의 발달로 현대인의 소비 패턴이 달라지고 있다. 온라인 쇼핑몰이 등장하면서 오프라인에서 물건을 사는 횟수가 줄어들고, 이 때문에 백화점과 쇼핑몰 등 전통적인 유통채널은 위기를 맞고 있다. 월스트리트저널에 따르면 올해 들어 미국에서 문을 닫은 유통매장 수는 2,880개로, 지난 3년간 1만여 개에 달하는 매장이 문을 닫았다. 전문가들은 스마트폰과 사물인터넷(IoT), 가상현실, 3D프린팅 등 혁신적 기술이 발달하는 미래에는 전례 없는 새로운 소비 시장이 형성될 것이라고 내다봤다. 미래 소비 트렌드는 어떻게 바뀔까. 맥킨지앤드컴퍼니와 딜로이트컨설팅이 분석한 미래 소비 트렌드 다섯 가지를 살펴봤다.

1 | 대량에서 소량, 가치 소비로 변화

소비자들은 얼마나 많은 물건을 소유했는지보다 얼마나 의미 있는 제품에 돈을 썼고, 얼마나 값진 경험을 누렸는지를 중요시한다. 즉, 몇 평짜리 집을 보유하고 몇 대의 자동차를 가졌는지보다 얼마나 많은 곳을 여행했는지, 어떤 의미있는 브랜드의 제품을 선택했는지가 스스로의 가치를 나타내는 것이다.

샌프란시스코에 본사를 둔 전자상거래 업체 쿠야나(Cuyana)는 이런 틈새 시장을 노려 성공했다. 고품질의 수공예 제품만을 취급하는 이 업체의 슬로건은 '적게, 더 좋은 제품'이다. 해당 카테고리의 모든 제품을 보여주는 일반 온라인 쇼핑몰과 다르게, 쿠야나는 직접 선별한 특별한 제품만을 선보인다. 쿠야나의 성공은 만성

적이고 중독적인 소비 패턴이 좀 더 의식적이고 차별적으로 변하고 있다는 것을 보여준다.

이에 따라 전통적인 SPA(패스트패션) 브랜드 H&M은 지속가능한 소재로 만든 'H&M 컨셔스(Conscious)' 라인을 새롭게 론칭했다. 모든 제품은 해변에서 수거한 재활용 플라스틱을 이용했다. H&M의 이런 변화는 지난 10년간 전 세계 패션 업계를 주도해온 대량 생산의 시대가 저물고 가치 중심적인 제품, 비스포크(맞춤정장)와 같은 개인화, 핸드메이드 등 고급화 그리고 소량 생산이 주류를 이룰 것이라는 의미다.

이는 프리미엄 소비와도 맞물려 있다. 경기침체 장기화로 가성비(가격 대비 성능)를 따지는 게 트렌드인데, 값비싼 프리미엄 제품이 인기를 끄는 이유는 가치 소비 경향과 연관이 있다. 조금 비싸더라도 자신이 원하는 기능과 디자인을 갖춘 제품이라면 기꺼이 투자하는 이들이 많다는 것이다. 산지스 람 맥킨지 두바이 지사 파트너는 "단순히 저렴한 제품의 가성비가 높은 것이 아니라, 가격이 높더라도 월등한 성능을 갖췄다면 가성비가 높다고 생각하는 소비자가 늘고 있다"고 설명했다.

2 | 다양한 체험활동 제공

밀레니얼 세대(1980년 이후 출생자)에게 쇼핑은 제품을 사는 것보다 다양한 경험을 하는 엔터테인먼트에 가깝다. 따라서 앞으로 백화점 혹은 쇼핑몰이 소비자의 발길을 잡기 위해서는 요리 수업, 건강 및 웰빙 강연, 메이크업 시연 등 다양한 체험 활동을 제공해야 한

다. 이는 온라인 쇼핑몰이 제공할 수 없는 오프라인 유통채널만의 강점을 활용하는 전략이다. 예를 들어, 소비자가 제품을 경험할 수 있도록 피트니스 스튜디오와 결합된 스포츠 용품 매장이 좋은 사례다. 샌프란시스코에서는 쇼핑몰 내부에 공용 오피스 공간을 마련하기도 했다. 누구나 해당 건물에서 업무를 볼 수 있기 때문에 유동 인구가 10% 증가했고, 쇼핑몰 매출도 5% 늘었다.

'음식은 새로운 패션'이라는 요즘 유행어처럼, 인기 레스토랑을 쇼핑몰에 유치하는 것도 중요하다. '맛있는 음식이 있는 곳에는 사람이 모인다'는 진리를 부정할 사람은 아마 없을 것이다. 특히 쇼핑몰을 방문하는 소비자의 동선을 고려해, 레스토랑과 커피숍 사이에 의류 소매업점을 배치한다든지, 영화관 근처에 시간을 때울 수 있는 오락실을 두는 것도 좋은 전략이다.

최근 다양한 소비자 경험을 오프라인 쇼핑에 접목시킨 좋은 사례로 '팝업스토어(pop-up store)'가 꼽힌다. 이는 오프라인 매장이 없는 브랜드가 백화점 내에 단기간 임시 매장을 열고 판매하는 형태다. 평소 쉽게 구경할 수 없는 제품을 직접 볼 수 있기 때문에 소비자로부터 큰 호응을 얻고 있다. 특히 정해진 기간에만 판매한다는 시간 제약은 소비자로 하여금 매장 방문을 앞당기게 한다. 실제로 영국의 한 백화점 팝업스토어는 2015년 전년 대비 12% 증가한 23억 파운드의 매출을 기록했다.

3 | 첨단기술, 온·오프라인 매장에 접목

설문 조사 결과, 밀레니얼 세대의 10명 중 7명은 소셜 미디어 게시물에 영향을 받는다고 한다. 그리고 83%는 친구 혹은 가족의 제품 추천을 신뢰한다. 밀레니얼 세대의 95%는 쇼핑을 나가기 전 온라인으로 제품을 검색해 본다. 하지만, 그들도 여전히 제품을 구매하기 전 직접 보기를 원하기 때문에 온라인 쇼핑과 오프라인 쇼핑을 연결하는 기술적 매개체가 필요하다. 즉, 터치 스크린, 내비게이션 패널, 가상 피팅룸, 마술 거울이나 증강 현실을 통해 오프라인에서 온라인의 경험을 제공할 수 있다. 예를 들어, 매장에 진열된 스크린을 클릭하면, 판매 제품에 대한 리뷰와 다른 매장에서 판매되는 가격을 바로 확인할 수 있다. 혹은 가상 피팅룸을 통해 직접 옷을 입어보지 않아도, 어울리는 옷을 편하게 고를 수 있다.

미국 소매업체 로우스(Lowe's)는 매장의 서비스 로봇을 통해 영어와 스페인어로 고객을 맞이하고 제품을 스캔해 매장에 품목이 있는지 확인하고 상점 탐색 기능을 통해 고객에게 제품을 안내한다. 이베이는 호주 소매업체 마이어(Myer)와 협력해 세계 최초로 가상 현실 백화점을 운영 중이다. '이베이 사이트 서치'를 사용하면 소비자는 마이어 백화점의 1만 2,500가지 제품을 검색하고, 실시간 가격 및 제품 정보에 접근할 수 있다.

기술의 영향은 매장 내에만 한정되지 않는다. 예컨대, 무인자동차가 상용화된다고 가정하면, 앞으로 소비 시장이 어떻게 변할지 상상해볼 수 있다. 가장 먼저, 무인자동차는 동네 작은 소매업체의 당일 배송을 가능케 할 것이다. 소비자가 근처 빵집의 오븐에서 바로 나온 따끈따끈한 빵을 집으로 배달받을 수 있다는 얘기다. 혹은 무인자동차가 소비자 대신 쇼핑하는 시대가 올 수도 있다. 자동차가 직접 쇼핑리스트를 들고 나가 장을 보고, 세탁소에서 옷을 수거해오는 것도 가능해진다. 이러한 상상은 3D프린팅, 증강 현실 등 다양한 기술로도 가능하다.

4 | 다양한 소매업자 등장

기술 혁신으로 가능해진 공유 경제, 메이커 무브먼트(DIY 등 스스로 물건을 만드는 현상) 등으로 인해 소매업자의 정의가 모호해졌다. 몇 년 전만 해도 소매업자는 상점이나 온라인 쇼핑몰에서 물건을 판매하는 개인 사업자 혹은 기업을 가리켰지만, 에어비앤비를 통해 집의 일부를 공유하거나, 우버 드라이버로 택시 서비스를 제공하거나, 3D프린터를 이용해 직접 액세서리를 만들어서 사용하는 소비자가 늘어나면서 판매자와 소비자의 경계선이 흐려졌다. 앞으로는 다양한 소비자의 니즈를 반영하는 소매업자들이 생기면서, 소매 공간에서의 시장 분열은 더욱 증가할 것이다.

특히 소비자의 바잉 파워(구매력)가 빠르게 증가하는 개발 도상국에서 이와 같은 현상은 두드러진다. 중국의 대표 전자상거래업체인 알리바바와 티몰은 최근 중고 할인업체 웨이핀후이(VIPSHOP)와 경쟁하고 있다. 웨이핀후이는 시간 제한을 둔 의류 및 액세서리 브랜드의 소매업체로, 90% 이상의 매출이 중국의 중소도시에서 나오고 있다.

미국과 유럽 등 선진국에서는 이미 다양한 소매업자가 존재하지만, 다양한 스타트업의 등장으로 업종 간의 경계가 흐려지고 있다. 예를 들어, 면도날을 정기적으로 배달해주는 '달러 세이브 클럽(Dollar Shave Club)', 남성을 위한 의류 스타일링 서비스 '트렁크 클럽(Trunk Club)', 선별된 식료품 배달 서비스 '블루 에이프런(Blue Apron)' 등 틈새 시장을 노린 신규 소매업체가 지속적으로 늘어나고 있다.

기존 유통업체를 대체하는 새로운 비즈니스 모델이 거듭 등장함에 따라 전통적인 소매업체는 스스로의 경쟁력을 재정의할 필요가 있다. 미국 유통업체인 '홈쇼핑네트워크(Home Shopping Network)'는 이를 성공적으로 수행한 기업으로 꼽힌다. HSN은 1982년 미국의 주문형 전화 네트워크로 탄생했으며 정교한 다채널 글로벌 소매 업체로 성장했다. 이 회사는 자산을 재배치해 혁신적인 전자상거래 플랫폼을 구축하고, 디지털 콘텐츠를 만들고, 새로운 파트너를 모색했다. HSN은 새로운 사업을 확장할 때도 본업과의 관련성을 잃지 않았고, 경쟁이 치열한 지금의 유통 시장에서 성장을 거듭하고 있다.

5 | 소비자 맞춤형 쇼핑 증가

아마존은 올해 처음으로 10대 글로벌 소매 업체에 이름을 올렸다. 아마존의 성공 비결은 '고객 자신도 모르는 니즈를 찾아 만족시키는' 온디맨드(on-demand) 관점에서 살펴봐야 한다. 샘 팔미사노 IBM 전 최고경영자(CEO)는 2002년 IBM의 차세대 비즈니스 전략으로 온디맨드 비즈니스라는 개념을 처음 사용했다. 즉 고객이 '원하는 때에' '원하는 서비스를' '원하는 만큼' 제공할 수 있는 비즈니스 기반을 갖춰야만 시장을 주도할 수 있다는 얘기다. 사전적 의미로 온디맨드는 공급 중심이 아니라 수요가 모든 것을 결정하는 시스템이나 전략 등을 총칭하는 개념이다. 일방적으로 기업이 고객에게 상품이나 서비스를 제공하는 방식이 아니라 고객이 필요로 하고 원하는 것을 요청하면 고객에게 맞는 서비스나 상품을 제공하는 방식의 접근이 온디맨드 방식이다.

아마존은 인터넷서점으로 시작해 현재는 3억 7,000 여만개의 제품을 팔고 있고 신선식품 배달 서비스, 음식 배달, 테이크아웃, 로컬 서비스 등도 추가하고 있다. 많은 사람들이 아마존이 너무 많은 것을 팔려고 한다고 얘기한다. 하지만 어떤 것들을 파는가는 아마존에 중요해 보이지 않는다. 고객이 그것들을 왜 요구하는지가 중요해 보인다. 아마존은 방대한 데이터를 통해 고객이 생각하지 못했던 것을 선사하려 한다. 그 첫 번째 시도가 2015년 3월 발표된 대시(Dash) 버튼이다. 대시는 가정용 하드웨어로, 버튼만 누르면 기기에 할당된 제품이 자동으로 결제 및 배송되게 하는 간편 장치다. 버튼은 29종 500여 개 생필품을 한 번의 클릭만으로 주문이 가능하게 함으로써 PC·모바일 주문에 비해 획기적으로 주문을 단순화했다. 또 재구매가 빈번한 일상의 소비재를 대상으로 함으로써 온라인과 오프라인의 경계를 보다 쉽게 허물려는 O2O(online to offline) 전략의 일환으로 보이기도 한다.

아마존이 시범 서비스 중인 '아마존 프레시 픽업'과 '아마존 고'는 올해 본격적으로 문을 열 것으로 보인다. 프레시 픽업은 고객이 픽업 앱으로 신선식품을 주문하고 아마존 직원이 고객 도착 시간에 맞춰 상품을 준비한다. 고객이 도착하면 직원이 고객 차량으로 상품을 배달한다. 고객은 주문 후 15분 안에 픽업할 수 있고 드라이브 스루 방식으로 고객은 차량 안에 있으면 된다.

아마존 고는 로봇과 인공지능으로 운영되는데 계산대도, 계산을 기다리는 줄도 없다. 아마존 고 앱을 설치하고 매장에 체크인하고 들어가 원하는 제품을 골라 카트에 담아 나가면 된다. 매장 밖으로 나가면 아마존에 연결된 신용카드 등으로 자동 결제가 완료된다. 아마존 고는 앞으로 고객의 시간을 줄이는 방향으로 지속적 노력을 할 것으로 보인다. 아마존에 경쟁사의 움직임이나 현재의 사업 영역은 중요하지 않아 보인다. 변하지 않는 유일한 나침반은 바로 고객이기 때문이다.

즉 아마존은 고객이 궁극적으로 원하는 가치, 고객이 원할 것 같은 것을, 원할 것 같은 시간에, 원할 것 같은 장소로 보내준다. 아마존은 다른 어떤 기업과의 경쟁이 아닌 고객 자신도 잘 모르는 고객의 니즈를 찾고 만족시키는 경쟁을 치열하게 하고 있다.

〈출처: 이코노미 조선, 2017.05.08.〉

· SECTION 01 · **디지털 마케팅의 정의**

디지털 마케팅이란 "① 인터넷, 모바일, 인터랙티브 채널을 활용한 브랜드의 촉진, ② 소비자들에게 적시-적재-효율적으로 도달할 수 있도록 제품과 서비스의 촉진에 있어 디지털 채널을 활용하는 것"이라고 정의하고 있다(Wikipidia). 다시 말해 디지털 마케팅은 '디지털 기업의 마케팅'이 아닌 '디지털의 가치를 활용하여 부가가치를 창출하고자 하는 모든 기업'의 마케팅 그 대상으로 하고 있다고 할 수 있다. Dave Chaffeyii의 경우, Wikipedia가 내리고 있는 디지털 마케팅의 정의에 더해, 디지털 마케팅은 '디지털 시대의 소비자 특성과 행동을 고려해 여러 디지털 미디어를 활용해 구사하는 마케팅의 관리와 그 실행'이라는 표현으로 좀 더 폭넓게 정의하기도 했다.

이와 같은 정의를 바탕으로 생각할 때, 디지털 마케팅은 한마디로 '디지털(정보기술)을 활용한 마케팅'이라고 할 수 있다. 그럼 이제, 디지털 마케팅의 정의에 기초해 잠시 주변으로 눈을 돌려 보자. 대부분의 기업이 가치를 창출하기 위한 다양한 과정들을 소위 '디지털화'하고 있고, 인터넷과 같은 뉴미디어를 활용하고 있다. 뿐만 아니라 뉴스에서는 트위터와 같은 소셜 네트워킹이 만들어 내는 믿기 힘든 소식들을 전해 오고 있다. 이제 바야흐로 디지털 마케팅은 모든 기업들이 염두에 두어야 할, 거스를 수 없는 대세라 할 수 있는 것이다.

| 그림 15-1 | 디지털 마케팅의 정의 |

〈광의〉
〈협의〉
'디지털 기업'의 마케팅

'디지털'을 활용한 마케팅

• SECTION 02 • 디지털 시대의 소비자

1 디지털 소비자의 특징

디지털 시대는 소비자의 행동에도 많은 변화를 가져왔다. 새로운 행동이 창조되기도 하고 기존의 행위가 줄어드는 경우, 그리고 없어진 경우 또한 존재한다. 인터넷이 생기면서 검색이나 메신저 같은 새로운 정보 교환 행위가 발생하게 된 것은 새로운 행동이 창조된 대표적인 예라고 할 수 있다. 이러한 활동은 정보 수집 및 교환을 용이하게 하여, 소비자들이 기업에 대해 갖는 교섭력을 더욱 강화시켰다.

이러한 변화는 기업의 비즈니스 전략에 있어서도 다양한 변화를 가져왔다. 검색이 활발해지면서, 검색광고라는 것이 등장하여 하나의 시장을 형성하게 되었고, 신문시장은 신문이 인터넷을 통해 무료로 배포되면서 과거의 수익모델이 공격받게 되었다. 이처럼 디지털화되어 감에 따라 거래행위를 통해 고객이 느끼는 가치와 그 제공물이 변화하고 있기 때문에 많은 기업들은 매일 새로운 도전에 시달리고 있는 상황이다.

<표 15-1>은 아날로그 시대의 소비자와 디지털 시대 소비자들의 특징을 비교하고 있다. 디지털 소비자들은 표에 설명되어 있는 것처럼 디지털 제품과 사이버 공간에 대해 애착을 가지고 의미를 부여할 수 있는 소비자들이라 특징 지워질 수 있다. 또한 경험된 이미지를 중시하며, 매체에서의 경험을 재구성하려는 욕구도 가지고 있다. 특히 UCC와 같은 웹2.0의 산물들은 바로 위와 같은 디지털

표 15-1	아날로그 시대의 소비자와 디지털 시대의 소비자 비교	
	아날로그 시대의 소비자	디지털 시대의 소비자
디지털 제품에 대한 인식	내가 가진 목적이나 효용을 달성하기 위한 도구 또는 수단	애착을 가지고 의미를 부여
사이버 공간에 대한 인식	현실세계는 진짜이고 가상세계는 가짜	경험 자체가 중요한 것이므로 가상 세계에서의 경험도 중요
이미지에 대한 인식	이미지는 허상	이미지는 경험되는 그 자체로 실제적인 가치를 가짐
매체에 대한 경험	내용을 그대로 정확하게 파악하는 것이 중요	매체를 통한 경험을 스스로 구성하고 의미를 부여

제품, 사이버 공간, 이미지, 매체에 대한 경험이 종합적으로 작용해 형성된 디지털 시대 소비자가 갖는 특성을 단적으로 보여주는 예라고 할 수 있다.

2 새로운 소비자 집단들

디지털 시대에는 과거와 같이 수동적으로 소비만 하는 소비자가 아닌, 제품과 브랜드에 대한 애착을 가지고, 이를 변화시키려는 적극적인 활동을 전개하는 새로운 소비자층이 등장하기 시작하였다. Lead User, Opinion, Market Maven, Prosumer가 바로 그들이다.

1) Lead User

Von Hippel(1986)이 처음 제안한, Lead User는 앞으로 시장에서 일반화될 니즈를 먼저 느끼는 소비자들이다. 이들은 다가올 시장의 트렌드를 예측할 수 있게 한다는 점에서 유용한 소비자 집단이다. 그 사례는 다음의 위키피디아를 들 수 있다.

2) Opinion Leader

오피니언 리더는 다른 사람에게 의견을 전달하여 그 행동이나 신념에 영향을 미칠 수 있는 사람이다. 이는 TV가 부족했던 시기에, TV의 기사내용을 다른 사람들에게 전달하여 다른 사람에게 영향을 미친 사람들을 지칭하기 위해서 생겨난 말이다. 그러나 미디어가 보편화된 오늘날에는 다른 사람을 선동하여 의견을 조성할 수 있는 유명인사 등을 일컫는 말로 쓰이고 있다.

오피니언 리더가 가지는 오피니언 리더십은 다소 강한 성격이나 사회적 네트워크의 중요한 위치에 의해서 확보될 수 있으며, 공식적인 지위나 경력에서 기인할 수도 있다. 디지털 시대에는 소위 파워 블로거들이 인터넷 세상에서 오피니언 리더십을 갖기도 한다. 때문에 많은 기업들은 파워 블로거나 유명인사를 광고에 등장시킬 때에 마치 제품에 대한 평가나 추천을 하는 것처럼 보이게 하여 자연스럽게 제품에 대한 사람들의 긍정적인 평가를 이끌어 내도록 한다.

3) Innovative Consumer(혹은 Early Adopter)

혁신성은 소비자가 시장에 나타난 새로운 것을 빨리 수용하려는 경향이다.

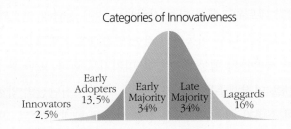

그림 15-2 ────────────── 사용자의 혁신성 분포와 구분

출처: Everett M. Rogers(2003), "Diffusion of Innovations"

<그림 15-2>는 Rogers(2003)가 구분한 혁신성에 따른 소비자의 분류이다. <그림 15-2>에서 볼 수 있듯이, 혁신성이 가장 높은 소비자는 innovator로 불린다. 그러나 일반적으로는 상위 16% 이상의 혁신성을 보이는 이들을 가리키는 얼리어답터라는 말이 더 잘 알려져 있다. Rogers에 따르면 일반적으로 얼리어답터와 같은 혁신성이 높은 사람들은 상대적으로 활동적이고, 기업의 커뮤니케이션활동에 긍정적으로 반응하며, 다른 이들에 대한 오피니언 리더십을 가지기도 한다고 한다. 특히 소비자의 혁신성은 쇼핑에 지출하는 시간과 돈도 많은 것으로 나타나 기업의 좋은 마케팅 대상이 되고 있다.

4) Market Maven

Market Maven은 시장에 대한 정보를 많이 알고 있는 정보탐색자들이다. 이들은 보다 풍부한 정보를 바탕으로 'smart buying'을 한다는 특징을 가지고 있다. 이들은 다양한 원천을 통해 정보를 얻고 다른 소비자에게 제품 및 시장에 대한 정보를 제공하기를 즐기는 사람들이라 할 수 있다.

여기서 'Opinion Leader', 'Early Adopter', 'Market Maven'은 다소 중복되는 측면이 있지만, 'Opinion Leader'는 타인에 대한 영향력이 중심이 되고, 'Early Adopter'는 수용성향, 'Market Maven'은 정보의 보유와 smart buying으로 정의된다는 점에서 서로 차이점을 가지고 있다. 또 마케팅적인 측면에서 'Opinion Leader'가 기업의 커뮤니케이션에, 'Early Adopter'가 기업의 신제품 수용에 관계되는 바가 크다면, 'Market Maven'은 소비자의 소비행동 관찰에 활용될 수 있다는 측면에서 이들 세 가지 유형의 소비자에 대한 확실한 이해가 요구된다고 할 수 있다.

5) Hub와 Broker

허브는 사회적 네트워크에서 다른 사람보다 많은 사람과 연결되어 있는 소비자를 의미한다. 이들은 다른 이들과의 강한 연결관계를 바탕으로 소속된 커뮤니티 내에서 다른 사람들의 행동에 영향을 미치기도 한다. 또한 브로커는 소비자의 집단과 집단을 연결해주는 소비자들이다. 이들은 집단간의 약한 연결관계의 매개체가 되어 소비자 네트워크에서 정보 확산을 확대시켜주는 역할을 하게 된다. 이러한 네트워크 특성에 따른 소비자층의 정의는 이러한 소비자들은 소비자의 구전이 중요시 되고 있는 오늘날 중요한 소비자 집단으로 인식되고 있다. 일반적으로 허브는 주변 사람들과 많은 상호작용을 하므로 신제품을 조기에 수용하는 경우가 많으며, 신제품의 확산을 촉진시키는 역할을 하기 때문에, 중요한 고객집단이다 (Goldenberg, Han, Lehmann and Hong, 2009). 브로커 역시 집단 간의 확산을 촉진시키는 역할을 한다(홍재원·한상만·염유식, 2008).

6) Prosumer

프로슈머는 신제품의 개발에 참가하거나, 정보를 공유하거나, 스스로 문제를 해결하는[DIY] 과정을 통해서 직·간접적으로 기업의 생산과정에 참여하는 소비자들을 말한다. 앨빈 토플러가 '제3의 물결'에서 처음 제안한 프로슈머는 생산자와 소비자를 뜻하는 producer와 consumer의 합성어로 소비만 강요당하던 소비자들이 주체적으로 생산과정에 자신의 의사를 반영하게 된 오늘날의 상황을 적절하게 설명하고 있다. 프로슈머는 신제품 개발과정에서 동아리나 모니터링 요원으로 참가하는 형태, 댓글이나 평가를 제공함으로써 기업에게 정보를 제공하는 형태, 스스로 문제를 해결해 나가면서 기업이 만든 제품을 스스로 변형하고 가공하는 형태 등으로 나타나게 된다.

인플루언서 마케팅 2019년 20억 달러 전망

인플루언서 마케팅을 설명하기에 앞서 인플루언서에 대한 명확한 정의가 필요하다. '영향력 있는 개인'이라는 넓은 개념으로 알려져 있지만 여전히 그 정의가 모호한 것은 사실이다. 밀레니얼 세대는 인플루언서를 1인 방송 진행자나 소셜네트워크서비스(SNS)상에서 수만명에서 수십만명의 팔로어를 보유한 이들로 본다. 수억원의 광고료를 받고 제품을 홍보하는 배우 혹은 가수 등 연예인과 다르게, 친근함과 솔직함을 무기로 대중을 상대하기 때문에, 그들의 제품 리뷰는 진정성을 가지고 있다.

'몸값 56억' 톱스타 누른 인플루언서 마케팅, 2조 시장으로 '쑥'

미국 펜실베이니아 경영대학원 와튼 스쿨은 인플루언서 마케팅 효과를 이렇게 설명했다. "만약 당신이 30대 중반의 여성인데, 커피숍에 앉아 있다. 갑자기 어떤 낯선 남성이 다가와 대화를 나누자고 청한다면, 놀란 당신은 얼른 자리를 피할 것이다. 한 달 뒤 가장 친한 친구가 한 남성을 소개하며, 그 남성의 장점과 단점에 대해 편견없이 얘기한다. 그 친구의 의도가 순수하다는 것을 알고 있는 당신은 기꺼이 남성을 만나보겠다고 할 것이다."

미국 내 가장 큰 인플루언서 마케팅 기관 중 하나인 미디어킥스(Mediakix)에 따르면, 인스타그램을 활용한 인플루언서 마케팅 규모는 2016년 10억 달러(약 1조 1,300억원)에서 2019년 20억달러(약 1조 2,600억원)로 2배 커질 전망이다. 아울러, 지난해 미국 브랜드 중 인플루언서 마케팅을 활용한 브랜드는 약 60%로, 올해 말까지 약 75%로 증가할 예정이다.

56억원짜리 광고 압도하는 인플루언서 효과

지난해 에미레이트항공은 할리우드 여배우 제니퍼 애니스톤을 광고 모델로 기용했다. 그해 마케팅 예산 2,000만 달러(약 226억원) 중 25% 비율인 500만 달러(약 56억원)를 애니스톤에게 지급했다. 광고는 애니스톤이 꼬마 승객을 만나 항공기 곳곳을 돌아보며 여행하는 내용으로, 항공 여행을 권장하는 취지를 담고 있다. 이 영상은 유튜브에서 600만뷰(시청횟수)를 달성했다. 1뷰당 1달러 미만의 비용이 들었다는 점에서 제법 성공한 마케팅으로 여겨졌다.

하지만, 진정한 마케팅 혁신은 따로 있었다. 에미레이트항공의 한 직원은 유튜브 스타인 케이시 네이스탯(Casey Neistat)에게 퍼스트클래스 항공권을 무료로 제공하면서, 어떤 조건도 달지 않았다. 그저 네이스탯이 에미레이트항공 경험을 즐기고, 그의

8,000여만 명의 인스타그램 팔로어를 보유한 켄달 제너의 에스티 에디트 광고. 사진=에스티 로더

에밀리 와이스 글로시에 창업자는 "모든 여성이 인플루언서가 될 수 있다"고 말했다.
사진=글로시에
인플루언서 메건 리엔크가 의류 브랜드 올드네이비와 진행한 브랜드 캠페인.
사진=올드네이비

팬들과 공유하길 바랄 뿐이었다. 네이스탯은 실제로 기내에서 1등석 기내식을 즐기는 모습을 영상으로 두번 올렸다. 해당 영상은 총 5200만뷰를 기록해, 제니퍼 애니스톤 영상의 9배에 달하는 광고 효과를 냈다.

심지어 네이스탯은 영상 제작 스타트업 창업자로 많은 젊은 창업 희망자를 팬으로 보유하고 있다. 그들이 제2의 마크 저커버그가 됐을 경우 에미레이트항공은 충성 고객을 얻게 될 가능성이 크다. 아울러, 네이스탯의 행보 자체가 매번 화제가 되기 때문에, 그의 에미레이트항공 1등석 체험 동영상은 남성잡지 GQ, 맥심 등에서도 소개가 됐다. 에미레이트항공 입장에서는 무료로 언론 홍보 기회를 한 것이다.

이후 많은 기업들이 인플루언서와 함께 마케팅 프로젝트를 진행했다. 의류 브랜드 올드네이비(Old Navy)는 인플루언서 메건 리엔크(Meghan Rienks)와 함께 인스타그램, 트위터, 유튜브 등 SNS 채널에 패션 콘텐츠를 올리는 브랜드 캠페인을 진행했다. 리엔크는 올드네이비에서 협찬한 옷으로 파티, 데이트, 직장 등 상황에 따라 달라지는 패션 스타일을 선보였다.

70여년 전통의 화장품 회사인 에스티 로더(Estée Lauder)는 새로운 브랜드인 에스티 에디트(Estée Edit)를 론칭하기 전 좀더 젊은 소비자를 얻고 싶어, 힙합 가수 카니예 웨스트의 아내 킴 카다시안의 여동생인 켄달 제너(Kendall Jenner)를 섭외했다. 8,000여 만명의 인스타그램 팔로어를 보유한 제너는 브랜드와 협업을 통해 82가지의 화장품 개발에 참여했고, 이후 에스티 에디트 공식 인스타그램을 통해 제품을 홍보했다.

미국 과일 주스 브랜드인 네이키드주스(Naked Juice)는 미용과 패션에 관심이 있으면서 건강 관리를 철저히 하는 인플루언서와 함께 마케팅을 진행했다. 유명블로거인 케이트 라비에(Kate La Vie)는 멋스러운 일상복과 함께 네이키드주스를 연출한 사진을 인스타그램에 올렸다. 네이키드주스의 제품이 잘 보일 수 있도록 전략적으로 찍은 사진이다.

뉴욕의 화장품 스타트업인 글로시에(Glossie)는 '평범한 여성'들로부터 입소문을 타기 위해 일반인이 만든 광고를 공유했다. 유명 블로거이자 인플루언서인 에밀리 와이스(Emily Weiss) 글로시에 창업자는 "모든 개개인의 여성들이 인플루언서가 될 수 있다는 아이디어에서 시작했다"고 말했다. 이 기업은 성공적인 마케팅 기법으로 미국 경영전문 월간지 '패스트컴퍼니(Fast Company)'의 '2017년 가장 혁신적인 기업'으로 선정됐다.

그동안 광고는 주요한 마케팅 수단으로 자리매김해왔지만, 최근 그 위상이 많이 떨어졌다. 소비자들은 하루 2,000여 개의 광고를 접하지만 그 중 5~6개만을 기억할 정도로 광고에 피로감을 느낀다. 일방적으로 정보를 전달하여 고객을 설득하려는 마케팅 수단은 이제 한계에 봉착한 것이다. 이에 따라 기업들은 고객과 쌍방향으로 소통하며 고객의 직접적인 참여를 유도하는 공감마케팅의 한 방법으로 인플루언서 마케팅에 주목하는 것이다.

실제로 트위터의 설문조사에 따르면 미국 소비자의 48%는 인플루언서의 구매 추천을 통해 다양한 제품을 구매할 의사가 있다고 밝혔다. 아울러, 미국 10대 청소년이 인플루언서들에게 느끼는 친밀도는 기존 미국 연예인에게 느끼는 친밀도보다 약 7배 큰 것으로 조사됐다.

인플루언서 마케팅을 성공적으로 실행하기 위해서 기업은 소비자들에게 메시지를 일방적으로 노출시키는 것이 아니라, 인플루언서에 영향을 받는 소비자들이 자연스럽게 브랜드가 전달하고자 하는 스토리에 반응하고 공유하게 만드는 전략을 구현해야 한다. 인플루언서 마케팅은 소비자가 인플루언서에 대한 신뢰를 바탕으로 자발적인 참여를 하기 때문에 소비자와 인플루언서와의 관계가 잘 구축된다면 이전의 마케팅 수단에 비해 훨씬 적은 비용으로 큰 효과를 기대할 수 있다. 따라서 효율적인 인플루언서 마케팅 전략을 구사하기 위해서는 몇 가지 요건들이 필요하다.

〈출처: 이코노미조선: 2017.09.22.〉

3 디지털 소비자의 의사결정과정

소비자가 외부의 자극(제품 광고 등)에 노출되면(Attention), 그것들 중에서 흥미가 있는 것들에 대해서(Interest) 더욱 더 큰 욕구를 느끼게 된다(Desire). 이후 실제 제품을 만나거나 경제적 여유가 생기면 구체적인 행동(구매)으로 연결되게 된다(Action)는 AIDA 모델은 한 개인이 외부의 자극에 반응하여, 의사결정을 내리는 다소 수동적인 형태의 행동과정이라고 할 수 있다. 때문에 적극적으로 정보를 탐색하고, 공유하는 디지털 소비자와의 행동과는 매우 거리가 있는 설명

표 15-2		공간	활동	제품	특징	대상	사례
신제품 개발 참가형	동아리 참가	기업 커뮤니티	신제품 베타 테스트	특정 기업제품	기업지원	동아리 회원	싸이언 프로슈머
	모니터링	특정기업	불만수집	소비재	기업지원	일반 소비자	CJ홈쇼핑 깐고모
정보 공유형	댓글제공	인터넷 쇼핑몰	구매경험 댓글	소비재	무료제공	일반 소비자	G마켓 옥션
	평가제공	평가/공유 사이트	품질평가 정보공유	전문제품	무료제공	전문가, 소비자	네이버 영화평가
DIY형	자급자족	커뮤니티	제품제조 제조방식	소비재	기업지원	동아리 회원	해비타트

표 15-2 프로슈머의 다양한 형태

이다. 때문에, 최근에는 디지털 시대의 소비자 의사결정과정을 설명할 수 있는 AISAS 모델이 제기되었다.

1) AISAS

AISAS 모델이 AIDA 모델과 다른 점은 행동(Action)에 앞서서 주도적인 검색과정(Search)이 삽입된다는 점과 행동이 일어난 뒤에 다른 사람들과 공유한다는 점(Share)이다. 검색은 AIDA 모델이 설명하는 소비자가 외부의 자극에 반응하는 수동적인 과정이, 소비자에 의한 보다 능동적인 과정을 대체되었음을 설명하고 있다. 이러한 능동적인 과정을 통해서 소비자는 제품과 서비스에 대한 추가적인 정보를 습득하고, 자신이 요구하는 바와 정보의 차이를 바탕으로 자신의 소비의사를 더욱더 확대하거나 혹은 철회하는 과정을 거치게 된다. 따라서 기업은 소비자의 검색과정에 대한 관심을 가질 필요가 있다.

공유는 일련의 과정을 거친 소비의 행동이 다른 이들에게 확대 재생산된다는 것을 의미한다. 현실세계 혹은 가상세계에서 일어나는 다른 사람들의 접촉이나 미니홈피와 같은 개인미디어에 게시된 소비자의 경험은 다른 사람들에게 공유되어 다른 사람의 검색과 행동과정에 영향을 미치게 된다. 최근 소비자의 구전에 기업들이 많은 관심을 가지고 있는 것도 바로 이러한 이유 때문이다.

2) 소비자 구매 여정(Consumer Decision Journey)

스마트폰의 도입은 모바일을 중심으로 한 디지털 시장에서, 과거보다 다양한 컨텐츠와 서비스를 접하는 환경으로의 변화를 이끌었다. 따라서 현 시대의 소비자들은 과거의 소비자들 보다 더욱 복잡한 구매결정 단계를 거친다. 이를 설명하는 모델이 바로 소비자 구매 여정(consumer decision journey)이다.

소비자들은 초기 고려 후보군(Initial consideration), 적극적 평가(Active

그림 15-3 ● AISAS 모델에 영향을 미치는 매스미디어와 개인 미디어

A Attention I Interest S Search A Action S Share

출처: 秋山隆平, 杉山恒太郎(2004), "홀리스틱 커뮤니케이션"

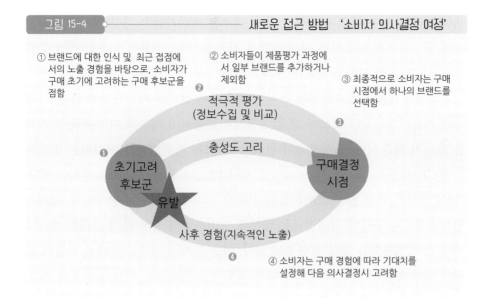

그림 15-4 ●────────────── 새로운 접근 방법 '소비자 의사결정 여정'

① 브랜드에 대한 인식 및 최근 접점에서의 노출 경험을 바탕으로, 소비자가 구매 초기에 고려하는 구매 후보군을 정함

② 소비자들이 제품평가 과정에서 일부 브랜드를 추가하거나 제외함

③ 최종적으로 소비자는 구매 시점에서 하나의 브랜드를 선택함

적극적 평가
(정보수집 및 비교)

충성도 고리

초기고려
후보군

구매결정
시점

유발

사후 경험(지속적인 노출)

④ 소비자는 구매 경험에 따라 기대치를 설정해 다음 의사결정시 고려함

evaluation), 구매결정(Moment of purchase), 구매 후 경험(Post-purchase experience)의 단계를 거친다. 소비자는 적극적 평가 단계에서 제품 및 서비스 구매를 계획하고, 지속적으로 추가적인 정보를 탐색 및 습득하며 구매를 고려하는 제품을 추가하거나 제외한다. TV나 유선 인터넷(PC)에 비해 사용자 식별, 상황 판단이 쉬운 모바일 인터넷은 특정 상품에 관심을 갖고 구매를 염두에 두고 상품 관련 정보를 탐색 중인 소비자를 대상으로 타깃 마케팅을 전개하기에 효과적이라고 할 수 있다.

전통적인 마케팅 깔때기(Marketing Funnel) 접근법에서는 소비자가 본인이 인지하고 있는 제품 중, 호감을 갖고 선호하는 순서로 그 숫자를 줄여나간다고 설명하였다. 깔때기 모형은 각 단계별로 특정 브랜드의 강점을 이해하게 해주며, 소비자들이 해당 브랜드를 선택하는 데 방해가 되는 장애 요인을 파악하는 데 도움을 준다. 그러나 브랜드 고려 방식의 변화, 소비자의 영향력 확대, 브랜드 충성도 유형의 다변화 등 소비자들이 구매 의사결정을 내리는 방식에 근본적인 변화가 일어남에 따라 복잡한 구매결정 단계를 설명할 수 있는 소비자 구매 여정 모델의 필요성이 대두되었다.

3) 디지털 소비자의 의사결정과정의 변화에 따른 기업전략의 변화

검 색

소비자들이 검색을 통해 정보를 습득하는 경우가 늘어남에 따라, 기업이 검색에 대해 갖는 관심도 높아지고 있다. 대부분 소비자들은 가장 먼저 제시되는 것에 긍정적으로 반응하려 하는 성향을 가지고 있다. 때문에 순수한 검색과 검색광고는 이러한 경향을 십분 활용하고 있다.

검색엔진은 소비자들에게 가장 만족스러운 결과를 제시하여야 한다. 그래야만 지속적으로 소비자들이 그 검색엔진을 활용하기 때문에 다양한 광고 기회를 가지기 때문이다. 소비자들이 만족할 수 있는 검색결과를 제시하는 방법은 크게 GRM(Global Ranking Method) 방식과 CF(Collaborative Filtering) 방식이 있다. GRM 방식은 가장 많은 소비자들이 선택한 결과를 보여주는 방식이다. 실시간 인기검색어나 구글의 검색결과는 대부분 소비자들이 가장 많이 검색한 결과나 가장 많이 인용되는 것을 보여주고 있다. 이를 통해 소비자들은 다른 사람의 선택을 참고로 하여 자신의 선택에 따른 위험성을 줄이려는 반응을 보이게 된다. 반면, CF 방식은 소비자들의 기존 선택을 고려하여 유사한 선택을 한 소비자들에게 같은 결과를 보여주는 방식이다. 아마존의 도서 검색을 보면, 관련된 도서를 같이 보여주거나 유사한 주제의 책을 묶어서 할인하는데 이는 모두 CF 방식에 기반한 것이다. GRM이나 CF 외에도 기업들은 고객이 원하는 것을 가장 상위에 제시하는 노하우를 가지려 하고 있다.

시 용

소비자가 주도적으로 비교와 검토를 하게 되면서, 소비자에게 제품과 서비스가 가지는 독특한 특징이나 기능을 강조해야 할 필요성이 높아지고 있다. 그러나 소비자들이 그러한 특징이나 기능을 잘 알지 못할 경우, 그것에 대한 평가 자체가 불가능할 수 있다. 때문에 기업들이 잠재적인 소비자를 대상으로 하는 시용 이벤트를 많이 개최하고 있다.

예를 들어, 삼성전자는 갤럭시 S8 인공지능(AI) 음성비서 서비스 빅스비(Bixby)에 대한 체험단을 모집하였다. 빅스비를 사용한 결과, 빅스비의 구문과 문법 이해 부분에서 영어 학습이 완벽하지 않았기 때문이다. 삼성전자는 빅스비 영어 버전 출시를 연기하였고, 미국인을 대상으로 체험단을 모집하여 언어 테스팅을 수행하였다. 체험단의 반응을 토대로 이를 개선하였고, 사용자들은 빅스비를 이용해 더욱 빠르고 손쉽게 스마트폰을 사용할 수 있게 됐다.

Highlight 2

빅데이터의 정의와 분류

빅데이터(Big Data)란 데이터의 양, 생성 주기(실시간 생산), 형식(수치 데이터뿐 아니라 문자와 같은 비정형 데이터 포괄) 등에서 과거 데이터에 비해 규모가 크고, 형태가 다양하여 기존의 방법으로는 수집, 저장, 검색, 분석이 어려운 방대한 크기의 데이터를 의미한다(정용찬, 2012). 기존의 분석방법이 정형화된 수치자료 중심으로 기업 내부 데이터를 다루는데 치중하였다면, 현재는 기술의 발전과 함께 기존의 정형 데이터를 분석하는 것뿐만 아니라 비정형의 다양한 데이터(문자, 영상, 위치정보)를 분석하는 방법이 대두되고 있다.

정형데이터 vs. 비정형데이터

정형 데이터란 일정한 규칙을 갖고 체계적으로 정리된 데이터를 의미하고, 분석에 사용할 수 있게 정제 및 가공된 데이터를 말한다. 정형데이터의 예로는 송장정보, 고객정보, 판매 및 구매기록, 정부 통계데이터, 신용정보 등이 있다.

비정형데이터란 일정한 필드에 저장되어 있지 않은 데이터로 텍스트 데이터를 비롯해 이미지, 음성정보, 동영상 같은 멀티미디어와 같은 구조화되어 있지 않은 데이터를 의미한다. 이러한 데이터는 정제되어 있지 않기 때문에, 분석에 사용할 수 있도록 정제 작업을 거쳐야 된다. 이러한 데이터는 사진, 영상, 검색 및 의견데이터, 문자 메세지, 센서 데이터 등이 있다.

내부데이터 vs. 외부데이터

내부데이터란 수집하는 원천 데이터의 데이터 저장소가 내부시스템에 있는 데이터를 의미한다. 내부데이터는 의미 있는 결과를 도출하기 위해 많은 양의 데이터가 필요한 반면, 해당 시장과 소비자의 동향을 예측할 수 있다면 매우 강력한 원천이 될 수 있다. 이러한 데이터의 예로는 CRM 데이터, 송장정보, 콜센터 사용 정보, 캠페인 데이터 등이 있다.

반면, 외부데이터는 수집하는 원천 데이터의 데이터 저장소가 외부 시스템에 있는 데이터를 의미한다. 외부데이터는 직접 수집하는 것이 아니기 때문에 마케터가 원하는 맞춤형 데이터를 구하기 힘든 반면 데이터의 양이 무궁무진하다. 이러한 데이터의 예로는 소비자 주거정보, 우편번호, 신용카드 정보, 외부 마케팅 연구 데이터, 국가 통계정보, 소셜 데이터를(페이스북, 인스타그램 등) 예로 들 수 있다.

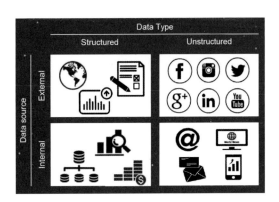

그 외에도 많은 게임회사들은 새로운 게임이 출시되기 전에 많은 '베타 테스트'를 거침으로써, 소비자들이 게임에 기대하는 수준을 점검하는 것은 물론 게임에 대한 개선사항이나 예상치 못한 버그를 수정할 수 있는 기회를 만들어 가고 있다.

구　전

인터넷을 통해 소비자들이 정보교환을 하게 되면서, 이른바 '오프라인', '온라인'이라는 영역의 구분이 생겨나게 되었다. 도시화로 인해 높아진 인구밀도는 사람들의 오프라인 의사소통을 촉진하게 되었으며, 인터넷을 활용한 다양한 온라인 의사소통 수단이 개발되어 소비자들이 정보를 입수하는 경로가 다양해졌다. 특히 온라인을 통한 정보교환은 성별, 연령, 지역을 넘나들어 행해질 수 있기 때문에 그 전파력이 크다. 따라서 이전보다 구전의 중요성이 높아지게 되었다.

구전은 소비자의 경험의 전달이다. 따라서 좋은 구전은 기본적으로 만족한 소비자가 있어야 달성될 수 있다. 때문에 기업들이 고객만족을 넘어 고객감동을 추구하는 것은 바로 이러한 이유 때문이다. 특히 구전에 있어서는 다른 이의 의견형성에 영향을 미칠 수 있는 오피니언 리더, 다른 사람들보다 수용성향이 높은 혁신적 소비자(innovator)와 같은 중요한 소비자의 의견이 더욱더 힘을 가질 수 있기 때문에 이들의 평판을 잘 관리하는 것도 중요하다.

• SECTION 03 • 디지털 시대의 제품전략

1　집단지성과 NPD process의 변화

1) 집단지성

집단지성은 다수가 참여하여 상호간에 협력하거나 경쟁하는 과정을 통해 얻게 되는 집단의 지적능력을 말한다. 제품수명주기가 단축되고, 활발한 기술융합이 요구되고 있는 디지털 시대에는 개발속도뿐 아니라, 다양성 측면에서도 내부 경영자원에만 의존한 제품개발이 사실상 불가능하다고 할 수 있다. 때문에

LG전자, 매출 기준 파격보상 '아이디어 로또'

LG전자는 2014년, 거액의 보상금을 내걸고 일반인의 아이디어를 모아 신제품을 개발한다는 '아이디어LG' 제도를 발표했다. 그동안 한국 대기업이 선보인 바 없는 파격적인 아이디어 공모 방식이다. 아이디어 제안자의 몫으로는 완성품 매출의 4%를 내걸었다. 첫 제안자 외에도 다른 사람의 아이디어를 평가한 사람, 제조 과정에 도움이 되는 아이디어를 추가한 사람 등도 매출의 4%까지 받을 수 있는 것으로 알려졌다. 제품 개발에 참여한 사람들이 최대 매출의 8%를 나눠 가질 수 있는 것이다. 예를 들어 소비자가 제안한 TV신제품이 1000억원어치가 팔렸다면 제안자에게 40억원, 평가 참여자들에게 40억원을 나눠주는 것이다. 판매 이익이 아니라 매출액 기준이기 때문에 제품 판매로 회사가 적자를 보더라도 제안자의 보상금은 보장한다. 10년 이상 팔리는 상품을 기획한다면, 이 기간에 계속 보상금을 받을 수 있다.

새로운 아이디어에 목마른 LG

LG전자가 이런 파격적 제안을 내건 것은 그만큼 새로운 아이디어에 목마르기 때문이다. LG전자는 지난 수년간 기존에 없던 새로운 상품을 거의 내놓지 못했다. 옷을 말리고 악취를 제거하는 의류 관리기 '트롬 스타일러', 스마트폰에 연결해 그 자리에서 사진을 출력하는 휴대용 프린터 '포켓포토' 정도가 그나마 신상품으로 분류된다. 나머지는 대부분 기존 사업 분야 제품을 개선하거나, 다른 회사가 개척한 시장에 진출한 것이다.

포켓포토의 성공 경험은 LG전자가 일반인 아이디어 공모로 나아가는 데 바탕이 됐다. 이 제품의 첫 아이디어를 낸 것은 LG전자 상품기획팀 강동호 대리. 당시 그는 입사 만 1년도 안 된 사원이었다. 그는 "스마트폰으로 찍은 사진은 인쇄해서 친지들과 나눠갖고 싶다"는 간단한 생각에서 시작했다. 그가 사내 공모전에 낸 기획안을 토대로 만든 포켓포토는 2012년 9월 첫 제품 출시 이후로 50만대 넘게 팔렸다. 누적 매출은 500억원을 넘었다. 신입 사원이 연 매출 200억원대 신상품을 일궈낸 것이다. 강 대리가 만약 일반인으로서 이번 '아이디어LG' 제도에 응모해 채택 됐다면 해마다 8억원씩을 보상금으로 받아갈 수 있다.

글로벌 기업도 공유 개방 강조

일반인의 아이디어를 제품 개발에 활용하는 대표 주자는 미국 벤처기업 '퀄키(Quirky)'다. 이 회사는 아이디어 회원 100만명을 확보하고 있으며, 회원들은 매주 4,000개의 신제품 아이디어를 제안한다. 주요 아이디어에 대해 디자인, 제품 설계 과정에 조언을 할 수도 있고, 투표를 통해 최종 상품화 대상이 정해진다.

이렇게 해서 나온 것이 자유롭게 구부러지는 멀티탭 '피봇 파워(Pivot Power)', 달걀노른자 분리기 '플럭(Pluck)', 컴퓨터·스마트폰 케이블 정리 기구 '코디스(Cordies)' 등이다. 피봇 파워는 지난 3년간 전 세계에서 총 70만개가 팔릴 정도로 인기를 끌었다. 이 제품의 최초 아이디어를 낸 미국 뉴욕 시민 제이크 진(Zien)씨는 44만 5,865달러를 보상금으로 받았다. 벤 코프만 퀄키 CEO는 "회원들의 다양

말했다.

　세계 최대 인터넷 회사 구글도 일반인 아이디어 활용에 앞장서고 있다. 구글이 개발하는 스마트폰 운영체제(OS) '안드로이드'는 일반 개발자들이 참여하는 '오픈 소스(open source)' 방식으로 개발된다. 또 'X를 풀어라(Solve for X)'란 프로젝트로 외부의 혁신적 아이디어를 받아들이는 데도 열을 올리고 있다. 글로벌 소비재 기업 P&G 역시 외부 의견을 바탕으로 개발하는 상품 비중을 지속적으로 높이고 있다.

한 아이디어 덕분에 더 혁신적인 제품을 만들 수 있다"며 "회원 커뮤니티는 우리 회사의 가장 중요한 자산"이라고

〈출처: 조선비즈 2014.07.15〉

　제품개발부서 외의 다양한 참여자들에 의한 집단지성을 통해 아이디어를 통합하고 진화시킴으로써 신제품 출시를 촉진시킬 필요성이 존재한다.

　집단지성은 소비자, 전문가집단, 프로슈머, 프로유저들에 의해 가능해 진다. 즉, 넓은 의미에서는 제품을 구매하고 실질적으로 사용하는 고객은 누구나 집단지성에 참여할 수 있다. 또한 제품개발과정에서 필요한 기술적 지식을 보유하고

표 15-3		집단지성의 원천
집단유형	정 의	예
소비자	제품을 구매하고 실질적으로 사용하는 고객	델 아이디어 스톰 참여자
전문가집단	제품개발 과정에서 필요한 기술직 지식을 보유하고 있는 전문가	이노센티브, 나인시그마 회원 필립스 단순화 자문위원회 위원
프로슈어	제품관련 지식이 많고 제품평가 결과를 적극적으로 기업에 알리거나 기사화하여 다른 소비자에게 전달하는 사용자	삼성전자 자이제니아(PC) 니콘 니코니언(DSLR)
프로유저	기술적 전문성을 일부 갖추어 그 제품을 직접 개량할 수 있는 소비자	리눅스 개발참여자 워키피디아 콘텐츠 작성자

출처: 삼성경제연구소

있는 전문가, 제품관련 지식이 많고 제품평가 결과를 적극적으로 기업에 알리거나 기사화하여 다른 소비자에 전달하는 사용자인 프로슈머, 기술적 전문성을 일부 갖추어 제품을 직접 개량할 수 있는 소비자인 프로유저도 집단지성의 원천이 될 수 있다.

2) NPD process의 변화

그렇다면 집단지성은 신제품 개발 과정에서 어떻게 활용될 수 있을까? 좀 더 구체적으로 알아보도록 하자. 제품개발단계를 기획, 개발, 평가, 상용화 등 4단계로 단순화시키면, 다음 <표 15-4>와 같이 요약할 수 있다.

먼저 기획단계에서는 소비자들의 집단지성이 활용될 수 있다. 수많은 소비자들이 제안하는 독특하고 획기적인 아이디어는 개발자들이 제안하는 한정적인 아이디어보다 양적 혹은 질적으로 훨씬 더 우수할 수 있다. 뿐만 아니라, 기획과정에서부터 제기된 아이디어에 대한 소비자들의 평가는 테스트마케팅 과정에서 결정될 수 있는 상품화 여부에도 영향을 미칠 수 있을 것이다.

샤오미 제품이 긍정적으로 널리 알려진 가장 큰 요인은 제품에 '고객의 의견'을 적극 반영했기 때문이다. 대다수 기업은 제품 출시 후 발생하는 문제나 개선사항을 차기 모델에 반영한다. 하지만 샤오미는 고객의 목소리를 제품 제작단

표 15-4 — 제품개발의 각 단계와 집단지성의 활용

제품개발단계	집단지성	주요 활동	대표사례
① 기획단계	소비자집단	-독특하고 획기적인 아이디어를 제안 -소비자가 직접 상품화까지 결정	아이디어 스톰(델) MUJI.net(양품계획)
② 개발단계	전문가집단	-기술적 문제를 해결 -내부의 타부서 정보와 기술을 활용	금광발굴(골드코프) 히트펌프세탁기(파나소닉)
③ 평가단계	프로슈머	-제품의 문제점과 개선사항을 평가	애니콜 커뮤니티 데이(삼성전자)
④ 상용화단계	프로유저	-전문적 지식과 정보를 결합해 제품 생산에 기여 -자신만의 독자적 발명품으로 개조	MapMaker(구글) 마인드스톰(레고)

출처: 삼성경제연구소

계에서부터 수렴했고, 매주 새로운 버전의 업데이트를 진행했다. 고객의 의견에 따라 제품의 완성도가 결정되는 구조인 셈이다. 샤오미의 이런 전략은 시장에서 큰 호응을 얻었고 고객은 자신의 의견이 반영된 제품에 애정을 느끼며 적극적 마케터가 되었다. 이러한 샤오미의 전략(일명 '샤오미제이션 Xiaomization')은 이후 여러 기업과 스타트업의 전략적 기준이 되었다(출처: 플래텀, 2014.11.25).

두 번째, 개발단계에서는 전문가 집단의 지성이 유용하게 활용된다. 전문가 집단들은 기술적 문제를 해결해 나가는 과정에 자신의 전문적 지식을 활용하여 해법을 제시해 주고 그 보상을 받는다. 앞서 언급한 이노센티브에 의한 기업의 문제 해결이 바로 그 대표적인 예이다. 그 외에도 골드코프는 금광을 개발함에 있어 지질학자를 비롯한 여러 전문가들의 지식을 활용하여 새로운 금광을 개발함으로써 연매출을 1억 달러에서 90억 달러로 늘린 사례, 파나소닉이 드럼식 세탁건조기를 만들어가는 과정에서 에어컨의 제습기능을 활용한 사례도 전문가 집단의 지성을 유용하게 활용한 사례이다.

세 번째, 신제품 평가단계에서는 프로슈머의 집단지성을 활용할 수 있다. 프로슈머는 일반적으로 제품과 관련된 지식이 많고 그 평가결과를 기업에 알리거나 기사화하도록 하는 특징을 가지고 있다. 최근 기업들은 프로슈머들을 제품의 문제점을 찾고 그 개선점을 제안하도록 하는 데 활용하는데, 여러 종류의 베타테스트들이 바로 이러한 예라고 할 수 있다. 삼성전자의 햅틱은 프로슈머의 집단지성을 잘 활용하여, 히트상품이 된 사례이다. 처음에 햅틱은 제품에 아무런 버튼을 탑재하지 않았다. 그러나 프로슈머를 대상으로 한 평가결과 통화와 종료 버튼만큼은 두는 것이 좋겠다는 의견이 제기되었고, 이로 인해 10억에 달하는 제품을 폐기하였지만, 시장에서 그 이상의 성공을 거둘 수 있었다.

네 번째, 상용화단계에서는 프로유저와 같은 기술적인 전문성을 갖추고 있으면서 제품을 직접 개량할 수 있는 소비자의 역할이 중요하게 작용한다. 소비자가 직접 생산에 참여하거나 스스로 개량하는 경우, 그 자체만으로 수많은 소비자의 관심을 끌 수 있게 된다. 레고의 마인드스톰은 바로 프로유저로 인해 성공한 대표적인 사례이다. 레고 마인드스톰은 소비자들이 직접 디자인한 제품을 직접 제품으로 출시하였을 뿐만 아니라, 마인드 스톰에 들어가는 소프트웨어의 프로그램을 소비자들이 마음대로 해킹하여 변형하게 함으로써 소비자들이 레고 마인드스톰을 자유자재로 다루고 서로 거래할 수 있도록 독려하였다. 이처럼 집

Highlight 4

4차 산업혁명 시대 '플랫폼 빅뱅'

최근 금융가 최고 화제는 카카오뱅크다. 출범 3주 만에 신규 계좌가 228만건을 넘어 말 그대로 금융계의 판을 흔들었다. 카카오뱅크 조기 흥행의 배경에는 '카카오톡'이라는 강력한 플랫폼이 있다. 카카오뱅크는 카카오톡의 이용자 수와 데이터를 바탕으로 기존 은행을 위협한다. 그뿐 아니다. 역사상 유례가 없을 정도로 빠르게 성장하고 있는 구글, 애플, 페이스북, 아마존 등의 기업들은 하나같이 자기들만의 강력한 플랫폼을 만들어 효과적으로 활용하고 있다.

과거 기차의 승하차장이나 공연, 스포츠 경기의 '무대'를 의미하던 플랫폼은 이제 소셜미디어와 검색, OS(운영 시스템)와 전자상거래 등으로 확대됐다. IT 기술의 발전으로 전통적인 산업과 시장의 경계가

불분명해지고, 기존에 형성된 비즈니스 구조가 재구성되면서 '플랫폼'의 의미도 달라진 것이다. 미래에는 더욱 다양한 플랫폼이 등장하고 이들 간의 경쟁도 치열해질 전망이다. 4차 산업혁명의 기반인 플랫폼 비즈니스를 해부한다.

반세기 넘게 어린이들의 꿈의 장소가 됐던 완구 전문점 토이저러스(Toys R Us)가 문 닫을 위기에 처했다. 미국 최대 완구 전문점의 몰락은 디지털 환경에 적응하지 못한 게 원인으로 지목된다. 전문가들은 토이저러스가 온라인 쇼핑으로 흐름이 바뀌는 현상에 제대로 대비하지 못했기 때문에 실패했다고 분석한다. 완구와 어린이 놀이 시장의 플랫폼이 오프라인에서 온라인으로 넘어가는 시점에서 아마존, 게임업체 등과의 경쟁에서 밀려났다는 것이다.

'구글' '애플' '아마존' '페이스북'….
글로벌 시장에서 가장 경쟁력을 갖춘 것으로 손

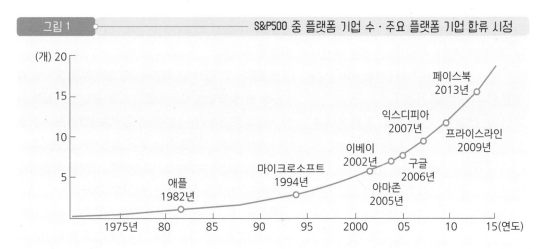

그림 1   S&P500 중 플랫폼 기업 수 · 주요 플랫폼 기업 합류 시점

자료: 애플리코

플랫폼 장악 여부가 기업의 흥망을 가르고 있다. 사진은 온라인 유통을 장악한 아마존.

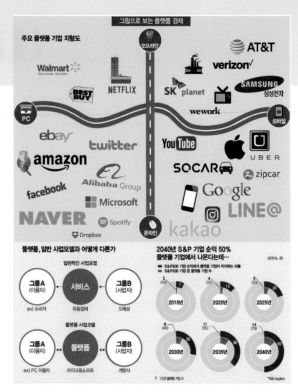

꼽히는 기업들이다. 이들의 빠른 성장 배경에는 자기만의 강력한 '플랫폼'이 있다. 한 예로 과거 '윈텔(윈도+인텔)'로 대변되는 IT 업계 주도권은 스마트폰의 등장과 함께 애플과 구글로 넘어갔다. 동시에 휴대전화 시장의 절대 강자였던 노키아 역시 몰락했다. 최병삼 과학기술정책연구원 연구위원은 "윈텔 진영은 모바일 시대에 들어서 플랫폼 경쟁력 하락으로 고전하고 있다. (플랫폼이) 기업 성패를 좌우하는 핵심 요인으로 등장하면서 관심 또한 커진 것"이라 설명했다.

플랫폼을 갖고 있느냐 없느냐가 산업, 특히 IT 업계에선 생존을 좌우하는 시대다. 스마트폰 OS만 해도 애플 'iOS', 구글 '안드로이드'가 플랫폼으로서 강력한 영향력을 발휘하고 있다. 반면 제조사들의 입지는 과거 피처폰 시대에 비해 상대적으로 줄어들었다. 플랫폼 운영자 정책에 따라 하드웨어 제조사와 콘텐츠 개발사들은 물론 통신사업자까지 판도가 변할 정도다. 최근 제조업체 HTC 스마트폰 사업의 구글 인수가 단적인 사례.

미국의 브랜드 컨설팅 전문업체 인터브랜드(Interbrand)가 지난해 발표한 '2016년 글로벌 100대 브랜드' 평가에서 1·2위를 차지한 애플과 구글은 소위 플랫폼 기업이다. 같은 평가에서 브랜드 가치가 전년 대비 껑충 뛴 페이스북(48%), 아마존(20%) 또한 마찬가지다. 사정이 이렇다 보니 기업들이 너도나도 플랫폼을 표방하며 전방위 경쟁을 벌이고 있다.

▶ 플랫폼 정의는?
▷ 다양한 상품과 서비스 제공의 토대

플랫폼은 말 그대로 서로 다른 집단을 연결해주는 곳이다. 11번가나 인터파크처럼 물건을 판매하는 사람과 구매하는 사람을 연결해주는 온라인 쇼핑몰, 머무를 장소가 필요한 사람과 빈방을 빌려주려는 사람을 연결해주는 에어비앤비 등이 플랫폼의 대표적인 예다. 윈도나 안드로이드 등 컴퓨터·스마트폰 운영체제도 소프트웨어와 앱을 개발하는 이들과 이용자를 연결해준다는 점에서 플랫폼이라 볼 수 있다.

플랫폼은 오래전부터 비즈니스의 일부였다. 독자와 광고주를 한데 모으는 신문과 잡지, 집을 구하는 사람과 파는 사람을 만나게 해주는 부동산 공인중개업소 등은 이전부터 존재해왔던 플랫폼이다. 최근 들어서야 눈길을 끄는 이유는 IT 기술이 발전하며 에어비앤비, 우버와 같은 온라인상에서의 새로운 플랫폼이 등장했기 때문이다.

플랫폼 기업은 여러 면에서 일반 기업과 다르다. 일례로 비(非)플랫폼 기업은 제품이나 서비스를 직접 제공하는 만큼 구매자만 확보하면 매출이 발생한다. 상품을 개발할 때에도 소비자 요구를 충족하는 데 주안점을 둔다. 이와 달리 플랫폼 기업은 제품을 직접 만들지 않고 공급자와 수요자가 원활하게 상호작용할 수 있는 기회를 만들어준다. 따라서 공급자나 수요자 어느 한쪽만 확보해선 매출을 올릴 수 없다. 양쪽 모두 충분히 끌어들여야 하며 한쪽의 요구사항에만 귀 기울여서도 안 된다.

두 집단 간 균형을 맞추는 것도 중요하다. 공급자가 수요자보다 압도적으로 많거나 수요자가 공급자에 비해 지나치게 많으면 플랫폼이 원활하게 작동하기 어렵다. 플랫폼 운영자는 이 균형을 맞추기 위해 때때로 한쪽에게 무료, 혹은 원가 이하로 플랫폼을 쓸 수 있도록 해준다. 예를 들면 통상 온라인 쇼핑몰에서 구매자는 구매 수수료를 내지 않는다. 우버나 에어비앤비 이용자도 수수료 없이 서비스를 이용한다. 심지어 플랫폼을 이용한 이들에게 보상을 해주는 기업도 많다. 일례로 국내 신용카드사 대부분은 회원에게 커피 할인, 항공사 마일리지 적립 등 다양

한 혜택을 제공한다. 이와 달리 비플랫폼 기업이 원가 이하로 물건을 판매하는 경우는 드물다.

플랫폼 기업들은 이 같은 특성을 활용해 빠른 속도로 성장하고 있다.

유튜브, 구글, 아마존, 페이스북, 알리바바를 비롯해 요즘 잘나간다는 기업 상당수는 플랫폼 비즈니스로 매출을 거두고 있다. 시장조사업체 애플리코는 2040년엔 S&P500 기업 매출 절반이 플랫폼 비즈니스에서 나올 거라 추산한다. 국내에서도 플랫폼 기업은 눈에 띄는 성장세를 보이고 있다. 카카오와 네이버 등이 이를 증명한다. 지난 2012년 4,534억원이었던 카카오 매출은 지난해 1조 4,642억원까지 성장했다. 시가총액도 약 9조 5,000억원에 달한다. 네이버 역시 같은 기간 매출이 1조 7,987억원에서 4조 226억원으로 뛰었으며 시가총액은 25조원이 넘는다.

〈출처: 매경이코노미, 2017.09.27.~10.10〉

단지성은 하나의 제품을 개발해나가는 과정을 활용될 수 있을 뿐만 아니라, 개발과정을 소비자를 참여시킴으로써 구전보다 강력한 커뮤니케이션활동을 수행할 수 있는 것으로 보인다.

2　컨버전스 제품의 관리

컨버전스 제품은 어떤 기술을 얼마나 많이 결합하느냐에 따라 그 성패가 갈라질 수도 있다.

소비자가 제품이나 서비스를 소비하는 것은 그것을 통해 달성하고자 하는 목적이 있기 때문이다. 그 목적은 어떤 문제의 해결이라는 기능적인 것일 수도 있고, 어떤 감성 상태를 얻고자 하는 쾌락적인 목적일 수도 있다. 컨버전스 제품

이라는 것도 서로 다른 기능적·쾌락적 목적을 가진 속성의 결합이기 때문에 각 기능이 가지는 목적에 대한 인식과 그 조합에 대한 고려가 필요하다. 이와 관련된 재미있는 실험이 한가지 있다(Gill, 2008). PDA, GPS와 같은 기능적 속성과 PMP, TV와 같은 다소 쾌락적인 기능의 조합에 대한 소비자의 평가와 지불하고자 하는 가격을 살펴보았다. 그 결과 기능적인 속성이나 쾌락적인 속성이나 모두 쾌락적 속성이 부가될 때에, 더 높은 가치평가를 받는 것으로 나타났다. 특히 쾌락적인 제품 기반에 쾌락적인 부가속성이 부가될 때에, 가치가 더 높은 것으로 나타났다. 때문에 컨버전스 제품은 감성적인 측면을 배려하는 디자인이나 속성의 결합이 이루어질 때, 가치가 커질 수 있다는 시사점을 제공한다고 할 수 있다.

컨버전스 제품의 성패는 얼마나 많은 기술을 결합하느냐와도 관계가 있다. 우리는 디지털 컨버전스 제품을 구매할 때, 그냥 사용해보는 것이 목적이 아니라면 가능한 모든 옵션을 갖춘 것을 선호할 때가 많다. 왜냐하면 제품을 구입할 때에는 제품의 유용성(capability)이 중요한 판단기준이 되기 때문이다. 쉽게 이야기 해서 "이왕 사는 거 좋은 거 사자!"라는 것이 제품을 구입하는 사람의 일반적인 마음가짐이기 때문일 것이다. 그러나 좋은 제품을 사도 실제로 그것을 적극적으로 사용하지 못한다. 시간이 부족할 수도 있고, 새로운 기능을 익히는 데에 걸리는 시간이 아까워 활용하지 않을 수도 있기 때문이다.

컨버전스 제품도 마찬가지이다. 처음에는 다양한 기능을 사용하기 위해 구

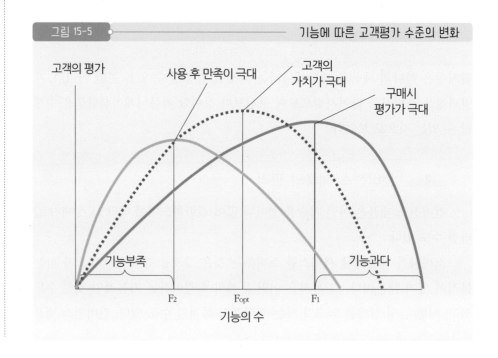

그림 15-5 ● ────────────────────────── 기능에 따른 고객평가 수준의 변화

입한 컨버전스 제품이지만, 막상 사용해보면 배우기도 힘들고, 그러다가 특정 기능들은 그냥 없는 셈 치고 살아가는 경우가 많다. 사용자 입장에서는 컨버전스에 너무 많은 속성(feature)들이 있으면, 이용성(usability)이 떨어지기 때문에 이래저래 피로(fatigue)가 생긴다. 쓰자니 배우는 피로, 안 쓰자니 돈 아까워서 피로, 보고 있자니 어지러워서 피로. 어쩌면, 오히려 컨버전스 이전에 각각의 기능을 따로 쓰는 것을 그리워하게 될 수도 있다.

Thompson et al.(2005)은 소비자의 이런 심리, 즉 구매할 때에는 제품의 유용성(capability)에 초점을 맞추어 많은 속성(feature; 혹은 기능)을 가진 제품을 선호하지만, 막상 사용할 때에는 이용성(usability)을 기준으로 제품을 평가하게 되는 상황을 '기능피로(feature fatigue)'라고 이름 지었다. 결국 '화장실에 들어가기 전과 나온 후의 마음이 다른' 소비자들을 모두 만족시키기는 어려운 것이 현실인 것이다. 하지만 Thompson은 두 마음을 적절히 충족시킬 수 있는 어떠한 균형이 있을 가능성을 제기했다. 그에 따르면, 구매시 인지하는 효용의 수준과 사용과정에서 느끼게 되는 효용의 수준에 차이가 존재하고, 그 둘 사이에 기업의 입장에서 최적이라 할 수 있는 속성 혹은 기능의 수가 존재한다는 것이다. 바로 최적 속성 혹은 기능의 수에서 소비자의 전체적인 효용이 극대화되는 것이다. 다시 말해, 이는 기능이 많다고 해서 무조건 좋지만은 않다는 것이다.

• SECTION 04 • 디지털시대의 가격 전략

디지털 시대에는 소비자의 지갑을 열 수 있는 다양한 가격전략이 시도되고 있다. 그 중에서 가장 널리 쓰이고 있는 버저닝, 번들링, 공짜 가격결정방식에 대해서 알아보자.

1 버저닝을 통한 가격결정

버저닝 가격책정(versioning pricing)은 제품을 다양화하여, 고객 선택의 폭을 넓히고, 버전간 가치의 차이에 따른 가격을 설정하는 가치 중심의 가격설정 방식이다. 영어 표기에서도 알 수 있듯이 여러 가지 버전(version)을 만들어서, 제품

의 다양한 변종에 따라 가격을 달리 책정하는 전략으로, 단순히 서로 다른 수준의 가격을 제시하는 것을 넘어서, 각 소비자 세분시장별로 적절한 제품을 제공함으로써 이익 극대화하고자 하는 전략적 목표를 달성하는 데 도움이 된다.

예를 들어, Window 10에는 부팅을 위한 최소 기능만 가지고 있는 Starter, 가정용인 Home basic과 Home premium, 전문가용인 professional, 기업용인 enterprise 등 총 8개 정도의 버전이 존재하는데, 이들 제품은 각 세분시장을 위한 기능을 차별적으로 포함하고 있는 대신, 가격도 각 세분시장에 적절한 가격을 제시하고 있는 전형적인 버저닝 가격의 예이다.

이 외에도 버저닝의 원천은 다양하다. 사용의 제약, 사후 지원과 같은 것도 버저닝의 대상이 될 수 있다. 토토브라우저라는 P2P 서비스는 P2P를 통한 저작권이 있는 콘텐츠의 무분별한 유통이 문제가 되자, '제휴 콘텐츠'라는 형태로 드라마는 1편에 500원, 영화는 1편에 3,000원이라는 요금을 부과함으로써 P2P에서의 콘텐츠 유통을 양성화시키면서도 저작권자와 수익을 공유할 수 있는 수익모델을 제공하였다. 물론 '제휴 콘텐츠'의 검색결과를 우선적으로 제시하여, 소비자가 '제휴 콘텐츠'를 다운받을 수 있는 가능성도 높혔으며, '제휴 콘텐츠'의 이름과 동일한 검색어를 일반 콘텐츠에서는 차단시킴으로써 불법적인 다운로드를 최대한 방지하는 데 노력하였다. 사실 '제휴 콘텐츠'의 가격은 4MB당 1원이라는 일반 콘텐츠의 다운로드 가격보다는 비싸지만 소비자가 저작권 문제로부터 자유로울 수 있다는 점, 쉽게 검색할 수 있다는 점에서 '제휴 콘텐츠'를 이용한 소비자와 그렇지 않은 소비자간의 사용상의 제약을 둔, 또 다른 버저닝의 사례라고 할 수 있다. 이 밖에 컨텐츠의 음질·화질·해상도의 차이, 신문사에서 오래된 기사는 별도의 아카이브에서 유료로 결제해야 열람할 수 있게 해 놓은 것도 버저닝의 대상이 될 수 있다.

2 번들링을 통한 가격결정

번들링 가격책정(bundling pricing)은 유사한 니즈를 해결해 주는 제품이나 기능을 '다발'로 묶어 가격 혹은 제품을 만들어 가격을 책정하는 것을 말한다. 이러한 번들링의 대상은 가격 혹은 상품이다. 때문에 번들링은 서로 다른 상품을 묶어 할인을 하는 '가격 번들링'과 유사한 니즈를 해결하는 제품을 동시에 판매하는 '상품 번들링'으로 구분된다. 또 다른 시각에서, 번들링을 구성하는 제품들이 개별적으로 판매되는지, 번들링으로만 판매되는지에 따라서 '다발'로만 팔리는 순수 번들링과 그렇지 않은 혼합 번들링으로 구분된다. 즉, 번들링 가격책정은 이상의 가격·상품 번들링과 순수·혼합 번들링의 조합인 4가지로 나뉜다고 할 수 있다.

순수 가격번들링의 대표적인 사례는 KT의 아이폰 전용요금제를 들 수 있다. KT는 아이폰을 출시하면서, 단말기 보조를 전제로 한 7개의 전용요금제를 동시에 내놓았다. 아이폰 추천요금제로 불리는 이들 요금제는 'i-teen', 'i-슬림', 'i-라이트', 'i-talk', 'i-미디엄', 'i-스페셜', 'i-프리미엄'로 모두 아이폰을 연상하게 하는 'i-'로 시작하는 이름을 가지고 있다. 35,000원에서 95,000원에 이르는 이들 요금제는 요금 수준에 따라 일정 금액 단말기 할부금 차감 수준이 결정되는 가격번들링이다. 이는 아이폰을 가입하는 사람들은 이들 요금제에 반드시 가입하도록 되어 있다는 점에서 순수 번들링이라고 할 수 있다.

혼합 가격번들링의 대표적인 사례는 각 통신사들의 통신 결합상품이라고 할 수 있다. 통신사들은 유선인터넷, IPTV, 인터넷 전화 및 휴대전화의 요금을 묶어서 일정 비율을 할인해 준다. 특히 KT의 경우에는 'LTE 뭉치면 올레', '기가인터넷콤펙트+올레TV'라는 이름으로 결합상품을 토대로 한 가격 할인전략을 전면에 내세워 커뮤니케이션하고 있다.

순수 상품번들링의 대표적인 예는 5.1 채널 스피커 세트라고 할 수 있다. 사운드 매니아들은 가정에서의 AV시스템을 꾸밀 때에, 별도의 앰프와 각 위성 스피커를 자신이 원하는 조합으로 구매한다. 그러나 스피커 전문 제조사들은 우퍼와 각 위성 스피커를 세트로 묶어서 판매할 뿐, 개별적으로 판매하지는 않는다. 사실 넓은 의미에서 많은 컨버전스 제품들도 상품번들링의 하나로 간주될 수 있다. 예를 들어, 최신 컨버전스 휴대전화는 휴대전화라는 틀 속에 카메라나 MP3는 물론 다른 기능들이 추가되어 있다. 그런데 휴대전화 제조사들은 세부기능의 선택 여부를 두지 않고, 하나의 제품에 해당 기능들을 집약시켜 놓

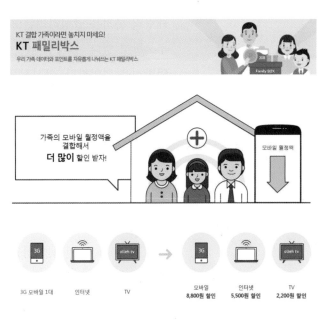

앉기 때문에 넓은 의미에서 우리가 사용하고 있는 컨버전스 휴대전화들은 순수 상품번들링에 속한다고 할 수 있다.

혼합 상품번들링의 대표적인 예는 Microsoft의 Office 프로그램이다. 우리는 대부분 Microsoft Office를 한 장의 CD로 구매하고 있지만, 사실 이를 구성하고 있는 Word, Powerpoint, Excel은 각각을 별도의 프로그램으로도 구매할 수 있는 것들이다. 그러나 Microsoft는 대개 이들 개별 프로그램의 가격을 비교적 높게 책정하여, Office 전체를 구입하는 것이 더 나을 것이라는 소비자의 의사결정을 유도하고 있다. Microsoft뿐만 아니라 다른 소프트웨어 업체들 또한, 최근 대부분의 사용자들이 인터넷에 연결되어 있다는 점에 주목하여 소프트웨어를 인터넷으로 판매하고 매뉴얼이나 CD는 추가적인 금액을 지불하면 받을 수 있는 형태로 묶음 판매를 하고 있다.

3 공짜가격 책정

지금까지는 하나의 제품을 소비자에게 일정 가격에 판매하는 가격책정에 대해 알아보았다. 이상에서 살펴본 다양한 가격책정 방식이 필요한 이유는 소비자의 수요는 가격에 의해 결정되고, 상대적으로 가격이 낮아지거나, 낮게 인식될수록 소비자의 수요가 증가한다는 가정이 전제되었기 때문이다. 그렇다면 공짜, 즉 가격이 0이 된다면 어떨까? 아마도 해당 제품이나 서비스에 대한 니즈가 있는, 공짜라는 소식을 알게 된 모든 사람들이 선택하게 될 것이다.

이처럼 가격을 낮추어, 극단적으로 0으로 만들어 구매를 촉진하고 다른 마케팅적 목적을 달성하려는 시도가 최근 '공짜경제(free economic)'라는 이름으로 주목받고 있다. 공짜경제는 상품을 공짜로 주고도 돈을 버는 새롭고 다양한 사업방식을 의미한다. 상식적으로 이것이 어떻게 가능할까 의문이 생기기도 하지만, 이것은 과거에 유료였던 제품이나 서비스를 무료로 또는 매우 저렴하게 제공하고, 대신 시장의 관심과 명성, 광범위한 사용자 기반을 확보해, 이를 바탕으로 관련 영역에서 새로운 수익을 창출하는 사업방식이다. 물론 공짜경제의 궁극적인 목표는 결국, 판매이다. 다만, 공짜경제는 소비자가 아닌 다른 이들에게 돈을 받는 방법 혹은 판매가 아닌 다른 목적을 위한 가격책정 방식이며, 최근 인터넷 산업에서 점차 보편화되고 있는 추세이다. 예를 들어, 곰플레이어는 누구나 사용할 수 있는 동영상 재생프로그램이지

만, 이는 곰 TV라는 그레텍의 IPTV 사업의 기반을 닦는 역할을 한다는 의미에서 장래에 수익 발생의 가능성을 높이는 수단이 되고 있다.

4 타임 커머스(Time Commerce) 가격전략

타임 커머스란 모바일이나 웹을 통해 실시간으로 상품이 거래되는 시장을 말한다. 판매자 입장에서는 시간이 지나면 팔 수 없는 제품이나 서비스를 저렴하게 판매해 원가 이상을 받을 수 있는 반면, 소비자 입장에서는 자신이 필요로 하는 시점에 저렴한 가격으로 구매할 수 있는 장점을 가진다. 타임 커머스의 영역은 숙박 서비스와 뷰티숍뿐 아니라, 공연, 항공, 주차장에 이르기까지 무궁무진하다. 예를 들어, Sale tonight이란 '당일예약'이 가능한 호텔은 외식, 영화 등의 상품을 시중보다 최대 85% 할인된 가격에 판매한다. 당일 남은 빈 방, 빈 좌석 등을 판매하므로 서비스의 품질 차이를 걱정할 필요 없이 최저가로 구매할 수 있는 장점을 가진다. 투숙객은 웹사이트를 통해 고급 상품을 값싸게 합리적인 가격으로 이용할 수 있는 반면, 판매자는 무용지물이 될 상품을 조금이라도 값을 매겨 팔 수 있고 소비자는 보장된 품질의 서비스를 합리적인 가격으로 이용할 수 있게 된다.

• SECTION 05 • 디지털 시대의 커뮤니케이션전략

디지털 시대는 인터넷의 발달을 중심으로 한 커뮤니케이션 수단의 발달에 그 기초를 두고 있다. 이러한 정보통신 기술의 발달은 조직 내외, 그리고 시장에서 기업과 소비자간의 커뮤니케이션에도 많은 변화를 만들어 내었고 그 결과 소위 디지털 시대의 특성들이 나타나게 되었다고 해도 과언이 아니라 할 수 있다.

1 디지털 시대의 커뮤니케이션 이슈: 구전의 중요성과 소셜 미디어

구전(口傳, Word-of-mouth)은 사람들의 입으로 전해지는 소문이다. 그러한 소문은 이미 형성된 인간관계를 통해서 전달이 된다. 이를 마케팅의 관점에서

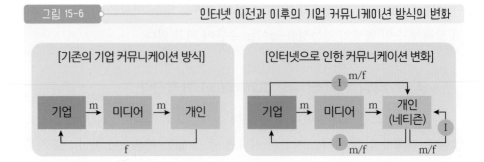

그림 15-6　인터넷 이전과 이후의 기업 커뮤니케이션 방식의 변화

주: I＝인터넷 미디어, m＝메시지, f＝피드백
출처: 삼성경제연구소

바라보면, 구전은 사회적 네트워크에서의 정보의 흐름이며, 소비자간의 상호작용이라 할 수 있다.

Nail(2005)에 따르면, 우리가 일상적으로 나누는 대화의 27%는 상품에 대한 것이며, 의사결정의 53%는 주변 사람들의 구전에 의해 영향을 받는다고 한다. 즉, 소비자들의 의사결정에서 구전이 가지는 영향력이 엄청나다는 것이다. 사람들의 구전활동은 오래전부터 있어 왔지만, 디지털 마케팅과 더불어 새삼 강조되고 있는 이유는 인터넷으로 인해 소비자들의 구전활동에 의한 영향력이 극적으로 향상되었기 때문이다. <그림 15-6>은 인터넷 이전과 이후의 기업 커뮤니케이션 방식의 변화를 나타낸 것이다. 인터넷 이전에는 기업의 커뮤니케이션 활동이 미디어에 의해서 매개되었다. 그러나 인터넷이 생기면서 기업은 미디어의 매개된 커뮤니케이션 외에도 소비자들에게 직접 메시지를 전달하고, 상호 피드백을 하는 관계를 형성할 수 있게 되었다. 광고보다도 인터넷이 구전이나 다른 인적인 정보원천만큼 큰 영향을 미치게 되었다.

특히 최근 주목받고 있는 페이스북, 트위터와 같은 소셜 미디어는 인터넷을 통한 고객과 고객, 고객과 기업간의 커뮤니케이션을 더욱더 활성화되고 실시간으로 일어날 수 있게 만들고 있다. 때문에 기업들은 소셜 미디어를 활용한 고객과의 커뮤니케이션 역량 향상을 위해 노력하고 있다.

2 소셜 미디어를 활용한 마케팅

소셜 미디어를 활용한 커뮤니케이션은 소비자들의 자발적인 상호작용으로 인해 구전을 유발하게 된다. 이러한 활동은 적절한 커뮤니케이션의 타깃 설정, 진실된 대화와 참여의 유도와 같은 조건을 들을 갖출 때에 더욱 긍정적인 효과

구전 마케팅의 다양한 이름들

소셜 미디어를 활용한 마케팅은 기존의 구전 마케팅을 소셜 미디어를 통해 수행하는 것이라고 할 수 있다. 다음은 구전 마케팅의 다른 표현이라고 볼 수 있다.

Evangelist(전도사)

리더로서의 영향력을 바탕으로 특정 제품이나 서비스에 관한 이야기를 전하여, 타인의 의견에 영향력을 미치는 의견선도자(opinion leader)를 육성하거나 지지자를 확보하는 활동이다. 특정 유명인사를 '○○ 홍보대사'로 위촉하거나, 기업에서 일단의 소비자들을 모아, '○○ 체험단'과 같은 이름의 활동을 하는 것이 바로 이에 해당한다.

Community Marketing

특정 브랜드에 관해 비슷한 관심들이 있어 보이는 집단에 도구, 콘텐츠, 정보 등을 지원하는 활동이다. 이는 앞서 살펴보았던, 프로슈머에 대한 기업의 지원행위와 궤를 같이 한다. 사회적 네트워크에서 특정한 주제를 매개로 연결되어 있는 동질성(homophily)이 높은 집단을 대상으로 하는 마케팅활동으로, 사회적 네트워크상의 강한 연결관계를 공략하는 것이라고 할 수 있다.

Viral marketing

'Viral'이라는 말에서 알 수 있듯이, 마치 바이러스가 전염되어 나가듯이, 흥미롭거나 유익한 정보를 전달하는 메시지를 개발해 인터넷을 통해 기하급수적으로 확산되도록 하는 것이다.

Buzz Marketing

Buzz는 벌의 '앵~' 거리는 소리의 의성어이다. 벌이 꽃에서 꽃으로 꽃가루를 전하듯, 소비자들의 입을 통해 전달되는 구전을 표현하는 말이다. 사람들의 구전을 촉진하기 위해서 기업에서 일정한 보상을 지급하거나, 사람들이 이야기할 만한 거리를 제공해 주는 마케팅활동인데, 기업에 의해서 구전이 유도되는 '조성구전(stimulated word-of-mouth)'의 다른 표현이라고 할 수 있을 것이다.

를 얻을 수 있다.

1) 적절한 커뮤니케이션 타깃의 선정

Malcolm Gladwell(2002)은 "Tipping Point"라는 책을 통해 히트 상품이나 사회의 변화가 아주 작은 차이의 의해서 만들어지게 되었다고 하였다. 아래의 허시파피의 사례를 살펴보자. 사례와 같이 허시파피는, 의도하지는 않았지만, '트렌드를 선도하는 사람(trendsetter)'들에 의해서 사라질 뻔 했던 브랜드가 다시 히

트 상품이 될 수 있었다.

허시파피의 사례에서 볼 수 있듯이 구전은 '트렌드를 선도하는 사람(trendsetter)', 우리가 언론을 통해서 자주 접하게 되는 전문자(expert) 내지는 Market Maven, 주변에 영향을 미치는 사회적인 허브(hub)가 초기 타깃으로 적절하다고 볼 수 있다. 이들은 남에게 영향을 주려고 하거나, 다른 이들보다 큰 발언력을 가지고 있는 사람들이며, 현실세계는 물론 온라인에서도 존재하고 있다.

따라서 기업들은 단순히 구매량이 많은 고객은 물론, 현재의 구매량이 적더라도, 다른 이들에게 영향을 미칠 수 있는 고객들을 정의하고 이들을 대상으로 신제품 출시를 적극적으로 알려 구전을 유도할 수 있을 것이다.

2) 정직한 고객과의 대화

앞서 <그림 15-6>에서 본 것처럼, 인터넷을 통해 커뮤니케이션을 하는 디지털 시대에는 기업과 소비자가 직접 의사소통을 하게 된다. 때문에 기존에 미디어를 통해 전파했던 방식이, 오늘날에는 소비자와 대화하는 방식으로 바뀌었다.

GM의 Fast Lane은 기업과 고객의 대화의 가장 모범사례로 손꼽힌다. GM의 글로벌 마케팅 담당 부회장인 밥 루츠는 고객과의 직접적인 커뮤니케이션을 위한 사이트를 개설하였다. 최고위급 경영자로의 직접적이고 빠른 통로라는 의미에서 이름 지어진 Fast Lane가 바로 그것이다. 밥 루츠는 월평균 이곳에 8~9개의 글을 게시한다. 더러 문법에 어긋난 표현이 있기도 하지만 한번 올려진 글을 다시 수정하지 않는데, 그 이유는 고객과의 솔직하고 진솔한 대화를 강조하기 위함이다.

물론 GM에 대한 고객들의 관심이 많기 때문에, 밥 루츠가 직접 관리하는 이 사이트에 고객이 직접 게시글을 올릴 수는 없는 구조로 되어 있다. 그러나 고객들은 댓글을 통해서 밥 루츠와 대화할 수 있다. 게시글이 디자인, 엔진, 연비와 같은 GM의 자동차 전반에 대한 것이기 때문에, Fast Lane에서는 GM의 모든 것을 논한다고 해도 과언이 아니다.

Fast Lane에 대한 참여가 늘어나면서, 주요 임직원들도 이곳에 글을 게시하기도 하였으며, 고객의 의견에 대한 답변도 게시하고 있다. 특히 모든 글에 인종 차별적이거나 타인의 명예를 훼손하는 내용을 담지 않는 점을 이용자 모두가 공유하고 있기에 사이트 자체의 문화도 매우 건전하다고 할 수 있다. 이와 같은 과정을 통해 Fast Lane은 GM이라는 거대 기업에 인간적인 개성을 부여하였다는 호평을 얻었다.

국내에서는 KT의 트위터가 고객과의 정직한 대화의 모범사례로 꼽힌다. 2017년 12월 현재 151만 명 이상의 팔로워를 두고 있는 KT의 트위터는 아이폰8, 아이폰X 등 최신 IT기기 출시 소식부터 데이터 이월 서비스와 같은 새로운 제도까지 고객과 실시간 커뮤니케이션을 해왔다. 동시에, '올레타임', 특정 기념일 깜짝 이벤트와 같은 실시간 이벤트의 창구로도 활용되었다. 특히 KT는 트위터를 매우 잘 활용하는 젊은 대리급 사원을 트위터 책임자로 발탁하여, 트위터를 사용하는 젊은 세대들의 감성을 배려하였다. 반면, 표현명 사장의 트위터는 고객의 불만사항을 접수하는 서비스 센터의 역할을 하고 있다. 이를 통해 최고경영자가 고객들의 불만을 직접 듣고 답변하는 모습을 보이고 있다.

이처럼 정직한 대화의 자세로 소비자들에게 다가가는 것은 구전의 가장 중요한 원칙이라고 할 수 있다. 이는 일시적으로 구전의 효과를 극대화할 수 있을 뿐만 아니라, 장기적으로는 기업 이미지와 문화의 개선에도 도움이 될 수 있음을 이상의 GM과 KT의 사례를 통해서 알 수 있다.

하지만 정직하지 못한 대화방식은 오히려 역효과를 가져올 수도 있다. 2004년 마츠다(Mazda)는 회사의 이름을 숨기고, Kid Halloween이라는 자동차를 좋아하는 네티즌으로 가정하여, 자신의 블로그를 개설하였다. 블로그에는 30초짜리 동영상을 통해 마츠다의 M3 승용차가 나오는 다양한 곡예운전 영상이 게시되어 있었다.

그러나 네티즌들은 곧 의문을 제기하였다. 아마추어가 만들었다고 하기에는 너무도 우수한 영상편집 기술, 마츠다의 승용차만 나오는 점으로 인한 지나친 상업성 때문에 많은 블로거들이 블로그의 진위에 의문을 제기한 것이다. 결국 이 블로그는 마츠다의 광고대행사가 운영하는 블로그였다는 것이 밝혀지면서, 소비자의 반발은 극에 달했다.

대화에서도 상대방의 마음을 이끌어 내는 것은 바로 '진실함'일 것이다. '네티즌 수사대'라고 할 정도로 귀신같이 거짓을 찾아내는 소비자이기에, 이들을 기만하는 행위는 반드시 드러나게 되고, 기업을 곤경에 빠뜨리곤 한다. 구전을 통해 대화할 때에도 그 '꺼리'가 거짓이거나 허황되어서는 안 된다. 구전의 부정적인 효과('헛소문')보다 더 위험한 것은 '거짓'이기 때문이다.

3) 참여의 유도

구전은 기업의 의한 일방향 커뮤니케이션이 아니라, 일종의 대화 때문에, 소비자의 호응을 이끌어 내는 것도 중요하다. 즉, 대화를 하기 위해서는 서로 말할 '꺼리'가 있어야 할 것이다. 따라서 소비자들이 구전을 하게 되는 이유와 그 유인이 있어야 할 것이다. 그런 의미에서 나이키재팬의 UCC 공모전(Kimewawa Battle) 사례는 기업과 고객, 고객과 고객이 서로 이야기할 거리를 잘 만들어 낸 좋은 사례라고 할 수 있다.

2006년 9월 나이키재팬은 'Just do it' 표어를 일상생활에서 동영상으로 표현한 콘텐츠 공모전을 시작하였다. 사용자들은 휴대전화, PC, 캠코더에 관계없이 모든 형태의 촬영도구를 활용하여, 역동적인 스포츠의 현장을 촬영해서 사이트에 올리기만 하면 되는 것이었다. 물론 이 공모전은 초반에는 축구를 촬영하여 업로드하는 일종의 스포츠 리플레이 기능 이상을 벗어나지 못하였다. 그러나 시간이 지나면서 점차 동영상 작품들의 수준이 높아지기 시작했다. 동영상의 품질이 높아졌을 뿐만 아니라, 나중에는 직접 CF에 사용하기에도 충분한 수준의 작품이 올라왔다. 이윽고 30만건 이상 조회된 작품이 400건 이상에 이르게 되었고, 이들 광고를 편집하여 '사용자 참여형 엔터테인먼트 광고'를 제작하여 방영하기에 이르렀다.

나이키재팬은 UCC 공모전을 통해 다수의 소비자가 나이키와 감정적으로 공감하면서, 'Just do it'이라는 나이키의 세계관을 몸소 느끼는 것을 의도하였고, 구전을 통해 이를 달성할 수 있었다. 그렇게 함으로써 구전이라는 대화에 '꺼리'가 얼마나 중요한지를 보여주었다. 그 외에도 버거킹의 '복종하는 닭', 세스코의 게시판도 소비자의 참여, 말할 거리와 놀이공간을 제공한 대표적인 사례로 손꼽힌다. 반면 소비자들에게 특정 구전 메시지를 전파하도록 강제한다면, 오히려 역효과가 발생할 수도 있다.

4) 모니터링과 부정적 이슈에 대한 대응

요즘 뉴스는 신문이나 방송에 실려나가기 전에 인터넷을 통해 먼저 공개된다. 또 소비자들에 이러한 뉴스에 반응하는 댓글이나 토론이 인터넷에서도 활발하게 일어나고 있다. 때문에 인터넷을 모니터링 함으로써 특정 이슈에 대한 소비자의 반응을 알아내는 것이 가능해졌다. 때문에 이러한 일을 기업에서 직접 하거나 외부의 전문 모니터링 업체를 활용하는 경우도 많다.

사실 인터넷이라는 공간이 무한정 넓기도 하지만, 대부분의 인터넷 여론은 포털의 게시판, 관련 커뮤니티, 주요 블로그를 통해 형성되기 때문에 몇몇의 중요한 거점만을 확인하는 것만으로도 소비자들의 반응과 여론 형성과정을 알아볼 수 있다.

반면, 모니터링을 하지 않을 경우, 미국의 자물쇠 제조업체 크립토나이트의 사례와 같이 기업에 불리한 이슈가 확산되어 나가는 것을 수습하기가 쉽지 않다. 크립토나이트는 익명의 소비자로부터 볼펜을 사용하여 크립토나이트의 U자형 자물쇠를 쉽게 열 수 있다는 제보를 받았으나, 자사 제품에 대한 강한 확신 때문에 해당 제보에 관하여 대수롭지 않게 여겼다. 무시당한 제보자는 펜 한 자루로 자물쇠를 여는 영상을 유튜브에 게시하게 되었고, 다양한 커뮤니티와 블로그 등을 통해 확산되었다. 게시 10일 만에 1,800만 명에게 노출될 정도의 파급력을 보인 유튜브 영상에 관하여 주요 언론에서 보도하기에 이르렀다. 모니터링에 소홀했던 크립토나이트는 연 이익의 40%에 해당하는 1,000만 달러의 리콜 비용이라는 커다란 대가를 치르게 되었다.

부정적인 구전은 무슨 일이 있어도 막아야 하겠지만, 대부분의 경우 실시간으로 대응이 어렵다. 이럴 경우, 선제적으로 적극적인 대응에 나서는 것도 하나의 방법이다. 아래의 제트블루의 사례는 부정적 이슈에 대해 선제적으로 대응하여, 오히려 기회로 만든 대표적인 사례이다.

2007년 2월 14일, 뉴욕지역에 폭설이 내렸다. 때문에 존 F 케네디 공항에서 제트블루의 여객기 10대가 활주로 얼음 문제로 10시간 이상 이륙하지 못하였다. 그러나 이 같은 문제가 지속되자 이후 며칠간 지속되자 고객들의 불만이 폭주하였다. 이에 제트블루의 CEO 데이비드 닐만은 이러한 과정에 있는 자사의 경영

Highlight 6

[SNS 문제없나]
30억명 일상에 스며든 SNS

SNS(소셜네트워크서비스) 사용자 30억명시대. 짧은 문장과 사진으로 정보를 전달하는 SNS가 우리 삶에 스며들었다. 비슷한 관심을 지닌 사람이 모여 정보를 나누는 파급력은 경험을 나누는 공유경제 매커니즘으로 발전했다. 물론 부작용도 심각하다. 거짓 정보가 난무하고 불법 마케팅도 성행한다. 〈머니S〉는 SNS로 인해 달라진 일상을 조명하고 그에 따른 사회적 문제를 짚어봤다. 또 전문가에게 올바른 SNS문화를 만드는 방법을 들어봤다.

SNS(소셜네트워크서비스)가 사람들의 소통욕구를 자극하며 빠르게 일상 속으로 파고들었다. SNS가 발달하면서 우리의 삶도 많이 달라졌다. 가장 많이 변한 점은 '장소의 제약'이 없어졌다는 것이다. 이제 SNS를 통해 국내는 물론 해외소식도 쉽게 접할 수 있다. 과거 신비주의를 지향하던 연예인들도 팬들과의 소통창구로 SNS를 활용한다.

DMC리포트에 따르면 올 상반기 기준으로 페이스북과 인스타그램, 트위터 등 SNS 이용자 수가 30억명을 돌파했다. 이는 전세계 인구(약 75억명)의 40%에 달하는 수치다. 특히 인터넷 사용가능 인구가 약 30억명인 것을 감안하면 SNS 사용자 규모가 얼마나 방대한지 짐작할 수 있다.

여론 주도하는 SNS의 힘

초기의 SNS는 자신의 일상을 기록하고 지인들과 공유하는 용도였다. 하지만 지금의 SNS는 누구나 자신의 의견을 내고 정보를 공유하는 창구역할을 한다. 또 SNS는 사회변화를 이끄는 통로가 됐다. SNS 속 채널을 통해 모르는 사람과 실시간으로 소통하며 공감대를 형성하는 장이 마련된 것.

스마트폰 사용자들은 일상 속에서 많은 시간을 SNS에 할애한다. 애플리케이션(앱) 분석업체 와이즈앱에 따르면 지난 9월 한달간 한국 안드로이드 스마트폰 사용자 2만 3,000명을 대상으로 표본조사를 실시한 결과 페이스북을 사용하는 시간이 9,300만 시간으로 집계됐다. 네이버밴드(2,900만 시간)와 네이버카

SNS 앱 사용시간(단위: 만시간)

조사기관: 와이즈앱
조사기간: 2017년 9월 1~30일
조사대상: 전국 2만 3,000명의 안드로이드 스마트폰 사용자(표본조사)

페이스북	네이버 밴드	네이버 카페	인스타그램	다음 카페	트위터	카카오 스토리
9,300	2,900	2,400	1,900	1,700	1,400	1,200

페(2,400만 시간)가 각각 2위와 3위를 차지했다. 다음으로는 인스타그램(1,900만 시간)과 다음카페(1,700만 시간), 트위터(1,400만 시간), 카카오스토리(1,200만 시간) 순으로 나타났다.

SNS 사용자와 이용시간이 늘어나면서 여론을 형성하는 힘도 커졌다. '아랍의 봄'(Arab Spring)은 2011년 140자의 단문으로 소통하는 트위터를 타고 시작됐다. 최근 사우디의 여성억압정책 해제도 SNS의 힘이 컸다. 부르카(전신을 가리는 통옷 형태의 이슬람 전통복식)를 입고 운전하는 여성의 모습이 담긴 동영상이 SNS를 통해 유포됐고 금기가 조금씩 깨지는 움직임이 나타났다.

SNS 광고 파급력도 최고

최근에는 SNS가 광고시장의 흐름을 바꿔 눈길을 끈다. 과거 TV프로그램에 붙던 광고와 PPL(product placement)이 1인 미디어채널로 확장되며 광고 트렌드를 바꿨다. 막대한 TV 광고비 탓에 엄두를 못 내던 중소기업도 이제는 다양한 1인 미디어채널로 홍보에 열을 올린다.

기업들은 ▲효율성 ▲맞춤형 타깃광고 ▲TV 규제 등을 이유로 온라인광고를 선택한다고 설명한다. 뿐만 아니라 잠재고객에게도 효과적인 홍보가 가능하고 브랜드이미지를 높일 수 있다는 측면에서 SNS 홍보를 적극 활용하는 것으로 풀이된다.

한국인터넷진흥원에 따르면 올해 온라인광고시장의 규모는 3조 9,747억원으로 추정된다. 이는 지난해 3조 7,185억원에서 6.9% 성장한 수치다. 지난해 온라인광고시장 성장률이 6.1%였음을 감안하면 해마다 2,000억원씩 가파르게 성장한 셈이다.

또한 다수의 기업이 이제는 TV광고가 아닌 유튜브나 페이스북 등 SNS 광고를 통해 제품을 홍보하는 '바이럴마케팅'에 주력해 눈길을 끈다. 바이럴마케팅은 바이러스(virus)와 마케팅(marketing)의 합성어다. 인터넷바이러스처럼 입소문에 의해 퍼져나가는 마케팅기법을 일컫는다. 소비자가 자발적으로 메시지를 전달하고 상품에 대한 긍정적인 입소문을 내게 하는 방식이다. 파급력이 매우 뛰어나고 소비자의 관심과 참여를 유도하기에도 유용하다.

온라인광고시장이 점차 확대되는 것은 젊은 소비층 덕분이다. 20~30대를 중심으로 SNS와 블로그를 통해 상품정보를 검색하고 구매하는 사람이 늘어난 것. 아울러 인터넷플랫폼 발전과 스마트폰 보급확대로 1인 미디어가 각광받으면서 이들 채널이 광고주 사이에서 인기를 끈다.

SNS를 기반으로 한 1인 미디어는 누구나 적은 비용으로 여러 콘텐츠를 제공할 수 있다. 1인 미디어로 수익을 창출하려는 사람과 기업의 이해관계가 맞아 떨어지면서 온라인광고시장 규모는 더욱 커질 전망이다.

〈출처: 머니S, 2017.11.28.〉

상의 실수를 인정하는 한편, 용서를 구하고 재발방지 노력 의지를 솔직하게 담은 동영상을 제작하였다. 동영상은 CEO의 블로그와 유튜브에 게시되어, 많은 사람들이 이를 볼 수 있게 하였다. 때문에 동영상은 쉽게 확산될 수 있었고, 많은 블로거들에게서 긍정적인 반응을 얻을 수 있었다. 사실 공항에 내린 눈은 자연

재해이고, 다른 항공사들 모두가 겪었을 공통적인 문제일 것이다. 그럼에도 불구하고 제트블루는 그러한 사태에서 드러난 작은 책임도 간과하지 않고, 사과함으로써 정직한 대화를 하였던 것이다.

5) 구매의 촉진도구

타깃의 선정과 구전의 유발이 아무리 잘 되어도, 실제로 구매로 이어지지 않으면, 소셜 미디어를 활용한 마케팅활동은 지속성을 갖기 어렵다. 그러나 소셜 미디어가 개인화된 커뮤니케이션 수단으로서의 가치가 있고, 고객의 네트워크를 기반으로 하고 있다. 때문에 네트워크에서 이웃의 선호를 기반으로 추천을 하는 기능을 하고 있어, 구매의 촉진도구로서의 가치도 매우 높다.

예를 들어, 페이스북에는 '라이크(Like)'라는 기능이 있다. 이는 페이스북 사이트에 있지 않아도 페이스북 툴바를 통해 다른 사이트상에서 좋아하는 정보나 사진 등을 자신의 페이스북 페이지로 끌어올 수 있는 기능이다. 예를 들어 영화전문 사이트인 IMDB에서 영화 <대부>를 '라이킹(Liking)'하면 사용자의 페이스북 페이지의 '관심 영화' 목록에 추가된다. 또한 ESPN과 같은 스포츠 뉴스 사이트에서 좋아하는 선수를 '라이킹'하면 이 선수에 대한 최신 정보가 페이스북 페이지 '뉴스' 목록에 추가된다. 청바지 브랜드는 리바이스의 이러한 기능을 활용해 다른 고객들의 구매를 촉진하고 있다. 특히 네트워크 효과가 있는 제품의 경우에는 이러한 과정을 통해 주변 사람들과 호환될 수 있는 제품을 사도록 유도하는 것이 더욱 중요할 것으로 보인다.

이상과 같이 구전은 기업이 구전에 대한 적절한 타겟을 선정하고, 진심 어린 대화의 자세로 소통하는 과정과 부정적인 구전에 대해 진실한 해명을 하는 것을 통해서 얼마든지 기업의 훌륭한 마케팅 도구가 될 수 있다. 특히 최근에 부상하고 있는 소셜 미디어는 그러한 구전을 단순한 소통을 넘어 실제 구매에 영향을 미칠 수 있도록 하는 마케팅 커뮤니케이션의 수행에 적극 활용될 수 있을 것이다.

•SECTION 06• 디지털 시대의 유통 전략

1 오픈마켓과 소셜커머스

온라인 쇼핑몰과 모바일 쇼핑의 성장은 유통 산업에 다양한 변화를 가져왔다. 온라인 쇼핑 산업을 주도하는 오픈마켓(Open Market)은 온라인상에 개인이나 소규모 업체가 개선한 점포를 통해 구매자에게 직접 상품을 판매할 수 있도록 하는 전자상거래 사이트이다. 소비자의 입장에서 볼 때, 오프라인 유통 구조보다 이용하기 편리하며 중간 유통 과정 없이 싸게 제품을 구매할 수 있다는 장점에 힘입어 G마켓, 옥션, 11번가 등의 오픈마켓은 꾸준한 성장세를 이어왔다. 초기 오픈마켓은 개별 상품을 위주로 판매자와 중개자를 연계해주는 것에 집중하였으나, 최근에는 한 판매자가 오픈 마켓에서 여러 제품을 판매하는 경우가 늘어남에 따라 오픈마켓 내에 판매자를 위한 상점을 개설해주기도 한다.

오픈마켓이 온라인 쇼핑 산업을 주도하는 가운데, 모바일 사용자를 표적으로 삼은 소셜커머스(Social Commerce) 시장이 눈에 띄는 성장을 기록하고 있다. 소셜커머스 서비스는 사용자들이 공동 구매를 하면 할인 혜택을 주는 새로운 전자상거래 방식을 추구한다. 쿠팡, 위메프 티몬 등으로 대표되는 소셜커머스 업체들의 특징은 바로 모바일 매출 비중에 있다. 3대 소셜커머스 업체들의 모바일 매출 비중은 모두 70%을 넘어서고 있으며 스마트폰의 보급과 맞물려 모바일 시장에서는 소셜커머스가 오픈마켓을 앞지르고 있다.

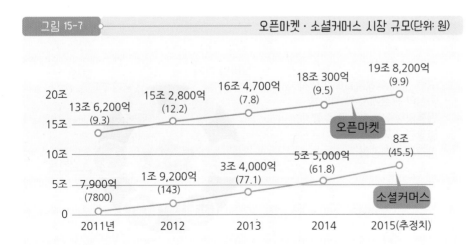

그림 15-7 ──────── 오픈마켓·소셜커머스 시장 규모(단위: 원)

2 옴니채널

과거에는 온라인 소비자와 오프라인 소비자의 경계가 분명하였으나, 인터넷 및 모바일을 통한 상거래의 수요가 크게 증가함에 따라 소비자가 다양한 경로를 넘나들면서 상품을 검색, 구매할 수 있는 환경이 만들어졌다. 이러한 소비 패턴의 변화는 온라인으로 물건을 보고 매장에 가서 구입하는 웹루밍족(Webromming)과 매장에서 물건을 보고 온라인으로 구매하는 쇼루밍족(Showrooming)과 같은 새로운 형태의 소비를 이끌어냈고, 옴니채널 서비스가 성장하는데에 기여하였다.

옴니채널 서비스의 대표적인 사례로는 홈플러스 온라인 쇼핑이 있다. 홈플러스 온라인쇼핑은 2015년 퀵배송 서비스를 시범 도입하며 오전 11시에서 오후 7시 사이 온라인 주문 시, 인터넷 주문 후 1시간 이내로 주문한 상품을 배송 받을 수 있다는 점을 강조하였다. 또한 전국 홈플러스 60여 개 매장에서 상품을 고르면 집으로 배송해주는 '키오스크' 서비스를 설치하며 웹루밍족과 쇼루밍족 소비자의 욕구를 모두 만족시키는 전략을 적극적으로 실천하고 있다.

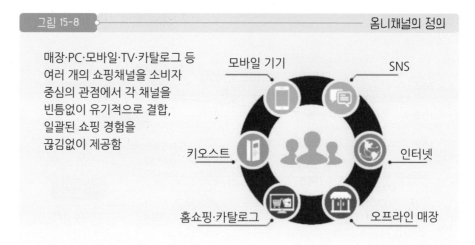

그림 15-8 · 옴니채널의 정의

매장·PC·모바일·TV·카탈로그 등 여러 개의 쇼핑채널을 소비자 중심의 관점에서 각 채널을 빈틈없이 유기적으로 결합, 일괄된 쇼핑 경험을 끊김없이 제공함

출처: 동아사이언스, 2015.12.29

3 해외 직접 구매 시장

국내보다 외국에서 판매되는 가격이 보다 저렴한 상품, 수입되지 않는 물품 등을 합리적으로 구매하고자 하는 수요의 증가는 소비자가 해외 온라인쇼핑몰이나 구매대행 사이트를 통해 해외 제품을 구매한 후 한국으로 배송 받는 거래형태인 '해외직구' 시장을 만들어냈다. 실제로 해외 직접 구매 시장의 규모는 2010년부터 2014년까지 연 평균 50% 이상의 성장세를 보이며 소비시장의 한 축으로 자리매김하였다. 해외 직구는 외국어가 가능한 젊은 소비자들의 증가, 양질의 해외 브랜드를 합리적으로 구매하려는 성향의 강화 그리고 자유무역협정(FTA) 체결에 따른 상품가격 200달러 이하 면세 혜택 등이 복합적으로 작용하면서 빠른 속도로 증가하고 있다.

'해외 직구족'으로 불리는 소비자들은 관련 산업에도 영향을 끼치는 등 유통업계의 블루오션으로 부상하고 있다. 대표적인 현상은 배송 대행업체의 성장

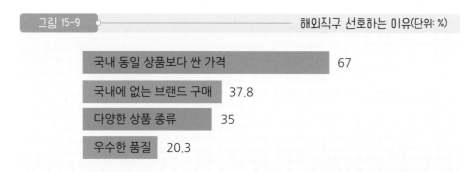

그림 15-9 ─────── 해외직구 선호하는 이유(단위: %)

국내 동일 상품보다 싼 가격 67
국내에 없는 브랜드 구매 37.8
다양한 상품 종류 35
우수한 품질 20.3

출처: 대한상공회의소, 참고: 2013년 여름 온라인쇼핑족 1,650명 대상으로 설문조사, 복수 응답

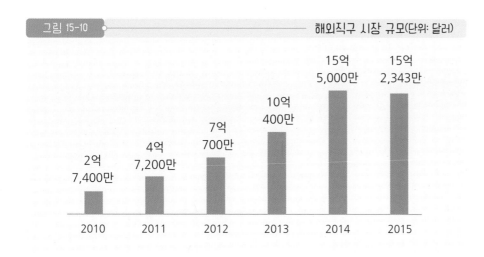

그림 15-10 ─────── 해외직구 시장 규모(단위: 달러)

2010	2011	2012	2013	2014	2015
2억 7,400만	4억 7,200만	7억 700만	10억 400만	15억 5,000만	15억 2,343만

이라고 할 수 있다. 해외 직구족은 물건을 주문할 때 주소를 해외 배송 대행업체의 물류창고로 기입하게 되어있는데, 배송 대행업체가 대신 물건을 받아 한국에 보내주는 식으로 구매가 이루어지기 때문이다. 오픈마켓도 해외 직구 소비자를 잡기 위해 다양한 시도를 하고 있다. 예를들어 11번가는 상품이 달라도 같은 지역 상품끼리 함께 배송하는 해외 상품 묶음 배송 서비스를 운영하고 있으며, 옥션의 경우 구매대행 서비스의 단점을 보완한 원클릭 직구(oneclick.auction.co.kr) 서비스를 오픈하였다.

과거에는 생산량이 늘어날수록 가치가 감소하는 수확체감의 법칙이 적용되었으나, 디지털 시대인 오늘날에는 오히려 판매나 보급이 증가할수록 가치가 증가하는 제품과 서비스가 늘어나게 되었다. 이에 따라 전통적인 마케팅 방식에도 많은 변화가 필요하다. 본 장에서는 바로 이러한 디지털 시대의 제품에 대한 마케팅, 디지털 소비자에 대한 분석과 대응, 디지털 시대의 마케팅믹스 활용에 대해서 다루었다.

디지털 시대에는 Lead User, Opinion Leader, Innovative consumer, Market Maven, Hub와 Broker, Prosumer와 같은 다양한 소비자 집단이 부각되고 있으며, 이들 소비자들은 검색, 공유와 같은 활동을 통해 보다 제품과 기업에 대해 보다 적극적으로 참여하고 있다. 나아가 디지털 시대의 이런 변화는 집단지성을 통한 신제품의 개발과 컨버전스 제품의 개발로 이어지고 있으며, 이에 가격전략도 버저닝, 번들링, 공짜가격과 같은 다양한 방식으로 나타나고 있다.

디지털 시대에는 고객의 상호작용이 더욱 더 많아지기 때문에, 소셜 미디어를 활용한 구전의 중요성이 더욱 강조된다. 적절한 타깃에 대해, 고객이 참여하는 방식으로 확산되는 정직한 대화로서의 구전은 기업의 마케팅효과를 더욱더 극대화할 수 있다. 물론, 구전이 잘 되기 위해서는 구전에 대한 모니터링과 부정적 이슈에 대한 선제적인 대응과 실질적인 구매로의 연결은 소셜 미디어를 활용한 마케팅이 풀어나가야 할 과제라고 볼 수 있다.

생각해 볼 문제

01 여러 디지털 소비자 집단들은 기업들의 전략 변화에 어떠한 영향을 미칠까? 제품, 가격, 커뮤니케이션 전략에 미치는 영향을 생각해 보시오.

02 기업 내부에서 진행되는 R&D와 고객의 집단지성을 활용한 신제품 개발방식이 적절한 산업의 종류를 각각 생각해 보시오.

03 소셜 미디어를 활용해 구전을 하기 위해서는 어떠한 방식으로 타겟을 선정하고, 참여와 대화를 이끌어 낼 수 있는지 생각해 보시오.

참고 문헌

- 秋山隆平, 杉山恒太郎(2004), "홀리스틱 커뮤니케이션".
- 삼성경제연구소(2008), "인터넷 커뮤니케이션 시대의 기업 대응전략"
- 삼성경제연구소(2009), "제품혁신의 숨겨진 원동력: 집단지성"
- 홍재원, 한상만, 염유식(2008), "인터넷에서의 확산에서 허브와 브로커의 경로구성원으로서의 역할에 관한 연구", 소비자학연구, 18(4), pp. 113-135.

- Dave Chaffey(2008), "eMarketing eXcellence: Planning and Optimising Your Digital Marketing."
- Dixon, M., Freeman, K., & Toman, N. (2010). Stop trying to delight your customers. *Harvard Business Review*, 88(7/8), 116-22.
- Eric Von Hippel(1986), "Lead Users: A Source of Novel Product Concepts."
- Everett M. Rogers(2003), "Diffusion of Innovation", 5th edition, Free Press, 2003.
- Gill, Tripat(2008), "Convergent Products: What Functionalities Add More Value to the Base?", *Journal of Marketing*, 72(2), pp. 46-62.
- Gladwell, Malcolm(2002), "Tipping Point: How little things can make a big difference."
- Goldenberg, Jacob, Sangman Han, Donald R. Lehmann and Jae Weon Hong(2009), "The Role of Hubs in the Adoption Processes," *Journal of Marketing*, 73(2), pp. 1-13.
- Goldsmith et al.(2003), "Innovative Consumers and Market Mavens."
- Katona, Z., Zubcsek, P. P., & Sarvary, M. (2011). "Network effects and personal influences: The diffusion of an online social network", *Journal of Marketing Research*, 48(3), 425-443.
- KT경제경영연구소, "Lifestyle and Core Value of Future Consumer."
- Nail(2005), "What's The Buzz On Word-Of-Mouth Marketing?."
- Thompson, Debora Viana , Rebecca W, Hamilton, and Roland T Rust(2005), "Feature Fatigue: When Product Capabilities Become Too Much of a Good Thing", *Journal of Marketing Research*, 42(6), pp. 431-442.
- Verhoef, P. C., Kooge, E., & Walk, N. (2016). Creating value with big data analytics: Making smarter marketing decisions. London: Routledge.

사례 찾아보기

ㄱ

갤럭시S 426
구글 24
기아자동차 101, 163

ㄴ

나이키 152, 272, 286, 294, 340, 465
나이키 플러스 194
네비게이션 업종 100
NAVER 171
Nations Air 490
넷플릭스 66, 475
Nordstrom 200
노빌리아의 스마트팩토리 178
농심 496
농심의 신라면 164
닌텐도 455

ㄷ

다이소 282
대한 항공 372
Dell 132, 207
델몬트(Delmont) 484
도요타 177
듀라쎌 배터리 74
디즈니 296

ㄹ

람보르기니 414
레드독 301
레드불 288
Lexus 198
로우스(Lowe's) 537
롯데마트 280
롯데제과 234

리글리(Wrigley's) 430
리차트(Richart) 295

ㅁ

마구로마트 386
마이어(Myer) 537
마이크로소프트(www. microsoft. com) 11
마츠다 미아타 284
매리어트 호텔(Marriott Hotel) 492
매일유업 483
맥도날드(McDonald's) 190, 255, 279, 344, 364, 439
McBook Air 494
메가스터디 56
Mercedes-Benz 198
모나미 310
모바일 인터넷 366
미샤 29
Mitsubishi 252

ㅂ

바셀린 434
바이킹(Viking) 285
바코(Barco) 490
반즈앤노블 128, 139, 472
방탄소년단 320
배달의 민족 54, 409
버진 애틀랜틱 항공사(Virgin Atlantic Airways) 295
블랙베리 448
블록버스터 66, 475
BBQ 141
BMW 334
빼빼로 234

ㅅ

사우스웨스트 항공사(Southwest Airlines) 26, 187, 211, 492
삼성생명 167
삼성전자 22, 120, 355, 414, 550
삼성전자의 지펠 127
샘표 간장 303
샤오미 556
세스코 314
Sony 449
소니 플레이스테이션(Sony PlayStation) 18, 19, 486
수제 맥주 445
Snapple 489
스낵컬처 40
스마트폰 시장 314
스크린골프 436
스타벅스(Starbucks) 161, 292, 336, 377, 413, 495
스타필드코엑스몰 416
3M 10, 58, 162, 427, 444
Syrup 368
시어스(Sears) 백화점 300
CGV 316
신세계 신한카드 528
신용카드사 235
11번가 87
싱가포르 항공 291
싸이월드 135
썬키스트(Sunkist) 484
CGV 316

ㅇ

아디다스 272, 330, 465
아마존(amazon) 128, 139, 208, 279,

337, 472, 505, 517, 538
아모레퍼시픽 165, 505
Abercrombie & Fitch 337
아이돌그룹 음악 시장 90
IBM 13, 199, 278, 447
아이폰 476
안철수연구소 280
알리바바 175
애니콜 277
애플(Apple) 6, 65, 169, 286, 476, 494
양문여닫이 냉장고 22
언더아머 261
에어비앤비(Airbnb) 124, 206, 538
에이스 침대 336
H&M 536
SK그룹 105, 372
SK텔레콤 98, 505
X-Box 486
LG 359
LG생활건강 300
LG전자 22, 75, 121, 355, 553
MCI 454
MG 284
AT&T 454, 525
영화 '집으로' 404
온라인 게임 시장 85
YG 65
우버 538
워터맨 285
월마트(Wal-Mart) 187, 279, 448
Whirlpool 375
웨스팅하우스(Westinghouse) 484
US Air 490
유한 킴벌리 344

으뜸50안경 394
이니스프리 165
이마트 323, 405
이케아(IKEA) 59, 96, 184
익스플로러(Explorer) 28, 470
인터플렉스 88
인텔(Intel) 73, 108, 155, 198
인플루언서 545

ㅈ
ZARA 191
조르지오 아르마니 286
중국 롯데마트 143
GE(General Electric) 174
GM 55, 232
진로소주 257
질레트(Gillette) 208, 238, 278, 300, 458

ㅋ
카카오톡 168
카카오프렌즈 332
캐터필러(Caterpillar) 252, 278
KB투자증권 170
KT 563
KT와 SK텔레콤 487
KT위즈 512
KTX의 시장 42
Kellogg 252
Costco Wholesale 189
코카콜라 24, 206, 300, 363, 454, 464
콜게이트 치약 432
쿠팡 478
퀄키(Quirky) 553
크록스(CROCS) 99

크롬 29
크립토나이트 571
Tata Nano 395

ㅌ
테슬라(Tesla) 98, 197, 450
Tandy 447
통큰치킨 141
트라이엄프 284

ㅍ
PAVV LED 120
Federal Express 525
페이스북 136
펩시(Pepsi) 287, 363, 454, 464
포드(Ford) 178, 193, 326
푸마(Puma) 340

ㅎ
하이트진로 429
한국야쿠르트 350
한국 타이어 297
한샘 96
Harley-Davidson 71, 195
허시파피 568
Hertz 189
헛개수&비타민워터 250
현대백화점 341
현대자동차 101, 163, 430
Honda 249
홀마크 카드 364
홈플러스 온라인 쇼핑 576
활명수 268
휠라 80, 222

사항 찾아보기

ㄱ

가격 388
가격입찰전략 402
가치(value) 60
가치사슬(value chain) 159
가치사슬모형 64, 111
가치제안(value proposition) 186
개척 브랜드(pioneering brand) 429
개척자우위(pioneering advantage) 431
게릴라(Guerilla)전략 468
견본품과 복합 제공물 370
경연(contest) 371
경쟁 84
경쟁사(competitor)의 강점(strength)과 약점(weakness) 21
경쟁우위(competitive advantage) 23
경쟁 첩보(competitive intelligence) 113
경품(sweepstakes) 371
경험곡선(experience curve) 401
경험곡선효과(experience curve effect) 497
경험적 브랜드 277
고객(customer)의 욕구(needs) 21
고객맞춤화(Customization) 527
고객생애가치(customer lifetime value) 525
고객용도(customer function) 45
고객의 욕구 238
고객자산 68
고객지향성 67
고객집단(customer group) 45
공격전략의 틀(Offensive strategy framework) 466

공급자의 힘 88
공동 마케팅(co-marketing) 71
공동 브랜드명 전략 300
관계 강화 522
관계 유지 521
관점(Perspective) 13
광고 317
광고보조금(advertising allowance) 375
구매자의 힘 88
구전 552
규모의 경제(economies of scale) 497
글로벌 세분화 240
기능적 브랜드 277
기대값(expected value) 403
기업 브랜드명 전략 299
기업의 사회적 책임활동(Corporate Social Responsibility) 343
기업조직 104

ㄴ

네트워크 외부효과(network externality) 168

ㄷ

다품종–맞춤(mass customization) 49
단일 편익 포지셔닝(single-benefit positioning) 354
대량시장전략 249
대응성향(Competitive stance) 483
대중시장(mass market) 67
대중시장 침투전략 440
대체제품 89

도입기 97

ㄹ

라이프스타일 234
로열티 프로그램(loyalty program) 70
Lead User 542
리베이트(rebates) 369

ㅁ

마케팅 근시(marketing myopia) 43
MPR(marketing public relations) 325
Market Maven 543
모방장벽(barriers to imitation) 157
무반응(Ignore)전략 483
물류관리(물적 유통: physical distribution) 417

ㅂ

Bass모형 63
버즈(Buzz) 마케팅 326
범주적 차별화(categorical differentiation) 356
보너스 팩(bonus packs) 370
보복(Retaliation)전략 485
보완자(complementor) 108
브랜드(brand) 169
브랜드명 전략 271
브랜드 전환자 378
브랜드 차별화 276
브랜드 확장전략 301
BTL(Below The Line) 317
virtual integration 187
빙그레 229

ㅅ

사업부(business unit) 16

사전 세분화(a priori segmentation) 228

사후적 세분화(post hoc segmentation) 228

산업 84

산업 내 경쟁심도 89

서비스 시장세분화 241

서비스 차별화(Services Differentiation) 256

서비스 포지셔닝 360

선각수용자(early adopter) 194

선도진입자 28

성숙기 99, 101

세분시장(market segment) 67

셰이크아웃 100

소비자 구매 여정(Consumer Decision Journey) 548

소비자 분석 18

소비행동(consumption behavior) 21

소셜커머스 575

쇠퇴기 101

수용(Accommodation)전략 484

SEM(strategic experience modules) 335

SWOT Matrix 133

SWOT 분석 122

시장 구축전략(Construction approach) 60

시장 해체전략(Deconstruction approach) 60

시장구조(market structure) 52

시장규모 62

시장분석(Market analysis) 126

시장성장률 62

시장세분화(market segmentation) 225

시장수익성 64

시장의 매력성 242

시장주도(market driven) 52

시장지향성(market orientation) 178

시장창출(driving-market) 52

신제품 사전 발표(Preannouncement of new product) 494

ㅇ

아웃소싱(outsourcing) 178

IMC 311

ATL(Above The Line) 317

어피니티 프로그램(Affinity Program) 71

5요인(Forces)모형 86

O/S(Opportunity/Strength)전략 136

O/W(Opportunity/Weakness)전략 139

억제전략(Deterrence strategy) 491, 493

업의 범위 15

AISAS 548

연계 촉진(tie-in promotions) 371

Operational Excellence 184

Opinion Leader 542

오픈마켓 575

옴니채널 576

원가구조 63, 105

원가전략 398

유통구조 65

유통기능의 공급 409

유통의 설계 414

유통의 수요조사 408

유통전략 404

유통채널(distribution channel) 164

유통촉진 373

유튜브 204

이미지 브랜드 281

이미지 브랜드 관리 287

이미지 차별화(Image Differentiation) 257

인구통계학적 세분화변수 231

인적 차별화(Personnel Differentiation) 257

일반적 행동변수 234

ㅈ

자기잠식(cannibalization) 57

잠재 표적시장 242

전기다수수용자(early majority) 194

전략 8

전략 삼각형(strategy triangle) 72

전략적 상황분석(strategic situational analysis) 21

전략적 집단(Strategic Group) 92

전략적 틀(frame) 18

전면공격(Frontal attack)전략 477

전속적 유통(exclusive distribution) 전략 414

전시수수료 374

전환비용(switching costs) 88

제품관련 행동적 세분화변수 237

제품수명주기 95

제품 차별화(Product Differentiation) 256

제품 포지셔닝(Product positioning) 356

중간상 할인 374
중심적인 편익(one central benefit) 354
지각도(Perceptual Map) 259
진입장벽 66, 87
집단지성 552
집약적 유통(intensive distribution) 전략 414

ㅊ
철수장벽 92
체험 마케팅 333
촉진(Promotion) 362
추세(trend) 18
측면공격(Flanking attack)전략 473

ㅋ
캐즘(chasm)이론 194
Customer Intimacy 199

컨버전스 제품 559
쿠폰(Coupon) 365

ㅌ
통합적 가격관리 389
특수 가격전략 400
틈새 마케팅 62
틈새시장전략 249
T/S(Threat/Strength)전략 141
T/W(Threat/Weakness)전략 142

ㅍ
판촉(sales promotion) 318
패턴(Pattern) 11
포기(Abandon)전략 484
포지셔닝 352
포지션(Position) 12
표적시장(target market) 352
푸시 머니 376

Product Leadership 193
프로슈머 51
PR 커뮤니케이션 322

ㅎ
할인 촉진(cents-off promotions) 369
해외 직접 구매 시장 577
핵심성공요인(KSF, Key Success Factor) 156
혁신수용자(innovative adopter) 194
협경(co-opetition) 93
협력광고(cooperative advertising) 375
확장제품(augmented product) 408
환매수당 374
후기다수수용자(late majority) 194
후발 브랜드(late mover) 314, 429
후발진입자 28

한상만 교수

한상만 교수는 서울대학교(경제학사)와 미국 스탠포드대학교(MBA, 통계학석사), 콜럼비아대학교(경영학박사)에서 공부하였다. 미국 시라큐스대학교 객원교수, 홍콩 과학기술대학교 조교수, 미국 MIT 방문교수로 재직하였다. 성균관대학교 경영대학장 경영전문대학원장을 역임하였으며, 현재 성균관대학교 경영전문대학원 교수로 재직하고 있다. 그는 Social Network과 빅데이터를 활용한 마케팅전략 분야에서 탁월한 업적을 보이고 있으며, 그 외에도 마케팅 의사결정모델, 브랜드전략, 마케팅 혁신을 주요 연구분야로 하고 있다. *Journal of Marketing, Journal of Marketing Research, Journal of Retailing, Physica A* 등의 국제 학술지에 연구논문을 게재하였으며, Harvard Business School Case를 집필하였다. 국내 학회에서도 한국마케팅저널 편집위원장, 마케팅연구 편집위원장, 한국마케팅학회 부회장, 한국금융소비자학회 부회장, 한국경영학회 부회장, 한국소비자학회 회장, 한국복잡계학회 회장을 역임하였다(2022년 한국경영학회 회장 예정). 마케팅연구, 한국마케팅저널, 소비자학연구 등에 많은 논문을 게재하고 있으며, 저서로 「고전에서 배우는 경영인사이트」, 「현대마케팅론」, 「전략적 브랜드관리」, 「경쟁우위 마케팅전략」 등이 있고, 편역서로 「미학적 마케팅」이 있다.

하영원 교수

하영원 교수는 서울대학교 법과대학을 졸업하고, 미국 University of Chicago에서 마케팅 전공으로 경영학석사(MBA)와 박사학위(Ph.D.)를 받았다. 미국 Rutgers University에서 조교수로 교직생활을 시작한 그는 1989년 귀국한 뒤 현재까지 서강대학교 경영대학 교수로 재직 중이며, 서강대학교 경영전문대학원장을 역임한 바 있다. 그는 「경영학연구」 편집위원, 「마케팅연구」와 「소비자학연구」 편집위원장, (사)한국경영학회 부회장, (사)한국소비자학회 회장, (사)한국마케팅학회 회장, Asia-Pacific 2004 Association for Consumer Research(ACR) Co-chair, 2007 North American ACR Conference Program Committee Member를 역임한 바 있으며, *Journal of Marketing Research, Journal of Consumer Research, Advances in Consumer Research* 및 *Psychological Science*의 ad hoc reviewer로도 활동하였다. 그는 또한 (주)효성 사외이사와 (주)삼성카드 사외이사 및 이사회 의장을 역임하였고, 현재 국내 유수기업의 자문위원으로도 활동하고 있다. 하영원 교수는 *Journal of Consumer Research, Psychological Review, Journal of Experimental Psychology: Learning, Memory, and Cognition, Marketing Letters, Journal of International Marketing, Journal of Business Research, Advances in Consumer Research* 등 해외 저명저널과 「경영학연구」, 「마케팅연구」, 「소비자학연구」, 「광고학연구」, 「유통연구」 등의 국내 저명학술지에 다수의 논문을 게재하였으며, 한국경영학회 마케팅부문 최우수논문상(1994), 한국마케팅학회 최우수논문상(1995, 2003), 한국소비자학회 최우수논문상(2006, 2009), 서강대학교 경영학부 최우수강의상(2006, 2009, 2013), 한경마케팅대상 공로상(2004), 한국경영학회 SERI중견경영학자상(2013), 정진기언론문화상(2014), 대한민국경영대상 학술공헌상(2014), 한국의 최고경영인상 특별상(2014)을 수상하였다. 또한 그는 2014년에 한국연구재단 우수학자 지원사업에서 우수학자로 선정되었다. 주요 저서로는 「마케팅원론」(학현사), 「소비자행동」(집현재), 「의사결정의 심리학」(21세기 북스) 등이 있다.

장대련 교수

장대련 교수는 University of British Columbia를 졸업한 후 미국 Columbia 대학교에서 경영학석사(MBA)를 받고 Harvard University에서 마케팅박사학위(DBA)를 받았다. 현재 연세대학교 경영학과 교수로 재직하고 있으며 국제학대학원장을 역임하였다. 또한 Helsinki 경제대학원, 홍콩 과학기술대학교(HKUST), 호주 국립대학교(ANU), 싱가포르 경영대학교(SMU), 싱가포르 난양공대(NTU)에서 초빙교수로 B2B마케팅, 국제마케팅, 마케팅관리, 광고론을 강의하였다. 세계 최고의 인터넷공개강의(MOOC) 플랫폼인 Coursera에 현재 7개의 강의를 개설하였다. 주요 관심연구 분야는 통합적 마케팅커뮤니케이션(IMC) 관리, 브랜드관리, B2B마케팅, CSR 마케팅이며 *Management Science, Journal of Marketing, Journal of Product Innovation Management, Decision Science, Industrial Marketing Management, Journal of Business Research* 등 유수 저널에 다수의 논문을 게재하였다. 주요 저서로는 Mastering Noon Nopi(2015), 통합적 브랜드 커뮤니케이션(2015), 트랜스 시대의 트랜스 브랜딩(2014), 마케팅 서바이벌(2013) 등이 있다. 학회활동으로는 한국마케팅학회 회장, 「마케팅연구」 편집위원장을 역임하였으며 유수기업에서 자문활동을 하고 있다. 상호학제 연구 차원에서 단편 독립영화 기획 및 감독 활동을 하고 있으며 Call Coho(2015)는 12개 국제영화제에 입선, Los Angeles Independent Film Festival(2016)에서 최우수 해외 단편상을 수상하였다.

제4판
경쟁우위 마케팅전략

초판발행	2004년 8월 10일
제2판발행	2007년 9월 20일
제3판발행	2011년 3월 10일
제4판발행	2018년 3월 10일
중판발행	2021년 9월 20일

공저자	한상만·하영원·장대련
펴낸이	안종만·안상준
편 집	전채린
기획/마케팅	정연환
표지디자인	조아라
제 작	고철민·조영환
펴낸곳	(주) **박영사**
	서울특별시 금천구 가산디지털2로 53, 210호(가산동, 한라시그마밸리)
	등록 1959. 3. 11. 제300-1959-1호(倫)
전 화	02)733-6771
f a x	02)736-4818
e-mail	pys@pybook.co.kr
homepage	www.pybook.co.kr
ISBN	979-11-303-0497-7 93320

copyright©한상만 외, 2018, Printed in Korea

* 파본은 구입하신 곳에서 교환해 드립니다. 본서의 무단복제행위를 금합니다.
* 저자와 협의하여 인지첩부를 생략합니다.

정 가   36,000원